W0250522

Ofrecido por:

ciba

DSM-IV®

LIBRO DE CASOS

DSM-IV®. Manual diagnóstico y estadístico de los trastornos mentales

Coordinador general de las ediciones española, francesa e italiana
Pierre Pichot
Professeur de Clinique des Maladies Mentales et de l'Encéphale, Paris;
Ancien Président de l'Association Mondiale de Psychiatrie

Director de la edición española
Juan J. López-Ibor Aliño
Catedrático de Psiquiatría,
Departamento de Psicología Médica y Psiquiatría,
Universidad Complutense de Madrid;
Secretario General de la Asociación Mundial de Psiquiatría

Coordinador de la edición española
Manuel Valdés Miyar
Profesor Titular de Psiquiatría,
Departamento de Psiquiatría y Psicobiología Clínica,
División de Ciencias de la Salud, Universidad de Barcelona;
Jefe de Sección, Subdivisión de Psiquiatría y Psicología Médica,
Hospital Clínic i Provincial de Barcelona

BIBLIOTECA DSM-IV®

844580297	DSM-IV®. Manual diagnóstico y estadístico de los trastornos mentales
844580398	DSM-IV®. Manual diagnóstico y estadístico de los trastornos mentales (Versión electrónica)
844580329	DSM-IV®. Breviario: Criterios diagnósticos (Encuadernación en rústica)
844580382	DSM-IV®. Breviario: Criterios diagnósticos (Encuadernación en espiral)
844580336	DSM-IV®. Libro de casos (Spitzer)
844580408	DSM-IV®. Manual de diagnóstico diferencial (First)
844580363	DSM-IV®. La entrevista clínica. Tomo I: Fundamentos (Othmer)
844580380	DSM-IV®. La entrevista clínica. Tomo II: El paciente difícil (Othmer)
844580433	DSM-IV®. Atención primaria (DSM-IV–AP)

DSM-IV®

LIBRO DE CASOS

Compañero del DSM-IV
(Manual diagnóstico y estadístico de los trastornos mentales)

Directores

Robert L. Spitzer, M.D.

Miriam Gibbon, M.S.W.

Andrew E. Skodol, M.D.

Janet B. W. Williams, D.S.W.

Michael B. First, M.D.

Columbia University
and the
New York State Psychiatric Institute

MASSON, S.A.

Barcelona - Madrid - Paris - Milano - Asunción - Bogotá - Buenos Aires - Caracas - Lima - Lisboa
México - Montevideo - Rio de Janeiro - San Juan de Puerto Rico - Santiago de Chile

MASSON, S.A.
Avda. Príncipe de Asturias, 20 - 08012 Barcelona
MASSON, S.A.
120, Bd. Saint-Germain - 75280 Paris Cedex 06
MASSON S.P.A.
Via Statuto, 2 - 20121 Milano

Traducción
Guillem Massana Montejo
Médico Residente, Subdivisión de Psiquiatría y Psicología Médica,
Hospital Clínic i Provincial de Barcelona

Eric Massana Montejo
Médico del Departamento de Farmacología y Psiquiatría,
Hospital de la Santa Creu i Sant Pau de Barcelona

Revisión científica
MANUEL VALDÉS MIYAR
Profesor Titular de Psiquiatría, Departamento de Psiquiatría y Psicobiología Clínica,
División de Ciencias de la Salud, Universidad de Barcelona;
Jefe de Sección, Subdivisión de Psiquiatría y Psicología Médica,
Hospital Clínic i Provincial de Barcelona

Nota: Los autores se han esforzado en asegurar que toda la información de este libro concerniente a las dosis, regímenes y vías de administración de los fármacos se ajuste a los del momento de la publicación y a las pautas establecidas por la U.S. Food and Drug Administration y la comunidad médica general. Dado el progreso constante de la investigación y práctica médicas, las pautas terapéuticas están sometidas a cambios frecuentes. Por este motivo y debido también a la posibilidad de errores humanos o técnicos, recomendamos que el lector siga los consejos del médico que esté directamente implicado en su cuidado o en el de algún miembro de su familia.

Reservados todos los derechos.
No puede reproducirse, almacenarse en un sistema de recuperación
o transmitirse en forma alguna por medio de cualquier procedimiento,
sea éste mecánico, electrónico, de fotocopia, grabación o cualquier otro,
sin el previo permiso escrito del editor.

© 1996. MASSON, S.A.
Avda. Príncipe de Asturias, 20 - Barcelona (España)
ISBN 84-458-0336-0 Versión española
Versión española de la obra original en lengua inglesa *DSM-IV™ Casebook: A Learning Companion to the Diagnostic and Statistical Manual of Mental Disorders*, publicada por la American Psychiatric Press, Inc. de Washington
Primera publicación en Estados Unidos por la American Psychiatric Press, Inc., Washington D.C. y London, England
Copyright © 1994. Reservados todos los derechos
First published in the United States by American Psychiatric Press, Inc., Washington, D.C. and London, England
Copyright © 1994. All rights reserved

ISBN 0-88048-675-9 Edición original
Depósito Legal: B. 47.553 - 1995
Diseño de la portada: STV Disseny
Composición y compaginación: A. Parras - Avda. Meridiana, 93-95 - Barcelona (1996)
Impresión: Talleres Gráficos Dúplex, S.A. - Ciudad de Asunción, 26 D - Barcelona (1996)
Printed in Spain

AGRADECIMIENTOS

Damos las gracias a Betty Appelbaum, editora del DSM-III, DSM-III-R y *Libro de casos* original, por la meticulosa edición de este libro.

Deseamos expresar nuestra mayor gratitud a las aportaciones de casos de los siguientes colaboradores.

Médicos que han aportado casos de los países de habla inglesa

Gene Abel, M.D.
Henry David Abraham, M.D.
Jacob Abraham, M.D.
Hagop Akiskal, M.D.
Rena Appel, M.D.
Lorian Baker, Ph.D.
Mark S. Bauer, M.D.
Steven Bauer, M.D.
Fred S. Berlin, M.D., Ph.D.
Howard C. Blue, M.D.
Angela Bonavoglia, M.S.W.
John M.W. Bradford, M.B., F.R.C.P.C., D.A.B.P.N., F.R.C.Psych.
Joan Brennan, Ph.D.
Allan Burstein, M.D.
Deborah Cabaniss, M.D.
Eve Caligor, M.D.
Dennis Cantwell, M.D.
Michelle O. Clark, M.D.
David E. Comings M.D.
Anthony J. Costello, M.D.
George C. Curtis, M.D.
Robert L. Custer, M.D.
Pedro L. Dago, M.D.
Carlo C. DiClemente, Ph.D.
Park Elliott Dietz, M.D., M.P.H., Ph.D.
Norman Greenspan Doidge, M.D.
Steve Dummit, M.D.
Julia Eilenberg, M.D.
Armando R. Favazza, M.D.
Alan Felix, M.D.
Max Fink, M.D.
Leslie M. Forman, M.D.
Allen J. Frances, M.D.
Richard Friedman, M.D.
Andrew J. Freinkel, M.D.
Abby J. Fyer, M.D.
Martha Gay, M.D.

Paul H. Gebhard, Ph.D.
Donald Goodwin, M.D.
Arthur H. Green, M.D.
Richard Green, M.D.
Stanley I. Greenspan, M.D.
Ezra E.H. Griffith, M.D.
John G. Gunderson, M.D.
Katherine Halmi, M.D.
Deborah Hasin, Ph.D.
Joseph A. Himle, A.C.S.W.
John R. Hughes, M.D.
Steven Hyler, M.D.
Richard L. Jenkins, M.D.
Edwin E. Johnstone, M.D.
David Kahn, M.D.
Helen S. Kaplan, M.D., Ph.D.
Sandra J. Kaplan, M.D.
Kenneth S. Kendler, M.D.
Otto Kernberg, M.D.
Robert Kertzner, M.D.
Donald Klein, M.D.
Rachel Klein, Ph.D.
S. David Kinzie, M.D.
Richard Kluft, M.D.
Bessel A. van der Kolk, M.D.
Harold S. Koplewicz, M.D.
Robert L. Kraus, M.D.
Robert S. Lampke, M.D.
Cynthia G. Last, Ph.D.
Eve Leeman, M.D.
Jerome H. Liebowitz, M.D.
Harold I. Lief, M.D.
Thomas F. Liffick, M.D.
Z. J. Lipowski, M.D.
Joseph LoPiccolo, Ph.D.
Patrick J. McGrath, M.D.
Salvatore Mannuzza, Ph.D.
Karen S. Marder, M.D.
Randall Marshall, M.D.
Lynn Martin, R.N., M.S.N.
Gary J. May, M.D.
David M. McDowell, M.D.
Heino F. L. Meyer-Bahlburg, Dr. rer. nat.
Patrick McKeon, M.D.
John Money, Ph.D.
J. Lawrence Moodie, M.D.
Frank Mucha, M.S.
Alistair Munro, M.D.
Philip Muskin, M.D.
Kathi Nader, M.S.W.
Yehuda Nir, M.D.
Arlene Novick, A.C.S.W.
Maria Oquendo, M.D.
Roger Peele, M.D.
Gerald C. Peterson, M.D.
Katharine A. Phillips, M.D.
Daniel Pine, M.D.
Harrison G. Pope, Jr., M.D.
Michael Popkin, M.D.
Lloyd J. Price, M.D.
Joaquim Puig-Antich, M.D.†
Robert Pynoos, M.D.
Judith L. Rapaport, M.D.
Quentin R. Regestein, M.D.
Phillip J. Resnick, M.D.
Richard Ries, M.D.
Norman E. Rosenthal, M.D.
Neal D. Ryan, M.D.
Carla Sadik, M.S.W.
Diana Sandberg, M.D.
Benjamin Seltzer, M.D.
Sally K. Severino, M.D.
David Shaffer, M.D.
Arthur Shapiro, M.D.
Elaine Shapiro, Ph.D.
Lawrence Sharpe, M.D.
Michael Seehy, M.D.
Miriamne Singer, M.D.
Stephan Sorrell, M.D.

David A. Soskis, M.D.
David Spiegel, M.D.
Laurie Stevens, M.D.
Alan Stone, M.D.
Michael Stone, M.D.
Ludwik S. Szymanski, M.D.
Stuart W. Taylor, M.D.
Susan Vaughan, M.D.
Fred R. Volkmar, M.D.
B. Timothy Walsh, M.D.
Arnold M. Washton, Ph.D.
Paul A. Wender, M.D.
Katherine Whipple, Ph.D.
Lorna Wing, M.D.
George Winokur, M.D.
Ronald Winchel, M.D.
Ken Winters, Ph.D.
Kenneth J. Zucker, Ph.D.

Médicos que han aportado casos internacionales

Los siguientes médicos aportaron casos para el capítulo de casos internacionales. Figuran en la lista junto con el país en que observaron el caso.

Renato D. Alarcón, M.D., M.P.H., Perú
Alv A. Dahl, M.D., Noruega
Joop T.V.M. de Jong, M.D., Ph.D., África Occidental
Ovidio A. de León, M.D., Panamá
Peter M. Ellis, F.R.A.N.Z.C.P., Nueva Zelanda
Yutaka Honda, M.D., Japón
S.T.C. Ilechukwu, M.D., Nigeria
Arthur Kleinman, M.D., República Popular de China
Carlos A. León, M.D., Colombia
Werner Mombour, M.D., Alemania
Vernon M. Neppe, M.D., Ph.D., Sudáfrica
Charles Pull, M.D., Luxemburgo
Nils Retterstol, Dr. Med., Noruega
Hsien Rin, M.D., Taiwan, República de China
Shekhar Saxena, M.D., India
Michael von Bose, M.D., Alemania
Hans Ulrich Wittchen, Ph.D., Alemania
Xu Youxin, M.D., República Popular de China
DerSon Young, M.D., República Popular de China
Michael Zaudig, M.D., Alemania
Boris Zoubok, M.D., Rusia

INTRODUCCIÓN Y MÉTODO DE EMPLEO DE ESTE LIBRO

INTRODUCCIÓN

Esta recopilación de casos emergió de nuestra experiencia en la enseñanza del DSM-III y DSM-III-R, y de nuestra participación en el desarrollo del DSM-IV. La lectura de estos informes de casos reales, redactados de forma que se presta especial atención a la información relevante para el diagnóstico diferencial, ha demostrado ser, tanto para el médico como para el estudiante, un método efectivo y ameno a fin de adquirir experiencia en la aplicación de los principios de diagnóstico diferencial en una amplia variedad de pacientes.

Nos hemos decidido por descripciones concretas de pacientes para no caer en detalles irrelevantes para el propósito de establecer un diagnóstico, tal como ocurre en las discusiones clínicas de casos resumidos. (La información no diagnóstica, como la referente a la infancia y las relaciones de familia, resulta, no obstante, a menudo necesaria en los casos clínicos reales.) Además, los resúmenes habituales de casos clínicos suelen omitir de forma inadvertida información crucial para el diagnóstico, mientras que en este libro se ha puesto especial interés en que las descripciones de los casos incluyan toda la información disponible que pueda resultar necesaria para efectuar el diagnóstico.

Estos casos se han obtenido de nuestra propia experiencia y de la de un amplio número de profesionales, entre los cuales se encuentran conocidos expertos en áreas específicas de diagnóstico y tratamiento. Se ha disfrazado la identidad de los pacientes alterando detalles como la edad, la ocupación y, ocasionalmente, el lugar de residencia. En muchas ocasiones hemos tenido que contactar de nuevo con las fuentes de los casos para recabar información crucial para el diagnóstico, evitando así la tentación de fabricar artificialmente los detalles que faltaban. A veces, al igual que en la vida real, esto nos ha llevado a efectuar diagnósticos provisionales o a no poder decantarnos, en ese momento, entre una lista de entidades posibles.

Siguiendo el ejemplo de Freud, hemos dado título a cada caso para facilitar las tareas de referencia. Hemos incluido varios casos históricos extraídos de los escritos de grandes nosologistas como Emil Kraepelin, Eugen Bleuler y el propio Sigmund Freud. No hemos hecho ningún esfuerzo para disfrazar la identidad de estos pacientes históricos; sin embargo, sí nos hemos tomado la libertad de aportar nombres apropiados en aquellos casos en que éstos faltaban.

Cada caso va seguido de una discusión sobre nuestro diagnóstico diferencial, elaborado según los criterios diagnósticos de la cuarta edición del *Manual diagnóstico y estadístico de los trastornos mentales* (DSM-IV) de la American Psychiatric Association. (Para ayudar al lector hemos añadido entre paréntesis el número de página donde figuran los criterios diagnósticos del manual DSM-IV.) Estas discusiones incluyen importantes consideraciones diagnósticas, como las bases racionales para efectuar cada diagnóstico específico, otros trastornos a considerar y, en algunos casos, el reconocimiento de la incertidumbre diagnóstica debido a información inadecuada, rasgos clínicos ambiguos o problemas de la propia clasificación.

Estas discusiones se centran en el diagnóstico diferencial y no en las implicaciones terapéuticas del mismo. Sin embargo, en algunos casos clínicos hemos podido obtener información de seguimiento, lo cual suele incluir la respuesta al tratamiento. La mayoría de veces la información de seguimiento ha confirmado el diagnóstico original; ocasionalmente, ha generado dudas o ha conducido a un cambio de diagnóstico.

A pesar del aumento de fiabilidad que representa la utilización de criterios diagnósticos, sigue siendo inevitable algún grado de ambigüedad. El lector, que no siempre estará de acuerdo con nuestras valoraciones, debería tener en cuenta que en ocasiones hasta nosotros mismos hemos sido incapaces de ponernos de acuerdo en el diagnóstico más apropiado. Confiamos que el lector considerará seriamente nuestras formulaciones, pero no las tomará como infalibles.

Estos casos clínicos pueden usarse con varios propósitos. Deberían tener valor para clínicos experimentados, al facilitar su comprensión de los conceptos y terminología del DSM-IV. Todos los clínicos, independientemente de su nivel de experiencia y entrenamiento, pueden beneficiarse de la lectura de descripciones de casos que constituyen ejemplos de categorías diagnósticas raramente observadas en sus consultas. Los profesores y estudiantes de psicología patológica en las disciplinas de psicología, psiquiatría, asistencia social y enfermería psiquiátrica encontrarán estos casos de utilidad como ilustraciones de varios tipos de psicopatología. De forma similar, otros profesionales, como médicos de cabecera, internistas y abogados, pueden encontrarlos instructivos.

Por otra parte, estos casos deberían ser útiles para los profesionales que estén preparando exámenes de especialidad, como, por ejemplo, la de psiquiatría; pueden resultar prácticos a su vez como medio para autoevaluar los propios conocimientos en materia de diagnóstico. Los investigadores pueden utilizarlos para valorar el nivel de precisión y fiabilidad con que los miembros de su equipo efectúan el diagnóstico. Por último, esta recopilación de casos proporciona un punto de referencia histórica, ya que configura una muestra de los conceptos diagnósticos que imperaban en Estados Unidos en la década de los años 90 y, mediante los casos históricos, como comparación con los conceptos del pasado.

El libro consta de cinco capítulos que tratan, respectivamente, del adulto, del niño y adolescente, de la evaluación multiaxial, de los casos internacionales y de los casos históricos. Los casos internacionales están agrupados con arreglo a la región geográfica de origen, y los históricos por sus autores.

El LIBRO DE CASOS DEL DSM-III original fue publicado por primera vez en 1981, un año después de la salida a la luz del DSM-III, y revisado en 1988, un año después de la publicación del DSM-III-R. Al igual que en la anterior revisión, en el DSM-IV. LIBRO DE CASOS hemos eliminado algunos de los casos antiguos y añadido un gran número de casos nuevos (los primeros que pueden encontrarse en los capítulos 1 y 2). Los casos nuevos nos han permitido extender la cobertura de trastornos, de tal forma que contamos con al menos un ejemplo de casi todas las categorías diagnósticas del DSM-IV.

MÉTODO DE EMPLEO DE ESTE LIBRO

El lector que decida empezar el libro por el capítulo 1 comprobará cómo los casos se suceden sin un orden diagnóstico concreto. Aquellos que estén interesados en ejemplos de trastornos específicos (p. ej., trastornos del estado de ánimo) deberán consultar el Apéndice E, Índice de casos sobre la base de la clasificación del DSM-IV. Los lectores que estén interesados en ejemplos de cualquiera de las siguientes categorías deberán consultar el Apéndice B, Índice de casos por temas de interés: forense, diagnóstico diferencial difícil o infrecuente, enfermedades físicas o consulta médica.

El Apéndice A, Índice de casos, resultará útil para el lector que recuerde los casos por su título. El Apéndice C, Clasificación del DSM-IV, puede utilizarse para ver cómo un diagnóstico en particular se ajusta al resto de la clasificación.

Nuestros propios residentes del Department of Psychiatry de la Columbia University, College of Physicians and Surgeons, que revisaron las historias del anterior libro de casos, nos manifestaron que las encontraron no sólo muy educativas, sino también de lectura amena. Esperamos que los lectores hagan la misma valoración.

ROBERT L. SPITZER, M.D.
MIRIAM GIBBON, M.S.W.
ANDREW E. SKODOL, M.D.
JANET B. W. WILLIAMS, D.S.W.
MICHAEL B. FIRST, M.D.

ÍNDICE DE CAPÍTULOS

Capítulo 1

TRASTORNOS MENTALES EN ADULTOS

BRUJERÍA

Celia Vega es una mujer de 21 años de edad, nacida en Puerto Rico, conducida por la policía, esposada y con las piernas atadas, al servicio de urgencias de un hospital de ciudad. El personal médico de guardia solicita la presencia del psiquiatra, que entrevista a la paciente. La Sra. Vega es una mujer de complexión débil, atractiva y con cara de niña, lleva el pelo teñido de rojo y viste una bata de hospital. Su cara y brazos muestran contusiones y arañazos, producidos por los acontecimientos de la noche anterior. Se muestra sonriente y seductora, moviendo los ojos y cruzando las piernas una y otra vez.

La entrevista tiene lugar en una cabina pequeña y sin ventanas, en la cual se amontonan el psiquiatra cinco residentes de psiquiatría y dos asistentes sociales. El entrevistador le pide que relate qué le ha sucedido, y la paciente contesta que, encontrándose en casa de su novio, donde vive actualmente, empezó a notar dolores en el pecho, mientras lavaba los platos. La madre del muchacho la convenció para que se echara en la cama, y a partir de ahí ya no recuerda nada hasta encontrarse atada en la sala de urgencias. Comenta que la familia le ha explicado que en ese momento empezó a comportarse de forma salvaje intentando morder a los que la rodeaban. Añade que esto ya le había sucedido en otras ocasiones desde que cumplió los 17 años. Su novio, que ya había presenciado muchos de estos episodios, avisó en esta ocasión a la policía porque, tal y como le ha contado a la muchacha, esta vez tenía un cuchillo en la mano y tuvo miedo de que ella pudiera matarle.

La paciente conoce por los testimonios de los demás que durante estos episodios suele chillar, morder y dar patadas; en algunas ocasiones incluso ha intentado hacerse con un cuchillo para herirse a sí misma. El entrevistador le pregunta,

© MASSON, S.A. Fotocopiar sin autorización es un delito.

«¿Cómo llama a estos ataques o posesiones que han venido sucediéndole?», a lo cual ella responde que no está dispuesta a hablar con tanta gente en la habitación. Podría hacerlo ante dos o tres personas, pero no ante ocho. El entrevistador trata de convencerla de que todos ellos pueden ayudarla, y que cuantos más, mejor. Pero ella continúa negándose. Luego él le pregunta si ha reflexionado sobre lo afortunada que es al encontrarse en un famoso hospital universitario. Pero ella nunca había oído hablar de esta institución y no va a cambiar de opinión. Él le explica que estas personas pueden ayudarla si ella hace el esfuerzo de explicarles qué es lo que le está pasando. No hay respuesta. Él dice, «Esconde usted muchos secretos». Más silencio.

El entrevistador cambia de táctica. «Sólo voy a formularle algunas preguntas; usted contésteme las que quiera».

Entrevistador: ¿Llora a menudo?

Paciente: Sí. (Sus ojos se inundan de lágrimas.)

Entrevistador (encorvándose): Le han sucedido cosas malas, ¿no? (Ella asiente con la cabeza.)

Entrevistador: ¿Alguna vez le ha contado a alguien estas cosas malas?

Paciente: No. Nunca se lo he contado a nadie.

Entrevistador: ¿Sueña con estas cosas?

Paciente: Sí, pero en el sueño afectan a mi hermana.

Entrevistador: ¿De qué se trata? (Silencio.) ¿Era usted muy joven cuando sucedió?

Paciente: Sí.

Entrevistador: ¿12, 13, 14?

Paciente: No.

Entrevistador: ¿15, 16?

Paciente: No. En el otro sentido.

Entrevistador: ¿10, 9?

Paciente: Sí. Cuando tenía 9 años. Alguien me hizo algo. Me cambió. Desde entonces soy una persona diferente. (No puede concretar en qué es diferente y sigue sin querer explicar qué es lo que le sucedió.)

Entrevistador: ¿Fue alguien de su familia?

Paciente: No. Alguien del vecindario.

Entrevistador: ¿Sucedió muchas veces?

Paciente: No, sólo unas pocas.

Entrevistador: ¿Se lo contó a alguien?

Paciente: No, pero mi hermana se lo explicó a mi madre. También le sucedió a mi hermana.

Entrevistador: ¿Y qué hizo entonces su madre?

Paciente: Nada.
Entrevistador: ¿Se siente usted culpable?
Paciente: No. Sueño que le sucede a mi hermana y me despierto chillando.
Entrevistador: ¿Cree que lo que sucedió entonces guarda alguna relación con lo que le ocurre ahora? ¿Cómo los llama usted... a estos ataques, estas posesiones?

La paciente manifiesta, turbada, que los llama *brujería*. Relata que se casó con un muchacho dominicano traficante de drogas, que acabó en la cárcel. La madre del muchacho la responsabilizó de lo ocurrido y le dijo que pagaría por ello. Después de esto, hace ahora 4 años, empezó a padecer estas posesiones. Añade que suelen prolongarse por espacio de 2 horas y que durante ellas acostumbra ver la cara de un hombre en la pared.

Entrevistador: ¿Quién es? (No hay respuesta.) ¿Es la misma persona que la hirió?

La muchacha empieza a llorar y se cubre la cara con el pelo. Está cada vez más tensa. Parece extremadamente trastornada, y todos los presentes en la cabina temen que vaya a padecer un ataque de un momento a otro. El entrevistador, dándose cuenta de lo imprudente que resultaría seguir preguntándole por este tema rodeados de tanta gente, sugiere que la entrevista prosiga a solas.

La Sra. Vega permaneció toda la noche en el servicio de urgencias y, durante las diversas entrevistas que mantuvo con el asistente social, reveló la siguiente información adicional. Cuando tenía 9 años de edad, ella y su hermana fueron repetidamente violadas por su tío, que solía recogerlas a la salida de la escuela. Su hermana se lo contó todo a la madre, que no se lo creyó y en consecuencia no hizo nada al respecto. Reconoce que la cara que veía durante los ataques correspondía a la de su tío.

Se casó a los 14 años y tuvo dos hijos, pero manifiesta que nunca ha sido capaz de disfrutar con el sexo y que sólo puede practicarlo cuando ha tomado suficiente droga. Durante la actividad sexual suele ver la cara de su tío. Después de que su marido ingresara en prisión por tráfico de drogas, su madre política se hizo con la custodia de sus dos hijos, hecho que no alcanza a explicarse. Ahora admite que, aunque quiere a sus hijos, se pone «nerviosa» cuando tiene que pasar mucho tiempo con ellos.

No ha sido capaz de reconducir su vida ni de acabar sus estudios o conseguir un trabajo. Actualmente vive con la familia de su novio y dedica la mayor parte del tiempo a ver telenovelas. Admite que suele estar bastante irritable. Manifiesta frecuentes problemas de sueño y suele tener pesadillas que la despiertan. Desde que tuvo un aborto hace algunos meses, se encuentra deprimida y de vez en cuando verbaliza ideas de suicidio.

© MASSON, S.A. Fotocopiar sin autorización es un delito.

Discusión sobre «Brujería»

El hecho de que la paciente fuera conducida a urgencias atada de manos y pies, fuera de control y con un informe que la describía como paciente agresiva sugiere la presencia de un episodio psicótico o de una intoxicación. Durante la entrevista no parece que estemos delante de ninguna de estas dos posibilidades, y el punto clave lo constituye la naturaleza de los episodios recurrentes que la paciente ha venido presentando durante varios años. El hecho de que su conducta durante los episodios resulte tan diferente de su comportamiento habitual y no recuerde gran parte de los detalles sugiere que la paciente está experimentando episodios disociativos recurrentes o quizá una manifestación infrecuente de una epilepsia del lóbulo temporal. El hecho de que la cara vista durante los episodios corresponda a la de la persona que la violó repetidamente cuando sólo era una niña demuestra su naturaleza disociativa. (Reconocemos que sólo contamos con el testimonio de la muchacha como prueba de estas violaciones, pero no vemos ninguna razón para poner en duda su veracidad. No tiene nada que ganar contando esta historia, y el malestar que demuestra al hablar de ella parece totalmente genuino.)

Uno se pregunta si estos episodios disociativos pueden representar un cambio de identidad, como sucede en el *trastorno de identidad disociativo (personalidad múltiple)* (v. «La cara opuesta de Mary», pág. 58). No obstante, este diagnóstico requiere que las personalidades alternativas posean, de forma relativamente duradera, su propio patrón de percepción, relación y pensamiento sobre el entorno y sobre uno mismo, y no existen pruebas de que estas condiciones se cumplan en el caso de los episodios disociativos de la Sra. Vega.

No nos sorprende advertir posteriormente que esta paciente presenta muchos de los síntomas del *trastorno por estrés postraumático* (TEP). Las violaciones reúnen el criterio de entrada para ser consideradas un acontecimiento traumático. Los episodios disociativos representan la reexperimentación del trauma (es decir, lucha para defenderse de los ataques sexuales de su tío), y también tienen el mismo significado los sueños y los recuerdos que le vienen a la cabeza con la actividad sexual. El TEP requiere a su vez tres síntomas de evitación de los estímulos asociados con el trauma, así como la presencia de enlentecimiento de la capacidad global de respuesta del individuo. La paciente evita claramente las relaciones sexuales, y su incapacidad para acabar los estudios o conseguir un puesto de trabajo sugiere una marcada disminución de los intereses y un sentimiento de futuro incierto, lo cual demostraría la existencia de evitación o enlentecimiento. La irritabilidad y los problemas de sueño satisfacen los criterios de aumento de la activación *(arousal).*

El diagnóstico de TEP resulta fácil de efectuar cuando un único trauma parece dar lugar a un nivel de actividad marcadamente diferente. En este caso, el efecto del trauma es difícil de desligar del resto de estímulos ambientales negativos que han hecho acto de presencia durante la vida de la paciente. No sabemos si hubiese podido terminar sus estudios, encontrar un trabajo y mantener unas relaciones interpersonales satisfactorias de no haber pasado por la experiencia de las violaciones. Pero a pesar de esta incertidumbre, en nuestra opinión lo más probable es que los episodios disociativos, motivo por el cual fue admitida en el sistema de salud mental, constituyan síntomas de un trastorno más general, el *trastorno por estrés postraumático* (DSM-IV, pág. 439).

Seguimiento

La Sra. Vega fue dada de alta de urgencias y se instaló en casa de su hermana, siendo visitada al día siguiente por un residente de psiquiatría y un asistente social de la unidad móvil de crisis. El residente concertó un encuentro familiar con la madre, de la cual la paciente se mantenía bastante alejada, y estableció una agenda de visitas con la unidad móvil de crisis para introducir a la paciente en un programa de psicoterapia. Por razones poco claras, el plan de seguimiento no tuvo éxito, y la paciente volvió a personarse en el servicio de urgencias 2 semanas después, llorosa, «nerviosa» y pidiendo hablar con el asistente social. Se concertó una nueva visita para iniciar un programa de psicoterapia, a la cual la paciente nunca acudió.

El agente Johnson

Un hombre afroamericano de 30 años de edad, alto y bien arreglado acudió al servicio de urgencias de un gran hospital de ciudad, se registró bajo el nombre de Harry Backman y solicitó ingresar en la sala tres del servicio de psiquiatría. Pre-

© MASSON, S.A. Fotocopiar sin autorización es un delito.

tendía que, a pesar de que todos sus documentos le identificaban como Harry Backman, su nombre real era Johnson. «¿Cuál es su nombre de pila?», le preguntó el residente de psiquiatría. «No me está permitido revelarlo», contestó. Continuó explicando que de hecho él era el agente Johnson, del FBI, encargado de descubrir el paradero de Harry Backman, visto por última vez en Pittsburg hace varios años. Según él, había seguido a Harry de ciudad en ciudad, a menudo haciéndose pasar por paciente en hospitales de psiquiatría donde Harry había estado ingresado, para así poder recabar información sobre él. Harry padecía una epilepsia y seguía tratamiento con fenitoína y primidona; también había tomado trifluoroperacina en el pasado. El agente Johnson no tomaba ninguna medicación. Tras comunicarse con sus superiores del FBI mediante una radio de alta frecuencia que llevaba en la maleta, el agente Johnson había llegado a este hospital con el propósito de ser admitido en la misma sala donde Harry Backman había sido tratado cuando tenía 10 años de edad, y así encontrar pistas sobre su posible paradero. El paciente confesó su miedo de que el Harry «real» estuviera, de hecho, muerto y de que un impostor pudiera estar suplantándole con el objetivo de cobrar su subsidio de enfermedad.

Durante la entrevista, el paciente solía mostrarse cooperador y abierto. Su estado de ánimo se movía entre lo serio y lo cómico, y cuando se ponía a prueba su historia, se tornaba defensivo y hostil. En ningún momento salieron a relucir muestras de discurso desorganizado, deterioro cognoscitivo o alucinaciones. Los resultados de la exploración física, incluyendo un examen neurológico completo, y de las pruebas de laboratorio no revelaron ninguna anormalidad.

Una simple llamada telefónica al centro donde vivía el agente Johnson bastó para confirmar que su nombre real era Harry Backman, que estaba diagnosticado de *esquizofrenia* crónica y de trastorno comicial, y que seguía tratamiento con trifluoroperacina, fenitoína y primidona. Estas medicaciones fueron subsecuentemente prescritas por el servicio de urgencias de medicina. Además, una asistente social de su centro explicaba que Harry había pasado los últimos días merodeando por las calles, la mayor parte de veces sin volver al centro por la noche. Añadía no haber presenciado ninguna convulsión y desconocía la historia del agente Johnson.

Al día siguiente, el paciente sufrió una convulsión tónico-clónica generalizada de aproximadamente 2 min, durante la cual se golpeó la cabeza contra el suelo, siendo asistido por el médico de guardia; todas las pruebas realizadas, incluyendo una tomografía computarizada, resultaron normales. Después de un breve período de confusión postictal, el paciente se despertó. Respondió al nombre de Harry y reconoció que padecía una epilepsia. El residente, confuso, le dijo, «¡Pensaba que era Harry el que tenía la epilepsia!». «¡YO SOY Harry!», exclamó el paciente con una sonrisa en la cara, «¡Le he encontrado!».

Discusión sobre «El agente Johnson»

El único signo obvio de psicopatología en este caso es la creencia de Harry de que él es otra persona, el agente Johnson del FBI. Se trata de una evidente idea delirante de falsa identidad. Aunque los delirios de grandeza de falsa identidad se dan en ocasiones en los episodios maníacos del *trastorno bipolar I*, constituyen casi invariablemente síntomas de *esquizofrenia*.

Si intentamos efectuar el diagnóstico sobre la base de la información tan limitada de que disponemos de Harry, el primer problema es decidir si su idea delirante es absurda. Se entiende por ideas delirantes absurdas aquellas que implican fenómenos que no ocurren en la vida real, como la transmisión del pensamiento o el hecho de ser controlado por una fuerza exterior. Es difícil aplicar el concepto de idea delirante absurda a la creencia de Harry de que es en realidad el agente Johnson. Por una parte, existen agentes del FBI que toman la identidad de otras personas, y personas que deliberadamente deciden cambiar su identidad. Y por otra parte, las personas no pueden dejar de ser ellas mismas para convertirse en otras.

Sospechamos que las referencias de Harry al hecho de comunicarse con sus superiores mediante una radio de alta frecuencia indican probables alucinaciones auditivas. La combinación de ideas delirantes (sean o no absurdas) y alucinaciones, en el contexto de una enfermedad crónica con deterioro social y laboral, en ausencia de un trastorno del estado de ánimo, de un trastorno inducido por sustancias o de una enfermedad médica que pudieran explicar estas alteraciones, indica el diagnóstico de *esquizofrenia* (DSM-IV, pág. 291). Anotaríamos el diagnóstico de epilepsia sólo en el *Eje III*, ya que dudamos que sea etiológicamente responsable de esta alteración.

© MASSON, S.A. Fotocopiar sin autorización es un delito.

El hombre elefante

Chris es un carpintero de 31 años, tímido, con mirada ansiosa, que ha sido hospitalizado después de un intento de suicidio por asfixia, introduciendo la cabeza en una bolsa de plástico. Solicita hablar con el psiquiatra en una habitación oscura. Lleva una gorra de béisbol en su cabeza inclinada hacia delante, de tal forma que le cubre la frente y parte de los ojos. Con la mirada puesta en el suelo, Chris se queja de que no tiene amigos, le acaban de despedir del trabajo y su novia cortó la relación que mantenían hace pocos días. Cuando el psiquiatra le pide que se extienda, Chris replica, «Es realmente difícil hablar de esto, doctor. No sé si seré capaz. Es demasiado embarazoso. Bueno, supongo que debería empezar contándole... después de todo, he venido al hospital por ello. Se trata de mi nariz». «¿Su nariz?», pregunta el psiquiatra. «Sí, estas enormes marcas de viruela que están en mi nariz. ¡Son grotescas! Parezco un monstruo. ¡Soy tan horroroso como el hombre elefante! Sólo puedo pensar en estas marcas. He estado pensando en ellas cada día durante los últimos 15 años. Incluso tengo pesadillas sobre ellas. Y creo que todo el mundo puede verlas y se ríe de mí por su causa. Por eso llevo esta gorra todo el tiempo. No podía hablar de ello con usted en una habitación iluminada... se daría cuenta de lo repugnante que soy.»

El psiquiatra no fue capaz de ver estas grandes marcas de viruela a las que Chris se refería, incluso cuando le examinó en una habitación iluminada. Chris es, de hecho, un hombre elegante con poros faciales de apariencia normal. El psiquiatra comenta, «No veo rastro de marcas de viruela. ¿Es posible que la visión que usted tenga de estas marcas esté distorsionada, y tal vez estas marcas de viruela sean sólo poros faciales normales?».

«Resulta una pregunta difícil de contestar», replica Chris. «He intentado mantener esta preocupación como un secreto, dado lo vergonzoso que me resulta. Tengo miedo de que la gente crea que soy un presumido. Pero se lo he contado a unas pocas personas, y han intentado convencerme de que las marcas no son realmente visibles. A veces me arrepiento de tener estas creencias y creo que probablemente estoy distorsionando la realidad y no son tan horribles. Pero entonces me vuelvo a mirar en el espejo y las veo grandes y horrorosas, y en ese momento estoy convencido de que la gente se ríe de mí. Ya pueden intentar convencerme que no servirá de nada. Y cuando lo intentan, creo que simplemente se compadecen de mí y sólo pretenden animarme. Eso me ha afectado en muchos aspectos, doctor», añade Chris. «Puede que realmente le cueste creerlo, pero este problema ha arruinado mi vida. Sólo puedo pensar en mi cara. Dedico horas al día mirándome las marcas en el espejo. No puedo resistir la tentación. Por ello empecé a faltar al trabajo cada vez más, y dejé de salir con mis amigos y mi novia. Me ponía tan nervioso, cuando la gente me miraba, que empecé a recluirme en mi casa la mayor parte del tiempo. A veces, cuando no tenía más remedio que salir a la calle, me pasaba los semáforos en rojo para no tener que detenerme y someterme a la experiencia de ver cómo era contemplado por todo el mundo. La gorra me ayudó al principio, pero no cubría todas las marcas. Intenté disimularlas con maquillaje durante un tiempo, pero pensé que la gente vería el maquillaje y no serviría de nada. La única vez que me sentí cómodo fue el día de Halloween en que me puse la máscara de sobrino de Batman. Nadie podía ver las marcas. Faltaba tanto al trabajo que me despidieron. Mi novia me aguantó mucho tiempo, pero al final ya no pudo más. Una de las cosas realmente dura para ella fue que empecé a preguntarle unas 50 veces diarias si realmente ella podía ver las marcas. Creo que ésa fue la gota que colmó el vaso. Si pudiera escoger preferiría padecer un cáncer. Seguro que sería menos doloroso. Esto que tengo es como una flecha que atraviesa mi corazón.»

Chris siguió contando que había acudido a un dermatólogo para pedirle un tratamiento de abrasión, pero el procedimiento fue rechazado porque «el dermatólogo dijo que no había nada que hubiera de someterse a abrasión». Al final, consiguió convencer a otro dermatólogo para que le efectuara la intervención, pero no quedó satisfecho con el resultado. Estaba tan desesperado por las supuestas marcas, que llevó a cabo dos intentos de suicidio. Su última tentativa ocurrió después de mirarse en el espejo y comprobar lo horrible que era. Explicó al psiquiatra, «Vi lo desagradable que era mi cara y pensé: no estoy seguro de que valga la pena vivir así si tengo que estar todo el tiempo pensando en ella». Su primer intento de suicidio había motivado un ingreso hospitalario; pero como Chris estaba tan avergonzado de su preocupación y pensó que no le iban a tomar en serio, se guardó el secreto y sólo comentó que estaba deprimido.

Discusión sobre «El hombre elefante»

La apariencia de Chris es normal; sin embargo, él está muy preocupado por un supuesto defecto de su cara. Esta preocupación le ha causado un claro malestar clínico y ha interferido significativamente en su actividad. Aunque se trata de un caso claro de *trastorno dismórfico corporal* (DSM-IV, pág. 481), no es atípico; los intentos de suicidio no resultan infrecuentes en este trastorno, ya que puede haber un grave deterioro de las relaciones sociales, laborales o de otras áreas de actividad importantes. Sin embargo, los grados de malestar clínico y de disfunción asociados a este trastorno siguen un espectro de gravedad; algunas personas que padecen el trastorno —aunque sufren malestar y quizá su nivel de actividad no llegue al nivel esperado— lo llevan relativamente bien.

Los pacientes con *trastorno dismórfico corporal* suelen quejarse de defectos faciales —a menudo supuestas imperfecciones del cabello, nariz o piel. Sin embargo, cualquier parte del cuerpo puede verse afectada, y muchas personas con este trastorno están preocupadas por diversas partes del cuerpo a la vez. En algunos casos, como el de Chris, no se aprecia ninguna anormalidad física. En otros casos hay una ligera imperfección, pero las preocupaciones que genera en el individuo resultan claramente excesivas.

© MASSON, S.A. Fotocopiar sin autorización es un delito.

En este trastorno suele haber conductas asociadas, aunque no resultan imprescindibles para efectuar el diagnóstico. Así, estos individuos pueden llevar a cabo de forma excesiva actos como mirarse en el espejo, lavarse, interrogar a los demás sobre el «defecto», tocarse la piel, compararse con los demás, camuflarse o tener ideas o delirios de referencia. Debido a que las personas con *trastorno dismórfico corporal* pueden sentirse avergonzadas de sus preocupaciones, es frecuente que las mantengan en secreto y que no las revelen a no ser que se les pregunte específicamente por ellas.

Hay dudas sobre si el *trastorno dismórfico corporal* y su contrapartida delirante, el *trastorno delirante tipo somático,* constituyen dos trastornos diferentes o bien son una misma entidad. En el *trastorno dismórfico corporal,* se considera que el paciente tiene conciencia de la naturaleza distorsionada o imaginada del «defecto», y por lo tanto se clasifica separadamente de su contrapartida delirante, el *trastorno delirante tipo somático,* en el que no hay conciencia de trastorno (es decir, la persona está convencida de que la anormalidad es real y de que su visión no resulta distorsionada). Sin embargo, puede resultar difícil distinguir entre el pensamiento delirante del *trastorno delirante* y el pensamiento no delirante del *trastorno dismórfico corporal,* ya que las personas que padecen este último suelen tener una pobre conciencia de que su «defecto» es una naturaleza imaginada o distorsionada. Además, el grado de conciencia, situado en el espectro que va de la conciencia crítica al pensamiento delirante parece ir oscilando de un polo a otro a lo largo del tiempo. Sin duda, a veces la conciencia de Chris era correcta, lo cual aseguraría el diagnóstico de *trastorno dismórfico corporal,* pero en otras ocasiones resultaba delirante, lo cual nos obliga técnicamente a efectuar el diagnóstico de *trastorno delirante tipo somático.* ¿Padece Chris un trastorno o bien dos?

Estas dificultades de clasificación, así como las pruebas preliminares que sugieren que los dos trastornos pueden constituir una misma entidad, aunque de gravedad diferente, han motivado la aparición de preguntas todavía no resueltas, sobre cómo deberían ser clasificados el *trastorno dismórfico corporal* y su variante delirante. La solución adoptada por el DSM-IV es la siguiente: las personas con *trastorno dismórfico corporal* no delirante sólo recibirán este diagnóstico, pero aquellos con *trastorno dismórfico corporal* tipo delirante recibirán dos diagnósticos: el de *trastorno dismórfico corporal* y el de *trastorno delirante tipo somático* (DSM-IV, pág. 308). Codificar como dos diagnósticos lo que probablemente es un solo trastorno resalta la necesidad de continuar investigándolo.

UNA VOLUNTAD DE HIERRO

Sheila Joyner, una mujer afroamericana de 35 años de edad fue llevada al servicio de urgencias de psiquiatría a petición del pediatra que llevaba a su hijo de 14 meses, Rasheed. La señora Joyner, 2 semanas antes, había llevado a su hijo a la consulta del pediatra después de que su abuela observara que una dieta consistente en su mayor parte en leche materna no era apropiada para un niño de esa edad. El pediatra le prescribió hierro y concertó con ella un programa de seguimiento. Cuando la señora Joyner asistió a la siguiente visita y confesó que no le había dado hierro a su hijo, el pediatra, preocupado porque el niño había perdido 800 g más, arregló el ingreso del pequeño, aunque la madre no estaba de acuerdo, de modo que se necesitaron tres guardias de seguridad para arrebatárselo; y cuando empezó a amenazar al equipo médico con acciones judiciales, aduciendo que los médicos iban a «envenenar» a su hijo, la Sra. Joyner fue traída al servicio de urgencias de psiquiatría para adultos, donde pasó la noche.

A la mañana siguiente, durante la entrevista, la Sra. Joyner parecía calmada, pero guardaba las distancias. Rehuyó estrechar la mano del médico diciendo que se la acababa de lavar para ir a comer algo. Negó cualquier tipo de compulsión a lavarse u obsesiones con la limpieza. La Sra. Joyner explicó que se había graduado en el instituto y había dado clases de educación primaria en una escuela hasta que su único hijo nació; el padre del niño vivía en otra ciudad. Su embarazo no fue detectado hasta los 5 meses de gestación, y se complicó con una anemia grave. Ya había tenido anemia 10 años antes, y entonces ya rechazó el tratamiento médico. Explicó que se la había curado ella misma, aprendiendo a vivir de una «manera más natural», paseando por los parques en vez de cerca de los edificios y comiendo únicamente alimentos naturales y agua «purificada». Este estilo de vida, explicaba, le permitió dar a luz a un niño perfectamente sano a pesar de que su propio obstetra le había comunicado que en ese momento ella misma sufría una anemia grave.

La Sra. Joyner explicó su negativa a administrar hierro «no orgánico» a su hijo tal como le había indicado el pediatra, e insistía en darle sólo leche materna debido a que quería alimentarle con la misma dieta que le había ido tan bien a ella. No había vacunado a Rasheed, ya que esto era «no natural», y argumentaba este punto de vista refiriéndose a libros y panfletos de organizaciones que promovían la conservación «natural» de la salud, así como a conversaciones con amigos que compartían sus mismos puntos de vista. Sus argumentos, aunque basados en datos cuestionables, eran comprensibles y consistentes internamente. Nunca mostró evidencias de discurso tangencial o desorganizado, y parecía bastante inteligente.

© MASSON, S.A. Fotocopiar sin autorización es un delito.

El psiquiatra intentó explicarle que la anemia de Rasheed era seria y que corría peligro de una lesión neurológica permanente. La Sra. Joyner respondió diciendo que el mismo tratamiento que le había ido tan bien a ella iba a proteger a su pequeño. Cuando el doctor le explicó que las necesidades de un niño son diferentes de las de un adulto, ella replicó que tal y como los médicos se habían equivocado años antes tratando su propia anemia, el psiquiatra se equivocaba ahora respecto al niño. La Sra. Joyner se aferraba a su idea del peligro del hierro «no orgánico», citando como prueba las molestias estomacales que ella misma había experimentado al probarlo alguna vez. Si le dieran a elegir entre perder a su hijo o verse forzada a alimentarlo con hierro, preferiría perderlo, ya que no quería tomar parte en su «envenenamiento».

Debido a que la Sra. Joyner no reunía criterios de tratamiento psiquiátrico urgente, se le permitió abandonar la sala de urgencias, marchándose inmediatamente a la habitación de su hijo en el hospital infantil. Estuvo con Rasheed todo el tiempo, y no permitió que el equipo médico lo alimentara, aduciendo que esa comida servía para envenenarle, y que los tests médicos resultaban innecesarios. Cuando el psiquiatra que la había visto en el servicio de urgencias fue consultado de nuevo, los pediatras le describieron las pésimas condiciones de salud del niño. No sólo padecía una anemia grave, sino que además estaba gravemente malnutrido y presentaba un retraso del desarrollo, ya que sólo era capaz de realizar las tareas motoras y comunicativas del nivel de un niño de 7 a 9 meses de edad. Además, una radiografía de tórax puso de manifiesto una posible tuberculosis pulmonar, aunque de todas formas la Sra. Joyner no hubiera permitido que le trataran.

El psiquiatra volvió a reunirse con la Sra. Joyner y le explicó la extrema gravedad del estado de salud de su hijo. Ella replicó diciendo que los estándares utilizados para evaluar el estado físico de su hijo eran «occidentales», es decir, no apropiados para un niño con «genes africanos». Como el estado médico del niño se iba deteriorando, el equipo de pediatras solicitó el consejo del Departamento Jurídico y del Departamento de Salud Infantil; ambos sugirieron tratar al niño en contra de la voluntad de la madre.

Discusión sobre «Una voluntad de hierro»

Todos estamos de acuerdo en que Rasheed necesita tratamiento médico para sobrevivir. Sin embargo, no está tan claro cómo se debería interpretar la obstinada negativa de la madre a que le administrara medicación «no natural». ¿Constituye esta creencia una idea delirante? Si es así, el diagnóstico debería ser el de *trastorno delirante tipo persecutorio.* A favor de este diagnóstico está el aferramiento extremo de la paciente a su creencia, a pesar de las pruebas que demuestran que seguir con esta conducta está acarreando terribles consecuencias para su hijo. El argumento de que ella se había tratado su propia anemia evitando andar cerca de los edificios sugiere un acercamiento idiosincrásico al tratamiento médico, que es poco probable que veamos escrito en ninguno de sus panfletos. Por otra parte, ella ha recibido la influencia de visiones no tradicionales de la medicina y de la salud que son compartidas por una minoría elocuente.

En el momento de juzgar si una creencia irracional determinada constituye un delirio, generalmente se excluyen aquellas creencias que son compartidas por una subcultura. Por lo tanto, la cuestión está en estimar hasta qué punto la conducta de la Sra. Joyner puede explicarse por su identificación con un grupo subcultural y hasta qué punto su creencia de que los tratamientos médicos convencionales representan un «envenenamiento» constituye una idea delirante. Nosotros pensamos que una de las consideraciones clave que cabe hacer en este asunto es la motivación que ella atribuye a los médicos de estar envenenando a su hijo. Dudamos de verdad que ella crea que los médicos están haciéndolo malévolamente —tal y como ella pensaría si realmente tuviera un *trastorno delirante*—.

Tanto si merece un diagnóstico psiquiátrico como si no, el Código V de *Abuso físico del niño* (DSM-IV, pág. 697) ciertamente puede aplicarse en esta ocasión. Si se efectúa un diagnóstico psiquiátrico, optaríamos por la categoría residual de *trastorno psicótico no especificado* (DSM-IV, pág. 322).

Seguimiento

El niño estuvo ingresado y fue tratado durante 6 semanas. Su estado nutricional volvió a la normalidad, y pudo acercarse a los niveles de desarrollo apropiados a su edad. A la Sra. Joyner se le permitió ver a su hijo con frecuencia, pero no tenía permiso para interferir en las labores de su cuidado. Después de procedimientos judiciales, la custodia del niño fue entregada a su abuela, aunque la Sra. Joyner tenía plenos derechos de visita. Ella rechazó cualquier tratamiento psiquiátrico, a pesar de que ello hubiera aumentado las posibilidades de recuperar la custodia de su hijo.

© MASSON, S.A. Fotocopiar sin autorización es un delito.

UN PERRO Y UNA PISTOLA

La Sra. Richardson, una mujer afroamericana de 74 años de edad, fue llevada al servicio de urgencias de un hospital de la ciudad por la policía. Tenía un aspecto desaliñado y sucio, y olía francamente mal. No mantenía contacto visual con el entrevistador y ante sus preguntas no respondía o bien se mostraba aparentemente confusa. Sabía su nombre y dirección, pero no recordaba el día ni el mes del año. Era incapaz de describir los hechos que habían motivado su ingreso.

En el informe de la policía constaba que fueron avisados por los vecinos de la Sra. Richardson ya que ésta se había pasado los últimos días merodeando por el vecindario sin cuidarse lo más mínimo. La unidad móvil de crisis del centro médico acudió a su domicilio en dos ocasiones, pero no pudo entrar en él y supuso que la paciente se encontraba ausente. Finalmente, la policía llegó y forzó la cerradura, entrando en el apartamento donde fue recibida por un pastor alemán que mostraba hostilidad. Le neutralizaron con una pistola tranquilizante, y más tarde encontraron a la Sra. Richardson escondida en un rincón de la casa, desnuda casi por completo. El apartamento estaba sumamente sucio, con las heces del perro esparcidas por todo el suelo. La policía encontró una pistola, que fue incautada.

Al día siguiente, mientras la Sra. Richardson esperaba para ser ingresada en una sala de medicina para el tratamiento de su diabetes descompensada, el psiquiatra supervisor intentó entrevistarla de nuevo. Su expresión facial era todavía amímica, seguía desconociendo el mes y el año y no podía decir en qué hospital se encontraba. Comentó que los vecinos habían llamado a la policía porque ella estaba «enferma», y confesaba que de hecho sí se había sentido enferma y débil, destacando la presencia de dolores en la espalda; además, no había comido durante 3 días. Recordaba que la policía había disparado a su perro con un tranquilizante, y dijo que el animal se encontraba ahora en «la tienda» y le sería devuelto una vez que ella fuera dada de alta. Rechazó dar el nombre de un vecino amigo suyo, diciendo «ya tiene suficientes problemas con su vida». Negó haber estado nunca en un hospital psiquiátrico o haber oído voces, pero reconoció que una vez acudió a un psiquiatra «cerca del Lincoln Center» porque no podía dormir. Éste le había prescrito medicación que no llegó a tomar porque la encontró demasiado fuerte. No recordaba el nombre del fármaco, y esto llevó al entrevistador a preguntarle si se trataba de Thorazine. Ella dijo que no, que se llamaba «alal». «¿Haldol?» preguntó el entrevistador. Ella asintió con la cabeza. El entrevistador estaba convencido de que ése era el fármaco, aunque otros testigos mantenían que la enferma hubiera respondido sí a cualquier cosa que sonara remotamente parecido, como «Elavil». Cuando se le preguntó acerca de la pistola, la enferma, un poco molesta, negó que fuera de verdad, añadiendo que se trataba de una pistola de juguete que su hermano, muerto hace ahora 8 años, había traído a su casa hacía mucho tiempo. Todavía se sentía débil y enferma, se quejaba de dolores de espalda y aparentemente le costaba tragar. De todas formas consiguió sonreír cuando el equipo médico abandonó su habitación.

Discusión sobre «Un perro y una pistola»

Cuando esta paciente fue vista por primera vez en el servicio de urgencias, sus síntomas más llamativos eran la desorientación, la incapacidad para centrar la atención y una historia de conducta desorganizada, que probablemente se instauró en un período de tiempo relativamente corto. Éstos son los síntomas característicos del *delirium* (DSM-IV, pág. 130); este diagnóstico viene apoyado además por la información obtenida el segundo día, es decir, su diabetes estaba descompensada y su estado mental había mejorado con el tratamiento de la diabetes.

Se hizo un gran esfuerzo para obtener información de seguimiento de la paciente, con el objetivo de determinar si este *delirium* estaba superpuesto a un trastorno de tipo más crónico, como una *esquizofrenia o una demencia.* Aunque el equipo de médicos recordaba haber visto a la paciente con anterioridad, no pudo ofrecer información adicional; tampoco fue posible localizar su historial médico.

© MASSON, S.A. Fotocopiar sin autorización es un delito.

Cosas de valor

Eli Wolfe acudió al servicio de urgencias de un hospital de Nueva York quejándose de malestar, fiebre y tos. Fue diagnosticado de infección respiratoria alta. Mientras el médico escribía la prescripción de fármacos, el Sr. Wolfe reveló llorando que no tenía hogar al que ir, que se encontraba deprimido y que pensaba que no valía la pena vivir. Se consultó al residente de psiquiatría para que viera al paciente y obtuviera la siguiente información adicional.

Durante el pasado mes el Sr. Wolfe había estado viviendo en el sótano de su edificio de apartamentos, comiendo en restaurantes y usando un club deportivo para ducharse. Comía y dormía poco. Su apartamento estaba lleno de periódicos, revistas y libros, y aunque ahora no era capaz de llegar ni siquiera a la puerta, no había sido capaz de desprenderse de tanto papel.

A la edad de 12 años, el Sr. Wolfe empezó a coleccionar cromos de béisbol y posteriormente libros y revistas. Sus padres eran inmigrantes pobres provenientes del este de Europa, y la idea de conservar las cosas por si pudieran servir algún día no les era ajena. Al final, sin embargo, su apartamento acabó tan lleno de cosas que tuvieron que tirar la mayor parte de su colección. Él consiguió recuperarla de la basura, y a partir de ese momento su afición a «coleccionar» se convirtió en un foco de conflictos con su familia y compañeros de trabajo.

El Sr. Wolfe no cambia de dirección para obtener los objetos que colecciona, pero una vez cae en sus manos un periódico, un libro o una revista no puede desprenderse de ellos porque «puede haber algo valioso escrito en sus páginas». La idea de tirar las cosas le pone extremadamente ansioso y, al final, se ve incapaz de hacerlo.

Durante muchos años, el Sr. Wolfe trabajó de portero en edificios de apartamentos elegantes, pero siempre acababan despidiéndole porque traía la «colección» a su lugar de trabajo, y a veces llegaba a pelearse con el personal de mantenimiento de estos edificios, que intentaba tirar sus papeles a la basura. Estuvo casado durante 10 años y tenía un hijo de 25 años de edad. Su mujer terminó por dejarle, incapaz de tolerar su comportamiento. Raramente ve a su hijo.

El Sr. Wolfe empezó a tratarse psiquiátricamente no por su hábito de coleccionar, sino porque a los 20 años «mi estado de ánimo empeoró. Me derrumbé». Empezó a dejar de hacer virtualmente todo: trabajar, comer, dormir. «Hasta mover la pierna representaba un gran esfuerzo para mí.» Empezó a acudir a un psiquiatra de forma ambulatoria, y a lo largo de estos años ha seguido tratamiento la mayor parte del tiempo, con diversos antidepresivos y ansiolíticos.

Después de divorciarse, hace ahora 10 años, llevó parte de su colección a su actual apartamento y depositó el resto en almacenes alquilados con este fin. Poco a poco, su nuevo apartamento se llenó de periódicos, revistas y libros, y se convirtió en una aventura el simple hecho de ir desde la puerta principal al dormitorio. Finalmente, el mes pasado, se hizo daño en la espalda al intentar mover las cosas, abandonando el apartamento por un cuartucho que había en el sótano del edificio. Él se da cuenta de que su incapacidad para tirar las cosas resulta irracional, pero la idea de empezar a desprenderse de todo le pone insoportablemente ansioso.

Discusión sobre «Cosas de valor»

El Sr. Wolfe presenta síntomas que sugieren una depresión: estado de ánimo deprimido, dificultad para comer y dormir, y cogniciones de que la vida no merece la pena. Si tuviéramos más información sobre la gravedad y la persistencia de estos síntomas, el diagnóstico de *trastorno depresivo mayor* (DSM-IV, pág. 345) estaría asegurado. Sin embargo, lo más chocante es que existe un problema mantenido de incapacidad para tirar las cosas —acaparamiento— que ha desestructurado totalmente su vida.

Esta dificultad mantenida para desprenderse de las cosas que presenta el Sr. Wolfe no es nada fácil de diagnosticar. Muchas personas tienen problemas para tirar las cosas que creen que un día pueden llegar a ser de valor, pero si este hecho no produce un malestar clínico significativo o un deterioro personal, el diagnóstico de trastorno mental resulta totalmente inapropiado. Sin duda éste no es el caso del Sr. Wolfe. Una posibilidad es que el acaparamiento sea parte de un cuadro más amplio de *trastorno obsesivo-compulsivo* de la personalidad, toda vez que la conducta de acaparamiento forma parte de los criterios diagnósticos de este trastorno y se presenta aproximadamente en la mitad de los casos. Sin embargo, no parece haber ninguno de los otros criterios para el diagnóstico, como el perfeccionismo o la excesiva devoción al trabajo.

El acaparamiento se ve a veces como parte de las conductas desorganizadas o absurdas de las personas con *esquizofrenia*, pero en este caso no hay ninguno de los síntomas característicos de este trastorno. La ansiedad del Sr. Wolfe, asociada a la idea de llegar a deshacerse de su colección, sugiere la existencia de una obsesión. Sin embargo, en las obsesiones verdaderas estos pensamientos son egodistónicos, mientras que en el caso del Sr. Wolfe no lo son. ¿Constituye la conducta de acaparamiento una compulsión? Las compulsiones son conductas o pensamientos repetitivos que la persona realiza de forma estereotipada o como respuesta a una obsesión. En cambio, el acaparamiento que realiza el Sr. Wolfe es de hecho un fracaso en el intento de realizar una conducta apropiada (es decir, deshacerse de su colección). Además, no sigue ninguna regla estereotipada al coleccionar sus libros y periódicos, y su conducta de acaparamiento no constituye una respuesta a ninguna obsesión.

Los expertos en el *trastorno obsesivo-compulsivo* acostumbran considerar el acaparamiento excesivo como parte del espectro de síntomas del *trastorno obsesivo-compulsivo*. Destacan que muchos «acaparadores» exhiben conductas de verificación o rituales compulsivos que reúnen los criterios diagnósti-

© MASSON, S.A. Fotocopiar sin autorización es un delito.

cos de compulsión, aunque la propia conducta de acaparamiento resulte egosintónica. Destacan asimismo la extrema ansiedad que estos pacientes experimentan si se les coarta la conducta de acaparar.

Debido a que el Sr. Wolfe no parece tener obsesiones o compulsiones estrictamente definidas, en este caso utilizaríamos para el diagnóstico la categoría residual de *trastorno de ansiedad no especificado* (DSM-IV, pág. 456). Otra manera de considerar estas conductas de acaparamiento es la de enjuiciarlas como síntoma de una personalidad desadaptada, que merecería el diagnóstico de *trastorno de la personalidad no especificado* (DSM-IV, pág. 689).

Seguimiento

El Sr. Wolfe fue ingresado en el hospital psiquiátrico, diagnosticado de *trastorno depresivo mayor* y tratado con antidepresivos, a dosis crecientes. A las 4 semanas fue capaz de limpiar el recibidor de su apartamento gracias a la tenacidad de su terapeuta, logrando al menos llegar a la puerta. Su estado de ánimo mejoró, y empezó a comer y a dormir mejor. En los 6 meses siguientes, fue deshaciéndose lenta y metódicamente de cajas de papeles. Aunque actualmente es capaz de vivir en su apartamento, sigue lleno de papeles.

¿Melancolía o comedia?

El Sr. Dennis O´Malley es un hombre de 63 años de edad, pequeño, encorvado, desarreglado y con un acento irlandés prácticamente imperceptible. Fue remitido para una exploración psiquiátrica después de acudir a una clínica médica para el seguimiento de su diabetes y de una colostomía que se le había practicado 5 años antes, a raíz de una colitis ulcerosa. Explicó a su médico que estaba enfadado porque venía oyendo voces, y fue rápidamente remitido a una clínica psiquiátrica para un examen completo.

El Sr. O´Malley es entrevistado por el psiquiatra, y empieza a contar el núcleo de sus quejas de la forma tradicionalmente irlandesa, es decir, a modo de historia. Hace algunas semanas —no está seguro de cuándo— se fue a la casa de un fiel de su parroquia y, sintiéndose cansado, se echó en la cama de su compañero para tomarse una siesta. Al despertarse, encontró a su amigo «encima» suyo, y corrió hacia la puerta tan rápido como pudo. En este momento no está seguro de si aquello ocurrió realmente o se trató de un sueño o alucinación. En cualquier caso, algún tiempo después el Sr. O´Malley experimentó en la calle cómo alguien extraño le llamaba «porquería irlandesa». Esto le molestó sumamente, y ha estado pensando en ello desde entonces. Recuerda que, hace ahora un año, los propietarios de un negocio nuevo de lavado de coches de su vecindario también le llamaron lo mismo, y se pregunta si ambos hechos están relacionados. Hace 2 semanas empezó a oír voces llamándole porquería irlandesa y diciendo otras cosas ominosas de él, de modo que «su vida se vino abajo». Él sabe que no es homosexual, y entiende que hasta cierto nivel lo que está pasando tiene su causa «en mi cabeza». Sin embargo, siente que todo el mundo de su vecindario le considera homosexual. Desde entonces se ha sentido muy nervioso y avergonzado, y ha acudido a su sacerdote, que le ha dicho que todo es producto de su imaginación y que debe ignorarlo. Aparentemente, sigue escuchando las voces durante la entrevista.

El Sr. O´Malley describe su estado de ánimo como «deplorable» y se siente «nervioso y agitado». No se siente deprimido, pero dice que últimamente no tiene interés por ver a sus amigos o hacer cualquier actividad. Al mismo tiempo refiere tener menos apetito y haber perdido peso, pero niega cualquier cambio en su ritmo de sueño. Aunque no reconoce sentirse culpable por las cosas que ha hecho, admite sentirse mal por «las frases blasfemas» que pronuncian las voces. Cuando se le pregunta específicamente sobre el suicidio, advierte que él es católico y que no iría al cielo en caso de suicidarse, y que por lo tanto nunca se quitaría la vida; sin embargo, ha pensado que sería mejor para él si algo le pasará y su corazón se detuviese.

El Sr. O´Malley ya tuvo una experiencia similar hace 12 años, cuando oyó voces blasfemas y empezó a preocuparse por «escrúpulos» religiosos. Fue tratado de forma ambulatoria durante varios meses y tomó algún tipo de medicación, de la que no recuerda el nombre. Volvió a su trabajo de taxista, y siguió activo hasta que su estado físico ya no se lo permitió, teniendo que cursar la baja por incapacidad hace ahora 5 años. Vive con su mujer y tiene un hijo de 25 años; dedica una buena parte de su tiempo a actividades relacionadas con la iglesia y toca el saxofón en las fiestas comunitarias. Hace 30 años que no prueba una sola gota de alcohol.

Cuando se le pregunta sobre problemas de memoria, describe cómo una vez cambió de dirección incorrectamente en una autopista, así como otros ejemplos de olvidos en relación con si había cerrado el horno de gas de la cocina.

Al día siguiente, la mujer del Sr. O´Malley fue entrevistada por el psiquiatra en la sala donde su marido estaba ingresado. La mujer reveló que de siempre su marido tendía a exagerar hechos insignificantes y que rápidamente se ofendía o interpretaba como críticas las observaciones de los demás. Consideraba el malestar de las pasadas semanas como una simple exageración típicamente suya. Co-

© MASSON, S.A. Fotocopiar sin autorización es un delito.

mentó que durante unos días lo había visto «apático», y que ella pensó que podía tener un «virus». Describió el episodio de hace 12 años de forma similar al de ahora: se había ido poniendo cada vez más nervioso y suspicaz, y había empezado a oír «voces».

Discusión sobre «¿Melancolía o comedia?»

La primera cuestión diagnóstica que plantea este caso es si las «voces» que llamaban al Sr. O´Malley «porquería irlandesa» constituyen alucinaciones u obsesiones. Este síntoma tiene varias características que sugieren que puede tratarse de una obsesión: es recurrente, intruso y estereotipado. Sin embargo, el paciente no lo experimenta como un producto de su propia mente, sino como acusaciones que vienen de otras personas; de hecho, él interpreta que vienen de todo su vecindario. Por lo tanto, las voces parecen verdaderas alucinaciones, producto de una interpretación delirante.

¿Constituyen estas ideas delirantes y alucinaciones síntomas de un trastorno del estado de ánimo? El paciente refiere que no se ha interesado por ninguna actividad desde que esto empezó, y que ha perdido considerable peso y se siente culpable por las voces blasfemas. Presenta pensamientos recurrentes de muerte, aunque niega intencionalidad autolítica. Pensamos que probablemente hay suficientes síntomas para justificar un diagnóstico de *trastorno depresivo mayor* (DSM-IV, pág. 352). Sospechamos que el episodio anterior fue similar, por lo que añadimos el término recurrente al diagnóstico. Dado que las alucinaciones y las ideas delirantes son persecutorias y el paciente no se siente culpable de las cosas de que es acusado (como en las típicas ideas delirantes), añadimos también: *con síntomas psicóticos incongruentes con el estado de ánimo.*

Seguimiento

El Sr. O´Malley fue tratado con medicación antipsicótica en una unidad de pacientes ingresados. Sus psiquiatras no consideraron decisivos los síntomas depresivos, y por lo tanto no incluyeron medicación antidepresiva, hasta que algunas semanas después las voces disminuyeron y empezó a aflorar de forma más objetiva su clínica depresiva. La exploración neurológica completa, incluyendo una tomografía computarizada, no reveló ninguna anormalidad. Dejó el hospital al cabo de 4 semanas, después de una sensible mejoría.

Su psiquiatra ambulatorio, que empezó a tratarle después del alta hospitalaria, se quedó impresionado con un nuevo síntoma: las demandas obsesivas de verificación de que no había desobedecido las reglas de la iglesia, como haber tirado las hostias de comunión al lavabo, a pesar de que él mismo reconocía que no lo había hecho. Su psiquiatra ambulatorio redujo gradualmente la medicación antipsicótica, y empezó a tratarle con un nuevo antidepresivo que pensó que sería útil a su vez como tratamiento de un *trastorno obsesivo-compulsivo.* Un año después, el Sr. O´Malley, sin haber dejado esta medicación, estaba libre de síntomas y había vuelto a su nivel de actividad normal.

La alumna retrasada

La Srta. Fielding, una mujer afroamericana de 35 años de edad, soltera, desempleada y educada en un instituto, fue conducida por la unidad móvil de crisis al servicio de urgencias. Fue la hermana de la paciente quien contactó con la unidad móvil, después de haber fracasado en el intento de persuadirla para que acudiera a un psiquiatra de forma ambulatoria. La hermana estaba preocupada por el ritmo de trabajo progresivamente más errático de la paciente y por sus conductas extravagantes desde la muerte de su padre, hace ahora 2 años. La única vez que la paciente había mantenido contacto con psiquiatras fue a través de un breve programa de psicoterapia al que se sometió en su instituto.

La paciente no había vuelto a trabajar después de que la despidieran de su empleo hace ahora 3 meses. Tal y como explicaban su novio y su compañero de piso (ambos vivían con ella), fue mostrando una preocupación cada vez más acentuada por los vecinos de arriba. Unos días antes había aporreado su puerta principal con una vara de hierro sin ningún motivo aparente. Explicó a la unidad móvil de crisis que los vecinos de arriba habían estado atormentándola «accediendo» a sus pensamientos y repitiéndoselos. El equipo de la unidad móvil la remitió al servicio de urgencias para evaluar «un fenómeno de transmisión del pensamiento». A pesar de que negaba tener ningún problema con su pensamiento, confesó

© MASSON, S.A. Fotocopiar sin autorización es un delito.

que se sentía «estresada» desde que había perdido su puesto de trabajo, añadiendo que podría beneficiarse de más sesiones de psicoterapia.

Después de leer el informe de admisión, donde constaba que la paciente tenía síntomas extravagantes, los psiquiatras de guardia se sorprendieron al encontrarse con una mujer joven, atractiva, tranquila, relajada, vestida de forma elegante y con una apariencia perfectamente normal. Los saludó con una sonrisa educada y algo superficial, mostrando un respeto indiferente. Cuando le preguntaron el motivo de su presencia, movió tímidamente sus hombros y replicó: «¡Espero que ustedes me lo aclaren!».

La Srta. Fielding había trabajado siempre como secretaria, y atribuía su despido a la crisis económica. Negaba cualquier tipo de alteraciones recientes del estado de ánimo, y contestaba «no» a cualquier pregunta que intentara poner de manifiesto síntomas psicóticos, acompañando cada una de sus respuestas con una sonrisa educada, pero incrédula. Creyendo que quizá la valoración del equipo móvil de crisis correspondía a otra paciente, el entrevistador le preguntó, casi excusándose, si había pensado alguna vez que la gente podía leer su mente. Ella respondió, ¡«Oh, sí!, constantemente», y describió cómo, en una ocasión, encontrándose de pie en su cocina programando la cena en silencio, oyó voces de gente de la calle recitando el menú entero que ella acababa de decidir. Estaba convencida de la verosimilitud de esta experiencia, e incluso la había certificado mirando por la ventana y observando a la gente hablando en voz alta de sus pensamientos.

La paciente sentía malestar no porque las personas «accedieran» a sus pensamientos, sino por su incapacidad para controlar este fenómeno. Creía que la gente había desarrollado estos poderes telepáticos en la infancia, y que ella era una «alumna retrasada» que acababa de darse cuenta de esta capacidad, y se sentía realmente abrumada por este descubrimiento. Aunque ya había empezado a notar estas experiencias telepáticas 2 años antes, no se hicieron realmente constantes hasta el período de 3 meses posterior a su despido laboral. El malestar que sentía se debía casi exclusivamente a sus vecinos de arriba, que no sólo repetían sus pensamientos, sino que la bombardeaban con comentarios críticos y peyorativos, como «¡No eres buena!» y «Debes marcharte». Habían empezado a introducirse dentro de ella de forma despiadada, a todas horas, tanto de día como de noche.

Estaba convencida que la única solución era que sus vecinos se mudaran. Cuando le preguntaron si había pensado en otras posibilidades, admitió de forma reacia que había hablado con su novio de contratar los servicios de una persona especializada en «amenazar» o, si fuera necesario, «eliminar» al matrimonio de la planta superior. Confiaba en que sería posible ahorrarles este sufrimiento a los dos hijos de la pareja, ya que creía que no estaban implicados en la invasión de sus «fronteras mentales». Esta preocupación por los niños era la única muestra de conciencia de la gravedad de sus síntomas. Reconocía, sin embargo, que debía ingresar en el hospital.

Discusión sobre «La alumna retrasada»

Resulta extremadamente inusual que los pacientes con ideas delirantes absurdas como la de la Srta. Fielding, según la cual sus pensamientos eran «transparentes» para los demás, tengan una apariencia perfectamente normal. Sin embargo, la presencia de ideas delirantes absurdas, alucinaciones y deterioro social y laboral de al menos un mes, pero de menos de 6 meses, en ausencia de un trastorno del estado de ánimo, de un trastorno del estado de ánimo inducido por sustancias o de una enfermedad médica que pudieran explicar esta alteración, justifican el diagnóstico de *trastorno esquizofreniforme* (DSM-IV, pág. 298). Su buen nivel de actividad premórbida y la ausencia de afectividad embotada o aplanada indican la especificación adicional de *con rasgos de buen pronóstico.* Cuando se establece el diagnóstico antes de que se recupere, como en este caso, se califica además de provisional, aunque si persisten los signos de la alteración durante al menos 6 meses el diagnóstico debería cambiarse por el de *esquizofrenia.*

Seguimiento

Una vez ingresada en el hospital, la Srta. Fielding solicitó inmediatamente el alta voluntaria, negando o quitando importancia a sus síntomas previos. Su conducta, pensamiento y afecto parecían por otra parte normales. Después de 2 semanas en observación, la Srta. Fielding fue remitida a su médico. Al cabo de un mes, sin embargo, admitió haber pasado por la experiencia aterradora de oír voces y de leer el pensamiento de los demás, refiriendo asimismo una incapacidad absoluta para planificar la búsqueda de un puesto de trabajo, y aceptando finalmente tomar medicación.

Fue tratada con fármacos antipsicóticos, y sus alucinaciones aterradoras, así como su creencia de que tenía poderes de clarividencia, remitieron. Tres meses después del alta obtuvo trabajo mediante una agencia de colocación temporal. Poco después, sintiéndose completamente bien, decidió dejar de asistir a la clínica, y no fue posible proseguir el seguimiento.

© MASSON, S.A. Fotocopiar sin autorización es un delito.

Aunque la duración total de su enfermedad se acerca a los 6 meses, creemos conveniente concederle el beneficio de la duda, conservando el diagnóstico de *trastorno esquizofreniforme*.

Las montañas rusas

Cuando finalmente la desesperada esposa de Ernest Eaton consiguió convencerle para que ingresara y se sometiese a un examen, él tenía 37 años y estaba en paro. Durante varios años no había llevado a cabo ninguna actividad. Después de una semana en que se había pasado todas las noches saliendo y todos los días de compras, la Sra. Eaton le amenazó con abandonarle si no accedía a visitarse en un hospital psiquiátrico. El psiquiatra de guardia le encontró verborreico, jovial, seductor y sin evidencias de ideas delirantes o alucinaciones.

Los problemas del Sr. Eaton habían empezado 7 años antes cuando trabajaba como inspector de seguros y experimentó durante algunos meses y de forma leve e intermitente síntomas depresivos, ansiedad, fatiga, insomnio y pérdida de apetito. En ese momento atribuyó estos síntomas al estrés del trabajo, y en pocos meses pudo volver a ser el de siempre.

Pocos años después, durante un examen médico de rutina, se le descubrió una masa tiroidea asintomática. Un mes después de que le fuese extirpada (se trataba de un quiste tiroideo papilar), el Sr. Eaton notó cambios drásticos de humor. En concreto fueron 25 días de energía acusada, hiperactividad y euforia, que se siguieron de 5 días de depresión, durante los cuales dormía mucho y sentía que apenas podía moverse. Este patrón de períodos alternativos de expansividad y depresión, aparentemente interrumpidos por sólo unos pocos días de «normalidad», fue repitiéndose sucesivamente durante los siguientes años.

Durante los períodos de euforia, el Sr. Eaton se mostraba optimista y con gran autoconfianza, pero temperamental y fácilmente irritable. Su juicio y su actividad eran irregulares, gastaba grandes sumas de dinero en compras innecesarias y para él poco comunes, como una cadena de alta fidelidad de elevado precio y varias crías de Doberman. Confesaba asimismo haber tenido conductas sexuales de tipo impulsivo. Durante los períodos de depresión solía quedarse en la cama todo el día debido a fatiga, falta de motivación y estado de ánimo deprimido. Se sentía culpable por los excesos e imprudencias de las semanas previas. Dejaba de comer, de lavarse y de afeitarse. Después de varios días en este estado, el Sr. Eaton solía levantarse de la cama una buena mañana sintiéndose mejor, y en 2 días volvía a su actividad laboral, con frecuencia desarrollando una labor frenética, aunque inefectiva, que le permitiese recuperar el trabajo que había dejado de hacer durante los períodos de depresión.

Aunque tanto su mujer como él mismo negaban consumo alguno de drogas, aparte de las ingestas de alcohol que realizaba durante los períodos de hiperactividad, el Sr. Eaton había sido despedido de su trabajo 5 años antes debido a que su supervisor estaba convencido que su hiperactividad debía estar motivada por el consumo de drogas. Su mujer lo había apoyado económicamente desde entonces.

Cuando finalmente aceptó ser evaluado psiquiátricamente hace 2 años, el Sr. Eaton se comportó de forma muy poco colaboradora, abandonando una y otra vez los diversos tratamientos que le eran prescritos, como el litio, neurolépticos y antidepresivos. Sus cambios de estado de ánimo habían continuado con pocas interrupciones hasta el momento del ingreso actual.

En el hospital, los resultados de la exploración física, analítica, hemograma, tomografía computarizada y examen cognoscitivo fueron totalmente anodinos. Las pruebas tiroideas revelaron evidencias de laboratorio de un cierto grado de hipofunción tiroidea, aunque no presentaba signos clínicos de enfermedad tiroidea. Después de una semana hizo el cambio a su estado depresivo característico.

Discusión sobre «Las montañas rusas»

En este caso no resulta difícil efectuar el diagnóstico de *trastorno bipolar I, episodio más reciente maníaco* (DSM-IV, pág. 364). En sus períodos hiperactivos, el Sr. Eaton mostraba los síntomas característicos de un episodio maníaco: disminución de la necesidad de dormir, hiperactividad, verborrea e implicación excesiva en actividades placenteras sin reflexionar en sus consecuencias. Durante los períodos de depresión, reunía los criterios sintomáticos, pero no de duración, de un episodio depresivo mayor. Como había presentado más de cuatro episodios de manía en un período de un año, separados por períodos de depresión, se añadió al diagnóstico de *trastorno bipolar I* la categoría de con *ciclos rápidos*.

A diferencia del Sr. Eaton, no todos los pacientes *con ciclos rápidos* experimentan cambios predictibles de manía a depresión sin que medien períodos de eutimia. Los *ciclos rápidos* suelen implicar uno o más episodios maníacos

© MASSON, S.A. Fotocopiar sin autorización es un delito.

o hipomaníacos, como en este caso, pero también se diagnostica si todos los episodios son depresivos, maníacos o hipomaníacos, siempre y cuando estén separados por períodos de remisión (o cambios al polo opuesto).

Como hemos comentado anteriormente, la conducta inusual del Sr. Eaton era atribuida por sus colegas de trabajo al consumo de drogas. No resulta infrecuente el identificar erróneamente estos patrones cambiantes de humor como una prueba de consumo abusivo de drogas, lo cual a su vez debería constar en el diagnóstico diferencial siempre que estemos delante de un posible caso de *ciclos rápidos*. El Sr. Eaton constituye un ejemplo algo atípico entre los pacientes con *ciclos rápidos*, ya que suele tratarse de mujeres. El inicio de los síntomas se siguió rápidamente de la tiroidectomía parcial, y se detectaron evidencias de hipofunción tiroidea leve. Algunos estudios han puesto de manifiesto que la enfermedad tiroidea constituye un factor de riesgo para los *ciclos rápidos*. Otro factor de riesgo, de significación poco clara en este caso, es la utilización de medicación antidepresiva. Debido a las altas tasas de falta de respuesta al litio, los casos con *ciclos rápidos* suelen ser tratados con fármacos anticomiciales.

Seguimiento

Después de 3 semanas en el hospital, el estado de ánimo del Sr. Eaton era estable gracias al tratamiento con litio y tiroxina, esta última añadida más para estabilizar el humor que para tratar la hipofunción tiroidea detectada mediante test de laboratorio. Después del alta hospitalaria, encontró un trabajo rápidamente y estuvo bien durante el año siguiente. Al encontrarse mejor decidió que no necesitaba la medicación y abandonó el tratamiento con litio. En pocas semanas volvió a presentar un episodio maníaco y tuvo que ser ingresado de nuevo.

La gordita

Andrea Simpson pesaba 90 kg cuando acudió de nuevo a su primer terapeuta solicitando ayuda por sus problemas de alimentación y de peso que tanto la habían perjudicado desde que era una niña. Volvía a tener un patrón de alimentación incontrolado en forma de atracones, y había ganado más de 18 kg en 6 meses.

Andrea recordaba cómo en sus primeras etapas escolares sus compañeros la llamaban «gordita», y cómo mantuvo frecuentes discusiones con su madre a lo largo de toda su infancia y adolescencia por sus problemas con la comida y el peso. Durante su etapa en el instituto se pasaba el día picando. Después de cada bocado se decía a sí misma que ése era el último y se prometía empezar una dieta, aunque siempre acababa siendo incapaz de cumplirla. Estaba muy avergonzada por su peso, pero cada vez engordaba más. La mayor parte de veces solía comer a solas para no ser observada por los demás. Al graduarse en el instituto, con una altura de 1,67 m, pesaba 76 kg.

Andrea cree que sus atracones aparecieron durante su etapa en el instituto. A poco de comenzar sus estudios logró perder aproximadamente 15 kg haciendo régimen y entonces empezó a alternar períodos de restricción dietética con otros de sobreingesta que solían prolongarse de semanas a meses. Durante los períodos de sobreingesta, solía tomarse un gran desayuno (p. ej., varios huevos con queso, dos o tres rebanadas de pan, y dos grandes vasos de zumo de naranja). Luego se llevaba a su dormitorio grandes cantidades de comida (p. ej., dos o tres bocadillos de manteca de cacahuete, dos o tres docenas de galletas, patatas chips y a veces queso), comiéndoselo todo durante las siguientes horas hasta sentirse físicamente incómoda y quedarse dormida. En esa época solía estar muy deprimida y avergonzada en relación con su peso. No recuerda haberse sentido fuera de control durante sus atracones, porque siempre pensaba que pararía una vez ingerido el bocado que se estaba comiendo, aunque esto raramente sucedía. Durante los años de instituto solía tener fluctuaciones de peso, ya que éste oscilaba entre 65 y 90 kg.

En su último año de instituto, Andrea alcanzó un peso normal, y después de graduarse contrajo matrimonio. A partir de entonces volvió a comer demasiado, incluso durante la luna de miel. Su marido estaba enfadado con ella debido a su manera de comer y a sus aumentos de peso. Solían discutir sobre este punto y sobre su falta de honestidad respecto a la comida (motivada sobre todo por la vergüenza que sentía por lo que acababa de comerse). Ella cree que sus problemas con la alimentación contribuyeron significativamente a su divorcio posterior.

Durante los años siguientes, Andrea siguió padeciendo problemas con su peso y alimentación. Fue a los Vigilantes del Peso en varias ocasiones, intentó varias dietas que aparecían en revistas, utilizó anfetaminas prescritas médicamente o adquiridas de forma ilegal, y mantuvo diversas conversaciones con médicos internistas intentando las dietas que éstos le proponían. Sin embargo, continuó con sobrepeso y con fluctuaciones periódicas. Cuando realizaba alguna dieta, se mostraba constantemente preocupada por la comida y tenía una necesidad urgente de comer.

© MASSON, S.A. Fotocopiar sin autorización es un delito.

A los 25 años aproximadamente, Andrea asistió a un programa de psicoterapia a causa del divorcio y los problemas con su familia. Aunque intentó hablar con el terapeuta de sus problemas de peso y alimentación, la terapia resultó ineficaz en este punto ya que las intervenciones se limitaban básicamente a sugerirle dietas.

Describe los períodos de atracones como «una pesadilla», durante los cuales lo que le preocupa especialmente es la urgencia por comer y planear comidas adicionales, y se siente culpable y avergonzada por su patrón de alimentación y el aumento de peso inevitable al que desemboca. Su peor período de atracones diarios, que duró aproximadamente 10 meses, tuvo lugar hace ahora aproximadamente 2 años. Comía cajas de galletas, helados y otros dulces, grandes cantidades de pan con manteca de cacahuete y muchos platos de cereales cuando no había nada más en casa. Se sentía sin control y desesperada por su incapacidad para controlar estos atracones. Solía comer hasta que el dolor de estómago ya no se lo permitía, y nunca tenía sensación de hambre porque siempre estaba comiendo. Perdió cualquier tipo de horario de comidas, y evitaba comer delante de los demás ya que se sentía avergonzada por su manera de hacerlo. Se sentía constantemente deprimida. Ganó 35 kg durante este período de atracones.

Discusión sobre «La gordita»

Muchas personas, particularmente las mujeres, están preocupadas por su sobrepeso y su incapacidad para mantener un peso normal. Algunas intentan varias dietas y programas de mantenimiento de peso. Una minoría de estas personas presentan atracones recurrentes durante los cuales comen grandes cantidades y sienten que no pueden controlarse. Cuando un patrón de atracones tiene lugar más de dos veces por semana durante más de 6 meses, como en el caso de Andrea, el diagnóstico es el de *trastorno por atracón* (DSM-IV, pág. 747; que aparece en el apéndice para diagnósticos que requieren un mayor estudio). Este diagnóstico no debe efectuarse si la persona se implica en conductas compensadoras inapropiadas, tal como sucede en la *bulimia nerviosa* (p. ej., vómitos autoinducidos o actividad física excesiva [v. «Viaje al infierno de la comida», pág. 41]).

Los pacientes con *trastorno por atracón* se diferencian en diversos aspectos de los que padecen *bulimia nerviosa*. En los centros asistenciales, el paciente con *bulimia nerviosa* suele corresponder casi invariablemente a una mujer de unos 20 años, mientras que la edad media del paciente con *trastorno por atracón* ronda los 40 años de edad. La bulimia nerviosa es extremadamente infrecuente en varones, mientras que en el *trastorno por atracón*, la proporción mujer-hombre es aproximadamente 3:2. El paciente típico con *bulimia nerviosa* tiene un peso normal o casi normal, pero está preocupado por llegar a ser un poco más delgado, mientras que la mayoría de enfermos con *trastorno por atracón* tienen sobrepeso y les encantaría tener un peso normal. Finalmente, los pacientes con *trastorno por atracón* tienen menos posibilidades que los que padecen *bulimia nerviosa* (pero más que las personas normales) de presentar una historia de trastornos del estado de ánimo, ansiedad o trastornos inducidos por sustancias.

Seguimiento

El terapeuta de Andrea le recomendó mantener reuniones con los Comilones Anónimos (CA), un grupo de autoayuda similar al de los Alcohólicos Anónimos. Andrea encontró la combinación de CA y psicoterapia de mucha ayuda. Perdió aproximadamente 30 kg, con dietas rígidas o restrictivas, y sólo recuperó 8 kg durante los siguientes 5 años. Está contenta porque no siente constantemente la preocupación por el alimento o la urgencia por ingerirlo entre las comidas, aunque continúa teniendo problemas para controlar la cantidad que ingiere. Está bastante segura de que nunca se sentirá completamente libre de su problema con la alimentación y de que en cualquier momento impredecible pueden volver a aparecer los atracones. Por esta razón, continúa asistiendo a las reuniones de los CA.

© MASSON, S.A. Fotocopiar sin autorización es un delito.

EN BUSCA DE UN HOGAR

Tony Taylor es un hombre afroamericano de 39 años de edad, divorciado, que fue admitido en un programa psiquiátrico de día en el centro de acogida donde residía, al referir impulsos súbitos de acuchillar a otros residentes. La plantilla del centro lo describía como «manipulador» y «encantador». Tenía como antecedentes una larga historia de consumo abusivo de alcohol, heroína y cocaína, pero advertía que desde hacía 3 semanas estaba «limpio». Confesó varios arrestros por delitos, incluyendo secuestros y robos a mano armada, para los cuales siempre parecía tener una explicación que minimizaba su propia responsabilidad.

El Sr. Taylor entró en la red de centros de acogida de la ciudad hace ahora 2 años, cuando la mujer con la que vivía lo echó de casa porque ya no podía tolerar más su temperamento y su consumo abusivo de sustancias. Durante su matrimonio con otra mujer, hace ahora 20 años, cuando no estaba en prisiones o en hospitales era capaz de trabajar en empleos temporales poco cualificados. No ha vuelto a trabajar en los últimos 7 años, y nunca ha pagado la manutención de sus hijos a su mujer.

La vida no empezó fácil para el Sr. Taylor. Su padre abandonó el hogar antes de que naciera, dejando atrás un escándalo familiar; al parecer había dejado embarazada a la hermana de su mujer, lo que hizo que el resto de la familia tratara a Tony como a un marginado. Su madre tuvo nueve hijos, cada uno de padre diferente. Ella padecía una depresión crónica y había recibido tratamiento psiquiátrico continuado. Todos sus hijos padecían problemas psiquiátricos o por abuso de sustancias.

Cuando el Sr. Taylor tenía 3 años, su madre lo entregó a una sucesión de cuidadores de ambas ramas de la familia. Fue objeto de abusos físicos por algunos de los novios de su madre, siendo castigado varias veces con el cinturón o con cables eléctricos. Cuando hacía el séptimo curso fue expulsado de la escuela porque «un profesor me dejó en ridículo». A la edad de 16 años, cuando entró en los Cuerpos de Trabajo, empezó a beber. Durante los años siguientes consumió cocaína y heroína por vía nasal, y luego heroína intravenosa durante aproximadamente un año. A los 20 y pocos años dejó de consumir drogas, pero siguió abusando del alcohol.

Cuando tenía 19 años, después de una discusión con su mujer, se cortó las venas del antebrazo y estuvo ingresado en un hospital durante 6 meses, donde le prescribieron un antidepresivo, un ansiolítico que no recuerda y psicoterapia después del alta médica, pero abandonó el tratamiento cuando empezó a sentirse mejor. Durante los siguientes 20 años constan múltiples hospitalizaciones motivadas por tentativas de suicidio o impulsos violentos. En un momento dado llegó a tirarse de un puente, sufriendo múltiples fracturas. Nunca ha presentado síntomas maníacos, ni ideas delirantes o alucinaciones.

El único informe psiquiátrico disponible destaca un amplio registro de actividades delictivas y otorga al paciente el diagnóstico de *trastorno antisocial de la personalidad*. Su historia delictiva incluye cargos por múltiples robos a mano armada, abandono y negligencia de menores, y secuestro de un hombre de 20 años. En relación con este último delito, refiere que mantuvo acorralado a un hombre intimidándole con un cuchillo mientras sus amigos le robaban el coche.

Discusión sobre «En busca de un hogar»

Como muchos hombres solos que se encuentran en centros de acogida por falta de hogar, el Sr. Taylor posee una larga historia de encuentros con la justicia, así como problemas con el alcohol y las drogas. También resulta típica la historia de relaciones familiares inestables y de abusos durante la infancia. El Sr. Taylor, como la mayor parte de residentes en estos centros de acogida, nunca ha padecido un trastorno psicótico.

No resulta difícil hacer el diagnóstico pasado de *abuso de alcohol* (DSM-IV, pág. 202), *cocaína* (DSM-IV, pág. 235) y *heroína* (DSM-IV, pág. 260). Si dispusiéramos de más información, es probable que, en algún momento, el Sr. Taylor hubiese podido ser diagnosticado de dependencia de algunas de estas sustancias. Sus antecedentes de conducta violenta, de falta de remordimiento, de fracaso para mantener un puesto de trabajo, de actos ilegales y de conductas irresponsables hacia su esposa e hijos sugieren el diagnóstico provisional de *trastorno antisocial de la personalidad* (DSM-IV, pág. 649). (Este diagnóstico es provisional porque sus criterios diagnósticos exigen una historia de *trastorno de la conducta* durante la infancia, el cual probablemente se dio, pero no pudo confirmarse en el Sr. Taylor.)

Este caso demuestra que algunas de las mismas conductas que sugieren el diagnóstico de *trastorno antisocial de la personalidad* pueden verse como evidencias de un *trastorno límite de la personalidad* (DSM-IV, pág. 670); por ejemplo, sus relaciones interpersonales inestables, impulsividad e ira incontrolada. Su historia de conductas suicidas e inestabilidad emocional también constituyen síntomas de *trastorno límite de la personalidad*. Debido a que no todos los pacientes con *trastorno antisocial de la personalidad* presentan asimismo estos rasgos límite, diagnosticaríamos ambos trastornos.

Los síntomas de depresión, incluyendo las tentativas de suicidio, han estado presentes en la vida del Sr. Taylor, como suelen estarlo en los residentes de los centros de acogida cuyas vidas resultan tan penosas; pero en este caso está poco clara la presencia en algún momento de un *episodio depresivo mayor* completo.

Seguimiento

Durante un período de tratamiento de 10 meses, el Sr. Taylor exhibió un intenso apego a su terapeuta femenina. Solía demandar atención inmediata.

© MASSON, S.A. Fotocopiar sin autorización es un delito.

Cuando se le frustraba, a veces se embriagaba y se mostraba agresivo verbalmente. Esto sucedió sobre todo cuando su terapeuta dejó el programa por otro trabajo. Sin embargo, se abstuvo de conductas violentas, y se enroló en un grupo de adictos a drogas que presentaban asimismo otros problemas psiquiátricos. Un fármaco anticomicial le ayudó a controlar sus impulsos agresivos. También recibió consejos y entrenamiento de habilidades sociales de forma individual y en grupo, y tomó parte en un programa de trabajo y de administración del dinero.

El Sr. Taylor fue aceptado en una residencia de la comunidad, siendo capaz de mantener su casa y asistir regularmente a un programa de día durante un período de 9 meses. Su terapeuta del centro de acogida le monitoriza de cerca e interviene cuando surge algún problema.

El toxicómano

Joe Havel, de 54 años, administrador de una universidad del medio oeste americano, fue requerido para contar la historia de su lucha para dejar el tabaco. No había vuelto a fumar un solo cigarrillo durante los últimos 2 años, después de someterse a un tratamiento de 6 semanas con un parche de nicotina prescrito por un colega suyo que dirige un programa de investigación para el abandono del tabaco.

El Sr. Havel empezó a fumar cuando tenía 18 años, habitualmente uno o dos paquetes al día. Cuando se acercaba a los 40 años, empezó a prometerse cada mañana que iba a dejarlo, aunque hacia las 9,30 horas, «ya no aguantaba más y encendía mi primer cigarrillo del día». A los 45 años de edad, sometido a una intensa presión por parte de su familia, amigos y cardiólogo, pidió a su colega que le prescribiera un antidepresivo que se había utilizado para ayudar a los fumadores a dejar su hábito. Durante 4 días la dosis del fármaco antidepresivo fue incrementándose gradualmente, durante los cuales consiguió no fumar un solo cigarrillo. Al cuarto día empezó a sentir como «si estuviera en un viaje de LSD». Su entorno parecía irreal, y «la gente abría y cerraba su boca, aunque sin pronunciar palabra». Aterrorizado por lo que le estaba sucediendo, dejó de tomar el fármaco bruscamente. Durante el siguiente par de semanas continuó sintiéndose drogado, si bien seguía sin fumar. De vuelta a la normalidad, empezó a fumar de nuevo y pronto llegó a los dos paquetes diarios.

Durante los siguientes 5 años continuaron las presiones externas para que dejara de fumar. El cigarrillo estaba prohibido en su edificio de oficinas, y su mujer y su médico eran implacables en sus recomendaciones. Al mismo tiempo empezó a darse cuenta de que le faltaba la respiración después de subir un par de pisos por las escaleras. De nuevo pidió ayuda a su colega, que en ese momento le prescribió un parche de nicotina. «Siempre había pensado que fumar era un aspecto más de mi forma de ser, pero cuando me vi con el parche y comprobé que no fumaba, me di cuenta de que era un toxicómano».

Durante las 6 semanas en que llevó el parche la vida era «bonita». Estaba contento, productivo y centrado, y no tenía ninguna urgencia por el cigarrillo. Dejó el parche después de las 6 semanas tal como le habían indicado, y desde entonces y durante varios meses se sintió «irritable» y sin su habitual *joie de vivre*. «Un día estaba leyendo un anuncio de un antidepresivo, ¡y comprobé que tenía todos los síntomas que mencionaba!». Además, empezó a tener infecciones virales leves pero frecuentes, algo que no le había sucedido antes.

Dos años después sigue sin fumar, y no ha vuelto a tener síntomas de depresión, aunque cree que le falta algo: «El punto final, la coma y el punto de exclamación han desaparecido de mi vida».

Discusión sobre «El toxicómano»

Dado que entre los efectos agudos de la nicotina no se incluyen las conductas desadaptativas características de la intoxicación por otras drogas de abuso frecuente, como el alcohol o la cocaína, no ha sido hasta hace poco que se han reconocido las similitudes entre la dependencia a la nicotina y a otras drogas de abuso. El Sr. Havel se refería a sí mismo como a un «toxicómano» porque reconoció su dependencia de la nicotina como cualquier heroinómano lo hace de la heroína. De forma repetida se mostró incapaz para abandonar o controlar su hábito tabáquico: fumaba todo el día, y fumaba a pesar del conocimiento de que esa conducta le estaba provocando problemas físicos. Por lo tanto, durante muchos años, el Sr. Havel padeció *dependencia de nicotina* (DSM-IV, pág. 254).

Durante un tiempo, el Sr. Havel, decidido a conseguir el abandono del hábito tabáquico, intentó evitar los síntomas de retirada utilizando un fármaco antidepresivo o un parche de nicotina que libera, de forma lenta, una dosis baja al torrente sanguíneo.

© MASSON, S.A. Fotocopiar sin autorización es un delito.

Aunque el Sr. Havel está contento de haberse liberado del tabaco, como otros antiguos adictos que también han logrado el éxito, encuentra a faltar el placer que esa droga le dio antes. El Sr. Havel no ha tenido nunca un *trastorno depresivo mayor* aparente. Los estudios de investigación han indicado que los consumidores de tabaco con una historia como ésta encuentran mucho más difícil dejar su hábito.

BAJO NIVEL DE VIDA

Louise Larkin es una mujer de 39 años, pálida, encorvada, cuya cara de niña está enmarcada por trenzas rubias atadas con cintas de color rojo. Su médico de cabecera, preocupado por su bajo nivel de actividad, la remite para una exploración psiquiátrica que valore la posibilidad de ingreso. Su única queja al médico es «Ha empeorado mi autocuidado y mi nivel de vida». Su madre refiere que sin duda ha existido un declive, pero que éste se ha venido produciendo durante muchos años. Durante los últimos meses Louise ha permanecido en su habitación, callada y quieta.

Hace 12 años Louise trabajaba de supervisora en el departamento de terapia ocupacional de un gran hospital, vivía en su propio apartamento y se había comprometido con un hombre joven. Un buen día rompió este compromiso, y poco a poco fue mostrando una mayor desorganización, merodeando sin rumbo por las calles y vistiendo ropa inadecuada. Fue despedida de su trabajo, y finalmente se requirió la ayuda de la policía para hospitalizarla, la cual, al entrar en su apartamento, comprobó su estado deplorable: papeles, comida y objetos rotos por todas partes. No existe información disponible de este antecedente de hospitalización, que se prolongó por espacio de 3 meses y del cual fue dada de alta con la indicación de vivir con su madre y la prescripción médica de un fármaco que no recuerda en este momento, pero que de todas formas nunca llegó a tomar.

Después del alta hospitalaria su familia confiaba que Louise volvería a ser ella misma y encarrilaría de nuevo su vida; pero con los años fue volviéndose más retraída y su rendimiento fue a peor. Dedicaba la mayor parte del tiempo a ver la televisión y cocinar. Sus platos consistían en combinaciones extravagantes de ingredientes, como col con galletas, que luego cocinaba y tenía que comer ella sola porque ningún otro miembro de la familia podía con ellos. Coleccionaba libros de cocina y de recetas, y tenía la habitación llena de legajos donde guardaba su colección. A menudo, cuando su madre entraba de repente en su habitación, cogía rápidamente una de estas revistas y pretendía estar leyéndola, cuando de hecho lo único que había estado haciendo hasta el momento era permanecer sentada mirando la pared. Dejó de ducharse y de lavarse el pelo y los dientes. Comía cada vez menos aunque negaba haber perdido el apetito, y durante un período de varios años perdió 7 kg. Dormía a horas extrañas. Finalmente empezó a presentar enuresis, mojando frecuentemente las sábanas y llenando su habitación del insoportable hedor de la orina.

Durante la entrevista del primer día de ingreso en el hospital psiquiátrico, Louise está sentada, mantiene las manos fuertemente agarradas a su falda y rehúye el contacto visual con el médico que intenta interrogarla. Responde rápidamente a las preguntas y no parece mostrarse suspicaz o reservada, aunque su afecto es superficial. Niega estar deprimida ni tener ideas delirantes o alucinaciones. Sin embargo, sus respuestas se vuelven cada vez más idiosincrásicas e irrelevantes a medida que la entrevista va progresando. En respuesta a la pregunta referente a sus extraños hábitos culinarios, replica que no quiere discutir los recientes acontecimientos en Rusia. Cuando se trata el tema de su bajo nivel de actividad y rendimiento, responde, «Cuando eres joven se da algo más que un simple despegue». Preguntada sobre si tiene ideas de referencia, comenta, «Dudo que sea cierto, pero si uno conoce a los escritores implicados, podría constituir un elemento dirigido de forma cómica». Sus respuestas vienen interrumpidas constantemente por la frase «Estoy a salvo. Estoy a salvo».

Discusión sobre «Bajo nivel de vida»

Diversos aspectos de este caso sugieren el diagnóstico de *esquizofrenia*. Por una parte, el extremo declive de rendimiento de Louise durante un período de varios años y las muchas peculiaridades de su conducta y su conversación. Por otra, no existen pruebas de un trastorno del estado de ánimo, una enfermedad médica o un trastorno inducido por sustancias que pudieran explicar esta alteración. Lo que dificulta el diagnóstico en mayor medida es la aparente ausencia de ideas delirantes o alucinaciones, los cuales están generalmente presentes durante la fase activa de la *esquizofrenia*.

El DSM-III y el DSM-III-R permitían realizar el diagnóstico de *esquizofrenia*, incluso en ausencia de ideas delirantes y alucinaciones, si existían dos de

© MASSON, S.A. Fotocopiar sin autorización es un delito.

los tres siguientes síntomas: incoherencia o marcada pérdida de la capacidad de asociación, conducta catatónica o afecto aplanado o claramente inapropiado. Hubiera sido difícil diagnosticar este caso de *esquizofrenia* sin la mayor cobertura clínica que supusieron estos criterios. El discurso de Louise resulta a veces incoherente, pero su afecto, aunque descrito como superficial, no puede calificarse de aplanado o claramente inapropiado, y no presenta síntomas catatónicos. Los criterios diagnósticos que definen los síntomas característicos de esquizofrenia en el DSM-IV incluyen síntomas negativos adicionales: alogia (pobreza en la cantidad o el contenido de la conversación) y abulia (incapacidad permanente para realizar de forma mantenida actividades dirigidas a un objetivo). Debido a que su discurso resulta en ocasiones incoherente y que ella es incapaz de trabajar o de realizar tareas que vayan más allá del mínimo autocuidado (abulia), el diagnóstico, a la luz del DSM-IV, sería el de *esquizofrenia* (DSM-IV, pág. 291).

Seguimiento

Louise fue tratada con un fármaco antipsicótico en el hospital, y se le prescribió asimismo un antidepresivo que se considera efectivo en el *trastorno obsesivo-compulsivo* (parte del equipo médico sostenía que sus extrañas conductas culinarias podrían ser síntomas de un *trastorno obsesivo-compulsivo).* Mejoró significativamente durante los 3 meses de hospitalización y luego volvió a casa de su madre, enrolándose en un programa de día, y continuando el tratamiento ambulatorio con el mismo terapeuta que la había atendido en el hospital. Su psiquiatra dejó de prescribirle el fármaco antidepresivo puesto que pensó que «la conducta obsesivo-compulsiva» de Louise era de hecho un síntoma más de *esquizofrenia.* Louise trabajó en un grupo de cocina, y resultó ser tan eficiente que llegó a plantearse la posibilidad de trabajar en una panadería. Sin embargo, al cabo de unos meses, dejó de tomar la medicación. Al poco tiempo empezó a sentirse preocupada por detalles irrelevantes del grupo de cocina. Su discurso se volvió tangencial, y finalmente abandonó el programa y se recluyó en su casa, comiendo muy poco. Su autocuidado se deterioró, y cuando ya había perdido unos 10 kg de peso, fue reingresada.

Esta vez recibió un fármaco antipsicótico diferente y se le dio el alta 6 semanas después. Al cabo de 2 años de su primer ingreso, Louise asiste a un programa de día menos exigente, cuida correctamente de su apariencia física y demuestra muy poca tangencialidad en su discurso.

EL TESTIGO OCULAR

Karen Davis, una reportera de televisión de 39 años de edad, acude al psiquiatra que le proporciona el programa de asistencia del canal televisivo en el que trabajaba pocas semanas después de asistir personalmente a la ejecución de un asesino. Durante varios años había venido siguiendo la historia del preso a medida que se aproximaba el cumplimiento de la sentencia. La ejecución fue objeto de muchos aplazamientos y resultó francamente horrorosa; acompañada de sus colegas, Karen presenció todo el acto, que se dilató varias horas a medida que iban planteándose los indultos de último minuto, siendo el reo en varias ocasiones retirado por los agentes judiciales hasta conocerse la decisión. En un momento dado, cuando ya lo habían atado a la silla, una llamada de teléfono del juez federal, literalmente en el último minuto, le concedió un último aplazamiento, y el preso fue sacado de la cámara de gas vivo. Cuando finalmente fue ejecutado, Karen y sus colegas lo presenciaron todo desde una distancia de aproximadamente 3 m y a través de las ventanas de la cámara de gas. Los ojos del reo se pusieron en blanco y éste empezó a sufrir convulsiones de forma involuntaria, boqueando y salivando mientras su cuerpo se retorcía por las convulsiones. Después de aproximadamente 5 min, su cuerpo yacía quieto, siendo declarado muerto por las autoridades carcelarias.

Karen comentó a su psiquiatra, «Una vez que has visto ejecutar a alguien, ya no vuelves a olvidar su rostro en el momento de morir». Pensaba que su rol profesional como narradora objetiva de los hechos le había sido de ayuda en un primer momento, especialmente para aislarla de cualquier reacción emocional. Recordaba, por ejemplo, la sensación de ver cómo su boca se secaba justo en el momento de la ejecución, aunque esto no se acompañó de respuesta emocional alguna. Durante algunos días siguió notando un sentimiento de desapego, que ella describía como «irreal y macabro». Durante la semana posterior a la ejecución continuó desapegada de sus sentimientos, encontrándose «aturdida, no como suelo ser yo».

Durante las últimas semanas se ha mostrado desmotivada en el trabajo. Está sorprendida, por ejemplo, de su falta de interés por la cobertura informativa de un motín que había tenido lugar poco después de la ejecución, historia que en condiciones normales la hubiera entusiasmado. Además, describe cómo se ha vuelto irritable hacia su marido, presentando frecuentes ataques de ira, lo cual ha motivado que éste se apresurara a sugerir la asistencia mutua a un consejero matrimonial. Karen tiene problemas para mantenerse dormida y refiere frecuentes pesadillas. Confiesa pensar en el acontecimiento al menos cada día, experimentando «recuerdos» vívidos del momento de la ejecución.

© MASSON, S.A. Fotocopiar sin autorización es un delito.

Discusión sobre «El testigo ocular»

Karen está experimentando los efectos de haber asistido a una ejecución horrible. Su reexperimentación del trauma en forma de recuerdos intrusos, su irritabilidad, que está poniendo en peligro su matrimonio, y su negativa a aceptar la cobertura de una noticia que normalmente no le hubiera causado ninguna dificultad sugieren el diagnóstico de un *trastorno por estrés postraumático* (TEP). Sin embargo, esta categoría diagnóstica se reserva para casos que persisten más allá de un mes, toda vez que los síntomas similares transitorios y agudos resultan muy frecuentes después de acontecimientos traumáticos, y la mayoría de personas con estos síntomas se recupera en un par de días o semanas. El DSM-IV ha añadido una categoría diagnóstica, el *trastorno por estrés agudo* (DSM-IV, pág. 443), para aquellos casos en que los síntomas afines al TEP revisten la suficiente gravedad como para requerir tratamiento y persisten más de 2 días, pero menos de un mes. Mientras que los síntomas disociativos son comunes en el TEP aunque no se requieren para efectuar el diagnóstico, en el *trastorno por estrés agudo*, la persona debe tener tres síntomas disociativos, como, por ejemplo, en este caso, desapego tanto durante como después de la experimentación del trauma, desrealización («irreal y macabro») y una reducción de la conciencia del entorno («aturdida»).

La discotequera

Diana Miller, de 25 años, asistió a una unidad de tratamiento de larga estancia de un hospital psiquiátrico después de realizar un serio intento de suicidio. Aislada en su enorme casa de las afueras de la ciudad, con sus padres de vacaciones, deprimida y desesperadamente sola, se preparó ella misma un cóctel de diacepam y whisky escocés, se lo bebió y a continuación llamó a su psiquiatra.

Diana había sido una niña tratable con un mediocre rendimiento escolar hasta cumplir los 12 años. En ese momento, su carácter, hasta entonces jovial y animado, cambió de forma drástica: se volvió demandante, hosca y rebelde, oscilando rápidamente de una euforia desmedida a crisis de llanto y depresión. Se enroló en una banda de jóvenes «marchosos», empezó a mostrar actitudes promiscuas, abusó de la marihuana y de los alucinógenos, y huyó de casa a la edad de 15 años con un joven de 17. Dos semanas después, tras haber burlado a los investigadores privados que sus padres habían contratado, regresaron a casa. Retomó sus estudios en la escuela, pero volvió a abandonar la actividad académica en su primer año de instituto. Sus relaciones con los hombres eran tormentosas, llenas de pasión, de una ansiedad insoportable y con frecuentes discusiones violentas. Buscaba siempre nuevas sensaciones y solía emborracharse; bailaba a sus anchas por las mesas de las discotecas, acababa con hombres extraños y en ocasiones practicaba el sexo con ellos en sus coches. Si rechazaba sus peticiones sexuales, a veces era abandonada en medio de la calle. Después de uno de estos incidentes, a la edad de 17 años, realizó su primer intento de suicidio, cortándose las venas gravemente, lo cual motivó su primera hospitalización.

Tras este primer ingreso, Diana fue remitida a un terapeuta para realizar, de forma intensiva en dos sesiones semanales, psicoterapia dinámica, para la cual ella mostraba escasas aptitudes. Dedicaba la mayor parte de las sesiones a criticar a su familia, de la cual pretendía obtener «el 100% de atención». Llamaba a su terapeuta varias veces al día para contarle una u otra «crisis».

Durante este largo período de tratamiento ambulatorio inoperante, interrumpido por varias hospitalizaciones breves, Diana mostraba una gran variedad de síntomas. Tenía miedo incluso de desplazarse sola a la consulta del terapeuta. Estaba deprimida, con ideación suicida y sentimientos de desesperanza. Bebía de forma excesiva y llegaba a los 40 mg/día de diacepam. Realizaba atracones de comida que luego compensaba con dietas drásticas. Estaba obsesionada con el tema de las calorías y con la necesidad de tener su comida cortada de una forma particular y dispuesta en el plato de un modo determinado. Si su madre no cumplía estos requerimientos, Diana reaccionaba con ataques de ira, a veces tan extremos que llegaba a romper la vajilla, teniendo que ser contenida físicamente por su propio padre.

Diana nunca ha trabajado, excepto unos pocos meses como recepcionista en la empresa de su padre. Nunca se ha planteado qué es lo que quiere hacer en esta vida, aparte de vivir con un «hombre romántico». Nunca ha tenido amigas, y su única fuente de cariño es su perro. A menudo suele sentirse «devorada» por el aburrimiento.

Los esfuerzos de su tarapeuta para que fijara unos límites en su vida apenas tuvieron resultado. Rechazó asistir a Alcohólicos Anónimos o acudir a un programa de día o a un centro de rehabilitación vocacional, ya que pensaba que ella estaba «por encima» de estas cosas. En cambio, languidecía en su casa y mostraba cada vez más depresión y agorafobia, llegando a los 80 mg/día de diacepam. Fue otro intento de suicidio grave lo que desembocó en su actual (séptimo) ingreso psiquiátrico.

© MASSON, S.A. Fotocopiar sin autorización es un delito.

Discusión sobre «La discotequera»

La historia clínica de Diana, repleta de diferentes síntomas a lo largo de los años, puede sugerir varios trastornos del *Eje I*. La depresión y el intento de suicidio que motivaron su última hospitalización sugieren el diagnóstico de un *trastorno depresivo mayor*, un *trastorno distímico*, o ambos. Debido a que este caso nos llegó varios años después del ingreso, disponemos de información insuficiente para poder asegurarlo.

El aumento progresivo de la dosis de diacepam (con el desarrollo resultante de tolerancia al fármaco) y su consumo continuado a pesar de sus efectos negativos sugieren el diagnóstico de *dependencia de diacepam* (DSM-IV, pág. 268). Sus atracones de comida pueden haber llegado a ser lo suficientemente frecuentes como para garantizar el diagnóstico de *trastorno por atracón* (DSM-IV, pág. 747).

Pero lo que resulta más chocante es su vida caótica de siempre, su patrón permanente de inestabilidad del humor y de las relaciones interpersonales, y su impulsividad. Estos síntomas sugieren un trastorno de la personalidad del *Eje II*, en este caso y de forma primaria, un *trastorno límite de la personalidad* (DSM-IV, pág. 670). Diana muestra al menos cinco de los síntomas característicos de este trastorno. Sin duda ha tenido relaciones interpersonales inestables e intensas, y las «discusiones violentas» sugieren una alternancia entre polos tan extremos como la idealización y la devaluación. Tiene una alteración de su propia identidad (falta de objetivos en la vida), conductas impulsivas en diversas áreas (sexo, abuso de sustancias, alimentación), conducta suicida recurrente, inestabilidad afectiva (cambios de humor súbitos), ira intensa e inapropiada, y sospechamos que el hecho de haberse sentido «devorada» por el aburrimiento constituye una prueba de la presencia de sentimientos crónicos de vacío.

Como suele suceder en los casos de trastornos graves de la personalidad, hay síntomas de otros trastornos de la personalidad de forma simultánea: *narcisista* (ella está «por encima» de los Alcohólicos Anónimos), *histriónico* (búsqueda de sensaciones), *obsesivo-compulsivo* (rigidez en relación con la comida), y *dependiente* (incapacidad para salir adelante sin su familia).

Seguimiento

En el hospital Diana se quejaba de que las enfermeras eran «crueles» con ella, y que el resto de pacientes la «odiaban». Se dedicaron muchas sesiones a orientar a la familia, aconsejándoles que resistieran sus demandas de volver a casa. Se mostraba extraordinariamente sensible a las disminuciones mínimas de la dosis de diacepam, de tal forma que ésta sólo podía disminuirse en forma de un miligramo cada vez. Se requirieron 3 meses hasta que se «limpió» del fármaco. A continuación, sus progresos fueron inesperadamente positivos. Su carácter volvió a ser jovial. Cada vez colaboraba más con el equipo terapéutico y se mostraba más abierta y amigable con el resto de pacientes. Aprendió el trabajo de secretaria en un programa de rehabilitación del hospital, y desapareció el miedo de salir de casa y sus exigencias con respecto a la comida. Al final de los 10 meses de su estancia, había establecido una buena amistad con otra paciente convaleciente, y ambas decidieron alquilar un apartamento juntas. Asimismo, encontraron trabajo de media jornada, de tal forma que Diana pudo proseguir su terapia de forma ambulatoria en sesiones semanales.

Diana respondió primariamente a la psicoterapia de apoyo, que ponía énfasis en su educación, exhortación, estimulación y fijación de límites. Estaba demasiado ansiosa y activa como para beneficiarse del enfoque psicodinámico que requería introspección y reflexión. Sus breves ingresos no podían navegar en contra de la marea que representaban sus múltiples e intensos síntomas, de los cuales el consumo abusivo de sustancias era el más amenazante. Para Diana, lo que pareció funcionar mejor fue un ingreso de larga estancia, en que pudieran simultanearse el tratamiento apropiado del abuso de sustancias y la práctica de rehabilitación vocacional. La obligada separación del ambiente familiar la ayudó a ella y a su madre a comprobar que una podía vivir sin la otra y viceversa.

Durante 7 años de seguimiento, Diana ha conseguido poner los pies en el suelo, sigue trabajando y vive con la misma compañera de piso, siendo capaz de visitar a sus padres con regularidad sin recaer en el viejo patrón de interdependencia madre-hija. La búsqueda de sensaciones sigue constituyendo una parte importante de su adaptación —le gusta la ropa llamativa, las discotecas y los conciertos de rock—, pero se muestra menos impulsiva, no bebe alcohol y no ha vuelto a ponerse en peligro en aventuras con hombres extraños.

© MASSON, S.A. Fotocopiar sin autorización es un delito.

VIAJE AL INFIERNO DE LA COMIDA

Abby Thurmond, de 42 años, no había vuelto a tener un atracón de comida en los últimos 2 años. Volaba de Miami a Chicago para asistir a la boda de la hija de una amiga. Soltera, independiente y devota de su trabajo, Abby acababa de vender su primer guión. Estaba satisfecha, pero también experimentaba el bajón «pos-parto» que solía sobrevenirle cuando finalizaba un gran proyecto.

A pesar de ser consciente, a través de 2 años de experiencia asistiendo a las reuniones de los Comilones Anónimos (CA), de la necesidad de mantener una distancia prudencial entre ella y la comida, especialmente en los momentos emocionalmente duros, Abby dedicó la mayor parte del día de ensayo del festín de la boda en compañía de comida. Estuvo en la cocina de su amiga durante horas —cortando, troceando, seleccionando, arreglando y, finalmente, picando todo lo que iba preparando—.

De noche, al llegar los invitados, el fragor de la actividad permitió a Abby entregarse —física y emocionalmente— a un atracón. Empezó con un plato de lo que podría llamarse una comida «abstinente» (concepto de los CA referido al tipo de alimentos que está permitido incluir en el propio plan alimenticio): ensalada de pasta, ensalada verde, trozos de carne fría y un panecillo. Aunque las porciones eran generosas, Abby deseaba más. Dedicó las siguientes 5 horas a comer, al principio intentando pasar desapercibida entre los invitados, pero después, cuando empezó a sentirse avergonzada, en los rincones oscuros de la habitación para zamparse, de un modo frenético, comida conseguida de aquí y de allá.

Abby se hartó de galletas, quesos, panecillos, pollo, pavo, pasta y ensalada, aunque todo esto era un preludio de lo que realmente ella ansiaba: azúcar. Había estado esperando que los invitados abandonaran el comedor, donde estaban los postres. Cuando finalmente se marcharon, cortó dos porciones de pastel, luego dos más y, a continuación, empezó a comérselo directamente de la bandeja, embocando la comida literalmente. Llegó a las galletas, más pastel, y de nuevo más galletas. Taquicárdica, aterrorizada por ser descubierta, Abby se escabulló finalmente a la terraza.

En ese momento, en lo que ella consideraba un «trance alimenticio», Abby dispuso varios panecillos en lo que ella pensaba que era algún tipo inidentificable de menú. A pesar de que sabía horrible, Abby continuó comiendo. Al poco tiempo otros invitados invadían la terraza, haciendo que Abby sintiera la necesidad de desaparecer otra vez, esta vez a la luz de la cocina. Cuando pudo ver lo que había en su plato, se horrorizó: varias hormigas se movían por encima de la comida. En vez de escupir lo que en ese momento tenía en la boca, Abby, superada por la situación, no pudo más que tragárselo. A continuación empezó a mirar los restos del plato en busca de trozos no contaminados. Asistiendo a su propia locura, empezó a llorar. Echó el plato a la basura y corrió hacia su habitación.

Este hecho marcó el inicio de una recaída en la práctica de atracones de 6 meses de duración —la peor desde que todo empezó 15 años antes—. Durante esta recaída, realizaba atracones de alimentos azucarados o de carbohidratos refinados; volvió a fumar para controlar los atracones, y de nuevo se vio impulsada a «desprenderse» de las calorías mediante ejercicio físico incesante después de cada atracón, andando 4 o 5 horas cada vez, cargando en su espalda la bicicleta arriba y abajo a lo largo de seis pisos de escaleras, y recorriendo al anochecer varias millas en bicicleta de parques oscuros y peligros.

Discusión sobre «Viaje al infierno de la comida»

El término *atracón* suele ser utilizado por la gente para describir esas ocasiones en que se come más de lo necesario. Sin embargo, la descripción de los episodios de Abby en el ensayo de la boda dejan pocas dudas de que el término atracón, durante el cual no puede controlarse la cantidad que se ingiere, constituye un síntoma grave. Al plantearse el diagnóstico de una persona que presenta atracones recurrentes, la primera cuestión es si, de forma regular, compensa estos episodios de sobreingesta con conductas drásticas e inapropiadas. Si la respuesta es no, estamos probablemente ante un caso de *trastorno por atracón*, categoría no oficial incluida en el apéndice para diagnósticos que requieren un mayor estudio del DSM-IV (v. «La gordita», pág. 26). Si la respuesta es sí, como suele ser el caso, y la autoevaluación está indebidamente influida por la forma y el peso del cuerpo, el diagnóstico es el de *bulimia nerviosa*. La mayor parte de pacientes con *bulimia nerviosa*, compensan los atracones con algún método purgante, bien con vómitos autoinducidos (lo más frecuente) o el empleo de diuréticos o laxantes. El trastorno de Abby constituye un ejemplo del relativamente poco frecuente diagnóstico de *bulimia nerviosa tipo no purgativo* (DSM-IV, pág. 563), en que el paciente utiliza métodos como el ejercicio físico excesivo (el método de Abby) o el ayuno.

Seguimiento

Durante la recaída, Abby se sometió a tratamiento y asistió a los CA. De todas formas, los atracones fueron empeorando, de la misma manera que lo hicieron el aislamiento y la depresión acompañantes, que la mantenían en vigilia, con frecuentes crisis incontrolables de llanto, hasta las primeras horas de la mañana siguiente. Finalmente, su terapeuta, un asistente social, la remitió a la consulta de un psiquiatra, el cual le prescribió un tratamiento antidepresivo empleado habitualmente para controlar los atracones de comida y un plan alimentario estructurado, que excluía los azúcares refinados, el pan, las galletas y carbohidratos similares. En pocas semanas, Abby fue capaz de

© MASSON, S.A. Fotocopiar sin autorización es un delito.

detener los atracones, salió de la depresión y retomó su estilo de vida habitual. Después de 2 años con medicación, sin ningún atracón y con la reintroducción progresiva en su dieta del pan y resto de carbohidratos, Abby ha sido capaz de abandonar el tratamiento antidepresivo sin recaer en la depresión o en los atracones. Continúa asistiendo activamente a los CA.

La máquina de café

Eric Evans es un abogado de 41 años de edad cuyo médico internista le ha remitido para una consulta psiquiátrica. Viene quejándose de fatiga, falta de motivación, somnolencia, dolores de cabeza, náuseas, pérdida de sociabilidad y dificultades de concentración. Sus síntomas aparecen casi exclusivamente durante los fines de semana; como resultado de ello suele rehuir las actividades sociales del fin de semana, lo cual provoca el enfado de su mujer. Ésta comenta que su marido se encuentra bien durante la semana, pero nunca tiene ganas de salir con los amigos o jugar con los niños durante el fin de semana. Está bien de salud, y no tiene antecedentes médicos recientes.

El Sr. Evans trabaja 60 horas a la semana en labores judiciales y apenas puede ver a su familia durante la semana. En el trabajo suele mostrarse ansioso, inquieto y constantemente ocupado. Frecuentemente tiene problemas para dormir durante la semana, debido a preocupaciones relacionadas con la actividad laboral. Niega problemas matrimoniales o familiares, más allá de los provocados por su falta de motivación durante los fines de semana.

El Sr. Evans tiene antecedentes de problemas con el alcohol, pero no ha bebido una sola gota en los últimos 5 años. Acostumbraba fumar 20 cigarrillos al día, pero lo dejó hace ahora 2 meses, esperando que esta medida mejoraría su estado (no fue así). En su lugar de trabajo acostumbra beber cuatro tazas de café diarias. Ha dejado de beber café durante los fines de semana porque sospecha que puede estar contribuyendo a su ansiedad e insomnio.

Discusión sobre «La máquina de café»

Muchas personas confiesan que necesitan una taza de café para poder ir al trabajo cada mañana. Lo que no reconocen es que a menudo lo que persiguen tomando una o más tazas de café es evitar la aparición de síntomas de abstinencia de la cafeína. De forma típica, estos síntomas empiezan aproximadamente 12 horas después de la última taza. Lo que suele ocurrir es que el bebedor que abusa del café y lo toma durante la cena empieza a presentar síntomas de abstinencia a la manana siguiente si, por cualquier motivo, no puede tomar café con el desayuno.

Aunque la abstinencia de la cafeína raramente reviste la suficiente gravedad como para requerir atención médica, encuestas realizadas entre la población general indican que el 25% de las personas que toman café de forma regular presentan de forma progresiva cefaleas, fatiga o somnolencia si no toman su dosis habitual. Resulta interesante que cuando se estudia a esta población de cafeteros habituales en el laboratorio, aproximadamente el 50% de ellos presentan dolores de cabeza. Incluso aquellos que normalmente toman tan poco café como una sola taza al día (100 mg de cafeína) pueden llegar a presentar síntomas de abstinencia.

No hay duda que el Sr. Evans, durante los fines de semana, muestra los síntomas característicos del *síndrome de abstinencia de cafeína* (DSM-IV, página 725), categoría no oficial incluida en un apéndice del DSM-IV.

Seguimiento

El psiquiatra estaba sorprendido por la relación temporal entre el inicio de los síntomas (dolor de cabeza, fatiga, dificultades de concentración, somnolencia y falta de motivación) y el abandono del consumo de café durante los fines de semana. Se aconsejó al Sr. Evans que disminuyera el consumo de café durante la semana, pero éste se vio incapaz de rendir satisfactoriamente en el trabajo sin su dosis habitual. Por el contrario, decidió retomar el consumo de café durante los fines de semana ya que no existía contraindicación médica para ello. Decidió convivir con la ansiedad y las dificultades de sueño que originalmente habían provocado su decisión de dejar el café durante los fines de semana.

Repugnancia

Linda Darby tenía 26 años la primera vez que fue visitada por un psiquiatra especializado en los efectos a largo plazo de las experiencias traumáticas de desa-

© MASSON, S.A. Fotocopiar sin autorización es un delito.

rrollo en la infancia. Se trataba de una ayudante de abogado que presentaba múltiples quejas somáticas de etiología poco clara; padecía depresión y ansiedad crónicas. Su médico de cabecera, antes de remitirla al psiquiatra, no había tenido éxito con tratamientos farmacológicos. Se dio cuenta de que la paciente era extremadamente sensible a las medicaciones (p. ej., después de tomarse 5 mg de diacepam, fármaco ansiolítico, se pasaba todo el día durmiendo; después de tomar 25 mg de un antidepresivo, amitriptilina, prersentaba graves efectos secundarios).

El psiquiatra constató que Linda, a la edad de 26 años, vivía con sus padres y su hermano y sentía la necesidad de pasar muchos ratos fuera de casa para minimizar las amenazas constantes que emanaban del clima de violencia que reinaba en la familia. Pensaba en el suicidio a menudo, y realizaba conductas de automutilación, aplicándose una maquinilla de afeitar en sus pechos y muslos, con lo cual pretendía sentirse «yo misma» y restablecer una sensación de calma después de la experiencia adversa. En el trabajo su rendimiento era ejemplar. Se le asignaban los casos más complejos y solía quedarse hasta tarde revisando documentos en la biblioteca. Los fines de semana prestaba, asimismo servicios de voluntariado como recaudadora de fondos para una organización caritativa. A pesar de que parecía estar dotada de habilidades sociales adecuadas, no tenía amigos reales ni vida social.

Empezó a tratarse con el psiquiatra y de forma gradual fue revelando una historia de violencia e incestos familiares crónicos. Su padre sólo tuvo empleos ocasionales, a menudo en actividades ilegales. Realizaba ingestas de alcohol recurrentes y solía pegar a sus dos hijos varones, hasta el punto de que ambos tuvieron que ser hospitalizados por fracturas óseas.

Linda recordaba la primera experiencia sexual con su padre a la edad de 8 años, cuando ella, su padre y los dos muchachos se encontraban totalmente indefensos por la ausencia de su madre, que se encontraba ingresada en el hospital. La experiencia de ver cómo su padre abría una puerta hasta entonces cerrada y la forzaba a tener relaciones sexuales la aterrorizó, pero recuerda a su vez que a partir de ese momento su relación con su padre se volvió «especial». Estos episodios de abuso sexual continuaron hasta que Linda se mudó a la residencia del instituto, a los 18 años de edad. Durante la entrevista recordaba la relación con su padre con una fuerte carga de autodesprecio, estando convencida durante muchos años de que ella era culpable del incesto, lo cual le hizo sentir «repugnancia» de sí misma.

A lo largo de la infancia de Linda, su madre se encontraba enferma a menudo, teniendo que ser ella quien se hiciera cargo de muchos de los deberes domésticos rutinarios. Siempre sospechó que su madre estaba al corriente de la relación incestuosa.

No recordaba mucho de su infancia, y describía episodios de pérdida de la sensación del paso del tiempo, después de los cuales se encontraba a sí misma en lugares sin saber cómo había llegado a ellos. A pesar del hecho de que ella prestaba mucha atención a los hombres, evitaba mantener citas con ellos. Se sentía aterrorizada cuando un hombre mostraba algún interés por ella. Cualquier sentimiento de tipo sexual parecía asociarse en su mente con pensamientos de violencia. Probablemente, su mayor motivo de vergüenza era el hecho de sentirse sexualmente excitada por los pensamientos de violencia sexual.

Después de 2 años sometiéndose a psicoterapia, Linda reunió el coraje suficiente como para instalarse en un apartamento por su cuenta. Una vez, reacia a intimar con los demás (por miedo a que pudieran descubrir la clase de persona despreciable que era ella), pero necesitada de cariños y cuidados, adoptó cuatro gatos y dos perros callejeros, que a partir de entonces consideró su familia. La presencia de los animales, pretendía, le ayudaba a soportar sus frecuentes pesadillas relacionadas con ataques sexuales. Empezó a asistir a un grupo de psicoterapia femenino, en el cual demostraba una gran implicación y conciencia de los problemas de las demás, sorprendiendo al resto del grupo con su capacidad para poner el dedo en la llaga en cuestiones cruciales. Cuando las demás se dieron cuenta que ella sólo las intentaba ayudar, pero evitaba hablar de sí misma, se irritó y amenazó con abandonar el grupo.

Dos años después fue violada en su apartamento de la ciudad. Vivía en una planta baja, y el violador pudo entrar en su domicilio gracias a una ventana sin reja. Había hablado con su terapeuta sobre la falta de seguridad de su apartamento, pero no había sido capaz de plantear este tema al propietario del piso. Después de la violación, volvió a casa, dejando pagados 2 meses de alquiler. Aunque estaba asustada por la agresión, pretendía que ésta sólo había acabado de componer su sentimiento de seguir viviendo «en un infierno —el infierno de mis recuerdos—».

Mediante el empleo racional de pequeñas dosis de fármacos, los síntomas de Linda fueron remitiendo gradualmente. Actualmente es capaz de dormir durante toda la noche, y ha perdido esa sensación persistente de aturdimiento psíquico. En el trabajo se siente a veces tan enfurecida frente a nimiedades reales o imaginadas que piensa que expresar esta rabia tendría resultados cataclísmicos. Por otra parte, se ha convertido en tutora de una niña de 10 años que también fue objeto de abusos sexuales, y mantiene contactos sociales con unos primos. En las relaciones con su familia, continúa sintiendo que no respetan sus derechos y que sigue siendo explotada económicamente por ellos. Continúa evitando cualquier relación que tenga implicaciones sexuales. Sigue sin ser consciente del futuro, de poder intervenir en él y de su significado personal. Sus facturas médicas, agravadas por tres accidentes de tráfico durante el pasado año, resultado de «perder la sensación del paso del tiempo» mientras conducía, continúan aumentando. Su rendimiento laboral sigue siendo ejemplar, y no ha vuelto a automutilarse.

© MASSON, S.A. Fotocopiar sin autorización es un delito.

Discusión sobre «Repugnancia»

En los últimos años los efectos a largo plazo de traumas interpersonales crónicos, como los abusos sexuales y físicos durante la infancia, han ido cobrando más importancia y reconocimiento. Las consecuencias de este tipo de traumas en la personalidad y en el rendimiento pueden ser permanentes. Investigaciones recientes indican que los criterios diagnósticos para el *trastorno por estrés postraumático* (TEP) sólo engloban un aspecto limitado de la psicopatología postraumática que puede observarse en estas personas. Este caso fue presentado para ilustrar muchos de los rasgos característicos de un tipo de síndrome que se ve en personas que han estado expuestas durante la infancia a traumas interpersonales duraderos. El síndrome suele observarse en aquellos que también presentan un TEP. Muchos investigadores especializados en el tema del estrés crónico han utilizado el acrónimo no oficial de TEENO *(trastornos por estrés extremo no especificados)* para indicar que el síndrome no resulta plenamente definido por ninguno de los trastornos inducidos por estrés reconocidos en la clasificación oficial.

Linda reexperimenta sus traumas en la forma de pesadillas recurrentes. Intenta evitar sentimientos asociados con el trauma (evita las relaciones sexuales), presenta desapego de los demás (evita las relaciones íntimas) y no tiene sentimiento de futuro para su vida. Estos datos sugieren el diagnóstico de *trastorno por estrés postraumático,* pero no estamos seguros que los síntomas adicionales de activación (p. ej., dificultad para conciliar el sueño o irritabilidad), igualmente necesarios para poder efectuar el diagnóstico, existan en este caso. Por lo tanto, se descarta el *trastorno por estrés postraumático* (DSM-IV, pág. 439).

De todas formas, las principales dificultades de Linda coinciden con los síntomas característicos del TEENO. Presenta depresión y conductas autodestructivas crónicas, así como breves episodios disociativos. Muestra sentimientos de culpa y de vergüenza de carácter crónico, y es incapaz de confiar o mantener relaciones íntimas. Presenta una tendencia a revictimizarse (vuelve con la familia que abusaba de ella), y muestra múltiples quejas somáticas a las que no puede encontrarse una explicación médica adecuada. Otros síntomas del TEENO que no se cumplen en este caso los constituyen las conductas de riesgo extremo, victimización de otros, minimización de la importancia del trauma e idealización del sujeto perpetrador.

Muchos pacientes que han tenido experiencias infantiles similares desarrollan un *trastorno límite de la personalidad* o un *trastorno disociativo.* Sin duda,

Linda presenta algunos de los rasgos del trastorno de personalidad mencionado (p. ej., conductas autodestructivas y distorsión de la autoimagen). Debido a que no reúne síntomas suficientes, diagnosticamos un *trastorno de la personalidad no especificado* (DSM-IV, pág. 689). A pesar de que ha sufrido episodios disociativos breves (pérdida de la sensación del paso del tiempo), éstos no revisten la suficiente gravedad como para garantizar el diagnóstico de *amnesia disociativa,* y sin duda alguna no existen pruebas de dos o más identidades distintas, como sería el caso del *trastorno de identidad disociativo (personalidad múltiple).*

VEINTINUEVE KILOGRAMOS DE DEBILIDAD

Cuando se valoró la posibilidad de que Peggy fuera ingresada por primera vez en un programa de trastornos de la alimentación, tenía 20 años y compatibilizaba bastante mal su estatura de 1,62 m con sus 30 kg de peso. Había empezado a adelgazar 4 años antes, al principio mediante dietas que sólo le reportaron la insatisfactoria pérdida de 2,5 kg. Animada por los piropos que recibía por su nueva figura, siguió haciendo regímenes logrando perder 3,5 kg más. Durante los 2 años siguientes continuó adelgazando y aumentó su actividad física, hasta llegar a un peso mínimo de 29 kg y a la desaparición de la regla. En ese momento fue ingresada en un servicio de medicina por una úlcera péptica. No fue hasta pasados 3 meses que se decidió hospitalizarla en una unidad de psiquiatría. Durante las 8 semanas que duró el ingreso, pasó de 38 a 45 kg. Estuvo bien hasta que se matriculó en el instituto, donde, sometida ahora a mayores demandas académicas y sociales, volvió de nuevo a las andadas hasta situarse en un peso de 30 kg. Sus hábitos alimentarios seguían unos rituales: cortaba la comida en trozos muy pequeños, los movía alrededor del plato y los ingería muy lentamente. Evitaba comer alimentos con un alto contenido de grasas o carbohidratos. Se sentía molesta por los cambios que experimentaba su cuerpo, volviéndose cada vez más ansiosa a medida que su figura se desarrollaba. Fue obligada a dejar la escuela y someterse a un nuevo ingreso hospitalario.

Peggy estaba motivada a cumplir el tratamiento, pero su temor a ganar peso y volverse obesa dificultaba cualquier tipo de progreso. Se esperaba que ganase un mínimo de 900 g semanales, y si esto no sucedía, se la obligaba a permanecer quieta en la cama. Las sesiones de psicoterapia se dirigían a que fuera capaz de

© MASSON, S.A. Fotocopiar sin autorización es un delito.

verbalizar sus sentimientos y mirarse a sí misma en el espejo de forma gradual. Inicialmente se le hacía contemplar una sola parte del cuerpo un mínimo de 10 seg; este tiempo fue aumentándose progresivamente hasta que pudo observar su cuerpo al completo sin que ello le provocara ansiedad. Volvió a venirle la regla al llegar a los 42 kg. Después de 7 meses de terapia individual y familiar, se le dio el alta con un peso de 45 kg. Peggy reanudó sus estudios, se buscó un trabajo de media jornada y fue a vivir a casa de sus padres.

Discusión sobre «Veintinueve kilogramos de debilidad»

Como suele ser el caso de los pacientes con *anorexia nerviosa* (DSM-IV, pág. 558), los signos y síntomas característicos dejan pocas dudas diagnósticas. Peggy presenta todos los rasgos típicos, incluyendo el rechazo a mantenerse en un peso corporal igual o por encima de las cifras mínimamente normales para su edad y estatura; temor intenso a ganar peso o volverse gorda, a pesar de la evidente delgadez; alteración en la forma de experimentar su peso o figura corporal (ansiedad al contemplar su cuerpo); y en mujeres posmenárquicas, amenorrea. Debido a que sus métodos de pérdida de peso nunca han incluido conductas de purgación (auto-inducción del vómito o empleo de laxantes o diuréticos) o atracones de comida (consumo de grandes cantidades de alimento con sensación de pérdida de control), especificamos el *tipo restrictivo.*

Peggy presentaba conductas rituales compulsivas en relación con la comida (p. ej., la cortaba en trozos muy pequeños y la movía alrededor del plato antes de comérsela), hecho que se observa con frecuencia en pacientes con *anorexia nerviosa.* A pesar de que estos rituales podrían sugerir la presencia adicional de un *trastorno obsesivo-compulsivo,* no efectuamos este diagnóstico toda vez que las conductas compulsivas pueden explicarse por la misma *anorexia nerviosa.*

Durante el curso del trastorno, Peggy padeció depresiones y crisis de angustia. No disponemos de la suficiente información sobre estos síntomas como para efectuar el diagnóstico definitivo de un *trastorno del estado de ánimo* o *de ansiedad.* No obstante, la aparición de estos trastornos de forma comórbida es frecuente en los pacientes con *anorexia nerviosa.*

La *anorexia nerviosa* constituye un trastorno grave y a menudo amenazador para la vida del individuo que lo padece. Este caso viene a ilustrar que con un tratamiento controlado por manos expertas es posible un desenlace feliz.

Seguimiento

Durante los siguientes 10 años, Peggy se graduó en el instituto obteniendo un diploma de nutrición. Fue seleccionada por una importante compañía para formarse en ella. Su rendimiento laboral fue excelente y no tardó en promocionar. Se casó pero la relación fue deteriorándose debido a los malos tratos físicos de que era objeto por parte de su marido. Se mudó de domicilio, obtuvo una orden judicial de protección y finalmente consiguió el divorcio. En la última carta que recibimos de ella nos informaba que había vuelto a graduarse en el instituto con todos los gastos pagados y conservando el sueldo (íntegro), que había empezado una nueva relación sentimental y que había obtenido éxitos en una maratón (tercer puesto en una carrera de 40 km). Su peso se mantenía alrededor de los 52 kg y le venía la regla de forma regular. En una ocasión buscó consejo en relación con el fracaso de su matrimonio y el distanciamiento de su hermana, problemas que en el momento actual ya se han solucionado. Describía su vida como plena y satisfactoria.

El legado de Pol Pot

La Sra. Chan, una viuda camboyana de 38 años de edad, fue remitida por su médico de cabecera para estudio de un cuadro de cefaleas y dolor cervical de 7 años de evolución cuya etiología no había podido especificarse. Refería cefaleas desde el día en que pisó Estados Unidos, hace ahora aproximadamente 4 años. Describía asimismo muchas otras quejas somáticas y síntomas psiquiátricos. Entre ellos problemas de sueño, tristeza, falta de concentración, déficit de memoria, escasa energía, falta de interés por su entorno y una pérdida de peso de 9 kg en los últimos 3 meses. Solía sentirse mareada, y en ocasiones veía el fantasma de su madre por la noche, a menudo en el contexto de sus sueños. Padecía pesadillas casi cada noche, escenas en que contemplaba su propia muerte, y refería pensamientos de carácter intruso acerca de los desastres que había vivido durante la guerra. A veces estos

© MASSON, S.A. Fotocopiar sin autorización es un delito.

pensamientos parecían tan reales que creía estar reexperimentándolos. Había intentado evitar los recuerdos del pasado, pero no podía dejar de pensar en estas cosas. En los últimos meses fue mostrándose progresivamente más irritable y enojada con sus hijos, y se sentía desesperanzada.

La Sra. Chan nació en un área rural de Camboya, donde su familia vivía y trabajaba en una granja. No tenía estudios. Cuando el régimen de Pol Pot llegó al poder, los miembros de su familia fueron separados. Se enteró de que a un hermano suyo lo habían ejecutado. Pudo volver a reunirse brevemente con su madre, pero ésta murió de inanición a las pocas horas del encuentro. La Sra. Chan lloró de forma descontrolada al conocer la noticia, aunque a sabiendas que ella misma estaba amenazada de muerte por «afecta al régimen anterior». Fue obligada a casarse, pero no permaneció mucho tiempo con su marido ya que fue obligada a añadirse a un grupo de trabajos forzados. Disponía de muy poca comida y pudo presenciar la muerte de muchas personas por inanición o tras ser ejecutadas. En 1979, cuando su país era invadido por los vietnamitas, había llegado a la conclusión de que ella también estaba destinada a morir.

Pudo reunirse con su marido y escapar a Tailandia, pero 3 años después éste murió por varios problemas médicos. Desde el día en que llegó a Estados Unidos mantuvo relaciones con varios hombres camboyanos y tuvo dos hijos de padres diferentes. En la actualidad vive con sus hijos en una comunidad camboyana, pero tiene muy pocos amigos. Aparte de sus múltiples quejas somáticas, la irritabilidad que muestra hacia sus hijos es lo que le causa mayores molestias.

Discusión sobre «El legado de Pol Pot»

El cuadro clínico de esta paciente suele verse en muchos refugiados del sudeste asiático. Presenta múltiples quejas somáticas que aparentemente no responden a ninguna enfermedad médica. Además, refiere experiencias culturales específicas de Camboya, consistentes en visiones de la muerte de su madre fallecida, lo cual constituye una forma frecuente de experimentar el dolor y la aflicción en este tipo de culturas, hecho que no se considera anormal.

La Sra. Chan exhibe el cuadro sintomático característico del *trastorno por estrés postraumático* (TEP) (DSM-IV, pág. 439). Reexperimenta los traumas aterradores en forma de pesadillas y de imágenes que la despiertan. Entre éstas se incluyen la visión de su madre fallecida de inanición o de sus vecinos ejecutados. Intenta evitar los recuerdos de estos traumas. Se muestra poco interesada en actividades; el retraimiento social constituye probablemente una manifestación de desapego o extrañamiento frente a los demás. Presenta síntomas de aumento de la activación *(arousal)*, como, por ejemplo, dificultad para concentrarse y para dormir, e irritabilidad. Todos estos síntomas han persistido durante más de un mes y resulta evidente que le producen un malestar clínico significativo.

La paciente muestra asimismo síntomas de un *trastorno depresivo mayor.* En los últimos 3 meses ha presentado de forma persistente un estado de ánimo deprimido, problemas de sueño, déficit de concentración, falta de energía y disminución del interés por su entorno, así como una pérdida de 9 kg. Aunque esta depresión ha aparecido después de la muerte de seres queridos, no puede considerarse un *duelo* toda vez que estos síntomas han persistido durante más de 2 meses, hecho que contradice los criterios diagnósticos del Código V del DSM-IV para el *duelo.* En ausencia de una historia de episodios o síntomas previos de un *episodio maníaco,* diagnosticaríamos a su vez un *trastorno depresivo mayor, episodio único moderado* (DSM-IV, pág. 351).

Los síntomas físicos sugieren un *trastorno somatomorfo indiferenciado,* pero este diagnóstico no debe efectuarse si los síntomas aparecen exclusivamente en el curso de otro trastorno mental, como un trastorno del estado de ánimo o de ansiedad.

ASUNTOS DE FAMILIA

Paula Perot había llevado al servicio de urgencias a su hija de 9 años, Cynthia, tres veces en un período de 3 semanas. Cynthia presentaba un *rash* febril que no respondía al tratamiento para enfermedades víricas o bacterianas. A la tercera visita, los médicos la vieron irritable y letárgica, y decidieron ingresarla en el hospital para poder estudiar un síndrome tan inusual. Al poco tiempo de ingresar, se le detectó una insuficiencia renal y fue remitida a un hospital general para diálisis. La Sra. Perot sugirió que Cynthia podría haber sido envenenada con mercurio dado que su abuela materna había pasado por esta experiencia en una ocasión. Para hallar el origen de la insuficiencia renal de Cynthia, se llevaron a cabo extensas pruebas de laboratorio y diversas interconsultas, todo ello con el objetivo de

© MASSON, S.A. Fotocopiar sin autorización es un delito.

diagnosticar y poder tratar la enfermedad y sus complicaciones. Finalmente, se le diagnosticó una nefritis intersticial aguda secundaria a una intoxicación por mercurio, después de objetivarse niveles muy elevados de este metal.

Al ser interrogada, la Sra. Perot comentó que creía que en la escuela de Cynthia habían organizado una venganza contra su familia, empezando por su abuela que había sido envenenada por la misma profesora del centro. De hecho, no había dejado que los amigos de Cynthia fueran a visitarla al hospital ya que temía que éstos pudieran formar parte de la diabólica conspiración e intentaran volver a envenenarle la comida con mercurio. Cynthia pensaba asimismo que había sido envenenada con mercurio por su profesora. La Sra. Perot creía que otros estudiantes habían sido a su vez envenenados. Se contactó con la escuela, el Departamento de Servicios Sociales para la Infancia, la policía y el fiscal de distrito, pero las acusaciones de la Sra. Perot no pudieron ser confirmadas.

En visitas posteriores, la Sra. Perot refirió otros incidentes que ella pensaba que estaban relacionados con esta venganza. Existían informes de que Cynthia había sido objeto de abusos sexuales en el pasado en dos centros de día distintos, y la propia Sra. Perot había sido objeto de abusos sexuales durante la infancia en uno de estos mismos centros. En una demanda en que estaba implicada su hija, la Sra. Perot denunció todas estas conspiraciones, aunque se decidió que no existía base para ellas. En otra demanda no mencionó estos abusos, pensando que no iban a creerla.

El desarrollo de Cynthia había sido normal. Constaban algunos problemas breves de conducta en la escuela, aunque de todas formas antes de su enfermedad iba a una clase de alumnos dotados. El padre de Cynthia pasaba largas temporadas en la cárcel y raramente veía a su hija. La hermana de la Sra. Perot había sido ingresada en un hospital del estado y tratada con neurolépticos. A la Sra. Perot le dijeron que su hermana tenía un retraso mental, era violenta y se automutilaba. Por su parte, la Sra. Perot no había tenido enfermedades importantes, tenía estudios básicos y había hecho diversos cursos de auxiliar de enfermería. Carecía de antecedentes psiquiátricos, no se sentía deprimida, negaba alucinaciones y no consumía alcohol o drogas.

Durante el ingreso de Cynthia, la Sra. Perot se mostró atenta y colaboradora, y el equipo médico la encontró una persona muy sociable. No obstante, se agitó intensamente cuando se enteró del plan de tratamiento de su hija, consistente en prednisona, ya que creía que este fármaco resultaría desastroso dado que ya había hecho enfermar antes a la abuela. En ese momento, el equipo médico ya no albergaba ninguna duda de que la Sra. Perot, de una u otra forma, había estado envenenando a su propia hija. Sólo le concedieron visitas supervisadas y con la prohibición total de alimentar a su hija. Al cabo de 2 meses, Cynthia se encontraba lo suficientemente bien como para abandonar el hospital, y fue enviada a vivir con una familia adoptiva. Gracias a una orden judicial pudo obligarse a la madre a someterse a tratamiento psiquiátrico, durante el cual continuó insistiendo en el hecho de que varias personas malas eran las responsables de la enfermedad de su hija.

Discusión sobre «Asuntos de familia»

Durante muchos años los médicos han reconocido la existencia de casos raros en que una persona se produce o simula de forma intencionada síntomas de una enfermedad física o mental sin ganancias externas aparentes. A esto se le ha llamado síndrome de Munchausen (ver «Miseria», pág. 397). De forma más reciente se ha descrito un síndrome todavía más raro, el síndrome de Munchausen por poderes, en que una persona, casi siempre una madre, produce síntomas en la persona de su hijo, como aparentemente sucedía en este caso. Asimismo, existen comunicaciones de casos en que un cuidador o cuidadora ha producido síntomas en la persona anciana que se hallaba a su cargo.

En el DSM-IV, el trastorno facticio por poderes viene categorizado como *trastorno facticio no especificado* (DSM-IV, pág. 487), diagnóstico que se aplica a la figura de la madre. (El menor no recibe ningún diagnóstico psiquiátrico, pero se anota en el Código V, el *abuso físico del niño* [DSM-IV, pág. 697].)

Este caso resulta típico ya que la conclusión de que la madre es la que de hecho está produciendo los síntomas se basa en pruebas circunstanciales, toda vez que ésta casi nunca reconoce su culpa. La madre de Cynthia se sale de la normalidad en el hecho de que el envenenamiento de su hija constituye aparentemente un síntoma de un *trastorno delirante tipo paranoide* (DSM-IV, pág. 308), mientras que la mayoría de personas con un *trastorno facticio* por poderes no presentan sintomatología psicótica y parecen estar motivadas por el deseo de experimentar de forma indirecta el rol de enfermo a través de su hijo o de formar parte del sistema que cuida de su niño. El *trastorno facticio* por poderes, como el *trastorno facticio* propiamente dicho, se da de forma más frecuente en personas que han tenido algún tipo de conexión duradera con el sistema sanitario, ya sea como trabajadores o bien como pacientes. En este caso, la Sra. Perot había hecho prácticas de auxiliar de enfermería.

Los médicos deberían estar alerta ante la posibilidad de este trastorno cuando existen discrepancias entre las quejas de la madre y la apariencia del niño, cuando el menor ha sido llevado a múltiples médicos y cuando mejora

© MASSON, S.A. Fotocopiar sin autorización es un delito.

inexplicablemente después de ser separado de su madre. Desgraciadamente, estas madres raramente aceptan someterse ellas mismas a tratamiento, y por lo tanto el tratamiento terapéutico requiere casi siempre separar al niño de la madre.

Cabello

Celeste, de 25 años de edad, siempre había pensado que el suyo era un caso único. Cuando era una adolescente, sus padres la hicieron sentir como el primer ser humano capaz de arrancarse los pelos de las cejas hasta que no quedara ninguno. Así estuvo hasta que cumplió los 12 años. Y lo peor no fueron las cejas: con los años se había provocado auténticas áreas de calvicie en su cabeza. Durante 1 año (hace ahora aproximadamente 5 años, cuando estudiaba su segundo curso en el instituto), estuvo prácticamente calva.

Siempre le había hecho gracia lo «cuerda» que la gente la consideraba. Obtenía buenas notas y logró entrar en la facultad de derecho. «Si supieran la verdad...», solía decirse a sí misma. Lo cierto es que con el peinado cuidadoso del poco pelo que todavía le quedaba, el uso hábil de pañuelos e incluso de un peluquín en una ocasión, y evitando las clases de gimnasia, consiguió que nunca nadie sospechara nada en absoluto. Lo de las cejas era fácil de disimular; simplemente se pintaba unas nuevas.

El suyo era un hábito poco agradecido. Tenía lugar todos los días. Lo más común era que se sentase delante de la televisión a ver reposiciones de programas de forma distraída y se diera cuenta en un momento dado de cómo sus dedos ya se encontraban entre su pelo, revolviéndolo y seleccionando el cabello más apropiado. Una vez hallado tiraba rápidamente de él con una destreza ganada a fuerza de experiencia. El cabello cedía finalmente, con raíz y todo. Más tarde se daba cuenta de la pequeña pila de cabellos que se acumulaba en el brazo del sofá, y comprendía que llevaba tiempo ejecutando aquel mismo acto. Intentaba detenerlo, pero su nerviosismo iba en aumento, y volvía a arrancarse los cabellos hasta que aquella necesidad imperiosa cedía por sí sola. En los buenos tiempos esto solía representar 10 min. En los malos, podía durar hasta 1 hora.

Nunca había sospechado que otras personas pudieran padecer el mismo hábito hasta hace un mes, cuando una tormenta repentina deshizo su laborioso peinado y puso de manifiesto grandes extensiones de cuero cabelludo libres de pelo alrededor de sus orejas. Aterrorizada por la presencia de su compañera, Sylvia, se sorprendió al oír, «¿Tú también te los arrancas?». Tres días después, Sylvia llevó a Celeste a un grupo de autoayuda donde se encontró con otros «arrancadores de cabello», cinco mujeres y dos hombres. Durante las sesiones tenía la sensación de que escuchaba su propia vida en palabras de los demás:

> Sentía que debía ser una persona horrorosa, sin ningún tipo de autocontrol. Y así me lo decían mis padres.
>
> Las clases de gimnasia del colegio me aterrorizaban. Temía constantemente que se me cayera la peluca.
>
> Pensaba que nadie querría casarse conmigo. Al principio, tenía miedo de mantener cualquier relación sexual real. Sabía que acabarían descubriéndome. ¿Y qué pasará si alguien se enamora de mí? ¿Cómo reaccionará cuando se de cuenta de lo que hago? Una vez tuve un novio al que le conté que los problemas de mi cabello se debían a una permanente mal realizada. Pero no podría repetir aquello durante mucho tiempo.
>
> Creía que era el único ser humano con esa costumbre.

Discusión sobre «Cabello»

Celeste presenta un hábito poco común. No puede resistir el hábito de arrancarse su cabello. Esto ha dado lugar a una gran pérdida de pelo, tanto en su cabeza como en sus cejas. Cuando intenta resistirse, presenta ansiedad y se rinde de forma inevitable. Parece que obtiene algún tipo de placer y de alivio tensional con esta actividad. Éstos son los rasgos característicos del trastorno del control de los impulsos conocido como *tricotilomanía* (DSM, pág. 637). Este caso resulta típico en el hecho de que el paciente es una mujer y el inicio se sitúa en la adolescencia.

La ausencia de un intenso placer asociado a esta actividad (como contraste al placer asociado a otros trastornos del control de los impulsos, como el *juego patológico* o el consumo de drogas) y la calidad intrusa de los impulsos sugieren un *trastorno obsesivo-compulsivo.* Sin embargo, en el *trastorno obsesivo-compulsivo,* las compulsiones constituyen una respuesta a una obsesión o se llevan a cabo de forma estereotipada, y suelen ir dirigidas a prevenir algún tipo de acontecimiento temido. Además, en el *trastorno obsesivo-compulsivo,* con frecuencia las obsesiones y compulsiones no suelen limitarse a una única conducta, como sí sucede en el caso de la *tricotilomanía.*

© MASSON, S.A. Fotocopiar sin autorización es un delito.

Seguimiento

En el grupo de autoayuda, Celeste supo de un médico que estaba especializado en el tratamiento de la *tricotilomanía.* Éste le prescribió un antidepresivo que aparentemente la ayudó significativamente durante unos 3 meses, momento en el cual los síntomas empeoraron de nuevo, cambiando a otro antidepresivo. Costó un poco que remitiera la somnolencia que le producía esta nueva medicación, pero los síntomas mejoraron de forma considerable, mejoría que persistió. Al cabo de 6 meses, Celeste fue a visitar a un hipnotizador, que la ayudó todavía más a reducir la necesidad urgente de arrancarse el cabello. Actualmente se pasa días o incluso semanas sin arrancarse un solo cabello, y el síntoma no ha vuelto a ser tan grave como solía. De forma sorprendente, el uso de dos medicaciones reportó un beneficio inesperado. A pesar de que el hecho de arrancarse el cabello le hacía sentirse desmoralizada, Celeste nunca se vio a sí misma como «deprimida». No obstante, con la medicación su estado de ánimo también mejoró. Le entusiasmaba más su trabajo y se encontraba mejor consigo misma cuando tenía alguna cita —incluso antes de que la *tricotilomanía* mejorara. Continúa asistiendo al grupo de autoayuda y le atribuye responsabilidad en su mejoría, particularmente en lo que hace referencia al aumento de su autoestima.

La cara opuesta de Mary

Mary Kendall, de 35 años de edad, era una asistenta social remitida al psiquiatra para tratamiento del dolor crónico causado por una distrofia simpática refleja en su antebrazo y mano derechos. Poseía un historial médico complejo que incluía asma, cefaleas migrañosas, diabetes mellitus y obesidad. Se constató que era una persona altamente hipnotizable, aprendiendo rápidamente a controlar sus dolores mediante la autohipnosis.

Mary era bastante competente en su trabajo, pero tenía una vida personal bastante árida. Se había casado y divorciado 10 años después; tenía poco interés en volverse a casar. Dedicaba la mayor parte de su tiempo libre a actividades de voluntariado en un hospicio.

En el transcurso de la exploración psiquiátrica, Mary refirió el extraño comentario de que en muchas ocasiones, cuando volvía a casa desde el trabajo, dejaba el depósito de gasolina del coche prácticamente lleno; en cambio cuando se disponía a volver al trabajo a la mañana siguiente se lo encontraba medio vacío. Empezó a prestar atención al cuentakilómetros, y descubrió que muchas noches alguien recorría con él de 80-160 km, aunque ella no recordaba en absoluto haber conducido por ningún lugar. Tras interrogarla más ampliamente sobre este punto, manifestó que tenía lagunas de memoria respecto a amplias etapas de su infancia.

Debido a estas lagunas de memoria, el médico sospechó un trastorno disociativo, pero no fue hasta varios meses después del tratamiento hipnótico para el control de los dolores cuando encontró la explicación para estas pérdidas de memoria. Durante una inducción hipnótica, el médico le volvió a preguntar sobre los recuerdos perdidos. Súbitamente una voz distinta a la de la paciente respondió «Es cuestión de tiempo que nos conozcamos». La (otra) personalidad, con un nombre ligeramente distinto, Marian, hablaba ahora y describía las excursiones en coche que llevaba a cabo durante la noche, las cuales consistían en retirarse a las montañas o a las playas de la periferia para «pensar y solucionar sus problemas». A medida que el psiquiatra empezó a conocer a Marian, se puso de manifiesto que era tan abrupta y hostil como Mary complaciente y entregada a los demás. Marian consideraba a Mary como bastante patética y demasiado interesada en complacer a los demás, y decía «preocuparse por otra persona en vez de por ti misma resulta una pérdida de tiempo».

En el curso de la terapia emergieron seis personalidades diferentes, organizadas burdamente a lo largo de un *continuum* que podría describirse en dependencia/agresividad. Entre estas personalidades existían considerables tensiones y desacuerdos, ya que cada una de ellas resultaba bastante bidimensional. Existía una competición para el control de los recuerdos «perdidos» de forma frecuente, y Marian provocaba situaciones que aterrorizaban a los demás, incluyendo una personalidad que se identificaba a sí misma como una niña de 6 años de edad. La experiencia subjetiva de las diferencias entre algunos de los estados de personalidad fue tenida poco en cuenta cuando una personalidad de carácter bastante hostil hizo una amenaza de suicidio. El terapeuta insistió en discutir este hecho con otras personalidades, pero ésta objetó que hacerlo constituiría «una violación de la confidencialidad médico-paciente».

Los recuerdos que emergían de estas personalidades disociadas incluían escenas de abusos físicos y sexuales por parte del padre y de otras personas, y un sentimiento de culpa considerable por el hecho de no haber protegido a otros niños de la familia de estos mismos abusos. Mary no recordaba a su madre por los abusos cometidos por ella, sino por su carácter dependiente y porque la obligaba a cocinar y a limpiar desde edades muy tempranas.

© MASSON, S.A. Fotocopiar sin autorización es un delito.

Después de 4 años de psicoterapia, Mary fue integrando porciones de estos estados de personalidad de forma gradual. Se fusionaron dos personalidades similares, aunque ella continuaba parcialmente disociada. Los estados de personalidad se conocían mutuamente, y continuaban «luchando» unos contra otros.

Discusión sobre «La cara opuesta de Mary»

No es necesario tener muchos conocimientos de psicopatología para reconocer este caso como una *personalidad múltiple*, que en el DSM-IV se redenomina *trastorno de identidad disociativo* (DSM-IV, pág. 499). Aparentemente Mary presenta varios estados de personalidad diferentes, cada uno con su patrón relativamente propio y persistente de percibir, relacionarse con los demás y pensar sobre su entorno y sobre sí mismo. En varias ocasiones una u otra de estas identidades toma el control sobre el resto. Como suele ser el caso, la clave de la presencia del trastorno es la existencia de lagunas en la memoria del paciente —en este caso sustanciadas por inexplicables kilometrajes en el contador del coche—. De forma casi invariable, como se pone de manifiesto en este caso, se constata una historia de abusos sexuales o físicos durante la infancia.

Existe una considerable controversia acerca de este trastorno. Por una parte, los médicos especializados en su tratamiento insisten en que el trastorno es mucho más frecuente de lo que suele reconocerse. Recalcan que el diagnóstico suele ser efectuado por primera vez varios años después de que el paciente haya empezado a presentar síntomas, y de forma habitual el individuo ha ido acumulando varios diagnósticos diferentes debido a la naturaleza cambiante de los síntomas. Por otra parte, existen algunos críticos que pretenden que la mayoría de los casos son debidos bien al resultado de la actitud sugestiva del terapeuta respecto a los síntomas, o bien a que el propio paciente asume las características de un famoso caso de este trastorno, como, por ejemplo, *Las tres caras de Eva*.

Puede ser que existan pacientes diagnosticados de este trastorno (hoy en día nuevamente de moda) de forma incorrecta. Sin embargo, cuando uno ha observado en un paciente la emergencia de otra personalidad, con un patrón de conversación y un lenguaje corporal completamente distintos, queda convencido de que este diagnóstico es pertinente.

La muda

Cathy Jarvis, una madre de 25 años de edad, con antecedentes de lupus eritematoso sistémico de 3 años de evolución, fue ingresada en un hospital universitario debido a un estado confusional agudo que no le permitía mantener la atención ni sostener una conversación de forma coherente, y a una desorientación temporoespacial marcada. Los días anteriores al ingreso había ido presentando de forma progresiva un estado confusional, empezando a creer que los vecinos la estaban vigilando. El día del ingreso había huido de su casa y salido a la calle en un estado de agitación incontrolable.

Al ser conducida al servicio de urgencias, Cathy recibió haloperidol intramuscular, un antipsicótico; pero a la mañana siguiente, su cuadro clínico había cambiado de forma drástica hacia peor. Estaba rígida, muda, incomunicativa y no respondía a ninguna pregunta; sólo exhibía muecas faciales. Su estado fluctuaba de tal forma que en ocasiones estaba excitada, gritaba continuamente y parecía estar reaccionando a alucinaciones auditivas y visuales. En otros momentos estaba callada y rígida. Requería una atención total por parte de enfermería, con alimentación intravenosa, cateterización y contención mecánica de sus cuatro extremidades. Con frecuencia había que sedarla con loracepam, una benzodiacepina de corto tiempo de acción. Debido a que se creía que tenía una encefalitis lúpica, se empezó a administrarle metilprednisolona intravenosa, un corticosteroide, pero no se produjo ninguna mejoría de su estado clínico.

Durante las 3 semanas siguientes, la situación de Cathy fue deteriorándose. Perdía peso de forma considerable, no podía mantenerse en pie y continuaba requiriendo un cuidado total por parte de enfermería. A los 28 días de su ingreso fue remitida para terapia electroconvulsiva (TEC). Después de siete sesiones empezó a responder de forma gradual: intentaba alimentarse o mantenerse de pie por sí misma, estaba más alerta y reconocía a su familia. Por entonces la rigidez sólo aparecía de forma ocasional. Mediante una punción lumbar se puso en evidencia la presencia de anticuerpos IgG antineuronales en un título elevado, lo cual era consistente con el diagnóstico de afectación lúpica del sistema nervioso central.

Durante las siguientes semanas, los períodos de lucidez alternaron con los de rigidez, mutismo, negativismo y ensimismamiento. El día 90 de ingreso se empezó otra tanda de TEC. Después de 10 sesiones, volvía a hablar y se mostraba eutímica y colaboradora.

© MASSON, S.A. Fotocopiar sin autorización es un delito.

Discusión sobre «La muda»

Antes del ingreso, la Sra. Jarvis presentaba varios síntomas de *delirium*: dificultad para matener la atención, desorientación, agitación, incoherencia y pensamiento delirante. Justo después del ingreso, estos síntomas evolucionaron rápidamente a un síndrome clínico de catatonia. Alternaba períodos de negativismo y estupor catatónicos (rigidez corporal, mutismo) con períodos de excitación catatónica (agitación y síntomas psicóticos).

La sintomatología catatónica se asocia a varias entidades diferentes. En primer lugar, se ve en la *esquizofrenia* tipo catatónico. Aunque hoy en día esta forma relativamente rara en las *esquizofrenias* que se ven en Estados Unidos y Europa, en otras partes del mundo resulta mucho más común. El trastorno que se asocia con más frecuencia a los síntomas catatónicos es el *trastorno del estado de ánimo*, especialmente el *episodio maníaco*. De forma mucho menos frecuente, los síntomas catatónicos responden a una enfermedad médica, o están relacionados con fármacos (p. ej., neurolépticos) o consumo de drogas (p. ej., *Cannabis*, fenciclidina).

Teniendo en cuenta los antecedentes de lupus y la forma de presentación inicial de *delirium*, la etiología más probable de este cuadro de catatonia es el propio lupus, lo que confirma la presencia de anticuerpos en el líquido cefalorraquídeo. Debido a la significación clínica tanto del *delirium* como de los síntomas catatónicos, el diagnóstico debería ser de *delirium debido a lupus eritematoso sistémico* (DSM-IV, pág. 134) y *trastorno catatónico debido a lupus eritematoso sistémico* (DSM-IV, pág. 176).

Aunque esta paciente recibió un neuroléptico, que en ocasiones puede provocar síntomas catatónicos, la persistencia de esta sintomatología mucho después de haberse retirado el fármaco hace improbable que éste fuera el responsable de los síntomas catatónicos. La agitación inicial y la ideación delirante sugieren la posibilidad de un trastorno del estado de ánimo (p. ej., *Trastorno bipolar I, epidosio maníaco único con síntomas catatónicos)*, que también podría explicar la sintomatología catatónica. Sin embargo, la ausencia de otros rasgos sugestivos de un episodio maníaco, así como la presencia de un marcado deterioro cognoscitivo y de un curso fluctuante, hacen poco probable la relación de estos síntomas catatónicos con un trastorno del estado de ánimo.

Existen trabajos que apuntan a que los síntomas catatónicos pueden presentarse en casi el 8% de los pacientes psiquiátricos hospitalizados. Muchos casos de catatonia se resuelven de forma espontánea. La administración intravenosa de un sedante de corto tiempo de acción suele eliminar los síntomas, aunque normalmente de forma transitoria. En algunos pacientes, como la Sra. Jarvis, el tratamiento definitivo es la TEC; de hecho, independientemente de la etiología, los síntomas catatónicos suelen responder a la TEC.

Seguimiento

Cuando fue vista un año después, la Sra. Jarvis no presentaba ninguna evidencia de alteraciones psiquiátricas. Estaba despejada, orientada y colaboradora, y era totalmente capaz de cuidar de su casa y de sus hijos. La repetición de una punción lumbar reveló la ausencia de anticuerpos antineuronales en el líquido cefalorraquídeo.

LAS MALAS VOCES

Carmen Gálvez, de 25 años de edad, es una mujer dominicana divorciada, atractiva y madre de dos niños. Mostrando mucho enfado, pero a la vez actitudes seductoras, la Sra. Gálvez fue remitida al servicio de urgencias de psiquiatría por el psiquiatra que la estaba tratando en una clínica de trastornos de ansiedad. Después de explicar a su médico que oía voces que la exhortaban a matarse, pero asegurándole que no pensaba actuar en ese sentido, la Sra. Gálvez no acudió a la siguiente visita. Su terapeuta la llamó amenazándola de enviar a la policía a buscarla si no acudía voluntariamente al servicio de urgencias.

Entrevistada en urgencias por un psiquiatra experimentado, acompañado por un grupo de residentes de psiquiatría, la Sra. Gálvez se mostraba airada en ocasiones e insistía en que no le gustaba hablar de sus problemas, aduciendo que los psiquiatras no la iban a creer o a ayudar. Esta actitud alternaba con flirteos y conductas seductoras.

La primera vez que la Sra. Gálvez había sido visitada por psiquiatras fue 7 años antes, ya que después del nacimiento de su primer hijo había empezado a oír voces que comentaban su conducta y le decían que debía quitarse la vida. Las voces no le decían exactamente cómo debía hacerlo, pero refirió que se había bebido el quitaesmalte de uñas en un intento de suicidio, siendo asistida durante 2 días en

© MASSON, S.A. Fotocopiar sin autorización es un delito.

el servicio de urgencias y recibiendo un tratamiento farmacológico que no recuerda, pero que le ayudó a silenciar las voces. Después del alta no acudió a las visitas ambulatorias y continuó experimentando alucinaciones auditivas intermitentes y a temporadas durante los siguientes 7 años. Por ejemplo, cuando estaba cerca de la ventana solía oír una voz que le decía que se tirara; y cuando andaba por la calle le decía que se pusiera delante de un coche.

Explica que después de ese primer episodio pudo seguir con sus actividades con un rendimiento aceptable, acabando sus estudios en el instituto y cuidando de sus hijos. Se divorció hace un año, pero no aceptó discutir de sus problemas matrimoniales. Hace ahora aproximadamente 2 meses empezó a tener problemas para dormir y a sentirse «nerviosa». Fue en ese momento que respondió al anuncio de la clínica de ansiedad. Fue visitada y le dieron un fármaco antipsicótico. Afirma que en el momento de acudir a la clínica las voces continuaban como siempre, y que sólo el insomnio y la ansiedad eran recientes. Negó específicamente tener un estado de ánimo deprimido o anhedonia, o cualquier cambio en su apetito, pero admitió sentirse más lábil y sola, y la aparición ocasional de «pensamientos malos», como el intento de violación de que fue objeto a los 14 años por parte de su padre. A pesar de estos síntomas, continuó trabajando más horas de las exigidas en su contrato de vendedora en una tienda.

La Sra. Gálvez explicaba que no asistió a su siguiente visita en la clínica de ansiedad porque la medicación le estaba provocando náuseas, sensación de pesadez y además no la estaba ayudando para nada en mejorar sus síntomas. Negaba querer morirse, y reflexionaba sobre lo fuerte que era al trabajar para mantener a sus hijos, como evidencia de que no «les dejaría solos». No entendía por qué su conducta había alarmado tanto a su psiquiatra.

La Sra. Gálvez negaba haber consumido alcohol o drogas, y la prueba de detección toxicológica de varias drogas resultó negativa. Los hallazgos de la exploración física y de las pruebas de laboratorio fueron anodinos. Había dejado voluntariamente la medicación 2 días antes de la entrevista actual.

Después de la visita, surgieron controversias entre el equipo médico sobre si debían dar el alta a la paciente. Finalmente se decidió mantenerla allí durante la noche, hasta que su madre pudiera verla al día siguiente. Cuando le dijeron que debía quedarse en la sala de urgencias, respondió encolerizadamente, pero a la vez con cierta timidez: «Adelante. Antes o después tendrán que dejarme salir, pero no tengo que hablar con ustedes si no me da la gana». Durante la noche, el equipo de enfermeras se dieron cuenta de que lloraba, aunque refería no saber por qué.

Cuando se integró la madre a la mañana siguiente, confesó que no había visto cambios recientes en su hija. No creía que la paciente fuera a hacerse daño a sí misma, pero estaba de acuerdo en quedarse con ella durante algunos días y asegurarse de que acudía a las visitas de seguimiento. Al reunirse con ella, la paciente se quejó de que su madre no respondía a sus demandas y no la ayudaba de forma suficiente. Sin embargo, volvió a negar estar deprimida y dijo que disfrutaba con su trabajo y con sus hijos. Respecto a las voces, dijo que con el tiempo había aprendido a ignorarlas, y que éstas no la molestaban tanto como al principio. Estuvo de acuerdo en seguir un tratamiento ambulatorio siempre y cuando su terapeuta fuera una mujer.

Discusión sobre «Las malas voces»

Se trata de un caso rompecabezas. La Sra. Gálvez acudió a la clínica de trastornos de ansiedad debido a sus síntomas de ansiedad progresiva. El psiquiatra de la clínica, sin embargo, estaba más preocupado por el síntoma más maligno de la Sra. Gálvez: las voces que venía oyendo repetidamente desde hacía varios años. Las alucinaciones crónicas sugieren sin lugar a dudas una *esquizofrenia*. Sin embargo, no existen evidencias de desorganización de la personalidad, ideas delirantes ni deterioro del nivel de rendimiento, aspectos clínicos que suelen verse en la *esquizofrenia*. Uno se pregunta si estas voces constituyen alucinaciones verdaderas o representan una descripción histriónica de los pensamientos que la preocupan. ¿Podrían estas voces incluso proceder de personalidades disociadas, como en el *trastorno de identidad disociativo (Personalidad múltiple)?* Los pacientes con un trastorno límite de la personalidad pueden presentar, asimismo, episodios psicóticos breves, pero las voces de la Sra. Gálvez no parece que estén limitadas a períodos breves.

En ausencia de otros datos, nos veríamos forzados a diagnosticar un *trastorno psicótico no especificado* (DSM-IV, pág. 322), pero sospecharíamos probablemente que la Sra. Gálvez presenta un inicio de una forma de *esquizofrenia* que no suele verse con frecuencia en la práctica clínica.

El hombre de la langosta

Harold Robbins fue detenido cuando abandonaba una charcutería con tres latas de langosta escondidas en sus bolsillos. Fue declarado culpable de robo en una

© MASSON, S.A. Fotocopiar sin autorización es un delito.

tienda, pero el tribunal solicitó un examen psiquiátrico después de determinar que no poseía antecedentes criminales y no tenía una necesidad particular de la comida que había robado.

El Sr. Robbins es un hombre de 42 años de edad, con aspecto joven, bien arreglado, casado y con dos hijos quinceañeros. Lleva trabajando unos 15 años en una compañía de seguros, y nunca había sido arrestado antes. Cuando es visitado por el psiquiatra, reconoce que lleva años robando tiendas, siguiendo un sistema que hasta el momento no le había conducido al arresto. Describe cómo entró en la tienda de forma impulsiva, sin ningún propósito específico. Mientras paseaba por ella, fue sintiendo una sensación de tensión progresivamente mayor, que aumentaba en intensidad a medida que pasaba más tiempo en el establecimiento. En ese momento le surgió el deseo de llevarse las latas de langosta. No tenía ninguna necesidad particular de aquel tipo de alimento, y de hecho no le gusta el marisco. Nadie le había pedido que comprara langosta enlatada, comida que no suele figurar en su menú ni en el de su familia. Llevaba en su cartera más dinero del necesario para poder comprar la langosta si la hubiera deseado. Esta sensación de tensión siguió aumentando hasta que no pudo resistir más. Cogió las latas y las apretujó en sus bolsillos, después de lo cual experimentó una sensación de alivio. Continúa explicando que no sabía nada de esta charcutería en particular ni de sus propietarios. La selección de los establecimientos donde actuaba se debía aparentemente al azar.

Durante los años anteriores había tenido, de forma similar al episodio actual, la necesidad imperiosa de robar, necesidad que no podía resistir. Solía aparecer de forma súbita y sin motivo aparente. De forma típica, sucedía que encontrándose en una tienda experimentaba una sensación de tensión cada vez mayor, acompañada de una necesidad de coger algo y llevárselo sin pagar. Los objetos que robaba nunca eran caros y por lo común no representaban nada que necesitara o quisiera de forma particular. Por razones que no alcanzaba a entender, lo más habitual era que robara marisco enlatado. Al poco rato de cometido el delito, solían aparecer unos intensos sentimientos de culpa y tomaba la decisión de no volver a hacerlo. De todas formas sólo era capaz de resistirse a la necesidad urgente de robar durante 2 o 3 semanas, hasta que volvía a sucumbir a estos impulsos.

Él y su esposa tenían empleos excelentes y no pasaban por problemas económicos de ningún tipo. No puede concretar ningún acontecimiento estresante del ámbito familiar o laboral que pueda estar relacionado con el impulso de robar. Desconoce por qué coge estas «pequeñas cosas inútiles», y le gustaría ser capaz de controlar la necesidad urgente de robar.

El Sr. Robbins no ha tenido otros problemas serios con el control de los impulsos. Sin embargo, refiere que durante los últimos 10 años, mientras camina de noche, acostumbra tener una sensación de tensión progresivamente mayor y una necesidad de mirar a las mujeres por las ventanas de los apartamentos situados en la planta baja de los edificios, conducta que realiza cada 2 o 3 meses. Durante estos episodios experimenta una sensación de tensión y excitación, pero advierte que no es de tipo sexual. No se masturba o recrea fantasías con el recuerdo de las mujeres que ha podido observar. Una vez acabado el incidente se siente culpable, tanto si la mujer que ha estado observando se encontraba desnuda como si no.

El Sr. Robbins refiere que durante los últimos 2 años ha ido notando un sentimiento progresivamente mayor de inutilidad acerca de su vida. Sus hijos se acercan al punto en que empezarán a abandonar el hogar, y no tiene ningún interés o afición que no estén relacionados específicamente con ellos. De vez en cuando siente que «la vida no vale la pena», pero niega ideación suicida u otros síntomas persistentes de depresión. Sus sentimientos de vergüenza y culpa se limitan a los robos de tiendas y a la observación de mujeres. En cambio, se considera a sí mismo un trabajador duro y un buen cumplidor de la ley, que contribuye con su comunidad entrenando equipos deportivos.

El Sr. Robbins es el único hijo de un padre alcohólico que abusaba físicamente de su mujer. Existieron muchas temporadas en que él y su madre tuvieron que alejarse del padre, y siempre se ha sentido muy ligado a ella. Como adulto ha sido un hijo cumplidor que ha apoyado a sus padres.

Describe su adolescencia como una época en que se mostraba irritable y bastante agresivo. Solía estar implicado en todas las peleas, generalmente contra muchachos mayores, que habían hecho algún tipo de comentario peyorativo en relación con su estatura. A menudo, su respuesta resultaba claramente desproporcionada con el comentario.

Discusión sobre «El hombre de la langosta»

Aunque vistos de forma superficial los actos del Sr. Robbins pueden parecer los de un ladrón ordinario, a él no le motiva simplemente el deseo de poseer lo que hurta sin tener que pagarlo. No presenta ninguna necesidad o deseo particular por las cosas que roba, y no comprende por qué suele escoger el marisco. Sólo sabe que presenta impulsos recurrentes de robar cosas que no necesita y que, ante una sensación de tensión progresivamente mayor, acaba rindiéndose de forma inevitable a este impulso y roba, después de lo cual se siente aliviado, culpable y con remordimientos. No planea sus robos, pero sucumbe al impulso una vez que se halla en la tienda. Éstos son los

© MASSON, S.A. Fotocopiar sin autorización es un delito.

rasgos característicos de la *cleptomanía*, un *trastorno del control de los impulsos no clasificado en otros apartados* (DSM-IV, pág. 625).

La *cleptomanía* es probablemente más frecuente en las mujeres que en los varones. Raramente constituye una enfermedad; incluso entre los ladrones de tiendas que son arrestados, sólo aproximadamente el 5% tiene una historia que resulta consistente con este trastorno. Se asume que, en algunos de los casos, el infractor fabrica esa historia con el objetivo de adaptarse al estereotipo de un trastorno y evitar de esta forma las consecuencias judiciales de sus actos. El inicio puede ser tan temprano como la misma infancia, y por lo general aumenta y disminuye en intensidad, tendiendo a ser de curso crónico.

En la *cleptomanía,* como en otros *trastornos del control de los impulsos,* como el *juego patológico* o la *piromanía,* la persona suele tener impulsos de llevar a cabo una única actividad inapropiada. El Sr. Robbins parece ser una excepción a este hecho, aunque resulta difícil interpretar sus impulsos de mirar a las mujeres. Niega la excitación sexual que uno espera en el *voyeurismo* (una *parafilia).* Si se quisiera realizar un diagnóstico aparte para esta conducta, el apropiado sería el de *trastorno del control de los impulsos no especificado* (DSM-IV, pág. 625).

TODAVÍA ESTUDIANTE

La psicoterapeuta de Ellen Waters decidió remitirla para una consulta psicofarmacológica debido a la persistencia de su estado de ánimo deprimido y sus crisis de angustia. Se trata de una mujer de 37 años, estudiante graduada, que vive sola y se mantiene a sí misma trabajando como asistente sanitaria a domicilio. Completó las prácticas de un doctorado en sociología hace ahora 3 años, pero todavía no ha empezado la tesis.

Ellen es, sin duda, una mujer de aspecto infeliz, y de hecho describe haber sido infeliz la mayor parte de su vida, sin haber pasado por temporadas de felicidad real. Su padre tenía una historia de problemas con el alcohol, y en su casa solía haber un clima de constante crispación. Niega abusos sexuales o físicos, pero manifiesta que en su casa «abusaban emocionalmente» de ella. Fue remitida por primera vez para tratamiento después de que llevara a cabo una tentativa de suicidio a la edad de 14 años, y durante estos últimos años ha pasado por muchos momentos durante los cuales su habitual depresión leve se tornaba considerablemente peor, aunque nunca ha solicitado asistencia médica.

Hace 2 años, después de salir 4 años con un muchacho, quedó claro que éste no tenía ninguna intención de casarse ni tan sólo de irse a vivir con ella. Desde aquel momento empezó a sentirse más deprimida y a experimentar crisis agudas de angustia, y fue a partir de entonces cuando empezó a someterse a sesiones de psicoterapia.

Desde el mes anterior a la consulta actual, admite que ha estado deprimida la mayor parte del tiempo. Ha ganado aproximadamente 4,5 kg de peso debido a que pica constantemente patatas fritas o galletas, o bien se prepara bocadillos de manteca de cacahuete. Suele despertarse en mitad de la noche, no pudiendo volver a dormirse hasta al cabo de unas horas, resultado de lo cual se pasa el día siguiente somnolienta, completando un total de 18 horas de sueño cada jornada. Refiere sentirse aplastada por su propio peso, así como pesadez de piernas y brazos, y una sensación constante de cansancio. Cavila continuamente sobre sus propios fracasos y no puede concentrarse en la lectura. Aunque siempre ha deseado estar muerta, últimamente no ha realizado ningún intento de suicidio.

El humor de Ellen es claramente reactivo a los acontecimientos. Pequeñas muestras de atención por parte de su terapeuta o de su novio pueden hacerla sentir realmente bien durante horas. Presenta una reactividad extrema frente a cualquier tipo de frustración. Si un amigo no ha vuelto a llamarla, o si alguien se muestra interesada en ella y luego la olvida, se siente devastada hasta el punto de no poder trabajar. Entonces se queda en casa, come en exceso y evita salir con la gente.

El expediente académico y laboral de Ellen ha sido errático. Tiene un master en psicología y trabajó como consejera durante un tiempo, aunque encontró este trabajo ciertamente pesado. A continuación empezó un programa Ph.D. en sociología; completó las prácticas del curso, pero las interrumpió para realizar un cursillo de fisioterapia. Nunca ha conseguido trabajar en un mismo empleo durante más de 2 años y ha dedicado la mayor parte de su vida adulta a estudiar. Su romance actual es el que ha durado más tiempo. Antes había vivido con un hombre, pero fue una relación breve y tumultuosa. Sus novios la han descrito como «demandante y dependiente», y parece que su actual pareja teme sus constantes demandas de atención.

Aunque Ellen explica una depresión crónica, cuando se le pregunta sobre períodos «demasiado buenos», describe muchos episodios de estado de ánimo anormalmente elevado, que se han prolongado durante varios meses. En estas temporadas puede funcionar durmiendo 4 o 5 horas cada noche, pagar grandes facturas de teléfono y sentir cómo le corren las ideas por la cabeza. Es capaz de hacer muchas cosas y culminarlas, pero sus amigos se muestran obviamente preocupados

© MASSON, S.A. Fotocopiar sin autorización es un delito.

por este cambio en su conducta, urgiéndola a que «frene» y «se calme». Estos episodios nunca le han acarreado problemas de ningún tipo.

Discusión sobre «Todavía estudiante»

La prolongada historia de síntomas depresivos leves de Ellen sugiere el diagnóstico de *trastorno distímico.* Sin embargo, sus múltiples episodios de humor elevado, disminución de la necesidad de dormir, aumento de actividad y pensamientos veloces indican claramente *episodios hipomaníacos* (DSM-IV, pág. 344), que descartan el diagnóstico de *trastorno distímico* en favor del de *trastorno bipolar II* (DSM-IV, pág. 370). Debido a su *episodio depresivo mayor* actual (ganancia de peso, insomnio, dificultades de concentración, autodepreciación, ideación suicida), especificaríamos además *episodio actual depresivo.*

Mientras que la mayoría de pacientes que padecen un *episodio depresivo mayor* tienen problemas para dormir y pérdida del apetito, Ellen suele dormir 18 horas y ha experimentado un aumento de su hambre. Estos rasgos, a menudo denominados «síntomas vegetativos inversos», en presencia de hipersensibilidad al rechazo y estado de ánimo deprimido que mejora en respuesta a acontecimientos positivos, permiten la especificación adicional de *con síntomas atípicos.* Se ha demostrado que este cuadro clínico se asocia a una buena respuesta a los inhibidores de la monoaminooxidasa y a una mala respuesta a los antidepresivos tricíclicos clásicos.

Ellen también se queja de «crisis de angustia». Sospechamos que presenta los síntomas característicos de las crisis de angustia y preocupación por su posible recurrencia, aunque no muestra síntomas agorafóbicos. De cumplirse estas premisas, añadiríamos el diagnóstico de *trastorno de angustia sin agorafobia* (DSM-IV, pág. 311).

Puedes quedarte con el yate

Eddie Stover fue escoltado por los agentes del *sheriff* desde la cárcel donde se encontraba hasta la unidad de psiquiatría forense para pacientes ingresados. Los agentes traían consigo documentos que demostraban su detención involuntaria y describían al paciente como «gravemente incapacitado por un trastorno psiquiátrico». Vestía el uniforme de preso y había requerido contención mecánica durante el traslado, charlando consigo mismo de forma jovial, incoherente y rápida. El agente que lo acompañaba explicaba a la enfermera que los atendió: «No callará. Durante las últimas 2 noches ha mantenido en vigilia al resto de presos hablando sin ningún sentido. Está acusado de violación en otro estado; no tenemos más detalles de este punto. No ha querido hablar con nosotros, no ha aceptado comida de ningún tipo, rechaza tomar medicación y se ha pasado todo el tiempo desnudo bajo las sábanas de su cama. Dice que se arranca el vello púbico porque así consigue aumentar su virilidad».

El psiquiatra que acudió para explorar al paciente constató que se trataba de un hombre negro, alto, delgado y que aparentaba realmente los 35 años de edad que decía tener. Llevaba el pelo «poco convencional», desarreglado y aparentemente dejado. Le pareció que tenía una «afectividad intensa» y que resultaba «peligroso». Su discurso era coherente, pero disperso, de tono elevado y rápido. El psiquiatra consideró que contestaba de forma «cauta» y «poco fiable». Daba respuestas extravagantes e inconnexas, por ejemplo cuando se le pidió que deletreara la palabra «mundo», respondió: «m-u-n-d-cero. Utilizo el número, pero ya se que se trata de una letra... Es parte del sistema métrico, el sistema universal, usted ya sabe». Negó haber tenido alucinaciones, impulsos violentos o algún tratamiento psiquiátrico previo.

El psiquiatra pensó que el diagnóstico más probable era el de *esquizofrenia crónica, tipo indiferenciado,* recomendando descartar una intoxicación por sustancias. Se prescribió medicación antipsicótica, pero el Sr. Stover la rechazó, así como que le practicaran una exploración física y unas pruebas de laboratorio. Sólo accedió a que le realizaran un análisis de orina y el test del VDRL. Posteriormente aceptó ser explorado físicamente y refirió a la enfermera que le atendía una historia de consumo de heroína por vía parenteral, una infección por sífilis tratada 8 años antes del ingreso actual, y haber sido herido en el corazón por arma de fuego. El examen físico no reveló evidencias de cicatrices antiguas por disparo de bala ni de ninguna otra marca que lo sugiriera. Las pruebas serológicas para la sífilis estaban dentro de los límites de la normalidad, y la de detección toxicológica en orina a las 72 horas del ingreso dio resultados negativos. La tarde de su traslado, el paciente fue liberado al retirarse los cargos por violación. Sin embargo, continuó ingresado de forma involuntaria para un tratamiento psiquiátrico, y fue transferido a una sala custodiada esa misma noche.

En este nuevo emplazamiento el Sr. Stover se mostró colaborador, aunque se agitaba de vez en cuando y no podía dormir. Después de un par de horas empezó a quejarse de que los «demás» enfermos de la habitación realizaban prácticas homosexuales, cuando de hecho en esa habitación sólo se encontraba él. Dado que el equipo médico tenía miedo de que perdiera el control y que persistía su negativa

© MASSON, S.A. Fotocopiar sin autorización es un delito.

a tomar medicación, se decidió trasladarlo a una habitación de aislamiento abierto. Esto no alivió para nada su agitación, y empezó a dar alaridos. Cuando se decidió cerrar la puerta de la cámara de aislamiento, se calmó, agradeció al equipo médico que le protegieran y logró dormirse brevemente.

Al día siguiente, el Sr. Stover fue mantenido en aislamiento, donde permaneció yaciendo en el suelo, merodeando por la habitación o hablando consigo mismo en un rincón. Llevó a cabo movimientos extravagantes y de tipo ritual, y fue mostrando un retraimiento progresivo. Rechazaba la medicación y el alimento sólido, pero aceptaba la ingesta de líquidos. Una enfermera lo describió como «juguetón y reservado». Respondía a las preguntas repitiendo «Me niego, me niego. Estoy en una reunión de ejecutivos». Al cuarto día de ingreso, la psiquiatra que lo estaba examinando observó «conductas peligrosas y sexualmente inapropiadas». Al ser preguntado por su rechazo a tomar medicación, gritó: «No me estáis escuchando», y empezó a hacer gestos como si estuviera besando y a mover la pelvis.

Debido a la persistencia de los síntomas y a la negativa a tomar fármacos, se solicitó una orden judicial para tratamiento. En la vista que se realizó continuó comportándose de forma inapropiada, expulsando ventosidades y refiriéndose a la comisaria del tribunal cómo a «Carol Channing». Perdió la vista debido a «rechazo poco racional al tratamiento farmacológico». Se le ofreció medicación oral, pero prefirió que lo atasen, siendo necesario administrarle la primera dosis de neurolépticos por vía parenteral. Al cabo de 8 horas aceptó la vía oral.

Al cuarto día de tratamiento farmacológico su estado mejoró drásticamente. Se le retiró de la sala de aislamiento y empezó a cuidar de sí mismo y a asistir a las terapias de grupo. Aunque su conducta resultaba ahora en su mayor parte apropiada, todavía se observaban de forma ocasional comportamientos extravagantes, como, por ejemplo, cuando en un grupo de autocuidado se afeitó sus trenzas para que «su cabeza pudiera refrescarse». La exploración de su estado mental ya no revelaba asociaciones inconnexas, y además solicitó que el psiquiatra contactara con su antiguo médico que residía en un estado del medio oeste. Sus únicas revelaciones consistieron en decir que sus padres estaban vivos, que tenía cuatro hermanas y que había estado empleado en una empresa del sector de la construcción, aunque actualmente cobraba una pensión de incapacidad debido a un accidente laboral.

Dado que los cargos por violación habían sido retirados y su estado mental ya no requería un tratamiento involuntario, el equipo médico intentó convencerle para que se quedara de forma voluntaria. Rechazó esta opción y el hospital se vio forzado a darle el alta. Advirtió que planeaba quedarse en la ciudad sólo hasta que pudiera adquirir «objetos de cuero de calidad superior», y que luego volvería al medio oeste. Cuando abandonaba la sala, el Sr. Stover se volvió hacia la enfermera que le había atendido el primer día y le dijo: «Has sido la mejor sirviente que he tenido en mi vida; ¡puedes quedarte con el yate!».

Discusión sobre «Puedes quedarte con el yate»

Cuando los pacientes afroamericanos se presentan con un cuadro clínico que resulta poco familiar para el médico que los evalúa, los síntomas diana pueden resultar desapercibidos. Aparentemente, el psiquiatra que atendió al Sr. Stover en el primer momento del ingreso, después de constatar los antecedentes de conducta violenta y percibiendo a un hombre de color «peligroso», agitado y muy incoherente, se alarmó principalmente por todos estos síntomas y ello le condujo a efectuar el diagnóstico de *esquizofrenia.* Aperentemente, el psiquiatra pasó por alto que lo que él percibía como pelo «poco convencional» resultaba de hecho un popular peinado caribeño. Si no hubiera sido por la amenazante forma de presentación del Sr. Stover, el médico hubiese podido darse cuenta de que se trataba de un hombre más exuberante que salvaje y desorganizado. Hubiese podido notar a su vez su logorrea, el hecho de que no necesitaba dormir, su irritabilidad y su hiperexcitación sexual, todo ello sugerente de un posible *episodio maníaco.* El curso subsiguiente, durante el cual el Sr. Stover demostró un estado de ánimo expansivo y grandilocuente, apoya todavía más este diagnóstico. En ausencia de datos sobre *episodios previos de manía* o *de depresión mayor,* el diagnóstico debería ser el de *trastorno bipolar I, episodio maníaco único, grave con síntomas psicóticos* (DSM-IV, pág. 363).

Diversos trabajos han demostrado que los médicos suelen diagnosticar incorrectamente a los pacientes afroamericanos, decantándose por una *esquizofrenia* en vez de por un *trastorno bipolar.* En este caso, la sospecha preliminar de *esquizofrenia* o de intoxicación por sustancias resultaban razonables, pero el diagnóstico diferencial hubiese tenido que incluir el *trastorno bipolar I con síntomas psicóticos.*

El funcionario público

Maurice Rosen tenía 69 años cuando pidió hora para el neurólogo. Últimamente había notado deslices en su memoria y problemas para concentrarse, que empezaban a interferir en su trabajo de funcionario de hacienda. Se quejaba de lentitud y de perder el hilo del pensamiento. Ya le costó bastante aprender los úl-

© MASSON, S.A. Fotocopiar sin autorización es un delito.

timos cambios en las leyes de impuestos, y su mujer decía que se estaba volviendo más retraído y que le costaba iniciar cualquier actividad. De todas formas, todavía era capaz de cuidar de sus finanzas personales y de acompañar a su mujer a actos sociales. Aunque levemente deprimido por estos déficit, negaba otros síntomas de depresión, como alteraciones del sueño o del apetito, sentimientos de culpa o ideación suicida.

El Sr. Rosen presentaba una larga historia de tratamientos por episodios depresivos, que empezaron a la edad de 20 años. Había tomado varios antidepresivos diferentes, y en una ocasión se sometió a una tanda de sesiones de terapia electroconvulsivante. Seis meses antes de la exploración actual había estado tomando un antidepresivo. Hace ahora 2 años presentó un temblor intermitente de reposo en la mano izquierda y una marcha en arrastre. Aunque su psiquiatra consideró la posibilidad de que se tratara de una enfermedad de Parkinson, el neurólogo no lo confirmó, y por lo tanto no se le pautó ningún tratamiento adicional.

El neurólogo que le estaba explorando en el momento actual observó que su habla espontánea era dubitativa y poco clara (disártrica). La exploración de los pares craneales resultó normal. Apreció un ligero aumento del tono muscular en cuello y extremidades. El movimiento alternante de manos era llevado a cabo lentamente. Presentaba un ligero temblor de reposo intermitente en su brazo izquierdo. Los reflejos eran simétricos. El neurólogo efectuó el diagnóstico de enfermedad de Parkinson idiopática, y le prescribió un tratamiento de carbidopa a dosis bajas, medicación que alivia los síntomas de este trastorno.

El examen neuropsicológico efectuado 3 semanas después arrojó una puntuación normal en la Wechsler Adult Intelligence Scale Revise (CI global = 104), desglosable en un CI verbal de 118 y un CI manipulativo de 84. Se valoró la memoria con un test de 10 pruebas de 12 ítems cada una, detectándose un pobre rendimiento en las tareas de recuerdo selectivo, ya que no recordaba más de 7 ítems en cada prueba, y sólo recordaba 3 palabras después de 15 minutos, aunque era capaz de reconocer las que le faltaban. Mostró una marcada dificultad para dibujar figuras superpuestas y líneas paralelas. Era incapaz de dibujar figuras tridimensionales. En las pruebas de lenguaje se puso en evidencia un deterioro de la capacidad de nominación. En resumen, el Sr. Rosen mostró evidencias de afasia nominativa y de deterioro de la memoria y de las capacidades manipulativas. Estos déficit podían ser debidos al enlentecimiento, a la pobreza de la planificación y a la perseveración, pero se pensó que eran secundarios a la propia enfermedad de Parkinson. Entre las exploraciones complementarias efectuadas cabe destacar una resonancia magnética nuclear, que sólo reveló una atrofia generalizada, y un estudio electroencefalográfico que puso de manifiesto un ritmo de base enlentecido generalizado significativo.

Discusión sobre «El funcionario público»

Aunque el primer neurólogo que exploró al Sr. Rosen no efectuó el diagnóstico de enfermedad de Parkinson, la posterior aparición de un temblor intencional de reposo y de alteraciones en el habla y en otras funciones motoras confirmaron el diagnóstico. La segunda exploración neurológica vino motivada primariamente por síntomas cognoscitivos, entre los que se incluían fallos de memoria, problemas de concentración y dificultades para iniciar actividades dirigidas a un objetivo. En los tests neuropsicológicos efectuados, el Sr. Rosen mostró una afasia nominativa y deterioro de la memoria y de las capacidades manipulativas. Todos estos síntomas, cuando resultan lo suficientemente graves como para deteriorar significativamente el rendimiento del individuo, indican la presencia de una demencia. Por lo tanto, el diagnóstico es de *demencia debida a enfermedad de Parkinson* (DSM-IV, pág. 157).

La mayor parte de pacientes con enfermedad de Parkinson acaban presentando algún tipo de deterioro cognoscitivo. Si el inicio de la enfermedad se sitúa en las etapas tardías de la vida o si existe una historia de depresión (ambos hechos coexisten en este caso), la aparición de demencia es más probable.

Seguimiento

Las funciones motoras del Sr. Rosen mejoraron con carbidopa, pero su memoria fue empeorando. En el momento de la exploración notaba dificultades ocasionales para decir la hora y hacer cheques. Su mujer decía que olvidaba de forma inmediata conversaciones o escenas de películas. Volvieron a recetarle fluoxetina, pero sin que ello reportara ninguna mejora en su estado cognoscitivo. A continuación padeció un pequeño accidente vascular cerebral que afectó temporalmente sus funciones motoras. Con todas estas nuevas dificultades, decidió jubilarse. Al año siguiente manifestó un aumento de las dificultades para la toma de decisiones, un mayor deterioro de la memoria y más problemas para encontrar las palabras adecuadas. Su enfermedad de Parkinson también había empeorado. Al segundo año, su habla se volvió más difícil de comprender, y presentaba episodios de «paralización» (sus pies se quedaban enganchados al suelo), lo que daba lugar a caídas. So-

© MASSON, S.A. Fotocopiar sin autorización es un delito.

lía utilizar palabras incorrectas en su conversación. Su memoria continuó empeorando, y se mostraba incapaz de cuidarse de sí mismo sin la ayuda de su mujer.

Una mente errática

Noreen Hamilton, una dependienta de 35 años de edad, madre de tres niños pequeños, solicitó tratamiento psiquiátrico en la clínica de salud mental de Montana aduciendo que «Mi cabeza no para. Me resulta difícil mantener la atención en una tarea, y me distraigo con mucha facilidad». Se describía a sí misma como desorganizada, inquieta, irritable y de mal humor. Tendía a reaccionar emocionalmente de forma exagerada y se deprimía con frecuencia durante algunos días. La relación sentimental actual, la que había durado, empezaba a desmoronarse. La pareja mantenía frecuentes discusiones, exacerbadas por el temperamento de Noreen. Su compañero se quejaba de que «nunca podemos resolver los problemas». Ella también refería dificultades para tratar a sus dos hijos, a los que calificaba como «hiperactivos».

El psiquiatra solicitó a la madre de la paciente que completara un cuestionario donde se le preguntaba sobre el comportamiento de Noreen durante la infancia. Los resultados revelaron que Noreen se encontraba en el percentil 95 de «hiperactividad» infantil. Aunque los recuerdos de Noreen sobre su propia infancia eran parciales, recordaba frecuentes problemas disciplinarios que desembocaban en visitas al despacho del director de su colegio. De niña no recibió ningún tratamiento, pero a la edad de 20 años y de nuevo a los 23 acudió a un psicólogo debido a sus dificultades de «adaptación». Su matrimonio, que había sido muy tormentoso, terminó después del nacimiento del tercer hijo, cuando ella tenía 25 años, teniendo que someterse de nuevo a un breve tratamiento. Finalmente, hace ahora 2 años, acudió a la clínica de salud mental de su comunidad donde le fue prescrito un fármaco antidepresivo, que tomó durante varios meses sin ninguna mejoría constatable.

Discusión sobre «Una mente errática»

La persistencia de síntomas como labilidad del humor, problemas en las relaciones interpersonales y dificultades para controlar la ira, sugieren un posible diagnóstico de *trastorno límite de la personalidad.* Sin embargo, Noreen no presenta ninguno de los otros rasgos característicos del trastorno, como problemas de identidad, relaciones intensas e inestables, conductas suicidas o sentimientos crónicos de vacío. La clave de lo que probablemente constituye el diagnóstico correcto se encuentra en su queja principal: « Mi cabeza no para. Me resulta difícil mantener la atención en una tarea y me distraigo con mucha facilidad». Este problema para fijar la atención respresenta uno de los síntomas cardinales del *trastorno por déficit de atención con hiperactividad,* y de hecho su madre confirma que, de niña, Noreen era hiperactiva, el otro síntoma característico.

Actualmente Noreen tiene los siguientes rasgos típicos de déficit de atención: dificultades para mantener la atención y para las tareas de tipo organizativo, y distraibilidad. Asumimos que de niña presentaba probablemente otros síntomas, como, por ejemplo, fracaso para prestar atención a los detalles o seguir pautas establecidas. Debido a que cumple algunos criterios del trastorno, pero no su totalidad, como suele ser el caso de los trastornos que persisten en la edad adulta, el diagnóstico es de *trastorno por déficit de atención con hiperactividad en remisión parcial* (DSM-IV, pág. 88).

Cuando un adulto se queja de falta de atención, distraibilidad, labilidad afectiva, problemas para controlar su temperamento e impulsividad, el clínico deberia estar alerta ante la posibilidad de que se trate de la persistencia de un trastorno de la infancia. Con frecuencia, estos pacientes también tienen un nivel de energía inusualmente elevado, aunque aparentemente esto no se cumplía en el caso de Noreen.

Seguimiento

Noreen entró en un ensayo clínico, controlado con placebo, de metilfenidato, fármaco que suele administrarse a los niños que padecen el *trastorno por déficit de atención con hiperactividad.* No mostró ninguna respuesta al placebo, pero sí experimentó una respuesta sustancial al metilfenidato, caracterizada por una mejoría marcada en su concentración, organización, inquietud, labilidad afectiva, temperamento y afrontamiento del estrés. Se mantuvo

© MASSON, S.A. Fotocopiar sin autorización es un delito.

con esta medicación, y durante 7 años no presentó ningún tipo de tolerancia a los efectos del fármaco. Volvió a la escuela y consiguió graduarse, completando posteriormente 2 años de instituto en su comunidad. Consiguió un empleo de secretaria y se casó con el hombre de su vida. Su rendimiento laboral y las relaciones con sus hijos y con su pareja han mejorado enormemente.

Ataques de nervios*

Belinda Otero, gritando y en estado de agitación, fue conducida al servicio de urgencias de un hospital de ciudad por su familia, quejándose de un intenso dolor hemifacial izquierdo. Desde hacía una semana, justo al enterarse de que su ex-marido había vuelto a casarse en la República Dominicana, había empezado a presentar un estado de agitación progresiva, con insomnio y anorexia. Se mudó a casa de su madre con sus dos hijos, y a partir de aquel día empezó el dolor facial.

El psiquiatra que la exploró en urgencias constató que la Sra. Otero se mostraba en ocasiones muda y en otras murmuraba vocablos ininteligibles en español e inglés. Se le administró una dosis baja de un fármaco antipsicótico sin observarse respuesta. Debido a su conducta, se decidió ingresarla en la sala de psiquiatría para orientación diagnóstica y terapéutica.

Una vez en la sala, la Sra. Otero continuó en estado de agitación, mostrando a su vez accesos de conductas extravagantes. Por ejemplo, de golpe le robaba la cartera a otra paciente o intentaba estrangular a un enfermo agarrándose fuertemente de las cadenas de oro que éste llevaba en el cuello. En una ocasión se comió las flores de plástico de un jarrón. Tenía una apariencia triste, aterrorizada y desarreglada. Tenía ideas de referencia y alucinaciones auditivas de control, por las cuales oía la voz de su hija diciéndole que debía quitarse la vida. Recibió dosis altas de un fármaco antipsicótico. A pesar de que su agitación remitió levemente, continuó desplegando de forma intermitente conductas extravagantes.

Al día siguiente se mantuvo una reunión familiar entre la Sra. Otero, su madre y sus hijos, merced a la cual se puso de manifiesto que cuando la Sra. Otero se

*De Oquendo H, Horwath E, Martínez A: «Ataques de Nervios: Proposed Diagnostic Criteria for a Culture Specific Syndrome». *Culture, Medicine and Psychiatry* 16:367-376, 1992.

enteró de que su ex-marido se había vuelto a casar se aterrorizó temiendo que éste no volvería a pasarles la pensión a ella y a sus hijos. Se acordó una reunión con el ex-marido el día siguiente para discutir estas cuestiones, y éste indicó su intención de continuar pagando la manutención de los muchachos. Después de esta reunión, se produjo un cambio drástico en el estado de la Sra. Otero. La sintomatolo gía psicótica remitió, y sus episodios intermitentes de agitación desaparecieron. La medicación fue disminuyéndose hasta suspenderla, sin que se apreciara una recurrencia de los síntomas. Dada la restitución *ad integrum*, se le dio el alta a la semana de su ingreso.

Discusión sobre «Ataques de nervios»

Este caso ha sido presentado como ejemplo de un síndrome específico de una cultura, que no está reconocido en la clasificación oficial de los trastornos mentales. *Ataques de nervios* ilustra un cambio de conducta repentino, drástico, pero transitorio, observado en personas de los países de habla hispana después de la aparición de una situación estresante grave. A veces se atribuye a espíritus malévolos. Acostumbra implicar síntomas disociativos y frecuentemente otros que sugieren una crisis de angustia, como palpitaciones, opresión cordial, dificultad para respirar y sensación de mareo. También puede haber, como en este caso, conductas extravagantes y síntomas psicóticos francos, como, por ejemplo, alucinaciones. La alteración suele iniciarse en presencia de los miembros de la familia, y ésta a menudo se moviliza para proporcionar apoyo al paciente e incluso para aplacar la situación estresante.

Aunque en este caso las alucinaciones y la incoherencia, que tan sólo duraron un par de días, apoyan el diagnóstico oficial de *trastorno psicótico breve* (DSM-IV, pág. 311), constituiría un serio error ignorar la diferencia fundamental entre este trastorno psicótico aparente y otros trastornos psicóticos en los que el estrés y los síntomas disociativos no juegan un papel importante. De forma retrospectiva, no darse cuenta de que éste no era un trastorno psicótico usual y de que la restitución *ad integrum* de la paciente era previsible, contribuyó a que de forma equivocada se le administrara un fármaco antipsicótico.

Estos casos han suscitado preguntas tan interesantes como si resulta apropiado dar un diagnóstico patológico a una entidad como los *ataques de nervios*, ya que éstos pueden ser considerados una expresión de malestar

© MASSON, S.A. Fotocopiar sin autorización es un delito.

acorde con unos rasgos culturales específicos, análoga al duelo normal. Se podría argumentar que si esta mujer hubiera recibido el apoyo social suficiente por parte de su familia, se hubiese recuperado rápidamente y nunca hubiese requerido asistencia médica.

La Sra. Otero experimentó la boda de su ex-marido como muy estresante, aunque es difícil aclarar si un hecho como éste resultaría lo suficientemente estresante para la mayor parte de personas de la misma cultura y en circunstancias similares. Sin embargo, debido a que resulta evidente que el estrés que representó la boda de su ex-marido fue lo que precipitó este episodio, si uno tuviera que efectuar el diagnóstico del DSM-IV de *trastorno psicótico breve,* añadiría *con desencadenante grave.*

Nervios destrozados

Norma Jean Luby, un ama de casa de 49 años de edad, fue visitada en una clínica de la región central de los Apalaches después de ser remitida por su médico de cabecera para descartar un cuadro depresivo. Se trataba de una mujer pálida, vestida de forma sencilla pero elegante, con el pelo sujetado hacia atrás y que no llevaba maquillaje. Durante la mayor parte de la entrevista sus ojos estaban llenos de lágrimas, aunque no lloraba abiertamente. Hablaba de forma tan lenta y tenue que en ocasiones resultaba inaudible. Parecía una mujer tímida, abyecta, dependiente, desamparada y desesperanzada. Comentaba que llevaba toda la vida enferma, resumiendo su situación con la frase: «Tengo los nervios destrozados. No puedo hacer nada».

Refería múltiples quejas somáticas, incluyendo «nudos dolorosos en la garganta», columna vertebral destrozada, cefaleas que se irradiaban por todo el cuerpo, y dolores pélvicos y abdominales. Describía una gran variedad de síntomas gastrointestinales y respiratorios. Al realizarle una exploración física rutinaria, el psiquiatra se dio cuenta de que contestaba afirmativamente a todas las preguntas. Comentaba haber estado deprimida siempre, y cada vez en mayor grado. Estaba triste, temerosa, y tenía sentimientos de desamparo y desesperanza. No tenía energía y hacía pocas cosas aparte de «estar sentada en casa». No tenía interés por nada, ni nada le producía placer. Podía conciliar el sueño, pero se despertaba repetidas veces durante la noche y se quedaba totalmente despejada mucho antes de que amaneciera. No tenía apetito y había perdido 4,5 kg durante los últimos 2 meses. Explicaba varios episodios de pérdidas y ganancias de peso en el pasado. Refería desinterés y dificultades de atención. «Cuando las personas me hablan, olvido lo que me están diciendo en mitad de la frase». De vez en cuando oía voces que pronunciaban su nombre. Miraba a su alrededor, pero no veía a nadie. Refería, asimismo, frecuentes episodios de «sofocos». Durante los mismos también pensaba que podía morirse por ahogamiento, se mareaba, notaba palpitaciones y sentía hormigueos en sus manos.

La Sra. Luby nunca había sido evaluada o tratada por un psiquiatra; no obstante, su médico de cabecera había confeccionado su historial de 25 años de forma detallada, y de él podía desprenderse que en el pasado ya presentaba un cuadro clínico similar al actual. Había tomado múltiples ansiolíticos poco potentes durante todo este tiempo, sin que éstos le reportaran beneficio alguno. Aparte de episodios leves y autolimitados de enfermedades médicas, por lo general infecciones, los resultados de las exploraciones físicas y de laboratorio siempre se habían movido dentro de los límites de la normalidad, al igual que sucedía en el momento actual.

La paciente había nacido en las montañas de la región central de los Apalaches, lugar donde había vivido siempre. Acudió a la escuela hasta el octavo curso, pero «no podía aprender». Se mostró incapaz de decir a qué edad había abandonado la escuela y decidido «permanecer en casa» con su madre y su padre. Todos sus hermanos habían abandonado el hogar, pero ella «se quedó en casa ayudando a su madre». Así estaban las cosas hasta que conoció y contrajo matrimonio con su actual marido, a la edad de 23 años. Tuvieron 3 hijas, hoy en día ya mayores. Su marido, un antiguo minero de carbón, cobraba una pensión de invalidez ya que padecía antracosis.

© MASSON, S.A. Fotocopiar sin autorización es un delito.

Discusión sobre «Nervios destrozados»

Este caso nos ilustra un síndrome que se ve frecuentemente en personas que viven en la zona rural de los Apalaches. El síndrome se caracteriza por un patrón de quejas somáticas y emocionales que son atribuidas a los «nervios» más que a causas o enfermedades físicas específicas. Entre los síntomas comunes de este síndrome se incluyen desmayos, parálisis parciales, olvidos y amnesia, inactividad y debilidad, e incapacidad para llevar a cabo tareas físicas arduas sin que aparezcan desmayos, temblores o «sensación de hacerse pedazos». Las personas que padecen este síndrome suelen ser descritas como temerosas y no asertivas, demostrando de forma sorprendente un escaso resentimiento por la suerte que han tenido a lo largo de su vida. Hace tiempo, casos similares a éste se etiquetaban de *histeria*.

Con la clasificación oficial en la mano, es necesarrio considerar el *trastorno de somatización* cuando nos encontramos ante un paciente como la Sra. Luby que responde afirmativamente a cualquier pregunta relacionada con síntomas físicos. Sin embargo, desconocemos si la Sra. Luby se ha quejado y buscado ayuda de forma activa, criterio requerido para el diagnóstico de *trastorno de somatización*.

Lo que sí es evidente es que el estado de ánimo depresivo leve y crónico de la paciente y sus síntomas acompañantes indican el diagnóstico de *trastorno distímico* (DSM-IV, pág. 356). No queda claro si en alguna ocasión ha presentado *episodios depresivos mayores* de forma superpuesta. Los episodios de sofocaciones y mareos sugieren el probable diagnóstico adicional de *trastorno de angustia* (DSM-IV, pág. 405).

¿Deberíamos diagnosticar, asimismo, un *trastorno de la personalidad* por su patrón de timidez, aislamiento social e inefectividad general, o forman parte estos síntomas de un trastorno del estado de ánimo subyacente? Debido a que sus problemas de personalidad no vienen recogidos de forma adecuada en ninguno de los *trastornos específicos de la personalidad* del DSM-IV, vemos pocas ventajas en añadir un diagnóstico de *trastorno de la personalidad no especificado*. Además, la mayor parte de pacientes con un *trastorno distímico* de larga evolución presentan, asimismo, algunas alteraciones de personalidad no específicas.

Seguimiento

La Sra. Luby se sometió a psicoterapia individual de apoyo y a controles farmacológicos cada 15 días durante 5 meses. La cronicidad, estabilidad y la naturaleza recalcitrante de sus síntomas eran notables. Acudía regularmente a las sesiones y siempre de forma puntual, pero mostraba poca conciencia de enfermedad. Se probaron varias medicaciones. Finalmente, al tomar trazodona, refirió que su sueño había mejorado y que, de forma consecuente, le parecía que se sentía «un poco mejor» durante el día. De acuerdo con una revisión de su historial médico de los últimos 25 años, era la primera vez que la Sra. Luby refería, aunque leve, una respuesta positiva a un fármaco psicotropo.

RECUERDOS

Zelda Podlevner, una mujer judía ortodoxa de 67 años de edad, casada, es remitida para una exploración psiquiátrica como parte de los preparativos de una apelación para la consecución de una indemnización laboral rechazada en primera instancia. Los problemas de Zelda empezaron hace ahora 6 meses, después del incendio en la fábrica de ropa donde había estado trabajando como costurera durante 15 años. El fuego no fue demasiado importante y pudo controlarse con facilidad, pero los tejidos sintéticos quemados produjeron un olor muy intenso. Después del incendio, Zelda desarrolló dolores abdominales, náuseas y palpitaciones. Estuvo ingresada en una unidad de cuidados intensivos durante una semana dado que su médico temía que pudiera tratarse de asma o de una enfermedad cardíaca. La evaluación médica completa que se le practicó no reveló evidencias de enfermedad física.

Zelda regresó a casa después del alta, pero se sentía deprimida y tenía miedo de salir a la calle, siendo incapaz de volver al trabajo. Sus síntomas persistieron y aumentaron todavía más cuando su petición de indemnización fue rechazada hace 2 meses. Durante este tiempo ha permanecido en su casa, cocinando y lavando, sin ningún interés en hacer nada más.

Durante la entrevista psiquiátrica se muestra levemente deprimida y dice que, sea cual sea la decisión del tribunal de apelación, no puede permitirse volver al trabajo. Se siente cómoda y segura en casa; pero cuando debe salir se muestra aprensiva, aunque no puede concretar qué es lo que teme exactamente. Se siente más cómoda cuando su marido la acompaña a las tiendas del vecindario; pero cuando debe desplazarse a un barrio diferente (p. ej., ir a la consulta de su médico), la presencia de su marido no consigue calmar su sensación de incomodidad, ya que teme que sus largas trenzas y sus ropas étnicas despierten cierta hostilidad por parte de los no-judíos. Tiene problemas para dormir debido a pesadillas recurrentes donde reexperimenta sus vivencias en un campo de concentración hace ahora unos 40 años, y durante el día se ve a sí misma estancada en estos recuerdos e incapaz de concentrarse en ninguna otra cosa.

Zelda ha sido siempre una persona activa y competente, y no comprende por qué tiene todos estos problemas desde el incendio y por qué ahora se siente una «persona muerta». Aunque no describiría su carácter de antes del incendio como particularmente «feliz», mantiene que al menos sí estaba «contenta». Siempre ha pensado en la persona diferente que hubiese sido de no haber vivido la guerra, pero advierte que este pensamiento no le preocupaba especialmente.

El psiquiatra solicita a la Sra. Podlevner que verbalice sus experiencias en el campo de concentración. Al parecer estuvo en Auschwitz en 1943, a la edad de 17 años. Debido a su juventud y a su buen estado de salud, el Dr. Mengele, el sádico

© MASSON, S.A. Fotocopiar sin autorización es un delito.

científico del campo, la seleccionó para formar parte de una brigada de trabajo. Después de la selección, a ella y a cientos de otras mujeres les dijeron que se quitaran la ropa y que esperaran instrucciones. Como el campo estaba tan superpoblado y no había más espacio, tuvieron que concentrarlas en una habitación de apariencia extraña, vacía y desprovista de ventanas. El lugar desprendía un olor peculiar. Cuando las sacaron de allí un par de horas después, Zelda pudo comprobar que aquel lugar en el que habían permanecido no era ni más ni menos que una cámara de gas. Empezó a llorar al darse cuenta de que el olor desprendido por el incendio de la fábrica le había vuelto a la memoria el que emanaba de aquella cámara de gas hace 40 años.

Discusión sobre «Recuerdos»

Este caso constituye un ejemplo de *trastorno por estrés postraumático, crónico, de inicio demorado* (DSM-IV, pág. 439). El incendio de la fábrica donde Zelda estaba empleada desencadenó la reexperimentación de sus vivencias en Auschwitz, aunque no fue consciente de la conexión entre ambas cosas hasta que habló con el psiquiatra. El porqué este acontecimiento relativamente poco importante pudo desencadenar una respuesta tan exagerada después de tantos años resulta un misterio.

Los síntomas característicos del *trastorno por estrés postraumático* son evidentes en este caso: el trauma que supone el haber estado en un campo de concentración constituye sin lugar a dudas un tipo de experiencia que implica un peligro de muerte o la muerte real de uno mismo o de otras personas y que produce de forma intensa miedo, desesperanza u horror. En el caso de Zelda, el trauma es revivido en forma de pesadillas y de recuerdos que producen malestar. Evita situaciones que le recuerden la experiencia traumática (volver al trabajo). Ha perdido el interés por sus actividades habituales, tiene un afecto restringido (se siente «muerta») y presenta síntomas de aumento de la activación *(arousal)*, incluyendo dificultades para dormir y para concentrarse.

Seguimiento

El psiquiatra envió su informe al tribunal de indemnizaciones laborales. Durante la vista, el oficial que presidía el tribunal manifestó que no deseaba oír de nuevo toda la historia y estuvo de acuerdo en otorgarle toda la indemnización que solicitaba. Zelda ha estado en tratamiento durante 6 meses. Todavía tiene miedo de ir al trabajo, pero está menos deprimida. Su terapeuta dice que Zelda intenta luchar contra la creencia de que su vida se detuvo en Auschwitz.

Twisted Sister

Se trata de un joven de 19 años de edad, va peinado al estilo punk, viste una camiseta que lleva escrita en su parte delantera la frase «Twisted Sister», y que a medianoche es llevado en ambulancia al servicio de urgencias de un hospital de Baltimore. Viene acompañado por un amigo de 23 años, el cual llamó a la ambulancia por miedo a que su compañero «fuera a morirse como aquel jugador de baloncesto» (una referencia al famoso jugador de baloncesto que murió por sobredosis de cocaína).

El paciente se encuentra en un estado de agitación y discute por todo, su ritmo respiratorio es irregular y rápido, su pulso está acelerado y sus pupilas dilatadas. Aunque dubitativo, el amigo del paciente admite que ambos consumen cada noche grandes cantidades de cocaína.

Además de atender al paciente, el equipo médico intenta contactar con su familia. Como suele suceder en los hospitales cercanos al centro de la ciudad, el paciente no trae consigo ningún documento que lo identifique. El amigo se muestra reacio a aportar ningún dato, pero al final facilita el nombre y el número de teléfono del paciente. Puestos en contacto telefónico con la madre, que responde con voz adormilada y confusa, el equipo médico constata que le cuesta entender la seriedad de la situación en que se encuentra su hijo, aunque finalmente, después de una larga discusión, accede a venir al hospital. Dada su voz y actitud por teléfono, se envía un coche de policía a recogerla.

Cuando la madre llega al hospital, la situación del paciente ha mejorado parcialmente, aunque sigue creando una cierta conmoción en el servicio de urgencias con sus canciones a viva voz y sus gesticulaciones. Su madre, desarreglada y con olor enólico, está preocupada y suelta alguna lágrima. Cuenta una historia desordenada sobre los problemas de su hijo en casa: se trata de un muchacho desobediente y rencoroso con la autoridad, evita participar en todas las actividades de la familia y mantiene violentas discusiones cuando se le echa en cara su ritmo de

© MASSON, S.A. Fotocopiar sin autorización es un delito.

vida y sus continuas fiestas a cualquier hora de la noche. La madre comenta que ha sido arrestado dos veces por robo en una tienda y una por conducir borracho, y que pasa la mayor parte de su tiempo con una banda de muchachos mayores que él. «Hacen carreras arrastrándose y se pasan el día en la calle sin hacer nada», añade.

Divorciada hace casi 15 años, la madre admite que la ausencia de una figura paterna ha complicado el tema de la disciplina. Ella empezó a sospechar que su hijo tomaba drogas cuando le oyó hablar con sus amigos sobre ellas, pero nunca ha tenido pruebas evidentes. Advierte que su hijo no es del todo malo y que, de hecho, es un estudiante bastante bueno e incluso la estrella de su equipo de baloncesto. (La verdad es que el muchacho ha tenido bastante éxito en convencer a una madre poco interesada de que él es un buen estudiante y un as del baloncesto, cuando en realidad nunca ha acabado el instituto, tiene un expediente académico francamente pobre y nunca ha jugado en el equipo de baloncesto de la escuela). Cuando se toca el tema de los hábitos alcohólicos de la propia madre, ésta se muestra defensiva y pretende que sólo bebe de forma ocasional y en pequeñas cantidades.

En 24 horas el paciente se encuentra perfectamente y tiene bastantes ganas de hablar. Afirma, casi jactándose, que ha venido consumiendo alcohol y otras drogas de forma regular desde los 13 años. Inicialmente, el consumo se limitaba a alcohol y marihuana, especialmente por la fácil disponibilidad del primero en casa y de la segunda en el barrio. Sin embargo, cuando llegó al instituto empezó a frecuentar grupos de muchachos mayores que él y más experimentados en el tema de las drogas. La selección de la droga consumida estaba en función de su disponibilidad y precio. Cuando el paciente cumplió los 17 años, ya consumía de forma regular combinaciones de alcohol, marihuana, píldoras de *speed* y cocaína, sin que ninguna de estas drogas predominara claramente. Después de casi un año tomando mezclas, se decantó por la cocaína definitivamente.

Comenta diversas ocasiones en que él y sus amigos habían consumido, aparte de otras drogas, una caja entera de cervezas cada uno y en un solo día («Puedo beber grandes cantidades antes de que me suba. Nos llamamos a nosotros mismos el "Club de Andrés el Grande"»). Estas orgías de droga han incluido a menudo un juego peligroso llamado «carreras a rastras», en el cual sus participantes, totalmente intoxicados, hacían carreras a rastras por la cuneta de la carretera hasta que alguien «se acobardaba» ante la llegada de un coche. Cuando está totalmente intoxicado no suele verse capaz de asistir a la escuela, y cuando le toca estar en la escuela, suele estar intoxicado. Para poder sufragar este estilo de vida, tiene varios sistemas para adquirir dinero, como «tomar prestado» dinero de amigos que nunca devuelve, llevarse los radiocasetes de los coches del aparcamiento de estudiantes y robar descaradamente a su madre. Justifica este comportamiento con una actitud de «Robin Hood»: «Robo a personas que ya tienen mucho dinero».

Aun a pesar del hecho de confesar abiertamente el consumo abusivo de drogas, no admite que esto constituya un problema real. En respuesta a la pregunta referente a su capacidad para controlar el consumo de drogas, replica de forma hostil: «Por supuesto que puedo. No tengo ningún problema. Sólo que no encuentro ninguna condenada razón para hacerlo».

Algo impaciente e inquieto, da la entrevista por acabada. Antes de que el psiquiatra pueda presionarle un poco más para que acepte someterse a tratamiento, el paciente empieza a deambular por el servicio buscando a alguien que le dé un cigarrillo.

Discusión sobre «Twisted Sister»

Este joven llega al hospital presentando los efectos agudos de una *intoxicación por cocaína* (DSM-IV, pág. 236). Se encuentra en un estado de agitación y todo le molesta (conducta desadaptativa) y tiene el pulso rápido y las pupilas dilatadas. De lo que sabemos de su reciente consumo de cocaína, sólo podemos decir que le ha causado serios problemas sociales (roba dinero y miente a su madre). Aunque sospechamos que probablemente tiene otros síntomas de pérdida del control sobre el consumo de cocaína que justificarían el diagnóstico de *dependencia de cocaína*, le concedemos el beneficio de la duda y sólo diagnosticamos *abuso de cocaína* (DSM-IV, pág. 235).

El consumo indiscriminado de muchas drogas cuando era más joven sigue el patrón de un politoxicómano. Durante este período dedicó una gran cantidad de tiempo a «tomar drogas», las consumía en situaciones que podían resultar peligrosas («carreras a rastras») y se ausentaba de la escuela para poder consumirlas. Todos estos síntomas de pérdida del control sobre el consumo de droga y este patrón de consumo indiscriminado de muchas drogas indican el diagnóstico retrospectivo de *dependencia de varias sustancias* (DSM-IV, pág. 276).

Además de sus problemas con la droga, este joven exhibe una conducta antisocial considerable, la cual no viene motivada en su totalidad por la dependencia de las drogas (p. ej., es desobediente y reacio frente a la autoridad). Cumple los criterios de adulto para el *trastorno antisocial de la personalidad*, ya que muestra una irresponsabilidad consistente (no va a la escuela de forma regular o no tiene trabajo, no cumple con sus obligaciones financie-

© MASSON, S.A. Fotocopiar sin autorización es un delito.

ras), no se adapta a las normas sociales respecto al comportamiento legal y no tiene ningún respeto por la verdad. Aunque no sabemos a qué edad empezó a mentir, robar y dejar de ir a la escuela, sospechamos que este comportamiento empezó antes de los 15 años. Por lo tanto, efectuamos el diagnóstico provisional de *trastorno antisocial de la personalidad* (DSM-IV, pág. 666).

Mi club de fans

En el transcurso de una exploración física rutinaria, Nick, un hombre afroamericano de 25 años de edad, soltero, empezó a llorar de forma súbita exclamando que estaba muy deprimido y que pensaba en el intento de suicidio que había llevado a cabo durante su adolescencia sintiéndose exactamente igual que ahora. Su médico lo remitió para una evaluación psiquiátrica.

Nick es un hombre alto, guapo, musculoso y con barba. Va meticulosamente vestido con un traje blanco y lleva una rosa en la solapa. Entra en el despacho del psiquiatra, hace una pausa brusca y exclama: «¿No son bonitas las rosas en esta época del año?». Cuando se le pregunta el motivo de consulta, replica riendo que lo ha hecho para calmar a su médico de cabecera, «que parecía preocupado» por él. Asimismo, acaba de leer un libro de psicoterapia, y espera que «a lo mejor existe alguien muy especial que pueda llegar a entenderme. Me he convertido en el más increíble de los pacientes». A continuación toma la batuta de la entrevista y empieza a hablar de sí mismo, advirtiendo, medio bromeando: «Esperaba que usted sería tan atractivo como mi médico de cabecera».

Nick saca de su cartera una serie de recortes de periódico, su *curriculum*, fotografías de sí mismo, entre las cuales puede vérsele con famosos personajes, y un billete de 1 dólar con su cara estampada y reemplazando la de George Washington. Usando todos estos objetos como guía, empieza a contar su historia.

Explica que durante los últimos 2 años ha «descubierto» a algunos actores actualmente famosos, a uno de los cuales describe como «físicamente perfecto y de una adolescencia palpitante». Se ofreció voluntariamente para coordinar la publicidad de este actor, y como parte de ello posó en un baño recreando una famosa escena de su película más conocida. Nick, imitando la voz del actor, riendo primero y luego adoptando un tono más serio, describe cómo él y el actor compartían pasados similares. Ambos fueron rechazados por su familia y compañeros, pero lo superaron y obtuvieron la fama. Cuando el actor llegó a la ciudad, Nick alquiló una *limousine* y se mostró en la gala «a modo de broma» como si él fuera la estrella. El agente del actor se molestó por lo que había hecho, lo que provocó que Nick cogiera una rabieta. Cuando Nick se tranquilizó, se dio cuenta de que estaba «perdiendo mi tiempo promocionando a otros, y que ya había llegado la hora de que me promocionara a mí mismo». «Algún día», decía señalando la fotografía del actor, «querrá ser presidente de mi club de fans.»

Nick tiene poca experiencia como actor profesional, pero está seguro de que el éxito es «sólo una cuestión de tiempo». Vuelve a meter la mano en su cartera y saca material de tipo promocional que ha escrito para sus actores y dice: «Debería escribirle cartas a Dios ¡Le encantarían!». Cuando el psiquiatra muestra su sorpresa por el hecho de que algunos materiales vienen firmados por un nombre diferente del que ha dado en recepción, Nick muestra un documento legal que da fe del cambio de nombre. Ha cambiado sus apellidos de orden.

Cuando se le pregunta por su vida amorosa, Nick confiesa que no tiene ninguna relación, y eso es porque las personas son simplemente «superficiales». A continuación despliega un recorte de periódico donde ha escrito su nombre y el de su examante a modo de titular que reza: «Han terminado.» Hace poco, se enamoró y salió con un hombre que tenía su mismo apellido; pero poco a poco fue desencantándose, y se dio cuenta de que este hombre era odioso y resultaba embarazoso salir con él porque vestía pobremente. A continuación, Nick explica que tiene más de 100 pajaritas y aproximadamente 30 trajes, y se siente orgulloso de lo mucho que gasta en «arreglarse». En la actualidad no mantiene relaciones con otros homosexuales, y los describe como «sólo interesados en el sexo». Considera a los hombres heterosexuales como «simples y sin sentido estético». Las únicas personas han entendido han sido hombres mayores que han sufrido sus mismas penalidades. «Un día, las personas simples y felices que me han ignorado harán cola para ver mis películas.»

El padre de Nick, alcohólico, siempre había sido muy crítico con él, casi nunca estaba en casa y tenía muchos líos con otras mujeres. Su madre era «como una amiga». Estaba siempre deprimida por los líos de faldas de su marido y se volcó con su hijo, dándole besos en los labios hasta que Nick cumpió los 18 años, época en que ella empezó una relación por su cuenta. Nick se sintió abandonado por este hecho y realizó su primera tentativa de suicidio. Describe su infancia como una tortura, ya que sus compañeros se reían de él por su poca corpulencia, hasta que decidió someterse a un programa de musculación.

Al final de la entrevista, Nick es remitido a un médico experimentado asociado al hospital, que cobra unos honorarios mínimos (10 dólares) que el paciente puede permitirse. No obstante, Nick solicita ser remitido a alguien que pueda ofrecerle un tratamiento gratuito, ya que no ve ninguna razón por la que deba pagar a nadie si el terapeuta «va a salir ganando tanto como yo mismo».

© MASSON, S.A. Fotocopiar sin autorización es un delito.

Discusión sobre «Mi club de fans»

Lo que resulta destacable de Nick es su grandiosidad, que no intenta disimular para nada, y su preocupación por fantasías irreales de éxito. Su conducta y actitud resultan arrogantes y altivas. Cree que es tan especial que debería ser tratado de forma gratuita. Está preocupado por la envidia de las estrellas con las que él rivaliza, y presume de que otros le envidian a él. Parece requerir constantes demandas de atención y de admiración, y sospechamos que es incapaz de reconocer y de experimentar lo que los demás sienten (falta de empatía). Puede adorar y adular a otros si ello le reporta algún beneficio, pero cambia rápidamente su actitud si éstos no le sirven para nada, devaluándolos fríamente y recalcando sus defectos. Este patrón persistente de grandiosidad y de necesidad de admiración ajena indican un *trastorno narcisista de la personalidad* (DSM-IV, pág. 678).

Nick presenta, asimismo, muchos de los rasgos del *trastorno histriónico de la personalidad* (DSM-IV, pág. 674). Utiliza su apariencia física para llamar la atención, expresa sus emociones con una exageración y una teatralidad inapropiadas, se muestra probablemente incómodo en situaciones en las que él no es el centro de atención, y sin lugar a dudas despliega cambios rápidos y superficiales cuando expresa sus emociones. Por lo tanto, anotaríamos rasgos histriónicos en el *eje II*.

Además, su patrón permanente de inestabilidad en sus relaciones interpersonales, autoimagen y afecto resulta característico del *trastorno límite de la personalidad* (DSM-IV, pág. 670), y por lo tanto anotaríamos estos rasgos en el *eje II*.

POCA BROMA*

Una mujer oyó la voz de un hombre gritando ayuda y fue hacia la puerta de su apartamento. A través de la puerta, le preguntó si necesitaba ayuda.

*De Dietz PE, Burgess AW, Hazelwood RR: «Autoerotic asphyxia, the paraphilias, and mental disorder», En: *Autoerotic Fatalities*. Hazelwood RR, Dietz PE, Burgess AW, eds. Lexington, MA, Lexington Books, 1983, págs. 83-85.

«Sí», dijo. «Tire la puerta abajo.»
«¿No se tratará de una broma?»
«No.»

La mujer volvió con sus dos hijos, que forzaron la puerta y lograron entrar. Encontraron al hombre yaciendo en el suelo, con las manos atadas a la espalda, las piernas dobladas hacia atrás y los tobillos atados a las manos. Tenía un palo de bayeta situado detrás de sus rodillas. Estaba visiblemente descompuesto, sudaba, le costaba respirar y sus manos empezaban a volverse azules. Se había defecado y orinado en los pantalones. En la cocina, la mujer encontró un cuchillo que le permitió liberar al hombre.

Cuando los agentes de la policía llegaron e interrogaron al sujeto, éste dijo que había vuelto aquella tarde a su casa y se había quedado dormido en la cama. Al despertarse una hora después se había encontrado a sí mismo inmovilizado y sin poder desatarse. Los agentes constataron que la puerta del apartamento había sido cerrada con llave antes de que los vecinos la forzaran. El hombre continuó explicando su historia. Hasta lo que él sabía, no tenía enemigos ni amigos capaces de hacer esta clase de bromas. Los agentes le preguntaron acerca de la cuerda con que estaba atado. El hombre comentó que, como había considerado la posibilidad de mudarse en un futuro próximo, en su habitación tenía una cuerda en una cartera. Cerca de su cama los agentes encontraron una cartera rasgada, varios trozos de cuerda y un cuchillo de carne.

Cuando los agentes redactaron su informe, hicieron constar que «podía tratarse de un acto de desviación sexual». Cuando se le entrevistó al día siguiente, el hombre confesó que se había atado a él mismo en la posición en que fue encontrado.

Un mes después, la policía recibió una nueva llamada del mismo apartamento. El portero del edificio le había descubierto esta vez boca abajo en el suelo del apartamento. Tenía la cabeza cubierta con una bolsa de papel a modo de caperuza. Cuando la policía hizo acto de presencia, el hombre respiraba rápidamente y tenía un pañuelo de satén apretujado en la boca. Esta vez la cuerda estaba enrollada alrededor de cabeza y boca, y seguía por el pecho y la cadera. Varios trozos de cuerda venían desde la espalda y se reunían entre las piernas, y las cuerdas que tenía en sus tobillos le habían dejado marcas profundas. El palo de una escoba mantenía sus codos detrás de la espalda. Una vez liberado, el hombre explicó: «Mientras realizaba ejercicios isométricos, me vi enredado en la cuerda».

La policía entrevistó al jefe de aquel hombre, y éste le aconsejó que solicitara ayuda. Cuando el hombre aceptó acudir a un psiquiatra privado, el jefe se quedó convencido de que aquel incidente, aunque desafortunado, había sido el único y ya no volvería a repetirse.

© MASSON, S.A. Fotocopiar sin autorización es un delito.

Pasaron 2 años y el hombre cambió de empleo. Un lunes por la mañana no acudió al trabajo. Un colega amigo suyo le encontró muerto en su apartamento.

Durante la investigación, la policía pudo reconstruir los minutos finales del hombre. El viernes precedente, se había inmovilizado a sí mismo de la siguiente manera: se sentó en la cama, cruzó sus tobillos, el izquierdo sobre el derecho, y los inmovilizó con un cordel. Se ató una corbata alrededor del cuello, y luego unió el cabo libre a una polea de 2,20 m por detrás de su espalda. Alineó la polea a su lado izquierdo, hizo pasar su cabo superior por delante de su hombro izquierdo, colocó sus manos detrás de sus piernas dobladas y allí, dejando sus muñecas 10 cm separadas, las aseguró con un trozo de cuerda. A continuación ató la cuerda que aseguraba sus muñecas a la polea y a un cable eléctrico que ceñía su cintura. Una vez inmovilizado, se tendió en la cama de espaldas y extendió sus piernas con fuerza. De esta forma aplicó presión contra la polea, que al seguir atada a la corbata que rodeaba su cuello, le estranguló. Para salvarse, podría haberse movido hacia un lado y encoger sus piernas; pero el cabo superior de la polea hacía presión contra la pared. Estaba bloqueado.

Discusión sobre «Poca broma»

Este hombre se excitaba sexualmente deprivándose de oxígeno mientras se masturbaba, con el consecuente peligro de muerte. Esta conducta sexual tan extravagante debe ser considerada una parafilia, un trastorno sexual en el cual el sujeto se excita merced a estímulos que no forman parte de los patrones normales de activación sexual, ya que pueden interferir en cierta medida con la capacidad de tener una actividad sexual recíproca y afectuosa.

Esta parafilia en particular, *hipoxifilia* (hipoxia=falta de oxígeno), no es lo suficientemente frecuente como para ser incluida como una parafilia específica en el DSM-IV, y por lo tanto viene codificada como *parafilia no especificada* (DSM-IV, pág. 545). Este caso fue seleccionado debido a que es uno de los pocos que llegó a la consulta del psiquiatra antes de que muriera el paciente. Cuando las personas con este trastorno solicitan tratamiento, suele ser por depresiones, y es raro que revelen sus prácticas sexuales a no ser que el terapeuta tome un cuidado especial en la historia sexual. Las parafilias más comúnmente asociadas son el *masoquismo sexual* y el *fetichismo transvestista*.

Se estima que entre 500-1.000 personas fallecen cada año en Estados Unidos por asfixia autoerótica; la mayor parte de casos (96%) corresponden a varones. La muerte puede acontecer desde la adolescencia hasta los 70 años, siendo más frecuente durante la veintena. Una complicación de la *hipoxifilia*, aparte de la muerte, la constituye la lesión cerebral por anoxia.

EL RADIÓLOGO

Un radiólogo de 38 años de edad es evaluado después de volver de una estancia de 10 días en un famoso centro diagnóstico situado fuera del estado, al cual había sido remitido por su gastroenterólogo cuando éste «llegó a su límite». El paciente explica que en aquel centro se había sometido a exámenes físicos y de laboratorio completos, exploraciones radiológicas de todo el tracto gastrointestinal, esofagoscopia, gastroscopia y colonoscopia. Aunque le dijeron que los resultados de estas exploraciones eran negativos, se mostró reacio y decepcionado más que aliviado por estos hallazgos. Fue visto brevemente para una evaluación psiquiátrica «rutinaria» en el centro diagnóstico, pero tuvo dificultades de relación con el psiquiatra.

Al preguntarle más ampliamente sobre sus síntomas físicos, el paciente describe ataques ocasionales de dolor abdominal leve, sensación de «plenitud», «ruidos intestinales» y una «masa abdominal firme» que a veces puede notar en su cuadrante inferior izquierdo. Durante los últimos meses ha ido aumentando progresivamente su preocupación por estas sensaciones, hasta el punto de estar convencido de que pueden traducir la presencia de un carcinoma de colon. Somete sus heces a valoraciones semanales por si hay sangre oculta y dedica 15-20 min cada 2-3 días a palparse cuidadosamente el abdomen, maniobra que realiza tendido en la cama de su dormitorio. De forma clandestina se ha realizado a sí mismo varios estudios radiológicos, en su propia oficina y fuera del horario de trabajo.

Aunque tiene éxito en su trabajo, una clientela excelente y una vida social activa, el paciente dedica la mayor parte de su tiempo libre a estar solo en la cama de su dormitorio. Su mujer, instructora en una escuela local de enfermería, está enfadada y molesta por su conducta, que describe como «nos está robando todas aquellas cosas por las que hemos estado luchando y aplazando otras que nos habíamos propuesto». Aunque ella y el paciente comparten muchos valores y se aman genuinamente, esta conducta está causando considerables tensiones en su matrimonio.

Cuando el paciente tenía 13 años, se le detectó un soplo cardíaco en una exploración física realizada en la escuela. Debido a que un hermano suyo más joven

© MASSON, S.A. Fotocopiar sin autorización es un delito.

había muerto en su primera infancia de enfermedad cardíaca congénita, el paciente fue dispensado de las clases de gimnasia hasta que el soplo pudo ser evaluado. Las pruebas que le fueron practicadas pusieron de manifiesto que se trataba de un soplo benigno, pero el paciente empezó a preocuparse de que hubiesen podido «pasar algo por alto» e interpretó sus sensaciones ocasionales de «saltos de latido» como pruebas evidente de este hecho. Se guardó estos temores para sí mismo; continuaron durante los siguientes 2 años, y nunca le abandonaron del todo.

Como estudiante de medicina de segundo curso, se sintió aliviado al comprobar que sus compañeros de clase también estaban preocupados por su salud y por padecer las enfermedades que estaban aprendiendo en las clases de patología. Constató, sin embargo, que su preocupación era muy superior a la de sus compañeros. Desde que se graduó en la facultad de medicina, ha experimentado de forma repetida varias preocupaciones, cada una siguiendo el mismo patrón: nota un síntoma, empieza a preocuparse por su posible significado y se le practica una exploración física con resultado negativo. De vez en cuando vuelve a la «antigua» preocupación, pero se siente demasiado avergonzado de perseguir a los médicos que ya le habían atendido anteriormente, como, por ejemplo, cuando se descubrió un nevus «sospechoso» sólo una semana después de haber persuadido a un dermatólogo para que le biopsiara otro nevus que demostró ser completamente benigno.

El paciente cuenta su historia con un tono sincero, desanimado, y sólo se alegra con muestras de placer y entusiasmo genuinas cuando puede proporcionar una explicación detallada del descubrimiento de una anomalía uretral genuina, pero clínicamente insignificante, como resultado de un pielograma intravenoso que se solicitó a sí mismo. Casi al final de la entrevista, explica que su decisión de someterse a una exploración psiquiátrica viene motivada mayormente por su propia insistencia, y que fue precipitada por un encuentro con su hijo de 9 años de edad. El muchacho había entrado accidentalmente en su dormitorio mientras él se estaba palpando su abdomen en busca de «masas», y le preguntó: «¿Qué enfermedad crees que tienes esta vez, papá?» Mientras describe su vergüenza y su enfado (en su mayor parte hacia sí mismo) por este incidente, sus ojos se llenan de lágrimas.

Discusión sobre «El radiólogo»

Es evidente que los síntomas de este radiólogo no vienen motivados por ninguna enfermedad médica. La preocupación por síntomas físicos puede verse en entidades como la *esquizofrenia, trastorno depresivo mayor,* o *trastornos de ansiedad,* pero no existen evidencias de ninguno de estos trastornos en este caso. En consecuencia, todos estos síntomas sugieren un *trastorno somatoforme:* un trastorno mental con síntomas físicos que sugieren una enfermedad médica, pero para los cuales existe una evidencia positiva, o una presunción fuerte, de que los síntomas están asociados a factores psicológicos.

En el *trastorno de somatización* pueden verse diferentes síntomas físicos que no pueden explicarse adecuadamente por enfermedades médicas. En este caso, los síntomas son escasos, mientras que en el *trastorno de somatización* existe, de forma típica, un gran número de síntomas distintos que aparecen en muchos sistemas y órganos diferentes. Además, en el *trastorno de somatización,* la preocupación está centrada generalmente en los síntomas. En este caso, la alteración la constituye el propio miedo a tener una enfermedad grave, que se origina de la interpretación irreal de signos o sensaciones físicas. La persistencia de este miedo irracional más de 6 meses, a pesar de informes médicos que contradigan las sospechas del paciente, indican el diagnóstico de *hipocondría* (DSM-IV, pág. 477).

La luz de Florida

En el invierno de 1982, John Redland, un médico de 42 años de edad, casado, con dos hijos, solicitó ser admitido en un programa terapéutico de la depresión del *National Institute of Mental Health* (NIMH). Desde hacía unas semanas, decía, notaba que volvía a deprimirse.

John explica que su primer episodio depresivo tuvo lugar a los 21 años, después de mudarse a Washington, D.C. desde un área metropolitana de Florida, donde había vivido hasta entonces. Las depresiones se repitieron durante los siguientes cuatro inviernos, época en que acabó sus estudios en el instituto y empezó la carrera de medicina. Durante el último de estos episodios, John fue ingresado, y los médicos que le atendieron le advirtieron que, debido a sus depresiones recurrentes, iba a ser difícil que acabara la carrera de medicina, su gran ilusión de siempre. Continuó deprimido e ingresado durante el siguiente año, y durante este tiempo fue tratado con psicoterapia. Su depresión remitió al llegar la primavera y estuvo libre de síntomas depresivos durante varios años, durante los cuales pudo completar sus estudios de medicina y hacer la residencia. Sin embargo, desde hace 9 años, ha vuelto a presentar depresiones cada invierno.

© MASSON, S.A. Fotocopiar sin autorización es un delito.

Actualmente, John es consciente de que sus episodios depresivos parecen seguir siempre el mismo patrón. Empiezan alrededor del 1 de diciembre (más/menos 3 semanas) y comienzan a decaer hacia el mes de abril. La mayor parte de veces el inicio de la depresión es gradual, pero en alguna ocasión éste se ha producido de forma más precipitada, aparentemente como respuesta a algunos acontecimientos ambientales estresantes. Cuando está deprimido, John se muestra letárgico, apático, irritable y pesimista. Su estado de ánimo es peor durante la mañana. Por la noche apenas puede dormir. Tiene ansia por comer carbohidratos (pan, pasteles, galletas) y aumenta de peso. Se ha dado cuenta de que su ropa de invierno suele tener dos tallas más que la de verano. Recuerda un invierno, en que fue a las Bermudas de vacaciones, en que se sintió mucho mejor, mejorando su estado de ánimo a los pocos días de llegar allí. Sin embargo, recayó pocos días después de volver a casa. También recuerda un invierno particularmente difícil cuando trabajaba en Syracuse, New York. Estas asociaciones entre la latitud, el tiempo y su estado de ánimo le hicieron preguntarse si el clima podía estar influyendo en sus cambios de estado de ánimo.

John fue tratado durante varios años con psicoterapia y con un antidepresivo tricíclico, y considera ambas estrategias terapéuticas de «bastante ayuda».

Discusión sobre «La luz de Florida»

Es poco probable que existan dudas de que John padece un *trastorno depresivo mayor, recidivante* (DSM-IV, pág. 352). Ha presentado numerosos episodios caracterizados por la persistencia de estado de ánimo deprimido, problemas de sueño, aumento del apetito y ganancia de peso, disminución de energía y pérdida de interés en sus actividades habituales. Debido a que actualmente «nota que vuelve a deprimirse», valoramos la intensidad actual como *leve,* a pesar de que en el pasado ha presentado depresiones realmente graves.

Lo que resulta inusual de las depresiones de John es que aparentemente todas empiezan en invierno y remiten en primavera. Los trastornos del estado de ánimo recidivantes que de forma regular empiezan y acaban en un período concreto del año se han denominado *trastornos afectivos con patrón estacional.* El caso de John ilustra el patrón más frecuente, en el que la depresión aparece en otoño o invierno y acaba en primavera. Otros patrones menos comunes implican depresiones recurrentes o *episodios maníacos* que empiezan en verano y remiten en otoño o invierno. En el DSM-IV, el concepto de *trastorno afectivo con patrón estacional* se traduce en la especificación *de patrón estacional.* El patrón estacional debe darse, como en este caso, durante al menos todos los episodios de los últimos 2 años y sin que hayan coexistido episodios no estacionales durante este mismo período. Los episodios estacionales deben sobrepasar sustancialmente en número a los episodios no estacionales si tomamos la vida del paciente de forma global.

La ganancia de peso de John y su ansia por comer carbohidratos son típicas de los pacientes con *trastorno afectivo con patrón estacional.* En cambio, el caso de John resulta atípico en otros aspectos; la mayor parte de pacientes con *trastorno afectivo con patrón estacional* son mujeres, y la mayoría de ellas se quejan de aumento de sueño (hipersomnia) más que de problemas de sueño (insomnio).

Seguimiento

Cuando John entró en el programa terapéutico del NIMH le prescribieron un antidepresivo y fue sometido a un protocolo de investigación de tratamiento con luz que implicaba la exposición durante 3 horas, dos veces al día, mañana y noche, a 2.500 lux de luz de espectro total. Los tratamientos lumínicos consistían en que el paciente se sentaba, a una distancia de 90 cm, frente a un dispositivo generador de luz estándar de 60 × 120 cm, que contenía seis bombillas de 40 W Powertwist Vitalite TM, luz que centelleaba durante unos segundos cada 1 o 2 min. Después de una semana de tratamiento, John se sentía mucho menos deprimido, y su puntuación en la escala de Hamilton para la depresión (Hamilton, 1960) había bajado de 21 a 8.

Después de que el estudio de tratamiento formal con luz terminara, se le aumentó la dosis de fármaco antidepresivo. Se le mantuvo en tratamiento lumínico durante el día y las horas de la noche, y se mantuvo libre de sintomatología depresiva mediante la combinación de luz y fármacos. John ha utilizado la terapia de luz cada invierno, aparte de tomar antidepresivos durante este mismo período. Ha estado virtualmente libre de sintomatología depresiva, y actualmente no se somete a psicoterapia.

Como muchos pacientes con *trastorno afectivo con patrón estacional,* durante el verano John es capaz de reducir la dosis de medicación antidepresiva y de interrumpir las sesiones de terapia con luz; sin embargo, en invierno es incapaz de dejar este tratamiento más de un par de días sin experimentar la reaparición de los síntomas depresivos.

© MASSON, S.A. Fotocopiar sin autorización es un delito.

Sam Schaefer

Un tribunal solicitó que se efectuara una exploración psiquiátrica a un hombre de 21 años de edad arrestado por robo, después de que su abogado planteara la cuestión de su presunta falta de aptitud para someterse a juicio. En el curso de 2 horas y media de entrevista, el paciente reconoció haber topado frecuentemente con la justicia desde los 11 años y varios encarcelamientos en diferentes instituciones penitenciarias por distintos delitos, aunque se mostró reacio a facilitar detalles sobre ellos.

Durante la entrevista el hombre parecía calmado y bajo control, estaba echado en la silla y mantenía un buen contacto visual. Su afecto parecía conservado. Sus procesos mentales eran lógicos, secuenciales y espontáneos, incluso cuando describía muchas de sus dificultades para pensar. Parecía precavido en sus respuestas, particularmente frente a aquellas preguntas que hacían referencia a sus síntomas psicológicos. Daba la impresión de que pensaba concienzudamente sus respuestas antes de contestar, y que pretendía dar a entender una cierta aversión a hablar sobre síntomas que sugirieran una psicosis cuando, de hecho, disfrutaba comentando los detalles de experiencias presumiblemente psicóticas.

Afirmó que tenía precogniciones de vez en cuando, acertando, por ejemplo, el menú de la comida que le iban a servir en la cárcel; que las personas oían sus pensamientos, como si éstos fueran retransmitidos por la radio; que no le gustaban los narcóticos ya que a Jean Dixon tampoco le interesaban, y que ella controlaba sus pensamientos. Comentó que tuvo una visión del general Lee en su propia celda, y que su actual encarcelamiento respondía a una misión en la cual él era un agente encubierto de la policía, aunque nadie del cuerpo de policía local se había dado cuenta de ello. Continuó diciendo que Sam Schaefer era su «nombre de expediente». Creía que los comunistas estaban tomando el control del país y encerrando a los que estaban dispuestos a defender su patria. A pesar de la naturaleza abiertamente psicótica de estos pensamientos tal y como eran descritos, el paciente no parecía estar viviendo realmente estas ideas; más bien daba la impresión de estar recitando una lista de lo que parecían actos de locura más que experiencias y creencias reales.

Se le preguntó sobre el procedimiento que se sigue en un juicio, y afirmó que existía un jurado, que según le parecía consistía en 8-10 amigos. Pensaba, asimismo, que había un juez, que pedía dinero y tomaba decisiones sobre el proceso en curso. Describía la figura del fiscal como alguien que recalca todos tus defectos e intenta convencer al jurado de que tú eres malo, y al abogado defensor como alguien que intenta destacar tus virtudes. No veía ninguna razón en particular que le impidiera cooperar con su abogado. Cuando se le preguntó por la fecha actual, respondió el 28 de junio de 1970 o 1985. A continuación se dio cuenta de la inconsistencia de aquellos años, y que por lógica debería ser 1978, ya que tenía 20 años y había nacido en 1958. Cuando se le preguntó dónde se encontraba, dijo que en un centro de control de los comunistas en Austin, Texas. Explicó que se había graduado en el instituto en 1976. Cuando se le pidió que empezando por el 100 fuera restando la cifra de 7 secuencialmente, sus respuestas fueron 88, 76. Cuando se le pidió que hiciera sumas, respodió: 4 + 6 = 10, 4 + 3 = 7, 4 + 8 = 14. Interrogado por los presidentes de Estados Unidos, mencionó a Ford y dijo que Agnew había sido presidente antes que Ford.

Preguntado por el color de la alfombra roja que había en la habitación, dijo que era naranja; su camisa a franjas azules y blancas la veía a rayas blancas sobre blancas. Cuando se le presentaron algunas preguntas de un test de detección de afasia, copió fielmente un cuadrado, pero redondeando sus esquinas; copió una cruz como una «I» mayúscula. Cuando se le mostró la figura de un reloj, dijo que no sabía lo que era, pero que le resultaba familiar. Asimismo, identificó un tenedor de comer como una horquilla.

Cuando se le preguntó si creía que era apto para someterse a un juicio, replicó que sí, añadiendo que no creía tener ningún problema mental. Cuando el psiquiatra le dijo que él pensaba lo mismo, reflexionó durante varios segundos, y a continuación, un poco enfadado, protestó diciendo que probablemente no podría cooperar con su abogado porque no podía recordar las cosas demasiado bien, y que por consiguiente no era apto para someterse a juicio.

Discusión sobre «Sam Schaefer»

Este hombre tiene problemas, y aparentemente ha llegado a la conclusión de que lo mejor que puede hacer para evitar ser procesado es probar que está loco y que, por lo tanto, no es apto para someterse a juicio. Intenta demostrarlo intentando convencer al psiquiatra de una serie de creencias extravagantes no relacionadas y dando respuestas que sugerirían un deterioro cognoscitivo grave. Sin embargo, responde de una forma que resulta inconsistente con la desorganización del funcionamiento psicológico que cabría esperar si los síntomas fueran genuinos. Además, algunas de sus respuestas a las preguntas que intentan evaluar su estado cognoscitivo, aunque claramente equivocadas, indican que conoce la respuesta correcta (p. ej., redondear las esquinas de un cuadrado indica la apreciación de que el cuadrado tiene cuatro lados).

© MASSON, S.A. Fotocopiar sin autorización es un delito.

Si existiera alguna duda sobre sus intenciones, ésta puede eliminarse cuando se enfada con el entrevistador porque éste está de acuerdo con él en el hecho de que no está loco y que es perfectamente capaz de someterse a un juicio.

Existen pocas dudas de que en este caso los síntomas «psicóticos» están bajo control voluntario. El diagnóstico diferencial, por consiguiente, debe realizarse entre un *trastorno facticio* y una *simulación*. Debido a que el objetivo que este sujeto persigue viene motivado obviamente por incentivos externos (evitar ser procesado) y no existen evidencias de una necesidad intrapsíquica de desempeñar el rol de paciente, lo que ilustra este caso es un acto de simulación, que en el DSM-IV recibe el Código V de *problema que puede ser objeto de atención clínica*.

Este cuadro clínico tiene alguno de los rasgos de lo que se ha venido en denominar síndrome de Ganser: la aportación de respuestas «aproximadas», asociada por lo general a otros síntomas como amnesia, desorientación, alteraciones perceptivas, fuga y síntomas de conversión. El cuadro clínico global del síndrome de Ganser viene clasificado en el DSM-IV como *trastorno disociativo no especificado*. Al no haber evidencias de síntomas disociativos en este caso, no se establece el diagnóstico de *trastorno disociativo*.

De la historia del paciente puede deducirse un *trastorno antisocial de la personalidad* —diagnóstico que debe ser descartado, pero que no le sería de ayuda a este hombre para evitar el ser procesado—. E incluso aunque existieran evidencias suficientes que garantizaran el diagnóstico de *trastorno antisocial de la personalidad*, seguiría siendo apropiado efectuar el diagnóstico de *simulación en el Eje I*. Mentir es un síntoma común del *trastorno antisocial de la personalidad*, pero cuando estas mentiras son elaboradas voluntariamente para dar la impresión de un trastorno mental deben ser calificadas por propio derecho en el Código V como *simulación*.

HASTA LOS HUESOS*

Una mujer de Arkansas de 23 años de edad escribió una carta al director de un grupo de investigación de Nueva York después de ver un programa de televi-

*De Spitzer RL, Skodol AE, Gibbon M, et al.: *Psychopathology: A Case Book*. New York, McGraw-Hill, 1983.

sión en el que éste describía su trabajo con pacientes que presentaban patrones alimentarios inusuales. En la carta, donde solicitaba ser aceptada en su programa, la mujer explicaba su problema de la siguiente manera:

> Hace algunos años, cuando iba al instituto, empecé a tomar laxantes para perder peso. Comencé tomando poca cantidad, pero tuve que ir aumentando su uso a medida que perdían eficacia. A los 2 años estaba tomando 250-300 píldoras de Ex-Lax de una vez por cada vaso de agua que me bebía, 20 por trago. Podía perder hasta 9 kg en un período de 24 horas, la mayor parte correspondiente a agua y a algo de comida, y (podía) llegar a deshidratarme de tal forma que no me sostenía en pie y apenas podía hablar. Acabé en la enfermería de la universidad en varias ocasiones, con diagnósticos como intoxicación alimentaria, gastroenteritis aguda, etc., tomando dieta blanda y fármacos. Me daban de alta en 1 o 2 días. Me diagnosticaron una pequeña úlcera duodenal, que había desaparecido en el control radiográfico que me efectuaron en 1975.
>
> Podía pasarme días sin comer, luego ingerir algo y, abrumada por sentimientos de culpabilidad por haber comido y por el propio *hambre* que sentía, me ponía a comer, comer y comer. Una muchacha que residía en el mismo piso que yo me contó que en alguna ocasión se había forzado el vómito de tal forma que evitaba el aumento de peso. Empecé a hacerlo de vez en cuando y comprobé que podía ingerir grandes cantidades de comida, vomitar y seguir perdiendo peso. Era la primavera de 1975. En pocos meses perdí hasta 23 kg, quedándome en 41 kg. Empezó a caérseme el pelo a mechones, y notaba cómo se movían mis dientes.
>
> Nunca me había sentido más atractiva o más confiada por mi apariencia física: liberada físicamente, con un buen tipo y flaca hasta los huesos. Veía delgadez mirara la parte de mi cuerpo que mirara, excepto el estómago después de un atracón, que destacaba por su llenado y distensión. Cuando me agachaba se me marcaban las costillas y la columna vertebral. Después de vomitar, mi estómago volvía a estar plano, vacío. Cuanto más peso perdía, más miedo tenía de engordar. Había días en que no me atrevía a beber agua por miedo a que eso significara más kilogramos en la báscula y me hiciera sentir miserable. Y al poco tiempo podía beber (o puedo beber; quizá debería estar escribiendo esta carta en *presente*) fácilmente 2 l de leche y de otros líquidos durante un atracón. Ya no necesitaba los laxantes para eliminar la comida que había ingerido y finalmente terminé por abandonarlos (aunque todavía tengo estreñimiento crónico, me dan náuseas cuando los veo en las tiendas).
>
> Dedicaba muchas horas al día a hacer ejercicio físico que tonificara mi cuerpo de las continuas fluctuaciones de peso, y me uní al equipo de *jogging* de la universidad. Llevaba las zapatillas de *jogging* todo el día y corría para ir a clase y por la ciudad. Cada día, después de vomitar, iba a correr hasta que no aguantaba más y tenía que retirarme; acababa en tal estado que el esfuerzo que significaba tomar un sorbo de agua ya me mareaba, sintiendo calambres en el estómago y en las piernas.
>
> En mi último semestre, antes de dejar los estudios, me encontré por casualidad con un artículo que hablaba de la anorexia nerviosa. Me aterrorizó; mi propia obsesión por la comida y el peso era compartida por otras personas. No me había venido la regla durante 2 años. Por lo tanto, me obligué a mí misma a comer y digerir sanamente los alimentos. Lo odiaba. Estudié nutrición y empecé a forzarme

© MASSON, S.A. Fotocopiar sin autorización es un delito.

de forma gradual a aceptar una nueva actitud frente a la comida —vitalizante—, algo necesario para sobrevivir. Gané peso, enfrentándome abiertamente al terror que ello me producía. Desde entonces, mediante un sistema estricto y controlado he sido capaz de mantenerme en un aceptable estado nutricional: 47-52 kg con una estatura de 1,70 m. Sé lo que necesito para sobrevivir y me lo como —una dieta equilibrada con la menor cantidad posible de calorías, formada en su mayor parte por verdura, fruta, pescado, productos integrales, etc.—. En 5 años no he comido nada parecido a una pizza, pasta o cerdo, dulces o nada que contenga grasas, fritos o pasteles sin sentirme muy enferma. En una ocasión me permití comer un helado. Pero, por lo general, me pongo enferma si me desvío mínimamente de la dieta.

Me resultaba difícil enfrentarme a la gente del instituto y perdía cursos, abandonando asignaturas, pero terminando bastante bien las pocas a las que seguía asistiendo. Lo absurdo de mi retraimiento me resultaba evidente incluso durante el último semestre, momento en el que decidí apuntarme a cursos por correspondencia, si bien vivía a pocas manzanas del edificio de la universidad a distancia, situado en el campus. Pensaba que sólo me atrevería a enfrentarme al resto de gente cuando «perdiera unos pocos kilogramos más».

Gorda. No puedo soportarlo. Este sentimiento es más fuerte y más desesperante que cualquier horror que me haya producido a mí misma. Si gano unos pocos kilogramos, odio tener que salir de casa y dejar que los demás me vean. Al mismo tiempo me entristece pensar en los amigos y actividades que he ido dejando y en el estado de vitalidad que antes tenía.

Teniendo en cuenta este retraimiento, le sorprenderá a usted saber que trabajo actualmente de modelo. Hace un año, cuando controlaba un poco más lo de la comida y los vómitos, disfrutaba trabajando delante de la cámara, y lo hacía bastante bien. Últimamente he estado demasiado enferma, he perdido mi tipo y tengo poca autoconfianza en mi físico para la disciplina de modelo. En este tiempo me he mantenido económicamente con trabajos de secretaria de media jornada y con algún que otro libro de fotografías que mis clientes me han solicitado. Pero la mayor parte del tiempo he hecho de secretaria. En ningún momento he podido dejar de sentirme enferma.

En mi época en el instituto, cuanto más vomitaba, más tiempo requería para hacerlo y más difícil me resultaba. Necesitaba utilizar distintos instrumentos para inducirme el vómito. Actualmente lo que hago es doblar dos cables eléctricos y empujarlos varios centímetros hacia dentro de mi garganta. Antes me administro 6-10 dosis de jarabe de ipecacuana (una sustancia emética). Tengo callos en las rodillas del tiempo que paso agachada. El proceso de comer y vomitar suele conllevar unas 2-3 horas, algunas veces incluso 8. Me aterroriza meterme objetos en la boca y el dolor que ello me produce, y a veces tengo la garganta tan inflamada que en ese momento resulta imposible manipularla y hago tiempo tomándome la ipecacuana. Me siento en el suelo, mordiéndome las uñas, y estirándome las pieles que rodean la zona ungueal con unas pinzas. Por lo general utilizo guantes de goma para evitar que esto suceda.

Después de vaciar mi estómago por completo, me lavo extensamente. En poco tiempo me hidrato con una botella de bebida gaseosa y cojo un puñado de Lasix (furosemida, un diurético) de 40 mg (del cual tengo numerosas recetas). A veces siento que me desmayo, que me destemplo. Me sobrepongo echándome agua fría por la cara y cepillándome el pelo, pero mis manos todavía siguen temblando. Me tomo una aspirina si tengo ataques agudos de dolor en las manos..., sólo así puedo dormirme al cabo de un rato. Tengo los labios y los dedos azulados y fríos. Cuando me miro al espejo, veo mis venas resquebrajadas y manchas rojas alrededor de mis ojos. En 1 o 2 días desaparecen. Cuando todo acaba, siento un cierto alivio, la comida ya ha salido y ya no me siento horriblemente gorda. Y lloro a menudo..., esto me apacigua, me calma. De hecho es una tontería llorar para que alguien me oiga, alguien que me pueda ayudar, cuando yo soy la única responsable, la que me estoy escondiendo, haciendo daño.

Actualmente he apreciado una grieta en mi conducta, esa honestidad acerca de mi enfermedad. Espero que me reporte más ayuda que humillación. A veces veo hipocresía en mis acciones y en mis intentos diligentes, pero llenos de miedo, para buscar ayuda. Mientras tanto, sigo enferma, noche tras noche. Y a menudo también durante el día.

Parece como si dos cuerpos estuvieran operando el uno contra el otro, cada uno determinando y medio cancelando los efectos del otro. Es la parte de mí que me fuerza a comer de lo que estoy hablando..., la que calma mi garganta con agua después de horas de hinchazón y la que toma suplementos de potasio para contrarrestar el efecto de los diuréticos y aspirinas para el dolor de las manos rasgadas. Es esta parte de mí la que entra en la consulta del psiquiatra dos veces por semana y toma conciencia del peligro que representa hacerme un daño tan serio a mí misma, y la que realiza pequeños, pero constantes, esfuerzos para reparar mi caída.

Suena como si yo estuviera siendo brutalmente acosada por alguna fuerza implacable. Es ridículo pensar de esta forma o permanecer llorando, porque las manos que llevan agua a mi garganta para calmar la hinchazón e intentan hacer pequeñas reparaciones son las mismas que perforan mi estómago con trozos de cable. No se trata de ningún demonio, sólo de mí misma.

Por si le soy necesaria, estoy enteramente a su disposición, suya

Nancy Lee Duval

La Sra. Duval fue ingresada en la planta de investigación para estudio. Los datos adicionales de su historia revelaron que sus problemas de alimentación empezaron de forma gradual durante su adolescencia, llegando a ser graves durante los últimos 3-4 años. A los 14 años pesaba 58 kg y había llegado ya a su estatura adulta de 1,70 m. Se sentía «terriblemente gorda» y empezó a realizar dietas sin obtener grandes éxitos. A los 17 años pesaba 68 kg y empezó a hacer regímenes dietéticos más seriamente por miedo a que la pusieran en ridículo, llegando a los 59 kg durante el siguiente año. Recuerda haberse sentido muy deprimida, superada por la preocupación por el peso, e insignificante. Empezó a evitar las clases difíciles con el objetivo de no obtener nunca puntuaciones por debajo del sobresaliente, y comenzó a mentir sobre el instituto y las notas que obtenía por temor a ser puesta en ridículo. Sentía más ansiedad social cuando trataba con los muchachos, que culminó en su traslado a un colegio de muchachas en el último año de instituto.

© MASSON, S.A. Fotocopiar sin autorización es un delito.

Cuando entró en el instituto sus dificultades aumentaron. Tenía problemas para decidir cómo organizar su tiempo: cuándo estudiar, tener citas, ver a amigos. Cada vez estaba más desesperada por perder peso y empezó a utilizar laxantes, tal y como describe en la carta. A la edad de 20 años, en su segundo año de universidad, llegó a su peso mínimo: 39 kg (70% de su peso corporal ideal), y dejó de tener la regla.

Tal y como la Sra. Duval describe en su carta, reconoció que existía un problema y finalmente se obligó a sí misma a ganar peso. Sin embargo, los episodios de sobreingesta y de vómitos que había iniciado el año anterior empeoraron. Preocupada por su peso y su alimentación, su rendimiento académico se resintió, y tuvo que dejar el instituto a la edad de 21 años.

La Sra. Duval es la segunda de cuatro hijos y la única muchacha. Proviene de una familia de profesionales de clase media-alta. Por la descripción de la paciente, parece como si el padre hubiese tenido antecedentes de alcoholismo. Hay claros indicios de problemas entre la madre y el padre, y entre los hijos y los padres; pero ningún otro miembro de la familia se ha sometido nunca a tratamiento psiquiátrico.

Discusión sobre «Hasta los huesos»

La Sra. Duval padece *anorexia nerviosa* (DSM-IV, pág. 558), trastorno que fue descrito por primera vez hace 300 años y que fue denominado con su nombre actual en 1868. Aunque las teorías sobre la causa de este trastorno han ido variando a lo largo del tiempo, sus rasgos esenciales han permanecido constantes. La Sra. Duval describe dichos rasgos de forma conmovedora.

La paciente tenía un miedo intenso e irracional a volverse obesa, a pesar de su estado de delgadez. Presentaba una alteración de su imagen corporal ya que se percibía a sí misma como gorda cuando en realidad su peso era similar al de la población general, y «nunca se había sentido más atractiva» cuando, de hecho, a los ojos de los demás, debía parecer grotescamente delgada. Perdió aproximadamente el 30% de su peso corporal mediante dietas, ejercicio físico, autoinducción del vómito y utilización de catárticos y diuréticos de forma descontrolada. En los últimos 3 años no había tenido la regla.

Un dato significativo es que la Sra. Duval seguía haciendo dieta a pesar de un hambre persistente; por consiguiente, el término anorexia (pérdida de apetito) que figura en el nombre del trastorno resulta cuando menos confuso. De hecho, presentaba asimismo episodios recurrentes de atracones: ingesta rápida e incontrolada de alimentos ricos en calorías. Estos atracones se seguían de vómitos y remordimientos. Este patrón de atracones y purgas recurrentes, si hubiese tenido lugar de forma aislada, aseguraría el diagnóstico de *bulimia nerviosa tipo purgativo.* Sin embargo, cuando tiene lugar en el curso de una *anorexia nerviosa,* sólo se establece el diagnóstico de esta última entidad, aunque se especifica como de tipo compulsivo/purgativo.

Cuando un paciente extremadamente delgado que padece *anorexia nerviosa* insiste en que está gordo, este hecho sugiere la presencia de un delirio somático, que puede verse igualmente en la *esquizofrenia* o en el *trastorno depresivo mayor.* Sin embargo, no consideramos la existencia de una idea delirante en una paciente como la de este caso, ya que ésta describe cómo se ve y experimenta a sí misma más que entrar en una discusión sobre su peso real.

Seguimiento

La Sra. Duval permaneció en la planta de investigación varias semanas, durante las cuales fue objeto de estudio, y bajo el control hospitalario fue capaz de abandonar el abuso de laxantes y diuréticos. Después de su vuelta a casa, continuó bajo tratamiento con un psiquiatra que practicaba psicoterapia de orientación psicoanalítica, dos sesiones por semana, que ya había iniciado 6 meses antes. Dicha terapia continuó por espacio de 6 meses más, aproximadamente, momento en que su familia se negó a seguir pagando sus honorarios. La paciente llegó también a la conclusión que, aunque habia conseguido algo de introspección sobre sus dificultades, no había sido capaz de modificar su conducta.

Dos años después de abandonar el hospital, escribió una carta diciendo que «estaba mucho mejor». Había vuelto a matricularse en la facultad, y hacía las prácticas del curso de forma satisfactoria. Había visitado a una dietista, y creía que esa forma de tratamiento resultaba positiva para aprender qué era una dieta normal y cómo podía mantenerse un peso normal. Recibía, asimismo, consejos de los psicólogos de la escuela, aunque no trató nunca con ellos de una forma directa sus problemas de alimentación. Su peso era normal y le venía la regla de forma regular. Continuó experimentando de forma intermitente dificultades con sus atracones y vómitos, pero la frecuencia y gravedad de estos problemas se había reducido de forma considerable. Nunca más había vuelto a abusar de diuréticos o laxantes.

© MASSON, S.A. Fotocopiar sin autorización es un delito.

Bajo vigilancia

El Sr. Simpson, un hombre blanco de 44 años de edad, soltero y parado, es conducido por la policía al servicio de urgencias después de haber atacado a una mujer de edad de su edificio de apartamentos. Su queja principal es: «Esa condenada perra. Ella y el resto se merecen más de lo que me han hecho pasar a mí».

El paciente ha estado continuamente enfermo desde que cumplió los 22 años. Durante su primer año en la facultad de derecho empezó de forma gradual a estar más y más convencido de que sus compañeros de clase se reían de él. Se daba cuenta de que resoplaban y estornudaban cada vez que él entraba en la clase. Cuando la muchacha con la que estaba saliendo decidió romper la relación, creyó que ella había sido «suplantada» por otra de similar apariencia. Avisó a la policía y les pidió ayuda para que investigaran el «secuestro». Su rendimiento académico en la facultad disminyó de forma drástica, y se le pidió que dejara los estudios y acudiera a un psiquiatra.

El Sr. Simpson encontró un empleo en un banco como consejero de inversiones, que pudo mantener durante 7 meses. Sin embargo, pronto empezó a notar un número cada vez mayor de «señales» perturbadoras que provenían de sus colegas, y empezó a mostrarse más y más suspicaz y retraído. Fue en este momento cuando confesó por vez primera la audición de voces. Fue finalmente despedido, y poco después fue ingresado por primera vez; tenía 24 años. Desde entonces ya no ha vuelto a trabajar.

El Sr. Simpson ha sido ingresado en 12 ocasiones, la más larga de las cuales se prolongó por espacio de 8 meses. Sin embargo, en los últimos 5 años sólo ha sido hospitalizado en una ocasión, que duró 3 semanas. Durante sus ingresos ha recibido diversos fármacos antipsicóticos. Aunque se le ha prescrito medicación de forma ambulatoria, por lo general suele abandonarla poco después del alta hospitalaria. Aparte de una comida con su tío cada 2 años y de los contactos que mantiene con profesionales de salud mental, está completamente aislado socialmente. Vive en su propio apartamento y administra sus asuntos financieros, incluyendo una modesta herencia. Lee el *Wall Street Journal* cada día. Cocina y limpia por su cuenta.

El Sr. Simpson mantiene que su apartamento es el centro de un gran sistema de comunicaciones donde están implicadas las tres grandes cadenas de televisión, sus vecinos y aparentemente cientos de «actores» de su vecindario. Existen cámaras ocultas en su apartamento que monitorizan cuidadosamente todos sus movimientos. Cuando ve la televisión, muchas de sus acciones menos importantes (p. ej., ir al lavabo) son comentadas directamente por los personajes que aparecen en la pequeña pantalla. Cuando sale a la calle, los «actores» han sido movilizados para mantenerle bajo vigilancia. Toda la gente de la calle lo mira. Sus vecinos manejan dos «máquinas» diferentes; una es la responsable de todas las voces que oye, exceptuando la del «bromista». No está seguro de quién controla esta voz, la cual le «visita» sólo ocasionalmente y resulta muy divertida. El resto de voces, que oye varias veces al día, son generadas por esta máquina, que en alguna ocasión ha pensado que está directamente controlada por la vecina que él atacó. Por ejemplo, cuando repasa todas sus inversiones, estas voces «hostigadoras» le dicen constantemente qué acciones debe comprar. A la otra máquina la denomina «la máquina de los sueños». Este aparato inserta sueños eróticos en su mente, por lo general de «mujeres negras».

El Sr. Simpson describe otras experiencias inusuales. Por ejemplo, recientemente fue a una tienda de zapatos alejada de su casa 48 km con la esperanza de encontrar algún par de zapatos que no estuviera «alterado». Sin embargo, pronto descubrió que, como al resto de zapatos que había comprado hasta entonces, les habían colocado clavos especiales en su punta para molestarle. Estaba sorprendido por el hecho de que su decisión de a qué tienda acudir esta vez fuera conocida por sus «hostigadores» antes de que él mismo lo hubiera decidido, de forma que les diera tiempo de alterar los zapatos que precisamente iba a seleccionar él. Es consciente que para someterle a esta férrea vigilancia es necesaria la dedicación de grandes esfuerzos y de «millones de dólares». A veces piensa que todo esto forma parte de un gran experimento para descubrir el secreto de su «inteligencia superior».

Durante la entrevista, el Sr. Simpson va bien arreglado, y su discurso es coherente y bien dirigido. Su afecto está sólo levemente embotado. Su reacción inicial al hecho de ser conducido al servicio de urgencias por la policía fue de gran enfado. Después de varias semanas de tratamiento con un fármaco antipsicótico que fracasó en el control de sus síntomas psicóticos, fue trasladado a una institución de larga estancia con el objetivo de adaptarle a una forma de vida más estructurada.

© MASSON, S.A. Fotocopiar sin autorización es un delito.

Discusión sobre «Bajo vigilancia»

La larga enfermedad del Sr. Simpson empezó aparentemente con ideas delirantes de referencia (sus compañeros de clase se mofaban de él resoplando y estornudando cuando entraba en la clase). Con el paso de los años sus ideas delirantes se han hecho cada vez más complejos y extravagantes (sus vecinos son actores, sus pensamientos están monitorizados, una máquina inserta sueños eróticos en su mente). Además, tiene alucinaciones de diferentes voces que le atormentan.

Las ideas delirantes extravagantes y las alucinaciones constituyen síntomas psicóticos característicos de la *esquizofrenia* (DSM-IV, pág. 291). El diagnóstico puede confirmarse por las notables alteraciones de su vida laboral y social y por la ausencia de un trastorno del estado de ánimo sostenido, de una enfermedad médica o de un uso de sustancias que pudiesen explicar estas alteraciones.

Todas las ideas delirantes y alucinaciones del Sr. Simpson parecen hacer referencia al tema único de una conspiración para acosarle. Esta preocupación referente a una idea delirante, en ausencia de un discurso desorganizado, un afecto aplanado o inapropiado, o una conducta catatónica o enormemente desorganizada, indica el *tipo paranoide,* que en este caso se especifica además como *continuo,* ya que el paciente nunca ha estado libre de síntomas psicóticos desde que empezó la enfermedad. El pronóstico para alguien como el Sr. Simpson con el tipo paranoide de la esquizofrenia puede preverse como mejor que el pronóstico de los tipos desorganizado e indiferenciado. El Sr. Simpson, de hecho, ha estado bastante bien a pesar de la enfermedad psicótica crónica, ya que durante los últimos 5 años ha sido capaz de cuidar de sí mismo.

Querido doctor

Hace 3 años, cuando Myrna Field, una mujer de 55 años de edad, trabajaba de cajera en la cafetería de un hospital, empezó de forma brusca a desarrollar la creencia de que un médico que acudía a su establecimiento de forma regular estaba intensamente enamorado de ella. Myrna, por su parte, se enamoró apasionadamente de él, pero no le dijo nada y empezó a sentir más malestar cada vez que lo veía. Los comentarios casuales que él hacía los interpretaba como señales de sus sentimientos. Empezó a pensar que le dirigía miradas significativas y le hacía movimientos sugestivos, a pesar de no haberle declarado abiertamente nunca sus sentimientos. Estaba segura de que esto se debía a que estaba casado.

Después de más de 2 años así, empezó a estar tan agitada que tuvo que abandonar el trabajo; permaneció en casa, pensando en el médico de forma incesante.

Tenía frecuentes e intensas sensaciones abdominales que la aterrorizaban enormemente (estas sensaciones resultaron ser sexuales, pero ella no las reconocía ya que nunca antes había tenido orgasmos). Finalmente acudió a su médico de cabecera, quien al encontrarla tan trastornada decidió remitirla a un psiquiatra de sexo masculino. Myrna se sentía demasiado avergonzada para confiar en él, y sólo cuando fue enviada a una psiquiatra explicó toda la historia.

Myrna fue una niña ilegítima cuyo padrastro se mostró siempre excesivamente estricto. Le costaba aprender las cosas y tuvo constantes problemas en casa y en la escuela. Creció ansiosa y atemorizada, y durante su vida adulta consultó a múltiples médicos debido a preocupaciones de tipo hipocondríaco. Siempre se sentía insegura en compañía de los demás.

Myrna contrajo matrimonio, pero no mantenía relaciones sexuales, por lo que no tuvo hijos. Aunque su marido parecía una persona paciente, ella lo veía como muy crítico y demandante. En el transcurso de su vida matrimonial había abusado periódicamente del alcohol, y durante los últimos 3 años había bebido cantidades superiores y de forma constante, buscando así remedio para su malestar. No podía confiar en su marido sobre su asunto de «amor».

Cuando fue entrevistada, Myrna sentía un gran malestar y hablaba bajo una gran presión. Su inteligencia era limitada y muchas de sus ideas parecían primarias, pero la única anormalidad clara era la creencia irrebatible de que su «amante» médico era un apasionado devoto de ella. No podía ser persuadida de lo contrario.

Discusión sobre «Querido doctor»

El único síntoma de Myrna es la idea delirante consistente en que un médico que apenas conoce se ha enamorado de ella. Aunque sus sentimientos parecen falsos, cabe dentro de lo posible que el médico pudiera enamorarse de ella; por lo tanto, no es un delirio extravagante. Este tipo de delirios, en ausencia de alucinaciones, conducta desorganizada, un síndrome del estado de ánimo, una enfermedad física o uso de sustancias que pudieran explicarlo, sugieren el diagnóstico de un *trastorno delirante* (DSM-IV, pág. 308). El contenido de la idea delirante, es decir, que la persona es amada por otra (generalmente de un *status* superior), la define como de *tipo erotomaníaco.*

Como pensamos que el *abuso de alcohol* (DSM-IV, pág. 202) es muy probable en este caso, lo anotaríamos como un diagnóstico provisional.

© MASSON, S.A. Fotocopiar sin autorización es un delito.

Seguimiento

Myrna aceptó de buen grado tomar medicación, y se le administró un fármaco antipsicótico. Al cabo de 3-4 semanas estaba mucho más calmada, la idea delirante era ahora menos insistente, y había reducido el consumo de alcohol de forma considerable. Presentó un episodio depresivo, que respondió a un antidepresivo tricíclico que fue temporalmente añadido a su medicación antipsicótica.

Tres años después, Myrna continúa bien y bebe muy raramente. Ella y su marido parecen contentos con su matrimonio, que sigue siendo platónico. En ocasiones vuelve a pensar en el médico con alguna nostalgia, y sigue creyendo que está enamorado de ella, pero esto no le ha vuelto a producir malestar. Continúa tomando medicación antipsicótica.

Sr. Macho*

Hank Allen fue acusado del asesinato de 10 mujeres. Su esposa, Jody, que finalmente testificaría contra él, había sido su cómplice, seleccionando y atrayendo a las que después se convertirían en sus víctimas mortales.

Con el objetivo de profundizar en la fantasía de su marido de encontrar la «amante perfecta», Jody lo acompañaba a centros comerciales o a ferias que se realizaban en el condado, donde hablaba con muchachas jóvenes y las convencía para que se montaran en su caravana. Una vez dentro, las víctimas se encontraban con Hank, que intimidándolas con una pistola en la mano las inmovilizaba con una cinta adhesiva. En la mayor parte de casos se trataba de adolescentes, aunque dos de las últimas víctimas eran adultas; la más joven tenía 13 años; la mayor, de 34 años, era una dependienta de bar que una noche había cerrado tarde su local, había salido a la calle para coger el coche y había bajado la ventanilla para hablar con los Allen, los cuales a su vez habían estado bebiendo en el bar y ahora se dirigían hacia ella. La secuestraron y la condujeron hacia su propia residencia. Mientras Jody estaba sentada dentro viendo una vieja película por televisión, Hank violaba a su víctima en la parte trasera de la caravana, obligándola a desempeñar el papel de su hija adolescente. A media violación, Jody se reunió con ellos, y luego, a primera

*De Dietz PE, Harry B, Hazelwood RR: «Detective magazines: pornography for the sexual sadist?» *Journal of Forensic Sciences* 31:197-211, 1986.

hora de la mañana, volvió a poner la caravana en marcha con la radio a todo volumen para que no se oyeran los ruidos que emitía su marido en la parte trasera de la caravana mientras estrangulaba a su víctima hasta la muerte. Esa misma noche el matrimonio celebraba el cumpleaños de Hank en un restaurante.

La mayor parte de las víctimas de Hank eran muchachas bajitas y rubias como Jody y como la propia hija de Hank. De todas abusó sexualmente, disparándolas o estrangulándolas hasta la muerte; varias fueron enterradas en tumbas poco profundas. Una de ellas, una muchacha embarazada de 21 años de edad que hacía auto-stop (Jody también estaba esperando un bebé por esas fechas), fue violada, estrangulada y enterrada todavía viva bajo la arena de la playa.

Hank puntuaba el rendimiento sexual de cada una de sus víctimas, no olvidándose nunca de recordar a Jody que ella no era la número uno. Jody intentó redimirse a sí misma de la insatisfacción de su marido sometiéndose a cada una de sus demandas. Incluso cuando finalmente se fue a vivir por su cuenta, fue incapaz de decir que no. Después de estar separados por espacio de varios meses, Hank la llamó pidiéndole que volvieran a juntarse. Ella accedió, y aquel día rubricaban su novena y décima víctimas.

La violencia de Hank fue un legado de su padre. Cuando nació, su padre, de 19 años de edad, cumplía sentencia por robo de coche y por pasar billetes falsos. Más tarde volvió a estar convicto por robo de segundo grado, pero se fugó. Al poco tiempo se inició una persecución de película, ya que le capturaron, volvió a escaparse, de nuevo volvieron a dar con él, y logró finalmente fugarse otra vez, matando a su paso a un agente de policía y a un guardia de la cárcel, al cual había dejado ciego tirándole ácido a la cara antes de pegarle hasta la muerte. Poco antes de que fuera ejecutado, su padre escribió: «Cuando maté a este policía, me hizo sentir bien por dentro. No puedo olvidar lo bien que me hizo sentir, ya que esa sensación me catapultó a la máxima felicidad...».

Hank creció rodeado de comentarios que repetían continuamente que iba a ser calcado a su padre, y cuando cumplió los 16 años se enteró de que éste había sido capturado y posteriormente ejecutado en la cámara de gas gracias al testimonio de su esposa y madre de Hank, que había revelado el lugar dónde se ocultaba. Hank confesó tiempo después a la policía: «A veces [pienso] en volarle la cabeza... A veces querría meterle una bala en la boca y traspasarle el cuello...».

Durante una exploración psiquiátrica forense, Hank reveló que su madre era el objeto de su principal fantasía sexual:

> Quería atarle los pies, desnudarla, colgarla de los pies, darle vueltas, con una hoja de afeitar producirle pequeños cortes, muy pequeños, y ver cómo le corría la sangre y cómo le goteaba de la cabeza. Colgarla en el lavabo, rociarla de cola de avión y prenderle fuego. Tatuarle una perra en la frente...

© MASSON, S.A. Fotocopiar sin autorización es un delito.

La madre de Hank había pegado y se había mofado de su hijo (niño que se hacía pis en la cama hasta los 13 años) llamándole «meapantalones» delante de los invitados. Uno de sus maridos le había castigado cruelmente, forzándole a beber orina y torturándole la muñeca con un cigarro encendido. Cuando su madre trató de intervenir, el padrastro le empotró la cabeza contra la pared. A partir de ese momento, ella se unió a la práctica de abusos contra el muchacho. Desde una edad que apenas recordaba, Hank tenía pesadillas donde le estrangulaban con un hilo de nilón o le ataban a la silla de una cámara de gas mientras éste, de color verde, flotaba en el ambiente.

Hank, con un hermano suyo mayor, empezó a cometer robos en domicilios a los 7 años, y a los 12 ya paseaba por la calle en libertad provisional. Un año después, fue enviado a la California Youth Authority acusado de cometer «actos lujuriosos y lascivos» con una niña de 6 años de edad. Como adolescente se enfrentó a cargos por robo a mano armada y robo de coche. Debido a su falta de asistencia habitual a la escuela, suspendió en el instituto a los 17 años con un muy deficiente en cinco asignaturas lectivas y en otras tantas asignaturas de «ciudadanía». Ese mismo año se casaba por primera vez.

Tuvo frecuentes pérdidas de conciencia debido a peleas y entró dos veces en coma, brevemente a los 16 años y durante una semana a los 20. Se le practicó una tomografía craneal computarizada que puso en evidencia «surcos anormalmente aumentados y ventrículos ligeramente dilatados». Se le sometió a una batería de pruebas neuropsicológicas que revelaron «daños en el lóbulo frontal derecho».

Hank se casó siete veces. Pegó a todas sus esposas, algunas veces gravemente. La mayor parte de sus matrimonios no duraron más de pocos meses. Una de sus mujeres le describió como «dominante», y decía «tendría que estar bajo control». Otra, a la que arrancaba mechones de cabello de la cabeza, le calificaba como «un Jeckyll y Hyde». Y otra decía que era un «vicioso». Cuando ésta le dijo que deseaba irse, él se vengó dando una paliza a los padres de la muchacha. Su primer matrimonio acabó cuando golpeó a su esposa con un martillo. La mujer acabó abandonándole, pero reemplazó a su madre en su fantasía principal. Se habían casado 5 días después del nacimiento de su hija y hubo una batalla legal por su custodia. A pesar de su largo historial de abusos, robos y violaciones de palabra, Hank ganó el juicio.

Cuando tenía 23 años, Hank se entregó a una orgía de delitos en un área que cubría cinco estados. Robando permisos de conducir y automóviles, atracando bares y comercios, pudo eludir ser capturado hasta que lo capturaron y lo encerraron por robo a mano armada. Fue condenado a 5 años de cárcel y atacó sexualmente a su hija de 6 años de edad durante el primer permiso conyugal del que dispuso.

Después de obtener la libertad, Hank se fue a vivir con su madre, quien no le había visitado durante sus últimos 3 años y medio de cárcel. Una vez allí, mantuvo relaciones con una mujer a la que dejó embarazada y en una ocasión la echó de la cama a patadas, literalmente, cuando ella rechazó el coito anal. Decidió no casarse con ella. La muchacha consideraba tiempo después que «no quería asumir la responsabilidad». Trece días después de que ella diera a luz, él contrajo matrimonio con otra mujer, su quinta esposa. Tenía por entonces 28 años.

Hank y su quinta esposa se separaron cuando él obtuvo la libertad antes de cumplir la totalidad de la condena. Se fue a vivir con su hija de 13 años de edad, a la cual dejó rápidamente embarazada teniendo que abortar. En ese tiempo, su hija había reemplazado a su primera esposa en su fantasía favorita y solía violarla en la parte trasera de la caravana donde posteriormente él y Jody seducirían a sus víctimas. La había violado por primera vez cuando ella hacía el cuarto curso de EGB y durante los 6 años siguientes la continuó violando al menos una vez por semana. Cuando su hija invitó a una amiga a pasar 2 semanas con ellos, también la violó.

Tenía 30 años, y no había acabado de divorciarse de su quinta esposa cuando se fue a vivir con Jody. En las fechas en que se conocieron, Hank ya había sido arrestado en 23 ocasiones. Durante el verano siguiente, Hank fue despedido de su trabajo como conductor. Ya le habían despedido muchas veces, y este hecho solía generarle impotencia sexual. Un empleado le describió una vez como «inadecuado». Una semana antes Hank había celebrado su cumpleaños sodomizando a su hija de 14 años de edad. Cuando ésta informó finalmente a las autoridades sobre los 6 años de abuso continuado, fue acusado de delitos de incesto, actos sexuales ilegales, sodomía y copulación oral. Hank contraatacó cambiando de nombre. Utilizando el permiso de conducir que había robado a un agente de policía del estado, obtuvo una nueva partida de nacimiento y un nuevo número de Seguridad Social, de forma que él y Jody pudieron irse a vivir a otra ciudad.

Poco antes de su último arresto, Hank, un entusiasta de las armas de fuego, tenía un rifle de asalto semiautomático, una pistola automática, dos revólveres y una Derringer (arma corta, pero de gran calibre). Por entonces trabajaba en un bar. Un colega suyo le describió como un mujeriego y dijo que las mujeres le llamaban al trabajo a todas horas. Después de colgarles el teléfono, las puntuaba. Varias de ellas se refirieron a él como «Sr. Macho». Hank abusaba asimismo de la bebida. Jody le previno en una ocasión en que conducía y bebía a la vez que esa combinación era ilegal. «A la mierda con la ley», respodió él. Finalmente, recibió múltiples penas de muerte por todos sus crímenes.

© MASSON, S.A. Fotocopiar sin autorización es un delito.

Discusión sobre «Sr. Macho»

El terrible comportamiento de Hank Allen ha sido castigado por la justicia, y muchos lectores pueden estar preguntándose sobre la conveniencia de intentar valorar su conducta desde la perspectiva de un diagnóstico psiquiátrico. Este caso proporciona ejemplos vívidos de una conducta antisocial extrema que resulta sintomática de varios trastornos mentales.

Quizá el aspecto más aterrador de la conducta de este hombre es que el vínculo entre su excitación sexual y su comportamiento sádico es tan extremo que incluye el asesinato de sus víctimas. Esta conducta constituye un síntoma de *sadismo sexual* (DSM-IV, pág. 543), una parafilia en la cual la persona se excita sexualmente mediante el sufrimiento psicológico o físico de su víctima.

El sadismo de Hank no está sólo al servicio de su excitación sexual. Presenta a su vez un patrón persistente de conducta cruel, vejatoria y agresiva. Ha sido cruel físicamente con el objetivo de establecer su dominio en las relaciones, humilla y veja a otras personas, consigue que los demás hagan lo que él desea intimidándoles, y está fascinado por la violencia y las armas. Este patrón de personalidad venía descrito en un apéndice del DSM-III-R como *trastorno sádico de la personalidad*. Desgraciadamente (al menos bajo nuestra perspectiva), esta categoría ha sido completamente eliminada del DSM-IV.

Finalmente, Hank presenta un patrón persistente de conducta irresponsable y antisocial, empezando de niño con robos e inasistencia a la escuela, y como adulto, con atracos, abusos y asesinatos. Este patrón indica un *trastorno antisocial de la personalidad* (DSM-IV, pág. 666).

Es difícil interpretar las alteraciones obtenidas de la tomografía craneal y de las pruebas neuropsicológicas y neuropsiquiátricas. No estamos seguros de si son simplemente el resultado de sus frecuentes traumatismos craneales o si bien reflejaban una anormalidad cerebral subyacente que, por sí misma, podría resultar un factor etiológico en el desarrollo de su conducta patológica.

También pueden discutirse hasta cierto punto las experiencias infantiles que indudablemente constituyeron un factor en la evolución psicopatológica y en la conducta criminal de Hank. Como suele ser el caso de las personas que abusan físicamente de otras, ellas mismas han sido objeto de abusos psicológicos y físicos durante su propia infancia.

Seguimiento

El Sr. Macho decidió representarse a sí mismo en muchos de los procesos que se le abrieron por asesinato. Fue sentenciado a muerte en más de un estado. Cinco años después de ser arrestado, espera que se cumpla la sentencia.

La joven ejecutiva

Una joven ejecutiva de 28 años de edad fue remitida por un psicoanalista veterano para una terapia de «apoyo». Había obtenido un master en administración empresarial y se había ido a vivir a California hace ahora un año y medio para entrar a trabajar en una gran compañía. Se quejaba de estar «deprimida» por todo: su trabajo, su marido y sus proyectos de futuro.

Anteriormente, había seguido a numerosas sesiones de psicoterapia. Se había visitado con un «analista» dos veces por semana durante 3 años en su época en la universidad, y con un «conductista» durante un año y medio mientras estaba en el instituto. Sus quejas eran de sentimientos persistentes de estado de ánimo deprimido, inferioridad y pesimismo, que según ella presentaba desde los 16 o 17 años de edad. Aunque su rendimiento en la universidad fue aceptable, cavilaba constantemente sobre los estudiantes que eran «genuinamente inteligentes». Había salido con muchachos durante su época en el instituto y en la universidad, pero decía que nunca iría detrás de un muchacho que ella considerara «especial», debido a sus constantes sentimientos de inferioridad. Cuando veía o se encontraba con un hombre así, se mostraba tensa y reservada o huía tan pronto como le era posible, culpándose luego y teniendo fantasías sobre él durante varios meses. Sostenía que la terapia le había ayudado, aunque todavía no podía recordar alguna temporada en que no se sintiera algo deprimida.

Justo después de graduarse se casó con el hombre con el que salía en ese momento. Lo encontraba razonablemente deseable, a pesar de que no era «especial», y se casó con él pricipalmente porque sentía que «necesitaba un marido» de compañía. Poco después de casarse, la pareja empezó a tener discusiones. Ella criticaba mucho su ropa, su trabajo y a sus padres; él, por su parte, la encontraba repelente, dominante y triste. Empezó a pensar que se había equivocado con su matrimonio.

Recientemente también ha presentado dificultades en su trabajo. Se le asignan los trabajos más serviles de la empresa, y nunca le han encomendado ninguna tarea importante o de responsabilidad. Admite que frecuentemente hace su trabajo sin poner interés, nunca hace más de lo que le piden y jamás demuestra ninguna asertividad o iniciativa frente a sus supervisores. Considera a su jefe como centrado en sí mismo, desinteresado e injusto, pero, no obstante admira su éxito. Cree que ella nunca llegará demasiado lejos en su profesión porque no posee las «conexiones» adecuadas, como tampoco las posee su marido; pero al mismo tiempo sueña con dinero, *status* y *poder.*

Su vida social se centra en otras parejas, cuyos maridos suelen ser antiguos amigos de su esposo. Está convencida de que las otras mujeres la encuentran poco

© MASSON, S.A. Fotocopiar sin autorización es un delito.

interesante y con poca personalidad, y que la gente a la que sí cae bien no es probablemente mejor que ella.

Con esta insatisfacción sobre su matrimonio, su trabajo y su vida social, y con sus sentimientos de fatiga y de falta de interés por la «vida» a sus espaldas, decide someterse a tratamiento por tercera vez.

Discusión sobre «La joven ejecutiva»

El matrimonio de esta mujer y su vida laboral están seriamente afectados por la persistencia de un estado de ánimo deprimido, baja autoestima y pesimismo. Aunque actualmente se queja también de pérdida de interés y de energía, es poco probable que estos síntomas representen un cambio significativo de su estado habitual. Debido a que su depresión no es lo suficientemente grave como para cumplir los criterios para un *episodio depresivo mayor* y la alteración del estado de ánimo y sus síntomas asociados han persistido más allá de 2 años, debe considerarse el diagnóstico de *trastorno distímico.* Dado que la depresión de esta mujer no empezó con un *episodio depresivo mayor* y que no existen evidencias de un episodio maníaco o hipomaníaco, efectuaríamos el diagnóstico de *trastorno distímico* (DSM-IV, pág. 356). En este caso, dado que el inicio de la alteración del estado de ánimo se sitúa en la adolescencia, debe anotarse como de *inicio temprano.*

Muchos médicos considerarían los síntomas depresivos de esta paciente como una expresión de un *trastorno de la personalidad* más que de un *trastorno del estado de ánimo.* Argumentarían que resulta imposible separar sus síntomas depresivos de su característico y persistente modo de relacionarse con el mundo y consigo misma, sosteniendo que el abordaje terapéutico debería centrarse en su estilo caracteriológico tanto como en sus síntomas afectivos. Sin embargo, al clasificar el *trastorno distímico* dentro del amplio capítulo de los *trastornos del estado de ánimo,* el DSM-IV no asume que el tratamiento óptimo sea necesariamente biológico o que deba ser dirigido a aliviar meramente los síntomas.

Esta mujer presenta varias características que sugieren el diagnóstico de *trastorno autodestructivo de la personalidad,* el cual sólo gozó de la condición de semioficial en un apéndice del DSM-III-R. ¿Escoge ella las personas y situaciones que luego la decepcionan, provoca respuestas de rechazo por parte de los demás, fracasa en cumplir tareas cruciales para lograr sus objetivos y rechaza a las personas que se interesan por ella? Incluso si la respuesta a estas preguntas es sí, el diagnóstico de *trastorno autodestructivo de la personalidad* requiere razonar si las conductas autodestructivas no tienen lugar exclusivamente en el momento en que la persona está deprimida. En este caso, parece que ella está constantemente deprimida, por lo que hubiese sido difícil hacer este razonamiento con un mínimo nivel de certeza. Después de muchas controversias, el *trastorno autodestructivo de la personalidad* fue retirado definitivamente del DSM-IV.

NADA DE LÍQUIDOS

Ann, de 32 años, secretaria médica en Dublín, Irlanda, es enviada a una clínica especializada en el tratamiento de la depresión. Cree que la razón por la que está deprimida es que desde hace 5 meses siente miedo de orinarse en público. De hecho nunca le ha ocurrido, y en la seguridad de su casa considera la idea de que esto llegue a suceder como sin sentido.

Cuando Ann se encuentra fuera de casa, el miedo a orinarse domina sus pensamientos, y toma precauciones para prevenir que ello suceda. Siempre lleva puestos unos pañales, nunca se aleja demasiado de su casa, limita la ingesta de líquidos, ha abandonado el alcohol y ha movido su mesa de trabajo a una zona cercana al lavabo. En las 2 semanas anteriores a la consulta, ha sido incapaz de ir al trabajo porque su temor ya es demasiado intenso.

Ann apenas recuerda que su padre, ya fallecido, también tenía miedo a orinarse en público. Antes de ir a trabajar cada mañana, orinaba varias veces y evitaba tomar ningún líquido. Su hermana menor fue tratada con éxito de rituales de limpieza.

Ann estuvo bajo tratamiento psiquiátrico hace 10 años cuando empezó a tener miedo de haber contraído la sífilis, a pesar de que no había evidencias médicas ni de laboratorio que señalaran una infección. Hasta hace 5 meses, nunca había tenido miedo de orinarse en público. Además de estos miedos específicos, siempre ha sido una persona ansiosa, insegura, considerada por su familia como abiertamente cauta y perfeccionista. Durante el pasado año ha estado preocupada por la inminente marcha de su novio a su país de origen una vez finalizados sus estudios

© MASSON, S.A. Fotocopiar sin autorización es un delito.

de medicina en Irlanda. Ann se divorció hace ahora 5 años, y actualmente vive con su hijo de 7 años y con su madre. Ésta desaprueba a su novio, y Ann se ha sentido cada vez más presionada a poner fin a su relación. Ella cree que el inicio de sus actuales dificultades coincidió con el estrés generado por la relación con su madre y por la amenaza de la marcha del país de su novio.

Cuando es entrevistada, Ann se muestra visiblemente ansiosa. Remarca que se ha sentido desanimada a causa de sus problemas. Tiene dificultades para dormir y le falta energía durante el día. Aunque ha perdido el apetito, no se ha adelgazado.

Discusión sobre «Nada de líquidos»

Ann ha restringido marcadamente sus actividades habituales debido al miedo a orinarse involuntariamente en público. El temor de encontrarse en situaciones de las cuales escapar puede resultar difícil en el caso de presentar un síntoma vergonzoso o incapacitante se denomina *agorafobia.* Generalmente, la *agorafobia* constituye una complicación del *trastorno de angustia,* en el cual la persona evita aquellas situaciones que asocia con la aparición de crisis de angustia. Con menos frecuencia, no hay una historia de *trastorno de angustia,* y el temor hace referencia a la posibilidad de presentar algún síntoma específico como, por ejemplo, la pérdida del control del esfínter urinario (como en el caso de Ann), vomitar o malestar cardíaco. En estos casos, el diagnóstico es de *agorafobia sin historia de trastorno de angustia* (DSM-IV, pág. 414).

El lector puede preguntarse por qué el problema de Ann no se considera como *fobia social:* un miedo persistente a situaciones en que está expuesta al posible escrutinio por parte de los demás temiendo que pueda hacer algo (p. ej., orinar) que resultaría humillante o embarazoso. En la *fobia social,* la persona intenta cumplir una actividad voluntaria (p. ej., hablar, comer, escribir, orinar) y teme que esta actividad normal se deteriore debido a signos de ansiedad (p. ej., ser incapaz de hablar, atragantarse al comer, temblar al escribir, o ser incapaz de orinar). En cambio, en la *agorafobia sin historia de trastorno de angustia,* la persona tiene miedo de presentar bruscamente un síntoma que no está relacionado con la actividad que intenta llevar a cabo (p. ej., malestar cardíaco mientras está comprando, orinarse involuntariamente mientras se encuentra fuera de casa, o marearse mientras cruza una calle).

Ann está también deprimida y presenta varios síntomas de un síndrome depresivo, incluyendo disminución de apetito, insomnio y disminución de energía. Sospechamos un *episodio depresivo mayor,* pero, como la información de que disponemos no es suficiente para determinar si reúne la totalidad de criterios diagnósticos, anotamos un *trastorno depresivo no especificado* (DSM-IV, pág. 357).

Seguimiento

Ann fue tratada con un fármaco antidepresivo. Su temor a orinarse en público disminuyó a los 10 días de tratamiento, y a continuación se instauró un programa conductual para corregir su repertorio de conductas de evitación. Antes de que su novio abandonara el país, Ann y su hijo se fueron a vivir lejos de su madre, siendo capaz de llevar una vida más independiente. Después de 2 meses se retiró la medicación, y el miedo a orinarse en público no volvió a aparecer. El psiquiatra atribuyó la mejoría inicial a la medicación, y la persistencia de esta mejoría al programa conductual y a los cambios que había llevado a cabo en su entorno vital, particularmente en lo que hace referencia a dejar de vivir con su madre.

Joe College

Un joven de 19 años, estudiante de primer año en la universidad, se ha pasado la tarde bebiendo cerveza en un bar con sus amigos. Después de 8 o 10 vasos de cerveza, se muestra irritable con amigos más corpulentos que él y les reta a una pelea fuera del establecimiento. De carácter normalmente tranquilo y nada agresivo, habla ahora en voz alta y reta al más fuerte de los presentes a luchar contra él, sin ningún motivo aparente. Al no celebrarse la contienda, se muestra malhumorado y se pasa el rato mirando fijamente su vaso de cerveza. Parece estar a punto de llorar. Después de más cervezas, empieza a explicar historias largas e indiscretas sobre sus antiguas novias. No puede mantener la atención cuando hablan los demás. Da golpecitos a los vasos de cerveza, cosa que encuentra divertida, riendo a viva voz hasta que el encargado del bar le avisa con la mirada. Cuando se dispo-

© MASSON, S.A. Fotocopiar sin autorización es un delito.

ne a levantarse y enfrentarse con él, tropieza con todo cayendo al suelo finalmente. Sus amigos le llevan hasta el coche. De vuelta a casa, se queda profundamente dormido, levántandose a la mañana siguiente con dolores de cabeza y mal sabor de boca. Vuelve a ser una persona tranquila, tímida, tal como sus amigos le conocen.

Discusión sobre «Joe College»

Aunque esta intoxicación, en el sentido fisiológico, tiene lugar en un bebedor social, se requiere la presencia de conductas desadaptativas para el diagnóstico del trastorno mental denominado *intoxicación por sustancias.* En este caso existen evidencias de desinhibición de los impulsos agresivos (busca pelea), deterioro del razonamiento (cuenta historias indiscretas), labilidad del humor (discute por todo, luego llora, y de nuevo se muestra malhumorado) y signos fisiológicos de intoxicación (incoordinación y marcha inestable). Estamos, por lo tanto, ante una *intoxicación por alcohol* (DSM-IV, pág. 203), ya que obviamente el alcohol es la sustancia responsable.

No sabemos si este tipo de comportamiento ha tenido lugar de forma repetida. De ser así, debería considerarse el diagnóstico de *abuso de alcohol* o incluso de *dependencia del alcohol.*

Alta tensión

Jane Berenson, una mujer de 36 años de edad, vicepresidenta de un centro comercial de Detroit, respondió a un anuncio de una nueva clínica especializada en el tratamiento de problemas del sueño. Desde su época en la universidad ha venido presentando dificultades para conciliar el sueño casi cada noche. Se siente «mentalmente hiperactiva» cuando llega la hora de acostarse, y se muestra incapaz de dejar de pensar en experiencias significativas del día, particularmente en los problemas que ha tenido con clientes insatisfechos. Cuando considera que ese día no ha rendido lo suficiente, siente que no «merece» ir a dormir. Cualquier excitación nocturna (p. ej., una película interesante, una fiesta animada) la deja en vela durante horas. Ocasionalmente, en mitad de la noche, se despierta y se siente completamente desvelada, volviendo a cavilar sobre los acontecimientos del día. Cuando duerme mal, se siente «muy tensa» y nerviosa al día siguiente. Este insomnio ha empeorado durante el último año, coincidiendo con un mayor estrés laboral.

En ocasiones su trabajo implica «cenar y ganarse» a otros ejecutivos, pero sostiene que comer o beber alcohol por la noche agrava su insomnio. Se ha dado cuenta de que los días en que asiste a cócteles y cenas se levanta invariablemente en mitad de la noche, completamente desvelada y ligeramente sudada. Los viajes de negocios también empeoran su sueño. Se encuentra en un estado de sobreestimulación irremediable cuando su trabajo le obliga a «ir de ciudad en ciudad» durante períodos prolongados.

La Sra. Berenson se divorció hace ahora 3 años, después de 10 años de matrimonio. Tiene un amplio círculo de amistades con las que se divierte y relaciona. Sin embargo, hace tiempo que considera que relajarse a solas, sin embargo, es «perder el tiempo».

Su padre, madre y hermana han tenido problemas con el alcohol. Es la única de la familia que ha tenido un empleo estable.

Durante el último año ha seguido sesiones semanales de psicoterapia para intentar entender por qué está «tan activada». No le ha servido de ayuda para resolver su insomnio. También ha intentado los fármacos hipnóticos, pero la dejan «destrozada» al día siguiente.

Discusión sobre «Alta tensión»

Esta mujer presenta un problema persistente para conciliar el sueño, así como despertares frecuentes durante la noche, a partir de lo cual se siente incapaz de volver a dormirse. La frecuencia e importancia de las dificultades de sueño y de la fatiga diaria resultante son clínicamente significativas, justificando el diagnóstico de insomnio. Aunque la historia sugiere rasgos de personalidad obsesivo-compulsivos (devoción excesiva por el trabajo y la productividad, olvidando las actividades de ocio y las amistades), debido a que no hay otros trastornos del sueño u otro trastorno mental, enfermedad física o uso de sustancia que puedan explicar estas alteraciones, el diagnóstico es de *insomnio primario* (DSM-IV, pág. 571).

© MASSON, S.A. Fotocopiar sin autorización es un delito.

Este caso ilustra una característica frecuentemente asociada al *insomnio primario:* la persona está hiperalerta durante la noche y cavila sobre las actividades del día anterior.

Seguimiento

Una vez en la clínica, la paciente recibió entrenamiento en varias técnicas de meditación, y le enseñaron a evitar actividades estimulantes durante la noche y a tomar baños calientes antes de acostarse. Se le aconsejó que abandonara totalmente el alcohol, ya que éste, aunque puede facilitar la conciliación del sueño, dificulta su mantenimiento. Fue capaz de disminuir sus obligaciones laborales nocturnas. Con este régimen su sueño mejoró enormemente, aunque sigue teniendo problemas para dormir de forma ocasional y cuando realiza algún viaje.

El avergonzado

Un ingeniero de 27 años de edad acudió al psiquiatra debido a la necesidad irresistible de exhibir su pene en presencia de mujeres desconocidas.

El paciente creció y fue educado en un ambiente judío ortodoxo. Sus padres condenaban firmemente la sexualidad y la consideraban «sucia». Su padre, un profesor de escuela, era autoritario y punitivo, sin interés en los asuntos del hogar. Su madre, ama de casa, era una mujer dominante, controladora y entrometida. Estaba preocupada por la limpieza y bañaba ella misma a su hijo hasta que éste cumplió los 10 años. El paciente recuerda que tenía miedo de que le viniera una erección en presencia de su madre durante uno de estos baños; sin embargo, esto nunca sucedió. Durante la adolescencia, su madre se opuso a que saliera con muchachas. No se le permitía traer mujeres a casa; según su madre, el momento adecuado de traer una muchacha a casa era cuando ésta ya se hubiera convertido en «su esposa, y nunca antes». A pesar de estos valores antisexuales, su madre solía pasear semidesnuda por la casa en su presencia. Para su vergüenza, el paciente pudo constatar cómo esto le estimulaba sexualmente, hecho que se repitió varias veces durante su desarrollo.

Como adolescente, el paciente era un muchacho tranquilo, retraído y estudioso; sus profesores solían describirle como un «niño modelo». Era amigable, pero no intimaba con los demás, teniendo pocos amigos de su sexo entre sus compañeros de clase. Le llegó la pubertad a los 13 años, y su primera eyaculación tuvo lugar a esa misma edad durante un sueño. Debido a sentimientos de culpa, se resistía a la tentación de masturbarse, y entre los 13 y los 18 años de edad sólo experimentó orgasmos durante poluciones nocturnas.

No empezó a salir con mujeres hasta que se mudó de la casa de sus padres, a la edad de 25 años. Durante los 2 años siguientes salió con muchachas de vez en cuando, pero los sentimientos de intimidación que le invadían eran demasiado fuertes como para que se atreviera a iniciar cualquier actividad sexual.

A los 18 años, por razones que él mismo no alcanza a entender, empezó a sentir durante la semana anterior a los exámenes finales un deseo abrumador de practicar el exhibicionismo, motivo por el cual solicita ahora consulta. Buscaba situaciones en las que se encontrara solo con una mujer que le fuera desconocida. A medida que se acercaba a ella, se iba excitando sexualmente. A continuación se arrimaba a ella y le enseñaba su pene erecto. Constató que el shock y el miedo que experimentaba la muchacha todavía le excitaban más, y por lo general solía acabar eyaculando. En otras ocasiones tenía fantasías sobre estos encuentros mientras se masturbaba.

Después de uno de estos episodios de exhibicionismo se sentía culpable y avergonzado, y se prometía solemnemente a sí mismo que nunca más volvería a repetirse. Sin embargo, el deseo solía vencerle, de modo que las prácticas exhibicionistas se repitieron frecuentemente, por lo general coincidiendo con momentos de tensión. Se sentía desesperado, pero demasiado avergonzado como para buscar ayuda profesional. En una ocasión, a los 24 años, estuvo a punto de ser detenido por un policía, pero logró escapar.

Durante los últimos 3 años, el paciente ha sido capaz de resistir la necesidad urgente de practicar el exhibicionismo. Recientemente, sin embargo, conoció a una mujer que se había enamorado de él y que pretendía mantener relaciones sexuales. Debido a su total inexperiencia, sentía pánico ante la posibilidad de fallar en el momento crucial. Afirma que su pareja le atrae y que siente respeto por ella, pero la condena, asimismo, por su pretensión de mantener relaciones sexuales de tipo prematrimonial. Desde entonces ha vuelto a practicar el exhibicionismo, y tiene miedo de que, si no para, acabará siendo arrestado.

© MASSON, S.A. Fotocopiar sin autorización es un delito.

Discusión sobre «El avergonzado»

Se podrían discutir ampliamente las experiencias infantiles del paciente y su posible papel en el desarrollo de este trastorno. No obstante, en lo que se refiere al diagnóstico, pocas especulaciones caben. Las necesidades sexuales intensas y recurrentes y las fantasías sexualmente estimulantes que implican la exposición de los propios genitales a personas extrañas y que se llevan a cabo en momentos de gran malestar o bien lo desencadenan establecen el diagnóstico de *exhibicionismo* (DSM-IV, pág. 539).

Muchos médicos considerarían la coexistencia de un trastorno de la personalidad en este caso, pero sin una mayor información sobre el funcionamiento de la personalidad del paciente, este diagnóstico no puede establecerse.

Señales de radar

Alice Davis, una editora de 24 años de edad que se ha mudado recientemente de Colorado a New York, acude al psiquiatra para continuar su tratamiento con un estabilizador del humor, el litio. La paciente describe cómo, hace ahora 3 años, era una buena estudiante universitaria y se encontraba en su último curso, con un buen rendimiento académico y con un amplio círculo de amistades de ambos sexos. A mediados del primer semestre, empezó a sentirse deprimida sin motivo alguno; experimentó una disminución del apetito, perdió aproximadamente 5 kg, y le aparecieron problemas del sueño (le costaba conciliarlo y se desvelaba demasiado pronto).

Después de casi 2 meses, estos problemas empezaron a desaparecer; pero entonces comenzó a notar cada vez más energía, requiriendo sólo 2-5 horas de sueño nocturno, y a tener la sensación de que sus pensamientos «corrían». Atribuía significados simbólicos a las cosas, especialmente significados sexuales, e interpretaba comentarios inocentes de los programas de televisión como referidos a ella. Durante el siguiente mes, empezó a sentirse cada vez más eufórica, irritable y locuaz. Creía que tenía un agujero en la cabeza por donde le enviaban señales de radar. Estos mensajes podían controlar sus pensamientos o desencadenar reacciones de ira, tristeza o similares, que se escapaban a su control. Creía asimismo que sus ideas podían ser leídas por las personas que la rodeaban y que pensamientos ajenos se introducían en su mente mediante el radar. Refería oír voces, las cuales, en ocasiones, hablaban de ella en tercera persona, y en otros momentos le ordenaban que llevara a cabo distintas acciones, particularmente de tipo sexual.

Sus amigos, preocupados por el comportamiento inusual de Alice, la llevaron al servicio de urgencias, donde fue evaluada y posteriormente ingresada en una unidad de psiquiatría. Después de un día en observación, Alice empezó a tomar un fármaco antipsicótico, clorpromacina, y litio. Al cabo de 3 semanas, experimentó una franca y rápida reducción de todos y cada uno de los síntomas que habían motivado el ingreso. Las dosis de clorpromacina fueron gradualmente reducidas, suspendiéndose finalmente. Siguió tomando litio como única medicación. En el momento del alta, después de 6 semanas de hospitalización, estaba completamente restablecida; sin embargo, el equipo médico constató que la paciente presentaba una leve hipersomnia, durmiendo aproximadamente 10 horas cada noche, y una pérdida de apetito unida a leves sensaciones de estar «frenando», síntomas que resultaban peores por la mañana. Se le dio el alta con la condición que se fuera a vivir con algunas amistades.

Unos 8 meses depués del alta, el psiquiatra de la clínica de salud mental de la universidad le retiró el litio. Continuó bien el siguiente par de meses, pero entonces empezó a experimentar la reaparición gradual de unos síntomas que remedaban a aquellos que habían motivado su primer ingreso. El cuadro siguió empeorando, y después de 2 semanas tuvo que volver a ser hospitalizada con un cuadro clínico prácticamente idéntico al del primer ingreso.

Alice respondió en pocos días a la clorpromacina y al litio, y, una vez más, el fármaco antipsicótico pudo retirarse de forma gradual, dejando como único tratamiento el litio. Al igual que durante el primer ingreso, en el momento del alta, hace ahora algo más de 1 año, volvió a mostrar una ligera hipersomnia, pérdida de apetito y sensación de «estar frenando». Durante este último año, en que ha seguido tomando litio, ha estado libre de síntomas y ha tenido un buen rendimiento, obteniendo un empleo en una empresa de publicidad y mudándose recientemente a New York para seguir adelante en su carrera profesional.

El padre de Alice, a la edad de 40 años, padeció un episodio depresivo grave, caracterizado por hipersomnia, anorexia, enlentecimiento psicomotor importante e ideación suicida. Su abuela paterna se había suicidado durante lo que probablemente correspondió a un episodio depresivo.

© MASSON, S.A. Fotocopiar sin autorización es un delito.

Discusión sobre «Señales de radar»

Alice tenía un excelente rendimiento en todas las áreas antes de la aparición de un episodio depresivo, seguido poco después de un episodio de síntomas maníacos característicos: estado de ánimo eufórico e irritable, disminución de la necesidad de dormir, verborrea y sensación subjetiva de que sus pensamientos «corrían». En el momento álgido de la enfermedad, presentó ideas delirantes absurdas (sus emociones y pensamientos se hallaban bajo el control de señales de radar que entraban en su cabeza a través de un agujero) y alucinaciones auditivas (tanto de tipo imperativo como voces que hablaban de ella en tercera persona). Estos síntomas psicóticos son característicos de la fase activa de la *esquizofrenia,* pero en este caso se consideran parte de un trastorno afectivo con síntomas psicóticos dado que tienen lugar coincidiendo exclusivamente con el transcurso de una alteración del estado de ánimo de tipo maníaco.

En ausencia de pruebas de abuso de una sustancia, como, por ejemplo, un estimulante, o de una enfermedad física, como un hipertiroidismo, que puedan explicar por sí mismos esta alteración del estado de ánimo, cabe considerar este síndrome como un *episodio maníaco.* La aparición de un *episodio maníaco* aislado, incluso en ausencia de *episodios depresivos mayores,* resulta suficiente para diagnosticar un *trastorno bipolar,* que en este caso se subtipificaría como *episodio maníaco único* dado que no disponemos de pruebas suficientes de un *episodio depresivo mayor* previo.

El episodio afectivo más reciente, que motivó el segundo ingreso de Alice, fue también de tipo maníaco, por lo que actualmente lo subtipificaríamos como *episodio actual maníaco.* Finalmente, la gravedad del trastorno actual, que viene especificada en el quinto dígito, corresponde a *con total remisión,* ya que ha estado esencialmente libre de síntomas durante los últimos 6 meses (aunque encontrándose bajo tratamiento profiláctico con litio).

No existen pruebas de ningún *trastorno de la personalidad (Eje II)* o de una enfermedad física *(Eje III),* que resulten relevantes al diagnóstico del *Eje I.*

Seguimiento

En los últimos 7 años Alice ha presentado dos *episodios maníacos,* uno que ha requerido un ingreso, y otro que pudo ser atajado de forma ambulatoria. Actualmente sigue tomando litio, y está preparando un doctorado en composición en la universidad de New England.

EL HOMBRE TRANQUILO

Se trata de un paciente de 20 años de edad que fue llevado al hospital, atado con cuerdas, por sus cuatro hermanos. Es su séptima hospitalización en los últimos 2 años, todas por comportamientos similares. Uno de sus hermanos refiere que «volvió a casa como un loco», lanzó una silla por la ventana, arrancó un calentador de gas de la pared y salió corriendo a la calle. La familia avisó a la policía, que no tardó en localizarle dado que se encontraba, desnudo, dirigiendo el tráfico de un cruce complicado. Atacó a los agentes que intentaban detenerle, consiguió escapar y volvió corriendo a casa lanzando amenazas a viva voz contra los miembros de su familia. Una vez allí, sus hermanos fueron capaces de controlarlo.

En el momento del ingreso, el paciente estaba agitado, y su estado de ánimo fluctuaba entre la ira y el temor. Farfulleaba al hablar y tambaleaba al andar. Siguió extremadamente violento y desorganizado durante los primeros días de ingreso, y luego empezó a tener intervalos lúcidos cada vez más prolongados, interrumpidos de vez en cuando por períodos súbitos e impredecibles en los que mostraba una gran suspicacia, una expresión de furia y farfulleo, apretando fuertemente los puños.

Una vez calmado, el paciente negaba haber estado violento o haber actuado de una forma inusual («Soy un hombre tranquilo») y afirmaba no poder recordar cómo había llegado al hospital. Confesó consumir alcohol y marihuana de forma social, pero negaba el consumo de fenciclidina (PCP) excepto en una ocasión y sólo como prueba, hace ahora 3 años. No obstante, los tests sanguíneos y urinarios señalaban la presencia de fenciclidina, y su hermano creía que «se droga cada día».

Según su familia, el paciente había sido una persona completamente normal hasta hacía aproximadamente 3 años. Obtenía notas superiores a la media en la escuela, tenía un trabajo de media jornada y una novia, y era de disposición abierta y animada. Fue entonces cuando, a los 17 años, tuvo su primer episodio de alteración emocional. Tuvo un inicio muy súbito, con unos síntomas similares a los del episodio actual. Se recuperó rápidamente y de forma completa de este primer episodio, volvió a la escuela y se graduó en el instituto. Después de los siguientes episodios, sin embargo, sus restablecimientos no fueron tan alentadores.

Después de 3 semanas del ingreso actual, el paciente estaba malhumorado y vigilante, presto a reaccionar de forma sarcástica ante la mínima infracción al respeto que se le debía. Durante la mayor parte del tiempo parecía tranquilo permaneciendo al lado de los demás, pero se molestaba fácilmente y reaccionaba de forma furiosa. Su familia refería que «así es cuando se encuentra mejor», y que había vuelto a su funcionamiento basal. Cuando estaba en casa, mantenía su higiene personal,

© MASSON, S.A. Fotocopiar sin autorización es un delito.

pero lo máximo que hacía era pasear por el domicilio rehuyendo cualquier tarea doméstica. Hacía casi 2 años que no trabajaba. La familia desconocía cómo obtenía el dinero que gastaba, o a qué dedicaba el tiempo cuando se encontraba fuera de casa.

Discusión sobre «El hombre tranquilo»

El ingreso vino motivado por los efectos agudos del PCP sobre el sistema nervioso central: violencia, conductas extravagantes y desorganizadas, agitación psicomotriz, labilidad emocional, lenguaje farfullante y ataxia. Estos síntomas corresponden típicamente a una *intoxicación por fenciclidina* (DSM-IV, pág. 244).

Además, existe una historia de consumo regular de PCP, que ha dado lugar a muchos episodios similares de alteración conductual. La vida de este paciente se reduce a intoxicaciones frecuentes por fenciclidina cuando se esperaría que estuviera trabajando (merodea por la casa, no tiene trabajo), dedica una gran parte de su tiempo a recuperarse de los efectos del consumo de PCP, continúa usándola a pesar de haber comprobado por sí mismo que le provoca problemas una y otra vez, y ha dejado las actividades sociales y laborales importantes debido al consumo de PCP. Estas conductas indican el diagnóstico adicional de *dependencia de fenciclidina* (DSM-IV, pág. 243). Aunque sólo contamos con tres de los síntomas requeridos para efectuar este diagnóstico, sospechamos que información adicional confirmaría la presencia de otros síntomas. Además, es probable que el criterio relativo a síntomas de abstinencia no se aplique en el caso de la PCP. Sin duda existe un deterioro extremo en la actividad social y laboral del paciente, de forma que tipificamos la intensidad de esta *dependencia de grave.* Aunque se cumplen todos los criterios de *abuso de fenciclidina,* el diagnóstico de *dependencia de fenciclidina* resulta prioritario.

La viuda rica

Una viuda acomodada de 72 años de edad es remitida al psiquiatra en contra de su voluntad por sus hijos, que creen que se está volviendo «senil» desde la muerte de su marido hace ahora 6 meses. Después del duelo inicial, que no fue particularmente intenso, retomó una vida social activa y se hizo voluntaria en hospitales locales. Encontró el respaldo de su familia, pero desde hace 3 meses ésta ha empezado a preocuparse ya que frecuenta bares con algunos miembros del equipo del hospital. La consulta al psiquiatra vino precipitada por el anuncio que hizo la paciente de su compromiso matrimonial con un enfermero de 25 años de edad, al cual planeaba darle la casa y una suma importante de dinero. Los tres hijos de la paciente, preocupados e intimidados, la han convencido para que les acompañara a la consulta del psiquiatra. Mientras uno de sus hijos habla con el especialista, se oyen las voces de la paciente acusando a los otros dos de intentar encerrarla con el fin de acceder libremente a su dinero.

En los primeros momentos de la entrevista, la paciente se muestra extremadamente violenta con sus hijos y con el psiquiatra, e insiste en que no entienden que por primera vez en su vida está haciendo algo por ella misma, y no por su padre, marido o hijos. De repente se deja caer sobre el sofá y pregunta al psiquiatra si cree que resulta lo suficientemente atractiva como para seducir a un hombre de 25 años de edad. Procede a describir las virtudes físicas y sexuales de su prometido, y califica su vida de excitante y complaciente por primera vez. Habla demasiado y rehúsa repetidamente las interrupciones que le hace el psiquiatra en forma de preguntas. Afirma que sale cada noche con su novio a clubes y bares, y aunque ella no bebe, disfruta abiertamente de la atmósfera que hay en estos lugares. A menudo acuden a locales *afterhours* y acaban desayunando juntos y haciendo el amor. Después de sólo 3 o 4 horas de sueño, se despierta y se siente como una rosa. Luego va de compras. Se gasta aproximadamente 700 dólares a la semana y le da unos 500 a su prometido, cantidades que puede permitirse fácilmente.

La paciente admite que su conducta resulta infrecuente para alguien de su edad y su posición social, pero sostiene que se ha pasado la vida siendo convencional y que le ha llegado el momento de cambiar, antes de que sea demasiado tarde. Se niega a someterse a una exploración formal, afirmando: «No voy a hacer ninguno de esos estúpidos tests para ver si estoy cuerda.» No tiene ningún deterioro aparente de la memoria, y está correctamente orientada en todos los sentidos. Según su familia, no tiene antecedentes previos de alteraciones emocionales.

© MASSON, S.A. Fotocopiar sin autorización es un delito.

Discusión sobre «La viuda rica»

Como revela la historia, muchos lectores se preguntarán, tal y como nosotros hicimos, si lo único que le ocurre a esta pobre señora es el simple hecho de tener unos hijos avariciosos y no un trastorno mental. Parece, no obstante, que su estado de ánimo irritable y expansivo, verborrea, disminución de la necesidad de dormir y afectación de la capacidad de razonamiento (cede su casa a alguien que ha conocido recientemente) constituyen algo más que el inicio de una nueva vida para alguien que ha sido demasiado «convencional». De hecho, la totalidad de estos síntomas, en ausencia de una enfermedad física o de un consumo de sustancias que pudieran explicar esta alteración, o de un trastorno psicótico no afectivo, sugiere un *episodio maníaco* o *hipomaníaco*. En un *episodio maníaco* existe un notable deterioro de la vida laboral del paciente, o de sus actividades usuales o relaciones interpersonales; en un *episodio hipomaníaco* existe un inequívoco cambio en el funcionamiento del individuo que resulta constatable por parte de los demás, aunque no hay el deterioro marcado que antes comentábamos. Creemos que, aunque tiene dinero, los planes de esta viuda de ceder su casa a su nuevo amante traducen un deterioro marcado en sus relaciones con los demás (ella no estaría de acuerdo). Por lo tanto, el diagnóstico es de *trastorno bipolar I, episodio maníaco único moderado* (DSM-IV, pág. 363).

Un *trastorno bipolar I* que aparece por primera vez a la edad de 72 años resulta ciertamente infrecuente. Es necesario ir con cuidado al descartar la posibilidad de una enfermedad médica, como, por ejemplo, un tumor cerebral o un trastorno degenerativo del sistema nervioso central, que pudiera estar causando un *trastorno del estado de ánimo* debido a una enfermedad médica. Debido a que los estudios para descartar una entidad física todavía no se han llevado a cabo en esta paciente, añadimos a este diagnóstico el calificativo de *provisional*.

El tonto

León es un empleado de correos de 45 años de edad que fue evaluado en una clínica especializada en el tratamiento de la depresión. Afirma haberse sentido constantemente deprimido desde que iba a la escuela, sin poder recordar períodos más largos de un par de días de estado de ánimo «normal». Su depresión se acompaña de letargia, poco o ningún interés o placer en ninguna actividad, problemas de concentración y sentimientos de incapacidad, pesimismo y resentimiento. Sus únicos momentos de estado de ánimo normal aparecen cuando se encuentra solo en casa, escuchando música o viendo la televisión.

Al preguntarle más extensamente, León refiere que no puede recordar haberse sentido nunca cómodo en situaciones sociales. Incluso antes de ir a la guardería, si le pedían que hablara delante de los amigos de sus padres, su mente se «quedaba en blanco». Se sentía abrumado por la ansiedad durante las actividades sociales con otros niños, como, por ejemplo, en fiestas de cumpleaños, las cuales evitaba o, si no tenía más remedio que asistir, se quedaba totalmente callado. Sólo podía responder a las preguntas de clase si escribía antes la respuesta, y aun así, con frecuencia contestaba murmurando y sin poder dar con la respuesta. Cuando le presentaban muchachos que no conocía bajaba la mirada, temiendo ser escrutado y esperando que le humillaran o le pusieran en ridículo. Estaba convencido de que todos los que le rodeaban le consideraban un «mudo» o un «tonto».

A medida que fue creciendo, León tuvo un par de amigos entre sus vecinos, pero nunca dispuso de la figura del «mejor amigo». Obtenía buenas notas, pero lo pasaba muy mal cuando se anunciaba algún tipo de actividad oral. Como adolescente le aterrorizaban las muchachas, y hasta hoy nunca ha tenido una cita y ni siquiera ha sido capaz de pedirla. Esto le agobia, aunque generalmente está tan deprimido que le parece que es su falta de energía e interés lo que le impide salir con muchachas.

León asistió a la universidad y tuvo un buen rendimiento durante algún tiempo, pero se vio obligado a abandonar sus estudios dado el empeoramiento que sufrió su rendimiento. Era consciente del «terror» que le producía conocer a personas. Tuvo problemas para encontrar trabajo ya que se mostraba incapaz de responder a las preguntas durante la entrevista de admisión. Trabajó en un par de empleos para los cuales la admisión sólo requería la realización de un test escrito. Aprobó el examen del Civil Service a la edad de 24 años, después de lo cual le ofrecieron un empleo en la oficina de correos correspondiente al turno de noche. Le gustaba este trabajo ya que conllevaba poco contacto con los demás. Le ofrecieron promocionar en varias ocasiones, pero siempre las rechazó, ya que tenía miedo de la presión social. Aunque actualmente supervisa a un grupo de empleados, todavía le resulta difícil dar instrucciones, incluso a personas a las que conoce desde hace años. No tiene amigos y evita todas las invitaciones de salir con sus compañeros. Durante estos últimos años ha intentado realizar diversas terapias para superar su «timidez» y su depresión.

León nunca ha experimentado ansiedad de tipo paroxístico o crisis de angustia en situaciones sociales ni en ningún otro contexto. De hecho, su ansiedad aumenta de forma gradual hasta un nivel alto y constante y como anticipación de situaciones sociales. Nunca ha tenido síntomas psicóticos.

© MASSON, S.A. Fotocopiar sin autorización es un delito.

Discusión sobre «El tonto»

León acude a la clínica quejándose de una depresión de toda la vida. Sin duda, ha estado deprimido, y desde niño sólo ha experimentado un interés y placer limitados. Aunque su estado de ánimo depresivo se ha asociado a pesimismo, falta de energía y dificultades para concentrarse, no aparece el resto de síntomas de un *episodio depresivo mayor,* como, por ejemplo, alteraciones del apetito y del sueño. Esta depresión crónica leve se diagnostica como *trastorno distímico* (DSM-IV, pág. 356), que se subtipifica en este caso como de *inicio temprano* (antes de los 21 años de edad).

Además, León tiene una ansiedad social de toda la vida que le dificulta mantener incluso el más mínimo contacto social. Su temor es que no tendrá nada que decir y será considerado «un tonto». Este miedo parece ser independiente de su trastorno distímico y, por lo tanto, justifica el diagnóstico adicional de *fobia social generalizada* (incluye la mayor parte de situaciones sociales).

Este caso ilustra el frecuente problema que representa el diagnóstico del trastorno del *Eje I fobia social generalizada,* debido a que los síntomas se solapan considerablemente con los del *trastorno de la personalidad por evitación.* Sin duda, León ha presentado toda la vida un patrón persistente de inhibición social, sentimientos de incapacidad e hipersensibilidad a la evaluación negativa. Se considera un inepto social, evita las situaciones laborales que implican un contacto interpersonal significativo, y se siente inhibido en situaciones interpersonales nuevas debido a sentimientos de incapacidad. Resulta evidente que también está preocupado por la posibilidad de ser rechazado en situaciones sociales, y probablemente no tiene ninguna intención de implicarse con personas a no ser que esté seguro de que será bien aceptado. Por lo tanto, efectuamos el diagnóstico de *trastorno de la personalidad por evitación* en el *Eje II* (DSM-IV, pág. 681). Es necesario que se lleven a cabo más investigaciones para esclarecer si el *trastorno de la personalidad por evitación* y la *fobia social generalizada,* reflejan meramente diferentes perspectivas del mismo trastorno.

EL DIRECTOR

Un director de cine de 36 años de edad padecía desde pequeño dificultades frecuentes para conciliar el sueño. Se acostaba entre las 23,30 y las 3,30 horas y se levantaba a distintas horas, pero siempre antes de la 13 horas. Su sueño era más ligero al principio de la noche, momento en que era fácilmente molestado por ruidos del ambiente o por los movimientos de su mujer en la cama. A medida que entraba la noche, su sueño era más profundo, y el paciente sostenía que su sueño llegaba al máximo de profundidad hacia las 8 horas de la mañana. Cuando se despertaba se sentía atontado durante una media hora o más, y nunca era capaz de funcionar bien en la primera parte del día.

El paciente estaba actualmente libre de compromisos laborales excepto en lo que se refiere a una reunión matinal una vez a la semana. Esto todavía disminuía más su motivación para levantarse de la cama cada mañana. Por la noche, sin embargo, experimentaba accesos de energía productiva. Tenía la mente muy activa, y posponía el momento de acostarse para poder sacar el máximo provecho de esta gran capacidad de trabajo nocturna. Durante sus excursiones de pesca se levantaba a las 5 horas de la mañana y dormía una siesta a las 9 horas. La discrepancia entre su ritmo de sueño y el de los demás durante los fines de semana y otros inconvenientes sociales causados por dicho ritmo de sueño motivaron que buscara ayuda médica.

El paciente tomaba entre dos y cinco tazas de café al día, y todavía más cuando tenía mucho trabajo. Solía tener la nariz tapada, y ocasionalmente utilizaba seudoefedrina para estimularse, así como un descongestionante nasal (ambas medicaciones suelen tener efectos estimulantes de larga duración).

Sus padres y dos de sus hermanos presentaban un abuso crónico de alcohol. Había sobrevivido a una infancia llena de traumas físicos y emocionales intensos. Además, su madre abusaba de los sedantes, y había padecido un episodio depresivo de 2 años de duración permaneciendo durante todo ese tiempo en la cama. Su madre, su hermana y uno de sus hermanos habían realizado tentativas de suicidio casi mortales, y su padre había conseguido suicidarse. A pesar de este entorno, el paciente tuvo un buen rendimiento escolar, se graduó con excelentes notas en una prestigiosa universidad y tuvo éxito en su trabajo. Su historia revelaba, sin embargo, que durante su época universitaria solía perderse las clases de mañana debido a una incapacidad para levantarse de la cama.

El paciente vivía con su mujer, escritora de profesión, y con su hija pequeña. Consideraba como sus mayores problemas la indecisión y el hecho de ser demasiado dado a aceptar rápidamente las condiciones de los contratos, en detrimento de sus propios intereses. Pensaba que sus desgracias infantiles habían hecho disminuir su autoconfianza.

Durante la exploración, el paciente iba vestido de manera informal y mantenía una actitud simpática y complaciente. A pesar de declarar abiertamente su falta de seguridad, era directo, franco y buen conversador. El psiquiatra le recomendó que llevara un registro de sueño durante un mes.

© MASSON, S.A. Fotocopiar sin autorización es un delito.

El registro reveló que el paciente retrasaba progresivamente la hora de acostarse desde las 21 o las 22 horas hasta casi las 3 horas y 15 min de la madrugada en ciclos de 5 a 7 días. La hora de levantarse seguía un patrón si cabe más irregular, acostumbrando despertarse más tarde al final de tres ciclos. Por lo general, algún tipo de obligación requería que el paciente tuviera que levantarse temprano incluso después de haberse acostado tarde, lo que le obligaba a dormir una siesta por la tarde o retirarse alrededor de las 22 horas. Si ello ocurría ya no podía conciliar el sueño durante algunas horas. Después de 1 o 2 días así, el ciclo volvía a empezar (v. fig. 1-1).

Discusión sobre «El director»

Este paciente muestra los rasgos característicos del *trastorno del ritmo circadiano, tipo sueño retrasado* (DSM-IV, pág. 593). Existe una incongruencia entre su patrón circadiano normal de sueño-vigilia y el ritmo de sueño-vigilia de las personas de su entorno. Esta discrepancia se basa en que sus preferen-

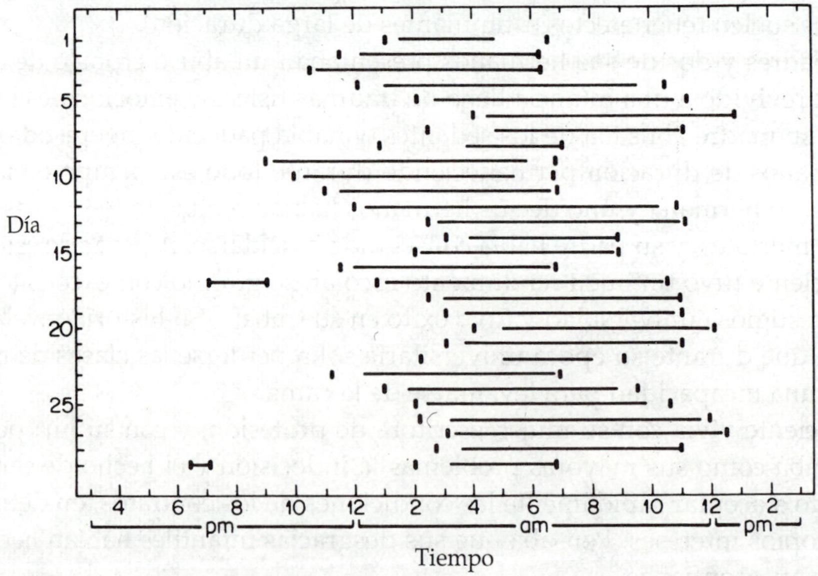

Fig. 1-1. Ritmo de sueño del director de cine. Día (eje Y) y tiempo de sueño (eje X). La primera marca vertical de cada línea indica a qué hora intenta dormir; la línea horizontal, cuánto tiempo considera que ha dormido, y la siguiente marca vertical, a qué hora se levantó de la cama. Véase que en los días 8 y 22 transcurren de 2,5 a 3 horas entre el momento de acostarse y el inicio del sueño, y en los días 17 y 29 el paciente durmió siestas nocturnas.

cias respecto a la hora de irse a dormir y levantarse están varias horas retrasadas que las de aquellas personas que trabajan y tienen relaciones sociales con él (es decir, su ritmo de sueño está retrasado si lo comparamos con el ritmo de sueño-vigilia convencional y social). El registro de sueño del paciente sugiere que su ritmo circadiano normal subyacente, que es algo más largo de 24 horas, no es resincronizado por los estímulos externos que en el resto de personas inducen un ritmo de sueño-vigilia de 24 horas.

La falta de un horario de trabajo regular, su patrón de «persona nocturna», es decir, de mayor productividad nocturna, y la sensación subjetiva de dormir más profundamente a primeras horas de la mañana constituyen rasgos típicos de los pacientes con este problema. No tener una agenda de obligaciones laborales se traduce en la falta de marcapasos que regulen el ritmo de sueño-vigilia, enmascarando la tendencia a retrasarse. El uso de estimulantes por parte del paciente contribuye a su mayor productividad nocturna y a la dificultad de conciliar el sueño más pronto.

Seguimiento

El tratamiento del paciente incluyó en primer lugar la retirada de los estimulantes y el establecimiento de una hora de levantarse regular establecida en las 7 de la mañana cada día. Esto disminuyó tanto su deterioro matutino como su sensación nocturna de activación. Sin embargo, en un par de semanas el paciente volvió de nuevo y de forma gradual a acostarse y a levantarse tarde, retomando asimismo el consumo de bebidas que contienen cafeína durante momentos de mucho trabajo. Se decidió tratarlo con 0,25 mg de triazolam en una sola toma a las 23,30 horas. (Esta benzodiacepina de corto tiempo de acción puede resincronizar, tal y como han puesto de manifiesto varios estudios, los ritmos circadianos que han sufrido un desplazamiento [p. ej., por un *jet lag*].) Con esta medicación consiguió conciliar el sueño regularmente y, de forma inesperada, sucedió que se despertaba hacia las 6 de la mañana con sensación de activación. Mantuvo un ritmo de sueño regular refiriendo una mejoría en su rendimiento laboral, a pesar de la disminución de la elevada capacidad de trabajo nocturna que hasta entonces le había caracterizado.

El miedo del paciente a padecer insomnio y a que ello repercutiera en su capacidad de trabajo desapareció. Fue gradualmente reduciendo la dosis del fármaco, pero la disminución de las dosis de triazolam de 0,25 a 0,125 mg

© MASSON, S.A. Fotocopiar sin autorización es un delito.

condujo a que el paciente tuviera la sensación de que su capacidad de concentración disminuía por la tarde. Con esta dosis más reducida consiguió dormir algo más cada noche y continuó rindiendo bien en todas las áreas de su vida.

El marinero

El internista del servicio de urgencias requiere la presencia del psiquiatra para un paciente varón de 18 años de edad llevado al hospital por la policía. El joven parece exhausto y muestra evidencias de una exposición prolongada al sol. Identifica la fecha actual de forma incorrecta, afirmando que se trata del 27 de septiembre, cuando en realidad se trata del 1 de octubre. Es difícil lograr que mantenga la atención al formularle preguntas específicas, pero estimulándole facilita finalmente una serie de informaciones. Recuerda que se encontraba navegando con unos amigos, aparentemente sobre el 25 de septiembre, en un crucero de fin de semana por la costa de Florida, cuando fueron sorprendidos por el mal tiempo. Se muestra incapaz de recordar los acontecimientos que tuvieron lugar a partir de ese momento, y desconoce qué les ha sucedido a sus amigos. Hay que repetirle varias veces que se encuentra en un hospital, ya que demuestra incertidumbre sobre su paradero. Y cada vez que se le comenta este hecho, parece sorprendido.

No existen pruebas de traumatismo craneal o de deshidratación. Los niveles de electrólitos y la exploración de los pares craneales resultan normales. Debido a su estado de aparente cansancio, se le permite dormir durante 6 horas. Al despertarse está mucho más atento, pero sigue mostrándose incapaz de recordar los acontecimientos que siguieron al 25 de septiembre, incluyendo cómo llegó al hospital. Sin embargo, ya no pone en duda que se encuentra en un centro sanitario, y es capaz de recordar el contenido de la entrevista previa y el hecho de que ha dormido unas horas. Comenta que es estudiante en una universidad del sur del país, con un expediente académico de notable, y que tiene un pequeño grupo de amigos íntimos, así como una buena relación con su entorno familiar. Niega antecedentes psiquiátricos previos o abuso de drogas o alcohol.

Debido al estado físico aparentemente correcto del paciente, se realiza una entrevista con amital sódico. Durante la misma confiesa que ni él ni ninguno de sus compañeros eran marineros lo suficientemente expertos como para hacer frente a una tormenta de tal magnitud. Aunque había tomado la precaución de asegurarse aferrándose al barco con una cuerda y poniéndose un chaleco salvavidas, sus compañeros no pudieron hacer lo mismo y fueron lanzados por la borda por la furia del oleaje. Perdió completamente el control del barco y tuvo la sensación de que se había salvado gracias a una gran suerte y a la cuerda que le aferraba a la embarcación. Pudo subsistir durante 3 días con un pequeño suplemento de comida almacenado en la cabina del barco. Ya no volvió a ver a ninguno de sus compañeros. Fue recogido el 1 de octubre por un guardacostas y conducido hasta la playa, donde la policía se hizo cargo de él y lo llevó al hospital.

Discusión sobre «El marinero»

El diagnóstico diferencial ante una pérdida aguda de memoria empieza con la consideración de un *trastorno cognoscitivo,* como un *delirium, demencia* o *trastorno amnésico,* que puede venir causado por un traumatismo craneal, accidentes cerebrovasculares o consumo de drogas. La normalidad de los hallazgos de la exploración física y neurológica y la ausencia de una historia de consumo de drogas en el paciente descartan estas posibilidades. Mediante la entrevista con amobarbital parece claro que el período amnésico se desarrolló después de una experiencia particularmente traumática y amenazante para la vida del paciente. Una *amnesia* (episodio de incapacidad repentina para recordar información personal importante que resulta demasiado extensa como para ser considerada un mero «olvido») que no tiene lugar coincidiendo exclusivamente con el curso de un *trastorno de identidad disociativo (personalidad múltiple)* y que no viene causada por un *delirium, emencia o trastorno amnésico* justifica el diagnóstico de *amnesia disociativa* (DSM-IV, pág. 493). En este caso, la naturaleza circunscrita de la amnesia y el estado de perplejidad y desorientación del paciente durante el período amnésico, todo ello después de una situación psicológicamente estresante, resultan bastante característicos.

La llorona

Una oficinista de 38 años de edad explicaba a su psiquiatra que llevaba 1 año y medio teniendo serios problemas de sueño. Se trataba de una mujer que

© MASSON, S.A. Fotocopiar sin autorización es un delito.

solía acostarse hacia las 18 horas y dormía como un tronco hasta las 7 de la mañana. El motivo de consulta es que hace un mes le retiraron el permiso de conducir después de que se quedara dormida conduciendo al salir del garaje y embistiera una cabina de teléfonos. Como resultado de ello, ahora tiene que levantarse a las 6 de la mañana y utilizar los transportes públicos para llegar a tiempo al trabajo a las 8 y cuarto de la mañana. En el momento de levantarse se siente atontada y «fuera de sí misma». Durante el día padece somnolencia. Suele quedarse dormida en los autobuses, pasándose su parada. Hace poco aceptó un nuevo trabajo, aparte del que ya realizaba, como vendedora, de las 18 a las 22 horas, dos noches a la semana, en un intento de permanecer despierta al menos durante parte del tiempo que no está en la oficina. Durante los fines de semana permanece todo el día en la cama durmiendo, levantándose únicamente para ir al lavabo o para comer, exceptuando algún sábado que dedica a las labores domésticas rutinarias.

La paciente cree que no ronca durante el sueño (como cabría esperar en un *trastorno del sueño relacionado con la respiración)* y niega pesadillas (como en el *trastorno por pesadillas),* sonambulismo (como en el *trastorno por sonambulismo),* o pérdidas repentinas del tono muscular (cataplejía) o sensación de parálisis al levantarse, ambos síntomas de *narcolepsia.*

Antes de que empezaran sus problemas de sueño, la paciente requería por lo general tan sólo 6-7 horas de sueño cada noche. Durante el primer año de su «somnolencia», empezó a tratarse con cafeína, tomando hasta 10 tazas de café y 1-2 l de cola al día.

Además de esta somnolencia, la paciente había experimentado períodos recurrentes de depresión grave desde aproximadamente los 13 años de edad. En los últimos meses anteriores a la evaluación actual, se echaba a llorar en la oficina. A veces, estos ataques eran tan repentinos que no le daba tiempo de correr al lavabo a ocultarse. Reconocía problemas de concentración en el trabajo y había constatado que obtenía poco placer de su actividad laboral, algo que antes no ocurría. Albergaba sentimientos de resentimiento y de pesimismo en relación con los últimos años, y había apreciado que éstos se habían hecho más intensos recientemente a medida que había disminuido el control sobre su diabetes y su peso. Se sentía culpable de producirse daño físico y provocarse la muerte lentamente de esta manera. A veces pensaba que merecía estar muerta.

De los 18 a los 33 años, se había sometido a sesiones de psicoterapia, período en el cual su sintomatología depresiva fue agravándose. De forma más reciente le habían prescrito diversos antidepresivos, incluyendo imipramina, desipramina y fluoxetina, cada uno de los cuales había conseguido mejorías del estado de ánimo y de su estado en vigilia durante unos meses. Tendía a quedarse dormida durante las sesiones nocturnas de terapia de grupo.

La paciente fue diagnosticada de diabetes a los 11 años de edad. Durante su adolescencia perdió en una ocasión el control sobre el peso y el azúcar en sangre; luego lo retomó, pero desde entonces lo ha perdido en múltiples ocasiones. En el momento actual su peso era un 30% superior al ideal, se administraba 52 unidades de insulina al día, y no mantenía un horario de comidas ni análisis de sangre u orina regulares. En una reciente determinación al azar de sus niveles de azúcar en sangre, pudo constatarse que éstos estaban anormalmente elevados. Había desarrollado una retinopatía diabética significativa, que la obligaba a utilizar gafas magnificadoras para la lectura. Padecía hipertensión leve sin enfermedad renal aparente, y tomaba un comprimido de un fármaco diurético al día.

La paciente había tenido un pobre rendimiento durante su época en el instituto y había asistido a una escuela de formación profesional sin lograr graduarse. Tuvo algunas esperanzas de mantener una relación amorosa, pero nunca fue capaz de tener un novio estable. Vive con su madre y no tiene amigos íntimos fuera del ámbito familiar. Al preguntarle más extensamente, resulta evidente que el inicio de sus problemas de sueño coincidió con el comienzo del último período depresivo.

La historia familiar de la paciente revela que uno de sus cinco hermanos hacía una siesta cada tarde y dormía 7 horas por la noche. Por contra, no existían antecedentes familiares de *trastornos del sueño,* diabetes o tratamientos psiquiátricos por depresión.

Mientras la paciente describía su problema al psiquiatra, mantenía la mirada fija en el suelo y hablaba de forma monótona y tenue. Contestaba a las preguntas fielmente, pero sin extenderse demasiado. Derramaba lágrimas de forma copiosa.

La paciente fue ingresada en el hospital para estudio. Las observaciones de enfermería revelaban que dormía 12 15 horas diarias. Presentaba un deterioro importante en las pruebas de vigilancia, en las cuales debía apretar un botón cada vez que la letra «X» aparecía entre una serie de letras presentadas visualmente a razón de una por segundo; logró una media del 4% de respuestas correctas en dos pruebas, comparada con el resultado normal de un 66-78%. Tenía una latencia múltiple de sueño media (es decir, inicio del sueño después de apagar la luz) de 8,5 min durante cuatro siestas diurnas registradas poligráficamente, resultado consistente con una somnolencia tan sólo leve. La monitorización del sueño nocturno reveló una latencia REM anormalmente corta de 2 min y un aumento anormal (42%) en la cantidad de sueño REM. La monitorización del sueño nocturno no reveló más anormalidades. La paciente sólo tenía un 2% de vigilia, mucho menos de lo que cabría esperar en un registro prolongado; esto resultaba consistente con su somnolencia diurna. Continuó durmiendo durante 9 horas y media, hasta que tuvo que ser despertada para que el laboratorio pudiera utilizarse para propósitos diurnos.

© MASSON, S.A. Fotocopiar sin autorización es un delito.

Discusión sobre «La llorona»

Aunque esta paciente experimenta períodos recurrentes de depresión, sus quejas predominantes hacen referencia a una excesiva somnolencia diurna (se queda dormida en los autobuses, permanece todo el día en la cama durante los fines de semana) y a una transición prolongada hasta el estado de vigilia completo (al despertarse se siente atontada y «fuera de sí misma»). Los resultados de las pruebas de sueño realizadas en el laboratorio (sueño prolongado, deterioro de la vigilancia, corta latencia de la fase de movimientos oculares rápidos [REM], aumento de la actividad REM) confirman sus quejas de hipersomnia.

En este caso no existen pruebas de que la hipersomnia pueda explicarse de forma más adecuada por la existencia de insomnio, por su aparición exclusiva en el transcurso de otro trastorno del sueño (p. ej., *narcolepsia, trastorno del sueño relacionado con la respiración)* o por los efectos fisiológicos directos de una enfermedad médica o el consumo de sustancias. La magnitud de esta excesiva somnolencia es compatible con la que se objetiva en la *hipersomnia primaria.* Sin embargo, debido a que el inicio de sus alteraciones del sueño parece haber coincidido con la última recurrencia de su depresión, resulta razonable concluir que se trata de una hipersomnia relacionada con un *trastorno del estado de ánimo.* Por lo tanto, el diagnóstico principal es de *hipersomnia relacionada con un trastorno depresivo mayor* (DSM-IV, pág. 613). Los episodios recurrentes de depresión garantizan el diagnóstico adicional en el *Eje I* de *trastorno depresivo mayor recidivante* (DSM-IV, pág. 352).

La razón por la que se efectúa un diagnóstico aislado de estas alteraciones del sueño motivadas por el *trastorno del estado de ánimo* es que la hipersomnia constituye la queja predominante de la paciente y resulta lo bastante importante como para merecer atención clínica independiente. De lo contrario, hubiese sido considerada como un síntoma más del *trastorno depresivo mayor,* no requiriendo en ese caso un diagnóstico aislado

La eterna paciente

Esta historia empieza en 1945, cuando la paciente, por entonces de 18 años de edad, aceptó con temor y desagrado el tener que irse de casa para iniciar el primer curso en una universidad de otro estado. Un día de septiembre, mientras iba de compras con su madre para adquirir la ropa que iba a necesitar en la universidad, empezó a presentar episodios breves en los que, sin motivo alguno, dejaba de andar y se quedaba paralizada, para al cabo de unos momentos seguir hablando y actuar de forma adecuada. Al día siguiente la familia comprobó que hablaba mucho menos de lo normal. En algunas ocasiones hacía comentarios inapropiados, pero en otras actuaba y hablaba de forma normal. Los silencios, el rechazo a la comida y observaciones fuera de lugar, como «Papá, mátame», motivaron que la familia la llevara al médico, y éste a su vez indicara el ingreso; era casi el mismo día que la paciente debía empezar el curso en la universidad.

En los primeros días de hospitalización, la paciente sugirió vagamente que podía estar presentando alucinaciones auditivas, y de vez en cuando daba respuestas «confusas» o necias no acordes con su CI de 121 puntos en las pruebas psicológicas. En cambio, cuando estaba sola escribía cartas coherentes y cuentos cortos que hubiesen podido ser publicados. Debido a la «falta de respuesta clínica» y a su comportamiento en ocasiones «extravagante» fue diagnosticada de *esquizofrenia tipo catatónico.*

Ya al principio de su estancia en el hospital, la paciente fue sometida a psicoterapia individual cuatro veces por semana. Continuó asistiendo a las sesiones de psicoterapia tanto en régimen de ingreso como de forma ambulatoria durante los siguientes 20 años, llegando a visitarse con nueve terapeutas distintos. Desde el primer momento del ingreso, mostraba a menudo actitudes negativistas, provocando peleas físicas, autolesionándose de distintas formas, pero siempre con carácter leve, y autoinduciéndose el vómito. Estas conductas contribuyeron a que se convirtiera en centro de atención en una institución pública sin demasiado personal. Afirmaba que quería probar todas las formas de tratamiento que existieran, «incluso la lobotomía», y sus deseos fueron complacidos, exceptuando esta última intervención quirúrgica. Se sometió a una docena de sesiones de terapia electroconvulsivante, cuatro docenas de tratamientos con insulina que le provocaban una situación de pre-coma, terapia basada en la danza, terapia ocupacional, terapia recreativa, psicodrama (le encantaba), psicoterapia de grupo y terapia artística, además de psicoterapia individual y múltiples reuniones con sacerdotes.

Después de los primeros 3 años de tan tormentosa hospitalización, la paciente fue asignada a una psiquiatra, estuvo más tranquila, entró en una universidad local y tuvo un buen rendimiento académico. No obstante, cada vez que se le mencionaba la posibilidad de darla de alta del hospital reaccionaba con conductas «histéricas» del tipo de vómitos, violencia y otros comportamientos extravagantes. Al cabo de 2 años, bajo la tutela de terapeutas femeninas, consiguió un trabajo, mantuvo un comportamiento apropiado y finalmente aceptó el alta siendo re-

© MASSON, S.A. Fotocopiar sin autorización es un delito.

mitida a la consulta de una psicoterapeuta, ya que, a los 24 años, la opinión general era que se había «recuperado».

Una noche, después de 6 años con un rendimiento laboral satisfactorio y ningún hecho destacable que deba mencionarse, la paciente apareció en el hospital molesta por no haber podido contactar con su terapeuta por teléfono, y solicitando ser reingresada. Fue hospitalizada a pesar de las dificultades existentes a la hora de determinar la autenticidad de su conducta y de sus afirmaciones referentes al suicidio y a un estado de «confusión». Inmediatamente después de haber ingresado se la sometió a diversas formas de psicoterapia, incluyendo psicoterapia individual, lo cual inauguró casi una década de tratamiento.

Cuando la paciente tenía 40 años de edad, se llegó a la conclusión de que presentaba una «personalidad histérica» y se produjo un cambio en el enfoque terapéutico. Durante los siguientes 5 años, se llevaron a cabo numerosos intentos para reincorporar a la paciente a la vida en comunidad, pero fueron bloqueados por sus conductas de negativismo, amenazas, autolesiones poco importantes, autoinducción del vómito, comentarios inapropiados y otros comportamientos dirigidos a llamar la atención, ninguno de los cuales, sin embargo, era «reforzado» durante las sesiones de psicoterapia individual, psicodrama, etc. Finalmente, a los 45 años de edad, se decidió darla de alta a pesar de sus afirmaciones de no estar preparada todavía. Cuando se le advirtió que aun a pesar de sus objeciones la decisión era irrevocable, la paciente se puso a vomitar; no obstante, el terapeuta insistió en que de todas formas se le daba el alta. La paciente se bajó los pantalones y se defecó en el despacho, sin que ello hiciera cambiar la postura del equipo. A los 10 años de abandonar el hospital, ha conseguido adaptarse a la vida en comunidad, pero con el apoyo casi constante de la gente que reside en su misma pensión.

Discusión sobre «La eterna paciente»

Esta mujer, durante muchos años, fue capaz de llamar la atención de incontables profesionales de salud mental. Su llamativa enfermedad persistía aun a pesar de someterse a casi todos los tratamientos existentes. Desde el principio, el patrón de síntomas de la paciente no se correspondía con ninguna enfermedad reconocible, y parecía capaz de producir estos síntomas a su entera voluntad (p. ej., se defecaba en público ante la inminencia del alta hospitalaria). Con los años su comportamiento parece diseñado para conseguir un objetivo: seguir siendo tratada como un paciente psiquiátrico.

En el pasado, un caso como éste hubiese sido calificado de *histeria*, debido a la naturaleza exagerada y teatralizada de los síntomas. El personal del hospital encargado del cuidado de la paciente también había advertido estos rasgos histriónicos. En el DSM-IV, la producción intencionada de síntomas psicológicos con el propósito de asumir el rol de paciente (en ausencia de incentivos externos para esta conducta, como en el caso de la *simulación)* se denomina *trastorno facticio con predominio de signos y síntomas psicológicos* (DSM-IV, pág. 486).

Aparte de la producción facticia de los síntomas, el nivel de actividad de esta mujer a lo largo de toda su vida viene caracterizado por un exceso de emotividad y de demanda de atención; en sus relaciones con las personas es superficial, demandante y dependiente. Estos rasgos sugieren el diagnóstico adicional de *trastorno histriónico de la personalidad*. Sin embargo, no disponemos de la información suficiente acerca de otros síntomas de este trastorno, como conducta seductora inapropiada y utilización deliberada de la apariencia física para atraer la atención de los demás. Por lo tanto, nos decantaríamos en este caso por el diagnóstico de *trastorno de la personalidad no especificado* (con rasgos histriónicos) (DSM-IV, pág. 689).

SOY VISHNU

El Sr. Nehru, de 32 años de edad, soltero, parado, emigró de la India a Estados Unidos cuando tenía 13 años. Su hermano lo llevó al servicio de urgencias de un hospital de Atlanta, Georgia, después de que los vecinos se quejaran de su presencia en la calle molestando a los peatones con sus convicciones religiosas. Ante la presencia del psiquiatra, el Sr. Nehru repite constantemente: «Soy Vishnu. Soy Krishna».

El Sr. Nehru ha estado viviendo con su hermano y su cuñada durante los últimos 7 meses, asistiendo a una clínica de forma ambulatoria. Desde hace 4 semanas, su conducta se ha vuelto cada vez más desorganizada. Despierta a su hermano a todas horas de la noche para discutir con él de temas religiosos. Siempre parece estar respondiendo a voces que sólo oye él. Ni se lava ni se cambia de ropa.

El primer episodio de alteración emocional del Sr. Nehru tuvo lugar hace 5 años. No disponemos de la historia clínica, pero por lo que cuenta el hermano, parece que fue similar al episodio actual. Hubo dos episodios más similares, y todos han requerido un ingreso hospitalario de un par de meses. El Sr. Nehru reconoce que, desde hace 5 años y de forma casi continua, es hostigado por «voces» que oye durante el día. Existen diversas voces, que comentan su conducta y discuten con él en tercera persona. Por lo general son tanto de tipo benigno («Miradlo. Está a punto de comer.») como de contenido insultante («Está completamente chiflado. ¡No es capaz de entender nada!»).

Entre los episodios, según el testimonio del psiquiatra que le atiende de forma ambulatoria y de su hermano, el Sr. Nehru es un hombre tranquilo, algo retraído, pero popular en su vecindario dado que ayuda a alguno de sus vecinos ancianos en la compra o en las tareas domésticas. Cuando está así, su estado de ánimo no presenta alteraciones. Sin embargo, confiesa que debido a las «voces» no puede concentrarse lo suficiente como para tener un trabajo. De vez en cuando lee libros, pero ve poca televisión ya que oye las voces que salen del televisor y le molesta que los programas de televisión se refieran a él con frecuencia.

Durante las últimas 6 semanas, de forma cada vez más insistente, las voces le han empezado a decir al Sr. Nehru que él es el nuevo Mesías, Jesús, Moisés, Vishnu y Krishna, y que debe dar comienzo a una nueva etapa religiosa de la historia de la humanidad. Ha empezado a notar una energía cada vez mayor, «de forma que ahora puedo difundir mi palabra», y necesita dormir muy poco. Según su hermano, ha mostrado una preocupación cada vez mayor por estas voces y sus actividades diarias se han vuelto más desorganizadas.

Durante la entrevista psiquiátrica, el Sr. Nehru está eufórico y presenta un discurso rápido y difícil de seguir. Anda de un lado a otro de la sala, y cada vez que se encuentra con un médico, le coge del brazo, se acerca a un centímetro de su cara y habla a gran velocidad y entusiasmo de sus «vivencias» religiosas. En mitad de su discurso religioso, se detiene bruscamente y felicita al médico por lo bien que combinan su camisa y su corbata. Cuando se le ponen pautas restrictivas, empieza a gritar de forma airada. Además de considerarse el Mesías, piensa que el hospital forma parte de una conspiración cuyo objetivo es silenciar su mensaje religioso. Aunque parece estar disfrutando de sus «voces», en ocasiones se queja de ellas y efectúa comentarios del tipo de «esas malditas voces». Afirma que está convencido de que sus vivencias religiosas, euforia y energía le han sido dadas por Dios.

Discusión sobre «Soy Vishnu»

El Sr. Nehru padece una enfermedad crónica caracterizada por alucinaciones que resultan tan distorsionantes que no le dejan concentrarse lo suficiente como para ser capaz de tener un empleo. Estas alucinaciones parecen haber estado presentes de forma persistente desde que su enfermedad se inició hace 5 años. Además, han existido cinco episodios (incluyendo el actual) caracterizados por síntomas que reunen la totalidad de criterios diagnósticos de un *episodio maníaco:* está eufórico, tiene sentimientos de grandiosidad, y presenta irritabilidad, presión del habla y aumento de energía.

Si no supiéramos que entre estos *episodios maníacos* el Sr. Nehru está continuamente oyendo voces, no tendríamos ningún problema para efectuar el diagnóstico de *trastorno bipolar I.* Sin embargo, el diagnóstico de este trastorno excluye aquellos casos en que existen delirios o alucinaciones durante al menos 2 semanas en ausencia de síntomas afectivos prominentes. Por lo tanto, la audición continuada de voces en períodos en que el Sr. Nehru no presenta síntomas de manía descartan el diagnóstico de *trastorno bipolar I.*

Si tuviésemos que diagnosticar la enfermedad del Sr. Nehru entre estos episodios, pensaríamos que la presencia de alucinaciones, sin relación aparente con una depresión o un estado de euforia, cumple los criterios sintomáticos de la *esquizofrenia.* A partir de este momento deberíamos considerar el diagnóstico diferencial entre una *esquizofrenia* a la que se superpone un *trastorno bipolar no especificado* o un *trastorno esquizoafectivo.* El punto clave para el diagnóstico de una *esquizofrenia* es si la duración total de todos los episodios de síndrome afectivo (en este caso, *episodios maníacos)* ha sido breve en relación con la duración total la enfermedad. No sabemos con exactitud cuánto han durado los *episodios maníacos* del Sr. Nehru, pero resulta poco probable que el tiempo total exceda los 6 meses comparado con la duración total de 5 años del trastorno psicótico. ¿Es esto poco tiempo? Debido a que el DSM-IV no facilita unos criterios temporales más precisos, nos inclinamos a dar un mayor peso a los síntomas maníacos que parecen haber estado presentes en cada exacerbación de la enfermedad psicótica. Por consiguiente, diagnosticamos de forma provisional un *trastorno esquizoafectivo tipo bipolar* (DSM-IV, pág. 302) y aconsejamos la necesidad de descartar una *esquizofrenia.*

El hombre de negocios agitado

Un hombre de negocios de 42 años de edad, agitado, fue ingresado en el servicio de psiquiatría después de un período de 2 meses y medio en que de forma

© MASSON, S.A. Fotocopiar sin autorización es un delito.

progresiva empezó a sentir desconfianza hacia los demás y suspicacia hacia sus socios. Sacaba de contexto cualquier comentario neutro, «cambiando» palabras y efectuando de forma inapropiada observaciones culpabilizadoras y hostiles; había perdido, de hecho, varios tratos «virtualmente cerrados». Finalmente, el paciente había disparado su pistola a altas horas de la noche y apuntando al patio al oír ruidos que interpretó como una señal evidente de que unos intrusos estaban a punto de entrar en su apartamento para matarle.

Un año y medio antes el paciente había sido diagnosticado de *narcolepsia* debido a la presencia diaria de ataques de sueño irresistible y episodios de pérdida repentina del tono muscular coincidiendo con situaciones emocionales, pautándosele un tratamiento con un estimulante anfetamínico, el metilfenidato. Una vez asintomático, fue capaz de trabajar de forma bastante efectiva como director de ventas de una pequeña empresa de ofimática y de llevar a cabo una vida social activa con su familia y un pequeño círculo de amigos.

Durante los 4 meses anteriores al ingreso actual, el paciente empezó a consumir dosis cada vez mayores de metilfenidato para mantenerse en vigilancia a última hora de la noche debido a una cantidad de trabajo progresivamente mayor, que le obligaba a prolongar su horario laboral hasta altas horas de la noche. Refería que durante este tiempo solía notar cómo su corazón latía apresuradamente y tenía problemas para permanecer sentado.

Discusión sobre «El hombre de negocios agitado»

Los síntomas primarios de este paciente son las palpitaciones, agitación psicomotriz, hipervigilancia, ideación paranoide en relación con sus colegas de trabajo y delirios de referencia (el paciente actuó de acuerdo con su creencia de que aquellos ruidos indicaban la presencia de intrusos dispuestos a matarle). La coexistencia de síntomas psicóticos durante estos episodios de intoxicación inducida por una droga y la ausencia de cualquier prueba demostrativa de un trastorno psicótico preexistente indican el diagnóstico de *trastorno psicótico inducido por metilfenidato* (DSM-IV, pág. 331). Dado que el cuadro clínico viene dominado por ideas delirantes más que por alucinaciones, se subtipifica como *con ideas delirantes.* Si no hubieran aparecido síntomas psicóticos, y el paciente hubiera solicitado ayuda por otros síntomas, como, por ejemplo, la hipervigilancia y la agitación psicomotriz, se le hubiese diagnósticado con la categoría residual de *intoxicación por metilfenidato* (DSM-IV, pág. 220).

La *narcolepsia* (DSM-IV, pág. 581), aunque tradicionalmente considerada como un trastorno neurológico, en el DSM-IV figura incluida dentro de los trastornos del sueño, y se clasifica en el *Eje I.*

QUIZÁ ME ESTOY MURIENDO

Bill Ainsworth se despertó en mitad de la noche debido a dificultades para respirar, sudoración, temblores y palpitaciones. Podía notar su propio pulso; era de 120. Pensó: «Quizá me estoy muriendo». Era su tercer ataque en esa semana, y como mínimo el décimo de aquel mes que le despertaba. El problema, que se había iniciado 2 años antes al cumplir los 50 años de edad, empeoraba a medida que pasaban los días: ya no sólo eran los problemas para mantenerse dormido debido a este tipo de ataques, sino el cansancio que sentía al día siguiente. Al final decidió seguir los consejos de un amigo y acudir a un psiquiatra especializado en problemas de sueño.

El psiquiatra recogió del paciente la siguiente información adicional. A los 12 años de edad había empezado a sufrir crisis de angustia diurnas, que se habían repetido a intervalos de unos 2 meses hasta el momento actual. No comenzaron a aparecer de noche hasta que el paciente cumplió los 50 años, hace ahora 2 años. Hace un par de meses, las crisis se volvieron menos frecuentes, coincidiendo con la supresión de las 8 a 10 cervezas que el paciente se tomaba casi cada fin de semana desde que era adulto. Sus 103 kg habían disminuido a 82 kg, que pueden calificarse de sobrepeso ligero, y la hipertensión arterial leve que padecía desde hacía tiempo desapareció.

Aparte de estos ataques recurrentes, durante la mayor parte de su vida el paciente había padecido ansiedad anticipatoria frente a situaciones determinadas, como, por ejemplo, subirse a un avión o a un ascensor o conducir por el carril del medio de la autopista. En los peajes contaba el número de salidas que le faltaban hasta la suya, temiendo que pudiese sobrevenirle uno de aquellos ataques antes de poder abandonar la autopista.

Describía temor a sentirse marginado si alguna vez se alejaba demasiado de su «sistema de apoyo», palabra que empleaba para referirse a su nevera, aparato que llevaba siempre con él a pesar de que raramente se bebía alguna de las cervezas que contenía. Sin embargo, como anticipación de un inminente vuelo en

© MASSON, S.A. Fotocopiar sin autorización es un delito.

avión, se bebía de 6 a 8 cervezas. Casi siempre viajaba en compañía de un colega del trabajo, su hijo o cualquier amigo, y odiaba en particular aquellos viajes que debía realizar sin la compañía de un conocido. Después de haber bebido durante el día, solía presentar ataques nocturnos que le despertaban.

El Sr. Ainsworth dirigía con éxito un negocio de recambios para coche y solía ser consultado por otros profesionales del sector. Sin embargo, recientemente, había rechazado debido a la ansiedad un importante contrato con el gobierno para organizar un sistema internacional de distribución de recambios para la red de tiendas al por menor de las bases militares. Pensó que estaría demasiado expuesto a la valoración por parte de los demás y que ello le haría fracasar. Temía, asimismo, verse obligado a realizar algún viaje largo en avión.

Durante la entrevista psiquiátrica, el Sr. Ainsworth hablaba mucho, se recreaba en todos los detalles, estaba animado y amigable, y se mostraba colaborador. Se expresaba con franqueza y locuacidad en aquellos temas que le resultaban incómodos. Tenía dos hermanas y dos hijas que padecían «agorafobia»; una de sus hijas no salía de casa.

Inicialmente, se pensó que el paciente presentaba apneas del sueño (períodos recurrentes de falta de respiración durante el sueño), debido a los fuertes ronquidos que él mismo confesaba, los despertares provocados por el consumo de alcohol que habían desaparecido con la disminución de peso y la presencia de hipertensión leve. (Estos síntomas se ven con frecuencia en la apnea del sueño, y se relacionan presumiblemente con la hipertensión pulmonar que aparece como resultado de una respiración insuficiente y una desaturación de oxígeno. El registro de sueño efectuado en el laboratorio, la exploración de las vías respiratorias superiores y la evaluación del nivel de vigilancia diurna dieron unos resultados que no apoyaban en nada el diagnóstico de apnea del sueño.)

Discusión sobre «Quizá me estoy muriendo»

Aunque la queja principal de este paciente hace referencia a la dificultad para mantener el sueño, resulta evidente que lo que motiva sus despertares son crisis de angustia recurrentes. Se despierta con los síntomas típicos de este tipo de crisis: inicio repentino de dificultades para respirar, sudoración, temblores, pulso rápido y palpitaciones. El diagnóstico de *trastorno de angustia* (DSM-IV, pág. 411) se efectúa en este caso debido a que existen crisis de angustia recurrentes e inesperadas con, por lo menos, cuatro de los síntomas característicos, así como preocupación por sus posibles consecuencias (es decir, miedo a morir a causa de uno de estos ataques).

Las personas que padecen un *trastorno de angustia* evitan frecuentemente aquellos lugares o situaciones de los cuales escapar puede resultar difícil o embarazoso, o en los cuales puede que no dispongan de ayuda en el caso de que sobrevenga una crisis de angustia (*agorafobia*). La historia de este hombre es infrecuente por el hecho de que aparentemente sentía ansiedad de tipo anticipatorio incluso antes de padecer la primera crisis de angustia. En cualquier caso, actualmente evita muchas de estas situaciones debido al miedo a padecer una crisis de angustia. Por lo tanto, efectuamos el diagnóstico de *trastorno de angustia con agorafobia.*

Este caso resulta inusual si lo miramos desde dos perspectivas. En primer lugar porque es infrecuente que los pacientes que padecen un *trastorno de angustia* presenten crisis durante la noche. En segundo lugar, porque el insomnio raramente viene motivado por crisis de angustia que despiertan al paciente. Cuando, en cualquier caso, el síntoma predominante que requiere una atención clínica independiente es el insomnio persistente, y éste da lugar a fatiga y malestar diurnos o deterioro de las actividades del individuo, se efectúa el diagnóstico adicional de *trastorno del sueño.* Por consiguiente, efectuaríamos, asimismo, el diagnóstico de *insomnio relacionado con un trastorno de angustia con agorafobia* (DSM-IV, pág. 411).

Seguimiento

Este paciente fue tratado con una benzodiacepina de corto tiempo de acción. Las crisis de angustia desaparecieron y su sueño se normalizó.

ALGO SUCEDIÓ

Una mujer de 25 años de edad fue ingresada en una unidad de psiquiatría después de ser conducida por agentes de la policía al servicio de urgencias. Refería que, encontrándose comprando en una boutique exclusiva de repente «algo sucedió». Afirmaba que no recordaba los acontecimientos acaecidos a partir de

© MASSON, S.A. Fotocopiar sin autorización es un delito.

ese momento y hasta una hora después, cuando fue arrestada por el robo de una tienda cercana. Después de insistir en su inocencia, entró en un estado de agitación, violencia e irreverencia tales que los agentes que la habían arrestado decidieron llevarla al hospital. Una vez allí refirió que hacía 2 años también fue arrestada por robar en una tienda y que, como ahora, había padecido amnesia en relación con este hecho. En esa ocasión se retiraron los cargos después de que ella declarara que tanto el robo como la amnesia posterior venían motivadas por el hecho de no haber comido después de administrarse la dosis de insulina. No obstante, las pruebas de sangre practicadas en el servicio de urgencias revelaban niveles elevados de azúcar.

Una vez ingresada, la paciente se calmó rápidamente y a los 2 días estaba asintomática. Cuando se enteró de que planeaban darle de alta al día siguiente y de que los cargos contra ella no iban a ser retirados, reaccionó con agitación, enfado e insultos contra el equipo médico. Poco después, se quejó de cefaleas y afirmó que no recordaba nada de su comportamiento injuriante de momentos antes. Esa misma noche se dirigió a una enfermera de forma airada. Cuando ésta le respondió y se refirió a la paciente por su nombre de pila, «Elaine», ésta manifestó que su nombre era «Leslie», y que no iba a permitir que la llamaran «Elaine», a la cual describía como una «fracasada y una perdedora».

La voz y los movimientos de «Leslie» eran algo diferentes de los de «Elaine». Pretendía haber cometido el robo a la tienda, y haberse dejado coger para que «Eleine» fuera arrestada y puesta en ridículo, y que de haber querido hubiese podido evitar fácilmente el ser detenida. Durante los siguientes 2 días, la paciente sufrió múltiples cambios aparentes de personalidad, acompañados por cambios visibles en el modo de vestir, de maquillarse y de comportarse. Con frecuencia, «Leslie» provocaba conflictos en la sala, y en dos ocasiones «Elaine» comentó al personal de enfermería haber encontrado objetos de otros pacientes en su armario.

No existían diferencias significativas entre los niveles de azúcar en sangre de las dos personalidades o variaciones en el momento del cambio de personalidad. Las pruebas neurológicas, incluyendo estudios electroencefalográficos, no revelaron ninguna anormalidad. La paciente empezó a quejarse de que su conducta escapaba a su control y que no podía ser acusada por ello. Con el paso de los días, los cursos clínicos ponían de manifiesto la aparición progresiva de más detalles de las diferencias entre «Elaine» y «Leslie».

Se consultó con un psiquiatra con una experiencia considerable en *trastornos de identidad disociativos (personalidad múltiple)* para que reconociera a la paciente. Éste pudo observar la presencia de «Elaine» y de «Leslie» y documentó su naturaleza polarizada y sus claras diferencias. Fue detallando y describiendo cada personalidad mientras discutía con ellas temas relacionados con las dificultades legales actuales de la paciente. La paciente le contó que tenía una larga historia de conductas discordantes que había «olvidado», para las cuales varios testigos darían su testimonio, y que su familia solía comentar que ella era «como dos personas distintas». El psiquiatra pudo saber que de forma regular estos episodios tenían lugar cuando la paciente efectuaba actos que podían llevar consigo consecuencias adversas contra su persona. Constató que la paciente se encontraba en una sala donde, por pura coincidencia, había tres personas más con ese diagnóstico y que, el mismo día en que se enteró de que no iban a retirarse los cargos contra ella, empezó a relacionarse con estas pacientes. Además, el psiquiatra pudo constatar que estaba al corriente de que él mismo había aparecido como testimonio de la defensa en el caso de un hombre con *trastorno de identidad disociativo* arrestado bajo circunstancias similares.

Mediante la historia clínica, efectuada a lo largo de varios días, y gracias al testimonio de otras personas, se puso de manifiesto que la paciente no presentaba la típica historia infantil de los pacientes con un *trastorno de identidad disociativo*, es decir, que nada indicaba que hubiese sido objeto de abusos o que hubiera sufrido cualquier otro tipo de acontecimiento traumático. Además, la historia indicaba que la paciente, a pesar de la naturaleza aparentemente clásica de sus dos personalidades, nunca había mostrado o se había quejado de una amplia variedad de síntomas sugerentes de otro trastorno mental, rasgo éste característico de los pacientes con *trastorno de identidad disociativo* y que a menudo retrasa el reconocimiento de dicha entidad.

El entrevistador constató, asimismo, que la «Elaine» con la que hablaba era algo diferente de la «Elaine» conocida por su familia y amigos. La «Elaine» usual era cariñosa y dócil, a no ser que se la provocara, momentos en los cuales reaccionaba con enfado y agresividad; en esos momentos no era tan indudablemente dócil y buena. Observó, asimismo, que la paciente no resultaba demasiado hipnotizable, lo cual es bastante infrecuente en pacientes con *trastorno de identidad disociativo*. Llevó a cabo una entrevista prolongada en la que sacó a relucir una amplia variedad de tópicos durante varias horas. A medida que la entrevista tenía lugar, «Leslie», hasta entonces completamente coherente en sus opiniones sobre temas relacionados con el robo y con los acontecimientos conflictivos de la sala, empezó a mostrarse más inconsistente en su voz y en su conducta. Se quejaba de que el psiquiatra no la creía y de que estaba intentando hacerla caer en una «trampa». Mientras «Leslie» se mostraba incapaz de mantener su presentación, «Elaine» reprochaba veladamente al psiquiatra sus dudas sobre la explicación ofrecida por «Leslie», cuando hasta entonces había manifestado padecer una amnesia total sobre las conductas pasadas de «Leslie» y sus conversaciones actuales con el psiquiatra. En esos momentos de gran tensión e ira, su conducta era indistinguible de la de «Leslie». Después de otra hora de entrevista, durante la cual la paciente

© MASSON, S.A. Fotocopiar sin autorización es un delito.

llevó a cabo varios esfuerzos para convencer al psiquiatra que padecía un *trastorno de identidad disociativo,* dejó finalmente de simular las conductas típicas del susodicho trastorno.

Discusión sobre «Algo sucedió»

El psiquiatra consultado en este caso escribió el siguiente comentario:

> Este caso ilustra lo difícil que puede llegar a ser distinguir el *trastorno de identidad disociativo* de la *simulación.* Los pacientes que presentan un *trastorno de identidad disociativo* verdadero a menudo no presentan los rasgos típicos del trastorno, como polarización de las personalidades y límites claros y barreras amnésicas entre ellas. Elaine demuestra lo fácil que puede resultar la simulación de conductas características de un *trastorno de identidad disociativo* clásico en relación con un tema unificado durante un período de tiempo limitado, pero lo difícil que llega a ser la simulación del espectro total de síntomas, en una amplia variedad de contextos y durante un largo período de tiempo.
>
> Las personas motivadas para representar el papel de un *trastorno de identidad disociativo* con el fin de conseguir un objetivo comprensible (en el caso de Elaine, lograr que las autoridades retiren los cargos contra ella) generalmente se apoyan en fuentes de información poco especializadas y exageran aquellos aspectos del trastorno que resultan obvios y que el resto de personas puede ver y recordar, para después utilizar estos testimonios como «evidencias» de la autenticidad del trastorno. Por lo general, esto se traduce en la teatralización de un reducido número de «personalidades» polarizadas relacionadas con el asunto que ha motivado la consulta.

Anticipando (correctamente) que Elaine podía estar actuando intencionadamente para dar una sensación convincente de poseer distintas «personalidades» en relación con el asunto del robo de la tienda, el psiquiatra consultado para este caso se centró en la exploración de la presencia o ausencia del cortejo de síntomas asociados al trastorno, como, por ejemplo, una alta hipnotizabilidad, consistencia relativa entre las diferentes «personalidades», presencia de distintas «personalidades» antes de que sucedieran los problemas actuales y una historia de abusos durante la infancia. Elaine no presentaba ninguna de estas características, y su conducta patológica tenía lugar invariablemente en situaciones en las cuales ella pretendía evitar las consecuencias de acciones ilegales o inapropiadas. La paciente dramatizaba las manifestaciones de las distintas «personalidades» para dar fe públicamente de sus conductas. El psiquiatra fue convenciéndose progresivamente de que se trataba de una *simulación* (DSM-IV, pág. 698).

El psiquiatra consideró la posible existencia de un *trastorno antisocial de la personalidad* o de un *trastorno límite de la personalidad*. Recogió datos altamente sugestivos de ambos trastornos, pero constató que Elaine, en sus esfuerzos de mostrarse a sí misma como una buena persona, invadida por «Leslie», conseguía así minimizar las dificultades de su personalidad. Por consiguiente, aunque el psiquiatra sospechaba que podía haber uno o ambos trastornos, no disponía de la suficiente información como para documentar ninguno de ellos.

Seguimiento

A Elaine se le concedió la libertad provisional y nunca jamás volvió a mostrar signos de tener más de una personalidad. En una ocasión, manipuló deliberadamente sus niveles de azúcar en sangre para fabricar la coartada de una hipoglucemia después de robar en una tienda, puesto que creía haber sido vista, pero fue incapaz de evitar las consecuencias de sus acciones y no volvió a robar nunca más.

Los psicoterapeutas que la vieron a partir de ese momento realizaron el diagnóstico de *trastorno límite de la personalidad* y podemos dividirlos en dos grupos: aquellos que opinaban que Elaine merecía además el diagnóstico adicional de *trastorno antisocial de la personalidad* y aquellos que no. Sin embargo, con el tiempo su vida ha sido cada vez más estable, y ha conservado el mismo empleo durante los últimos 3 años.

El adicto al trabajo

Se trata de un abogado de 45 años de edad que pide consulta ante la insistencia de su mujer. Harta de cómo va su matrimonio, no puede tolerar más la frialdad emocional de su marido, las continuas exigencias, la conducta intimida-

© MASSON, S.A. Fotocopiar sin autorización es un delito.

toria, el desinterés sexual, el horario laboral excesivamente prolongado y los frecuentes viajes de negocios. El paciente, por su parte, no está especialmente preocupado por su matrimonio y ha accedido a visitarse sólo para complacer a su mujer.

De todas formas, a poco de iniciarse la entrevista se hace patente que el paciente está preocupado por problemas del trabajo. Se le conoce como el miembro más agresivo de una firma de abogados. Es el socio más joven en la historia de la empresa, y es famoso por su capacidad para manejar muchos casos al mismo tiempo. Últimamente se ha sentido progresivamente más incapaz para hacer su trabajo. Es demasiado orgulloso para abandonar un caso nuevo, y demasiado perfeccionista para quedarse satisfecho con la calidad del trabajo efectuado por sus asistentes. Descontento por sus propios estilos de escritura y de sintaxis, se pasa los días corrigiendo constantemente sus informes, lo que da lugar a una incapacidad manifiesta para ajustarse a su agenda. Los colegas del trabajo se quejan de que su excesiva atención por los detalles y su incapacidad para delegar responsabilidades están reduciendo su eficacia. Ha tenido dos o tres secretarias por año durante 15 años. Ninguna de ellas ha podido trabajar con él demasiado tiempo debido a su constante actitud de crítica hacia cualquier error cometido por los demás. Cuando se discuten los temas del día no puede decidir cuál trata primero; empieza a elaborar agendas para él y su equipo, y finalmente es incapaz de cumplir con sus propios horarios, teniendo que trabajar unas 15 horas al día. Le resulta difícil tomar decisiones ahora que empieza a perder el control directo sobre su trabajo.

El paciente trata a sus hijos como si fueran muñecos mecánicos, aunque con un cariño subyacente evidente. Describe a su mujer como la «compañera adecuada», y le cuesta entender el motivo de su insatisfacción. Su forma de ser y de vestir se caracterizan por una excesiva meticulosidad, habla de forma lenta y prolija, seca y sin ninguna gracia, e impone su opinión de forma obstinada.

El paciente es hijo de unos padres que subieron de la nada trabajando denodadamente. Creció con la idea de que cualquier esfuerzo era insuficiente, y que le quedaba mucho por conseguir y muy poco tiempo para hacerlo. Fue un estudiante destacado, una rata de biblioteca, torpe e impopular en sus relaciones sociales de adolescente. Siempre ha sido competitivo y ha conseguido todo lo que se ha propuesto. Tiene problemas para relajarse durante las vacaciones; programa elaboradas agendas de actividades para cada miembro de su familia, y se vuelve impaciente y furioso si éstos rechazan sus planes. Le gustan los deportes, pero tiene poco tiempo para practicarlos y se niega a hacerlo si no está en plena forma. Es un competidor feroz en la pista de tenis y un mal perdedor.

Discusión sobre «El adicto al trabajo»

Aunque el motivo de consulta es la problemática matrimonial, resulta evidente que esta persona muestra muchos rasgos de personalidad que resultan bastante desadaptativos. Es frío, rígido, excesivamente perfeccionista y está preocupado por los detalles. Es indeciso, pero insiste en que los demás hagan las cosas a su manera; sus relaciones interpersonales se ven afectadas debido a su excesiva devoción al trabajo. Éstos son los rasgos característicos del *trastorno obsesivo-compulsivo de la personalidad* (DSM-IV, pág. 689).

Seguimiento

El paciente fue visitado por un psicoterapeuta durante varios años y de forma irregular. Solía dejarse caer por la consulta coincidiendo con una crisis en el trabajo o en casa, y abandonaba el seguimiento una vez ésta se resolvía. Ha conseguido un progreso notable en relación con las conductas de ocio (p. ej., actualmente juega a *squash)* y se ha comprado una casa de vacaciones, donde pasa muchos fines de semana. Las relaciones con su mujer y sus hijos han experimentado una mejoría, y por lo general se siente feliz y más relajado. Además, ha tenido grandes éxitos en su trabajo, y ha acumulado importantes sumas de dinero.

Al aire libre

Un hombre de 78 años de edad, presidente de una compañía maderera, ya retirado, solicitó ayuda debido a la aparición de una serie de ataques en los que experimentaba una marcada aprensión, inquietud motora y necesidad de salir al exterior para aliviar su malestar. Refería que el último de estos episodios había ocurrido hacía una semana, un día a las 3 horas de la madrugada: se despertó con la sensación de que «las paredes se me echaban encima». Negaba que esto estuviera relacionado con el contenido de sus sueños y dijo que estaba en plena vigilia en ese momento. Se levantó, se vistió y salió al aire libre, donde la temperatura estaba por debajo de 0 °C; una vez en el exterior, notó una mejoría gradual (pero no completa) de sus síntomas. Necesitó todo un día para recuperarse totalmente.

© MASSON, S.A. Fotocopiar sin autorización es un delito.

En respuesta a preguntas concretas, el paciente niega disnea, palpitaciones, sensación de ahogo, parestesias o náuseas. Refiere temblores y una ligera sudoración, así como sensación de mareo intermitente. Pensó que se iba a morir (o a perder el conocimiento) si no lograba «escapar» de su casa. Hablaba de la necesidad de estar «activo».

Durante la entrevista, el paciente recordaba haber padecido ataques similares hace ahora 30 años y coincidiendo con una intervención quirúrgica en un ojo después de un traumatismo. Comentaba que le pusieron un parche en los dos ojos y que fue confinado en la cama durante varios días, con la cabeza rodeada de pesados cojines para evitar que hiciera cualquier movimiento. Una vez dado de alta, padeció estos ataques durante más de un año.

El paciente negaba problemas de sueño recientes, cambios en el apetito o en el peso, de llanto o disminución de energía. Había estado tomando diacepam durante aproximadamente 2 meses debido a una sensación de nerviosismo y tensión progresivamente mayores. Últimamente había notado ligeros déficit de memoria.

Al entrevistarle más extensamente salió a relucir un problema de equilibrio y dolores intermitentes en el brazo derecho, así como problemas de indigestión y de diarrea intermitente. El paciente había dejado de cuidar su jardín durante el verano anterior debido a estos problemas de equilibrio. Durante la exploración física se le descubrió una lengua roja y «aframbuesada» (dolorosa según el paciente), dificultades para la marcha en tándem y para realizar movimientos alternativos rápidos, y un ligero temblor intencional. Negaba incontinencia urinaria.

Los estudios de laboratorio revelaron una anemia macrocítica y un déficit de vitamina B_{12}. El paciente fue tratado con suplementos de vitamina B_{12}, y los ataques no volvieron a repetirse.

Discusión sobre «Al aire libre»

Este paciente describe crisis de angustia inesperadas y totalmente características, que sugieren el diagnóstico de *trastorno de angustia*. Sin embargo, una exploración física cuidadosa y los hallazgos de laboratorio ponen de manifiesto los rasgos característicos de un déficit de vitamina B_{12} causado por una anemia perniciosa, un síndrome de malabsorción de vitamina B_{12} adquirido. Debido a que las crisis de angustia desaparecieron con el tratamiento del déficit vitamínico, es razonable concluir que el diagnóstico correcto corresponde a *trastorno de ansiedad debido a anemia perniciosa, con crisis de angustia* (DSM-IV, pág. 451).

Lo que resulta intrigante en este paciente es el antecedente de episodios de angustia similares hace muchos años. En ausencia de enfermedad médica alguna o consumo de sustancias que pudieran causar dichas crisis de angustia, asumimos que en ese momento presentó un *trastorno de angustia.* El actual *trastorno de ansiedad debido a anemia perniciosa* podría ser el resultado de una vulnerabilidad subyacente a padecer crisis de angustia.

EL SARGENTO DE INTENDENCIA*

El paciente, un hombre afroamericano, ocupaba el cargo de sargento de intendencia en el ejército a finales de los años cincuenta. Fue sorprendido por la policía militar mientras robaba una barra de desodorante de la oficina central de correos. El ejército, que tenía razones para sospechar que el sargento había cometido otros robos y que no se sentía amenazado por las normas constitucionales de búsqueda y captura, fue a su domicilio y presentó una reclamación por todos aquellos objetos propiedad del ejército cuya pertenencia no podía demostrar el sargento. Con la cantidad de objetos que recogieron —uniformes, mantas, picos y palas, cajas de latas de conserva, enseres de limpieza, etc.— se podría haber cargado un camión entero. Fue todo fotografiado en el jardín del sargento, y esa foto pasó a formar parte de su historial médico militar.

El ejército estaba decidido a someter al sargento a un consejo de guerra; de todas formas, fue visitado por un psiquiatra civil, el cual decidió que la mayor parte del material sustraído resultaba inútil y, en base al estudio psicodinámico del sargento, le diagnosticó de *cleptomanía.* El psiquiatra estaba preparado para testificar en el consejo de guerra que los robos eran el resultado de impulsos inconscientes e irresistibles. Insatisfecho por el informe del citado psiquiatra, el ejército remitió al sargento a un hospital militar para que fuera evaluado. Una vez allí, se le advirtió una y otra vez que todo lo que dijera podía ser utilizado en su contra durante el consejo de guerra. El paciente se tomó dicha advertencia de forma bastante impa-

*De Stone A: «Conceptual Ambiguity and Morality in Modern Psychiatry». *Am J Psychiatry* 137:887-894, 1980.

© MASSON, S.A. Fotocopiar sin autorización es un delito.

sible, y el psiquiatra militar se puso manos a la obra empezando por la recogida de la historia clínica.

El sargento, un tipo muy inteligente, empezó a contar la historia de su vida. Había crecido en una ciudad sureña durante los días de la segregación racial. Estudiante serio y competente de una familia profundamente religiosa, había tenido un buen rendimiento escolar y había entrado en una pequeña universidad, donde estudió literatura. Después de graduarse, a pesar de sus deseos y esperanzas, no pudo encontrar el trabajo que pretendía, y fue finalmente reclutado para la guerra de Corea. De vuelta a casa, ante la falta de oportunidades laborales, empezó a sentirse cada vez más amargado. Estaba convencido de que la vida le había engañado debido a que él era negro y que el ejército, teniendo en cuenta el trabajo y la posición que le había asignado, continuaba discriminándole. A partir de esta sensación de haber sido engañado, empezó a setirse autorizado para hacer lo que quisiera y a pensar que tenía derecho a robar cualquier cosa que le apeteciera y en el momento que le viniera en gana. No tenía ninguna sensación de estar impulsado a robar las propiedades del ejército; de hecho, se sentía autorizado a robar y lo hacía en el contexto de una actitud de protesta y desagravio contra el mundo racista que le había privado de sus sueños.

Es difícil entender por qué el sargento, a pesar de ser advertido, contó toda esta historia al psiquiatra militar. En cualquier caso, así lo hizo; y el psiquiatra militar, después de pensar en las diversas posibilidades diagnósticas, entre las cuales se incluían el *trastorno paranoide de la personalidad y la depresión*, concluyó que el paciente no presentaba una *cleptomanía* ni ningún otro trastorno mental que pudiera eximirle de las responsabilidades de sus actos. Por consiguiente, el psiquiatra militar declaró en su contra durante el consejo de guerra, evitando en todo momento mantener un contacto visual con el acusado mientras éste permanecía sentado con su uniforme y sus medallas, su mujer y sus hijos pequeños. Fue sentenciado a 5 años de trabajos forzados.

Discusión sobre «El sargento de intendencia»

Este conmovedor caso ilustra cómo no todas las conductas desadaptativas pueden explicarse adecuadamente en base a aquellos trastornos incluidos en las clasificaciones de las enfermedades mentales. Aunque el hecho de robar, en un adulto, puede darse en el contexto de muchos trastornos (p. ej., *esquizofrenia, demencia, trastorno bipolar)*, existen solamente dos en los cuales es probable que el robo constituya el síntoma principal: *trastorno antisocial de la personalidad* y *cleptomanía*.

El psiquiatra civil que visitó al paciente en primer lugar se decantó por el diagnóstico de *cleptomanía*. El psiquiatra militar, por su parte, no tuvo dificultades en demostrar la ausencia de los signos característicos del trastorno: la *cleptomanía* forma parte de los *trastornos del control de los impulsos*, y en ella los robos representan un fracaso para resistir un impulso; por lo general, el robo viene precedido por una sensación de tensión progresivamente mayor, y se sigue de la experimentación de placer o alivio. En este caso, el sargento «no tenía ninguna sensación de estar impulsado a robar las propiedades del ejército; de hecho, se sentía autorizado a robar y lo hacía en el contexto de una actitud de protesta y desagravio contra el mundo racista que le había privado de sus sueños». El diagnóstico de *trastorno antisocial de la personalidad* no tiene sentido en este caso en vista de la ausencia de antecedentes infantiles de conducta antisocial, del buen rendimiento laboral y familiar del sargento en su vida adulta, y de la falta de un patrón persistente de conducta antisocial adulta.

Los hechos sugieren que este hombre robaba objetos que no necesitaba y que el modo en que llevaba a cabo dichas sustracciones probablemente propiciaba el ser descubierto. Además, una vez detenido, el hombre no hizo ningún intento para protegerse a sí mismo, bien distorsionando su historia para ser diagnosticado de *cleptomanía*, bien rechazando cooperar con el psiquiatra militar. Todo esto indica un aspecto autodestructivo en su conducta y, por tanto, desadaptativo.

¿Es que la naturaleza desadaptativa de la conducta de este hombre indica un trastorno mental (coartada inespecífica) que no se corresponde con ningún trastorno mental específico de los que se hallan incluidos en la clasificación del DSM-IV? Para clasificarlo como tal, el concepto de trastorno mental debería ser tan amplio que prácticamente todos los actos delictivos (asesinato, violación, robo cuantioso) podrían ser interpretados como síntomas de un trastorno mental. Es indudable que el estudio psicológico de cualquier persona que ha cometido actos delictivos revelaría los orígenes psicológicos de la conducta desadaptativa (en este caso, la sensación de tener derecho a robar como respuesta a una sociedad racista).

El DSM-IV facilita un código para indicar que la conducta antisocial de un adulto constituye un motivo de atención clínica, pero no como resultado de un trastorno mental. Código V, Comportamiento antisocial del adulto (DSM-IV, pág. 699).

© MASSON, S.A. Fotocopiar sin autorización es un delito.

Las voces amenazadoras

Un hombre de 44 años, desempleado, que vivía solo en una habitación individual de un hotel, fue conducido al servicio de urgencias por agentes de la policía, a quienes había pedido ayuda debido a que estaba aterrorizado por la audición de voces humanas que provenían de la calle situada justo debajo de su ventana. Las voces hablaban de él y le amenazaban con hacerle daño. Cuando miraba a través de la ventana, los hombres siempre «habían desaparecido».

El paciente tenía antecedentes de 20 años de consumo abusivo y diario de alcohol, se «emborrachaba» casi cada día, y con frecuencia experimentaba «temblores» al despertarse. El día anterior había reducido su ingesta a medio litro de vodka debido a molestias gastrointestinales. La exploración física revelaba a un hombre en completa vigilia y orientado.

Discusión sobre «Las voces amenazadoras»

El paciente está perturbado por alucinaciones auditivas, y experimenta las voces como reales. Las alucinaciones auditivas vívidas que se acompañan de un deterioro de la conciencia de la realidad y que aparecen poco después de reducir de forma considerable la ingesta de alcohol en una persona que aparentemente presenta una *dependencia del alcohol* indican el diagnóstico de *trastorno psicótico inducido por alcohol con alucinaciones* (DSM-IV, pág. 321). Dado que el inicio del cuadro coincide con la retirada del alcohol, añadiríamos la subespecificación *con inicio durante la abstinencia.* El *trastorno psicótico inducido por alcohol con inicio durante la abstinencia* se diferencia del *delirium por abstinencia de alcohol* por la ausencia de alteraciones de la atención.

Efectuamos el diagnóstico de *dependencia del alcohol* (DSM-IV, pág. 201) debido a un prolongado patrón de consumo abusivo y diario de alcohol, incapacidad para trabajar debido al alcohol y síntomas de abstinencia frecuentes (experimenta «temblores» matutinos). Parece que el *trastorno psicótico inducido por alcohol con alucinaciones* se desarrolla sólo en personas con una larga historia de *dependencia del alcohol.*

La apaleada

Se trata de una estudiante graduada, de 25 años de edad, que pidió consulta debido a síntomas depresivos y problemas matrimoniales. La paciente llevaba casada 5 años, durante los cuales tanto ella como su marido iban al instituto. Durante los últimos 3 años su rendimiento había sido claramente superior al de su pareja, y ella atribuía a este hecho sus frecuentes e intensas discusiones. Constató que el hecho de que su marido le gritara o le pegara en algún ataque de ira le producía una sensación de excitación sexual. En ocasiones le provocaba hasta que éste accedía a tener relaciones sexuales de una forma brutal, como si la estuviera violando. La paciente experimentaba esta brutalidad y esta sensación de ser castigada como sexualmente excitante.

Un año antes de la consulta, la paciente había empezado a finalizar las discusiones saliendo violentamente de su casa. En una de estas ocasiones decidió entrar en un «bar de solteros», entabló relaciones con un hombre y le convenció para que le pegara como parte del juego sexual. Constató que aquel «castigo» le resultaba excitante sexualmente, y después de aquello empezó a tener fantasías de estar siendo pegada mientras se masturbaba hasta el orgasmo. La paciente descubrió entonces que disfrutaba recibiendo castigos físicos de hombres desconocidos más que con cualquier otro estímulo sexual. Al ser sacudida o pegada, el juego sexual e incluso la calidad de los orgasmos eran lo más placentero, con diferencia, que había experimentado en toda su vida.

En cualquier caso, estas preferencias sexuales no constituían el motivo de consulta. Se quejaba de no poder vivir sin su marido, aunque tampoco podía vivir con él. Tenía fantasías relacionadas con el suicidio que emanaban del miedo a que él la abandonara.

Reconocía que su conducta sexual resultaba peligrosa para sí misma y se sentía avergonzada de ella. Desconocía las posibles razones que se ocultaban detrás de sus necesidades sexuales y no estaba segura de someterse a tratamiento, debido a que le reportaban mucho placer.

Discusión sobre «La apaleada»

Las fantasías de ser humillada, pegada, forzada o cualquier otro acto cuyo objetivo es la provocación de sufrimiento pueden aumentar la excitación sexual en algunas personas cuya vida sexual resulta intachable en el resto de los aspectos. No obstante, cuando este tipo de fantasías sexuales se lleva a la práctica (como en este caso) o producen un malestar considerable, se efectúa el diagnóstico de *masoquismo sexual* (DSM-IV, pág. 542).

Con la limitada información de que disponemos resulta imposible determinar si los problemas matrimoniales de la paciente son de forma primaria: 1) un síntoma del propio *masoquismo sexual* (p. ej., ¿provoca ella las discusiones para excitarse sexualmente?); 2) un síntoma de un *trastorno de la personalidad;* 3) un problema no relacionado con un trastorno mental para el cual resultaría apropiado el Código V, *problemas de relación con la pareja.*

PAUSA PARA EL CAFÉ

Una secretaria de 35 años pidió consulta por «crisis de ansiedad». La historia psiquiátrica completa permitió revelar que los ataques tenían lugar a partir de media tarde, momento en que empezaba a sentirse inquieta, nerviosa, fácilmente excitable, y en ocasiones se ruborizaba, se ponía a sudar y, según sus colegas del trabajo, «empezaba a hablar a gran velocidad». Al preguntarle de forma detallada, la paciente reconocía haber bebido de cinco a seis tazas de café los días en que aparecían estas crisis y durante las horas previas.

Discusión sobre «Pausa para el café»

La asociación temporal entre el consumo cuantioso de café y los síntomas de ansiedad indican la significación etiológica de la cafeína en este caso. Es lo que en la literatura viene denominado como *cafeinismo.* En el DSM-IV, la *intoxicación por cafeína* (DSM-IV, pág. 225) se diagnostica cuando los síntomas como inquietud motora, nerviosismo, rubor facial, discurso deslabazado y excitabilidad son el resultado de un consumo reciente de cafeína, por lo general cuando éste excede de 250 mg (una sola taza de café contiene 100-150 mg; el té es aproximadamente la mitad de fuerte; una vaso de cola presenta una potencia unas tres veces menor).

Aunque los síntomas sugieren un *trastorno de ansiedad*, este diagnóstico no se efectúa cuando la alteración está causada por un factor orgánico específico conocido.

El vendedor de coches

Un vendedor de coches de 29 años de edad fue remitido por su novia, enfermera especializada en psiquiatría que sospechaba que podía estar padeciendo un *trastorno del estado de ánimo*, aunque él se resistía a considerarse una persona «triste». Según él, desde los 14 años experimentaba de forma repetida ciclos alternativos que calificaba como «buenos y malos momentos». En un «mal momento», que por lo general duraba de 4 a 7 días, dormía en exceso (10-14 horas diarias), se notaba falto de energía, confianza y motivación, y, en sus propias palabras, «simplemente vegeto». Su estado de ánimo solía cambiar de forma brusca, de tal forma que una buena mañana se levantaba con una gran dosis de autoconfianza, hiperactividad social, promiscuidad y agudización del pensamiento («Las cosas brillan en mi mente»), estado que se prolongaba a lo largo de 3-4 días. En períodos así solía excederse con el alcohol para disfrutar de sus efectos, aunque también para poder dormir. En ocasiones, los «buenos momentos» alcanzaban los 7-10 días, aunque entonces desembocaban finalmente en ataques de irritabilidad y hostilidad, que solían anunciar la transición a otro período de días «malos». Admitía el consumo frecuente de marihuana, según él como ayuda para «adaptarse» a la rutina diaria.

En la escuela los sobresalientes y notables alternaban con suficientes e insuficientes, de tal forma que el paciente era considerado como un estudiante brillante cuyo rendimiento resultaba globalmente mediocre debido a un «grado de motivación inestable». Como vendedor de coches su rendimiento resultaba igualmente irregular, de tal modo que los días «buenos» compensaban los días «malos»; aunque en ocasiones durante los días «buenos» discutía demasiado con los clientes y perdía ventas que parecían seguras. A pesar de que en muchos círculos sociales se le consideraba una persona encantadora, cuando se mostraba hostil e irritable sacaba de quicio a sus amigos. De forma típica, en los períodos «malos» se le acumulaban las obligaciones sociales, aunque luego, el primer día de un período «bueno», las despachaba todas de golpe.

Discusión sobre «El vendedor de coches»

Durante los últimos 2 años este paciente ha pasado por numerosos períodos en que ha presentado algunos de los síntomas de un síndrome depresivo y de un síndrome maníaco. Las características principales de los «buenos momentos» son la mayor confianza, aumento de actividad y deterioro de la capacidad de razonamiento (promiscuidad). Estos períodos bordean el diagnóstico de *episodios maníacos,* aunque no resultan lo suficientemente graves como para dar lugar a un deterioro marcado en la actividad social o laboral, criterio absolutamente necesario para el diagnóstico de este síndrome. De forma similar, los «momentos malos», caracterizados por aumento de sueño y falta de energía, confianza y motivación, no revisten la suficiente gravedad y duración como para cumplir los criterios diagnósticos de un *episodio depresivo mayor.* Además, aunque de forma crónica, estos ciclos breves se siguen los unos a los otros de un modo irregular. Por consiguiente, en ausencia de un consumo de sustancias o una enfermedad médica que pudieran explicar esta alteración, el diagnóstico apropiado para este caso es el de *trastorno ciclotímico* (DSM-IV, página 373).

Si tuviera lugar un *episodio maníaco* claramente definido después de al menos 2 años del *trastorno ciclotímico,* se efectuaría el diagnóstico adicional de *trastorno bipolar I* superpuesto. Si hubiera un antecedente claro de *episodio depresivo mayor,* el diagnóstico adecuado sería el de *trastorno bipolar II,* en lugar de *trastorno ciclotímico.* La presencia de *episodios hipomaníacos* excluye el diagnóstico de *trastorno depresivo mayor;* la presencia de un *episodio depresivo mayor* descarta el diagnóstico de *trastorno ciclotímico.*

Sospechamos asimismo el diagnóstico adicional de *abuso de alcohol* y de *Cannabis,* aunque no disponemos de la información suficiente como para asegurarlo.

Seguimiento

El paciente consiguió estabilizarse gracias al tratamiento con litio, se casó con la enfermera y estuvo bien durante un año, momento en que abandonó voluntariamente la medicación y tuvo varias relaciones extramatrimoniales que le llevaron a la separación y al divorcio. Se vio forzado a pedir ayuda psiquiátrica cuando su mujer le expuso de forma insistente que cualquier intento de reconciliación pasaba porque él retomara el tratamiento con litio. Cuando volvió a ser visitado, el paciente se encontraba en medio de un *episodio depresivo mayor* moderado. Aceptó volver a tomar litio. La pareja volvió a casarse al cabo de 3 meses, y la última vez en que fue visitado el paciente se encontraba razonablemente bien.

La esposa infiel

Se trata de una mujer que, próxima a los 50 años de edad, realizó una sobreingesta medicamentosa. Después de recuperarse, confesó a su médico de cabecera que desde hacía 18 meses su marido había empezado a mostrarse cada vez más celoso y a acusarla de infidelidad. Últimamente sus acusaciones resultaban totalmente irracionales y le recriminaba tener múltiples amantes, levantarse de la cama por la noche para acostarse con ellos y comunicarse mediante luces y espejos. Interpretaba las llamadas telefónicas que se equivocaban de número como pruebas «evidentes» de intentos de comunicación, y creía que los coches que cruzaban de noche su domicilio hacían destellos de luces como señales para ella. Colocó cinta adhesiva y cerraduras en todas las ventanas y puertas, y midió cuidadosamente la posición de todos los muebles de la casa. Cualquier cambio que detectaba desembocaba en una retahíla de acusaciones de infidelidad. Se negaba a aceptar cigarrillos o cualquier tipo de comida que procediera de ella. Durante todo este tiempo su marido nunca intentó agredirla físicamente, y su actividad sexual se mantuvo al ritmo habitual; pero el hombre estaba cada vez más perturbado y abatido, y llegó a perder unos 7 kg.

La mujer se sentía tan desdichada por el comportamiento de su marido que llegó a plantearse la separación, pero temía que éste reaccionara de forma violenta. Reconocía que la sobreingesta de fármacos había sido un «grito de ayuda».

El marido fue requerido para una valoración psiquiátrica y se mostró colaborador y dispuesto. Ofreció explicaciones similares a las de su esposa, aunque advirtiendo que estaba totalmente convencido de su infidelidad. A pesar de su vehemencia y su creencia irrebatible en todas las «pruebas», parecía tener alguna conciencia de que algo fallaba en él. La entrevista con una hija de la pareja que vivía con ellos corroboró la inocencia de la madre y la irracionalidad del padre.

El matrimonio se había mantenido estable hasta el inicio de la problemática actual, aunque cabe señalar que durante su juventud el marido había consumido grandes cantidades de alcohol, llegando a agredir en ocasiones a su esposa. Hacia los 35 años de edad había dejado de beber en exceso y de atacar físicamente a su mujer, mostrándose a partir de entonces como un marido bueno y responsable. Por otra parte, nunca había tomado drogas. Su mujer le describía como una persona «testaruda», pero por lo general no discutía más de la cuenta ni nunca había dado muestras de celos. Había ido a la escuela hasta el séptimo curso; probablemente su capacidad intelectual se situaba en la zona media-baja de la normalidad. Entre sus antecedentes familiares destacaban varios casos de alcoholismo, aunque ningún otro tipo de trastorno mental.

Discusión sobre «La esposa infiel»

Todos los problemas de este hombre provienen de la creencia infundada de que su mujer le es infiel. Apenas resulta necesario remarcar que tal creencia no constituye un delirio absurdo. La persistencia de una idea delirante no absurda de celos con conductas por otra parte irreprochables, en ausencia de otros síntomas psicóticos (p. ej., alucinaciones, discurso desorganizado), un *trastorno del estado de ánimo* o una enfermedad médica que pudieran explicar esta alteración indica el diagnóstico de *trastorno delirante, tipo celotípico* (DSM-IV, pág. 308).

Seguimiento

De forma inesperada, el paciente se mostró totalmente dispuesto a seguir un tratamiento y empezó a tomar neurolépticos, cosa que todavía hoy, a los 3 años, continúa haciendo. En este tiempo se le ha retirado la medicación en dos ocasiones, pero al cabo de 1-2 semanas comenta que «Vuelvo a tener ideas extrañas sobre mi mujer», retomando voluntariamente la medicación. Poco después de empezar el tratamiento con neurolépticos presentó un episodio depresivo, que remitió al añadir un antidepresivo tricíclico. Al cabo de un tiempo se retiró el antidepresivo, y desde entonces no ha vuelto a presentar más episodios depresivos.

ARTES MARCIALES

John Marshall, blanco, soltero y de 32 años de edad, fue enviado para una exploración psiquiátrica por el tribunal de menores antes de determinar sus derechos de paternidad sobre su hijo de 7 años de edad, Richard. Los servicios de protección de menores habían tratado el caso del Sr. Marshall durante 7 años, período en que él se había saltado las normas. Durante este tiempo había sido denunciado una vez por abuso físico de un menor (aunque no se trataba de su hijo) y dos veces por abusar de su mujer. No tenía otros problemas judiciales.

Los servicios de protección de menores empezaron a trabajar con el Sr. y la Sra. Marshall cuando su hijo todavía vivía con ellos. No obstante, cuando el niño tenía 3 años empezó a tener miedo al agua, se constató que no le habían educado en materia de higiene, se mostraba extremadamente retraído, incapaz de jugar y tenía lesiones en ambos nervios ópticos, sospechándose que había sido repetida y severamente maltratado de pequeño. Actualmente, el niño es legalmente ciego. A los 3 años de edad, Richard fue remitido a una familia adoptiva. Se descubrió que su padre natural le había encerrado muchas veces en el lavabo y durante muchas horas, y que éste había impedido a su mujer que tuviera cuidado del niño.

Puesto que Richard fue asignado a una familia adoptiva, se esperaba que su padre la ayudara económicamente. El Sr. Marshall tiene un empleo estable, pero no ha pagado ningún gasto a su hijo ni nunca le ha comprado un regalo. Se sabe que dispone de algunos ingresos extra, pero suele gastarlos en revistas, como, por ejemplo, *El soldado de la fortuna*, o en cultivar directamente su interés por las artes marciales. Está fascinado por las pistolas, navajas y otras armas, que describe como «los instrumentos de su *status*». Siente devoción por estos «juguetes» y refiere que le «suben la adrenalina». Tiene fantasías de llegar a ser un mercenario e incorporarse a la Legión Extranjera.

El Sr. Marshall admite sin reparos haber pegado a dos niños, de 6 y 7 años de edad, respectivamente, a los cuales debía en teoría cuidar, pero a quienes en cambio apaleaba y producía hematomas. Justifica estas palizas debido a que uno de los dos niños le mintió. Cuando visita a su hijo se dirige a él con los nombres de «mocoso» o «rata rastrera». Delante de Richard describe con gran detalle sus abusivos métodos de educación y juega con navajas afiladas durante estas discusiones. Cuando fue remitido a un cursillo de padres para mejorar su relación con Richard, distraía a otros miembros de la clase contando largos y dramáticos relatos sobre diversos hechos desviados, como, por ejemplo, partir el cuello de los gansos del parque de la ciudad. Finalmente, se le invitó a abandonar estas clases.

El Sr. Marshall conoció a su mujer legal cuando ella trabajaba en un salón de masajes. Ésta intentó dejarle en varias ocasiones, pero él la seguía a todas partes y

© MASSON, S.A. Fotocopiar sin autorización es un delito.

le causaba tantos problemas en los lugares a donde ella se mudaba que finalmente ésta tuvo que ceder. Al mismo tiempo la hostigaba en el trabajo y la amenazaba repetidamente de promover su despido si osaba abandonarle. De hecho, precipitó que la despidieran en varias ocasiones. Por ejemplo, llamaba a su lugar de trabajo y le decía a su jefe que él era un detective privado y que la estaba investigando por desfalco, fraude o abuso de menores (todas estas acusaciones eran falsas). Poco después de que ella lo abandonara por última vez, el Sr. Marshall llamó a su lugar de trabajo y dejó un mensaje diciendo que él era un representante de la familia de adopción donde su hijo estaba viviendo, y que Richard había sido herido de muerte en un accidente de coche (información que era falsa). Finalmente, la Sra. Marshall le puso una denuncia acusándole de abuso.

El Sr. Marshall encontró a una nueva compañera en los cursillos de padres. Poco después de irse a vivir juntos empezó a abusar de ella y ésta acabó poniéndole una nueva demanda. Él continuó hostigándola, siguiéndola al trabajo, llamándola por teléfono a la oficina y causándole un problema tras otro. En una ocasión la siguió al trabajo, la arrinconó en una habitación desprovista de ventanas y empezó a hacer una demostración de «llaves de karate» contra los objetos de la estancia, amenazándola de hacer lo mismo con ella. De hecho no llegó a tocarla.

El Sr. Marshall es el mayor de seis hermanastros. No mantiene ninguna relación con su padre natural. Su padrastro había sido militar de carrera, y debido a ello toda la familia estaba sometida a continuos cambios de residencia. Niega haber observado maltratos a su madre durante su infancia, pero dice que su padrastro tenía un temperamento violento y en ocasiones le pegaba sin motivo alguno. Estas peleas daban lugar habitualmente a cortes y hematomas. El Sr. Marshall empezó a interesarse por el karate a la edad de 14 años como forma de defenderse contra las iras de su padrastro.

Niega haber tenido problemas de conducta en el ámbito familiar o escolar durante su infancia o adolescencia. Obtuvo una media de notable en el instituto y tomó parte en varias actividades deportivas. No obstante, nunca sintió que se había ganado el reconocimiento o los elogios de su padrastro. Una vez acabada su etapa en el instituto, el Sr. Marshall cursó 2 años de universidad en la facultad de ciencias policiales.

El Sr. Marshall no tiene problemas con las drogas o el alcohol, y no existen indicios de que algún miembro de su familia los haya tenido. No tiene conciencia de haber estado deprimido en ningún momento de su vida, y nunca ha realizado ninguna tentativa de suicidio. Se siente injustamente tratado por los servicios de protección de menores y por el tribunal de menores. Aunque los servicios de asistencia social informan que hostiga a la madre adoptiva, al asistente social y a su propia abuela, cree que los servicios de protección de menores la han tomado con él.

Cree que las acusaciones contra él son insignificantes o infundadas y que finalmente obtendrá la custodia de su hijo. Ríe cuando se le recuerda que su hijo tiene graves problemas de visión y que nunca verá lo suficientemente bien como para conducir.

Durante la entrevista, el Sr. Marshall se muestra algo reivindicativo, intentando manipular las horas de visita por las noches o los fines de semana. Intenta humillar al asistente social del caso y a su ex-mujer, aunque no al psiquiatra. La exploración de su estado mental resulta normal en lo que se refiere a la capacidad cognoscitiva, de abstracción, concentración y de conocimientos generales, aunque se detecta una pobre capacidad de juicio.

Discusión sobre «Artes marciales»

El patrón persistente de conductas crueles y agresivas del Sr. Marshall sugieren el diagnóstico de *trastorno antisocial de la personalidad.* Sin embargo, niega los antecedentes infantiles típicos de este trastorno (p. ej., absentismo escolar, peleas, drogas y problemas de conducta en la escuela) que se requieren para efectuar este diagnóstico.

Como adulto, el Sr. Marshall es cruel físicamente, humilla y rebaja a otras personas, utiliza duros métodos de disciplina, miente con el propósito de perjudicar a los demás y está fascinado por las armas y la violencia. Cuando este tipo de conducta constituye la patología predominante de la personalidad y no persigue el propósito de lograr una excitación sexual (como en el *sadismo sexual),* se efectúa el diagnóstico de *trastorno pasivo-agresivo de la personalidad.* Los profesionales de la salud mental raramente se encuentran con individuos que presenten este trastorno, excepto cuando son enviados, como en este caso, debido a procesos judiciales en los cuales se ven implicados por haber abusado del cónyuge (en la mayor parte de casos se trata de hombres) o de menores. En el ámbito forense, este trastorno no es raro, particularmente entre los individuos que han perpetrado delitos violentos contra personas.

El *trastorno pasivo-agresivo de la personalidad* fue incluido en un apéndice del DSM-III-R, pero fue eliminado (equivocadamente, bajo nuestro punto de vista) del DSM-IV debido al pequeño número de estudios publicados sobre su validez. Con el DSM-IV en la mano, un caso como éste sería diagnosticado de *trastorno de la personalidad no especificado* (DSM-IV, pág. 689).

El muchacho del puente

Un estudiante de instituto de 18 años de edad fue conducido al servicio de urgencias por la policía después de ser recogido cuando vagaba en medio del tráfico en el puente de Triborough. Estaba enfadado, agitado, se mostraba agresivo y hablaba de varias personas que de forma deliberada intentaban «confundirle» dándole direcciones contradictorias. Contaba una historia confusa y disgregada, pero admitía al oficial de policía haber tomado *«speed»*. En el servicio de urgencias tuvo dificultades para centrar la atención y fue necesario repetirle las preguntas. Estaba desorientado en el tiempo y el espacio y le resultó imposible repetir el nombre de tres objetos 5 min después de que le fueran mencionados. La familia facilitó datos que sugerían que desde hacía 2 años el paciente consumía «estimulantes» de forma regular, lo que había dado lugar a que durante este tiempo se mostrara «excitado» de forma frecuente y a que su rendimiento académico en el instituto se hubiera visto seriamente afectado.

Discusión sobre «El muchacho del puente»

Los antecedentes de consumo regular de «estimulantes» sacan a relucir de forma inmediata la cuestión de la presencia de un *trastorno relacionado con anfetamina.* Aunque hay ideas delirantes de persecución, la existencia concomitante de desorientación, alteraciones de la capacidad para fijar la atención y aumento de actividad psicomotora indican un *delirium por intoxicación por anfetamina* (DSM-IV, pág. 136), el cual, dado que implica una alteración cognoscitiva global, es prioritario sobre el diagnóstico de *trastorno psicótico inducido por anfetamina.*

Aunque no tenemos suficiente información sobre el patrón de consumo de anfetamina, el hecho de que la consumiera de forma regular en el instituto ha contribuido indudablemente a su pobre rendimiento académico. Por consiguiente, afectuamos el diagnóstico adicional de *abuso de anfetamina* (DSM-IV, pág. 218).

En el escenario

Harry es un hombre de 33 años de edad que vive en Seattle con su esposa. Ha trabajado de vendedor en una compañía de seguros desde que se graduó en la universidad. Acude a un psiquiatra privado, recomendado por un amigo, quejándose de «ansiedad en el trabajo».

Harry se describe a sí mismo como una persona animada y bien integrada en sus años de adolescencia y durante su vida adulta, sin ningún problema destacable hasta su tercer año de universidad. Fue a partir de entonces que empezó a ponerse extremadamente nervioso y tenso cuando estudiaba para los exámenes o escribía sus informes. El corazón le latía con fuerza, las manos le temblaban y le sudaban. Debido a ello, a menudo no podía escribir los informes que se le exigían o, cuando lo hacía, los entregaba después de la fecha límite. No podía entender por qué se ponía tan nervioso al preparar los informes o realizar los exámenes cuando en el pasado siempre había llevado a cabo correctamente este tipo de tareas. Como resultado de su fracaso en la presentación de algunos informes o del retraso en su entrega, su rendimiento académico se vio notablemente afectado.

Poco después de graduarse, Harry consiguió un empleo de vendedor en una compañía de seguros. Su entrenamiento inicial (asistir a conferencias, leer textos) discurrió sin ningún problema. Sin embargo, tan pronto como empezó a enfrentarse con los clientes, la ansiedad reapareció. Se ponía extremadamente nervioso cuando pensaba de forma anticipada en las llamadas telefónicas que iban a hacerle. Cuando sonaba su teléfono de la oficina empezaba a temblar, y en ocasiones no contestaba. Finalmente, consiguió evitar la aparición de ansiedad evitando la programación de visitas y dejando de contactar con los clientes que se esperaba que viese.

Cuando se le preguntaba dónde radicaba el problema y qué es lo que le ponía nervioso, Harry refería que lo que más le preocupaba era lo que el cliente podía pensar de él: «El cliente puede darse cuenta de que me pongo nervioso y formularme preguntas de las que no conozco la respuesta, y ello me pondría en ridículo». En consecuencia, reescribía y repasaba de forma repetida todos los contratos antes de entablar la conversación telefónica, y todo ello debido a que estaba «preocupado por decir las cosas de forma correcta. Creo que estoy demasiado preocupado por lo que puedan pensar de mí».

Aunque nunca ha estado en el paro, Harry considera que sólo rinde al 20% de su capacidad de trabajo, cosa que su jefe tolera debido a que un vendedor sólo es pagado en base a comisiones sobre su porcentaje de ventas. Durante los últimos años, Harry ha tenido que pedir préstamos de grandes sumas de dinero para poder llegar a fin de mes.

Aunque estas limitaciones económicas representan un problema importante, Harry y su mujer siguen organizando reuniones en su casa de forma regular y gozan de una vida social activa con sus amigos en actividades tan diversas como picnics, fiestas y reuniones de negocios. Harry se lamenta: «Sólo me pongo nervioso cuando se espera que haga algo. Entonces es como si me encontrara encima de un escenario, completamente solo y con todo el mundo fijándose en mí».

© MASSON, S.A. Fotocopiar sin autorización es un delito.

Discusión sobre «En el escenario»

El problema de Harry está constituido por una ansiedad abrumadora que aparece cuando cree que está actuando. En la universidad ésta aparecía cuando debía escribir informes para luego presentarlos o bien cuando se examinaba. En el trabajo aparece siempre que tiene que hablar con clientes, tanto si el contacto es por vía telefónica como si es cara a cara. Lo que teme es que las personas puedan constatar su ansiedad y hagan «que se sienta en ridículo». No presenta ansiedad en situaciones sociales y no las define como «estar en el escenario», y nunca ha experimentado crisis de angustia repentinas en aquellas situaciones que no esperaba que le produjeran ansiedad (como en el *trastorno de angustia).*

Un miedo marcado y persistente a una o más situaciones o actos sociales en que el individuo se expone a personas desconocidas o a la posibilidad de ser escrutado por los demás y temiendo actuar de una forma que resultaría humillante o embarazosa constituye el rasgo esencial de la *fobia social* (DSM-IV, pág. 427). La *fobia social* puede limitarse a un estímulo fóbico específico (como en este caso), o puede generalizarse a la mayor parte de situaciones sociales. La *fobia social* específica más frecuente la constituye el miedo a hablar en público. Por lo general, el miedo a hablar en público se limita a exposiciones formales y no incluye, como sí sucede en este caso, el temor a hablar por teléfono. Otras *fobias sociales* específicas menos frecuentes son el miedo a comer o escribir en público, y a utilizar los lavabos públicos. En la *fobia social generalizada,* el estímulo fóbico incluye la mayor parte de situaciones sociales (v. «El clasificador de la correspondencia», pág. 190). Debido a que Harry es capaz de disfrutar de las actividades sociales en las cuales no se siente escrutado, no establecemos el diagnóstico de *fobia social generalizada.*

Sexo clandestino

Charles tenía 45 años cuando fue enviado para una revisión psiquiátrica por su responsable de libertad condicional después de su segundo arresto por frotarse contra una mujer en el metro. En palabras del propio Charles, llevaba 15 años manteniendo unas relaciones sexuales «satisfactorias» con su mujer cuando, hace ahora 10 años, empezó a tocar a otras mujeres en el metro. El típico episodio empezaba con la decisión de ir al metro y frotarse contra una mujer, generalmente de unos 20 años de edad. Escogía a sus víctimas a medida que iba andando por la estación del metro, se acercaba a ellas y esperaba la llegada del tren. Llevaba una envoltura plástica alrededor del pene para evitar manchar los pantalones después de eyacular mientras tocaba y rozaba a su víctima. A medida que los pasajeros entraban en los vagones, empezaba a seguir a la mujer que había seleccionado. Cuando las puertas se cerraban, empujaba su pene contra las nalgas de la muchacha, imaginándose que realizaba el coito de una forma normal y no coercitiva. En la mitad de los casos conseguía eyacular y luego se dirigía a su trabajo. Si no lograba la eyaculación, desistía por ese día o bien cambiaba de metro y escogía a otra víctima. Según Charles, inmediatamente después de uno de estos episodios le aparecían sentimientos de culpa, pero pronto se veía a sí mismo cavilando y anticipando un próximo encuentro. Afirmaba que había llevado a cabo estos actos con una frecuencia de dos veces por semana durante los últimos 10 años, y que por lo tanto había llegado a rozar a un millar de mujeres en este tiempo.

Durante la entrevista, Charles verbalizaba unos intensos sentimientos de culpa en relación con este comportamiento y solían aparecerle las lágrimas cuando hablaba del temor a que su mujer o su jefe se enteraran de su segundo arresto. Sin embargo, aparentemente nunca había pensado en cómo debían sentirse sus víctimas por lo que él les hacía.

Sus antecedentes personales no indicaban problemas mentales obvios más allá de su destacable ineptitud y falta de asertividad en el contexto de las relaciones sociales, especialmente en lo que se refiere a las mujeres.

Discusión sobre «Sexo clandestino»

Los actos de tocar y rozar repetidamente a personas sin disponer de su consentimiento y con el propósito de obtener una excitación y gratificación sexual se denominan *frotteurismo* (DSM-IV, pág. 540), y se clasifican dentro del grupo de las *parafilias.* En algunos textos clásicos se establece una distinción entre el *frotteurismo* (frotar a otras personas) y el *tocamiento* (acariciar a otras personas), pero en el DSM-IV ambos patrones de conducta se agrupan bajo una misma categoría, el *frotteurismo.* No se han descrito casos en mujeres.

La conducta de Charles es la típica de este trastorno. Suelen escogerse lugares donde hay mucha gente agolpada y donde, por lo tanto, es posible

© MASSON, S.A. Fotocopiar sin autorización es un delito.

seleccionar entre una amplia variedad de víctimas (p. ej., en el metro, en acontecimientos deportivos, en almacenes comerciales). En este tipo de emplazamientos los primeros roces a una mujer pueden no ser constatados inmediatamente; por lo general, la víctima no suele protestar debido a que no está totalmente convencida de lo que está sucediendo. Probablemente este hecho explica por qué Charles sólo ha sido arrestado en dos ocasiones.

Lo que no sabemos es el tipo de fantasías sexuales que Charles ha tenido durante años, antes de pasar a la acción típica del *frotteurismo*. Sin embargo, como suele suceder en este trastorno, mientras se entrega a la realización de estos actos tiene paralelamente fantasías sobre una relación sexual amorosa con la víctima.

EL PSIQUIATRA OBSTINADO

El Dr. Wilson, un psiquiatra de 34 años de edad, llega 15 min tarde a su primera visita del día. Hace poco se le ha pedido que dimita de su trabajo en un centro de salud mental debido a que, según su jefe, tiene la costumbre de llegar tarde a su despacho y a las reuniones, ha olvidado alguno de sus deberes, entrega tarde los informes estadísticos, se opone a seguir las normas del centro y parece desmotivado. El Dr. Wilson se reaccionó con sorpresa y resentimiento ante esta petición (pensaba que su rendimiento había sido particularmente bueno en el período de prueba) y describía a su jefe como excesivamente obsesivo y exigente. Sin embargo, explicaba un largo historial de dificultades con las figuras de autoridad.

El paciente presentaba antecedentes infantiles de conflictos temperamentales serios y prolongados que formaban parte de la leyenda de su familia. Había sido el típico niño cabecilla que exigía a los demás que «jugaran según sus reglas», y en caso contrario se negaba a participar. Con los adultos, particularmente con su madre y sus profesoras, se mostraba hosco, rebelde, negativista y a menudo inmanejable. Fue enviado a una escuela preparatoria mixta donde la mayor parte del profesorado estaba formado por hombres, y gradualmente empezó a comportarse de forma más sumisa y disciplinada. Sin embargo, continuaba exigiendo de forma obstinada que las cosas se hicieran a su manera y tomándose mal cualquier instrucción u orden procedente de los profesores. Era un estudiante brillante pero irregular, trabajaba sólo lo necesario; «castigaba a los profesores» que no le caían bien, absteniéndose de hacer los deberes. Ante la menor crítica se mostraba contestatario e inflexible, y sostenía que no era tratado justamente.

El Dr. Wilson no es feliz en su matrimonio. Se queja de que su mujer no le entiende y la define como una «de pocas luces». Ella, por su parte, afirma que no se puede confiar en él y lo califica de obstinado. El Dr. Wilson se niega a trabajar en casa y a menudo se olvida de realizar las pocas tareas que ha asumido bajo su responsabilidad. Entrega los impresos de Hacienda con varios meses de retraso y no paga las facturas. El paciente es sociable y tiene un considerable encanto, pero a menudo sus amigos se enfadan con él por su falta de predisposición para someterse a los deseos de los demás miembros del grupo (p. ej., si él no ha escogido el restaurante, puede pasarse toda la velada de mal humor o afirmar que se ha «olvidado» el billetero en casa).

Discusión sobre «El psiquiatra obstinado»

Siempre que el Dr. Wilson se siente sometido a exigencias, ya sean de tipo social o laboral, se resiste pasivamente a ellas mediante maniobras características del tipo de aplazamientos (p. ej., entrega los impresos de Hacienda tarde, no paga las facturas), olvidos (p. ej., se olvida de los recados de su mujer o de sus deberes laborales) o mostrándose de mal humor cuando se le pide que haga algo que no desea hacer. Este comportamiento ha dado lugar a un deterioro de su rendimiento laboral y a la aparición de dificultades matrimoniales. Este tipo de patrón persistente de resistencia a las demandas de los que le exigen un adecuado rendimiento de sus tareas, que no se limita a situaciones en las que la conducta asertiva no es estimulada o de hecho resulta castigada (p. ej., en el servicio militar), merecería, con el DSM-III-R en la mano, el diagnóstico de *trastorno pasivo-agresivo de la personalidad.* Sin embargo, el conocimiento de que la conducta pasivo-agresiva puede constituir un rasgo clínico importante en algunas personas con problemas de personalidad, aunque no sea de tipo multifacético como sucede generalmente en el resto de trastornos de la personalidad, ha dado lugar a que en el DSM-IV el *trastorno pasivo-agresivo de la personalidad* figure actualmente en el apéndice de «*Criterios y ejes propuestos para estudios posteriores*». Por consiguiente, deberíamos diagnosticar este caso de *trastorno de la personalidad no especificado* (DSM-IV, pág. 689).

Seguimiento

El paciente aceptó someterse a tratamiento una vez por semana durante los siguientes 5 años, que consistía en sesiones de psicoterapia en parte conductual y en parte psicodinámica. El aspecto conductual del tratamiento consistía en entrenamiento de asertividad y en deberes específicos (p. ej., obligación de hacer sus informes mensuales inmediatamente después de que éstos le fueran solicitados, y luego utilizar las sesiones terapéuticas para hablar de los sentimientos generados por tener que hacerlo). Cuando abandonó el tratamiento, el paciente había logrado un rendimiento profesional muy bueno y refería sentirse mucho más feliz.

El pintor de brocha gorda

Un pintor de brocha gorda de 46 años de edad ingresa en el hospital con antecedentes de consumo abundante de alcohol de 30 años de evolución. Ya había ingresado en dos ocasiones para realizar curas de desintoxicación, pero su familia afirma que no ha bebido una sola gota en varias semanas y, de hecho, no muestra signos de abstinencia de alcohol. Sin embargo, parece malnutrido y a la exploración se aprecia una ataxia y una parálisis bilateral del VI par craneal. Parece desorientado y confunde a uno de los médicos con un tío suyo ya fallecido.

Al cabo de una semana, el paciente camina con normalidad y no se observa ningún signo de parálisis craneal. Parece menos confuso y es capaz de encontrar el lavabo sin que nadie le ayude. Recuerda los nombres y las fechas de nacimiento de todos sus hermanos, pero tiene dificultades para nombrar los últimos cinco presidentes de Estados Unidos. Lo que más llama la atención es su gran dificultad para retener información aprendida un par de minutos antes. Puede repetir una lista de números inmediatamente después de haberlos oído, pero pocos minutos después es incapaz de recordarlos. Cuando se le muestran tres objetos (llave, peine, anillo), no puede recordarlos al cabo de 3 min. No parece demasiado preocupado por ello. Cuando se le pregunta si puede recordar el nombre de su médico, replica: «Sin duda», y procede a denominarlo como «Dr. Masters» (nombre que no se corresponde con la realidad), al cual, sostiene, conoció por primera vez durante la Guerra de Corea. Cuenta una larga y falsa historia de cómo él y el «Dr. Masters» lucharon como soldados en el mismo regimiento.

El paciente está tranquilo, en vigilancia, y se muestra amigable. Debido a su memoria inmediata intacta y a su, en ocasiones, adecuada capacidad para recordar hechos remotos, se puede charlar con él por un breve período y no caer en la cuenta de su grave deterioro de memoria. A pesar de ser tratado con elevadas dosis de tiamina, el déficit de memoria a corto plazo persiste y parece irreversible.

Discusión sobre «El pintor de brocha gorda»

Confusión, ataxia y parálisis del VI par craneal en un contexto de un prolongado enolismo garantizan el diagnóstico de encefalopatía de Wernicke, trastorno neurológico que debe anotarse en el *Eje III.* Como suele ser el caso, cuando este cuadro sintomático responde a la administración de tiamina, persiste por lo general el déficit de memoria, como se pone de manifiesto por la incapacidad de aprender informaciones nuevas o de recordar información previamente aprendida. En un esfuerzo para enmascarar este deterioro de la memoria, la persona puede fabular (es decir, inventar hechos o acontecimientos en respuesta a preguntas sobre hechos que no puede recordar). El deterioro de la memoria garantiza el diagnóstico de *trastorno amnésico persistente inducido por alcohol* (DSM-IV, pág. 169). Si hay múltiples déficit cognoscitivos, más que una simple pérdida de memoria, entonces resulta más apropiado el diagnóstico de *demencia persistente inducida por alcohol* (DSM-IV, pág. 160).

Los antecedentes de enolismo de años de evolución y de dos ingresos para curas de desintoxicación hacen muy probable el diagnóstico adicional de *dependencia del alcohol en remisión parcial temprana* (DSM-IV, pág. 201).

El hombre de negocios latinoamericano

El Sr. Zeigler es un hombre de negocios latinoamericano de 55 años de edad, casado, que es ingresado debido a un cuadro de diarrea, fatiga y pérdida de peso de 8 meses de evolución. Ha solicitado ayuda a varias instituciones tanto de Estados Unidos como de Europa, pero su enfermedad sigue sin ser diagnosticada. Se solicita la ayuda de un psiquiatra debido a que tanto el paciente como su médico

© MASSON, S.A. Fotocopiar sin autorización es un delito.

piensan en una depresión y se preguntan qué papel puede estar jugando este hecho en la pérdida de peso y el cuadro somático global.

El Sr. Zeigler explica de forma detallada la historia de su vida: el hecho de que su familia emigrara desde Europa cuando él era un niño, sus éxitos personales en el mundo de los negocios y la aparición progresiva de dificultades debido a la pérdida de peso y a la sensación de fatiga. Ha perdido 38 kg durante los últimos 8 meses y en este momento tiene que obligarse a sí mismo a comer. En el pasado, la comida representaba un gran placer para él, y se consideraba a sí mismo un *gourmet*. Aunque se queja de leves dificultades de memoria y de concentración, continúa encargándose de sus negocios multinacionales y manejando asuntos financieros complejos. Comenta sentirse triste, pero está esperanzado en un diagnóstico rápido. En el hospital se comporta de la misma forma autocrática a la que está acostumbrado en su mundo de los negocios y en su ambiente familiar. Tiene muchos intereses, incluyendo una vida sexual activa, la cual desea retomar una vez recupere las fuerzas.

La Sra. Zeigler confirma la historia de su marido y comenta que todavía es capaz de controlar perfectamente sus negocios y la totalidad de asuntos financieros de la familia. Describe, sin embargo, cómo esta situación ha generado conflictos con sus hijos, que se sienten resentidos por los métodos de educación y de trato inflexibles de su padre, aunque ellos mismos trabajan en la empresa de la familia. En su opinión, su marido está deprimido y ésta es la causa de gran parte de sus síntomas. En respuesta a preguntas concretas sobre su nivel de actividad está de acuerdo en el hecho de que su fatiga parece el único obstáculo para seguir adelante con sus actividades. No puede responder a ninguna pregunta sobre su actividad sexual, dado que dejó de tener relaciones con él hace unos 10 años. El Sr. Zeigler nunca se ha quejado de esta situación, y ella sospecha que frecuenta prostitutas.

Durante los días siguientes el estado del Sr. Zeigler se deteriora considerablemente, y se piensa que ha podido sufrir un ataque de apoplejía debido a la aparición de un habla farfullante y una ligera pérdida de fuerza en su hemicuerpo derecho. Poco después surgen dificultades respiratorias y se le traslada a la unidad de cuidados intensivos. Se le realiza una placa de tórax, que es sugerente de neumonía por *pneumocystis carinii*, extremo que se confirma mediante una broncoscopia. El Sr. Zeigler no responde al tratamiento con trimetoprim/sulfametoxazol, de manera que se le empieza a administrar pentamidina. Durante su estancia en la unidad de cuidados intensivos, el Sr. Zeigler presenta ideas delirantes, alucinaciones frecuentes y habla de forma incoherente tanto en español como en inglés. Sus hijos se desplazan en avión a Estados Unidos dado que se prevé un desenlace fatal. Al final esta predicción resulta equivocada, y el proceso neumónico se resuelve tras varias semanas de tratamiento. Se le practica una tomografía craneal que sugiere una infección del sistema nervioso central por toxoplasma, y se le examina el estómago mediante endoscopia, revelando ésta una gastroenteritis por isospora. De forma sorprendente, todas estas infecciones responden al tratamiento.

Después de todo esto resulta evidente que el Sr. Zeigler presenta el síndrome de inmunodeficiencia adquirida (SIDA), y su médico le informa de este diagnóstico y le interroga sobre sus experiencias sexuales. El Sr. Zeigler se molesta enormemente por sus «insinuaciones» de un posible contagio por vía homosexual, y niega de forma rotunda cualquier tipo de actividad homosexual. Hablan del tema de la decisión de su mujer hace unos 10 años de dejar de mantener relaciones sexuales con él. Refiere que desde entonces ha tenido muchas relaciones con prostitutas durante sus frecuentes viajes de negocios al lejano oriente. Le parece inconcebible haber contraído el SIDA, aunque confiesa haber padecido una sífilis hace 4 años. En el momento del alta, el Sr. Zeigler es diagnosticado formalmente de SIDA, con el único factor de riesgo claro de su actividad sexual con prostitutas.

Al cabo de 6 meses, el Sr. Zeigler y su mujer regresan a Estados Unidos para estudiar más extensamente su estado mental. Su mujer está preocupada porque vuelva a estar deprimido debido a que ya no es capaz de encargarse de sus negocios. Ella cree que su personalidad ha sufrido un cambio radical, ya que desde hace un tiempo no se interesa por nada, a pesar de que su apetito ha vuelto a la normalidad y ha recuperado la mayor parte del peso perdido. Actualmente, pasa la mayor parte del tiempo sentado ociosamente en el jardín de su casa.

Durante la exploración, el Sr. Zeigler parece encontrarse en un buen estado físico. No obstante, su estado mental se ha deteriorado de forma considerable; ya no es posible mantener una conversación en inglés con él, cuando antes manejaba varios idiomas de forma fluida. Sonríe afablemente, pero se muestra desorientado y confuso, incluso hablando en español. Este hecho sorprende incluso a su mujer, ya que no se había percatado de este deterioro en su capacidad cognoscitiva. Presenta un déficit de la memoria a corto plazo y no es capaz de llevar a cabo cálculos simples. Su memoria a largo plazo se conserva intacta, aunque su mujer cree que ha confundido algunos acontecimientos históricos. El Sr. Zeigler no parece tener conciencia de que esté padeciendo algún tipo de déficit en su actividad intelectual. Los exámenes médicos no revelan infección alguna.

© MASSON, S.A. Fotocopiar sin autorización es un delito.

Discusión sobre «El hombre de negocios latinoamericano»

Este triste caso ilustra un aspecto de la epidemia actual de la enfermedad por el virus de la inmunodeficiencia humana (VIH). De forma retrospectiva, cuando el Sr. Zeigler apareció por primera vez con un cuadro de diarrea, fatiga y pérdida de peso, presentaba ya el denominado *complejo relacionado con el SIDA.* La pérdida de memoria y los problemas de concentración correspondían probablemente a manifestaciones tempranas del deterioro neuropsicológico causado por la enfermedad por VIH. En su última visita, el deterioro de la memoria y del pensamiento abstracto, suficientemente grave como para interferir en su trabajo, eran pruebas evidentes de una *demencia debida a enfermedad por VIH* (DSM-IV, pág. 157). Debido a que el motivo de la consulta no venía presidido por una situación de *delirium*, ideas delirantes, depresión, alucinaciones, alteraciones perceptivas o dificultades de comunicación, debe especificarse el subtipo *no complicada.* El diagnóstico de *infección por VIH* debe anotarse en el *Eje III.*

Dado que muchos de los síntomas de un *episodio depresivo mayor* pueden verse en pacientes con enfermedades médicas (fatiga, disminución del apetito y pérdida de peso, insomnio), el diagnóstico diferencial resulta a menudo complicado. La posible presencia de un *episodio depresivo mayor* en el Sr. Zeigler al realizarle la primera visita se sospechó por su cuadro sintomático de tristeza, fatiga, pérdida de peso y dificultades de concentración. Sin embargo, la magnitud de su pérdida de peso (38 kg), en ausencia de anhedonia y estado de ánimo marcadamente deprimido, no es lo que uno esperaría hallar en un *episodio depresivo mayor.*

Seguimiento

El Sr. Zeigler volvió a su país y allí murió al cabo de unos meses debido a un proceso infeccioso cuya etiología no llegó a diagnosticarse.

Una relación perfecta

Jim Healy, un investigador de 35 años de edad especializado en sociología, acaba de recibir múltiples sentencias de cadena perpetua después de ser declarado culpable por tercera vez de una serie de violaciones.

Jim creció en una familia caótica. Su padre abusaba físicamente de su madre y de otras mujeres. Tanto su padre como su madre eran sexualmente promiscuos, a veces delante de él. En al menos una ocasión durante su infancia fue sodomizado por su padre. A medida que crecía, con frecuentes sentimientos de soledad y de falta de cariño, empezó a tener fantasías sobre una «relación perfecta» con una mujer ideal a la que «calentaba». A medida que fueron pasando los años, estas fantasías y necesidades empezaron a tomar un cariz obsesivo y erótico. Inicialmente, se imaginaba a sí mismo obligando a una mujer a mantener relaciones sexuales con él, de tal forma que al principio ésta se resistía, pero acababa disfrutando. La fantasía continuaba en una relación de afecto y cariño con la misma mujer. A menudo se masturbaba mientras tenía estas fantasías.

A pesar de que Jim era consciente de que el escenario de sus fantasías era poco probable, empezó a preocuparse por la necesidad urgente y sexualmente excitante de llevar estas fantasías a la práctica. A la edad de 16 años cometió su primera violación. Después de cada violación, se prometía a sí mismo «nunca más volveré a hacerlo», pero al poco tiempo las preocupaciones y necesidades urgentes volvían a invadirle repitiéndose el ciclo.

Aunque a menudo debía amenazar a sus víctimas con una navaja para obtener su sumisión, nunca llegó a herirlas físicamente y utilizaba la mínima cantidad de fuerza necesaria. Cualquier signo aparente de sufrimiento o angustia por parte de la mujer disminuía, más que reforzaba, su excitación erótica. Durante el curso de cada relación, se desprendía invariablemente de su arma y aseguraba a la mujer que no tenía ninguna intención de herirla o de causarle algún daño.

Cuando leía revistas o veía películas en las que aparecían escenas de mujeres en posiciones de sumisión o de esclavitud, se excitaba eróticamente, fantaseando de que ellas disfrutaban con esta experiencia. De todas formas no se excitaba si la víctima parecía estar sufriendo o sintiendo un malestar genuino.

En las pruebas de pletismografía peneana que se le practicaron en la cárcel, Jim tuvo una erección ante estímulos donde aparecían hembras en posición de sumisión o de esclavitud, pero su activación sexual disminuía si éstas presentaban el mínimo signo de sufrimiento. Los análisis sanguíneos revelaron unos elevados niveles de testosterona sérica.

Aparte de ser declarado culpable de violación, Jim nunca ha sido condenado o acusado por ningún otro tipo de actividad delictiva. No tiene antecedentes de tratamiento psiquiátrico ambulatorio ni en régimen de ingreso hospitalario. Su historia laboral es estable. Nunca ha abusado del alcohol ni de ninguna otra droga.

© MASSON, S.A. Fotocopiar sin autorización es un delito.

Discusión sobre «Una relación perfecta»

Jim ha cometido múltiples violaciones. Una violación se define como un acto coercitivo y una experiencia traumática para la persona que la sufre. El hecho de considerar una violación como un acto antisocial y delictivo no debería impedir una investigación sobre el estado motivacional o mental del violador. La mayor parte de violaciones son cometidas probablemente por hombres con preferencias sexuales bastante ordinarias (no parafílicas), muchos de los cuales reunirían los criterios de un *trastorno antisocial de la personalidad.* De forma menos frecuente, la violación es cometida por hombres con *retraso mental,* trastorno psicótico, intoxicación por drogas o *trastorno por personalidad múltiple.* Sin embargo, algunos violadores, particularmente aquellos que lo hacen de forma repetida, tienen unas preferencias sexuales aberrantes, en otras palabras, tienen una *parafilia,* que es un trastorno caracterizado por necesidades sexuales urgentes y fantasías sexualmente excitantes que implican tanto objetos no humanos como el sufrimiento o humillación de uno mismo, de la pareja sexual, de niños o de cualquier otra persona que no consienta tener relaciones sexuales.

Jim no mostraba evidencias de otras conductas de carácter antisocial. Aunque había violado a muchas mujeres, nunca se había embarcado en otros actos delictivos. Tenía una vida laboral y social razonablemente estables, y faltaban el resto de criterios necesarios para efectuar el diagnóstico de *trastorno antisocial de la personalidad.* Sus violaciones no pueden explicarse en función de un *retraso mental,* una intoxicación por drogas, un trastorno psicótico o un *trastorno por personalidad múltiple.*

Jim experimentaba fantasías y necesidades urgentes de tipo erótico con el tema central de mujeres obligadas a mantener relaciones sexuales. Tales fantasías y urgencias habían estado presentes durante muchos años, y las había puesto en práctica de forma repetida. A diferencia de una persona con *sadismo sexual,* no se excitaba eróticamente infligiendo dolor, humillación o sufrimiento; de hecho, su activación sexual se veía inhibida por cualquier signo de angustia o malestar en la víctima. Sin embargo, sus violaciones pueden entenderse de forma más adecuada como una manifestación de una *parafilia* específica, dado que su activación erótica depende de la presencia de una pareja que no consiente. Durante la elaboración del DSM-III-R, para este tipo particular de *parafilia* se sugirió el término *trastorno parafílico coercitivo,* pero esta categoría nunca fue reconocida oficialmente. Por lo tanto, el trastorno de Jim sería codificado como *parafilia no especificada* (DSM-IV, pág. 545).

Seguimiento

Durante su estancia en la cárcel, Jim fue tratado con terapia conductual utilizando las técnicas de saciedad masturbatoria, según las cuales se le pedía que se masturbara repetidamente en respuesta a fantasías de situaciones coercitivas que él había encontrado previamente como sexualmente excitantes. También recibió tratamiento farmacológico con una medicación que disminuía los niveles de testosterona. Este tratamiento combinado disminuyó su patrón aberrante de activación erótica, tal como se puso en evidencia tanto por la reducción del tiempo empleado en tener fantasías sobre violaciones como por la disminución de la activación fisiológica medida por la pletismografía peneana.

La última vez que fue visitado en la cárcel, al cabo de 2 años de estar recluido, Jim seguía recibiendo medicación y refería que, al menos actualmente (en prisión), estaba libre tanto de fantasías como de la necesidad urgente de violar.

La experta en misterios

Donna Marks, una abogada de 28 años de edad, describía sus problemas al psiquiatra. Contaba que con frecuencia se sentía ansiosa y alterada a la hora de acostarse, y cuando le sucedía, necesitaba una hora o más para conciliar el sueño. Temía irse a la cama, y se entregaba a lecturas de novelas de misterio de asesinatos hasta altas horas de la noche. Su hora de acostarse variaba desde las 7 de la tarde hasta las 2 de la madrugada. Al despertarse por la mañana se sentía atontada e incapacitada, apenas con fuerzas para levantarse de la cama. Algunas mañanas no iba al trabajo. Los fines de semana dormía hasta el mediodía. La preocupación por sus retrasos en el trabajo motivaron que solicitara la ayuda de un especialista.

Donna padecía asma desde los 18 meses de vida. Su madre había tenido siempre una preocupación constante porque Donna pudiera morirse en plena noche. Durante su adolescencia, Donna utilizaba inhaladores de adrenalina para mantenerse despierta hasta la 1 o las 3 de la madrugada, y poder dedicarse así a la lectura. Recuerda cómo su padre le gritaba para que apagara la luz. Siempre había considerado las últimas horas de la noche, cuando todos estaban durmiendo, como el «momento seguro», libre de interferencias por parte de los demás.

© MASSON, S.A. Fotocopiar sin autorización es un delito.

Donna era particularmente propensa a padecer ataques nocturnos de asma, que solían aparecer típicamente hacia las 4 de la madrugada. Sus jadeos nocturnos desembocaron en sentimientos de terror y de miedo a morirse («Me sentía fuera de control»). Actualmente trataba su asma con aminofilina, 400 mg/día, más dos inhalaciones de beclometasona dos veces al día. También tomaba albuterol inhalado de forma irregular, a veces justo antes de acostarse. Una vez al año, aproximadamente, necesitaba esteroides sistémicos debido a exacerbaciones puntuales del proceso asmático.

Donna bebía de cinco a ocho tazas de café al día. Las bebidas alcohólicas precipitaban la aparición de jadeos y agravaban el retraso en conciliar el sueño. La toma de sedantes de acción corta en el momento de acostarse le provocaban al día siguiente un empeoramiento considerable de su capacidad para concentrarse en el trabajo. Los ejercicios de relajación nocturnos precipitaban la aparición de miedo a encontrarse sola si aparecían problemas respiratorios y le hacían sentirse como un «esqueleto con un par de pulmones».

Durante la entrevista, Donna se expresaba correctamente, sonreía, era cariñosa y su afecto parecía perfectamente conservado. Parecía disfrutar de su propia idiosincrasia. Hablaba bastante, se explicaba bien, facilitaba la información que se le pedía, y se mostraba totalmente dispuesta a hablar de sus sentimientos. Se dio cuenta de lo irónico que resultaba que una persona tuviera tanto miedo a morir como interés por novelas de asesinatos. «Supongo que es una manera de tener sensación de autocontrol.»

Discusión sobre «La experta en misterios»

El café y los fármacos que Donna está tomando para el asma (xantinas, beta-agonistas y esteroides) ejercen efectos estimulantes prolongados que con mucha probabilidad interfieren con la buena calidad del sueño. Además, el alcohol que toma, después de un efecto sedante inicial, suele dar lugar a un sueño más superficial durante las 5 o 6 horas que siguen a su ingesta.

Cuando muchas sustancias contribuyen a la aparición de un problema de insomnio, el clínico deberá diagnosticar, para cada droga que se considere que está jugando un papel significativo en el insomnio, un *trastorno del sueño inducido por consumo de sustancias, tipo insomnio* (DSM-IV, pág. 622). En este caso, anotaríamos probablemente el efecto que ejercen las xantinas, beta-agonistas y cafeína.

Los prismáticos

Un ejecutivo de 25 años de edad solicita consulta al psiquiatra debido a la necesidad repetida de espiar a las mujeres mientras se desnudan o mantienen actividades sexuales. El paciente ya fue detenido por esta actividad en el pasado, y el personal de oficina de su lugar de trabajo se enteró de lo sucedido. Se le advirtió que debía ponerse en tratamiento, ya que le despedirían si esta conducta volvía a repetirse. En aquel momento no acudió al psiquiatra y continuó con sus actividades voyeurísticas. Recientemente estuvo a punto de ser detenido de nuevo, motivo por el cual solicita ahora consulta.

El paciente es un joven cabal y elegante que no tiene dificultades para atraer a sus parejas sexuales. Se ve con muchachas frecuentemente y mantiene relaciones sexuales una o dos veces por semana con diferentes parejas. Sin embargo, suele caer en ciertos tipos de situaciones que encuentra excitantes. Tiene unos prismáticos de gran potencia y los utiliza para espiar a su vecindario. A veces sus esfuerzos de observación se ven premiados, pero la mayor parte de las veces no consigue ver nada. Entonces deja su apartamento y se va a los tejados de los grandes edificios de apartamentos, donde busca con sus prismáticos hasta que encuentra a una mujer desnudándose o manteniendo relaciones sexuales. No tiene ninguna intención de entrar en los apartamentos para espiarlas y niega tener el impulso de violarlas. Si encuentra una situación en que puede ver a una mujer desnudándose o teniendo relaciones sexuales, se masturba hasta el orgasmo mientras observa esta escena o inmediatamente después, y luego regresa a casa. Experimenta estos actos voyeurísticos como inequívocamente placenteros, a pesar de que en ocasiones se encuentra en situaciones potencialmente peligrosas. En más de una ocasión ha estado a punto de ser detenido por el personal de estos edificios o por la propia policía, que le confunden con un ladrón o un agresor potencial. En una ocasión fue detenido en un callejón por un vecino indignado, y en otra fue descubierto espiando por la ventana de una habitación y por poco no le dispararon.

El paciente creció en una familia con tres hermanas mayores que él. Su padre era un hombre puritano, religioso y generalmente punitivo en su trato con él. La madre era cariñosa, expresiva y seductora en su relación con los hombres, aunque no con el paciente. Se sentía como el preferido de su madre y se preguntaba si alguna vez se enamoraría de una mujer tan alta como ella. Nunca se ha enamorado o se ha sentido atado de forma duradera y profunda a una mujer.

La familia del paciente era muy recta desde el punto de vista sexual. A modo de ejemplo, los miembros de la familia no se desnudaban los unos delante de los otros, y los padres evitaban de forma abierta actividades que pudieran interpretarse como eróticas. Además, el paciente recuerda que, entre los 7 y los 10 años de

© MASSON, S.A. Fotocopiar sin autorización es un delito.

edad, intentaba ver a su madre y a sus hermanas desnudándose «tanto como le era posible».

El paciente empezó a «espiar» junto con otros amigos a la edad de 10 años, durante unas colonias de verano. No es capaz de explicar el porqué de esta actividad, al cabo del tiempo siguió atrayéndole de forma intensa mientras que el resto de sus amigos fueron perdiendo interés a medida que se despertaba en ellos interés por la realización de prácticas sexuales. Ha utilizado prismáticos para encontrar escenas sexualmente estimulantes desde los 11 años, pero no empezó a salir de casa para llevar a cabo estas actividades hasta los 17 años.

El paciente es consciente de la relación que existe entre su presumible estrés psicológico y la actividad voyeurística; por ejemplo, en los momentos de grandes cambios vitales, como al abandonar la casa de sus padres o al finalizar un curso de universidad, esta actividad aumentaba. Sin embargo, no percibe ninguna relación entre la ansiedad relacionada con tener relaciones sexuales y el deseo de enfrascarse en la actividad voyeurística. Afirma que en la situación voyeurística suele estar ansioso, pero sólo por miedo a ser apresado. No se siente culpable ni avergonzado por lo que hace, ya que lo considera poco dañino. Sin embargo, está preocupado por la posibilidad de que un día acabe en la cárcel a no ser que consiga alterar su conducta sexual, y es por esta razón que pide ayuda.

Discusión sobre «Los prismáticos»

Es obvio que este paciente se embarca repetidamente en actividades voyeurísticas con el propósito de excitarse sexualmente. Cuando una persona lleva a la práctica estas necesidades urgentes y repetidas de tipo voyeurístico o le producen un malestar significativo, debe realizarse el diagnóstico de *voyeurismo* (DSM-IV, pág. 544).

Muchas personas tienen impulsos voyeurísticos, pero ningún clínico diagnosticaría *voyeurismo* a alguien que se excitara ocasionalmente observando a un vecino desnudándose por sorpresa o viendo material pornográfico en el cual los actores pretenden no darse cuenta de que están siendo observados. No obstante, en este caso, los impulsos son recurrentes e intensos, e incluso el paciente es capaz de reconocer las consecuencias potencialmente perjudiciales de su comportamiento voyeurístico continuado.

Este caso ilustra que las personas con *parafilias* también pueden obtener placer de actividades heterosexuales no parafílicas.

SENTENCIA DE MUERTE

El Sr. Polsen, un empleado de correos afroamericano de 42 años de edad, casado y padre de dos hijos, es conducido por su mujer al servicio de urgencias debido a que lleva un tiempo insistiendo en que «estoy sentenciado a muerte».

Según el Sr. Polsen, sus problemas empezaron hace 4 meses cuando un buen día su supervisor le acusó de falsificar un paquete postal. El Sr. Polsen negó que esto fuera verdad y, como su puesto de trabajo estaba en peligro, interpuso una querella. En la vista formal fue exculpado y, según él: «Esto enfureció a mi jefe. Se sintió humillado públicamente».

Al cabo de unas 2 semanas, el Sr. Polsen se percató de que sus colegas del trabajo le evitaban. «Cuando andaba hacia ellos, me daban la espalda como si no quisieran verme.» Poco después empezó a tener la sensación de que hablaban de él en el trabajo. Nunca pudo estar seguro de qué era lo que decían, pero de forma gradual se fue convenciendo de que le evitaban debido a que su jefe había contratado a unos asesinos profesionales para que le eliminaran.

Así siguieron las cosas durante unos 2 meses, hasta que el Sr. Polsen empezó a preocuparse por «limousinas blancas», de nueva aparición en su vecindario, que circulaban continuamente por ambos sentidos de la calle donde él vivía. Empezó a sentirse cada vez más aterrorizado y estaba convencido de que sus «asesinos» iban en aquellos coches. Se negaba a salir de casa sin ir escoltado. En varias ocasiones, al encontrarse con estos coches en medio de la calle, tuvo que correr hacia su casa debido a la angustia que le inundaba. Después de uno de estos incidentes, su mujer logró convencerle finalmente para acompañarlo al servicio de urgencias.

El Sr. Polsen era descrito por su mujer y su hermano como un hombre bien integrado y cabal, animado, que disfrutaba en compañía de su familia. Había servido brillantemente durante la Guerra de Vietnam. Aunque allí no tuvo ocasión de presenciar demasiados combates, una vez le sacaron de un camión en llamas segundos antes de que éste explotara.

Durante la entrevista, el Sr. Polsen se mostraba abiertamente aterrorizado. Pero, aparte de la creencia de encontrarse en peligro de muerte, su discurso, conducta y actitud no parecían en nada raros o extraños. Su estado de ánimo predominante era de ansiedad. No refería alucinaciones ni el resto de síntomas típicamente psicóticos, al margen de los mencionados anteriormente. Sostenía que no estaba deprimido y, aunque últimamente había notado algunas dificultades para conciliar el sueño, refería que su apetito, interés sexual, nivel de energía y capacidad de concentración no habían sufrido ningún cambio.

© MASSON, S.A. Fotocopiar sin autorización es un delito.

Discusión sobre «Sentencia de muerte»

La ansiedad del Sr. Polsen proviene de la creencia de que su jefe ha decidido asesinarle. No existen razones para creer esto; por lo tanto, debemos concluir que se trata de una idea delirante. Debido a que los asesinos profesionales existen y en ocasiones son contratados para acabar con la vida de personas, esta idea delirante no puede calificarse de absurda. El Sr. Polsen no tiene alucinaciones auditivas o visuales, no presenta un síndrome maníaco o depresivo, y no muestra evidencias de una enfermedad médica o de un consumo de sustancias que pudieran explicar estas alteraciones. Su conducta, aparte de la idea delirante y sus ramificaciones, no resulta rara o absurda. Éstas son las características del *trastorno delirante* (DSM-IV, pág. 308). Dado que el contenido de su idea delirante hace referencia al hecho de ser maltratado en algún aspecto, el trastorno se subespecifica como de *tipo persecutorio.*

Las personas que padecen un *trastorno delirante, tipo persecutorio* suelen ser reacias a buscar ayuda. El Sr. Polsen, sin embargo, estaba tan aterrorizado que permitió a su mujer que le acompañara al servicio de urgencias.

Seguimiento

El Sr. Polsen fue ingresado, y durante la primera semana de hospitalización recibió un fármaco antipsicótico. A pesar de ello, la idea delirante persistía, y de hecho cada vez estaba más convencido de que otros pacientes de la sala que tenían nombres italianos formaban parte del «grupo de asesinos» enviados para matarle. Durante las siguientes 3 semanas, tomando el mismo tratamiento, sus ideas delirantes desaparecieron. En el momento del alta, un mes después de ser ingresado, decía: «Supongo que mi jefe ha decidido no matarme. No lo hubiese conseguido sin que todo el mundo se enterara».

El Sr. Polsen fue objeto de seguimiento durante 18 meses, durante los cuales sufrió dos recaídas en las que la idea delirante, siempre de la misma temática, todavía fue más activa. Cada una de estas recaídas tuvo lugar después de que el paciente decidiera abandonar de forma voluntaria la toma de la medicación. Ambos episodios se resolvieron de un modo relativamente rápido con la reinstauración del fármaco antipsicótico de forma ambulatoria.

La sangre es más espesa que el agua

Matthew es un hombre soltero de 34 años de edad que vive con su madre y trabaja de contable. Solicita tratamiento ya que se siente muy infeliz tras haber cortado su relación con la muchacha con la que salía. La madre de Matthew desaprobaba sus planes de matrimonio, sobre todo porque la muchacha profesaba una religión diferente a la suya. Matthew se sintió atrapado y forzado a escoger entre su madre y su novia, y dado que «la sangre es más espesa que el agua» decidió no actuar en contra de los deseos de su madre. No obstante, está enfadado con ella y consigo mismo y cree que nunca le dejará casarse ya que le domina de una forma posesiva.

Su madre es quien «lleva los pantalones» en la familia, y se trata de una mujer muy dominante acostumbrada a salirse con la suya. Matthew teme disgustar a su madre por miedo a que ésta deje de cuidar de él y entonces deba espabilarse por su cuenta. Se critica a sí mismo su debilidad, pero al mismo tiempo admira a su madre y respeta sus puntos de vista: «Después de todo, quizá Carol no era la muchacha apropiada». Alterna el resentimiento con una actitud de «Mamá siempre tiene razón». Se califica a sí mismo como una persona con una escasa capacidad de razonamiento.

Matthew trabaja en un empleo mucho peor de lo que le correspondería por su educación y talento. En varias ocasiones ha evitado su promoción ya que no quiere aceptar la responsabilidad de supervisar a otras personas o tomar decisiones independientes. Ha trabajado bajo las órdenes del mismo jefe durante 10 años, se lleva bien con él, y es considerado en la empresa como un empleado dependiente y nada conflictivo.

Tiene dos amigos muy íntimos a quienes conoció cuando era muy pequeño. Come con uno de ellos todos los días laborales y se siente perdido si éste se pone enfermo y falta en alguna ocasión.

Matthew es el más joven de cuatro hermanos y el único hombre. Fue «sobreprotegido y mimado» por su madre y sus hermanas mayores. De niño presentaba una considerable ansiedad de separación: tenía dificultades para conciliar el sueño si su madre no le hacía compañía en la habitación, solía mostrarse reacio a ir a la escuela y añoraba insoportablemente su casa cuando ocasionalmente intentaba dormir fuera. De niño, los demás muchachos se metían constantemente con él debido a su falta de asertividad, siendo llamado frecuentemente con el apodo de bebé. Ha vivido siempre en casa de sus padres excepto durante un año de universidad, de la cual decidió regresar porque añoraba a su familia. Su adaptación heterosexual ha sido normal, excepto en su incapacidad para abandonar a su madre en favor de otra mujer.

© MASSON, S.A. Fotocopiar sin autorización es un delito.

Discusión sobre «La sangre es más espesa que el agua»

Este paciente ha permitido a su madre que tomara una decisión tan importante como el hecho de si él debía o no casarse con su novia, y, por lo que parece, éste es un ejemplo más de un patrón de subordinación de sus propias necesidades y deseos a los de su dominante madre. En el trabajo se pone de manifiesto su falta de iniciativa, y el paciente no suele confiar en sus propios criterios y capacidades eludiendo ser promocionado y trabajando por debajo de sus posibilidades. Aparentemente, se siente incómodo cuando está solo, y siempre ha tenido miedo de tener que cuidar de sí mismo. Teme disgustarse con su madre. Este comportamiento dependiente y sumiso es lo suficientemente importante como para interferir significativamente en sus actividades sociales y laborales, y por lo tanto para justificar el diagnóstico de *trastorno de la personalidad por dependencia* (DSM-IV, pág. 685).

Seguimiento

El médico de Matthew decidió tratarle con una combinación de terapia conductual y psicodinámica durante varios años. También incluía sesiones de terapia de grupo. Después de un año de tratamiento, abandonó la casa de su madre y se casó con su novia. La última vez que fue visitado refería ser mucho más feliz como hombre casado.

El clasificador de la correspondencia

Andy, un hombre soltero de 25 años de edad, vive con su madre y su hermano. Trabaja clasificando la correspondencia en una oficina de correos, empleo que ostenta desde que abandonó la universidad tras sólo 2 años de estudios. Acude a una clínica de trastornos de ansiedad después de leer un anuncio en el periódico donde se ofrecía la posibilidad de efectuar un tratamiento gratuito participando en un estudio de investigación sobre los trastornos de ansiedad. Su queja principal es de «nerviosismo». Dice que actualmente está «yendo a lo suyo» y desea «llevar una vida normal y retomar sus estudios en la universidad».

Durante su adolescencia y principios de la edad adulta, Andy no tuvo amigos íntimos y por lo general prefería estar solo. Cuando entró en la universidad, hizo algunas amistades íntimas, pero se volvió «hipersensible» cuando hablaba con extraños, compañeros de clase y a veces incluso con sus amigos. Se sentía nervioso y su expresión se tornaba tan «tensa» que le resultaba difícil pronunciar una palabra. Oía un «zumbido» en su cabeza, y se sentía como si estuviera «fuera de [su] cuerpo», tenía sofocaciones y sudaba profusamente. Estas «crisis de angustia» (así las llamaba él) aparecían súbitamente, en cuestión de segundos, y sólo cuando se hallaba en presencia de otras personas. Cuando un compañero de clase se dirigía verbalmente a él, a veces «no podía oír» lo que éste le decía debido a su nerviosismo.

Fuera de clase, Andy empezó a sentir cada vez más incomodidad en situaciones sociales. «Creo que me da miedo decir o hacer algo estúpido». Empezó a declinar invitaciones a fiestas y a evitar otras actividades sociales (p. ej., una liga de bolos). Finalmente, abandonó completamente sus estudios en la universidad.

Andy explica que la razón por la que decidió trabajar en una oficina de correos es que este empleo no requería un trato directo con la gente. Cuando se le pregunta por otras situaciones que le pongan nervioso, comenta que intenta evitar los lavabos públicos y se siente más cómodo si éstos están poco iluminados, si hay pocas personas o si puede hacer uso de un retrete en vez de un urinario.

Andy tiene dos amigos «íntimos» desde hace años a quienes ve regularmente y se siente totalmente cómodo con ellos. Sin embargo, no ha salido con muchachas desde que dejó la universidad, y evita completamente las actividades de grupo, como, por ejemplo, las bodas y los bailes. No tiene problemas con las figuras de autoridad, e incluso acepta de buen grado las críticas constructivas de su supervisor en la oficina de correos. «Mi problema es el nerviosismo. No la obstinación.»

Discusión sobre «El clasificador de la correspondencia»

Andy refiere que tiene «crisis de angustia», y es cierto que padece ataques repentinos de intensa ansiedad. Sin embargo, éstos siempre tienen lugar en situaciones que él sabe que le aterrorizan. Por lo tanto, las crisis son bastante diferentes de las crisis de angustia inesperadas que tienen lugar en el *trastorno de angustia.* La ansiedad de Andy aparece en una variedad de situaciones sociales en las cuales tiene miedo de hacer algo o de actuar de un modo tal que pueda resultar humillante o embarazoso. Éste es el rasgo definitorio de la *fobia social generalizada* (DSM-IV, pág. 427). El diagnóstico sólo se

© MASSON, S.A. Fotocopiar sin autorización es un delito.

efectúa si, como en el caso de Andy, el malestar interfiere significativamente con las rutinas habituales de la persona, con su rendimiento laboral o con sus actividades o relaciones sociales, o si el hecho de padecer esta fobia genera un malestar considerable.

El diagnóstico de *fobia social* sólo se efectúa cuando el miedo no se relaciona con otro trastorno. Por ejemplo, el diagnóstico no se establecería en un paciente con *trastorno de angustia* que tuviera miedo de padecer una crisis de angustia en público, o en un paciente con enfermedad de Parkinson que tuviera miedo de temblar en público.

La queja principal de Andy es el «nerviosismo», y por lo tanto su valoración debe centrarse en el diagnóstico diferencial de su sintomatología ansiosa. Si el motivo principal de consulta fueran los problemas interpersonales que han limitado su vida, deberíamos centrarnos en estos problemas de personalidad y, por lo tanto, sugeriríamos el diagnóstico de *trastorno de la personalidad por evitación*. De hecho, sus síntomas reúnen probablemente los criterios diagnósticos de este trastorno a la vista de su actitud de evitación de aquellas actividades que implican contactos interpersonales, preocupación por la posibilidad de ser criticado o rechazado, o sentimientos de inferioridad. La mayor parte de personas con *fobia social generalizada* refieren que sus dificultades han persistido de forma más o menos estable desde la infancia o adolescencia. Por esta razón, bien podría ser que la *fobia social generalizada* y el *trastorno de la personalidad por evitación* resultaran ser una misma entidad, vista desde diferentes perspectivas.

El profesor

Un profesor de universidad de 33 años de edad acudió a su psiquiatra quejándose de que nunca había sido capaz de eyacular mientras tenía relaciones sexuales. No presentaba problemas en conseguir y mantener una erección ni dificultades para estimular a su pareja hasta el orgasmo, pero jamás había podido estimularse a sí mismo hasta eyacular y finalmente tenía que dejarlo por puro aburrimiento. Siempre ha sido capaz de eyacular mediante técnicas masturbatorias, algo que hace unas dos veces por semana, pero nunca ha dejado que su pareja le masturbara hasta el orgasmo. Antes resistía todos los intentos de sus parejas para que buscara una ayuda médica o psicológica, ya que creía que la eyaculación intravaginal no era importante, a no ser que se deseara tener hijos.

La relación sentimental actual del paciente se halla en peligro debido a que su novia está ansiosa por casarse y tener hijos. Él nunca ha deseado tener descendencia y se muestra reacio a ser padre, pero las presiones de su novia le han forzado a buscar ayuda. Durante la entrevista, su actitud hacia el problema es de distanciamiento y desdén. Describe el problema como si él fuera un observador neutral, y aparentemente lo vive con pocos sentimientos.

Discusión sobre «El profesor»

Este profesor tiene un problema sexual poco frecuente. Es capaz de tener una erección sin ninguna dificultad, no le resulta complicado mantener esta erección durante el coito (como sí sucedería en el *trastorno de la erección en el varón)*, pero es incapaz de tener un orgasmo durante el coito. De forma significativa, no tiene problemas para conseguir el orgasmo cuando se masturba, lo cual excluye la posibilidad de que una enfermedad médica esté causando este problema. La inhibición persistente de la fase de orgasmo masculino que no está causada exclusivamente por una enfermedad médica o la toma de un fármaco (como, por ejemplo, un efecto secundario de ciertos antidepresivos) se denomina *trastorno orgásmico masculino* (orgasmo masculino inhibido) (DSM-IV, pág. 521). Añadimos que este trastorno es *debido a factores psicológicos, de toda la vida* (no adquirido después de un período de funcionamiento normal) y *general* (no limitado a una situación específica).

Los datos sugieren la presencia de frialdad e hiperintelectualización, rasgos a menudo presentes en los hombres con este trastorno. Quizá, con algo más de información, sería posible diagnosticar un *trastorno obsesivo-compulsivo de la personalidad.*

© MASSON, S.A. Fotocopiar sin autorización es un delito.

COCAÍNA

Al Santini, de 39 años de edad, propietario de un restaurante, es enviado por un consejero matrimonial para evaluación y tratamiento de un posible «problema con la cocaína» a un programa terapéutico privado y ambulatorio de abuso de sustancias. Según el consejero, los intentos para tratar los problemas matrimoniales de la pareja no han progresado durante los últimos 6 o 7 meses. El matrimonio continúa manteniendo frecuentes y explosivas discusiones, algunas de las cuales han desembocado en episodios de violencia física. Afortunadamente, la mujer nunca ha sufrido heridas serias, pero este caos continuo en su relación está dando lugar a una gran tensión en la casa y parece estar contribuyendo a los comportamientos impulsivos y problemas escolares de sus dos hijos, de 9 y 13 años de edad, respectivamente.

Unos días antes de ser admitido en el programa terapéutico, el paciente confesó al consejero matrimonial y a su mujer que desde hacía por lo menos 1 año consumía cocaína de forma «ocasional». Su esposa se puso furiosa y empezó a llorar, advirtiendo que si su marido no decidía ponerse en tratamiento se separaría de él e informaría a sus padres del problema. El paciente, aunque reacio, aceptó ponerse en manos de profesionales, insistiendo en que su patrón de consumo de cocaína «no representaba un problema», y que se sentía capaz de abandonarlo sin necesidad de someterse a un programa terapéutico.

Durante la entrevista inicial, Al refiere que actualmente consume cocaína por vía intranasal 3-5 días a la semana, y que su patrón de consumo ha sido continuado durante al menos los dos últimos años. Como media, consume un total de 1-2 g de cocaína a la semana, por los cuales paga 10.000 ptas. el gramo. La mayor parte de veces consume la cocaína en el trabajo, en su oficina privada o en el lavabo. Por lo general, empieza a pensar en la «coca» por la mañana, mientras se dirige en coche al trabajo. Cuando llega al restaurante le resulta casi imposible evitar pensar en la cocaína. Aunque intenta distraerse y posponer el momento del consumo lo más tarde posible, suele esnifar su primera «raya» durante la primera hora de trabajo. Algunos días puede esnifar otras dos o tres rayas en el transcurso del día. Otros días, especialmente si se siente estresado o frustrado por asuntos de trabajo, puede esnifar una o dos rayas cada hora desde buena mañana hasta el final de la tarde. Su consumo de cocaína resulta a veces estimulado por ofertas de droga de su socio en el restaurante, al cual el paciente describe como más controlado y consumidor infrecuente de cocaína.

Al Santini raramente consume cocaína en casa, y nunca en presencia de su mujer o sus hijos. Ocasionalmente esnifa una o dos rayas los fines de semana, bien durante la noche o en otro momento del día si no hay nadie en casa. Al niega el consumo actual de ninguna otra droga ilegal, pero refiere la toma antes de acostarse de 10-20 mg de un fármaco asiolítico, diacepam (prescrito por un médico amigo suyo) aquellos días que la cocaína le deja en un estado de inquietud, irritabilidad e incapacidad para conciliar el sueño. Cuando no puede disponer de diacepam, se bebe dos o tres cervezas.

La primera vez que probó la cocaína fue hace 5 años en una fiesta de un amigo. Le encantó aquella sensación de energía y de euforia, y la ausencia de ningún efecto secundario desagradable, exceptuando una ligera sensación incómoda de «aceleración» en su pecho. A partir de ese momento, durante casi 3 años, consumía cocaína sólo cuando se la ofrecían, y nunca buscaba sus propios proveedores o se encontraba a sí mismo pensando en la droga entre cada episodio de consumo. Raramente esnifaba más de cuatro o cinco rayas en una misma situación. Durante los últimos 2 años, el consumo de cocaína ha sufrido una escalada hasta llegar al nivel actual, coincidiendo con varios cambios significativos en su vida. Su restaurante ha empezado a ser rentable económicamente, se compró una gran vivienda en los suburbios de la ciudad, tenía acceso a grandes cantidades de dinero en metálico, y la presión de un negocio en crecimiento le hizo sentirse autorizado a disfrutar del alivio y el placer que le ofrecía la cocaína.

Niega antecedentes de problemas por abuso de alcohol o de drogas. La única otra droga que ha consumido alguna vez es la marihuana, que fumaba de forma infrecuente en la universidad, pero que nunca le acabó de gustar. Niega, asimismo, otros problemas emocionales y, exceptuando la terapia de pareja, afirma que nunca ha requerido ayuda de un profesional de salud mental.

Durante la entrevista, Al repite en varias ocasiones que aunque piensa que el consumo de cocaína «puede representar un problema», no se considera a sí mismo un «adicto», y todavía no está seguro de que realmente necesite tratamiento. Así lo razona: 1) Su actual nivel de consumo de cocaína no le ha acarreado problemas financieros ni ha alterado su estilo de vida. 2) No experimenta ninguno de los problemas de salud que él sabe que se relacionan con las drogas, exceptuando quizá la sensación de letargia que aparece al día siguiente de haber tomado más de la cuenta. 3) En muchas ocasiones ha sido capaz de abandonar el consumo de cocaína por su cuenta y durante varios días. 4) Cuando deja de consumirla no experimenta un síndrome de abstinencia ni una necesidad irresistible por obtener la droga. Por otra parte, también admite lo siguiente: 1) A menudo consume más cocaína de la que había previsto. 2) El consumo de drogas está deteriorando su rendimiento en el trabajo debido a sus efectos negativos sobre la memoria, fijación de la atención y actitud hacia empleados y clientes. 3) Incluso cuando no está activamente intoxicado por la cocaína, los efectos posteriores de la droga dan lugar a irritabilidad y ganas de discutir con su mujer y sus hijos, lo cual ha desembocado en numerosos problemas familiares, incluyendo una posible rotura de su matrimonio. 4) Aunque parece capaz de dejar de consumir cocaína durante unos días, de alguna forma siempre acaba retomando su consumo. 5) Tan pronto como empieza a consumir cocaína de nuevo, la necesidad irresistible y la preocupación por la droga vuelven de inmediato al nivel de intensidad que tenían antes de que dejara de tomarla.

© MASSON, S.A. Fotocopiar sin autorización es un delito.

Al final de la entrevista, Al admite que, aunque acudió a esta entrevista principalmente por las presiones de su mujer, es capaz de ver los beneficios potenciales de intentar dejar de consumir cocaína de forma más permanente. Con una expresión triste, explica lo preocupado y aterrorizado que se siente por los problemas con su mujer y sus hijos. Afirma que aunque sus problemas matrimoniales existían antes de que empezara a esnifar cocaína, el consumo continuado de la droga los ha empeorado, y en este momento teme que su mujer pueda abandonarle. También se siente intensamente culpable por el hecho de no ser un «buen padre». Dedica muy poco tiempo a su hijos, y a menudo se comporta de forma distraída e irritable con ellos debido al consumo de cocaína.

Discusión sobre «Cocaína»

A Al, como a muchas otras personas que padecen un grave problema con las drogas, no le gusta considerarse a sí mismo un «adicto». Sin embargo, su patrón de consumo ilustra el concepto nuclear de la dependencia de una sustancia psicoactiva: un cortejo de síntomas cognoscitivos, conductuales y fisiológicos que indican que la persona presenta un deterioro del control del consumo de la sustancia psicoactiva y que continúa consumiéndola a pesar de sus consecuencias adversas. Al no puede dejar de tomar la primera dosis de cocaína por la mañana, a menudo consume más cantidad de la que tenía prevista, retoma invariablemente su consumo después de haberlo abandonado por unos días, experimenta síntomas de abstinencia y ha restringido de forma importante sus actividades sociales con su familia debido a los cambios de estado de ánimo producidos por la cocaína. Por consiguiente, debe diagnosticarse una *dependencia de cocaína, con dependencia fisiológica* (DSM-IV, pág. 235).

Seguimiento

Al entró en un programa de tratamiento ambulatorio. Éste incluía terapia individual, de grupo y de pareja combinadas con controles de orina y participación en un grupo de autoayuda (Cocainómanos Anónimos). Inicialmente tuvo dificultades para reconocer y aceptar completamente la seriedad de su problema de dependencia de la droga. Se amparaba en fantasías sobre volver a consumir cocaína de forma «controlada», y ponía en duda los requerimientos del programa que exigían una abstinencia total de todas las sustancias con capacidad para alterar el estado de ánimo, argumentando que dado que nunca había experimentado problemas con el alcohol, no veía razones para negarse a sí mismo la toma ocasional de una copa durante la cena o las reuniones sociales. Durante los primeros 3 meses de tratamiento, tuvo dos breves «recaídas», una de las cuales vino precedida por la ingesta de un vaso de vino, el cual dio lugar a una necesidad irresistible por obtener y consumir cocaína.

Desde ese momento, Al se mantuvo completamente abstinente durante el resto del programa (12 meses) y empezó a sentirse cada vez más comprometido con la decisión de mantener este estilo de vida libre de drogas. La relación con su mujer y sus hijos mejoró de forma considerable. Las discusiones violentas desaparecieron de forma inmediata con el abandono del consumo de cocaína, y le resultaba mucho más fácil dedicar un mayor tiempo a sus hijos sin la negativa influencia que representaba la cocaína sobre su humor y su estado mental.

Al cabo de 3 años, Al seguía abstinente. Ya no estaba en tratamiento, pero continuaba asistiendo a las reuniones de Cocainómanos Anónimos al menos dos o tres veces por semana. En este momento, su diagnóstico seguiría siendo de *dependencia de cocaína*, pero con la especificación de en *remisión total sostenida*, debido a la ausencia total de signos o síntomas de *dependencia de cocaína* durante más de 12 meses.

El psiquiatra infantil

El Dr. Crone, un psiquiatra infantil de 35 años de edad, soltero, ha sido arrestado y declarado culpable de acariciar libidinosamente a varios niños de su vecindario, de edades comprendidas entre los 6 y los 12 años. Esto provocó un shock y una gran consternación entre sus amigos y colegas, ya que todos le consideraban como una persona particularmente entregada y amante de los niños. No sólo había escogido una profesión que implicaba el cuidado de niños, sino que además había sido uno de los líderes del Cub Scout durante muchos años y miembro, asimismo, de los Big Brothers locales.

© MASSON, S.A. Fotocopiar sin autorización es un delito.

El Dr. Crone proviene de una familia estable. Su padre, también médico, era considerado un devoto del trabajo, que dedicaba poco tiempo a sus tres hijos. El Dr. Crone nunca se casó, y cuando fue entrevistado por un psiquiatra como parte de la investigación previa a la sentencia, admitió que experimentaba poca o nula atracción sexual hacia las mujeres, tanto adultas como niñas. Negaba asimismo atracción sexual hacia los hombres adultos. Al discutir la historia de su desarrollo psicosexual, refería que durante su infancia se había sentido algo diferente cuando en sus amigos se despertaban las primeras muestras de conciencia de atracción hacia las muchachas. Su «secreto» en ese momento era que le atraían más los muchachos y, de hecho, durante su infancia solía jugar a «médicos» con otros niños, juego que en ocasiones acababa en masturbaciones mutuas.

Su primera experiencia sexual fue a los 6 años de edad, cuando un muchacho de 15 años, monitor de las colonias donde pasaba las vacaciones, le practicó varias felaciones durante el curso del verano (una experiencia que siempre había guardado para sí mismo). Al llegar a la adolescencia empezó a sospechar que era homosexual. A medida que se hizo mayor, se sorprendió al darse cuenta que el rango de edades de los muchachos que le atraían sexualmente no había cambiado, y continuó experimentando de forma recurrente fantasías y necesidades urgentes de carácter erótico que incluían muchachos de edades comprendidas entre los 6 y los 12 años. Siempre que se masturbaba tenía fantasías donde aparecía un muchacho de esas edades, y en este momento admite que en un par de ocasiones en su vida se ha sentido enamorado de un niño.

Intelectualmente, el Dr. Crone era consciente de que los demás desaprobarían su gran cantidad de implicaciones sexuales con muchachos tan jóvenes. Nunca creyó, sin embargo, que hubiese causado algún daño a sus víctimas, y creía más bien que éstos compartían su placer. Anhelaba ser capaz de experimentar el mismo tipo de sentimientos hacia las mujeres, pero nunca fue capaz de ello. Con frecuencia rogaba ayuda y suplicaba no ser descubierto. Se prometía constantemente a sí mismo que algún día pararía, pero las tentaciones eran tan grandes que nunca pudo hacerlo. Tenía tanto miedo de destruir su reputación, sus amistades y su carrera, que nunca había sido capaz de contarle a nadie su problema.

Discusión sobre «El psiquiatra infantil»

El Dr. Crone experimenta de forma recurrente necesidades urgentes e intensas y fantasías sexualmente excitantes que implican actividades sexuales con muchachos prepúberes. Ha llevado a la práctica estas fantasías y urgencias en muchas ocasiones. Por sí solos, estos síntomas ya son suficientes para efectuar el diagnóstico de *pedofilia* (DSM-IV, pág. 541). Este diagnóstico también debería establecerse si el Dr. Crone nunca hubiera llevado a la práctica estas fantasías y urgencias, pero le hubieran creado un malestar considerable.

En el DSM-III, el diagnóstico de *pedofilia* requería que la conducta sexual desviada constituyera la fuente principal de activación sexual. En el DSM-III-R y en el DSM-IV, esto ya no es necesario, dado que, en muchos casos de personas que llevan a la práctica sus impulsos pedofílicos (y otro tipo de parafilias), el comportamiento desviado puede alternarse con otros actos parafílicos o con conductas sexuales más ordinarias. En el caso del Dr. Crone, especificamos que la conducta desviada está dirigida hacia el mismo sexo. Este hecho tiene una significación pronóstica ya que la tasa de recaída cuando la preferencia del sujeto con la *pedofilia* hace referencia al mismo sexo puede llegar a ser casi del doble que la de aquellos que se decantan por el sexo opuesto. También especificamos que se excita exclusivamente con muchachos jóvenes y, como suele ser el caso, por muchachos que pertenecen a un rango relativamente estrecho de edades. Por lo tanto, el diagnóstico se subespecifica en con *atracción sexual por los varones, tipo exclusivo.*

El Dr. Crone, como muchos otros hombres que presentan *pedofilia,* pero no *sadismo sexual,* tiene un interés genuino en los niños, y justifica este comportamiento con la racionalización de que no les está perjudicando en ningún aspecto.

EMILIO

Emilio es un hombre de 40 años de edad que parece 10 años más joven. Es llevado al hospital por su madre, atemorizada por su comportamiento. Es su duodécimo ingreso. Va vestido con un abrigo andrajoso, unas zapatillas de estar por casa y una gorra de béisbol, y lleva varias medallas alrededor del cuello. Su estado de ánimo varía desde la ira hacia su madre («Me alimenta con mierda... que procede del recto de la gente») a una actitud seductora y generosa adornada con sonrisas necias. Su discurso y maneras tienen un cariz infantil, y anda con una marcha afectada y exagerando los movimientos de cadera. Su madre refiere que dejó de tomar la medicación hace aproximadamente 1 mes, y desde entonces empezó a oír voces y a mirar y actuar de una forma extravagante. Cuando se le pregunta qué es lo que ha estado haciendo, comenta: «Comiendo alambres y cerillas». Su discurso espontáneo resulta a menudo incoherente y viene marcado por asociaciones basadas en rimas y en semejanzas sonoras (discurso en el que los sonidos, más que por su relación de significado, gobiernan la elección de las palabras).

Emilio ingresó por primera vez a la edad de 16 años después de abandonar la escuela, y desde entonces nunca ha sido capaz de asistir a la escuela o de tener un empleo. Durante sus ingresos ha recibido tratamiento neuroléptico, pero una vez dado de alta abandona la medicación, por lo que su comportamiento se vuelve a desorganizar rápidamente. Vive con su madre, ya mayor, pero de vez en cuando desaparece durante varios meses hasta que es apresado por la policía que le encuentra merodeando por las calles. No se le conocen antecedentes de abuso de drogas o alcohol.

Discusión sobre «Emilio»

La combinación de una enfermedad crónica con una marcada incoherencia, afecto inapropiado, alucinaciones auditivas y conducta desorganizada dejan pocas dudas que el diagnóstico es de *esquizofrenia crónica* (DSM-IV, pág. 291). El curso debería calificarse de *continuo* dado que, aparentemente Emilio nunca ha tenido remisiones prolongadas de su enfermedad psicótica. La acusada desorganización de su discurso y conducta, su afecto tan inapropiado y la ausencia de síntomas catatónicos prominentes indican que se trata del *tipo desorganizado.*

Seguimiento

Emilio fue ingresado cinco veces más en los 10 años siguientes a su hospitalización actual. En cada ingreso fue tratado con altas dosis de fármacos antipsicóticos, y en el transcurso de un par de semanas empezaba a comportarse de forma adecuada, siendo capaz de ignorar las voces de sus alucinaciones auditivas. En su primer ingreso pudo establecer una buena relación con su terapeuta y hablar extensamente, con un afecto apropiado, de la infelicidad de su vida, de su incapacidad para llevar a cabo ningún trabajo debido a que «nadie me quiere» y de su deseo de ser cuidado. Sin embargo, poco tiempo después de abandonar el hospital, Emilio dejó de tomar la medicación, no acudió a las visitas que tenía programadas y al cabo de pocos meses volvía a estar gravemente desorganizado y psicótico.

El último ingreso psiquiátrico de Emilio fue hace 2 años, a la edad de 48. Su madre ya era demasiado débil como para tener cuidado de él, y se arreglaron las cosas para que una vez dado de alta se fuera a vivir a un hogar de adultos, en un buen estado de salud y controlado farmacológicamente por el personal del mismo centro. Hoy en día sigue allí y se encuentra francamente bien.

Los gusanos

La Sra. Green, una bibliotecaria retirada de 62 años de edad, se queja a su médico de que «sigo teniendo gusanos».

Hace 4 años, mientras tomaba un baño, la Sra. Green notó lo que ella pensó que eran multitud de «pequeños gusanos» flotando en el agua. Poco después empezó a experimentar la sensación de que estos gusanos «excavaban por debajo de mi piel». A pesar de múltiples visitas a médicos, a los cuales llevaba muestras de los gusanos, no pudieron descubrir evidencias de estos parásitos. Recibió tratamiento sintomático para el picor. Para su exasperación, los médicos persistían en decirle que sus muestras de gusanos sólo eran restos de piel seca. Se negó a ser visitada por un psiquiatra. Pronto empezó a sentir que sus colaboradores y amigos la evitaban debido a los gusanos. Redujo drásticamente su vida social hasta entonces bastante activa. Estaba tan trastornada por la presencia de los gusanos que finalmente decidió jubilarse anticipadamente de su trabajo, que había desempeñado durante más de 30 años. Negaba síntomas de depresión durante este tiempo.

El estado de la Sra. Green no había cambiado aparentemente hasta hace ahora 9 meses cuando, en la iglesia, se dio cuenta de que todos los rosarios situados a pocos metros de ellos rotaban en el sentido de las agujas del reloj. Pronto empezó a ver otras pruebas de que ella estaba generando un «campo magnético». Según ella, el movimiento de los gusanos arriba y abajo de su médula espinal «está creando una corriente magnética».

La Sra. Green es un mujer agradable y coherente, con un afecto totalmente conservado y un discurso lógico y bien dirigido. Niega otras experiencias inusuales, como la audición de voces o cualquier síntoma de depresión. Recientemente se ha ido aislando socialmente de forma progresiva ya que cree que «el campo magnético» incomoda a la gente. Por el contrario, mantiene una activa relación por correspondencia con varias personas, le gusta coser y leer, y dedica su tiempo libre a la vieja biblioteca del barrio, donde dicen que su trabajo continúa siendo de gran calidad.

Discusión sobre «Los gusanos»

De haber visto a la Sra. Green al principio de su enfermedad, cuando se quejaba sólo de estar infestada por «gusanos», hubiésemos concluido que se trataba de un delirio no absurdo y hubiéramos establecido el diagnóstico de *trastorno delirante.* Sin embargo, viéndola ahora, caemos en la cuenta de que su idea delirante implica fenómenos que su ambiente cultural consideraría totalmente impensables: los gusanos están creando una corriente magnética que hace rotar los rosarios. Actualmente presenta de forma prominente una idea delirante absurda; por lo tanto, el diagnóstico de *trastorno delirante* ya no resulta apropiado.

Una idea delirante absurda crónica de más de 6 meses de duración en ausencia de una alteración del estado de ánimo sugiere una *esquizofrenia.* Sin embargo, la *esquizofrenia* es una enfermedad que invariablemente implica una marcada alteración de las actividades sociales y laborales. La Sra. Green redujo sus actividades sociales, pero su rendimiento sigue siendo considerado como bueno y todavía mantiene algunos contactos sociales, al menos por correspondencia. Por lo tanto, nos es más cómodo efectuar el diagnóstico de *trastorno psicótico no especificado* (DSM-IV, pág. 322).

TURNO DE TARDE

Un empleado de almacén de 30 años de edad ha experimentado episodios de problemas de sueño durante los últimos 5 años coincidiendo con la realización del turno de tarde. Cada 2 semanas cambia de turno de trabajo: pasa del de tarde (de las 3 de la tarde a las 11 de la noche) al de mañana (de las 7 de la mañana a las 3 de la tarde). Cuando hace el turno de tarde, se acuesta al cabo de un par de horas de haber finalizado su trabajo, hacia la una de la madrugada. La mitad de las veces le cuesta 1-2 horas conciliar el sueño. Cuando esto ocurre, suele despertarse a las 5 de la mañana, hora habitual de levantarse cuando realiza el turno de mañana. Entonces come algo y vuelve a la cama, levantándose entre las 8 y media y las 11 de la mañana después de frecuentes despertares. Sin embargo, durante los fines de semana y las vacaciones vuelve a su horario normal de acostarse, aproximadamente a las 10 de la noche, en que cae en la cama totalmente exhausto.

Cuando el paciente duerme mal por la noche, a la mañana siguiente está somnoliento; si por el contario ha podido dormir bien, al día siguiente está despejado. Siempre que realiza el turno de mañana o está de vacaciones, duerme bien y está despejado al día siguiente.

Discusión sobre «Turno de tarde»

El sueño, como la mayor parte de funciones biológicas, sigue un ritmo durante un período que dura unas 24 horas (ritmo circadiano). En este paciente, el ritmo de sueño inducido por la realización del turno de día persiste cuando trabaja en el turno de tarde. Es entonces cuando la discordancia entre su ritmo circadiano y las demandas de su agenda de trabajo dan lugar a la aparición de insomnio (dificultad para conciliar el sueño y para mantenerlo). Su reloj biológico da lugar a somnolencia a partir de las 10 de la noche y a despertarse hacia las 5 de la madrugada. Cuando trabaja en el turno de tarde, se ve forzado a mantenerse despierto más allá de la hora en que suele acostarse, y se despierta por primera vez a la hora que tiene por costumbre levantarse.

Si el paciente pudiese realizar ininterrumpidamente el turno de tarde durante varios meses y mantener el mismo horario de sueño, su reloj biológico se reajustaría de forma gradual, de manera que su horario de sueño se armonizaría con las horas de trabajo. Dado que las horas de su turno de trabajo cambian constantemente y que aparentemente él es propenso a la mala tolerancia a la discordancia entre su ritmo circadiano y su horario de trabajo, no puede dormir durante las horas que desearía.

Los problemas de sueño resultantes de una discordancia entre el horario de sueño-vigilia normal para el ambiente de una persona y su ritmo circadiano de sueño-vigilia se diagnostican como *trastorno del ritmo circadiano* (DSM-IV, pág. 593). Cuando el trastorno está causado aparentemente por horarios de acostarse y levantarse frecuentemente cambiantes debido a la realización alternativa de distintos turnos de trabajo, se especifica el *tipo cambio de turno de trabajo*. El diagnóstico se confirma, como en este caso, por la presencia de un sueño y un estado de vigilancia normales durante el día cuando el horario de sueño interno se adapta de nuevo a las demandas ambientales.

Seguimiento

Al paciente se le aconsejó dejar de comer por la noche de una forma gradual con el objetivo de no reforzar el apetito y la vigilia nocturnos. Además, se le recomendó levantarse a las 8 y media de la mañana cuando realizase el turno de tarde, a pesar de lo cansado que se sintiese. De este modo se esperaba que a la una de la madrugada se sentiría lo suficientemente exhausto como para conciliar el sueño inmediatamente después de acostarse y poder dormir de un tirón.

Aunque intentó seguir estas pautas al pie de la letra, el paciente acabó desistiendo debido a una incapacidad de adaptación a ellas. Comentaba que durante las noches «enloquecía» buscando sus alimentos preferidos hasta que su mujer, de acuerdo con él, decidió escondérselos. Tampoco había sido capaz de permanecer en vigilia hasta la una de la madrugada aquellos fines de semana situados entre 2 semanas en que realizaba el turno de tarde.

El paciente no volvió a acudir a la siguiente visita, pero llamó al cabo de unos meses refiriendo que había sido capaz de convencer a su jefe para que le dispensara de forma permanente de tener que realizar el turno de tarde, hecho que solucionó completamente sus problemas de sueño.

La encantadora Rita

Una controladora de parquímetros de 36 años de Londres fue enviada para un examen psiquiátrico por su abogado. Seis meses antes, momentos después de poner una multa y dejarla en el parabrisas de un coche mal aparcado, un hombre salió de una barbería, corriendo hacia ella, insultándola y sacudiéndola por el cuello, y la golpeó en la mandíbula con la fuerza suficiente para derribarla. Un colega de la paciente fue en su ayuda y solicitó la actuación de la policía, que detuvo y arrestó al hombre a unas pocas manzanas de distancia.

La paciente fue conducida al hospital, donde se le diagnosticó una fractura de la mandíbula mediante rayos X. El tipo de fractura no requería inmovilización, aunque de todas formas se le administró una dieta blanda durante 4 semanas. Varios médicos, entre ellos el de cabecera, la encontraron físicamente restablecida concluyendo que en 1 mes ya podía volver al trabajo. La paciente, sin embargo, se quejaba de intenso dolor y de tensión muscular en el cuello y las cervicales, que la tenían virtualmente inmovilizada. Dedicaba la mayor parte del día a estar sentada en una silla o echada en la cama. Solicitó los servicios de un abogado ya que la Comisión de Indemnizaciones Laborales había dejado de pagarle las cantidades establecidas y su jefe la había amenazado de despido si no volvía al trabajo.

La paciente entró lenta y laboriosamente al despacho del psiquiatra sentándose con gran cuidado. Iba vestida de forma atractiva, bien maquillada y llevaba un collarete. Contaba su historia con todo lujo de detalles, refiriendo un considerable resentimiento hacia el hombre que la había agredido (al cual denominaba repetidamente como «extranjero asqueroso»), hacia su jefe y hacia la Comisión de Indemnizaciones. Daba la sensación de que el incidente había tenido lugar el día anterior. Respecto a su capacidad para trabajar, la paciente expresaba su deseo de volver al trabajo, añadiendo que estaba a punto de quedarse sin blanca, pero argumentaba que no estaba capacitada físicamente ni para el más sosegado trabajo de oficina.

Negaba cualquier problema psicológico previo, y en un primer momento describía su infancia y su vida familiar como un cuento de hadas. Sin embargo, en las entrevistas posteriores, reconocía que, cuando era una niña, su padre, alcohólico, la pegaba con frecuencia, llegándole a romper un brazo en una ocasión. Además la encerraban a menudo en el lavabo como castigo por su mal comportamiento.

Discusión sobre «La encantadora Rita»

En este caso, la primera cuestión es: ¿puede el dolor de esta mujer ser explicado en su totalidad por la naturaleza de la agresión física de que fue sin duda objeto? Evidentemente, la respuesta es no, teniendo en cuenta las extensas valoraciones efectuadas por diferentes médicos. La siguiente cuestión es: ¿persigue esta mujer simplemente el apoyo económico de la indemnización laboral para no tener que trabajar nunca más para su manutención? Si la respuesta fuera sí, estaríamos ante una *simulación;* es decir, la producción y presentación intencionada de síntomas falsos o claramente exagerados con el propósito de beneficiarse de ganancias externas. La aparente autenticidad de su sufrimiento y su deseo de volver al trabajo hacen que ello resulte poco probable.

Aunque el dolor vino causado inicialmente por la agresión, la mayor parte de médicos que examinaron a la paciente pensaron que estaba lo bastante recuperada físicamente y sus quejas persistentes de dolor resultaban excesivas. Además, hay pruebas de factores psicológicos específicos que pueden contribuir a la intensidad y al mantenimiento del dolor. Los antecedentes de abusos físicos por parte de su padre durante su infancia produjeron probablemente un conflicto psicológico que acabó siendo revivido durante esta agresión. Esto podría explicar la persistencia del dolor más allá de lo que explicaría la propia fractura. Esto nos indica el diagnóstico de *trastorno por dolor asociado a factores psicológicos y a enfermedad médica* (DSM-IV, página 474), ya que consideramos que ambos juegan un importante papel en este caso.

Pesadillas

Martha, de 35 años de edad, ha venido sufriendo pesadillas cada noche desde sus primeros años de adolescencia. Acude a un especialista en problemas de sueño ante la insistencia de su marido, harto de su conducta tanto nocturna como diurna. De una a cuatro veces por noche se despierta en medio de una pesadilla, el contenido de la cual siempre resulta perturbador. A menudo sueña estar gritando a otras personas o encontrarse en peleas amenazadoras. En los sueños está enfadada y frustrada. De forma típica se despierta en medio de estos sueños sintiéndose extremadamente tensa.

Durante el día, Martha suele presentar ataques de ira incontrolables. Éstos pueden venir precipitados por frustraciones poco importantes, como no recordar dónde tiene las gafas. En pleno ataque puede tener conciencia de no estar actuando correctamente o de hacerlo sin motivo, pero no es capaz de detenerse. Después de uno de estos ataques pide disculpas.

Martha duerme de forma excesiva, algunos fines de semana hasta 12-13 horas consecutivas, y suele echarse siestas de 3-4 horas. Padece somnolencia en situaciones como conducir por una autopista, pero consigue permanecer despierta manteniendo fría la temperatura del coche o poniendo la radio «a toda potencia».

Niega haber experimentado ataques repentinos e irresistibles de somnolencia, cataplejía (pérdida brusca del tono motor), alucinaciones hipnagógicas (alucinaciones que aparecen al despertarse) o parálisis del sueño (debilidad motora y breve incapacidad para moverse después de despertarse de forma súbita), todo ello característico de la narcolepsia. Niega sentirse confusa o desorientada cuando se despierta en mitad de un sueño (como sucede en los estados de deterioro de la activación, como, por ejemplo, en los episodios asociados a disfunciones del lóbulo temporal). Su marido ha constatado que últimamente han aumentado de forma espectacular el movimiento de vibración de sus párpados y los movimientos oculares poco después de haberse quedado dormida (lo que podría traducir la aparición anormalmente temprana del sueño de movimientos oculares rápidos [REM], hecho que puede verse en el *trastorno depresivo mayor* y en los síndromes de abstinencia de drogas). Siempre duerme de forma inquieta y ocasionalmente golpea a su marido en mitad de la noche (un síntoma frecuentemente asociado a las *parasomnias).*

En la evaluación inicial Martha parecía abatida, pero no lloraba. Contestaba con detalles y de forma bien organizada. Cometió tres fallos en la serie de los sietes, pero su sensibilidad estaba, por otra parte, intacta. Comentó que trabajaba de archivadora en una pequeña universidad, empleo que le gustaba y al que consideraba su «salvación». Su hija de 4 años de edad era una niña inteligente y se encontraba perfectamente bien.

Martha fumaba un paquete diario de cigarrillos desde hacía 25 años, y tomaba una taza de chocolate y 1,5 litros de bebidas de cola cada día. Sólo bebía alcohol un par de veces al año.

El registro total de su sueño nocturno revelaba un sueño de 9 horas interrumpido continuamente por activaciones de entre 10 y 30 seg que frecuentemente empezaban con un complejo K (un patrón de activación), y la mayor parte de ellas no se asociaban a movimientos corporales previos. Éstos, por su parte, tenían lugar unas 35 veces por hora durante las fases de sueño I y II y durante la fase REM, pero sólo cuatro veces durante la fase de sueño profundo. Por el contrario, la latencia REM (tiempo trascurrido hasta la aparición inicial del sueño REM), su densidad y su cantidad eran normales, y el resto de fases, aunque interrumpidas, tenían un patrón y un porcentaje normales. No obstante, nada sugería la presencia de pesadillas durante la noche. (Las constantes activaciones llamaban la atención y probablemente se relacionaban con las anormalidades detectadas en el electroencefalograma.)

Discusión sobre «Pesadillas»

Las pesadillas recurrentes de Martha representan una forma de *parasomnia*, un grupo de *trastornos del sueño* en que el síntoma predominante lo constituye un acontecimiento anormal que tiene lugar durante el sueño o en el umbral entre la vigilia y el sueño. Martha padece *pesadillas* (DSM-IV, página 598), en las cuales existen despertares frecuentes y el individuo es capaz de recordar detalladamente el contenido de los sueños terroríficos. Estos sueños se caracterizan típicamente por su vividez y extensión, y por lo general implican amenazas a la supervivencia, seguridad o autoestima. Esta actividad onírica tiene lugar durante el sueño REM, y por lo tanto es más probable que aparezca hacia el final de la noche.

Otras anormalidades del sueño de Martha son la presencia de un sueño prologado y de somnolencia diurna *(hipersomnia)*. Dado que la causa de la hipersomnia no es otro trastorno del sueño (p. ej., *narcolepsia, trastorno del sueño relacionado con la respiración)* u otro trastorno mental (como un *trastorno depresivo mayor)*, y no es el resultado de los efectos fisiológicos directos de una enfermedad médica o de un consumo de sustancias, también se efectúa el diagnóstico de *hipersomnia primaria* (DSM-IV, pág. 576).

Es difícil explicar la irritabilidad y los ataques de ira de Martha. El psiquiatra que trató su caso sospechaba que estos síntomas podían ser manifestaciones de una hipomanía.

Seguimiento

El tratamiento de la paciente incluyó, por una parte, psicoterapia, intentos para controlar el contenido de los sueños mediante ejercicios de sueño lúcido (en los cuales el soñador dirige los acontecimientos del sueño o intenta conversar con sus protagonistas); por otra parte, se probaron fármacos antidepresivos y anticomiciales, ninguno de los cuales resultó de ayuda. El tratamiento con sales de litio disminuyó significativamente los ataques de ira durante un período de 2 semanas, después de las cuales reaparecieron a pesar de un incremento de la dosis.

Después de ser visitada durante 8 meses, la paciente empezó a mostrarse desanimada y disgustada con su terapeuta y rechazó seguir tratándose.

Paul y Petula

Paul y Petula Petersen han estado viviendo juntos durante los últimos 6 meses y contemplan la posibilidad de casarse. Petula describe el problema que les ha hecho acudir a la clínica de terapia sexológica.

«Durante los últimos 2 meses Paul no ha sido capaz de mantener una sola erección cuando empieza a penetrarme.»

El psiquiatra se vuelve hacia Paul y le pregunta cómo ve él el problema. Éste, avergonzado, confirma la historia de Petula y añade: «No sé por qué me pasa».

Paul, de 26 años de edad, es un abogado recientemente licenciado, y Petula, de 24 años, trabaja con éxito en el departamento de compras de un gran centro comercial. Ambos crecieron en familias de clase media, bien educadas y de barrios suburbanos. Se conocieron a través de amigos comunes, y empezaron a tener relaciones sexuales un par de meses después de verse por primera vez y sin que aparecieran problemas en ese momento.

Dos meses después, Paul se fue a vivir al apartamento de Petula. Todo era idea de ella, y Paul no estaba convencido de estar preparado para dar un paso tan importante. En pocas semanas, Paul se dio cuenta que, aunque Petula seguía resultándole atractiva sexualmente y deseaba mantener relaciones sexuales con ella, tan pronto como empezaba a penetrarla, perdía su erección y le resultaba imposible seguir con el coito. Siempre se daban otra oportunidad, pero el deseo ya no era el mismo y Paul no podía conseguir una nueva erección.

Después de estos primeros fracasos, Petula empezó a enojarse de tal modo que acababa gritándole y pegándole en el pecho. Paul, que pesa 90 kg, respondía a su pareja de tan sólo 45 kg con una simple maniobra de separación, lo cual todavía la enfurecía más.

El psiquiatra pudo conocer que el sexo no era el único foco de problemas de la relación. Petula se quejaba de que su compañero no le dedicaba el tiempo suficiente y prefería asistir a los partidos de béisbol con sus amigos. Incluso estando

© MASSON, S.A. Fotocopiar sin autorización es un delito.

en casa, se pasaba el día ante el televisor viendo deportes y no demostraba ningún interés en ir al cine, museos o teatro con ella. A pesar de estas diferencias, Petula ardía en deseo de casarse con Paul y le presionaba para que fijara la fecha.

La exploración física de ambos miembros de la pareja no reveló ninguna anormalidad, y nada parecía indicar que ninguno de los dos estuviera deprimido.

Discusión sobre «Paul y Petula»

Paul y Petula tienen diversos problemas que atraerían la atención de un terapeuta familiar, como la ambivalencia de Paul sobre comprometerse a sí mismo en una relación con Petula y los esfuerzos denodados de ésta por lograr este compromiso. El efecto de estos problemas sobre el rendimiento sexual de Paul resulta evidente: es incapaz de mantener la erección hasta el final de la actividad sexual.

Cuando no hay pruebas de que la alteración aparezca exclusivamente en el contexto de una enfermedad médica (como, p. ej., una neuropatía diabética o algunos tratamientos farmacológicos), debe efectuarse el diagnóstico de *trastorno de la erección en el varón, debido a factores psicológicos* (DSM-IV, página 512). Añadimos que el trastorno es *adquirido*, no de toda la vida. (Nota: Cuando una disfunción eréctil está producida por una enfermedad médica, ésta debe codificarse en el Eje III.)

Seguimiento

Ninguno de los miembros de la pareja estaba interesado en discutir problemas que no fueran sexuales. Durante los siguientes meses se les sometió a los ejercicios de focalización sensorial de Masters y Johnson. En éstos, la pareja exploraba vías no genitales de proporcionarse mutuamente placer físico, sin presiones psicológicas para demostrar su competencia en el terreno sexual. Petula presionaba constantemente a Paul para que pusiera en práctica el tratamiento. Se veía a sí misma como terapeuta y profesora, y trataba a Paul como a su paciente y pupilo. En muchas ocasiones éste evitaba pasivamente realizar los ejercicios; pero en un período de 8 meses el problema para mantener la erección fue resolviéndose paulatinamente. Se casaron 3 meses después de que acabara el tratamiento.

Los Petersen volvieron a solicitar tratamiento en dos ocasiones durante los siguientes 8 años. En ambos casos el tema subyacente era de nuevo la ambivalencia de Paul a la hora de adquirir más compromisos en la relación (comprarse una casa, tener hijos). Paul tuvo una recaída de sus problemas de erección y, además, explicaba fenómenos de eyaculación precoz las pocas veces en que era capaz de mantener la erección intravaginal. Durante el tratamiento, se dio más importancia a su relación que al problema sexual en sí mismo. Las últimas noticias que se tuvo de ellos es que tenían dos hijos, se habían comprado una casa en las afueras de la ciudad y el problema sexual volvía a estar solucionado.

El matón

J. P., un hombre de 24 años de edad de complexión musculosa, acudió voluntariamente a la oficina de ingresos del hospital del estado refiriendo al médico de guardia que acababa de tomarse 30 comprimidos de 200 mg de clorpromacina en el autobús que le llevaba al hospital. Después de recibir asistencia médica por esta «tentativa de suicidio», fue ingresado en la sala de psiquiatría.

A la exploración psicopatológica, el paciente explicaba la fantástica historia de que su padre había sido un cirujano famoso al que se le murió una paciente en plena operación. El marido de esta paciente se vengó matando al padre de J. P.. Éste estuvo persiguiendo al asesino de su padre a través de miles de kilómetros por Estados Unidos y, cuando dio con él, no se atrevió a matarle en el último momento debido a la inminente llegada de su madre de 94 años de edad. Refirió asimismo otras historias intrigantes, como, por ejemplo, su coche deportivo de 8 millones de pesetas, dotado de un motor diesel de 12 cilindros, y sus hijos, dos series de trillizos idénticos. Todas estas historias tenían un tinte de grandiosidad, y ninguna de ellas podía verificarse. El paciente pretendía estar oyendo voces, tanto en la televisión como en sueños. Respondía afirmativamente a las preguntas que hacían referencia a fenómenos de control y transmisión del pensamiento, así como a otros síntomas psicóticos menos frecuentes; también pretendía estar deprimido. Estaba en vigilancia y orientado, y tenía un buen nivel de información general, excepto en el hecho de que no dejaba de insistir que eran los iraníes (y no los iraquíes) quienes habían invadido Kuwait (refiriéndose a la guerra del Golfo que

sin autorización es un delito.

tuvo lugar en 1992-1993). No mostraba evidencias de síntomas asociados de manía o depresión, y no parecía eufórico, deprimido ni irritable cuando explicaba todas estas historias.

En la sala pudo observarse que J. P. intimidaba con amenazas al resto de pacientes y les robaba comida y cigarrillos. Se mostraba muy reacio a que le dieran de alta, y siempre que se hablaba del tema renovaba sus quejas de «ideación suicida» y de «audición de voces». En opinión del personal de sala, el paciente no estaba verdaderamente psicótico, sino que fingía meramente estos síntomas cada vez que se hablaba de darle el alta. Pensaban que prefería quedarse ingresado para poder intimidar al resto de pacientes y convertirse en el «matón» de la sala.

Discusión sobre «El matón»

Aunque los síntomas que refiere este paciente nos podrían hacer pensar en un síndrome psicótico, la historia, desde su mismo principio, no parece ajustarse a ninguna forma reconocible de trastorno psicótico. La nula autenticidad de sus síntomas pudo comprobarse con las observaciones del personal de sala, que se percataron de que cada vez que se le hablaba del alta el paciente reaccionaba con lo que parecía una simulación de los síntomas.

¿Por qué este individuo se esfuerza tan denodadamente para parecer un loco? Su motivación no es la consecución de ganancias externas, como, por ejemplo, evitar ser reclutado para el servicio militar, como sería el caso de una *simulación;* su voluntad de permanecer ingresado sólo puede entenderse mediante el conocimiento de su psicología individual (la sospecha de que su motivación para asumir el papel de paciente se basa en la satisfacción que obtiene de ser el «matón» de la sala). En consecuencia diagnosticamos un *trastorno facticio, con predominio de signos y síntomas psicológicos* (DSM-IV, pág. 486).

A PELO

Mindy Markowitz, una mujer de 25 años de edad, atractiva y elegante, directora de arte de una revista comercial, acude a una clínica de ansiedad después de enterarse por los periódicos de un programa terapéutico. Solicita tratamiento por «crisis de angustia» que han venido afectándole de forma cada vez más frecuente durante el pasado año, por lo general unas dos o tres veces al día. Estas crisis se inician con la aparición repentina de un «miedo horrible» de gran intensidad que parece provenir de la nada, unas veces a plena luz del día, otras en mitad del sueño. Comienza a temblar, siente náuseas, suda profusamente, tiene la sensación de estar a punto de ahogarse y teme perder el control o hacer alguna locura, como salir a la calle gritando.

Mindy recuerda que la primera vez que tuvo este tipo de crisis fue en su época de instituto. Salía con un muchacho a quien sus padres desaprobaban, y tenían que «verse a escondidas» para evitar conflictos con ellos. Al mismo tiempo, se hallaba bajo una gran presión como diseñadora principal del anuario del instituto, y participaba en la Ivy League (competición deportiva entre diferentes institutos). Recuerda que su primera crisis de angustia le sobrevino justo después de entregar los originales del anuario a la imprenta y de que le comunicaran que estaba aceptada en Harvard, Yale y Brown. Las crisis sólo duraban un par de minutos, y se enfrentaba a ellas «esperando a que cedieran». De todas formas, le preocuparon lo suficiente como para comentárselas a su madre; pero; debido a que su salud física era por otra parte perfecta, no buscó ayuda terapéutica.

Mindy ha sufrido crisis de angustia de forma intermitente durante los 8 años que han seguido al primer ataque, en algunas ocasiones durante períodos que no se han prolongado más de unos pocos meses; pero en otras ocasiones, como ahora, varias veces al día. Estas crisis se han caracterizado por una intensidad ciertamente variable, y algunas de ellas han llegado a ser tan serias y debilitantes que ha tenido que ausentarse del trabajo.

El rendimiento académico, laboral y social de Mindy siempre ha sido excelente, si exceptuamos estas crisis de angustia y un breve período depresivo a los 19 años de edad después de una rotura de pareja. Es una persona vital y amigable a quien sus amigos y colegas respetan tanto por sus capacidades intelectuales y creativas como por su habilidad para mediar entre disputas.

Mindy nunca se ha visto obligada a restringir su actividad, incluso durante aquellos períodos en que las crisis han sido frecuentes e intensas; sí es cierto que a veces ha tenido que permanecer en casa y faltar al trabajo, pero ello era debido a que se sentía demasiado exhausta después de varias crisis repetidas. Nunca ha asociado la aparición de las crisis con un lugar en concreto. Comenta, por ejemplo, que tanto puede sufrir un ataque en la cama de su dormitorio como en el metro, y que, por lo tanto, no tiene sentido evitar la utilización de este transporte público. Si le viene una crisis en el metro, en el supermercado o en casa encontrándose sola, dice: «Me limito a sufrirlas a pelo».

Discusión sobre «A pelo»

Mindy describe las típicas crisis de angustia repentinas. Le sacuden de forma no predecible con la aparición súbita de temor y con los síntomas característicos de activación vegetativa: sudoración, temblores, náuseas y sensación de ahogo, todos ellos de intensidad suficiente como para generar un miedo a perder el control. A diferencia de la mayor parte de pacientes que presentan crisis de angustia graves (v. «Quizá me estoy muriendo», página 147), Mindy nunca ha asociado el padecimiento de estas crisis con ningún lugar en concreto, como, por ejemplo, espacios muy concurridos de gente o transportes públicos. Es decir, no muestra ningún síntoma de evitación agorafóbica. Por consiguiente, diagnosticamos un *trastorno de angustia sin agorafobia* (DSM-IV, pág. 411).

El diseñador de juguetes

Un diseñador de juguetes de 45 años de edad fue ingresado en un hospital después de una serie de gestos suicidas que culminaron en un intento de estrangulamiento con un alambre. Cuatro meses antes de ingresar, su familia empezó a verle deprimido: cuando estaba en casa dedicaba la mayor parte del tiempo a estar sentado, dormía más de lo habitual y había abandonado su costumbre de leer el periódico de la tarde y de merodear por la casa. Al cabo de un mes ya era incapaz de levantarse de la cama por la mañana para ir al trabajo. Verbalizaba considerables sentimientos de culpa, pero no acababa de decidirse a buscar ayuda terapéutica por propia voluntad, de tal forma que fue su familia quien tuvo que forzarle para que acudiera a un psiquiatra. No ha respondido satisfactoriamente a 2 meses de tratamiento farmacológico antidepresivo, y ha realizado varios intentos medio serios de cortarse las venas antes de la grave tentativa de suicidio que motivó el ingreso en el hospital.

La exploración física reveló signos de aumento de la presión intracraneal, y la tomografía computarizada puso de manifiesto la presencia de un gran tumor en el lóbulo frontal.

Discusión sobre «El diseñador de juguetes»

La presencia de estado de ánimo deprimido, conductas suicidas, aumento del sueño y pérdida del interés sugieren un *episodio depresivo mayor.* Aunque los síntomas del paciente son idénticos a los que pueden observarse en un *episodio depresivo mayor,* resulta razonable deducir que estas alteraciones vienen motivadas por el tumor frontal; por lo tanto, el diagnóstico es de *trastorno del estado de ánimo debido a un tumor cerebral, con un episodio similar al depresivo mayor* (DSM-IV, pág. 378).

Algunos clínicos preferirían considerar este diagnóstico como provisional, a la espera de los resultados obtenidos con la cirugía. Si la depresión desapareciera una vez extraído el tumor, el diagnóstico de *trastorno del estado de ánimo debido a un tumor cerebral* estaría asegurado. Si la depresión persistiera después de la cirugía, el diagnóstico seguiría siendo provisional, puesto que resulta imposible descartar definitivamente un *trastorno depresivo mayor* que hubiera aparecido coincidiendo con el desarrollo del tumor cerebral.

Evidentemente, el tumor de lóbulo frontal debe codificarse en el Eje III.

Seguimiento

El paciente se sometió a una intervención quirúrgica donde le fue extraído el tumor. Dos años después su esposa comentaba al cirujano lo esperanzada que había estado justo después de la operación debido a que la depresión de su marido parecía estar remitiendo. Sin embargo, nunca recuperó el interés por volver al trabajo, y siguió dedicando su tiempo a permanecer en casa. Aunque el paciente todavía se queja de vez en cuando, su mujer considera que ha perdido su antiguo entusiasmo y «chispa». Además, parece que tiene dificultades para concentrarse cuando lee el periódico.

A la luz de los datos aportados por este seguimiento, el diagnóstico ya no se corresponde con un *trastorno del estado de ánimo debido a un tumor cerebral.* La alteración predominante actual consiste en un cambio marcado de la personalidad, tal como ponen de manifiesto la apatía y la indiferencia que muestra el paciente. Los cambios de personalidad son habituales en la *demencia;* pero en este paciente, a pesar de ciertas dificultades de concentración, no existen pruebas de un deterioro global del rendimiento intelectual. En consecuencia, el diagnóstico del Eje I después del período de seguimiento es de *cambio de personalidad debido a un tumor cerebral, tipo apático* (DSM-IV, pág. 179). La enfermedad médica, es decir, la exéresis quirúrgica del tumor del lóbulo frontal, debe especificarse en el Eje III.

Cosas raras

En mitad de una noche lluviosa de octubre de 1970, un médico de familia de un suburbio de Chicago fue despertado por un viejo amigo que le rogaba si podía levantarse de la cama y acercarse rápidamente al domicilio de un vecino, donde él y su mujer habían pasado la velada. El hombre que efectuaba la llamada, Lou Wolff, estaba muy enfadado porque su mujer, Sybil, había fumado algo de marihuana y decía «cosas raras».

El médico, extremadamente molesto, llegó a la casa de estos vecinos y se encontró a Sybil tendida en el sofá, frenética e incapaz de levantarse. Decía que se sentía demasiado débil como para mantenerse en pie, que estaba mareada, tenía palpitaciones y podía notar cómo la sangre «corría por [sus] venas». No dejaba de pedir agua ya que tenía la boca tan seca que no podía tragar. Estaba segura de que aquella marihuana debía contener algún tipo de veneno. Sybil se sintió aliviada al ver a su médico, ya que había pensado que sus vecinos no dejarían que su marido le avisara por miedo a ser arrestados por posesión de marihuana, y estaba segura de que sin asistencia médica iba a morir.

Sybil, de 42 años, era madre de tres hijos adolescentes. Trabajaba de bibliotecaria en una universidad. Era una persona muy controlada, bien organizada y que se enorgullecía de su racionalidad. Sólo había fumado marihuana, y en poca cantidad, en una ocasión, y la única reacción que le produjo esa vez fue una sensación de «ligero bienestar». Fue ella quien sugirió a los vecinos la posibilidad de compartir un poco de su marihuana, cultivada por ellos mismos y dotada de una excelente calidad, ya que los estudiantes que ella veía a diario hablaban maravillas de la marihuana y «deseaba saber de una vez por todas de qué se trataba».

Su marido comentaba que había fumado cuatro o cinco caladas de un porro compartido y que luego se lamentó de haberlo hecho: «Algo malo me está pasando. No puedo levantarme.» Lou y los vecinos intentaron tranquilizarla, diciéndole que se echara un rato y que pronto iba a sentirse mejor; pero cuanto más trataban de calmarla, más convencida estaba ella de que algo realmente malo le sucedía, y de que su marido y los vecinos intentaban encubrirlo.

El médico procedió a explorarla. Los únicos hallazgos positivos eran una frecuencia cardíaca elevada y unas pupilas dilatadas. Adoptando su mejor postura de médico de cabecera, le dijo: «Por el amor de Dios, Sybil, sólo estás un poco mareada. Vuelve a casa y acuéstate, y deja de hacer este numerito». Esto pareció calmar a Sybil. A continuación el médico se dirigió a Lou y le dijo en privado: «Si esto no resulta, tendremos que llevarla al servicio de urgencias.»

Discusión sobre «Cosas raras»

La mala experiencia de Sybil con la marihuana *(Cannabis)* incluye los síntomas físicos característicos como boca seca y aumento de la frecuencia cardíaca. Fueron sus síntomas mentales, sin embargo, los que motivaron que su marido solicitara ayuda. Sybil estaba extremadamente ansiosa y refería ideación paranoide (pensaba que la marihuana estaba envenenada y que sus vecinos no dejarían que su marido avisara al médico). Esta reacción desadaptativa al consumo reciente de *Cannabis* indica el diagnóstico de *intoxicación por Cannabis* (DSM-IV, pág. 230).

Al plantearnos el diagnóstico de este caso, consideramos si la ideación paranoide de Sybil podía justificar el diagnóstico de *trastorno psicótico inducido por Cannabis;* decidimos que la respuesta era no. En primer lugar, es posible que los vecinos se mostraran realmente reacios a avisar al médico ya que ello les obligaba a confesar que fumaban una sustancia ilegal. En segundo lugar, Sybil se quedó convencida cuando el médico le aseguró que la marihuana no contenía ningún veneno, cuando, por definición, una idea delirante consiste en una creencia falsa que el individuo mantiene de forma firme, aun a pesar de pruebas evidentes que demuestran lo contrario.

Seguimiento

Lou consiguió meter a Sybil en el coche (ésta todavía no podía mantenerse en pie) y se fueron a casa a dormir. Se pasó 2 días en la cama, sintiéndose débil y «en el limbo», aunque la terrible ansiedad había cedido. Se dio cuenta de que, dado que la marihuana era de cosecha propia, no existía ninguna razón para pensar que podía contener alguna sustancia venenosa. Sin embargo, seguía pensando que sus vecinos no querían avisar al médico por miedo a la policía. Prometió solemnemente no volver a fumar marihuana nunca más.

Charles

Un paciente de 25 años de edad, que se hacía llamar por el nombre de Charles, requirió una «operación de cambio de sexo». Durante 3 años había vivido como hombre, tanto en su vida social como laboral. Durante por lo menos dos de estos años había sido el compañero de piso de una mujer bisexual que había huido de su domicilio tras una mala experiencia con su matrimonio. Era el paciente quien traía el dinero a casa y hacía las funciones de marido. Los dos hijos pequeños de la mujer veían a Charles como a su padre adoptivo, y existían unos estrechos lazos afectivos entre ellos y el paciente.

Por lo que hace referencia a su apariencia social, Charles pasaba como un hombre no demasiado viril cuyo desarrollo sexual en la pubertad bien podía suponerse como extremadamente retrasado u hormonalmente deficiente. Su tono de voz era agudo, aunque no como el de un barítono. Su camisa y chaqueta eran anchas y camuflaban con éxito sus pechos planos y sujetos. Un pene artificial creaba un bulto en los pantalones que le daba un aire masculino; estaba tan bien confeccionado que, en caso de necesidad social, permitía su uso como conducto urinario estando de pie. El paciente había intentado sin éxito que le practicaran una doble mastectomía para así poder ir con una simple camiseta durante el verano mientras trabajaba al aire libre como operador de maquinaria de construcción. Tampoco había conseguido que le prescribieran testosterona para adquirir los caracteres sexuales masculinos secundarios y dejar de tener la menstruación. El paciente deseaba una histerectomía con anexectomía, y como objetivo a largo plazo, una faloplastia.

La historia seguía un patrón lineal en lo que concierne a su progresivo reconocimiento durante la adolescencia de su capacidad para enamorarse únicamente de mujeres, después de una infancia tumultuosa que había consolidado finalmente su papel e identidad transexuales.

La exploración física reveló una anatomía femenina normal, que el paciente consideraba personalmente repulsiva, incongruente y una fuente continua de malestar. Los parámetros hormonales se encontraban dentro de los límites de la normalidad para una mujer.

Discusión sobre «Charles»

El diagnóstico de *trastorno de la identidad sexual* (DSM-IV, pág. 550) viene sin duda sugerido por la primera palabra, la cual indica que la persona desea deshacerse desesperadamente de sus caracteres sexuales primarios y adquirir los del otro sexo debido a un malestar y un sentido de inadecuación persistentes hacia su sexo asignado. Este caso ilustra, asimismo, el resto de síntomas característicos del trastorno cuando éste se presenta en un adulto: una identificación con el sexo opuesto fuerte y persistente manifestada por la manera de vestir, vivir en sociedad y trabajar como hombre. Como suele ser el caso, no existen pruebas de que se trate de un intersexo físico o de una anormalidad genética.

Este diagnóstico debe especificarse como *en adultos*, indicando así la edad actual, y en relación con los antecedentes predominantes de orientación sexual, *con atracción sexual por las mujeres*.

Los adultos que han desarrollado el deseo de cambiar físicamente de sexo (antes denominado *transexualismo*) refieren casi invariablemente haber tenido un problema de identidad sexual ya desde la infancia, aunque el inicio del síndrome completo (como en el caso de Charles) tiene lugar en la mayor parte de casos al final de la adolescencia o a principios de la edad adulta.

Siestas gatunas

Nora, estudiante graduada de 24 años de edad, se quejaba de episodios de somnolencia intensa que la obligaban a echar numerosas siestas. Cuando intentaba mantenerse despierta era incapaz de hacerlo; se quedaba dormida cenando e incluso mientras andaba. Le resultaba difícil mantenerse lo suficientemente vigil como para bajarse en la parada de autobús que le correspondía. De hecho, era incapaz de permanecer sentada sin quedarse somnolienta, se dormía en clase y acabó suspendiendo los cursos de graduado.

A Nora la perturban frecuentes episodios de cataplexia, durante los cuales cojea y es incapaz de moverse, por breves momentos, y coincidiendo con activaciones emocionales súbitas. Esto le ocurrió, por ejemplo, cuando descubrió que su gato se había orinado en su alfombrilla o cuando se enfadó con su compañera de piso. En otra ocasión estuvo a punto de tener un accidente de coche cuando otro conductor hizo algo que la molestó y por poco no pierde el control total del coche.

Por la noche, mientras coge el sueño, Nora ve escenas vívidas que parecen reales y tiene la sensación de que alguien se halla en su habitación. No obstante,

© MASSON, S.A. Fotocopiar sin autorización es un delito.

todavía está despierta, y sabe que en realidad no hay nadie más allí. Su sueño suele verse interrumpido por pesadillas. Entonces suele despertarse muy hambrienta y come un bocadillo.

Lo que le resulta extremadamente molesto son sus conductas automáticas continuadas, en las que se da cuenta, después de un largo período dedicado a una misma tarea, de su escaso rendimiento. Por ejemplo, una vez estuvo 2 horas intentando arreglar sus gafas sin éxito, y no se dio cuenta de ello hasta que su compañera de piso la interrumpió y le destacó lo sucedido. Estas conductas automáticas le dificultan poder cambiar de una tarea a otra, de tal forma que a veces necesita 2 horas para abandonar su casa por la mañana o prepararse para acostarse por la noche. Estos retrasos en la hora de irse a dormir le impiden tener un buen sueño nocturno, hecho que agrava todavía más su somnolencia diurna. Su compañera de piso no podía aguantar más esta situación, y Nora tuvo que regresar al domicilio de sus padres.

Nora había sido tratada previamente con un régimen farmacológico consistente en un antidepresivo, un estimulante y un ansiolítico administrado al acostarse; tratamiento que resultó inefectivo.

Discusión sobre «Siestas gatunas»

Los ataques de sueño y la excesiva somnolencia diurna de Nora ilustran el típico caso de hipersomnia. Sus ataques de sueño diurno, cataplejia, alucinaciones hipnagógicas (mientras concilia el sueño), conductas automáticas, pesadillas y problemas de sueño constituyen los síntomas característicos de la *narcolepsia*. Aunque tradicionalmente este trastorno se ha considerado neurológico, en el DSM-IV viene incluido dentro de la sección de los *trastornos del sueño* del Eje I para facilitar el diagnóstico diferencial de la hipersomnia.

Seguimiento

Nora recibió instrucciones para efectuar un registro de sueño donde debía anotar las horas en que se acostaba, echaba siestas, tenía ataques de cataplejia, episodios de hambre nocturna y conductas automáticas. Las técnicas psicoterápicas se centraron en el repaso y estudio de los detalles de su fracaso en ceñirse a las horas de acostarse prescritas, olvidos en la toma de la medicación y otros comportamientos que empeoraban todavía más su situación. Se le retiró la medicación ansiolítica, y el tratamiento con un antidepresivo y un estimulante se reajustó empíricamente en base al registro que ella misma había efectuado.

Los síntomas de Nora desaparecieron gradualmente, y fue capaz de dejar la casa de sus padres, obtener un trabajo, restablecer su vida social y regresar a la escuela.

El atleta que oraba

Richard Gramm, un hombre afroamericano de 24 años de edad, estaba mudo y rígido al ser conducido al servicio de urgencias. Los amigos que le habían acompañado afirmaban que estaba jugando a baloncesto con ellos en el pabellón para estudiantes atletas cuando de repente colocó su cabeza en el suelo, empezó a efectuar lo que parecían oraciones y se quedó «paralizado». Al ser entrevistado al cabo de una hora, Richard sólo decía: «Me estoy comunicando directamente con Dios».

Según sus compañeros, últimamente veían a Richard cada vez más «disparado», aunque negaban tajantemente que consumiera drogas o bebiera alcohol en exceso. Una llamada telefónica a su novia, cuyo nombre y número facilitaron sus compañeros, reveló la siguiente historia.

Richard había estado bien, sin muestras de comportamiento inusual, hasta 1 semana antes del ingreso actual. Había estado viviendo con su novia, asistiendo al instituto y trabajando en un empleo de media jornada. Una semana antes del ingreso, empezó a decir cosas «raras», por lo general de naturaleza religiosa. Asimismo, dejó de dormir por la noche y mostró un interés sexual hacia su novia muy superior al normal. Empezó a dedicar más horas de las habituales al gimnasio, aduciendo que «quería quemar sus excedentes de energía». Su novia añadió que había presentado un cuadro similar cuando fue hospitalizado un año antes. En aquella ocasión abandonó el hospital en contra del criterio médico, y durante los 3 meses que siguieron fue deprimiéndose progresivamente. No buscó ayuda especializada. Abandonó las actividades sociales del instituto, y dormía casi 14 horas al día. Justo cuando su novia había decidido romper la relación, Richard

© MASSON, S.A. Fotocopiar sin autorización es un delito.

volvió espontáneamente a su estado normal. Ella lo describía como una persona amigable, animada y activa, que se interesaba por el instituto y por el atletismo y tenía un buen rendimiento tanto académico como laboral.

La prueba de detección de tóxicos en orina practicada en el servicio de urgencias resultó negativa, así como el resto de exploraciones complementarias. Las exploraciones físicas demostraban que se trataba de un hombre joven, completamente sano, atlético, cuya actitud era de mutismo absoluto y cuyo cuerpo permanecía en un estado de rigidez. En la historia clínica del hospital constaba un ingreso psiquiátrico previo un año antes. El diagnóstico era de «*psicosis atípica*, habiéndose descartado una psicosis orgánica o debida a drogas». Richard había permanecido en el hospital sólo 4 días, período en que pudieron objetivarse la presencia de alucinaciones auditivas y de ideas delirantes referentes a una comunicación directa con Dios.

Durante los primeros días del ingreso actual, se vio que en Richard se alternaban «posturas rígidas» con una «hiperactividad leve». Espontáneamente se tornaba «inquieto» y empezaba a merodear activamente por toda la unidad, hablando de su fe religiosa acabada de descubrir a «todos aquellos a quienes podía acorralar».

Discusión sobre «El atleta que oraba»

El comportamiento extravagante (mutismo y rigidez) de Richard, motivo de su ingreso en el hospital, constituye un síntoma catatónico. Tradicionalmente, los síntomas catatónicos se han interpretado como evidencias de *esquizofrenia* o de formas poco frecuentes de un trastorno del sistema nervioso central. Hoy en día se acepta que los síntomas catatónicos también pueden verse en los *episodios maníacos de un trastorno bipolar* (DSM-IV, pág. 363).

Una vez en el hospital, Richard continúa presentando síntomas catatónicos (postura rígida), pero en otros momentos muestra los síntomas clásicos de un *episodio maníaco:* su estado de ánimo es expansivo (sospechamos que esto es lo que querían decir sus amigos cuando lo describían como «disparado», «hablando con todos aquellos a quienes podía acorralar» de sus ideas religiosas, y los comentarios de su novia acerca del aumento de sus demandas de relaciones sexuales); se cree un ser grandioso (se comunica con Dios); está hiperactivo (merodea por toda la sala), y no duerme. Además, existe una historia de lo que parece un *episodio depresivo mayor:* estaba extremadamente deprimido, abandonó todas sus actividades sociales y dormía 14 horas al día.

También resulta característico del *trastorno bipolar* el rápido desarrollo del *episodio maníaco* y la vuelta completa a un estado normal entre los episodios de alteración del estado de ánimo. Las ideas delirantes de Richard referentes a su comunicación con Dios constituyen el típico delirio de grandeza, congruente con el estado de ánimo. Por lo tanto, diagnosticamos un *trastorno bipolar maníaco con síntomas psicóticos congruentes con el estado de ánimo.*

Seguimiento

Se le prescribió un tratamiento farmacológico basado en un antipsicótico, el tiotixeno, y un estabilizador del estado de ánimo, el carbonato de litio. Durante los siguientes 5 días, los niveles de litio de Richard se elevaron rápidamente hasta alcanzar el nivel terapéutico. Durante este tiempo, los episodios catatónicos fueron cediendo progresivamente, y la hiperactividad presente entre estos episodios fue disminuyendo de amplitud. Doce días después de haber ingresado, el estado mental de Richard era normal en líneas generales, sin observarse la presencia de alucinaciones o ideas delirantes activas. Fue dado de alta y siguió control en la clínica de la universidad. Al cabo de un mes aproximadamente, Richard tuvo una depresión leve, que pudo atajarse ambulatoriamente aumentando las dosis de litio. Al año de seguimiento, Richard no había vuelto a padecer síntomas psicóticos o depresivos ni *episodios maníacos.*

TRABAJO ÚTIL

Un hombre de 85 años de edad es visto por un asistente social de un centro para personas de la tercera edad con el objetivo de evaluar sus necesidades sanitarias y las de su mujer, postrada en cama. Aparentemente, se trata de un individuo en perfecto estado de salud, sin muestras de deterioro del pensamiento o de la memoria. Últimamente ha estado cuidando a su mujer, aunque finalmente han podido convencerle de que solicitara ayuda ya que ésta cada vez está peor, y él, por su edad, ya no dispone de las fuerzas y energías de antes.

Se logra confeccionar la historia mediante las aportaciones del propio sujeto y las de su hija. Nunca se ha sometido a tratamiento psiquiátrico, y de hecho siem-

© MASSON, S.A. Fotocopiar sin autorización es un delito.

pre se ha considerado a sí mismo «inmune a los problemas psicológicos» y una persona dada a actuar en base a juicios «racionales». Tuvo una carrera moderadamente exitosa como abogado y hombre de negocios. Ha estado casado durante 60 años, y su mujer es la única persona a la que ha expresado sentimientos de ternura, y se trata probablemente de la única en quien ha confiado. Siempre ha sido un hombre extremadamente cauteloso a la hora de revelar algo de sí mismo a los demás, asumiendo que de esta forma es imposible que traten de aprovecharse de él. Rechaza las ofertas de ayuda indiscutiblemente sinceras de sus amistades, ya que sospecha de sus verdaderos motivos. Nunca revela su identidad por teléfono sin preguntar antes de qué negocio se trata. A lo largo de su vida han existido numerosas situaciones en las que ha desplegado una suspicacia exagerada, en ocasiones rayando lo delirante (p. ej., almacenar cartas de un cliente en una caja de seguridad secreta de forma que pudiera utilizarlas como prueba en caso de que éste intentara demandarle por mala administración de sus acciones).

Siempre se ha dedicado al «trabajo útil» durante las horas de vigilia, y pretende que nunca tiene tiempo para actividades lúdicas, incluso durante los 20 años que lleva retirado. Dedica muchas horas repasando y controlando sus inversiones en bolsa, y ha cambiado de agente en diversas ocasiones al interpretar pequeños errores en los estados de cuentas mensuales como pruebas evidentes del intento del agente de encubrir tratos fraudulentos.

Discusión sobre «Trabajo útil»

Este hombre muestra una desconfianza y suspicacia persistentes e injustificadas hacia los demás. Supone que va a resultar estafado o decepcionado (p. ej., asume que los demás quieren aprovecharse de él; antes de revelar su identidad por teléfono se asegura de quién le está llamando). Ve amenazas escondidas en acontecimientos totalmente benignos (ha cambiado de agente en varias ocasiones al interpretar equivocadamente pequeños errores en sus informes). Cuestiona la lealtad o grado en que puede confiar en los demás (su mujer es la única persona en quien ha confiado en toda su vida). Se muestra reacio a confiar en los demás (siempre ha sido extremadamente cauteloso a la hora de revelar algo de sí mismo). Estos rasgos de toda la vida, en ausencia de pruebas que demuestren la presencia persistente de ideas delirantes de persecución o de cualquier otro síntoma psicótico, caracterizan el *trastorno paranoide de la personalidad* (DSM-IV, pág. 654).

Este caso ilustra la naturaleza egosintónica de la alteración. Por este motivo, el afectado raramente busca tratamiento. Demuestra a su vez la frecuente asociación de incapacidad para relajarse (nunca tiene tiempo para actividades recreativas) y afectividad restringida (está orgulloso de ser «racional»).

Este paciente tiene varios síntomas esquizoides, pero no los suficientes como para justificar el diagnóstico adicional de *trastorno esquizoide de la personalidad*.

Lecciones de música

Gary y Norma acudieron a una clínica de trastornos sexuales pocas semanas después de que Norma asistiera al funeral de su tío. En dicha ceremonia empezó a recordar repentinamente experiencias de su infancia con su tío que le hicieron pensar que sus problemas sexuales quizá tenían una base psicológica.

Gary y Norma tenían relaciones sexuales aproximadamente una vez cada 1-2 meses, y sólo después de que Gary insistiera. Sus prácticas sexuales consistían primariamente en que Gary estimulaba a Norma hasta el orgasmo acariciando manualmente sus genitales al mismo tiempo que él se masturbaba. Norma tenía una gran aversión hacia los genitales masculinos y se negaba a tocar su pene. Hacía poco que la pareja había abandonado los intentos de realizar el coito vaginal, dado que Norma sufría frecuentes espasmos de su vagina que hacían de la entrada del pene algo difícil y doloroso, por no decir imposible.

Había otros problemas en aquel matrimonio. Gary trabajaba muchas horas y dedicaba la mayor parte de su tiempo libre a visitar a su madre viuda y a hacer recados o faenas domésticas para ella. Sufría, asimismo, un problema de juego compulsivo, e iba al hipódromo tres o cuatro veces por semana. Dado que sus ingresos no eran muy cuantiosos, las pérdidas de Gary en el juego daban lugar a estrecheces económicas serias.

Norma siempre se había caracterizado por una fuerte aversión por mirar o tocar el pene de su marido. Durante la entrevista explicaba que nunca había sabido el origen de dicha aversión hasta que acudió al reciente funeral de su tío, donde se sorprendió al comprobar cómo se enfurecía más y más a medida que se leían las alabanzas al difunto. Su tío había sido un músico concertista famoso en todo el

© MASSON, S.A. Fotocopiar sin autorización es un delito.

mundo, y era ampliamente respetado y admirado. Mientras Norma se enfadaba por momentos, empezó a recordar repentinamente haber sido sexualmente acosada por él cuando sólo era una niña. Cuando tenía entre 9 y 12 años de edad, su tío había sido su profesor de música. Las clases incluían «lecciones de ritmo» en las que ella debía acariciar su pene al compás del metrónomo. Esto le desagradaba profundamente, pero tenía demasiado miedo como para contárselo a sus padres. Finalmente decidió no seguir tomando clases de música a los 12 años, sin que nunca llegara a exponer los motivos de esta decisión a sus padres. En algún momento de su adolescencia, dijo: «He olvidado lo que me hizo.»

Discusión sobre «Lecciones de música»

Las experiencias sexuales traumáticas de Norma con su tío cuando ella era sólo una niña desembocaron aparentemente en una imposibilidad de experimentar, como adulta, la actividad sexual como algo placentero. Norma siente repugnancia por los genitales masculinos y evita tener relaciones sexuales con su marido. Dado que, en el caso de Norma, esto no es un síntoma de otro trastorno del Eje I, como un *trastorno depresivo mayor,* se establece el diagnóstico de *trastorno por aversión al sexo, debido a factores psicológicos, de toda la vida, general* (DSM-IV, pág. 512). Además, presenta espasmos persistentes e involuntarios de los músculos de la vagina, de tal intensidad que el coito resulta imposible. Ello indica el diagnóstico de *trastorno sexual por dolor, vaginismo, debido a factores psicológicos, de toda la vida, general* (DSM-IV, pág. 528).

Los prestamistas ilegales

Un abogado de 48 años de edad fue entrevistado mientras estaba detenido en espera de juicio. Había sido arrestado por apropiarse de fondos de su compañía, si bien él decía que tenía la intención de devolverlos en su totalidad después de que obtuviera una «gran victoria» en el juego. Parecía sentirse profundamente humillado y arrepentido por su comportamiento, aunque con anterioridad había estado a punto de ser detenido en varias ocasiones por defraudar a su empresa. Su padre había aportado dinero para librar a su hijo de sus pasadas dificultades financieras, pero se negó a ayudarle en esta ocasión. El paciente tuvo que dimitir de su empleo ante las presiones de la compañía. Esto parecía haberle perturbado enormemente dado que había trabajado de forma diligente y eficaz, si bien había estado dedicando más tiempo de la cuenta a sus actividades de juego.

El paciente había apostado a las carreras de caballos durante muchos años. Dedicaba varias horas al día a estudiar en los periódicos los resultados de las carreras de la jornada anterior. Últimamente había perdido grandes cantidades de dinero y había recurrido a préstamos ilegales con el objetivo de aumentar la cuantía de sus apuestas y recuperar así sus pérdidas (lo que se denomina «caza» en el círculo de jugadores). En aquel momento, los «prestamistas ilegales» le presionaban para que les devolviera lo que les debía. El paciente afirmaba haberse apropiado del dinero para saldar sus deudas, dado que las amenazas de los «prestamistas ilegales» eran tan terroríficas que no podía concentrarse ni dormir. Confesó tener problemas con su esposa y amigos dado que también ellos le habían prestado dinero. Actualmente, le habían marginado y le daban un pobre apoyo emocional dado que ya no confiaban en él después de tantas promesas de poner límite a su obsesión por el juego. Su mujer había decidido abandonarle y marcharse a vivir con sus padres.

Durante la entrevista, el paciente estaba tenso e inquieto, y a veces tenía que levantarse y pasear. Decía que su úlcera duodenal volvía a darle molestias. Asimismo, se mostró algo lloroso durante la conversación, y manifestó que aunque se daba cuenta de que sus problemas emanaban del juego, seguía teniendo una necesidad irresistible de jugar.

Discusión sobre «Los prestamistas ilegales»

Este hombre está preocupado por el juego, que le ha conducido al arresto después de haberse apropiado de dinero ajeno y haber incumplido el pago de sus deudas, y a la rotura de su matrimonio. Después de perder dinero en el juego, recurre a préstamos para seguir jugando («caza»). Ha destrozado sus relaciones personales y ha perdido su puesto de trabajo debido al juego. Se fía de otras personas para sostener el hábito de jugar. Todos estos síntomas se sitúan claramente fuera de los límites del «juego recreativo» e indican una alteración del control de los impulsos, el *juego patológico* (DSM-IV, pág. 634).

Los síntomas esenciales de este trastorno son en muchos sentidos paralelos a los de la dependencia de sustancias psicoactivas. En ambos casos, la persona presenta un deterioro de la capacidad para controlar su conducta y persiste en ella a pesar de sus consecuencias claramente adversas.

Aunque este paciente se ha visto involucrado en actividades antisociales, el diagnóstico de *trastorno antisocial de la personalidad* no resulta apropiado, toda vez que la conducta antisocial se limita a esfuerzos para obtener dinero con el que saldar sus deudas de juego, y no existe ni historia de comportamiento antisocial durante la infancia, ni deterioro de la actividad laboral o de las relaciones interpersonales, a excepción de aquellas asociadas al propio juego.

Una valoración diagnóstica completa debería hacerse eco, asimismo, de la úlcera duodenal (tipificable en el Eje III), la cual se está exacerbando aparentemente como resultado del estrés generado por su juego fuera de control, registrado en el Eje I como *factor psicológico que afecta al estado físico* (DSM-IV, pág. 693).

El hombre que veía el aire

Un estudiante de 20 años de edad todavía no graduado acudió a la consulta quejándose de estar viendo el aire. La alteración visual consistía en la percepción de manchas puntiformes de color blanco tanto en el campo visual central como en el periférico, demasiado numerosas como para contarlas. Estaban constantemente presentes, y se acompañaban de la percepción de rastros de objetos en movimiento que iban quedándose atrás a medida que cruzaban el campo visual del paciente. Asistir a un partido de hockey le resultaba difícil, ya que los jugadores, ataviados con vestidos brillantes, dejaban rayas de luz de sus propias imágenes con el blanco del hielo de fondo que permanecían en él durante segundos. El paciente describía, asimismo, la percepción de un falso movimiento en los objetos en reposo, por lo general aquellos situados en la periferia de su campo visual, halos alrededor de los objetos y postimágenes positivas y negativas. Aparte de estos síntomas, también presentaba una depresión leve, dolores de cabeza bitemporales diarios y una pérdida de concentración desde hacía 1 año.

Este síndrome visual había aparecido de forma gradual durante los últimos 3 meses, coincidiendo con la experimentación de los efectos del LSD-25, una droga alucinógena, en tres ocasiones distintas en los 3 meses precedentes. Temía que aquello le hubiera provocado algún tipo de «lesión cerebral». Negaba el consumo de otras drogas, incluyendo anfetaminas, fenciclidina, narcóticos o alcohol, en exceso. A los 17 años, había fumado marihuana dos veces por semana durante 7 meses.

El paciente había consultado a dos oftalmólogos, y ambos confirmaron que las manchas puntiformes no eran cuerpos flotantes en el humor vítreo (partículas flotantes en la cámara anterior del ojo que pueden causar la percepción de manchas y que no tienen trascendencia oftalmológica). La exploración que le efectuó un neurólogo resultó, asimismo, negativa. El ensayo terapéutico de un fármaco anticomicial dio lugar a un 50% de mejoría de los síntomas visuales del paciente y a la remisión de su depresión.

Discusión sobre «El hombre que veía el aire»

Este joven está experimentando una variedad de alteraciones visuales presumiblemente similares a aquellas que experimentó cuando se intoxicó con el alucinógeno LSD. (Para una descripción de las alteraciones perceptivas típicas asociadas con el LSD, v. «Dr. Hoffman», pág. 535.) Las alteraciones perceptivas leves y transitorias que tienen lugar mucho tiempo después de haber abandonado el consumo de un alucinógeno pueden llegar a ser frecuentes. Cuando la alteración perceptiva resulta lo bastante intensa como para dar lugar a un malestar destacado, como en el caso de este paciente, ésta recibe el nombre de *trastorno perceptivo persistente por alucinógenos (flashbacks;* DSM-IV, pág. 214). Por lo general, estas alteraciones perceptivas duran sólo un par de segundos. Más raramente, como en este paciente, se experimentan a lo largo del día durante largos períodos de tiempo. Los síntomas suelen estar desencadenados por la salida de un ambiente oscuro o por el consumo de *Cannabis* o de una fenotiacina. A veces, la persona puede reexperimentar los síntomas de forma intencionada.

CUERO

Un escritor de 35 años de edad, casado, solicitó ayuda psiquiátrica ya que tenía miedo de matar a alguien en uno de sus impulsos sexuales sádicos.

© MASSON, S.A. Fotocopiar sin autorización es un delito.

El paciente ha estado casado durante 15 años, y durante el último año ha tenido relaciones sexuales con su esposa aproximadamente cada 2 semanas. No obstante, las fantasías del paciente son predominantemente homosexuales, y así han sido desde que tenía 9 años. Se ha sentido atraído sexualmente por los hombres desde la infancia, aunque se contuvo de llevar a la práctica estos impulsos hasta mediados de la edad adulta, mucho tiempo después de haber contraído matrimonio. Antes se excitaba sexualmente mediante pornografía homosexual (a la que recurre desde mediados de la adolescencia), particularmente aquel material pornográfico que incluía escenas con contenidos sádicos. Aunque también se sentía algo atraído por la pornografía heterosexual, su interés por ella era mucho menor que por la homosexual, y de hecho nunca ha conseguido excitarse mediante pornografía heterosexual de contenido sádico.

El paciente se había casado por razones de conveniencia social, pero también porque esperaba conscientemente que una vez empezara a tener relaciones heterosexuales regulares sus impulsos homosexuales sádicos irían disminuyendo. Sin embargo, no sucedió así. Los impulsos continuaban siendo periódicamente la base de las fantasías que el paciente elaboraba mientras se masturbaba. Las fantasías masturbatorias típicas consistían en un hombre atado, torturado y finalmente asesinado. A veces, los hombres que aparecían en las fantasías eran conocidos de él, como, por ejemplo, colegas o profesores, y en otras ocasiones estrellas del cine o gente desconocida. En algunas ocasiones, las fantasías eran más intensas de lo normal. El paciente recordaba, por ejemplo, que una vez se excitó «salvajemente» leyendo en una revista de detectives sobre un crimen de pasión en que moría un homosexual. Inmediatamente después de leer aquello, empezó a masturbarse varias veces al día, siempre mediante fantasías homosexuales y sádicas. Después de un par de semanas, este período de gran activación fue remitiendo, aunque el paciente continuó empleando el escenario de los hechos descritos en la revista en las fantasías masturbatorias subsiguientes.

Hace aproximadamente 8 años, el paciente fue a un bar *gay* con un socio de su empresa. En ese momento, se encontraba bajo una gran presión, ya que su trabajo estaba siendo supervisado por un superior agresivo y reivindicativo. El socio era abiertamente homosexual, y el paciente le acompañó por propia decisión y «a modo de diversión». Cuando se dirigían a aquel bar en particular pasaron por delante de otros establecimientos, y su socio le explicó que eran para «los amantes del cuero, los que practican la S y la M [sadomasoquismo]». El paciente acabó teniendo una breve experiencia homosexual con un individuo que encontraron en el bar, y a partir de entonces «apartó el sexo de [su] mente».

Al cabo de unos meses, sin embargo, y después de una semana de intenso trabajo en la oficina, el paciente se dirigió impulsivamente a uno de los bares «S y M» por los que había pasado por delante aquella vez. Allí encontró a un hombre que se excitaba sexualmente cuando le pegaban, y el paciente empezó a implicarse en actividades sádicas placenteras con el convencimiento de que la severidad de los golpes, administrados con un cinturón, estaban bajo el control de su compañero masoquista. Ese incidente, ocurrido cuando él contaba con 28 años de edad, fue el primer episodio de una serie de actividades sexuales sádicas, que finalmente motivaron que pidiera consulta. Una vez al mes aproximadamente, el paciente acudía a un bar de sadomasoquismo homosexual. Se vestía con una chaqueta y un gorro de cuero. Una vez en el bar, buscaba a un compañero masoquista y practicaba con él como víctima una gran variedad de actividades, que el paciente experimentaba como sexualmente excitantes en su totalidad. Estas actividades incluían atar al compañero con cuerdas, azotarle, amenazarle de producirle quemaduras con el cigarrillo, obligarle a beber orina y a «suplicar clemencia». El paciente acababa teniendo un orgasmo durante estas actividades, por lo general «forzando» a su pareja a practicarle una felación.

En el año anterior a la consulta actual, la esposa del paciente empezó a sentirse cada vez menos satisfecha con su matrimonio. Desconocía los intereses homosexuales de su marido, así como sus tendencias sádicas. Sentía, sin embargo, que su interés sexual por ella resultaba intermitente, y se preguntaba si tenía una amante. Empezó a mostrarse más combativa y algo más hostil y demandante hacia el paciente. Éste se dio cuenta de que «necesitaba» a su mujer y de que no deseaba que la relación se terminara, si bien se sentía incapaz de tratar el inconformismo de ella abiertamente. La evitaba tanto como podía y acababan discutiendo cuando ella insistía en hablar. Las presiones laborales a las que se veía sometido el paciente cada vez eran mayores; comprobó, para su consternación, que la intensidad de sus impulsos sádicos también había aumentado.

En una ocasión, el paciente convenció a una de sus parejas para que se dejara quemar. Después de ello, se sintió culpable y avergonzado. Justo antes de acudir a la consulta, ató a uno de sus compañeros y le produjo cortes en un brazo. La visión de la sangre le produjo un deseo ardiente de asesinarle. Se contuvo a sí mismo y, alarmado por cuanto sus impulsos sádicos empezaban a descontrolarse, buscó ayuda psiquiátrica.

© MASSON, S.A. Fotocopiar sin autorización es un delito.

Discusión sobre «Cuero»

Este hombre empezó a excitarse con fantasías de contenido homosexual y sádico a mediados de la adolescencia. Estas fantasías sexuales intensamente excitantes persisiteron, y finalmente el paciente empezó a llevarlas a la práctica. Se casó, con la esperanza de que el matrimonio resultara un antídoto para sus impulsos homosexuales sádicos, pero no fue así. Se somete ahora a tratamiento por miedo a que sus impulsos sádicos puedan llegar a ser tan fuertes que no pueda controlarlos y acabe matando a uno de sus compañeros sexuales.

Ésta es la típica historia de las personas que padecen *sadismo sexual* (DSM-IV, pág. 543). Este hombre fue tratado en 1978, antes de la epidemia de SIDA. Si acudiera a la consulta hoy, una de las mayores preocupaciones sería comprobar si ha contraído dicha enfermedad y si con sus actividades sexuales está poniendo a otras personas en grave riesgo de infección.

El nuevo rostro

El paciente, un hombre de 19 años de edad, soltero y en paro, fue remitido para una exploración psiquiátrica antes de someterse a una intervención quirúrgica de reparación de una protrusión mandibular. El procedimiento quirúrgico consistía en crear una nueva imagen facial y mejorar tanto el componente funcional como el estético. El motivo de la exploración psiquiátrica era determinar si existía algún tipo de contraindicación de carácter psiquiátrico para la operación.

El paciente refiere que su mandíbula empezó a protruir desde la infancia: piensa que esta protrusión pudo venir causada por el hecho de que desde niño tenía la costumbre de sacar la lengua, y «quizá esto provocó el alargamiento de mi mandíbula». Sabe que sus piezas molares se hallan en su sitio correcto, pero los dientes laterales están «encarados». Sus amigos no se burlan de él por su mandíbula, aunque sí le comentan, «Parece que llevas un recipiente», y esto le contraría. Se describe a sí mismo como tímido y cree que en parte es debido a su obsesión por la mandíbula. Tiene dificultades para hablar y comer, ya que sus dientes se encabalgan y su lengua protruye; por lo tanto, no puede cortar el alimento y tiene que desgarrarlo. Llevaba años deseando que le arreglasen la mandíbula, pero era «demasiado tímido» como para pedirlo. Comenta que, como resultado de ello, no ha acudido al dentista durante los últimos 4 años. Es consciente de que tendrán que arrancarle algunas piezas dentales y que tendrá que soportar 6 semanas de fijación mandibular con alambres y de dieta a base de líquidos. Está intranquilo porque no podrá ingerir alimentos sólidos. Espera que la intervención solucionará su problema de masticación, y que se sentirá mejor con su cara y más cómodo ante las demás personas.

El paciente tuvo un buen rendimiento en la escuela hasta que llegó al instituto; entonces empezó a saltarse clases y acabó suspendiendo el segundo curso de bachillerato. Trabajó durante 2 años de agente de seguridad. Actualmente se encuentra en el paro, pero desea retomar sus estudios y formarse como mecánico de coches.

El paciente es el tercero en una familia de ocho hermanos. Sus padres se separaron cuando él tenía 14 años. Vive con su madre y hermanos. Discute con frecuencia con sus hermanos sobre quién realizará las tareas domésticas, y como resultado de ello, dedica poco tiempo a estar con la familia; tan sólo va y viene y pasa el día con sus amigos. Se describe a sí mismo como una persona tranquila y tímida. Se contiene de advertir a sus amigos que eviten comentarios del tipo «recipiente», prefiriendo «guardárselo todo para sí mismo». Espera que, si la operación resulta exitosa, sus amigos dejarán de hacer observaciones sobre su imagen.

A la exploración se objetivó que el paciente padecía un acné leve y una protrusión mandibular muy ostensible con encabalgamiento dental. Sus modales eran algo torpes. No se apreciaban grandes alteraciones en el pensamiento, percepción o expresión conductual. Negaba haber presentado problemas de estado de ánimo, sueño, alimentación, ni de alcohol o drogas.

Discusión sobre «El nuevo rostro»

Las quejas referentes a un defecto en algún aspecto de la propia apariencia física requieren una valoración clínica que determine si la preocupación que genera en el individuo resulta desproporcionada respecto a la alteración física real que pueda existir. Sugerir que este paciente presenta un *trastorno dismórfico corporal*, o lo que en ocasiones se ha denominado en la literatura «dismorfofobia», generaría ya de por sí grandes discrepancias. En este caso, el entrevistador comprueba la ostensible protrusión mandibular y el encabalgamiento dental, lo que descarta la presencia de dicho trastorno.

El siguiente punto es si la reacción del paciente a su apariencia física resulta desadaptativa y produce, por ejemplo, retraimiento social, preocupaciones o síntomas depresivos marcados. No parece éste el caso. El paciente es tímido y sensible a los comentarios de sus amigos acerca de su apariencia, pero estos hechos apenas indican la presencia de psicopatología significativa.

© MASSON, S.A. Fotocopiar sin autorización es un delito.

A la luz de la limitada información de que disponemos, no existen razones para sospechar un trastorno mental. Por consiguiente, las anotaciones apropiadas en los Ejes I y II son *«sin diagnóstico»*. La protrusión mandibular y el encabalgamiento dental pueden anotarse en el Eje III como alteraciones relevantes para poder comprender a este joven, aunque la función del Eje III es en realidad la de facilitar el registro de enfermedades médicas relevantes para una persona que padece un trastorno mental, lo que no se da en este caso.

La Cenicienta

Maryann West es una mujer de 35 años de edad, atractiva, soltera, original de San Diego, que trabaja actualmente como editora de una revista y vive sola en un barrio deteriorado de Boston. Fue remitida por su médico de cabecera, para realizar psicoterapia, ya que éste sugirió que necesitaba ayuda para sus problemas en las relaciones interpersonales con los hombres. Maryann se resistió durante un año entero a esta posibilidad, aduciendo: «No me gusta que me ayuden. Me gusta ayudar».

Durante la entrevista, Maryann parecía una mujer muy inteligente; era afable y organizada, y hablaba con una voz suspirosa y de niña. Su cabello era de color negro metálico, iba vestida toda de negro —camisa, chaqueta y gorro negros y de cuero, y llevaba unas gafas «punkies»—. Refirió, al principio de la entrevista, que no deseaba un terapeuta masculino ya que no confiaba en los hombres, los cuales, según su experiencia, sólo perseguían explotar a las mujeres. No obstante, exceptuando su doctora de cabecera, no tenía amigas íntimas.

Su historia consistía en que se había liberado a sí misma de una relación «destructiva» con un hombre, «mi amante proscrito», un adicto a la heroína, y luchaba contra su deseo de regresar con él. En una ocasión, hace 4 años, él le había pegado haciéndole llorar, aunque ella le dijo que si volvía a suceder algo así le abandonaría, y nunca volvió a pasar. Sostenía que no tenía miedo de él, y de hecho se culpaba a sí misma por la paliza que él le había dado. «A menudo le digo cosas de sí mismo que él debería saber, y esto le pone furioso. Mi única intención es motivarlo. Le doy en su punto más débil».

La adicción a la heroína de su novio persistió, y Maryann continuó apoyándole económicamente siempre que él lo necesitaba. Afirma que recibió muchos avisos de que esta relación podía no hacerla feliz. Aquel hombre había tenido relaciones con otras mujeres mientras salía con Maryann, cumplía en la cárcel una breve condena por vender drogas, y nunca quería implicarse en actividades recreativas mutuas, exceptuando el sexo, que le resultaba gratificante. Maryann había ido a la universidad, pero su amante nunca había finalizado sus estudios en el instituto. Lo veía como a un niño pequeño que necesitaba una madre. Cuando ella le presionaba para que dejara las drogas, él le decía que se perdiera; de todas formas, ella continuaba llamándole regularmente a pesar de su conducta desagradecida. Estaba resentida y amargada por lo mucho que había hecho por él, pero siempre volvía a ayudarle cuando él regresaba a su lado, a altas horas de la noche, en demanda de dinero o asistencia. Como resultado de ello, refería sentirse «más como una Madre Teresa que como una novia».

Maryann sale actualmente con otro hombre «excitante», a su vez consumidor abusivo de sustancias. Aunque se considera a sí misma «de izquierdas», su nuevo amigo es un coleccionista de reliquias nazis. Maryann era conocedora de que este hombre había tratado cruelmente a su antigua novia siéndole infiel y maltratándola, pero nunca pensó que esto pudiera llegarle a ocurrir a ella. Se ha visto con él durante 1 año de forma intermitente. Él insistía en que deseaba una relación estrecha, pero nunca le comentó a Maryann que se veía con una de sus amigas al mismo tiempo. Cuando ella lo descubrió, cogió un gran enfado, aunque todavía hoy continúa sintiendo una gran atracción por él. Varios hombres, mejores que los dos anteriormente citados y con intenciones monógamas, han intentado salir con ella, pero Maryann los ha rechazado porque los encuentra a todos «aburridos».

En sus otras relaciones, Maryann siempre está dispuesta a prestar ayuda, aunque nunca la pide para sí misma, incluso cuando la necesita de veras. La mayor parte de sus amigos y ex-novios han sido drogadictos o ex-drogadictos. Por su parte, ella nunca ha abusado de las drogas. Suele visitar a estos amigos en la cárcel y se ofrece para ayudarles; pero cuando obtienen la libertad, apenas le devuelven estas visitas.

En el aspecto laboral, Maryann es una trabajadora tenaz y demuestra una gran efectividad a la hora de resolver conflictos; pero a veces ha tenido problemas con su jefe por haber utilizado los recursos de la revista para conseguir dinero para grupos necesitados. Cree que sus colegas femeninas «forman corrillos a sus espaldas» por envidia de sus habilidades y capacidades para el trabajo duro, a pesar de todos los beneficios que han obtenido gracias a ella.

Maryann es la mayor de 4 hermanos, y frecuentemente tuvo que cuidar de ellos de mala gana. Se convirtió en una «cenicienta», mientras a sus hermanos menores se les permitía «campar a sus anchas». Tanto en la iglesia como en el colegio tuvo un buen rendimiento y ganó numerosos premios hasta que, en plena adolescencia, se rebeló y abandonó el hogar familiar. Sus padres vaticinaron que acaba-

© MASSON, S.A. Fotocopiar sin autorización es un delito.

ría «en el infierno». Se entregó a una etapa de «liberación sexual» durante la cual tuvo aproximadamente 50 amantes, a menudo de una noche, vida que ella apenas disfrutaba «ya que yo no quería a esos muchachos». Como adulta joven siempre estaba envuelta en alguna causa justa para los desafortunados, los pobres o los olvidados por el gobierno.

Discusión sobre «La cenicienta»

Maryann parece haberse paseado por la vida desempeñando el papel de mártir. De forma repetida, se ha sentido atraída y ha seleccionado a novios que han resultado inadecuados y la han maltratado. No le gusta que los demás la ayuden, y esto la ha retrasado en la búsqueda de tratamiento, a pesar de que es consciente desde hace mucho tiempo de que sus relaciones con las personas siempre acaban perjudicándole. Suscita respuestas de ira en los demás y luego se siente herida cuando la rechazan (comenta a sus novios sus defectos). No está interesada en tener novios que la traten bien ya que son «aburridos», y se implica en autosacrificios excesivos cuyos beneficiarios no le han pedido (visita a personas en la cárcel).

Pueden observarse conductas que un espectador imparcial consideraría «autodestructivas» en personas que se encuentran en una situación en que temen ser psicológica o físicamente maltratados, o bien en individuos deprimidos. Sin embargo, el caso de Maryann parece más bien un rasgo de personalidad persistente que se expresa en múltiples situaciones y relaciones interpersonales que ella misma escoge. Este patrón de personalidad se ha denominado *trastorno pasivo-agresivo de la personalidad*. Muchos clínicos, particularmente aquellos que se dedican al tratamiento de los trastornos de la personalidad con técnicas de orientación psicodinámica, mantienen que se trata de un diagnóstico frecuente e importante, que es casi tan común en hombres como en mujeres. Por otra parte, otros profesionales, particularmente los preocupados por las consecuencias de un mal uso del diagnóstico psiquiátrico, replican que la estructura subyacente del trastorno carece de valor y que el diagnóstico perpetúa las acusaciones sobre las propias víctimas (sobre todo mujeres) que han sido maltratadas. Esta categoría fue incluida en un apéndice del DSM-III-R después de muchas controversias, pero ha sido eliminada definitivamente del DSM-IV. Un caso como éste puede seguir siendo diagnosticado, con el DSM-IV en la mano, de *trastorno de la personalidad no especificado* (DSM-IV, pág. 689).

FLASHBACKS

Un veterano del Vietnam de 23 años de edad fue ingresado en el hospital un año después de finalizada la Guerra de Vietnam, a petición de su mujer, después de que empezara a experimentar síntomas depresivos, insomnio y «*flashbacks*» de sus experiencias de guerra. Fue licenciado del ejército de forma honrosa hacía 2 años, habiendo permanecido casi un año en combate. Apenas tuvo dificultades para readaptarse a la vida civil, reemprender sus estudios en la universidad y contraer matrimonio al cabo de 6 meses. Su mujer se había dado cuenta de que se mostraba reacio a hablar de sus experiencias militares, aunque lo consideró una reacción natural ante recuerdos desagradables.

Los síntomas actuales del paciente empezaron, sin embargo, coincidiendo con la caída de Saigón. Comenzó a obsesionarse con la visión de noticiarios de televisión sobre este hecho. Empezó entonces a tener dificultades para dormir, y de vez en cuando se despertaba en medio de pesadillas donde revivía sus pasadas experiencias de guerra. Su mujer empezó a preocuparse de forma especial el día que revivió una de sus experiencias mientras se encontraba en el patio de casa: en un momento dado apareció un avión sobrevolando la zona, algo más bajo de lo normal, y el paciente se lanzó al suelo, poniéndose a cubierto, pensando que se trataba de un helicóptero en plena acción de combate. Cuanto más veía las noticias, más agitado y malhumorado se tornaba. Las historias que emitía la televisión evocaban en él atrocidades horrorosas similares a las que él mismo había experimentado en combate, y empezó a sentirse culpable por haber sobrevivido cuando tantos amigos suyos habían caído. En ocasiones también parecía encrespado y amargado, pensando que los sacrificios que él y otros habían hecho no habían servido para nada.

La mujer de este veterano de guerra comentaba cómo la preocupación por el Vietnam había llegado a ser tan intensa que no parecía interesado por nada que no fuera la guerra y se mostraba emocionalmente distante de ella. Cuando su mujer le sugirió que trataran de planificar el futuro, incluyendo la formación de una familia, respondió como si su vida actual consistiera en su totalidad en los acontecimientos acaecidos 2 años antes, en otras palabras, como si no existiera un futuro.

Discusión sobre «*Flashbacks*»

Este veterano está totalmente obsesionado con el penoso año que padeció en Vietnam. Sus experiencias en combate implicaron obviamente acontecimientos traumáticos donde él y otros estuvieron amenazados de muerte, y en los cuales estaban implícitos sentimientos de temor y horror. Empezó a reexperimentar estos traumas a través de sueños y de momentos en que revivía lo sucedido. Su capacidad de reacción a su entorno actual disminuyó (no estaba interesado en las cosas, se mostraba emocionalmente distante de su mujer y tenía un sentimiento de futuro incierto). Además, tenía síntomas de aumento de la activación (problemas de sueño, ataques de ira y respuestas de sobresalto exageradas). Éste es el cuadro sintomático completo del *trastorno por estrés postraumático* (DSM-IV, pág. 439). El trastorno se subtipifica como *crónico*, dado que los síntomas han estado presentes durante más de 3 meses, y *de inicio demorado*, para indicar que el inicio de los síntomas ocurrió al menos 6 meses después del trauma.

Este paciente mostraba un síntoma que suele verse con frecuencia en personas que experimentan en compañía de otros traumas que ponen en peligro la vida: un sentimiento de culpa por haber sobrevivido cuando otros cayeron.

El hombre gordo

Gregory, productor de teatro de 43 años de edad, fue evaluado en una clínica de trastornos de la alimentación de San Francisco. Aunque había perdido 25 kg en los últimos 5 meses, pasando de 108 a 83 kg con una estatura de 1,86 m, seguía aterrorizado por la posibilidad de engordarse.

Gregory empezó a hacer dieta hace 5 meses cuando su mujer le dijo que era «un estúpido gordo» dejando entrever que estaba considerando el divorcio. Esta amenaza le asustó de tal manera que decidió empezar a hacer un régimen estricto: fibra y una tortilla para desayunar, café para almorzar, ensalada y marisco o pollo para cenar. Su objetivo original era perder unos 20 kg. Cuando vio que esta dieta no le permitía perder peso con la rapidez que deseaba, empezó a meterse los dedos en la boca para inducirse el vómito después de las comidas.

Gregory está ahora «obsesionado» con la comida. Justo antes de ir a un restaurante, se preocupa por lo que pedirá. Ha hecho un estudio de lo que come teniendo en cuenta qué es lo que resulta más fácil de purgar, y conoce todos los lavabos de los lugares que frecuenta. No puede soportar sentirse lleno después de comer y se preocupa porque su estómago está «gordo». Tres o cuatro veces por semana es incapaz de resistir la necesidad urgente de «atracarse» de comida. En esos momentos siente que pierde el control sobre el hambre, y puede engullir hasta tres hamburguesas, dos bolsas de patatas fritas, medio litro de helado y dos paquetes de galletas. Siempre se induce el vómito después de un atracón. Nunca ha tomado laxantes, diuréticos o pastillas de régimen para perder peso.

Gregory también está preocupado por la delgadez. Progresivamente ha ido revisando a la baja su objetivo original, primero consistía en conseguir un peso de 82 kg, y luego de 80. Ha empezado a hacer ejercicio físico, andando al menos 1 hora al día, y últimamente hace cábalas sobre su peso varias veces por semana. Cree que las mujeres le miran ahora de una forma diferente: cuando estaba más gordo, le miraban de soslayo y por casualidad; ahora su respuesta es de «admiración».

Gregory siempre ha sido una persona algo ancha y con tendencia a recurrir a la comida en momentos de estrés, pero nunca se preocupó por su peso hasta que su mujer hizo una observación peyorativa sobre su apariencia. Desde entonces no puede disfrutar con ningún tipo de comida y siente que ha perdido el control de este aspecto de su vida dado que no puede parar de hacer dieta, a pesar de que su mujer le ha comentado que actualmente está demasiado delgado. Por ello visitó hace poco a su internista, quien no le descubrió ningún problema físico y decidió remitirlo al psiquiatra.

Discusión sobre «El hombre gordo»

El trastorno de alimentación de Gregory empezó, como suele suceder en estos casos, con un intento razonable de perder algo de peso. Empezó a preocuparse rápidamente por el hecho de perder peso y seguía viendo su cuerpo «gordo» a pesar de que los otros no le veían así. Esta preocupación por la pérdida de peso y la distorsión de la imagen corporal sugieren una *anorexia nerviosa,* aunque este diagnóstico no es correcto en el caso de Gregory, ya que no ha dejado que su peso disminuyera muy por debajo del mínimo normal para su estatura.

Los atracones de Gregory (comer repetidamente grandes cantidades de alimento con una sensación de pérdida del control), sus conductas compensadoras inadecuadas y recurrentes con el objetivo de evitar el aumento de peso (en su caso, autoinduciéndose el vómito) y la preocupación excesiva por el peso y la línea indican una *bulimia nerviosa* (DSM-IV, pág. 563). Como suele suceder en la *bulimia nerviosa,* el método predominante para evitar la ganancia de peso es el vómito, por lo que el diagnóstico se subtipifica como *tipo purgativo.* Entre los métodos menos comunes para evitar el aumento de peso se incluyen el mal uso de laxantes o diuréticos (también considerados como *tipo purgativo),* ayuno y ejercicio físico excesivo (v. «Viaje al infierno de la comida», pág. 41).

Este caso es inusual por el hecho de que la *bulimia nerviosa,* como la *anorexia nerviosa,* es mucho más frecuente en las mujeres que en los hombres.

EL PIRÓMANO

El Sr. Rodríguez, de 52 años de edad, nacido en Cuba, presidente de un próspero negocio familiar en Miami, fue llevado a un hospital por su mujer después de que él comentara que se había acordado repentinamente de haber provocado varios fuegos cuando era un niño y de haber asesinado a un hombre 30 años antes.

El Sr. Rodríguez explica la siguiente historia. Ha estado «irritable» recientemente debido a múltiples problemas económicos en su negocio. Unas semanas antes se enrabió con un empleado de toda la vida con el cual había tenido una gran amistad: le gritó por malgastar una importante cantidad de dinero de los recursos de la compañía, y casi le tira un cenicero por la cabeza. Le sorprendió a sí mismo el carácter violento de sus impulsos y empezó a darse cuenta de la conducta colérica y odiosa que siempre había tenido, particularmente en relación con su mujer e hijos.

Más tarde, en casa, cuando reflexionaba sobre los acontecimientos del día, «se abrían las cortinas y afloraban a mi memoria recuerdos de hechos que habían desaparecido de mi conciencia hace mucho tiempo». Recordó haber prendido fuego a la casa de una mujer mientras ella se encontraba dentro. Esto ocurrió cuando él tenía 5 años. Recordaba, asimismo, haber provocado incendios en consultas de médicos y bibliotecas. Además, estaba convencido de que, a los 19 años, disparó a un hombre que había atacado a su mujer. Contaba muchos otros «recuerdos» similares de actos violentos, que nunca antes le habían venido a la memoria.

Durante 2 semanas el Sr. Rodríguez no salió de su casa. Estaba sentado, inactivo, a veces lloraba por el daño que pensaba que había hecho, cavilando sobre lo mal padre que había sido. Aunque estos pensamientos le resultaban dolorosos, de hecho «disfrutaba del placer de saber y descubrir» y negaba estar persistentemente deprimido. Negaba, asimismo, haber experimentado ningún cambio en el peso, apetito, sueño o actividad psicomotriz. Reconocía tener dificultades de concentración, que empezaron aproximadamente 1 mes antes, cuando las presiones financieras en el trabajo comenzaron a ser importantes. A veces pensaba en quitarse la vida.

El día anterior a la visita había tenido otra «revelación» inesperada. «Recordaba» por primera vez en su vida que su padre le había pegado y sodomizado. Comprendía ahora que sus ansias de destrucción venían motivadas por los abusos a los que le sometió su padre. Con esta racionalización, dejó de sentirse culpable por las terribles cosas que había hecho. Sin embargo, había accedido finalmente a las peticiones de su mujer de acudir al hospital.

El Sr. Rodríguez es un hombre alto, esbelto, impecablemente vestido, de mirada fija y penetrante, comportamiento equilibrado y bien educado. Fuma constantemente a lo largo de la entrevista. Se muestra locuaz y bromista, incluso cuando salen a relucir los graves crímenes que pretende haber cometido. Realiza bien los tests de rendimiento cognoscitivo. Cuando se le dice que su mujer y sus amigos opinan que sus recuerdos no pueden ser verdaderos, advierte que: «Sus hechos contradicen mis recuerdos. No puedo explicar esta discrepancia. Lo único que sé es que provoqué esos incendios». Cuando se le pide que explique cómo puede ser que no figuren en los archivos de la policía, replica que ello se debe a que era tan «rápido y astuto» que nadie podía atraparlo. Explica el rechazo de su mujer a creerse sus historias asegurando que «debe haber bloqueado estos recuerdos por lo desagradables que le resultan».

La exploración física del Sr. Rodríguez en el momento del ingreso, incluyendo un examen neurológico, no reveló ninguna alteración. Todas las pruebas de laboratorio resultaron igualmente negativas.

Discusión sobre «El pirómano»

No hay razones para pensar que los «recuerdos» del Sr. Rodríguez se corresponden con hechos reales. Concluimos, por lo tanto, que presenta muchas ideas delirantes en relación con su comportamiento pasado. Estas ideas delirantes no pueden considerarse absurdas dado que implican acontecimientos que ocurren en la vida real, como, por ejemplo, provocar fuegos o cometer crímenes violentos. Aunque el Sr. Rodríguez estaba al principio algo trastornado y deprimido al darse cuenta de lo que había hecho, no presenta un síndrome depresivo completo, de tal forma que puede descartarse el diagnóstico de *trastorno del estado de ánimo* con síntomas psicóticos. Diagnosticamos en consecuencia un *trastorno delirante* (DSM-IV, pág. 308). El tema de las ideas delirantes del Sr. Rodríguez, es decir, que ha cometido actos horribles, es bastante inusual en los *trastornos delirantes,* y no viene descrito en ninguno de los tipos especificados. Por lo tanto, anotaríamos *tipo no especificado.*

Seguimiento

El Sr. Rodríguez fue tratado con un fármaco antipsicótico. Con el paso de los días sus ideas delirantes se volvieron más y más vagas. Decía que todavía tenía la sensación de haber provocado aquellos fuegos, pero sin embargo reconocía que en realidad estos hechos nunca habían tenido lugar. Cinco días después de haber empezado a tomar la medicación, firmó el documento de alta voluntaria dado que «no podía soportar más aquel hospital». No parecía representar ningún peligro para él o para los demás, aceptaba someterse a un seguimiento en Miami y fue finalmente dado de alta.

El sexo es un acto sucio

Clara, una secretaria de 33 años de edad, es enviada por su ginecólogo a una clínica especializada en problemas sexuales. La razón inmediata de esta consulta es la imposibilidad de practicarle una exploración ginecológica debido a contracciones intensas de la musculatura paravaginal.

Durante la primera visita, Clara se muestra visiblemente incómoda cuando habla de sus problemas sexuales. Desde el nacimiento de su hijo, hace 2 años, ha sido incapaz de realizar el coito debido a espasmos vaginales de tal intensidad que ni su marido ni su propio dedo meñique pueden penetrar la vagina. Nunca persigue tener relaciones sexuales con su marido y desalienta activamente los acercamientos que éste hace. Recientemente, su marido ha empezado a presionarla para concebir otro hijo. A ella le gustaría quedarse embarazada tanto para satisfacerle a él como a sí misma.

El inicio de los espasmos de la musculatura paravaginal se remonta a mucho tiempo. Virgen en el momento de casarse, hace 8 años, Clara no permitió a su marido que la penetrara por vía vaginal durante el primer año de matrimonio. Después de este año de «matrimonio no consumado», ella y su marido visitaron a un consejero matrimonial, quien les ayudó de forma considerable hasta el extremo que fueron capaces de realizar el coito, al menos episódicamente, durante los siguientes 5 años. Clara siempre ha sentido ansiedad acerca de la penetración vaginal y de hecho nunca le ha apetecido, si bien podía llegar al orgasmo, cierto es que en pocas ocasiones, con la estimulación sexual adecuada.

Clara fue incapaz de quedarse embarazada durante los primeros 5 años de su matrimonio, debido aparentemente a una endometriosis crónica. Cuando finalmente dio a luz, el bebé era prematuro: pesaba sólo 1,3 kg y nació 11 semanas antes de lo esperado. Clara se sintió culpable del parto prematuro, ya que lo atribuía al hecho de haber tomado estrógenos para la endometriosis. Desde el nacimiento, empezó a tener un miedo intenso a quedarse de nuevo embarazada y a la posibilidad de dar a luz otro bebé prematuro.

Clara recordaba las dificultades que tuvo su madre para hablarle de la menstruación y del sexo. La educación religiosa de Clara impedía incluso hablar de relaciones sexuales prematrimoniales, planificación familiar y aborto, temas considerados en su totalidad pecaminosos. Desconocía completamente el uso del preservativo como técnica anticonceptiva. Reconocía ignorar dónde se encontraba el clítoris y era incapaz de identificarlo en un modelo. Nunca se había masturbado y de hecho se había enterado en qué consistía la masturbación hacía poco. Expresaba una aversión hacia las partes del cuerpo de su marido susceptibles de lamer o chupar, describiendo estas prácticas como «asquerosas». Describía un temor de toda la vida a que el agua de la bañera se introdujera en su vagina y la «infectara». Recordaba haber tenido sueños donde objetos enormes y espantosos penetraban su cuerpo.

Discusión sobre «El sexo es un acto sucio»

Clara presenta diversos *trastornos sexuales,* pero su mayor dificultad en el momento actual es la existencia de fuertes contracciones en su musculatura paravaginal, puestas de manifiesto, como suele suceder en estos casos, durante una exploración ginecológica. Los espasmos recurrentes o persistente de la musculatura del tercio externo de la vagina que interfieren con el coito se denominan *vaginismo* y se clasifican como *trastorno sexual por dolor* (DSM-IV, pág. 528).

Clara presenta, asimismo, una aversión de toda la vida a cualquier cosa que guarde relación con el sexo. Su conducta de evitación de la mayor parte de actividades sexuales genitales justifican el diagnóstico de *trastorno por aversión al sexo* (DSM-IV, pág. 512). En las pocas ocasiones en que ha realizado el coito, sin duda ha tenido dificultades para excitarse sexualmente y llegar al orgasmo. Sin embargo, resultaría superfluo diagnosticar en esta paciente un *trastorno de la excitación sexual en la mujer* y un *trastorno orgásmico femenino* (antes *orgasmo femenino inhibido)*, dado que en el momento actual rara vez tiene relaciones sexuales.

Seguimiento

El tratamiento consistió en una combinación de sesiones de pareja para tratar la frustración, enfado e impaciencia del marido y para asegurar su colaboración en los ejercicios diseñados para fijar la atención en el placer sensual en ausencia de coito (ejercicios de focalización sensorial). Clara se sometió, asimismo, a sesiones individuales, y recibió tratamiento con un fármaco ansiolítico.

El objetivo principal del tratamiento consistía, sin embargo, en la dilatación vaginal. Para ello, Clara debía intentar penetrarse con sus propios dedos en una bañera con agua caliente. Sus progresos en la dilatación vaginal fueron lentos, y se sometió a un ritmo de pasos graduales de forma que al principio sólo podía introducirse la yema de un dedo y, paulatinamente, fue capaz de insertar dos o tres dedos. Cuando se añadieron los ejercicios de focalización sensorial a las técnicas de dilatación, seguía disgustándole el tener que lamer, chupar y besar a su marido; tuvo que dedicar una gran cantidad de tiempo para conseguir sentirse mínimamente cómoda con su propio cuerpo. Este último punto pudo reforzarse posteriormente mediante terapia de grupo para mujeres anorgásmicas.

Visitada al principio de forma semanal, y luego mensual, Clara fue progresando lentamente, siendo capaz de permitir a su marido la realización del coito. Seguía atemorizada por la posibilidad de quedarse embarazada, incluso cuando su marido utilizaba el preservativo, ya que tenía un miedo considerable a que pudiera romperse o escabullirse. Después de varios meses más de terapia, su temor al embarazo disminuyó, de tal forma que la pareja pudo mantener relaciones sexuales sin utilizar métodos anticonceptivos.

Tracción

El paciente es un carpintero de Nevada de 32 años de edad previamente sano, que se vio implicado en un accidente de automóvil cuando volvía de un viaje de 3 meses por tierras de México. Fue encontrado por la policía del estado y conducido al hospital. En el momento del ingreso, se le descubrieron múltiples fracturas óseas en la pelvis, dedos del pie derecho y diversas costillas del lado izquierdo. Presentaba, asimismo, dos pequeños cortes en la cabeza que precisaron puntos de sutura. El paciente refería que había sufrido un período de amnesia de aproximadamente 15 min y había perdido el conocimiento durante el accidente, aunque no había testigos que dieran fe de estos hechos. Estaba en vigilancia y se quejaba de intensos dolores en la espalda; no estaba desorientado. Fue tratado con un narcótico, meperidina, 125 mg IM dos veces al día; un hipnótico, secobarbital sódico, 100 mg orales por la noche; y un preanestésico, prometacina, 25 mg IM cada 3 horas. Al día siguiente, el dolor de espalda no había experimentado ninguna mejoría, cambiándose la medicación analgésica por morfina y manteniéndose la prometacina.

Dos días después, el paciente presentó fiebre, sudaba y estaba tembloroso. Dado que al realizar la historia se había puesto de manifiesto un consumo de 5-6 cervezas al día se consideró el diagnóstico de *abstinencia de alcohol,* decidiéndose añadir un tranquilizante menor, diacepam, 5 mg orales cada 6 horas, a su régimen farmacológico diario, que en ese momento ya incluía Tylox (una combinación de paracetamol y oxicodona, un analgésico [narcótico]), 1 o 2 cápsulas orales cada 3 o 4 horas, y secobarbital sódico, 100 mg por la noche. Al día siguiente mostraba un estado ansioso, de agitación, rascándose constantemente. Dos días después seguía febril. Los hemocultivos, análisis de orina y radiografía de tórax eran negativos. Se añadió hidroxicina, un tranquilizante, 25 mg orales cuatro veces al día, para aliviar el prurito.

Al día siguiente, cuando se cumplía una semana del ingreso, se vio que el paciente estaba desorientado. Se quejaba de que al despertarse le costaba un tiempo darse cuenta de dónde se encontraba. La temperatura seguía siendo elevada. Su tratamiento incluía morfina, 3-10 mg cada 3 horas para el dolor; diacepam como relajante muscular, 5 mg orales cada 6 horas; y fluracepam, un hipnótico, 30 mg orales por la noche. Al día siguiente, se decidió modificar de nuevo la medicación analgésica, esta vez por percodan, un narcótico, 1-2 tabletas cada 3 horas, y meperidina, 75 mg IM cada 4 horas.

Un día después, el paciente se sometió a una intervención quirúrgica para reducir una fractura del acetábulo izquierdo. El paciente toleró muy bien la operación, realizada bajo anestesia; pero inmediatamente después de que ésta conclu-

© MASSON, S.A. Fotocopiar sin autorización es un delito.

yera, estaba desorientado en tiempo y espacio, y hacía ademanes de coger cosas del aire. Continuaba teniendo fiebre, y no se había detectado ningún foco infeccioso. En ese momento, el paciente estaba tomando meperidina, 75-100 mg IM cada 4 horas, hidroxicina, 75 mg cada 3 horas, y paracetamol, 500 mg cada 4 horas.

En pocos días, el estado mental del paciente mejoró, si bien seguía mostrándose desorientado en ocasiones y confesaba: «Sabe, a veces no puedo fijar la atención en lo que me está diciendo». Seguía teniendo una fiebre moderada y su medicación consistía en un opiaceo sintético, hidromorfone, 2-4 mg cada 3 o 4 horas. La persistencia de los períodos de desorientación mantenía confundidos a los médicos, y se solicitó una consulta al psiquiatra.

Durante la entrevista inicial, 17 días después del accidente, el paciente estaba en vigilia, totalmente orientado y con buen estado de ánimo. Los resultados de las pruebas para valorar el estado mental eran normales. El paciente admitía haber tenido dificultades para pensar y «alucinaciones» momentáneas durante las 2 semanas previas. Las describía como «sueños de opio», provocados por la medicación analgésica.

Al cabo de unos días su estado presentaba una mejoría global durante las horas del día, aunque por la noche solía ser descubierto desmantelando el aparato de tracción. Cuando era sorprendido en esta maniobra, respondía incoherentemente acerca de «la tracción cosa mágica». Cuando se le preguntaba a la mañana siguiente por lo ocurrido, siempre negaba haber desarmado el equipo de tracción. En ese momento tomaba Tylox, dos cápsulas cada 6 horas, para el dolor. Solía quejarse de intensos dolores, discutiendo en muchas ocasiones con sus médicos en un intento de persuadirles para que le administraran Tylox más a menudo. Se solicitaron de nuevo los servicios del psiquiatra, administrándole la dosis de Tylox al paciente con una frecuencia mayor. Se pensó que su potencial de adicción no era demasiado alto en ese momento.

Varios días después se descubrió al paciente mientras jugueteaba con restos fecales en la cama y desmantelaba de nuevo el aparato de tracción. Al preguntarle por ello confesaba haber cometido estos actos; esa noche no pudo dormir por lo trastornado que estaba, y solicitó personalmente ver al psiquiatra. Al ser entrevistado, se mostraba ansioso y contrariado. Afirmaba no comprender qué es lo que le estaba sucediendo y se mostraba trastornado por su comportamiento. Refería no haber dormido más de 2-3 horas por la noche durante al menos las dos últimas semanas. Estaba muy asustado por la idea de que su mente hacía cosas de las que él no era consciente y no podía controlar. Pedía una «estrategia» para detener estas conductas e incluso sugería la suspensión de toda la medicación analgésica si ello era necesario. Durante los siguientes días, la medicación prescrita para aliviar sus dolores fue reduciéndose progresivamente. El paciente se mostraba ahora en vigilia y orientado, y no se repitieron más las alteraciones conductuales nocturnas.

Discusión sobre «Tracción»

Desde el segundo día de ingreso y durante varias semanas, este hombre presentó de forma intermitente una reducción de la capacidad para mantener la atención a los estímulos externos («No puedo fijar la atención en lo que me está diciendo»), y desorganización del pensamiento (hablaba de forma incoherente). Presentaba, asimismo, una disminución del nivel de conciencia (le costaba algún tiempo darse cuenta de dónde se encontraba al despertarse), y alucinaciones visuales (hacía ademanes de coger cosas del aire y tenía «sueños de opio»). Éstos son los síntomas característicos de un *delirium*, y en este caso no existen dificultades para identificar diversos factores físicos que podrían haber contribuido al desarrollo de esta alteración: infección, fiebre y un gran número de fármacos analgésicos y sedantes que el paciente recibió. (No queda claro en este caso por qué le cambiaban la medicación tan a menudo.) El diagnóstico es, por consiguiente, *delirium debido a múltiples etiologías* (DSM-IV, pág. 138). Por necesidades de codificación, el DSM-IV exige que los códigos específicos para los diferentes tipos de *delirium* (p. ej., debido a infección, por intoxicación por sustancias) se enumeren en el Eje I. En el Eje III deberían anotarse las enfermedades médicas que, a nuestro parecer, causaron o contribuyeron al desarrollo del *delirium*.

© MASSON, S.A. Fotocopiar sin autorización es un delito.

ALIMENTO PARA EL ESPÍRITU

El Sr. Grim, una persona de 46 años de edad, es un vendedor publicitario y un escritor en una pequeña revista. La esposa comunica que a lo largo de 15 años de matrimonio su marido ha presentado todas las noches ronquidos fuertes, de 10 a 15 seg de duración, durante los cuales no respira. «Entonces inspira profundamente, espira, vuelve a inhalar (de una a cuatro o cinco veces), y vuelve a detener la respiración durante otro de estos silencios». Durante los largos períodos «sin respiración», como ella los denomina, su marido se encuentra «muy agitado». Podría darme un puntapié o un puñetazo si no me moviese de allí. A la mañana siguiente de una de estas noches ricas en este tipo de acontecimientos, el Sr. Grim se levanta de la cama, totalmente «grogui» y con dolor de cabeza.

El Sr. Grim está generalmente somnoliento durante el día, especialmente mientras conduce por las autopistas de Nueva Inglaterra, como requiere su oficio. Para permanecer atento y alerta, come bocadillos y bebe Coca-cola. Las bebidas alcohólicas le producen somnolencia.

Como resultado de estas ingestas, el Sr. Grim pesa 112 kg y mide 1,70 m. Es capaz de hacer dieta y perder peso solamente de manera temporal. Recientemente ha presentado una hernia de hiato (que se asocia con dolor abdominal e indigestión), una diabetes ligera e hipertensión, todo ello complicaciones de la obesidad.

De niño, la madre del enfermo se quejaba y le reñía por estar demasiado gordo; él tenía miedo de que algún día ella le dejara morir de hambre. Fue entonces cuando desarrolló el hábito de comprar cosas para poder comer cuando se encontraba fuera de casa.

La congestión nasal durante la época de las gramíneas empeoró de forma ostensible sus ronquidos, las batallas nocturnas y las cefaleas. Justamente antes de su primera visita al médico para explicarle los problemas de sueño, había limpiado un viejo cobertizo y un desván que estaban llenos de polvo y de excrementos de palomas, y presentó un cuadro alérgico grave. Fue por este motivo por el que acudió a un especialista a pedir ayuda.

La exploración física reveló una desviación del tabique nasal, un agrandamiento y estrechamiento de las estructuras faríngeas, y un colapso de las paredes faríngeas a la hora de inspirar profundamente con la nariz tapada.

Se le realizó una prueba de rendimiento diurno continuo. Ésta consistía en apretar un botón cada vez que veía determinadas letras, que aparecían a una velocidad de una por segundo. La puntuación que obtuvo fue de un 44% de respuestas correctas (la puntuación normal oscila entre un 66 y un 78%), lo que indica una moderada alteración de la capacidad de concentración, que en su caso era más intensa por las mañanas. La monitorización del sueño reveló períodos recurrentes de 15 a 66 seg, durante los cuales el enfermo no respiraba (apnea del sueño), asociados a una disminución de la saturación del oxígeno (habitualmente por debajo del 50%) y de la frecuencia cardíaca (50-55 lat./min), aunque ésta posteriormente aumenta (y alcanza los 90 lat./min). El aparato de polisomnografía no registró períodos de sueño profundo. Estos hallazgos indican una apnea del sueño grave, que interfiere en la calidad de su sueño nocturno y le produce somnolencia diurna y disminución del nivel de vigilancia. El clínico comunicó que la obesidad del Sr. Grim y la alteración estructural y funcional de las vías aéreas superiores eran la causa de las apneas que presentaba.

Discusión sobre «Alimento para el espíritu»

El problema principal del Sr. Grim es la excesiva somnolencia diurna (hipersomnia), que está causada por períodos recurrentes de apneas del sueño que hacen que su sueño sea adecuado en cantidad, pero sin ser reparador. En el Eje I especificamos la alteración del sueño como *trastorno del sueño relacionado con la respiración* (DSM-IV, pág. 588). En el Eje III especificamos, asimismo, las enfermedades médicas asociadas: apnea del sueño asociada a obesidad, desviación del tabique nasal y otras obstrucciones de las vías aéreas superiores. Asimismo, cabe señalar la hipertensión, la hernia de hiato y la diabetes.

Es frecuente observar el conjunto de síntomas que presenta el Sr. Grim (ronquidos fuertes, pausas respiratorias, problemas de las vías aéreas superiores, obesidad e hipertensión) en gente que se queja de hipersomnia y que acude a los centros donde se tratan los trastornos de sueño.

Seguimiento

El tratamiento de la apnea del sueño se llevó a cabo mediante presión aérea continua positiva, una técnica en la que la presión del aire inspirado se aumenta mediante una máquina conectada al enfermo por medio de un tubo y una mascarilla; este aparato ayuda a superar la obstrucción de las vías aéreas. Los ronquidos del enfermo y la somnolencia desaparecieron rápidamente, y el paciente empezó a encontrarse muy motivado y activo (por primera vez) para empezar un régimen dietético. Al cabo de 6 meses perdió 32 kg. Explicó que se sentía como «si le hubieran devuelto su juventud».

La concha vacía

La enferma es una asistente de veterinaria de 23 años que es ingresada en un hospital psiquiátrico. Llegó por la noche, tarde, enviada por un psiquiatra local, y refirió que «realmente no necesito estar aquí».

Tres meses antes del ingreso, la enferma se enteró de que su madre estaba embarazada. Empezó a beber de manera ostensible con el fin de poder dormir por la noche. Debido a este alto consumo de alcohol empezó a tener aventuras «de una

Fotocopiar sin autorización es un delito.

sola noche». Dos semanas antes de ser hospitalizada empezó a sentirse temerosa y a vivir experiencias en las que tenía la sensación de estar fuera de su cuerpo y en un estado de trance. Durante uno de esos episodios, la policía la detuvo mientras se paseaba por un puente a altas horas de la noche. Al día siguiente, al oír una voz que le decía repetidamente que se tirara del puente, fue en busca de su supervisor y le pidió ayuda. Éste, observando su estado y viendo que tenía cicatrices de cortes en la muñeca, la envió a un psiquiatra, que inmediatamente la hospitalizó.

En el momento de la hospitalización la enferma parecía una niña frágil aunque atractiva. Se mostraba cooperativa, coherente, pero atemorizada. A pesar de que consideraba que la hospitalización no era necesaria, agradeció que se le dijera que su ansiedad y despersonalización iban a desaparecer si permanecía en el hospital. Comunicó que se sentía sola y que tenía pensamientos de inferioridad, así como períodos breves de estado de ánimo deprimido y de ansiedad desde la adolescencia. Recientemente, había vivido fantasías en las cuales apuñalaba a un niño pequeño o incluso se apuñalaba a ella misma. Se quejaba de que era «solamente una concha vacía transparente para todo el mundo».

Los padres de la enferma se divorciaron cuando ella tenía 3 años, y durante los siguientes 5 años vivió con su abuela materna y su madre, que tenía un grave problema con la bebida. La paciente sufría terrores nocturnos que la obligaban a dormir con su madre. A la edad de 6 años fue a un internado especial durante un año y medio, y su madre se la llevó en contra del consejo del profesorado. Cuando tenía 8 años, su abuela murió; recuerda intentar superar el duelo. Pasó la mayor parte de los siguientes 2 años viviendo con varios familiares, incluyendo un período con su padre, al cual no había visto desde que se divorció. Cuando tenía 9 años, su madre fue hospitalizada con un diagnóstico de *esquizofrenia.* Desde los 10 años y a lo largo de la época universitaria, vivió con una tía y un tío, pero mantuvo frecuentemente el contacto con su madre. Su rendimiento en la escuela fue bastante bueno.

Desde que era adolescente había tenido relaciones con muchachos, y había disfrutado de una vida sexual activa y placentera. Sus relaciones con los muchachos generalmente terminaban de manera repentina; ella se enfadaba porque la habían decepcionado. Explicaba que «no eran lo suficientemente buenos como para empezar algo serio». Había tenido varias compañeras, pero siempre había tenido problemas para establecer una relación estable, debido a sus celos para compartir a sus compañeras de habitación con los demás y a sus esfuerzos manipuladores para evitar que vieran a otras personas.

Desde que acabó la universidad ha trabajado regularmente como asistente de veterinaria. Cuando se la ingresó, trabajaba de noche en una clínica veterinaria y vivía sola.

Discusión sobre «La concha vacía»

Esta enferma muestra los rasgos característicos del *trastorno límite de la personalidad* (DSM-IV, pág. 670). Muestra de manera clara un patrón inestable de relaciones interpersonales, del estado de ánimo, de la autoimagen y del control sobre los impulsos. Sus relaciones con los muchachos habían sido intensas e inestables, y habían finalizado cuando se enfadaba y los menospreciaba. Refiere que es «una concha vacía», hecho que constituye una prueba de que padece sentimientos crónicos de vacío dentro de sí y de una autoimagen distorsionada. La inestabilidad afectiva viene sugerida por el hecho de haber padecido breves períodos de estado de ánimo deprimido y de ansiedad desde la adolescencia. Además, y al menos durante el presente episodio, muestra impulsividad (bebida y sexo), una actitud suicida y actos de automutilación (hacerse cortes en las muñecas). Es bastante probable que estas conductas se hayan dado antes en períodos de estrés.

¿Qué se puede decir de los síntomas actuales que presenta la enferma? En los últimos 3 meses, desde que se enteró de que su madre estaba embarazada, empezó a beber de manera ostensible, ha sufrido varios episodios de lo que podríamos denominar despersonalización, se ha mostrado ansiosa y deprimida, y ha tenido ideas suicidas. Además, ha sufrido alucinaciones auditivas que le decían que se suicidara. No debe establecerse el diagnóstico de un trastorno psicótico, como *trastorno psicótico no especificado*, dado que la breve alucinación y su reacción egodistónica constituyen un ejemplo de las experiencias psicóticas relacionadas con estrés transitorio que, a menudo, forman parte de un *trastorno límite de la personalidad*. Por el mismo motivo, el diagnóstico de *trastorno de despersonalización* no puede explicar de manera clara los síntomas recientes de despersonalización.

Los síntomas recientes de la enferma sugieren otros trastornos del Eje I, tales como *trastorno depresivo mayor, abuso del alcohol* y *trastorno adaptativo*. A pesar de que la paciente se encuentra deprimida, no hay pruebas de un síndrome depresivo completo y permanente, requerido para realizar el diagnóstico de *trastorno depresivo mayor*. Nosotros añadiríamos el diagnóstico de *abuso del alcohol* (DSM-IV, pág. 202) en el Eje I para describir sus recientes problemas con la bebida. Debido a que la alteración representa claramente una exacerbación del *trastorno límite de la personalidad*, no debería diagnosticarse *trastorno adaptativo*.

© MASSON, S.A. Fotocopiar sin autorización es un delito.

Seguimiento

Cuando salió del hospital, la paciente reanudó su trabajo y acudió a la consulta de una terapeuta dos veces por semana. Ésta notó que había establecido una relación en la que la enferma parecía buscar algunas veces cuidados o favores especiales, y en otras se mostraba beligerante y consideraba la terapia inútil. Después de 3 meses, la enferma volvió a tener otra relación con un muchacho y poco tiempo después abandonó la terapia, con la excusa de que su terapeuta no la entendía ni le importaba nada lo que ella estaba padeciendo.

Miedo a volar

Lola, una técnica de laboratorio de 25 años de edad, está casada con un taxista desde hace 5 años. La pareja tiene un niño de 2 años, y el matrimonio es totalmente satisfactorio.

La queja por la cual Lola acude al especialista es la incapacidad crónica para experimentar el orgasmo. Nunca lo ha experimentado, a pesar de haber recibido suficiente estimulación sexual. Ha intentado masturbarse y en muchas ocasiones su marido la ha estimulado manualmente durante largo rato. A pesar de que no ha conseguido llegar al clímax, se encuentra profundamente atada a su marido, obtiene placer de tipo erótico durante el acto sexual y se lubrica de manera intensa. Según ambos, el marido no presenta ningún tipo de trastorno relacionado con el sexo.

La paciente comunica que a medida que se va acercando el orgasmo siente una sensación vaga de terror en relación con un desastre indefinido. En general, se encuentra ansiosa y teme perder el control de sus emociones, que normalmente no exterioriza. No se siente cómoda a la hora de expresar enfado u hostilidad.

La exploración física no revela ningún tipo de alteración.

Discusión sobre «Miedo a volar»

Los problemas sexuales de Lola se encuentran limitados a la fase del orgasmo (no presenta dificultad para desear hacer el amor o para excitarse).

Durante el acto sexual existe lo que habitualmente podría denominarse una cantidad adecuada de estimulación. El hecho de manifestar «un sentimiento vago de terror en relación con algún desastre indefinido» a medida que se acerca el orgasmo constituye una prueba de que su incapacidad para experimentar orgasmos representa una inhibición patológica. No hay nada que haga pensar en otro trastorno del Eje I o en una enfermedad física que pudiera explicar la alteración. Por lo tanto, el diagnóstico es el de *trastorno orgásmico, trastorno orgásmico femenino* (antes *orgasmo femenino inhibido), debido a factores psicológicos, de toda la vida, general* (DSM-IV, pág. 519).

Si con el tratamiento el miedo a perder el control constituye un síntoma de trastorno de la personalidad, como el *trastorno obsesivo-compulsivo de la personalidad,* debería establecerse el diagnóstico de *trastorno sexual.* Sin embargo, si la disfunción sexual aparece exclusivamente en el transcurso de otro trastorno del Eje I, como el *trastorno depresivo mayor,* entonces la alteración sexual constituiría un síntoma del trastorno del Eje I, y el diagnóstico de *trastorno sexual* no se establecería.

Falsos rumores

Bob, de 21 años de edad, acude a la consulta del psiquiatra acompañado de sus padres por consejo de su asesor universitario. Empieza la entrevista explicando que no padece ningún tipo de trastorno. Sus padres están siempre preocupados por él y la única razón por la que ha accedido al examen médico es para «que no me estén encima todo el día». «Dependo de ellos económicamente, pero no emocionalmente.»

El psiquiatra fue capaz de obtener la siguente historia de Bob y sus padres: el muchacho había propagado falsos rumores sobre varios de sus profesores que le habían dado bajas calificaciones en los exámenes, que consistían en que varios de ellos habían tenido experiencias homosexuales con algunos estudiantes. Esto, junto con el absentismo cada vez mayor a las clases a lo largo del último curso y a la ruptura con la muchacha con la que salía, hizo que el asesor universitario sugiriera a Bob y a sus padres que el muchacho necesitaba ayuda urgentemente. Bob explicó entonces que sus problemas se habían exagerado, que se pasaba por alto su éxito en algunas obras teatrales y que controlaba totalmente la situación. No negó

© MASSON, S.A. Fotocopiar sin autorización es un delito.

propagar falsos rumores, pero no mostró remordimientos ni miedo sobre las posibles repercusiones que esto podría suponer para él.

Bob es un muchacho alto, bien vestido y tiene una onda pronunciada en el pelo. Su trato es distante pero agradable, y es evidente que disfruta hablando sobre temas intelectuales o asuntos de actualidad. Sin embargo, adopta una actitud condescendiente y cínica hacia el psiquiatra y el proceso de evaluación. Transmite un sentido de superioridad y de control sobre la situación.

Las explicaciones sobre el desarrollo de Bob fueron complicadas por el hecho de que restó importancia al tema y por las aclaraciones conflictivas que sobre ello realizaron sus padres. Su madre era una mujer extremadamente ansiosa, muy charlatana y vestía de manera impecable. Describía a Bob como un bebé hermoso y alegre que siempre fue brillante. Explicó que después de haber sufrido un aborto, cuando Bob tenía 1 año, ella y su marido se habían dedicado exclusivamente a cuidarle y a darle «el amor para dos». El padre era un hombre de habla muy suave, que había tenido éxito en su trabajo. Recordó, asimismo, que durante una época él y su hijo habían tenido una relación de amistad muy estrecha, y le había llegado a confiar sus problemas, mostrándole un gran amor. Señaló que su hijo se sentía cada vez más resentido con el nacimiento de sus dos hermanos. Riendo, comentó que a Bob «le hubiera gustado ser hijo único». Explicó, asimismo, diversos conflictos que surgieron con el personal educativo de la escuela y el desdeño que mostraba hacia sus compañeros y hermanos.

En sus primeros años escolares y en comparación con los otros muchachos de su edad, Bob parecía jugar y relacionarse mucho menos. En el quinto curso, después de un cambio en el profesorado, se volvió ausente y rehusó participar en la clase. Sin embargo, sus calificaciones continuaron siendo buenas. Años más tarde volvió a sufrir un episodio similar al que le llevó al psiquiatra. Por aquel entonces promulgó falsos rumores sobre un compañero de clase con el cual se encontraba compitiendo para obtener un papel en una obra de teatro.

Estaba claro que Bob «nunca había sido uno de los muchachos». Le gustaba el arte dramático y el cine, pero nunca había mostrado interés alguno por el atletismo. Daba la sensación de que era una persona solitaria, a pesar de que no se quejaba de encontrarse solo. Cuando se le preguntaba, explicaba que se sentía orgulloso de ser diferente a sus compañeros. Asimismo, se distanciaba de sus padres y respondía con silencio cuando éstos le pedían que hablara.

Bob explicaba que la otra gente le veía como una persona fría e insensible. Él reconocía tener ese carácter, así como no tener amigos de verdad, pero afirmaba que era poco importante: le daba más fuerza. Continuaba explicando que cuando la otra gente se quejaba de su carácter era debido principalmente a su propia debilidad. Según él, le envidiaban y deseaban que él les respetara y les cuidara. Creía que la gente iba a sacar algún beneficio si conseguía aliarse y hacer amistad con él.

Bob tenía citas con muchachas de manera ocasional, pero no relaciones amorosas estables. A pesar de que la historia exacta continúa aún por esclarecerse, afirmaba que la pérdida de su novia podía haber sido la causa de sus problemas en la escuela. Había sido la primera muchacha con la cual había tenido una relación sexual. La relación se acabó después de que ella manifestara un mayor deseo de pasar más tiempo con sus amigas y de acudir a los actos sociales de la escuela.

Discusión sobre «Falsos rumores»

Este caso fue aportado como ejemplo de *trastorno narcisista de la personalidad* (DSM-IV, pág. 678), y el lector se sorprenderá de las ideas de grandiosidad y de la insensibilidad hacia los demás (ausencia de empatía). Además, es una persona extremadamente celosa de sus hermanos, propaga rumores sobre un estudiante compañero suyo con el cual se encontraba compitiendo y cree que los demás le envidian. Al identificar la conducta que justifica dos criterios adicionales requeridos para el trastorno, es necesario señalar el limitado material del que se dispone. Por ejemplo, consideramos que la razón por la que Bob ha tenido problemas con las autoridades en relación con las reglas escolares es porque no cree que las reglas sean igualmente válidas para él, y esta conducta indica que quiere que se le preste atención. Interpretamos estos rumores falsos sobre los profesores y los compañeros como evidencia de que es interpersonalmente explotador. Su cuadro clínico pone de manifiesto su necesidad para recibir atención y admiración de manera continuada.

Tormentas

Sheila, una ama de casa de 28 años de edad, pidió consulta al psiquiatra por tener miedo a las tormentas, que cada vez la perturbaban más. A pesar de que desde niña ya le horrorizaban estos fenómenos meteorológicos, durante la adolescencia le dio la sensación de que este miedo había disminuido, pero a lo largo de los últimos años la sensación de terror se había incrementado. Esta exacerbación gradual de su ansiedad y el miedo a poderlo transmitir a sus hijos la llevó a buscar ayuda profesional.

Lo que más miedo le produce son los relámpagos, pero no parece saber por qué. Está preocupada, aunque ligeramente, por la posibilidad de que un relámpago pueda cogerla, aunque reconoce que la probabilidad de que esto ocurra es muy baja. Cuando se le pide que explique más detalladamente en qué consiste su miedo, cuenta que el relámpago puede tocar un árbol de su jardín, caer y dejarla atrapada en casa. Esto la aterroriza, pero sabe que se trata de un miedo irracional. Reconoce, asimismo, la naturaleza irracional de su miedo a los truenos. Empieza a sentir ansiedad mucho antes de que comience la tormenta. Un informe del tiempo que prediga una tormenta para algún día de la semana puede hacer que aumente su ansiedad hasta el punto de empezar a preocuparse varios días antes. Aunque no expresa tener miedo a la lluvia, su ansiedad aumenta incluso cuando el cielo se cubre de nubes y existe posibilidad de que haya tormentas.

Durante una tormenta, la enferma realiza diversas actividades con el fin de reducir su ansiedad. Dado que el hecho de estar con otra persona la disminuye, intenta a menudo hacer planes para visitar a amigos o parientes o ir a unos grandes almacenes cuando sabe que se aproxima una tormenta. Algunas veces, cuando su marido se encuentra fuera de casa por razones de trabajo y se avecina lluvia, pasa la noche en casa de un familiar cercano. Durante las tormentas, se cubre los ojos o se dirige a una parte de la casa que no tenga ventanas para de este modo no ver los relámpagos.

Sheila tiene 3 hijos. Describe su matrimonio como satisfactorio y feliz, y comunica que su marido le ha prestado todo tipo de apoyo siempre que ella lo ha necesitado y la ha animado a buscar tratamiento psiquiátrico. Goza de buena salud y al empezar el tratamiento no padece ningún tipo de estrés ni problema emocional. Sus padres se separaron poco tiempo después de que iniciara el tratamiento. A pesar de que sintió un gran malestar por ello, pensó que su apoyo familiar era el adecuado y que no precisaba ningún tipo de atención psiquiátrica.

Describe su historia personal como totalmente normal en cuanto a problemas emocionales, con la excepción del miedo a las tormentas. Cree que puede haber «aprendido» este temor de su abuela, que también les tenía mucho miedo. Niega haber tenido crisis de angustia ni otros temores inusuales o incapacitantes.

Discusión sobre «Tormentas»

Muchas personas lo pasan mal durante las tormentas ya que se asustan al oír truenos y ver relámpagos, pero el miedo persistente que padece Sheila es claramente excesivo: le produce un malestar considerable, y ella misma reconoce que es irracional. Además, el miedo y la conducta de evitación frecuentemente interfieren con sus actividades normales. Estos síntomas indican la presencia de una fobia. A pesar de que la enferma tiene miedo de estar sola durante las tormentas, no le preocupa el hecho de poder presentar una crisis de angustia o cualquier otro síntoma incapacitante mientras se encuentra sola o en lugares públicos, como en la *agorafobia sin historia de trastorno de angustia.* Su temor a las tormentas no implica un miedo a la humillación o a la vergüenza en ciertas situaciones sociales, como en la *fobia social,* y no se relaciona con el contenido de las obsesiones que se observan en el *trastorno obsesivo-compulsivo.* Es por esto que, por exclusión, el diagnóstico que debe establecerse es el de *fobia específica, tipo ambiental* (DSM-IV, pág. 420).

VÉRTIGO

Un ama de casa de 46 años de edad fue enviada a la consulta por el psiquiatra de su marido, para que se visitara. El marido había observado algunas veces que, en el transcurso de algunas discusiones familiares con su mujer, ésta presentaba «ataques» de vértigo que ella refería como incapacitantes.

Durante la visita, la mujer explicó sentirse mal por la sensación de mareo intenso que padecía cuatro o cinco veces a la semana, y que se acompañaba de náuseas. Durante estos ataques, la habitación donde se encontraba adquiría un aspecto «trémulo» y era incapaz de mantener el equilibrio. Inexplicablemente, los ataques se producían alrededor de las 4 de la tarde. Generalmente tenía que tumbarse en un sofá y no volvía a encontrarse bien hasta las 7 o las 8 de la tarde. Una vez recuperada, pasaba el resto del día viendo la televisión; algunas veces se quedaba dormida en la sala de estar y no se acostaba hasta las 2 o las 3 de la madrugada. Según le habían comentado el internista, el neurólogo y el otorrinolaringólogo en más de una ocasión, gozaba de buena salud. La posibilidad de presentar hipoglucemia fue descartada por los resultados observados en los tests de tolerancia a la glucosa.

Cuando se le preguntó sobre su matrimonio, la enferma describió a su marido como un tirano, que muchas veces abusaba verbalmente de ella y de sus cuatro hi-

© MASSON, S.A. Fotocopiar sin autorización es un delito.

jos. Admitió que temía su llegada a casa después del trabajo, ya que sabía que le comentaría que la casa estaba hecha un desastre y que la cena, si estaba preparada, no le iba a gustar. Recientemente, desde el inicio de estos ataques, la enferma era incapaz de hacer la cena, y su marido y sus cuatro hijos iban a cenar a McDonald's o a otro lugar a comer pizza. Acto seguido, volvían y se sentaba delante del televisor a presenciar un partido de fútbol americano, por lo que el diálogo que la pareja tenía era mínimo. A pesar de estos problemas, la enferma explicó que amaba mucho a su marido y le necesitaba.

Discusión sobre «Vértigo»

Esta mujer se queja de una variedad de síntomas físicos (mareo, náuseas, alteraciones visuales, pérdida del equilibrio) que sugieren un trastorno físico; pero las pruebas que han llevado a cabo diversos especialistas no han podido detectar la existencia de una enfermedad física. Por este motivo, el diagnóstico diferencial debe efectuarse entre síntomas físicos no diagnosticados y un trastorno mental.

El contexto en el que se producen estos síntomas sugiere la importancia que los factores psicológicos desempeñan en su desarrollo: se repiten casi a la misma hora cada día, estrechamente relacionados con la llegada del marido a casa; los sarcasmos de su marido y los insultos resultan indudablemente muy estresantes. Dado que no existen pruebas de que la enferma produzca los síntomas de manera intencionada (p. ej., tomar una droga que induzca tales síntomas, o decir que está sufriendo los síntomas cuando no es cierto), deber descartarse el diagnóstico de *trastorno facticio* y el de *simulación*. A pesar de que los síntomas parecen los de una crisis de angustia, no hay pruebas de que se produzcan inesperadamente, descartándose de este modo el *trastorno de angustia*. El trastorno, por lo tanto, es un trastorno somatomorfo: una alteración mental con síntomas que sugieren una enfermedad física o un trastorno neurológico.

Dado que las quejas de la enferma no forman parte de una alteración polisintomática que engloba muchos órganos, se excluye el *trastorno de somatización*. Los síntomas están limitados a una alteración en el funcionamiento sensorial; por lo tanto, el diagnóstico es *trastorno de conversión* (DSM-IV, pág. 469).

Manténgase sano

El Sr. Michaels, un programador de ordenadores de 28 años de edad, busca tratamiento debido a los temores que padece y que le impiden visitar a su suegro, un enfermo terminal, en el hospital. Explica que teme cualquier situación relacionada, aunque remotamente, con lesiones corporales o enfermedades. Por ejemplo, no soporta la idea de que le extraigan sangre, o ver u oír hablar de gente enferma. Este miedo es la razón por la que evita ir a visitarse por un especialista incluso cuando está enfermo, y elude visitar a amigos enfermos o a familiares, e incluso oír explicaciones sobre procedimientos médicos, traumatismos físicos o enfermedades. Se ha hecho vegetariano desde hace 5 años con el fin de no tener que pensar en el sacrificio de animales.

El enfermo comunica el inicio de estos temores cuando a la edad de 9 años se produjo un incidente y su profesor de la escuela dominical le dio una explicación detallada de una intervención quirúrgica que sufrió en su pierna. Mientras escuchaba empezó a sentirse ansioso y a marearse, a sudar intensamente y, finalmente, se desmayó. Recuerda que tuvo muchas dificultades para aceptar vacunas y para someterse a otros procedimientos médicos de rutina durante el resto de los años escolares, así como haberse desmayado o casi desmayado de adolescente o de adulto siempre que era testigo del más leve traumatismo físico, oía hablar de heridas o enfermedades o ver a una persona enferma o desfigurada. Recientemente había visto a una persona en silla de ruedas en unos grandes almacenes. Empezó a preguntarse si sentiría dolor y comenzó a sentirse tan mal que se desmayó y cayó al suelo. Sintió mucha vergüenza cuando al recuperar la conciencia vio la multitud que le rodeaba.

El Sr. Michaels niega padecer trastornos emocionales. Le gusta su trabajo, se lleva muy bien con su mujer y tiene muchos amigos.

Discusión sobre «Manténgase sano»

Al Sr. Michael le da miedo pensar o estar cerca de una situación relacionada con una enfermedad corporal o alguna lesión. Reconoce que este miedo es excesivo e irracional, pero a pesar de esto evita este tipo de situaciones. Aunque el miedo y la conducta de evitación no interfieren aparentemente con sus actividades normales y con sus relaciones sociales, está muy afectado por este miedo y pide tratamiento.

El miedo que padece no se encuentra relacionado con un *trastorno obsesivo-compulsivo* (p. ej., la obsesión a ser infectado por gérmenes) o con algún trauma que pueda originar un *trastorno por estrés postraumático* (p. ej., haber presenciado una mutilación en la guerra), y por este motivo no se efectúa ninguno de estos diagnósticos.

El Sr. Michael padece una *fobia específica* (DSM-IV, pág. 420), *tipo sangre-inyecciones-daño.* Siente que va a desmayarse cuando está delante del estímulo fóbico, al igual que muchas personas que padecen este trastorno. Desmayarse no es un síntoma que se observe en otras *fobias específicas*, como, por ejemplo, miedo a volar o a los animales, o en la *fobia social* o la *agorafobia.*

PANTIES

Un hombre de 32 años de edad, soltero, fotógrafo *free-lance* de profesión, acudió a visitarse por un psiquiatra por padecer «un impulso sexual anormal». El enfermo explicó que, a pesar de sentirse sexualmente atraído por las mujeres, le atraían mucho más los «*panties*» que éstas llevaban.

Hasta donde el enfermo recordaba, la excitación sexual comenzó a los 7 años de edad cuando encontró una revista pornográfica y se sintió estimulado por fotografías de mujeres desnudas que llevaban «*panties*».

Su primera eyaculación se produjo a los 13 años mediante la masturbación y pensando en mujeres que llevaban *panties.* Se masturbaba en los *panties* que cogía a su hermana mayor sin que ésta se diera cuenta. Desde entonces empezó a robar los *panties* de amigas suyas y de otras mujeres que conocía. Encontraba excusas para «entrar» en el dormitorio de las mujeres durante eventos sociales y buscaba por todos los rincones hasta que encontraba un par de *panties* que le gustara. Los usaba para masturbarse y los «guardaba» en un «escondrijo privado». El patrón de masturbarse con ropa interior femenina había sido su método preferido para conseguir excitarse sexualmente desde la adolescencia hasta entonces.

El enfermo tuvo su primera relación sexual a la edad de 18 años. Desde entonces había tenido relaciones sexuales en varias ocasiones, y su compañera preferida era una prostituta a la que pagaba para que llevara *panties,* con un agujero en la zona del pubis.

El enfermo se encontraba incómodo cuando tenía citas con «mujeres bonitas», ya que creía que la amistad podía conducir al sexo y no iban a entender sus necesidades sexuales. Empezó a evitar el contacto social con amigos que pudieran presentarle muchachas de ese tipo. Reconoció que su aspecto, su clase social y su profesión hacían que se le viera como un soltero muy agradable. Se sentía ansioso y muy deprimido porque su vida social se veía limitada a causa de su preferencia sexual.

El paciente fue a la consulta del médico poco tiempo después de que muriera su madre de manera inesperada. A pesar de que se quejaba de encontrarse solo, admitía que el placer que experimentaba a través de su actividad sexual poco habitual le hacía sentirse inseguro sobre si deseaba o no abandonarla.

Discusión sobre «Panties»

La primera excitación sexual que recuerda este hombre se produjo en repuesta a fotografías de mujeres desnudas que llevaban *panties.* Desde aquel momento ha padecido urgencias sexuales intensas, recurrentes, y fantasías de tipo sexual que ha llevado a cabo y hacían referencia a diversos objetos *(panties,* por sí solos o llevados por una mujer). Éstos son los rasgos del *fetichismo* (DSM-IV, pág. 539).

El *fetichismo* no debería confundirse con el *fetichismo transvestista,* en el que un hombre heterosexual se excita sexualmente al vestirse como una mujer. Mientras que en el *fetichismo* el objeto inanimado (en este caso una prenda femenina) es el que provoca la excitación sexual, en el *fetichismo transvestista,* la prenda femenina resulta estimulante no por sí misma, sino porque la persona tiene la experiencia de vestirse de una manera que no es propia de su sexo.

Como sucede en las *parafilias,* la conducta sexual desviada produce, por sí sola, solamente placer, y son las consecuencias que comporta (humillación, miedo a estar expuesto o procesamiento criminal) lo que hace al enfermo buscar ayuda y tratamiento.

© MASSON, S.A. Fotocopiar sin autorización es un delito.

Sentado al lado de la chimenea

Paddy O'Brien es un estudiante de 26 años de edad que vive con su madre y sus dos hermanos mayores en la granja que su familia tiene al oeste de Irlanda.

La madre de Paddy le describe como un niño totalmente «normal» hasta la edad de 14 años. En la escuela tenía un nivel medio o ligeramente inferior al normal. Tenía amigos con los que jugaba después de salir de la escuela, y ayudaba normalmente a sus hermanos y a su madre en las tareas de la granja. A los 14 años empezó a «perder interés» por los deberes de la escuela. El profesor se dio cuenta de que en clase tenía siempre la mirada perdida y raramente seguía lo que se hacía y se enseñaba. Poco tiempo después, su madre se percató de que ya no jugaba con los otros niños y que llegaba a casa y se sentaba delante del hogar. Fue cada vez más difícil decirle que realizara las tareas de la granja. A veces entraba y decía que el trabajo estaba terminado. Solamente unas horas después ellos se daban cuenta de que sólo había ordeñado algunas vacas o recogido algunos huevos.

A la edad de 16 años, dado que su enfermedad había empeorado, Paddy dejó la escuela y fue ingresado en un hospital psiquiátrico del condado. La historia clínica reveló que era un muchacho que se aislaba desde el punto de vista social y que su afecto era aplanado. No era posible conseguir que se interesara por las actividades del centro. No se observaron síntomas de tipo psicótico.

Desde entonces, Paddy ha estado en tratamiento psiquiátrico, aunque de manera intermitente. Durante el último año y medio, ha asistido al centro local de día dos veces por semana.

Cuando el equipo investigador le entrevista, se oberva que Paddy es un hombre obeso y algo descuidado. Responde a muchas de las preguntas con un «sí» o un «no» o «podría ser». Niega padecer síntomas de tipo psicótico, sentimientos de depresión o manía, o problemas con el apetito y ausencia de energía. Sin embargo, admite tener problemas inespecíficos con los nervios y dificultades para dormir. Asimismo, reconoce que se siente incómodo cuando está con gente, a excepción de su familia. El contacto visual es escaso: mira el suelo durante la mayor parte de la entrevista. Su afecto está aplanado. A pesar de todos los intentos, el entrevistador es incapaz de ganarse la confianza del enfermo. Según la familia de Paddy, los días en que no acude al centro de día permanece sentado toda la jornada ante la chimenea de su casa. Ocasionalmente, se le puede animar para que colabore en algún tipo de actividad de la granja, pero generalmente la abandona al cabo de 15 min y vuelve a sentarse. A menos que se le presione, no se lava ni se cambia la ropa. Se niega a asistir a cualquier reunión social, y sus amigos de la infancia hace tiempo que dejaron de visitarle.

En el centro de día, Paddy trabaja algunas veces por períodos de tiempo breves y lleva a cabo tareas simples como parte de la terapia ocupacional, aunque rápidamente las abandona y se sienta en la sala. Tanto la familia como el personal del centro notan que el paciente se da cuenta de lo que sucede a su alrededor, lo cual se refleja en algún comentario ocasional. Ni su familia ni ningún miembro del personal psiquiátrico que le atiende ha podido observar nunca ningún síntoma psicótico.

Discusión sobre «Sentado al lado de la chimenea»

Paddy padece un patrón generalizado de déficit en las relaciones interpersonales, marcado por malestar y una capacidad disminuida para relaciones estrechas. Padece, asimismo, distorsiones perceptivas y cognoscitivas. Es socialmente ansioso, de aspecto raro, y no tiene amigos ni confidentes. Su discurso es extraño y su afecto, inhibido. Todo esto es característico del *trastorno esquizotípico de la personalidad.* Sin embargo, su cuadro clínico muestra los síntomas residuales de la *esquizofrenia crónica;* los síntomas negativos y el deterioro social son tan profundos y el deterioro con respecto al nivel anterior de funcionamiento tan claro, que su enfermedad no es lo que se entiende como un «trastorno de la personalidad».

La definición de *esquizofrenia* en el DSM-IV no permite realizar el diagnóstico en los casos en los que solamente han existido síntomas negativos de esquizofrenia, como aplanamiento afectivo o apatía. Sin embargo, la enfermedad de Paddy corresponde al concepto tradicional bleuleriano de *esquizofrenia simple,* en la que se dan los síntomas principales de autismo, pérdida de asociaciones u otros «trastornos del pensamiento» y aplanamiento afectivo, en ausencia de síntomas psicóticos secundarios (ideas delirantes y alucinaciones), y un deterioro marcado respecto al nivel previo de funcionamiento.

Según el DSM-IV, tendríamos que diagnosticar *trastorno esquizotípico de la personalidad,* (DSM-IV, pág. 645), a pesar de que el cambio en el funcionamiento que Paddy experimenta a la edad de 14 años no es característico de los trastornos de personalidad. El concepto de *trastorno deteriorante simple (esquizofrenia simple)* está incluido en el Apéndice B del DSM-IV (DSM-IV, página 731), que se refiere a trastornos que requieren estudios posteriores.

© MASSON, S.A. Fotocopiar sin autorización es un delito.

El Sr. y la Sra. B.

El Sr. y la Sra. B. han estado casados durante 14 años y han tenido 3 hijos, de edades comprendidas entre los 8 y los 12 años. Los dos son brillantes y bien educados. Son de Escocia, de la que tuvieron que irse por motivos laborales del Sr. B., que trabajaba como consultor industrial. Acuden a la consulta con la queja de que la Sra. B participa en el acto sexual «como un deber», como si fuera una «obligación» y nunca ha sido capaz de experimentar placer.

Antes de casarse, a pesar de haber hecho el amor solamente dos veces, la Sra. B. se había sentido sexualmente excitada por los besos y caricias, y pensó que podía usar su atractivo para «seducir» a su futuro marido y pedirle el matrimonio. Sin embargo, se sintió extremadamente culpable por las dos veces que hicieron el amor antes de casarse; durante la luna de miel, empezó a pensar que el sexo iba a ser algo poco placentero. A pesar de que periódicamente realizaban el coito, ella no era capaz de experimentar un deseo espontáneo por el sexo. Nunca se masturbaba y nunca había experimentado el orgasmo; pensaba que cualquier otra forma de sexo, como el sexo oral, era verdaderamente repulsivo, y se encontraba preocupada por cómo iba a reaccionar y qué pensaría su familia si supiera que había hecho el amor de una forma distinta a la habitual.

La Sra. B. está prácticamente segura de que las mujeres de su edad que ella ha conocido nunca han experimentado placer con el sexo y, a pesar de la «nueva ola» de sexualidad solamente las mujeres más vulgares realizarían tales actos y se comportarían como «animales». Estas creencias han conducido a la aparición de un patrón de relaciones sexuales que además de infrecuentes, no producen placer a ninguno de los dos miembros de la pareja. Cada vez que la Sra. B. está a punto de excitarse sexualmente, pasan por su mente pensamientos negativos, como «¿Qué soy, una furcia?», «Si esto me gusta, él querrá hacerlo muchas más veces» o «¿Cómo podría mirarme al espejo después de hacer algo similar?» Estos pensamientos se acompañan inevitablemente de una sensación de frialdad y de una insensibilidad al placer sensual. Como resultado, el sexo resulta una experiencia muy desagradable. Cualquier excusa, como estar cansado o atareado, es suficiente para no llevar a cabo el acto sexual.

La Sra. B. se pregunta: «¿Me pasa algo?» Busca ayuda para saber si es una persona normal o no. Su marido, a pesar de que es infeliz en su vida sexual, está convencido de que con la ayuda de un especialista las cosas van a solucionarse.

Discusión sobre «El Sr. y la Sra. B.»

Esta pareja busca ayuda por el problema sexual que padece la mujer desde hace mucho tiempo. La alteración que presenta proviene de su actitud negativa hacia la sexualidad, que no puede explicarse por un trastorno no sexual del Eje I, como un *trastorno depresivo mayor.* Debe considerarse el diagnóstico de *trastorno por aversión al sexo.* Aunque presenta una aversión extrema y persistente al contacto genital y evita tener relaciones sexuales, de hecho, las tiene. La ausencia persistente de fantasías sexuales y de deseo de realizar el coito justifican el diagnóstico de *deseo sexual hipoactivo, debido a factores psicológicos, de toda la vida, general* (DSM-IV, pág. 510). Cuando realiza el acto sexual con su marido, no se excita; por esta razón debería considerarse el diagnóstico adicional de *trastorno de la excitación sexual en la mujer.* Solamente debería añadirse el diagnóstico de *trastorno orgásmico femenino* si, durante el acto sexual, la mujer no puede experimentar el orgasmo, pero no presenta dificultad a la hora de excitarse sexualmente (extremadamente improbable en este caso).

La ausencia de alteraciones significativas por parte del marido se refleja en la indicación de *sin diagnóstico o estado en el Eje I.*

Bestias

Un hombre blanco, de 30 años de edad y encarcelado por haber abusado de niñas prepúberes, se presentó como voluntario a una entrevista con un especialista en sexo. Había sido educado en un área rural y sus padres eran de clase media-baja. Su madre, una mujer extremadamente puritana, le atemorizaba con historias de enfermedades venéreas y con las consecuencias graves que ocasionaba la masturbación; le decía que el sexo era algo sucio y que los hombres eran «bestias». Empezó entonces a sentirse culpable de sus urgencias de tipo heterosexual y de su juego heterosexual preadolescente; con la pubertad, a la edad de 12 años, cesó todo tipo de actividad heterosexual. Empezó a masturbarse un año antes de la pubertad, aunque un año después lo dejó por los consejos y advertencias de su madre. Durante la adolescencia era una persona apocada y temía a las mujeres, a pesar de que las deseaba. Las muchachas le decían que «hacía demasiado caso a las cosas que le decía su madre».

Siempre se había sentido sexualmente excitado cuando veía copular a los caballos y algunas veces había tenido fantasías sobre relaciones sexuales entre animales mientras se masturbaba. Había oído hablar a su grupo de amigos de relaciones sexuales entre animales y, en sustitución de la masturbación, empezó a realizar el coito con bueyes prácticamente cada día, desde los 13 hasta los 18 años. Desarrolló un componente afectivo hacia ellos, al igual que se puede tener con los animales domésticos. Sin embargo, nunca pensó que la idea de llevar a cabo el acto sexual con un animal fuera igual de excitante que con una muchacha.

A la edad de 18 años se produjo una epidemia de brucelosis entre el ganado de la región y el muchacho la asoció mentalmente con una afección venérea, a la que tenía verdaderamente pánico (debido a las advertencias de su madre). Por esta razón ya no tuvo más contacto con animales. Atemorizado por masturbarse o tener contacto con animales y sin practicar el coito de forma heterosexual, el patrón sexual del enfermo fue de nuevo el prepuberal (que había sido muy gratificante) y empezó a abusar de muchachas prepúberes. Esto le llevó a la detención y al encarcelamiento.

Discusión sobre «Bestias»

Se pidió al Instituto de Investigación sobre Sexo de la Universidad de Indiana (fundado por Alfred C. Kinsey) un caso clínico de *zoofilia* para ser publicado en este libro, un tipo de *parafilia no especificada,* incluido en el DSM-IV. Una búsqueda en el ordenador de miles de personas visitadas entre 1938 y 1963 reveló 96 casos de actividad sexual intensa con animales, pero en ningún caso el contacto con el animal o la fantasía de tener contacto con él constituía el método preferido para la excitación sexual. A diferencia de las otras *parafilias,* la actividad sexual con animales es siempre la segunda elección, al igual que en este caso. No se han observado casos en los que la idea de llevar a cabo el acto sexual con un animal sea más excitante que con un ser humano.

La conducta que llevó a este hombre a la cárcel fue la de tener relaciones sexuales con muchachas prepúberes. Por este motivo, el diagnóstico más probable cuando se le detuvo es el de *pedofilia, con atracción sexual por las mujeres,* con una historia de *parafilia no especificada (zoofilia)* (DSM-IV, pág. 545). Cuando era joven le atraían las adolescentes. Por esta razón añadimos, asimismo, *tipo no exclusivo,* para indicar que su atracción sexual no se limitaba solamente a las niñas.

Burt Tate

El enfermo es un hombre blanco de 42 años de edad que es llevado al servicio de urgencias de un hospital por la policía. Se vió envuelto en una discusión y en una pelea en el restaurante donde trabajaba. Cuando la policía llegó al local habló con el enfermo y éste dijo que se llamaba Burt Tate, pero no tenía ningún tipo de indentificación. Burt había llegado a la ciudad hacía algunas semanas y había empezado a trabajar como cocinero en un restaurante. No recordaba dónde había trabajado ni vivido antes. No existían cargos en su contra, pero la policía le convenció para que acudiera al servicio de urgencias con el fin de ser visto por un médico.

Cuando se le interrogó, Burt sabía en qué ciudad se encontraba y qué día era. Admitió que era algo inusual no poder recordar detalles de su vida pasada, pero no parecía estar muy preocupado. No habían pruebas de abuso de alcohol o de drogas, y la exploración física no reveló ningún traumatismo craneal o cualquier otro tipo de patología. Aquella noche permaneció en el hospital en observación.

La policía realizó una búsqueda para identificar al enfermo y encontró que su descripción encajaba perfectamente con la de una persona, concretamente Gene Saunders, que había desaparecido cierto tiempo atrás, un mes antes, de una ciudad a 320 km de distancia. La visita de la Sra. Saunders confirmó la identidad del paciente; explicó que 18 meses antes de su desaparición, su marido, que ocupaba un cargo de responsabilidad en una empresa constructora, había tenido problemas en el trabajo porque su jefe le exigía demasiado y le criticaba constantemente. Varios miembros de la compania habían abandonado la empresa y cambiado de trabajo, y el enfermo no podía realizar todo lo que se le encomendaba. El estrés laboral le causó problemas en su casa. Se enfadaba con su mujer y sus hijos, algo que no había hecho anteriormente. Antes de desaparecer tuvo una violenta discusión con su hijo de 18 años. El muchacho le había llamado «fracasado» y se había ido a vivir a casa de unos amigos. Dos días después, el enfermo desapareció.

Cuando se le llevó a la sala donde se encontraba su mujer, el paciente comunicó que no la reconocía y no sabía quién era. Parecía encontrarse bastante ansioso.

Discusión sobre «Burt Tate»

La policía llevó a este hombre a la sala de urgencias de un hospital debido a la imposibilidad de recordar dónde vivía y trabajaba. Esta alteración de la memoria sugiere un *trastorno cognoscitivo,* como *delirium, demencia* o *trastorno amnésico.* Sin embargo, en un trastorno de este tipo la alteración de la memoria es más acentuada para los sucesos recientes que para los remotos, y a menudo hay un trastorno de la conciencia y de la orientación, que no se da en esta historia.

Además de padecer amnesia, el Sr. Saunders había asumido una nueva identidad, y se llamaba Sr. Tate. Dado que las dos identidades o personalidades no se alternan, es necesario descartar el diagnóstico de *trastorno de identidad disociativo* (antes *personalidad múltiple).*

El papel crítico que juegan los factores psicológicos en la amnesia se hace cada vez más patente cuando tenemos en cuenta que justamente antes de la aparición de la sintomatología, que coincidía con problemas en el trabajo, el paciente tuvo una fuerte discusión con su hijo. El síntoma adicional de huir de casa de manera repentina e inesperada justifica el diagnóstico de *fuga disociativa* (DSM-IV, pág. 496).

TESTÍCULOS

Kevin es un muchacho de raza blanca y de 19 años de edad que, hasta su ingreso en el departamento de psiquiatría, se encontraba trabajando en el servicio de correos y había solicitado entrar en la universidad. El inicio de su enfermedad no está del todo claro. Según él, no ha «vuelto a ser el mismo» desde que su madre falleció por hemorragia cerebral 9 meses antes. Sin embargo, según su padre, el muchacho había mostrado una reacción de duelo normal ante la muerte de su madre y sólo había empezado a cambiar hacía 3 meses.

Poco tiempo después de que su novia le dejara por otro muchacho, empezó a creer que los compañeros de trabajo pensaban que era homosexual. Comenzó a tener miedo de ser homosexual y que la gente creyera que lo era. Llegó a la convicción de que padecía una enfermedad del sistema reproductivo; pensaba que tenía un testículo normal, que producía esperma, y otro testículo que se había convertido en ovario y producía óvulos. Pensó que ésta era la prueba de que «el cuerpo de una mujer reside en mi cuerpo de hombre». Empezó a aficionarse al juego, y en una ocasión creyó haber ganado 44 millones de pesetas y su corredor de apuestas no le había pagado; creía, asimismo, que era solicitado por los presentadores de *shows* para que fuera su invitado y explicara sus inusuales historias (todas falsas). Comunicó que tenía una percepción extremadamente sensible y un «sentido extra», y los sonidos eran inusualmente altos. Le costaba dormir por la noche, pero no presentaba ninguna alteración del apetito.

Durante el ingreso, el habla de Kevin era algo rápida y pasaba de un tema a otro. Su estado de ánimo no era irritable, eufórico ni expansivo. Explicó que se buscaba tratamiento ya que «existe una guerra entre mis testículos, y yo prefiero ser hombre».

A la edad de 10 años, su pediatra comunicó que tenía un pene de tamaño reducido. Esto condujo a una exploración endocrinológica exhaustiva y de sus testículos cada 4 meses durante los siguientes 4 años. Pasado este período de tiempo, se llegó a la conclusión de que no había anomalías significativas.

En el instituto, Kevin había sido un mal estudiante y su nivel de asistencia a clase había sido muy bajo. Explicaba haber tenido siempre muchos amigos. Nunca ha recibido tratamiento de tipo psiquiátrico. Admite haber consumido de manera ocasional marihuana y cocaína en el pasado, pero niega haber tomado alucinógenos.

Kevin es el hijo mayor de una familia de seis hijos. Sus padres se conocieron cuando eran pacientes en un hospital psiquiátrico.

Discusión sobre «Testículos»

Los síntomas principales de la enfermedad de Kevin incluyen ideas delirantes somáticas absurdas, delirios de grandeza y discurso desorganizado (salta de un tema a otro). Aunque los delirios de grandeza y la logorrea sugieren la posibilidad de un *episodio maníaco*, éste debe descartarse debido a la ausencia de un estado de ánimo irritable, elevado o expansivo.

¿Cuándo empezó esta enfermedad? A pesar de que el muchacho refiere que no ha sido la misma persona desde la muerte de su madre, no comunica ningún cambio que pueda salirse de lo normal. Además, su padre explica que su conducta anormal comenzó hace solamente 3 meses. Concediendo al enfermo el beneficio de la duda, fechamos el inicio de la enfermedad 3 meses antes del ingreso. La presencia de los síntomas característicos de *esquizofrenia* en una enfermedad de más de 1 mes de duración, pero de menos de 6 meses, en ausencia de un trastorno del estado de ánimo, de consumo de sustancias o de una enfermedad médica, sugiere *trastorno esquizofreniforme* (DSM-IV, pág. 298). El afecto de Kevin no es aplanado ni embotado. Sin embargo, dado que no está claro si el inicio de la enfermedad se produjo en las 4 semanas después del primer cambio visible de conducta (él y su padre explican cosas diferentes), somos incapaces de subtipificar el trastorno en cuanto a su pronóstico.

Seguimiento

Se le administraron a Kevin litio y clorpromacina, y pronto se encontró lo suficientemente bien como para volver a su casa. Empezó la universidad aquel otoño y terminó el primer semestre con calificaciones de A y B. El año siguiente dejó de tomar la medicación y volvió a sentirse mal nuevamente. Se encontraba irritado, enfadado, chillaba y verbalizaba insultos. Hablaba incesantemente, no dormía y salía desnudo a la calle. Expresaba ideas extrañas sobre «que el tiempo iba hacia atrás» y volvió a creer que tenía un ovario. Durante un período de 3 años se sucedieron varios de estos episodios, que requirieron hospitalización. Finalmente, se convenció de que sólo podía evitar la aparición de tales episodios si continuaba tomando la medicación. En el último año, ha venido tomando solamente litio y se ha encontrabo muy bien. Tiene su propia vivienda y una vida social activa, y acaba de aprobar el examen para obtener el certificado de fontanero.

El cuadro clínico de los *episodios maníacos* posteriores a su primera hospitalización sugiere ciertamente la necesidad de cambiar el diagnóstico por el de *trastorno bipolar con síntomas psicóticos nocongruentes con el estado de ánimo.* Había indicios retrospectivos de estado de ánimo expansivo durante su presentación inicial, pero no era lo suficientemente importante como para garantizar el diagnóstico de *episodio maníaco* en aquel momento.

El figurín de moda

El Sr. A., un agente de seguridad de 65 años de edad que había sido capitán de un barco pesquero, está molesto sobre las objeciones de su mujer a su deseo de ponerse un camisón por la noche, ahora que su hijo menor ya se ha ido de casa. Su apariencia y aspecto, excepto cuando viste con ropa de mujer, son siempre masculinos y es exclusivamente heterosexual. Ocasionalmente, durante los últimos 5 años, se pone alguna pieza poco llamativa de ropa femenina, incluso cuando va vestido de hombre: unas veces unas medias y otras algún pendiente. Siempre lleva consigo una fotografía suya en la que va vestido de mujer.

El primer recuerdo de su interés por la ropa femenina es el de haberse puesto los pantalones de su hermana a los 12 años, acto que se acompañó de excitación sexual. Continuó poniéndose periódicamente *panties* (una actividad que invariablemente le causaba erección, a veces espontánea, a veces con masturbación, pero que nunca se acompañaba de fantasías). Aunque alguna vez había deseado ser una muchacha, nunca tuvo fantasías de sí mismo como tal. Era competitivo y agresivo con los otros muchachos y siempre tuvo una actitud «masculina». De soltero siempre se sintió atraído por las muchachas, pero era tímido con respecto al sexo. No tuvo su primera relación sexual hasta después de casarse, a los 22 años.

Incluso después del matrimonio, su interés por la ropa femenina no había variado. A partir de los 45 años y después de ojear por casualidad una revista llamada *Transvestia*, el interés por vestirse como el sexo opuesto aumentó. Se enteró de que había otros hombres a los que les ocurría lo mismo que a él; se interesó cada vez más por la ropa femenina en sus fantasías y progresó hasta vestirse de mujer periódicamente. Recientemente se había metido en una red de transvestismo; mantenía contacto por escrito con otros transvestidos a través de la revista y alguna vez había asistido a una de sus fiestas. Estas fiestas han constituido las únicas ocasiones en las que se ha vestido de mujer fuera de casa.

A pesar de continuar casado, el sexo con su mujer había disminuido de manera notable los últimos 20 años, ya que todo lo que pensaba y realizaba iba relacionado con vestir como el sexo contrario. A medida que transcurría el tiempo, esta actividad se ha convertido en menos erotizante. Siempre siente una necesidad imperiosa de vestirse de mujer en situaciones de estrés: tiene para él un efecto tranquilizador. Si las circunstancias concretas le impiden hacerlo, se siente extremadamente frustrado.

Los padres del enfermo tenían creencias religiosas distintas, algo que él calificaba como importante. Era el mayor de los tres hijos y tenía un cariño especial por su madre, a la que adoraba; en cambio, por su padre, que era alcohólico, sólo sentía pena. Sus padres se peleaban cada dos por tres. Le caen las lágrimas, aún ahora a los 65 años, al explicar la muerte de su madre cuando él tenía 10 años. Fue la única persona que la vio muerta (de pleuresía) y comunica que «no ha sido el mismo desde aquel día... siempre (teniendo) la sensación de que algo no va bien». Los hermanos fueron cuidados por diferentes parientes de la familia, hasta que el padre volvió a casarse. Cuando el enfermo tenía 20 años de edad, su padre murió, seguramente se suicidó, aunque el Sr. A. piensa que es posible que lo asesinaran, ya que no puede imaginarse la razón del suicido. Su hermano también murió de una manera traumática, ahogado cuando era adolescente.

Debido a todas las desgracias que se produjeron en el pasado, el enfermo siempre ha valorado la estabilidad de su mujer y el orden en su casa. Explicó a su mujer que algunas veces se vestía como las personas del sexo contrario y ésta lo aceptó, siempre y cuando no dejara que otros lo supieran. Sin embargo, él se sentía culpable, especialmente después de empezar a vestirse totalmente de mujer, y periódicamente intentaba renunciar a esta práctica, tirando todos sus vestidos y maquillajes femeninos. Sus hijos representaron una barrera para dar rienda suelta a sus impulsos. Después de dejar la pesca y en ausencia de sus hijos, se ve más impulsado a vestirse de mujer, más en conflicto con su esposa y más deprimido.

Discusión sobre «El figurín de moda»

Este hombre presenta una historia característica del *fetichismo transvestista* (DSM-IV, pág. 544). Durante un largo período de tiempo, el Sr. A, un hombre heterosexual, ha presentado urgencias recurrentes e intensas por vestir como una mujer, tal y como sucede en el *trastorno de la identidad sexual.*

De manera característica, su urgencia por vestir como las mujeres aumenta en situaciones de estrés y posee un papel tranquilizador. Si se le impide que vista de esta manera, se encuentra terriblemente frustrado. Frecuentemente, a igual que sucede en este caso, a medida que la persona se dedica más a su actividad, la práctica se convierte en menos erotizante y más un fin por sí misma. Si llega un momento en que esta práctica deja de ser una fuente de excitación sexual y aparece un sentimiento persistente de inadecuación respecto a la identidad de varón, el diagnóstico deberá cambiarse por el de *trastorno de la identidad sexual, en la vida dulta.*

Las tres voces

Un muchacho de 23 años de edad fue ingresado en un hospital. Estaba prácticamente mudo. Sus padres explicaron que había estado aparentemente bastante bien hasta hacía unos 4 años, cuando rompió con su novia. Desde entonces había vivido en casa, y pasaba mucho tiempo solo, haciendo trabajos ocasionales y siendo inacapaz de interesarse por ningún objetivo a largo plazo. Aproximadamente 4 meses antes de su ingreso en el hospital, decidió ir a California a buscar un nuevo empleo y cambiar de ambiente. Su padre voló a California y le encontró en un estado de hipervigilancia, paranoide y atemorizado, y con signos de no haber comido durante varios días. Se lo llevó de nuevo a casa y fueron a la consulta de un neurólogo, que no halló ninguna alteración. Poco tiempo después fue a ver a un psicólogo, que le recomendó el ingreso en un hospital psiquiátrico.

En el momento del ingreso, el enfermo explicó que dormía 10-12 horas cada día, que comía poco y que había perdido alrededor de 8 kg en los últimos meses. Afirmó experimentar una intensa pérdida energía y no hablaba más que para contestar con monosílabos a las preguntas del especialista. Durante los primeros días en el hospital, el enfermo no mostró virtualmente ningún interés ni placer en ninguna actividad y se pasó la mayor parte del tiempo sentado en su cama y mirando al vacío. Cuando se le preguntó, no se quejó de ningún sentimiento específico de inutilidad, autorreproches o culpa, ni mencionó pensamientos de muerte o suicidio, aunque era difícil estar seguro sobre algunos de estos puntos, por la parquedad de sus respuestas.

En el hospital, el enfermo era visitado cada día por un estudiante que mostró un gran interés por él y que gradualmente fue ganando su confianza. El paciente reveló al estudiante que oía tres voces distintas: la voz de un niño, la voz de una mujer y la de un hombre que hablaba como si fuera una mujer. Las tres voces hablaban entre sí y en alguna ocasión se dirigían a él directamente. A veces hablaban de él en tercera persona y, en otras, parecían repetir sus pensamientos. Las voces hablaban sobre muchos temas diferentes y no se centraban en ningún tema depresivo específico, como, por ejemplo, culpa, pecado o muerte.

El segundo día de ingreso se administró al paciente medicación antipsicótica y antidepresiva. Las primeras 2 semanas no se produjo ningún tipo de mejora; es más, en la segunda semana se volvió mucho más inquieto e intranquilo. La dosis se redujo y se suspendió del todo hacia la tercera semana. A lo largo de ésta, el enfermo empezó a experimentar una considerable mejoría en su nivel de energía, y hacia el final de la cuarta semana ya sonreía, estaba comunicativo, dormía, comía bien y era capaz de recordar las alucinaciones, afirmando que habían desaparecido completamente. Una semana más tarde fue enviado a casa, bajo un régimen de mantenimiento con un antidepresivo, pero sin ninguna otra medicación psicotropa.

Aproximadamente 8 meses después de ser dado de alta, el paciente se quedó sin medicación y no pudo conseguir más en la farmacia. Los síntomas volvieron a reaparecer rápidamente en pocos días. Sus padres llamaron al médico, el tratamiento se reanudó rápidamente y el paciente volvió a la normalidad después de aproximadamente 1 semana.

La madre del paciente había padecido un episodio depresivo después de dar a luz. La duración fue de un año aproximadamente, y remitió de manera espontánea. Además, la hermana de la madre había sufrido, a la edad de 40 años, una «crisis nerviosa» que requirió hospitalización; durante ésta recibió 12 sesiones de terapia electroconvulsivante. Desde entonces, la tía había experimentado una remisión completa y su funcionamiento se describía como normal.

© MASSON, S.A. Fotocopiar sin autorización es un delito.

Discusión sobre «Las tres voces»

Este muchacho ha padecido, a lo largo de un período de 4 años, problemas inespecíficos (aislamiento social e incapacidad para llevar a cabo tareas a largo plazo), así como un episodio en el que mostró una conducta paranoide, alucinaciones auditivas, pérdida de interés y de placer, anorexia y una pérdida de 8 kg, hipersomnia, pérdida de energía e inhibición psicomotora (hablaba despacio y pasaba la mayor parte del tiempo sentado en su cama mirando al vacío).

En el pasado, este conjunto de síntomas podía justificar el diagnóstico de *esquizofrenia*. Asimismo, la etapa de 4 a 9 años podía perfectamente constituir el período prodrómico de la fase psicótica aguda. La pérdida de interés y de placer por el entorno y los otros síntomas psicóticos podrían considerarse meramente síntomas asociados. Según el DSM-IV, la pérdida de interés y de placer así como los otros síntomas no psicóticos, constituyen un *trastorno depresivo mayor.* Dado que los síntomas psicóticos han estado presentes solamente cuando el enfermo sufrió un *trastorno depresivo mayor,* se consideran síntomas psicóticos de un *episodio depresivo mayor.* Esto es cierto a pesar del hecho de que el contenido de las ideas delirantes y las alucinaciones no es consistente con los temas depresivos usuales, como la inferioridad, la culpa o el castigo merecido. Así, en el momento del ingreso, el diagnóstico sería *trastorno depresivo mayor, episodio único, grave con síntomas psicóticos no congruentes con el estado de ánimo* (DSM-IV, pág. 351), un diagnóstico respaldado por la buena respuesta a los antidepresivos y a la historia familiar de trastorno del estado de ánimo.

¿Qué debemos pensar del período de 4 años que explican sus padres? ¿Representaba síntomas depresivos leves o problemas de identidad? Ambos serían consistentes con nuestro diagnóstico. Si los síntomas depresivos leves estuvieran presentes más de 2 años, debería efectuarse el diagnóstico de *trastorno distímico.* Por otra parte, si un examen más profundo revelara más síntomas malignos, como ideas de referencia o conducta absurda que precediera a los síntomas depresivos, parecería indicar que el trastorno psicótico no forma parte de un *trastorno depresivo mayor,* y sugeriría el posible diagnóstico de un trastorno psicótico primario, como *trastorno esquizoafectivo* o *esquizofrenia.*

Otra cuestión que debemos plantearnos sobre este caso es la adecuada subclasificación del *trastorno depresivo mayor* en el momento de la reaparición del síndrome depresivo al interrumpirse la medicación. ¿Debería esto considerarse como *trastorno depresivo mayor, recidivante,* o como la continuación del *trastorno depresivo mayor, episodio único,* cuyos síntomas habían sido suprimidos por la medicación? El DSM-IV considera que un período de 6 meses sin síntomas constituye el tiempo mínimo que se requiere para considerar como recidiva un episodio diferente. Dado que los síntomas del paciente reaparecieron al cabo de 8 meses, lo consideramos un *episodio recidivante,* a pesar de que reconocemos que muchos clínicos podrían considerar el rápido desarrollo de síntomas tras la suspensión de la medicación como indicativos de que el enfermo continuaba padeciendo el *episodio depresivo mayor* original.

EL ESTRUENDO

Un carpintero de 43 años de edad, divorciado, es visitado en el servicio de urgencias de un hospital porque en los últimos días se ha sentido confuso e incapaz de cuidar de sí mismo. La hermana del enfermo nos proporciona la siguiente información. Explica que el paciente ha consumido grandes cantidades de vino durante más de 5 años. Llevaba una vida hogareña y laboral estable hasta que su mujer le dejó por otro hombre hace 5 años. La hermana indica que el enfermo bebe casi 1 l de vino al día y que ésta ha sido la norma invariable desde su separación. A menudo ha sufrido amnesia temporal a causa del alcohol y ha faltado al trabajo; por este motivo, le han despedido de varios empleos. Afortunadamente para él, hay mucha demanda de carpinteros y durante estos años ha podido ganarse la vida bastante bien. Sin embargo, hace 3 días se quedó sin dinero y sin vino, y tuvo que pedir en la calle para comprar comida. El paciente se ha alimentado mal, quizá haciendo sólo una comida al día y evidentemente confiando en el vino como principal fuente nutritiva.

La mañana después de su última ingesta de bebida (hace 3 días) se sintió cada vez más tembloroso; sus manos temblaban tanto que le resultaba difícil encender un cigarrillo. Acompañaba a estos síntomas un sentimiento creciente de angustia, que le producía insomnio. Un vecino empezó a preocuparse por el paciente cuando éste pareció claramente incapaz de cuidar de sí mismo. El vecino se puso en contacto con su hermana, que le llevó al hospital.

En la exploración, el enfermo oscila entre la aprensión y una efusión locuaz y superficial. Está totalmente emocionado y habla casi constantemente de un modo

Fotocopiar sin autorización es un delito.

desvariado y descentrado. A veces reconoce al médico, pero otras se confunde y piensa que el doctor es su hermano mayor. En dos ocasiones durante la exploración, llama al doctor con el nombre de su hermano mayor y le pregunta cuándo ha llegado, perdiendo totalmente el hilo de la entrevista. Presenta un temblor enorme en las manos en estado de reposo y hay períodos en que atrapa «bichos» que cree ver en las sábanas. Muestra desorientación temporal y cree hallarse en el aparcamiento de un supermercado y no en un hospital. Indica que se siente como si estuviera luchando contra un aterrorizador sentimiento de que el mundo se va a terminar en un holocausto. Se alarma cada pocos minutos por sonidos y escenas de violentos choques entre coches (evidentemente provocados por el sonido de las sillas de ruedas en el vestíbulo). Sus esfuerzos en las pruebas de memoria y de cálculo fracasan porque su atención cambia demasiado rápidamente. Un electroencefalograma indica un patrón de encefalopatía difusa.

Discusión sobre «El estruendo»

Este carpintero, con antecedentes de un dilatado consumo de alcohol, presenta varios síntomas propios del síndrome de abstinencia de alcohol. Padece los síntomas característicos de un *delirium:* dificultad para mantener el nivel de atención y otros déficit cognoscitivos, incluyendo el pensamiento desorganizado (desvariaba), alteraciones en la percepción (ve escenas de choques entre coches provocadas por el sonido de las sillas de ruedas en el vestíbulo), desorientación en cuanto a lugar y a persona (confunde al doctor con su hermano mayor y al hospital con un aparcamiento) y alteraciones del ciclo de sueño-vigilia (insomnio). La aparición de un *delirium,* con considerable hiperactividad autonómica (temblor de manos) poco tiempo después del cese o la reducción de la bebida, indica *delirium por abstinencia de alcohol* (DSM-IV, pág. 182).

A pesar de que el tratamiento inicialmente se dirigía al *delirium por abstinencia de alcohol,* el diagnóstico de *dependencia del alcohol* (DSM-IV, pág. 137) puede asumirse a partir de la información de que ha sido un gran bebedor diario de alcohol a lo largo de un período de 5 años, de la pérdida de varios empleos a causa del abuso de alcohol y de su deficiente alimentación. La *dependencia del alcohol* se califica como *grave* porque es casi seguro que presenta la mayoría de los síntomas de la dependencia y que éstos interfieren considerablemente en su actividad laboral y social.

VIVIR MEJOR GRACIAS A LA QUÍMICA

Ray, un muchacho de 22 años de edad, lleva a su hermano Danny, de 17 años, al servicio de urgencias de un hospital un sábado por la noche, a las 3 de la madrugada. De vuelta a casa, después de una cita, Ray se encuentra con Danny dando traspiés en el sótano de la casa de sus padres, llorando y murmurando. Ray explica que su hermano le insultó cuando iban de camino al hospital. Asimismo, dice que bebe alcohol y fuma marihuana y tabaco, pero no sabe si abusa de otras drogas.

El doctor que le explora comunica que Danny lleva un pendiente en la oreja y una camiseta con la inscripción «Vivir mejor gracias a la química». En el cuello lleva una cuchara de coca atada a una cadena que cuelga por fuera de su jersey. Su respiración tiene un olor sugerente de algún disolvente orgánico. Se puede observar un exantema eritematoso simétrico alrededor de la boca y de la nariz. Sus pupilas son simétricas y reaccionan a la luz, aunque la esclerótica de los ojos está claramente inflamada. Una atenta inspección revela un material viscoso transparente en los orificios nasales.

Al interrogar a Danny, el médico observa que el paciente tiene una capacidad de atención extremadamente limitada. Su discurso es confuso y su actitud es apática y desinteresada en un momento, y al siguiente beligerante e insultante. La exploración neurológica no revela signos localizados. Danny parece intoxicado, muestra un discurso confuso e inestable y andar tambaleante. Los reflejos están disminuidos bilateralmente, al igual que su fuerza muscular en general, y existe un temblor intencional (temblor al estirar la mano) y nistagmo horizontal y vertical (movimientos involuntarios rápidos de los ojos). El examen de la mucosa oral y faríngea revela una irritación difusa. En varias ocasiones a lo largo de la exploración intenta salir, y en una ocasión coge el martillo para la exploración de reflejos y empieza a explorar al médico. Por lo demás, la exploración física es anodina.

A lo largo de los 45 min que dura la visita, Danny refiere que su visión borrosa y doble ha desaparecido. En este período de tiempo, sus reflejos osteotendinosos han aumentado de intensidad.

A pesar de estos cambios, el estado de ánimo de Danny continúa oscilando entre la apatía y la hostilidad.

Se recoge una muestra de orina para la detección de drogas y se lleva a Danny a la sala de espera mientras se llama a un psiquiatra. Permanece allí un tiempo y, sin permiso del médico, se va del hospital. Todos los intentos para localizar a sus padres resultaron inútiles. Posteriormente, la prueba de detección toxicológica reveló la presencia de inhalantes aromáticos.

© MASSON, S.A. Fotocopiar sin autorización es un delito.

Discusión sobre «Vivir mejor gracias a la química»

Ray explica que su hermano consumía solamente marihuana y alcohol, pero el médico percibe un olor de disolventes orgánicos en su aliento y observa un exantema alrededor de la nariz y la boca, y por ello se pregunta si se habrá intoxicado inhalando una sustancia volátil como gasolina, cola o disolvente de pinturas. La sospecha del médico sobre *intoxicación por inhalantes* (DSM-IV, pág. 250) se confirma mediante el análisis de orina.

Las sustancias aromáticas a veces, se inhalan, mojando un trapo con la sustancia y luego aplicándolo en la boca y la nariz para aspirar los vapores. Otras veces, la sustancia puede inhalarse directamente de frascos o aerosoles. Los inhalantes llegan rápidamente a los pulmones y a la sangre, y provocan un estado de intoxicación aguda. Los síntomas visuales de Danny, el discurso confuso, el caminar inestable, la letargia, la disminución de los reflejos, los temblores y la debilidad muscular son característicos de la *intoxicación por inhalantes.* Se efectúa este diagnóstico cuando los síntomas se acompañan de cambios conductuales desadaptativos, como, en este caso, agresividad alternada con apatía.

Creemos que no es la primera vez que Danny ha consumido inhalantes. Por este motivo realizamos el diagnóstico provisional de *abuso de inhalantes* (DSM-IV, pág. 250).

La complicación más grave de la *intoxicación por inhalantes* es el daño cerebral, que, cuando es muy grave, adopta la forma de *demencia.* Dado que los síntomas recurrentes de deterioro cognitivo del enfermo están producidos por los efectos agudos de la intoxicación por una sustancia, no resulta posible saber si algunos de estos síntomas representan una *demencia* incipiente.

El Sr. y la Sra. Albert

El Sr. y la Sra. Albert son un matrimonio sociable, que ha estado casado 15 años y que acuden a la consulta en plena crisis por sus problemas sexuales. El Sr. Albert, un próspero restaurador, tiene 38 años. La Sra. Albert, que desde su matrimonio se ha dedicado exclusivamente al cuidado de la casa y a la educación de los hijos, tiene 35 años. Explica que a lo largo del matrimonio se ha sentido extremadamente frustrada porque la sexualidad ha sido «siempre desesperante para nosotros». En estos momentos está considerando seriamente separarse de su marido.

El problema consiste en la rápida eyaculación de su marido. Cada vez que intentan hacer el amor, el Sr. Albert se pone muy ansioso, se mueve rápidamente y alcanza el orgasmo en el momento de la penetración o tras dos o tres movimientos. Se siente humillado, reconoce la insatisfacción de su mujer y ambos acaban en un penoso silencio. El Sr. Albert tiene sentimientos de inferioridad y de culpa, y experimenta una mezcla de frustación y resentimiento hacia «la ineptitud y la falta de interés». Recientemente, han evitado tener relaciones sexuales, y aunque es algo que deja a ambos con una sensación de frustración, al menos no provoca disputas.

El Sr. Albert ha sido siempre muy perfeccionista y se enorgullece de su habilidad para tener éxito en todo lo que se propone. De niño había sido un «buen muchacho», en un vano esfuerzo para satisfacer y complacer a su padre. Su incapacidad para controlar la eyaculación le avergüenza muy notablemente, y no se ve capaz de hablar sobre este tema con su mujer. A la Sra. Albert le gusta practicar el sexo, se excita fácilmente con el juego previo, pero siempre ha pensado que el coito era el único método «aceptable» de alcanzar el orgasmo. Las relaciones sexuales con su marido nunca han sido placenteras y la Sra. Albert le atribuye toda la responsabilidad de su frustración. Debido a que no puede hablar del tema sin sentir rabia, opta por no sacarlo relucir. Como resultado, han recurrido a otras técnicas para complacerse mutuamente y la sexualidad siempre ha sido un desastre.

En otras áreas del matrimonio, como en la educación de sus dos hijos, en el mantenimiento del restaurante de la familia y en la vida social, la pareja no tiene ningún problema. A pesar de todo, están a punto de separarse debido a la tensión, a los conflictos y a la mutua decepción que las relaciones sexuales han ocasionado.

© MASSON, S.A. Fotocopiar sin autorización es un delito.

Discusión sobre «El Sr. y la Sra. Albert»

Esta pareja acude a la consulta por un problema sexual que pone en peligro su matrimonio. Dado que el DSM-IV incluye una clasificación de unidades diádicas alteradas, el clínico podría señalar el *problema conyugal* del Código V para indicar que esta pareja es, como unidad, el centro de atención clínica. Sin embargo, también es importante considerar por separado el diagnóstico de cada miembro de la pareja.

El problema sexual que padece el marido es la ausencia de control voluntario de la eyaculación, con lo que expulsa su líquido seminal casi inmediatamente después de la penetración o al cabo de dos o tres movimientos. Como resultado, la esposa nunca está satisfecha y se siente mal. Dado que la falta de control no se encuentra limitada a situaciones nuevas y no se produce después de largos períodos de abstinencia, se efectúa el diagnóstico de *eyaculación precoz,* en el Eje I. Dado que se menciona el «perfeccionismo» del marido y éste podría estar relacionado con el desarrollo o la perpetuación del problema sexual, se indican los rasgos obsesivo-compulsivos en el Eje II.

Existe poca información sobre los trastornos que padece la esposa, a excepción del problema conyugal. Con esta información tan limitada, resulta apropiado señalar la presencia de un *problema conyugal* en el código V (DSM-IV, pág. 697); sin embargo, debería considerarse, que con más información tal vez cambiaría el diagnóstico a, por ejemplo, *trastorno de la personalidad.*

Algunos clínicos pueden considerar apropiado el diagnóstico de *trastorno adaptativo,* tanto para el marido como para la mujer. En el caso del marido, este diagnóstico no debe establecerse ya que el malestar que padece parece ser más un síntoma asociado a la *eyaculación precoz* que una enfermedad por separado. En el caso de la esposa, el diagnóstico de *trastorno adaptativo* implicaría que la forma de reaccionar ante los problemas de su marido es excesiva (su rabia y sus amenazas de separación) e indicativa de la presencia de psicopatología. Podría ser posible, pero este juicio requeriría más información de la que se dispone.

Preocupado

Un hombre de 46 años de edad, casado, acudió al psiquiatra en 1966 para someterse a una exploración, debido a la presencia de tics nerviosos que no remitían. A la edad de 13 años empezó a presentar un guiño persistente, seguido rápidamente de mordisqueos del labio, sacudidas de la cabeza y ruidos parecidos a un ladrido. A pesar de estos síntomas, rendía bien en la escuela y al final se graduó con matrícula en el instituto. Fue reclutado en la Segunda Guerra Mundial. En el ejército los tics disminuyeron de manera significativa, pero todavía resultaban problemáticos y al final ocasionaron una baja médica. Se casó, tuvo dos hijos y trabajó como obrero semicualificado y como capataz. A los 30 años sus síntomas incluían tics de la cabeza, cuello y hombros, golpeteos de la frente con la mano y con varios objetos, carraspeos repetidos, esputos y gritos de: «Hey, hey, hey; la, la, la». Seis años más tarde, empezó a padecer coprolalia ruidosa: solía emitir una cadena de exabruptos, como «Jódete, bastardo hijo de puta» en medio de una frase y luego reanudaba su conversación.

Desde 1951 hasta 1957 se le aplicaron diversos tratamientos, aunque ninguno de ellos obtuvo éxito: terapia de shock con insulina, tratamiento electroconvulsivante y administración de fenotiacinas y antidepresivos. La vida social del enfermo se fue restringiendo debido a sus síntomas. Era incapaz de ir a la iglesia o al cine a causa de sus palabrotas y ruidos. Trabajaba de noche para evitar el malestar que le producía el contacto social. Su familia y sus amigos se mostraron cada vez más intolerantes, y sus hermanas no querían traer a nadie a casa. Se encontraba deprimido por el obligado aislamiento social y la poca esperanza de encontrar un tratamiento efectivo. A la edad de 46 años pidió que se le realizara una lobotomía prefrontal, pero la repuesta del especialista fue contraria a sus deseos. Esto hizo que viniera a la visita el año 1966. Después de acabar la visita, el psiquiatra decididió administrarle un nuevo fármaco: haroperidol.

Discusión sobre «Preocupado»

Este enfermo presenta los síntomas característicos del *trastorno de la Tourette* (DSM-IV, pág. 108): edad de inicio inferior a los 21 años; tics motores múltiples y uno o más tics vocales (chillar o decir tacos de manera involuntaria); los tics aparecen varias veces al día (generalmente a rachas), o intermitentemente en un período de tiempo de más de 1 año, y cambios a lo largo del tiempo en la localización anatómica, en el número, en la frecuencia, en la complejidad y en la gravedad de los tics.

Después de visitar al enfermo, el médico comunicó que se encontraba «deprimido debido a su aislamiento obligado y a la poca esperanza de encontrar un tratamiento efectivo». Esto plantea la cuestión de si se trata de un *trastorno adaptativo con estado de ánimo depresivo* o de un *trastorno depresivo mayor*. El término de *trastorno adaptativo* generalmente no incluye aquellas situaciones en las que el enfermo se encuentra mal debido a las consecuencias de los síntomas o de la reacción de los demás frente a su enfermedad. El malestar es algo frecuente en enfermedades crónicas y se cree que puede constituir más un síntoma asociado a la patología que a un *trastorno adaptativo*. Por

© MASSON, S.A. Fotocopiar sin autorización es un delito.

otra parte, si la depresión fuese tan grave que cumpliera los criterios para un *episodio depresivo mayor*, sería apropiado realizar el diagnóstico adicional de *trastorno depresivo mayor.* En este caso, no hay información sobre el resto de los síntomas necesarios para efectuar el diagnóstico de síndrome depresivo.

Cuando se estudió la enfermedad por primera vez, se pensó que la coprolalia y otros síntomas absurdos podían representar síntomas de conversión que expresaran conflictos producidos durante la fase pregenital del desarrollo psicosexual. Habitualmente, la mayoría de especialistas piensan que cualquiera que sea la alteración, debe entenderse como una reacción a los síntomas crónicos, incapacitantes, que poseen una etiología de tipo biológico. En este caso, cuando se pudieron controlar los síntomas del *trastorno de la Tourette* (v. más adelante), el enfermo ya no volvió a encontrarse deprimido.

Seguimiento

El haloperidol produjo un efecto sorprendente ya que eliminó el 99% de los síntomas. Volvió a tener una vida social normal y no volvió a encontrarse deprimido. Cuando se le visitó por última vez, continuaba tomando haloperidol y no presentaba ningún síntoma.

El estudiante embotado

Un estudiante de universidad de 20 años de edad pidió ser visitado por un psiquiatra, ya que se encontraba preocupado por la posibilidad de estar volviéndose loco. A lo largo de los dos últimos años había tenido cada vez más episodios en los que se sentía «fuera de sí mismo». Estos episodios se acompañaban de la sensación de que su cuerpo estaba muerto. Además, durante estos episodios, su equilibrio se encontraba afectado y frecuentemente tropezaba con los muebles; estos episodios tendían a presentarse en público, especialmente si el paciente se encontraba algo ansioso. Sentía que no era capaz de controlar su cuerpo y su pensamiento parecía también «embotado», una sensación muy parecida a la que había experimentado cuando recibió anéstesicos por vía intravenosa, cuando se le practicó una apendicectomía hace ahora 5 años.

La sensación de falta de control que padece el enfermo era especialmente desagradable, y para combatirla movía intensamente su cabeza y se decía a sí mismo «basta». Esto podía aclarar su mente momentáneamente y restaurar su autonomía, aunque de manera temporal, ya que los pensamientos de muerte y de estar fuera de sí mismo volvían a aparecer. De manera gradual, al cabo de unas horas, estas experiencias desagradables iban desapareciendo. El enfermo se sentía ansioso por su posible reaparición ya que cada vez se presentaban más a menudo y su duración era superior.

Cuando el enfermo acudió en busca de tratamiento, comunicó que padecía esta sintomatología alrededor de dos veces a la semana, y cada episodio duraba de 3 a 4 horas. En varias ocasiones los episodios se habían ocurrido mientras conducía su coche y se encontraba solo; preocupado por la posibilidad de padecer un accidente, paraba el coche, a no ser que alguien que supiera conducir le acompañara. Habló de este tema con su novia y a medida que el tiempo fue transcurriendo ella se fue distanciando de él. Le decía que había perdido el sentido del humor y solamente se preocupaba de sí mismo. Le amenazó con romper la relación si no cambiaba y empezó a salir con otros hombres. Las calificaciones del enfermo en la universidad continuaron siendo las mismas; de hecho, había mejorado en los últimos 6 meses, ya que pasaba mucho tiempo estudiando. A pesar de que se sentía desanimado por lo que le ocurría, por la noche dormía bien, no había notado ningún cambio en el apetito y su nivel de concentración era el mismo de siempre. No se encontraba fatigado ni físicamente inquieto a causa de su preocupción.

Como un primo suyo había permanecido ingresado en un hospital durante muchos años por una enfermedad mental, empezó a preguntarse si algo similar podía estar sucediéndole y buscó una opinión sobre el asunto que le tranquilizara.

Discusión sobre «El estudiante embotado»

La despersonalización (la sensación de extrañeza o de distanciamiento de uno mismo) puede ser un síntoma de una gran variedad de alteraciones, como los *trastornos cognoscitivos*, los *trastornos de la personalidad*, los *trastornos del estado de ánimo*, los *trastornos de ansiedad* y la *esquizofrenia*. La despersonalización sin deterioro funcional puede aparecer en muchas personas jóvenes y no garantiza de por sí el diagnóstico de un trastorno mental. Cuando, como en este caso, la sintomatología de despersonalización aparece en ausencia de un trastorno más generalizado y es lo suficientemente grave y persistente como para producir malestar, debe establecerse el diagnóstico de *trastorno de despersonalización* (DSM-IV, pág. 502).

© MASSON, S.A. Fotocopiar sin autorización es un delito.

El veterano incapacitado

El enfermo es un hombre de 32 años de edad que acude a un hospital mental en 1982 después de haber intentado suicidarse con la ingesta de somníferos. Explica que nada en particular había desencadenado este intento, pero que se sentía muy deprimido desde que volvió de Vietnam hace 10 años.

Refiere haber vivido una infancia y una adolescencia normales. «Nunca en mi vida me había sentido de este modo antes de ir a Vietnam.» Tenía muchos amigos en la escuela, sus notas siempre llegaban al aprobado y nunca había tenido problemas con la justicia. Había tenido muchas compañeras sentimentales, pero nunca se había llegado a casar. Después del instituto acudió a la escuela técnica para estudiar electricidad, y se encontraba trabajando como electricista cuando fue reclutado para ir a Vietnam. Allí supo lo que era la violencia; en una ocasión, empujado por el espíritu de violencia del grupo, mató a un civil «para divertirse». Esto le parece ajeno a su carácter. El recuerdo de este incidente continuó perturbándole y se acusa constantemente de ser el culpable. Fue licenciado con honores del ejército y nunca ha vuelto a trabajar desde entonces, hasta que hace 3 semanas un tío suyo le pidió sus servicios. Ha tenido varias ayudas del gobierno.

En el ejército, el enfermo empezó a beber de manera intensa y a consumir cualquier tipo de estupefaciente que cayera en sus manos; pero en los últimos años, el alcohol ha sido su único tóxico. Ha bebido mucho y de manera continua durante los últimos 10 años, con pérdidas de memoria, frecuentes arrestos por intoxicaciones en público y lesiones producidas por peleas en los bares. Tiene bastantes conocidos, pero ningún amigo de verdad. Siempre que «se queda seco» se deprime (también lo hace cuando bebe), y ha intentado suicidarse cuatro veces en los últimos 7 años. El mes anterior a su último intento de autólisis se encontraba en una residencia para alcohólicos, donde pasó sin beber el período más largo que recuerda. Todos los intentos previos de dejar la bebida habían fracasado.

Durante la visita, el paciente se muestra como una persona triste, pensativa, introvertida y de un nivel de inteligencia próximo al promedio de la población. No se interesa por nada y explica que, cuando ve a los demás divertirse, se siente tan celoso que le entran ganas de pegarles; su carácter cortés y educado no hace pensar que sea capaz de hacer algo así. No hay pruebas de que sufra ideas delirantes ni alucinaciones, a excepción de algún *delirium por abstinencia de alcohol*. Su apetito no ha disminuido, al igual que su impulso sexual, pero «no disfruto nada». Sin medicación tiene problemas para dormir y mantenerse despierto. No está enlentecido psicomotoramente, pero se queja de «estar con la mente ausente». Al cabo de 2 semanas, el enfermo seguía teniendo dificultades para adaptarse y orientarse en el centro. Parecía muy motivado y con ganas de cooperar y de realizar las pruebas neuropsicológicas, que revelaron una alteración de la memoria a corto y a largo plazo, la presencia de apraxias y de neuropatía periférica, y un coeficiente de inteligencia de 66.

El enfermo no ha respondido a la medicación antidepresiva. Siente que su intento de autólisis haya fracasado, y comunica que si las cosas no mejoran quiere morirse.

Discusión sobre «El veterano incapacitado»

Lo que ocasionó el ingreso de este enfermo en el hospital fue un intento de suicidio, debido a su estado de ánimo deprimido. Un período de 10 años con un estado de ánimo deprimido y con anhedonia, así como con síntomas asociados, tales como problemas para dormir y diversos intentos de suicidio, sugieren la presencia de un *episodio depresivo mayor crónico.* Dado que se precisa un síntoma más para realizar el diagnóstico de este trastorno, y que no estamos seguros de si el hecho de «estar con la mente ausente» es un síntoma de depresion o de demencia, establecemos el diagnóstico provisional de *trastorno depresivo mayor* (DSM-IV, pág. 351). A pesar de que la depresión ha persistido durante 10 años, al no haber pruebas de la existencia de un período sin sintomatología depresiva, señalamos *episodio único.* Debido a que el episodio ha durado 2 años, sin la presencia de un período de 2 meses o más de remisión completa, añadimos el término *crónico.* Finalmente, dado que los síntomas de deterioro funcional son entre moderados y graves, calificamos el grado de gravedad como *moderado.*

Existe una larga historia de consumo intenso de alcohol, de esfuerzos fracasados para dejar la bebida, de una menor participación en actividades sociales, laborales y lúdicas, y un continuado consumo de alcohol a pesar de la conciencia de los problemas que le acarrea (pérdidas de memoria frecuentes, detenciones y lesiones producidas por peleas en el bar). Todo esto, junto con la historia de episodios de abstinencia (*delirium por abstinencia de alcohol)* indica la presencia de una *dependencia del alcohol* (DSM-IV, pág. 201). Como el enfermo no ha vuelto a beber en este último mes, el curso se señala como *en remisión total temprana,* ya que con un período de remisión tan breve la probabilidad de recaída es extremadamente alta. Si en un año muestra indicios de abuso o dependencia del alcohol, el curso deberá cambiarse a *en remisión total sostenida.*

© MASSON, S.A. Fotocopiar sin autorización es un delito.

Además, el enfermo sufre una pérdida de memoria, una alteración del funcionamiento cortical superior (apraxias, agnosias) y un descenso del nivel intelectual (coeficiente de inteligencia de 66) que interfieren en gran medida con su funcionamiento normal. Dado que esto está aparentemente producido por la larga historia de consumo de alcohol y no se encuentra limitado a la pérdida de memoria (como en el *trastorno amnésico persistente inducido por alcohol)*, el diagnóstico debe ser *demencia persistente inducida por alcohol* (DSM-IV, pág. 160). Como este diagnóstico es más apropiado para definir su estado actual que el de *dependencia del alcohol en remisión total temprana*, se cita como segundo diagnóstico posible.

MIRIAM Y ESTHER

Miriam fue hospitalizada después de que su madre llamara a la policía porque tenía miedo que su hija las hiriera a ambas. Miriam explicó que tenía 56 años y vivía con su madre adoptiva de 76 años, que se llamaba Esther, y su hija de 12 años, Alice. Decía que Esther era una amiga de la familia que hace unos años le había dejado una habitación a ella y a su hija, pero que la estaba molestando cada vez más porque actuaba como madre y abuela, invadiendo su intimidad, atacándola mientras dormía e intentando poner de su lado a Alice.

Según la enferma, los problemas domésticos habían conducido a una mayor violencia en la casa, y la noche del ingreso Esther puso como excusa para llevar a su hija al hospital decirle que la llevaba a un centro hospitalario para una revisión. La paciente esperaba salir de allí tan pronto como el asistente social pudiera llevarla a ella y a Alice a «un condominio u otro ambiente adecuado para la educación de mi hija, que está haciéndose mujer». Refirió sentirse confusa, pero negó padecer trastornos del sueño y del apetito, así como alteraciones del estado de ánimo y alucinaciones. Sin embargo, explicó la sensación intermitente de un sonido «de fuerte viento» en su «cráneo» durante los últimos años: cree que era debido a la presencia de un líquido en los oídos; otras veces era muy consciente de sus pensamientos y negaba oír tales voces.

Miriam refirió una historia algo compleja e inexacta, que es la siguiente: nació hace 56 años en Italia. Sus «padres biológicos» (como ella los denomina), Louise y

William, se habían enriquecido gracias al negocio del petróleo. Se la llevaron a su casa de campo en Mt. Vernon, Nueva York, donde pasó su infancia. Esther, una amiga de la familia, les visitaba muy a menudo. Miriam recuerda que la gente conducía Packards y Rolls Royces. Comunicó que vivió posteriormente en Europa y en el norte de África, y estuvo presente en Hiroshima cuando explotó la bomba atómica. Este suceso la dejó con una placa de acero en la cabeza y con «un cerebro atómico». Vivió con Louise y William desde 1957 hasta 1968. Explicó, asimismo, que había tenido tres maridos y siete hijos. Su hija menor, Alice, de su último marido, nació en 1968, 4 años después de la muerte de su padre. Al preguntar cómo era posible algo así, respondió que se debía a una «infección de las trompas» que había retrasado la concepción del bebé.

Según Miriam, después del nacimiento de Alice, se fue a vivir con Esther y se inscribió en el Hunter College, con el fin de asistir a un curso especial para estudiantes de edad media, para especializarse en lenguas románicas. Empezó a beber alcohol y en poco tiempo se quedó enganchada. En una ocasión, debido a la falta de bebida, empezó a sentirse cada vez más agitada y a sudar de manera ostensible. Después del fallecimiento de su «madre biológica» en 1973, Miriam se deprimió y perdió mucho peso. Una «crisis nerviosa» fue la razón de su ingreso en un hospital mental durante 3 meses, donde pudo dejar la bebida y mejorar con la medicación. Durante varios años, una clínica de «higiene mental» le fue suministrando medicación de «estabilidad» (un antipsicótico), que le causó alopecia. Desde entonces ha tenido un empleo, primero trabajando para el Consejo de Educación y después como asistente de ancianos y enfermos.

A lo largo del último año ha permanecido en casa cuidando de su hija.

La madre de Miriam, Esther, explicó una historia completamente distinta, que fue corroborada por otros familiares y por algunos miembros del personal clínico. Miriam tiene actualmente 30 años; Esther, que tiene 56, es, sin duda alguna, su madre biológica. Cuando Miriam tenía 7 años, su padre se fue de casa. Al día siguiente ella y su hermana fueron enviadas, probablemente por motivos económicos, a Mt. Vernon a vivir con los tíos de Esther, Louise y William. Esther las iba a visitar los fines de semana.

Miriam era una buen estudiante, pero tenía pocos amigos y era algo introvertida. En 1968, a la edad de 17 años, quedó embarazada de un primo de Trinidad, al cual nunca volvió a ver. Terminó el instituto, pero, avergonzada, volvió a casa de su madre para dar a luz. Esther se ocupó de su hija y de su nieta y fue quien se encargó de la educación de su nieta, Alice. Durante 2 años, Miriam asistió a clases nocturnas en el Hunter College, pero fueron un fracaso. Trabajó a continuación como asistente de ancianos y enfermos, pero tuvo que dejarlo ya que creía que la gente estaba en contra suya. Empezó a oír voces que comentaban todo lo que hacía y fue finalmente admitida en un hospital en 1973, don-

© MASSON, S.A. Fotocopiar sin autorización es un delito.

de mejoró gracias a la medicación. Las voces desaparecieron varios meses después de ser dada de alta. Vivía en casa y ocasionalmente trabajaba como secretaria.

En 1977, la madre de Miriam le pagó el alquiler de un piso. Miriam malgastaba todo su dinero y al cabo de un año la expulsaron. El estrés que esto le produjo hizo que volviera a enfermar (no se conocen los detalles). Volvió a vivir con su madre y mejoró notablemente con medicación antipsicótica. Trabajó durante un año nuevamente como asistente de enfermos y ancianos, pero poco tiempo después dejó la medicación y el trabajo. Empezó a llamar a su madre «Esther» en lugar de «madre» y comenzó a decir que Esther no era su madre real. La desaprobación de Esther hacia su nieta Alice y la desilusión de la madre en relación con su hija Miriam originaron tensiones y disputas. La niña prefería claramente a Esther.

Miriam pasaba mucho tiempo en su habitación sola, y mínimamente salía para ir de compras, en las que se gastaba mucho dinero en ropa. Los familiares decían que a menudo se mostraba agresiva cuando hablaba sobre su madre. Se veía cada vez más incapaz de llevar a cabo las tareas domésticas. Empezó a hablar con gente imaginaria y les decía que no la tocaran y que la dejaran en paz. En varias ocasiones, cuando acudía la policía, Miriam se calmaba. Sin embargo, la noche del ingreso había perdido el control sobre sí misma, y había amenazado a su madre con arrojarla por la ventana; fue esposada y trasladada al hospital.

Durante varias entrevistas, el estado mental de Miriam se caracterizó por la presencia de una conducta socialmente apropiada y por tranquilidad. Era una persona obesa, casera y vestía de un modo muy elegante. El lenguaje y los movimientos al hablar se producían de un modo sincronizado y bien coordinado. Su estado de ánimo era bajo, aunque algunas veces parecía pedante y algo altiva y orgullosa. El sarcasmo y el enfado se hicieron evidentes durante una entrevista que tuvo con su madre. Los procesos mentales eran ligeramente inconexos, vagos y circunstanciales. Lo más llamativo era el extraño lenguaje que usaba, que variaba entre el uso idiosincrático («mi falsa madre», «mi enajenada madre») y los neologismos («La medicina me hace inconocedora... No soy lo suficientemente correlativa... Mi madre no me acredita.... El hospital tendrá mi ficha si es consortivo; deben tener un departamento de ligitaciones... Mi prima era una esquizoide devasiva...»).

Cuando se la confrontaba con las inconsistencias de la historia de su vida, Miriam sólo sonreía o hacía una mueca. En el hospital no admitió haber oído el sonido «de un fuerte viento» ni haber experimentado ninguna alucinación. Las enfermeras explicaron que cuando pensaba que no la observaban, hacía como si viera seres inexistentes.

Discusión sobre «Miriam y Esther»

Esta mujer padece claramente una enfermedad con síntomas psicóticos muy acentuados, entre los que cabe destacar la idea delirante referente a la mujer que es en realidad su madre y que para ella no es más que una amiga de la familia. (Esta idea delirante parece ser una variante del síndrome de Capgras, en el cual el enfermo cree que las personas de su entorno son impostores y tienen un parecido exacto o casi exacto a las personas cuyo papel han asumido.) Otras ideas delirantes absurdas pueden ser la creencia de que el nacimiento de su hija se retrasó hasta un tiempo después de la muerte de su padre biológico o de que se encontraba en Hiroshima cuando explotó la bomba atómica, que la dejó con una placa de acero en la cabeza.

A pesar de que niega haber sufrido alucinaciones, el sonido que oye en su mente es probablemente una alucinación; su madre comunica que había oído ya voces alguna vez en el pasado.

La ausencia de una enfermedad médica o el uso de una sustancia que pudiera explicar los síntomas, el deterioro de la actividad a lo largo de varios años y las ideas delirantes absurdas y las alucinaciones hacen establecer claramente el diagnóstico de *esquizofrenia* (DSM-IV, pág. 291). La preocupación por una o más ideas delirantes y la ausencia de síntomas como lenguaje desorganizado o estado de ánimo plano o inapropiado indican *tipo paranoide.* El curso de su enfermedad se caracteriza por ser *«episódico con un desarrollo progresivo de síntomas negativos durante los intervalos entre episodios psicóticos»* (p. ej., incapacidad para trabajar, aislamiento social).

Un síntoma inusual en este caso es lo que algunas veces se ha denominado *seudología fantástica*; es decir, la presencia de detalles muy elaborados sobre uno mismo, de tipo fantástico, que son completamente falsos, pero que el enfermo parece creer. En el caso de Miriam, esto se hace patente por su historia personal de haber nacido en Italia, haber crecido en una familia de padres ricos, haber vivido en Europa y en el Norte de África y por padecer un grave problema con el alcohol (algo que su familia ha negado).

El lavabo de caballeros

Nick, un dependiente de una tienda de comestibles, de 26 años de edad, explica lo siguiente: «Tengo un problema con la mierda». Fue enviado a un centro de salud mental por un párroco que había estado viendo al muchacho a lo largo de los últimos 6 meses por problemas interpersonales.

En los últimos 3 o 4 años, durante los períodos de baja actividad sexual, Nick se sentía sexualmente frustrado. Acudía a lugares públicos de descanso, iba a los servicios y esperaba a que un hombre entrara y terminara de hacer sus necesidades para «recuperar» sus excrementos y llevarlos a su casa en una bolsa de plástico. Calentaba los excrementos poniendo la bolsa en agua hirviendo y luego jugaba con ellos, lo cual le excitaba sexualmente. Posteriormente se masturbaba, hasta conseguir el orgasmo. Esta conducta se ha producido más o menos una vez al mes. Admite tener un sentimiento profundo de culpa y de preocupación por este hábito porque «no resulta socialmente aceptable».

Nick es homosexual, pero extremadamente reticente a frecuentar bares «*gays*». Alguna vez ha acudido, pero ha permanecido poco rato; si en 15 o 20 min no se le acercaba ningún hombre, se iba. Comparte un piso con un compañero, pero no tiene una relación sentimental con él. Posee un círculo de amistades muy reducido.

Desde la adolescencia ha sentido siempre atracción por los lavabos públicos. Algunos de sus primeros contactos sexuales han tenido lugar en estos lugares. Hubo una época en que sintió atracción por la orina, pero actualmente esto no le ocurre. A una edad temprana se dio cuenta de que su atracción sexual hacia los otros muchachos le hacía diferente de sus compañeros. Esto le condujo a un aislamiento social intenso. Su primera relación sexual se produjo a la edad de 10 años, con la masturbación en grupo. A los 11 años empezó a realizar actividades homosexuales. Así ha seguido a lo largo de su vida y no tiene ningún antecedente de actividad o excitación heterosexual.

Nick es bajo, rechoncho, de aspecto bastante masculino, y se asea meticulosamente. Durante la visita se muestra tenso y rígido cuando describe su conducta sexual. Su estado de ánimo es bajo. Comunica sentirse deprimido, aunque no presenta síntomas asociados a la depresión. Su discurso es excesivamente detallado y circunstancial. No existe ninguna evidencia de síntomas psicóticos.

Discusión sobre «El lavabo de caballeros»

¿Cómo deberíamos clasificar el uso de las heces para lograr excitación sexual? En el DSM-IV, la *coprofilia* constituye un ejemplo de *parafilia no especificada*. En este trastorno, el individuo se excita observando el acto de defecación o cuando defecan encima suyo. En este caso, sin embargo, son las propias heces las que sirven de estímulo. Por consiguiente, nos parece diferente del uso de otros objetos inanimados por sí mismos, como puede ser la ropa interior femenina, para lograr la excitación sexual y, como tal, debería clasificarse de *fetichismo* (DSM-IV, pág. 539). (No podemos pretender que la clasificación del trastorno como *fetichismo* y no como *parafilia no especificada* tenga mucha importancia de cara a su tratamiento.)

Teniendo en cuenta la historia de aislamiento social y de incapacidad para iniciar relaciones con la gente, parece razonable establecer el diagnóstico de *trastorno de la personalidad no especificado* en el Eje II (DSM-IV, pág. 689), provisional, con exclusión de *trastorno esquizoide de la personalidad.* (Nota. Este caso fue remitido antes de la epidemia del SIDA y no disponemos de información sobre su seguimiento.)

Problema sexual

La Sra. B. es una ama de casa de 43 años de edad que ingresó en el hospital en 1968 para consultar principalmente por un «problema sexual». Reseñó que necesitaba la hipnosis para saber qué era lo que sucedía con su impulso sexual. Su marido explicó la siguiente historia: se queja de que su esposa había tenido varias relaciones extramatrimoniales con otros hombres. Comunicó que en un período de 2 semanas había tenido alrededor de 100 experiencias sexuales diferentes con otros hombres. La enferma estuvo de acuerdo con la afirmación sobre su conducta, pero no hablaba de las experiencias, aludiendo que se le habían «bloqueado» los recuerdos. Negaba tener un interés especial por la sexualidad, pero dijo que sentía una necesidad compulsiva de salir de casa y tener relaciones sexuales.

Hacía 20 años que la Sra. B. estaba casada con su marido. Él era quien claramente dominaba en casa. La Sra. B. tenía miedo de los ataques de celos de su marido y fue él quien sugirió ir a un hospital para recibir tratamiento con hipnosis. La enferma sostenía que no podía explicarse por qué buscaba a otros hombres, ya que realmente no quería hacerlo. Su marido afirmaba que, en una ocasión, consiguió localizarla y, cuando la encontró, ella se comportó como si no le conociese. Ella lo confirmó y creía que era debido al hecho de que los episodios de su promiscuidad sexual eran borrados por «amnesia».

El médico puso en tela de juicio la veracidad de las aventuras sexuales de la mujer; el marido se puso como una fiera y acusó al doctor y a un auxiliar de sala de haber tenido relaciones sexuales con su esposa.

Ni una entrevista con amital ni la cuantiosa psicoterapia consiguieron aclarar los episodios de «bloqueo» de memoria. La enferma admitió recordar haber tenido solamente dos relaciones extramatrimoniales en el pasado: una hace 20 años y la otra 1 año antes del ingreso en el hospital. Explicó que la última había sido planeada por su marido. Continuaba pensando que había tenido innumerables experiencias sexuales extraconyugales, aunque recordada tan sólo dos de ellas.

Discusión sobre «Problema sexual»

A primera vista parece que debería considerarse la posibilidad de un síndrome amnésico, o bien disociativo, o provocado por una enfermedad médica o por el consumo de una sustancia. Sin embargo, todo se complica cuando se sabe que el marido, la persona que explica la historia, padece ideas delirantes celotípicas y cree que su mujer le es infiel. Parece como si ella hubiera asumido estas ideas deliriantes y no tuviera ningún tipo de «amnesia». Antes de la aparición de las ideas delirantes, no hay indicios de trastornos psicóticos preexistentes o de que tuviera alguno de los síntomas prodrómicos de la *esquizofrenia.* Dado que su sistema delirante se desarrolló como resultado de una estrecha relación con otra persona que tenía una idea delirante ya establecida, es decir, su marido, y puesto que sus ideas delirantes son similares en contenido a las de él, el diagnóstico es de *trastorno psicótico compartido* (DSM-IV, pág. 313), tradicionalmente conocido como «*folie à deux*». Un giro interesante en este caso es que es la paciente quien, en virtud de su supuesta actividad extraconyugal, es la fuente de malestar del marido. En un *trastorno psicótico compartido* es más frecuente que la persona que ha adoptado el sistema delirante del otro crea que es ella la que también está siendo dañada.

La visión celestial*

Una mujer obesa de 34 años de edad es llevada a un hospital local por la policía. Se había quitado la ropa y estaba de pie al lado de su coche en una gasolinera.

*Adaptado de Spitzer RL, Gibbon M, Skodol A, et al.: «The Heavenly Vision of a Poor Woman: A Down-To-Earth Discussion of the DSM-III Differential Diagnosis.» *Journal of Operational Psychiatry* 11:169-172, 1980.

Había empezado a realizar una felación a su hijo de 5 meses de edad. Más tarde afirmaba que lo hizo en respuesta a una visión: «Sentí que me habían ordenado que saliera fuera del coche, me quitara la ropa de una forma llamativa y representara un acto que llamara la atención sobre el desmantelamiento que va a sufrir muy pronto esta nación». Explicaba que realizó el sexo oral con el fin de llamar la atención sobre el abuso de niños que se estaba llevando a cabo de forma infame en este país, sobre todo en la prostitución y en la pornografía. Describía su propia conducta con un «acto absurdo» y comprendía que fuera considerada como prueba de «aberración mental». Pero, en sus propias palabras, «hay método en mi locura».

Aparentemente, durante los últimos 20 años, la paciente había tenido «diferentes niveles de estados visionarios» durante los que veía y oía a Dios. Recientemente, había recibido mensajes religiosos y políticos de Dios y creía que «el partido comunista y el partido nazi se habían aliado e iban a ocupar el país...; el ataque invasor vendrá desde Canadá y llegará a través del medio-oeste hasta St. Louis».

La descripción que hacía la enferma de sus experiencias visionarias y de su historia era coherente. Las expresaba de forma prosaica, aunque con muchos detalles vívidos y sorprendentes.

El informe de un ingreso previo indicaba que los resultados de la exploración física que se le practicó fueron positivos en cuanto a diversos síntomas. Su queja somática actual era una cefalea migrañosa; pero cada vez que la examinaba un médico, la lista de síntomas aumentaba progresivamente. En los informes de una evaluación psiquiátrica ambulatoria realizada 9 años antes del ingreso actual se indicaba que la paciente refería una debilidad extrema de muchos años de duración, un «nudo» doloroso que crecía en la parte interior de la nuca y varios episodios de desmayo. Refería que, después de estos desmayos, con frecuencia caía en un sueño profundo. Se le practicaron diversos electroencefalogramas y todos dieron resultados negativos. El neurólogo que la examinó pensó que no tenía epilepsia y recomendó que acudiera a visitarse a un psiquiatra.

Durante su hospitalización actual, la enferma refirió algunas molestias físicas, particularmente dolor de espalda, que atribuía a una caída a los 18 años y a una artritis de la columna lumbar. Tenía dificultad para andar y había consultado a varios médicos sobre este problema. Presentaba una incapacidad con una puntuación del 100% producida por «nervios y artritis».

En la exploración física, se observó que la paciente presentaba un exceso de peso. Tenía varios lipomas pequeños en la espalda y los brazos. La palpación del abdomen reveló una sensibilidad anormal a la presión poco localizada en el cuadrante derecho. Refería polimenorrea. Tanto la citología vaginal como la biopsia endometrial fueron normales. El electrocardiograma mostró un bloqueo de rama derecha e hipertrofia ventricular. La exploración radiológica del cráneo reveló microcefalia (superior a dos desviaciones estándares por debajo de los límites normales) y osteosclerosis. Se consultó a un reumatólogo que diagnosticó un dolor mecánico en la parte inferior de la columna, exacerbado por la obesidad.

La historia personal fue obtenida únicamente de la paciente. Refirió que su padre era un pastor cristiano fundamentalista y que había estado profundamente comprometida con la Iglesia desde una edad temprana.

Fue bautizada a los 12 años y «hablaba lenguas extrañas». A esa edad «sintió la llamada al sacerdocio». Terminó los estudios superiores con unas calificaciones superiores a la media. A la edad de 18 años, después de la finalización de una relación sentimental (que describe de manera dramática, como todos los acontecimientos de su vida), entró en el Ejército de Mujeres, en contra de la voluntad de sus padres, y desde entonces ha sido rechazada por su familia. Refirió que, al poco tiempo de estar en el servicio, la violaron y que, posteriormente sufrió una caída, golpeándose la cabeza con el hormigón, que la dejó «inconsciente durante 9 días», después de los cuales se encontraba «muy débil» y tuvo «episodios de amnesia». Dejó el ejército al cabo de 13 meses y se casó con un hombre que resultó ser bígamo. Vivió con él durante 12 años, tuvo cuatro hijos y se separó cuando descubrió que estaba molestando a sus hijas. Desde entonces ha trabajado esporádicamente.

Después de su separación, la enferma se fue de la ciudad con sus hijos, ya que se sentía «acosada» por algunos vecinos chismosos. Se trasladó a otra ciudad, pero el acoso continuó. En una ocasión llevó a los hijos a Israel, sin dinero ni planes para instalarse, comunicando que había averiguado que era de «ascendencia judía». Daba la impresión de haber estado «en camino» durante mucho tiempo desde su separación (4 años antes). Durante al menos parte de este tiempo había dejado a sus hijos con familias adoptivas.

Catorce meses antes del ingreso se había acostado con un desconocido en un motel. Afirmaba que éste había sido su único contacto sexual en 4 años. Como resultado de este contacto tuvo otro hijo, que actualmente tiene 5 meses.

Durante su estancia en el hospital la enferma hablaba bastante, y el personal del centro la describió como una persona hostil e histriónica. Se aferraba firmemente a sus creencias religiosas y de vez en cuando explicaba profecías que se habían cumplido. Había grabado cintas de casete de varias personas del país que compartían sus ideas religiosas. En ellas, la enferma era alabada por su fe firme y su don de profecía. En algunas de estas cintas se «hablaba en lenguas desconocidas». El personal tenía la impresión de que sufría episodios psicóticos breves que se centraban en ideas delirantes de persecución por parte del gobierno.

Al cabo de un mes se dio de alta a la enferma. Rechazó cualquier tipo de seguimiento y comentó a algunas personas su decisión de dirigirse hacia el oeste con la esperanza de matricularse en una escuela de formación evangelista. Sus hijos quedaron bajo custodia de la agencia estatal del servicio correspondiente. Varios días después del alta, estaba buscada por la policía porque supuestamente había firmado cheques falsos por una cantidad aproximada de 80.000 pesetas y, aparentemente, el coche que conducía antes del ingreso era robado.

Discusión sobre «La visión celestial»

La cuestión principal a la hora de establecer el diagnóstico diferencial es si las visiones, las voces, las creencias poco frecuentes y la conducta absurda constituyen síntomas de un verdadero trastorno psicótico (un trastorno en el cual hay un deterioro importante en el enjuiciamiento de la realidad). Por definición, una idea delirante representa una creencia que no es habitualmente aceptada por otros miembros de la cultura o subcultura de la persona. La paciente presenta una larga historia de asociación con sectas religiosas fundamentalistas, en las que no son infrecuentes las experiencias como hablar en lenguas desconocidas o tener visiones de Dios. ¿Pueden justificarse completamente las experiencias perceptivas inusuales y los conceptos extraños de esta mujer por sus creencias religiosas? Creemos que no. Es cierto que recibir mensajes de Dios e instrucciones para realizar conductas con el fin de llevar a cabo Su voluntad es frecuente entre estos grupos. Sin embargo, las ideas elaboradas por la enferma sobre una invasión compuesta por fuerzas comunistas y nazis y las instrucciones recibidas para revelar la depravación sexual de este país nos parece que van mucho más allá del nivel de creencias fundamentalistas extremas. Así pues, dudamos que la conducta de esta mujer sea meramente el reflejo de su modelo cultural de creencias y conductas y que no tengan significado psicopatológico.

Al haber descartado las identificaciones subculturales como explicación para sus «síntomas», debemos preguntarnos si los síntomas son auténticos (es decir, ideas delirantes y alucinaciones reales), si, de alguna forma, son intencionados o si están en un punto concreto en el continuo entre la realidad y la falsedad. Existe cierta evidencia de que, al menos alguno de los síntomas, especialmente la conducta absurda que supuso su admisión en el hospital, estaban producidos de forma intencionada para dramatizar la situación. La paciente parecía conocer perfectamente las posibles reacciones que podía producir lo que estaba haciendo o diciendo. Este nivel de conocimiento no se observa generalmente en las personas que están actualmente en un estado psicótico.

Durante la entrevista, la paciente narra sucesos de su vida poco creíbles y da a entender que muchos de ellos, de manera consciente, se han exagerado o se han inventado (*seudología fantástica*). ¿Estuvo inconsciente 9 días? ¿Encontró en su árbol genealógico un antecesor judío? ¿Quedó embarazada habiendo tenido relaciones sexuales una sola vez?

Más pruebas que sugieren que los síntomas «psicóticos» de esta mujer pueden no ser verdaderos es la larga historia de molestias físicas que no parecen ser características de una enfermedad médica. La enferma ha padecido episodios de amnesia con «episodios» de desmayo, y el electroencefalograma que se le realizó fue negativo. Asimismo, se ha observado la presencia de una larga lista de síntomas positivos que no pueden explicarse por una patologa orgánica. Tanto el especialista como el personal del centro estaban muy impresionados por sus conductas y actitud histriónicas.

El concepto de *trastorno facticio* del DSM-IV se utiliza para contemplar la oscura área que queda entre la *simulación*, motivada por incentivos externos (p. ej., fingir una enfermedad para evitar el servicio militar) y la experiencia piscótica genuina, sobre la que el sujeto no tiene control. Los dos aspectos decisivos que intervienen en el diagnóstico de un *trastorno facticio* son que los «síntomas» están producidos intencionadamente y que su motivación no es facilmente identificable. Dado que el sentido y la intencionalidad del síntoma es subjetivo y sólo puede ser deducido por un observador externo, ¿qué circunstancias favorecerían esta posibilidad? Algunos ejemplos serían «el paciente» que parece sufrir alucinaciones cuando cree que se le observa, o el enfermo que asegura padecer un conjunto de síntomas que normalmente no coexisten (p. ej., *demencia* grave con una idea delirante de persecución sistematizada).

La creencia de que la motivación no está relacionada con la consecución de un incentivo externo se basa en la asunción de que en el *trastorno facticio* el «paciente» espera obtener algún beneficio que se encuentra implícito en el concepto del rol de enfermo. Este beneficio puede resultar del hecho de recibir tratamiento y ser atendido en un centro hospitalario, o ser absuelto de ciertas responsabilidades que generalmente forman parte de la vida cotidiana, como tener que trabajar para vivir, aunque signifique ser un «enfermo» de por vida.

¿Qué pruebas tenemos de que la conducta de este enfermo está motivada por el deseo de asumir algunos beneficios del rol de paciente? Existe la posibilidad de que se diera cuenta de que la conducta sexual con su hijo fuese el motivo del ingreso en el hospital. Además, independientemente de que buscara o no de forma deliberada poder librarse de su hijo, ello ocurrió y la libró de la responsabilidad de su cuidado, permitiéndole dedicarse de lleno a sus inquietudes. Consideramos esta «evidencia» como equívoca.

Si se acepta la autenticidad de las ideas delirantes y las alucinaciones, deben considerarse las siguientes categorías del DSM-IV: *esquizofrenia* (o *trastorno esquizofreniforme), trastorno psicótico breve* y *trastorno delirante.* La *esquizofrenia* y el *trastorno esquizofreniforme* requieren un importante deterioro de la actividad laboral y social, así como el de autocuidado, que ha de ser claramente inferior al nivel alcanzado antes del inicio de la enfermedad. No hay evidencia de ello en nuestra paciente. Además, no se se dan algunos de los síntomas comunes de la *esquizofrenia,* como, por ejemplo, el afecto aplanado y la pérdida de la capacidad de asociación. El *trastorno delirante* se puede descartar por la presencia de alucinaciones. Aunque la enferma se muestra expansiva, no hay ninguno de los restantes síntomas característicos que constituyen el síndrome maníaco; por esta razón, parece poco probable el diagnóstico de *trastorno bipolar.*

El diagnóstico de *trastorno psicótico breve* puede realizarse cuando el clínico cree que el enfermo padece un episodio psicótico que dura por lo menos un día, pero no más de 1 mes, con un retorno al estado premórbido. De este modo, si asumimos la impresión de los miembros del centro de que los períodos de psicosis verdadera son breves, el diagnóstico de *trastorno psicótico breve* (DSM-IV, pág. 311) parece apropiado. Señalaríamos, asimismo, la necesidad de descartar un *trastorno facticio con predominio de signos y síntomas psicológicos* (DSM-IV, pág. 486).

A pesar de que esta mujer padece una enfermedad médica real, es improbable que sea la causante de la amnesia, de la sintomatología menstrual y de las probables crisis de conversión que figuran en un ingreso anterior. Esto sugiere la necesidad de excluir el *trastorno de somatización,* una alteración caracterizada por múltiples y repetidas quejas somáticas que aparentemente no son producidas por una enfermedad física. En este caso sabemos que la enferma presenta síntomas seudoneurológicos característicos (agitación, desmayos, trastornos de la marcha) y síntomas sexuales (polimenorrea), pero solamente tres de los cuatro síntomas requeridos (cefalea, dolor lumbar, sensibilidad poco normal a la presión en el cuadrante derecho) y ninguno de los síntomas gastrointestinales requeridos. Sin embargo, efectuamos provisionalmente el diagnóstico de *trastorno de somatización* (DSM-IV, pág. 461) ya que sospechamos que también ha presentado los otros síntomas que se requieren.

Como consecuencia de la larga historia de relaciones interpersonales conflictivas, sería apropiado establecer el diagnóstico de *trastorno de la personalidad.* La historia de la paciente revela la presencia de rasgos histriónicos y antisociales significativos (robo de un coche, cheques falsos, posible abandono de los hijos). En ausencia de más información, parece apropiado el diagnóstico de *trastorno de la personalidad no especificado* (DSM-IV, pág. 689) con rasgos histriónicos y antisociales.

INHIBIDA

Una muchacha de 24 años de edad fue enviada por su psiquiatra a un centro de alteraciones sexuales porque era incapaz de experimentar el orgasmo. Hace 5 años que está casada y anteriormente había sido capaz de llegar al orgasmo y gozaba de una vida sexual satisfactoria.

Dos años antes había padecido un *trastorno depresivo mayor* con síntomas melancólicos y psicóticos, que fue tratado con éxito con antidepresivos como imipramina y tranilcipromina. Actualmente no padece síntomas depresivos, como pérdida del apetito o trastornos del sueño: se siente «baja» y no cree haber recuperado su habitual carácter alegre. Por esta razón, el psiquiatra ha continuado prescribiendo tranilcipromina.

La enferma tiene frecuentes relaciones sexuales, disfruta de las actividades relacionadas con el sexo y señala que «su marido es un buen amante». Sin embargo, debe usar un lubricante ya que no lubrica lo suficiente como para que la penetración no le cause molestias; ha sido incapaz de obtener un orgasmo desde que padeció la depresión. Ha intentado masturbarse, pero no ha conseguido experimentar el orgasmo.

Discusión sobre «Inhibida»

Según la historia clínica, la paciente padeció un *episodio depresivo mayor* del que no se recuperó totalmente. La cuestión es si debería considerarse como un conjunto de síntomas residuales de *episodio depresivo mayor* o como efectos colaterales de los fármacos. Dado que los inhibidores de la monoaminooxidasa, como la tranilcipromina, y los nuevos inhibidores selectivos de la recaptación de serotonina merman la excitación sexual y crean frecuentes dificultades para llegar al orgasmo resulta más práctico considerar estos síntomas como efectos colaterales de los fármacos (consignables en el Eje III), ya que la reducción de la dosis algunas veces alivia las dificultades sexuales. La intoxicación o el síndrome de abstinencia de alcohol y de otras sustancias de abuso puede, asimismo, causar trastornos similares en el funcionamiento sexual. Si, por ejemplo, esta mujer tuviera alteraciones del orgasmo producidas por intoxicación o por abstinencia durante el curso de *abuso de alcohol* o *dependencia del alcohol,* el diagnóstico sería el de *trastorno sexual inducido por alcohol.*

En el Eje I diagnosticaríamos *trastorno depresivo mayor, episodio único, en remisión parcial* (DSM-IV, pág. 351), ya que sigue habiendo algunos síntomas residuales del trastorno (está desanimada y no es la persona sana y alegre que había sido antes).

Masters y Johnson

Un agente de bolsa de 33 años de edad solicitó tratamiento para la impotencia. Hacía 5 meses que un amigo había fallecido por oclusión coronaria y a lo largo de la semana siguiente el enfermo se sintió muy ansioso y preocupado por el estado de su corazón. Cada vez que su corazón latía rápido a causa del ejercicio, se ponía ansioso por la posibilidad de sufrir un ataque cardíaco. Tenía pesadillas, se despertaba muy agitado y era incapaz de volver a dormirse. Dejó de jugar al tenis y de correr.

El paciente empezó a evitar las relaciones sexuales, presuntamente a causa de la ansiedad ante el esfuerzo físico. Ello le causó dificultades con su esposa, quien sintió que, deliberadamente, la estaba privando de su vida sexual y, asimismo, estaba evitando la posibilidad de que se quedara embarazada, algo que ella deseaba mucho. Durante el último mes, aunque ya no estaba preocupado por su corazón, el paciente había evitado por completo las relaciones sexuales. Afirmaba que, de algún modo, todavía deseaba tener relaciones sexuales, pero cuando la situación se presentaba no seguía adelante. Llegó a estar tan trastornado por sus dificultades sexuales que comenzó a tener problemas de concentración en el trabajo. Se sentía fracasado como hombre y como esposo.

Antes de casarse, el enfermo no había tenido relaciones sexuales; se masturbaba con el roce de su pene con las sábanas, sin tocarlo con sus manos. Cuatro años antes, a la edad de 29 años, 3 años después de haberse casado, acudió a la consulta por su cuenta con la queja de que nunca había intentado tener relaciones sexuales con su esposa. Por su parte, la actividad sexual consisitía en llegar a una erección sin que ni su mujer ni él tocasen su pene y en que la eyaculación ocurriese frotando su pene sobre el abdomen de su esposa con sus manos, o en permitir que su pene se aproximara a algún punto cercano a los genitales de ella.

El tratamiento consistió en 2 semanas de terapia de pareja con las técnicas de Masters y Johnson, que logró un éxito rotundo. La actividad sexual fue cada vez más frecuente, y ya se producía penetración vaginal y eyaculación. El marido empezó a flirtear con otras mujeres, con las que llegaba a situaciones sociales embarazosas, pero sin promiscuidad. La ansiedad de su esposa respecto a su propia sexualidad y la adopción de un rol más pasivo la llevaron a buscar tratamiento por su cuenta. Después de 1 año de psicoterapia, la ansiedad fue disminuyendo y las relaciones sexuales e interpersonales entre el paciente y su esposa habían llegado a un nivel satisfactorio, hasta que surgió el problema.

Discusión sobre «Masters y Johnson»

La reacción de este hombre por la muerte de su amigo 5 meses antes consistió en una gran ansiedad y en una restricción de sus actividades físicas por miedo a padecer un ataque al corazón; si se le hubiera visitado en aquel momento, el diagnóstico hubiese sido *trastorno adaptativo con ansiedad.* Lo que posteriormente sucedió es que su ansiedad afectó a su funcionamiento sexual, y son las dificultades sexuales que han persistido las que han ocasionado esta visita.

Su problema sexual actual es una recurrencia del problema que le hizo buscar tratamiento hace 4 años: evitación de las relaciones sexuales debido a la ansiedad asociada a ellas. A pesar de que describe su problema como impotencia, el diagnóstico de *trastorno de la erección en el varón* implica que existe actividad sexual durante la cual un individuo no es capaz de lograr o mantener la erección hasta el final del acto sexual. Sin embargo, lo que este hombre muestra es una evitación de las relaciones sexuales. La aversión extrema y persistente y la evitación parcial o total de contacto sexual genital con una pareja sexual se diagnostica como *trastorno por aversión al sexo, debido a factores psicológicos, adquirido* (DSM-IV, pág. 512).

Lavar antes de usar

Un hombre de 41 años de edad fue enviado a un centro de salud mental para entrar en un programa para mejorar sus habilidades sociales. Había sido siempre una persona solitaria, sin amigos de verdad, y pasaba muchas horas preocupado porque sus pensamientos hostiles contra su hermano llegaran a perjudicarle. Previamente, había trabajado como oficinista en el servicio del cuerpo de funcionarios del estado, pero había perdido su empleo a causa de las faltas de asistencia y de su bajo rendimiento.

En la entrevista el enfermo se muestra distante y algo receloso. Describió de manera muy detallada sus actividades diarias. Explicó, asimismo, que en una ocasión pasó una hora y media en unos almacenes para decidir qué tipo de pescado tenía que comprar y refería las ventajas de esa conducta. Durante 2 días estudió las instrucciones de lavado de su nuevo pantalón tejano (¿«Lavar antes de usar» significa que los pantalones tienen que lavarse antes de usarse en cada ocasión?). No consideraba las preocupaciones de este tipo como inútiles, aunque reconocía que la cantidad de tiempo empleado en pensar en ello quizá era excesivo. Cuando le preguntamos sobre sus finanzas, podía recitar de memoria el estado actual de sus cuentas mensualmente, incluyendo la cantidad de cada cheque y el saldo después de firmar cada recibo. Conocía el saldo diario y, en alguna ocasión, llegaba a sentirse ansioso si se planteaba la posibilidad de que algún cheque o depósito hubiese sido realmente liquidado.

Le preguntó al especialista si, al empezar el programa para mejorar las habilidades sociales, se necesitaría participar en terapia de grupo. Comunicó que los grupos le ponían muy nervioso porque pensaba que si revelaba demasiada información, como, por ejemplo, la cantidad de dinero que tenía en el banco, los demás podían obtener algún tipo de ventaja para su propio provecho.

Discusión sobre «Lavar antes de usar»

El patrón de conducta de maladaptación de este hombre indica un *trastorno de la personalidad.* Los síntomas predominantes son la ausencia de amigos y de confidentes, el pensamiento mágico (estar preocupado por el hecho de que los malos pensamientos puedan causar algún daño a su hermano), afecto restringido (se le observa como «distante» durante la entrevista), discurso extraño (aportar detalles muy elaborados y a menudo irrelevantes) y ansiedad social asociada a miedos de tipo paranoide. Estos síntomas son característicos del *trastorno esquizotípico de la personalidad* (DSM-IV, página 661).

A pesar de que la ausencia de amigos y de confidentes es algo característico del *trastorno esquizoide de la personalidad*, la excentricidad del enfermo en cuanto al pensamiento y al lenguaje excluyen este diagnóstico. Hay muchas similitudes entre el *trastorno esquizotípico de la personalidad* y los síntomas de la *esquizofrenia tipo residual*, pero la ausencia de una historia de síntomas psicóticos claros descarta este diagnóstico.

Las preocupaciones del paciente para escoger una clase determinada de pescado y para entender las instrucciones de la etiqueta de los pantalones tejanos sugieren la presencia de obsesiones; pero la naturaleza egosintónica de sus preocupaciones indica que no se trata de obsesiones verdaderas, sino de ejemplos de perfeccionismo. Asimismo, se siente preocupado por la organización de sus finanzas. Dado que éstos son rasgos de un *trastorno obsesivo-compulsivo de la personalidad* (DSM-IV, pág. 689), así lo hemos registrado, pero los criterios para el trastorno no parecen cumplirse.

La madre adoptiva

Cheryl Jones, una madre de tres hijos adolescentes, es ingresada en un centro hospitalario por sufrir depresión. Narra la siguiente historia.

Hace un año, después de una discusión que acabó con la relación sentimental con su marido, presentó un cuadro psicótico agudo. Tenía miedo de que la gente la matara y oía voces de amigos y de extraños que hablaban de matarla. Oía sus propios pensamientos por todas partes en voz alta y tenía miedo de que los demás pudiesen también oír lo que estaba pensando. Después de un período de 3 semanas en las que permaneció en su apartamento, puso nuevas cerraduras en las puertas, mantuvo las persianas bajadas y evitó cualquier contacto, excepto con sus familiares próximos. Era incapaz de dormir por la noche porque las voces la mantenían despierta y se sentía incapaz de comer porque constantemente notaba un «nudo» en la garganta. Retrospectivamente, no podía precisar si estaba deprimida, pero negaba haberse sentido eufórica o hiperactiva, y recordaba solamente que estaba aterrada por lo que pudiera pasarle. Su familia la persuadió para que ingresara en un hospital, donde, después de 6 semanas de tratamiento antipsicótico, la enferma dejó de oír las voces. Recuerda haber vuelto a ser la que era durante un período de 1-2 semanas, pero empezó a perder energías y motivación para realizar cualquier cosa. Se sentía cada vez más deprimida, había perdido el apetito y se despertaba cada noche a las 4 o las 5 de la madrugada y no podía volver a dormirse. No podía leer el periódico ni mirar la televisión porque era incapaz de concentrarse.

La enfermedad de la Sra. Jones ha persistido durante 9 meses. Ha hecho realmente pocas cosas, a excepción de permanecer sentada en el salón de su casa y mirar las musarañas. Sus hijos se han ocupado de la mayor parte de las tareas de la casa, cocinar, ir a comprar, pagar las facturas, etc. No se han producido recurrencias de la sintomatología psicótica desde que se interrumpió la medicación; su depresión, en cambio, ha persistido.

Durante la entrevista, la enferma se muestra algo reservada. No hay prueba alguna de la presencia de enfermedad diagnosticable hasta el último año. Es una persona tímida y da la sensación de que se trata de alguien que no ha roto nunca un plato. Ha estado separada de su marido 10 años, aunque en este período de tiempo ha tenido dos relaciones sentimentales. Además de responsabilizarse de la educación de sus tres hijos, se ha ocupado de la adopción de otros niños durante los 4 años anteriores. Le gusta su trabajo, y en la agencia donde trabaja está muy bien considerada. Ha mantenido relaciones estrechas con algunas amigas y con su numerosa familia.

Discusión sobre «La madre adoptiva»

Durante el período inicial de la enfermedad, esta paciente mostró síntomas caracteríticos de la *esquizofrenia,* como ideas delirantes absurdas (la gente era capaz de oír lo que ella pensaba), alucinaciones auditivas (voces de amigos y extraños hablando entre ellos). Se produjo un deterioro en su funcionamiento hasta el punto de que era incapaz de cuidar del mantenimiento de su casa. Con el tratamiento, después de aproximadamente 9 semanas, los síntomas psicóticos remitieron, pero recuerda «haber vuelto a la normalidad» durante una semana. Aparecieron entonces los síntomas propios de un *episodio depresivo mayor,* con estado de ánimo deprimido, disminución del apetito, insomnio, falta de energía, pérdida del interés por las cosas y dificultades para la concentración. El período depresivo ha durado aproximadamente 9 meses.

Se pueden considerar los dos períodos de la enfermedad como dos trastornos diferentes o como uno solo? Si fuesen dos alteraciones distintas, podría señalarse como un *trastorno esquizofreniforme* (ya que la duración es mayor a un mes e inferior a 6 meses) seguido de un *trastorno depresivo mayor,* o *esquizofrenia* (el período tras la fase psicótica es considerado una fase residual de *esquizofrenia)* con una depresión superpuesta (para el segundo período de la enfermedad). Si se trata solamente de un trastorno, resulta difícil saber qué diagnóstico incluiría todos los síntomas de los episodios separados de depresión y psicosis.

Este caso parecería ser un ejemplo de una situación en la cual resulta complicado efectuar el diagnóstico diferencial con cierto grado de veracidad entre un *trastorno del estado de ánimo* y *esquizofrenia,* o un *trastorno esquizofreniforme.* Muchos clínicos optarían por el diagnóstico de *trastorno esquizoafectivo.* Este diagnóstico, de acuerdo con los criterios del DSM-IV, no puede establecerse ya que, aparentemente, no existe superposición temporal entre los síntomas psicóticos de la paciente y su depresión. Por este motivo diagnosticaríamos *trastorno esquizofreniforme* (DSM-IV, pág. 298), para el período psicótico, y *trastorno depresivo mayor,* para el período depresivo (DSM-IV, pág. 351).

Seguimiento

La Sra. Jones fue tratada con un antidepresivo y un estimulante. Se recuperó en pocos meses, volvió a la escuela para obtener el diploma y empezó a trabajar para el departamento de salud. Un año después acudió nuevamente al hospital, deprimida y ansiosa y con síntomas psicóticos. Fue tratada con una combinación de antidepresivos y antipsicóticos, y se recuperó en pocos meses.

Con esta información referente al seguimiento de la enferma, en el que se observa un episodio en el cual coexisten síntomas psicóticos y depresivos, el diagnóstico que debería realizarse para el segundo episodio tendría que ser el de *trastorno depresivo mayor, recidivante, con síntomas psicóticos* (DSM-IV, pág. 352).

EL SOÑOLIENTO

Un hombre de negocios de 55 años de edad explica a su nuevo médico de cabecera que padecía somnolencia desde los 21 años, y éste le remitió a un centro especializado en problemas de sueño. Habitualmente duerme con regularidad desde las 10,15 de la noche hasta las 6,30 de la mañana. Asimismo, da unas cabezadas de media hora a tres cuartos de hora, entre las 9 y las 10,15 de la mañana y entre la 1,30 y las 2 de la tarde. También duerme la siesta de forma irregular entre las 4,30 y las 8,30 de la tarde. Cuando en la oficina echa un sueñecito en el suelo, aplaza todas sus llamadas. Se despierta temporalmente fresco. El aplazamiento de los descansos le produce una fatiga irresitible. No presenta pérdidas repentinas del tono muscular (como en la cataplejía) ni otros síntomas indicativos de narcolepsia, ni tampoco ronca ni padece síntomas que sugieran episodios recurrentes de apnea del sueño (falta de respiración durante el sueño).

El enfermo es propietario de una cadena de televisión en Birmingham, Alabama. Durante la jornada laboral dispone de tiempo ya que el personal de plantilla es capaz de controlar las operaciones. A pesar de todo, es una persona trabajadora, organizada y disfruta con su oficio. Goza de buena salud y diariamente corre aproximadamente 8 km. Vive con su mujer y su hijo menor. Le gusta estar con sus hijos ya casados y su familia, y hablar sobre la política local. Duerme una larga siesta por las tardes antes de emprender cualquier actividad nocturna, que siempre abandona temprano para volver a su ritmo de sueño habitual.

El padre del enfermo realizaba la siesta cada tarde y su abuelo paterno había sido una persona muy dormilona. Durante su infancia, el paciente había padecido pesadillas, pero ningún otro tipo de trastorno del sueno. Había sido un atleta y, espontáneamente, hacía corriendo su recorrido habitual.

El enfermo bebía alrededor de tres cervezas a la semana, pero evitaba el consumo de otras bebidas alcohólicas, cafeína y otras drogas. Las exploraciones físicas previas revelaron que el paciente gozaba de buena salud; la frecuencia cardíaca en reposo era de 50 latidos/min, la tensión arterial era aproximadamente 110-105/70 mmHg, una función tiroidea y una tolerancia a la glucosa normales.

Cuando se le visitó, el enfermo se mostró amable, hablador, comunicativo y seguro de sí mismo. Negaba sentirse deprimido o haber perdido el interés por el entorno. Consideraba su somnolencia como un problema con el que tenía que vivir, aunque se mostraría muy agradecido si encontrase algún alivio.

Las pruebas de vigilancia diurna mostraron un deterioro del nivel de activación. En los registros poligráficos de cinco períodos de sueño diurno tenía un intervalo promedio del inicio del sueño de 11 min, lo cual está dentro de los valores normales. Durante el registro poligráfico nocturno tenía un sueño de apariencia normal, que continuaba ininterrumpidamente durante 9 horas y media hasta que se despertaba.

Discusión sobre «El soñoliento»

En la mayoría de pacientes que padecen somnolencia diurna excesiva (hipersomnia) lo bastante grave como para buscar tratamiento en un centro especializado se detecta como causa una enfermedad médica o el uso de una sustancia. Este caso muestra una situación relativamente poco frecuente, en la que no puede responsabilizarse del problema a ninguno de estos factores ni a un trastorno mental (como un *trastorno depresivo mayor).* Por lo tanto, el diagnóstico es el de *hipersomnia primaria* (DSM-IV, pág. 576). Este trastorno se asocia generalmente, com en este caso, con una latencia y estructura del sueño normales, como se demuestra en el registro polisomnigráfico.

Seguimiento

El tratamiento con un estimulante de vida media larga le produjo cefaleas importantes. Las anfetaminas y las bebidas que contienen cafeína no tuvieron ningún efecto, ya que su estimulación inicial venía seguida de una mayor somnolencia.

Dado que el enfermo planteó la posibilidad de que la psicoterapia pudiera arrojar luz sobre su problema, empezó a asistir a un programa de sesiones semanales. Sin embargo, 2 años después de seguir con esta terapia con un psicoanalista su patrón de sueño seguía sin modificarse y continuaba afrontando su somnolencia con descansos regulares.

El periodista

Michael Dodge, un periodista de 29 años de edad, ha sido un gran bebedor durante 10 años. Una tarde después de salir del trabajo y de haber acabado de redactar un artículo, salió con unos amigos y empezó a beber hasta la mañana siguiente. A primera hora de la mañana se quedó dormido. Cuando se despertó sintió un intenso deseo de beber de nuevo y decidió no ir al trabajo. La comida no le llamaba la atención y, en cambio, tomó varios vodkas con jugo de tomate. Más tarde, fue a una taberna próxima y bebió cervezas toda la tarde. Encontró a algunos amigos y siguió bebiendo hasta la noche.

El patrón de consumo de alcohol a lo largo del día persistió durante una semana. En la mañana del octavo día, Michael intentó tomar una taza de café y notó que sus manos temblaban tan intensamente que fue incapaz de acercar la taza de café a su boca. Consiguió echar whisky en un vaso y bebió tanto como pudo. Sus manos estaban menos temblorosas, pero tenía náuseas y empezaba a tener arcadas. Intentó beber repetidamente, pero no podía mantener el alcohol dentro de su cuerpo. Se sintió enfermo e intensamente ansioso y decidió llamar a un amigo suyo que era médico. Éste le aconsejó que ingresara en un hospital.

Cuando se le exploró en el momento del ingreso, Michael se encontraba en un estado de hipervigilancia; en reposo y en movimiento presentaba un temblor de manos bastante acentuado; su lengua y sus párpados temblaban también. Tenía una sensación de temblor «interno». Tumbado en la cama del hospital, decía que el ruido que oía por la ventana era estrepitoso, y empezó a tener visiones de animales y en una ocasión de un familiar muerto. Se aterrorizó y llamó a una enfermera, que le dio un tranquilizante. Se quedó más tranquilo y su temblor disminuyó. En todo momento se daba cuenta de que los fenómenos visuales eran «imaginarios». Siempre ha sabido dónde se encontraba y ha estado orientado. No padece alteraciones de la memoria. Después de pocos días, el temblor desapareció y el enfermo no sufrió más alucinaciones. Continuó teniendo problemas para dormir, pero en general se encontraba bien. Prometió no volver a beber jamás.

Cuando se le interrogó más en profundidad sobre la bebida, Michael comunicó que a pesar de que durante los últimos 10 años ha desarrollado el hábito de beber varios whiskies al día, la bebida nunca ha interferido en su trabajo o en las relaciones con los amigos. Niega haber padecido algún tipo de síntoma después de beber, a excepción de las habituales migrañas. Sin embargo, refiere tener la necesidad de beber para conducirse de manera adecuada y admite no haber intentado nunca beber menos ni dejar la bebida.

Discusión sobre «El periodista»

Este bebedor aumenta de manera clara el consumo de alcohol durante una semana y después deja de beber, dado que se encuentra mal, con náuseas y vómitos. Padece entonces alucinaciones visuales, temblor en las manos, en la lengua y en los párpados, y ansiedad. Conserva intacta la capacidad para interpretar la realidad, ya que es consciente de que las alucinaciones son imaginarias; además, se mantiene alerta, orientado y sin trastornos de la memoria. Estos síntomas, asociados a la reducción del consumo de alcohol, indican la presencia de *abstinencia de alcohol* (DSM-IV, pág. 204). Además, se señala el especificador *con trastornos de la percepción,* para indicar la presencia de alucinaciones junto a la capacidad intacta de interpretación de la realidad.

Muchos clínicos pueden concluir que se trata de un *delirium por abstinencia del alcohol (delirium tremens)* debido a la presencia de alucinaciones visuales. En el *delirium,* sin embargo, se observa una capacidad reducida para mantener la atención a los estímulos externos, un pensamiento desorganizado y otros síntomas, como desorientación y trastornos de la memoria, sea cual sea la alteración perceptiva. Las alucinaciones visuales, junto con la capacidad intacta de interpretación de la realidad, son bastante frecuentes en la *abstinencia de alcohol.*

¿Indica la presencia de *abstinencia de alcohol* la existencia de *dependencia del alcohol?* Los criterios del DSM-IV para este último trastorno requieren más información que los meros signos de dependencia fisiológica (p. ej., tolerancia o abstinencia) que pueden aparecer después de un consumo excesivo y ocasional de alcohol. Los criterios para la dependencia precisan evidencias de alteraciones del control o de consecuencias nocivas como consecuencia del consumo. En este caso, el enfermo niega padecer alteraciones en el control de la bebida y afirma que el consumo de alcohol no interfiere en su trabajo ni en las relaciones sociales. Si esto es realmente verdad (nosotros dudamos de que lo sea), no se debe efectuar el diagnóstico adicional de *dependencia del alcohol* (o incluso *abuso*). Señalaríamos, asimismo, la necesidad de excluir este diagnóstico, y somos escépticos en cuanto a la capacidad de Michael para dejar la bebida, aunque lo haya jurado.

Pastillas para la tos

Un ejecutivo de 42 años de edad que trabaja en una empresa de relaciones públicas fue enviado a un psiquiatra por su cirujano, quien detectó que el enfermo tomaba una gran cantidad de fármacos contra la tos que contenían codeína. El paciente había sido un gran fumador durante 20 años y padecía una tos crónica y seca. Ingresó en el hospital para operarse de una hernia, y el dolor producido por la incisión le era insoportable cuando tosía.

Otra intervención quirúrgica que se le realizó en la espalda hace 5 años obligó a su médico a prescribir codeína para aliviarle el dolor que le producía la herida de la incisión. A lo largo de los siguientes 5 años, el enfermo continuó tomando frascos que contenían codeína y había aumentado la cantidad diaria a 60-90 pastillas (5 mg cada unidad). Afirmaba que a menudo las tomaba para «ir tirando» y no para encontrarse mejor. Llegó a malgastar una cantidad de tiempo y esfuerzo considerables yendo de un médico a otro hasta tres veces por semana para conseguir más píldoras. Había intentado varias veces dejar de tomar codeína, pero nunca lo consiguió. Durante este período de tiempo perdió dos empleos por negligencia, y después de 11 años de matrimonio, su mujer se divorció de él.

Discusión sobre «Pastillas para la tos»

Emplear mucho tiempo para obtener fármacos, realizar repetidos e infructuosos esfuerzos para dejar de consumirlos, haber desarrollado tolerancia (cantidades cada vez mayores para obtener el efecto deseado: el enfermo toma 60-90 pastillas cada día) e ingerir una sustancia para evitar el síndrome de abstinencia sugieren la presencia de *dependencia de sustancias psicoactivas.* El diagnóstico es *dependencia de opiáceos* (DSM-IV, pág. 260) ya que se considera a la codeína un fármaco opiáceo. Sin embargo, se registra el nombre de la sustancia específica, codeína, en lugar del nombre de la clase de fármacos a la que pertenece, los opiáceos. El diagnóstico puede especificarse como *con dependencia fisiológica* dado que hay pruebas de que se ha producido tanto tolerancia como abstinencia.

Aunque en este caso se cumplen también los criterios de *abuso de sustancias psicoactivas* (un patrón de consumo incorrecto, indicado por un consumo continuado de la sustancia a pesar de tener conciencia del deterioro social y laboral que comporta), el diagnóstico debe ser *dependencia de sustancias psicoactivas.*

El electricista inquieto

Un electricista de 27 años de edad, casado, acude a la consulta por mareos, sudoración, palpitaciones y acúfenos desde hace 18 meses. También refiere seque-

© MASSON, S.A. Fotocopiar sin autorización es un delito.

dad de boca y de garganta, períodos de tensión muscular extrema y una sensación de inquietud y de vigilancia que a menudo han interferido en su capacidad de concentración. Esta sensación ha estado presente la mayor parte del tiempo a lo largo de estos dos últimos años. A pesar de que algunas veces estos síntomas le hacen sentirse desanimado, niega sentirse deprimido y continúa disfrutando de la vida.

Debido a estos síntomas, el enfermo ha consultado con un médico de cabecera, un neurológo, un neurocirujano, un quiropracticante y un otorrinolaringólogo. Se le ha indicado una dieta hipoglucémica, ha recibido fisioterapia por el pinzamiento de un nervio y ha comunicado la posibilidad de padecer algun «trastorno del oído interno».

Está preocupado por infinidad de cosas. Se preocupa constantemente por la salud de sus padres. Su padre, de hecho, sufrió un infarto de miocardio hace 2 años, del que se ha restablecido por completo. También se muestra preocupado por si es buen padre, por si su mujer le dejará algún día (no existe nada que indique que su esposa no esté satisfecha con el matrimonio) y por si resulta simpático a sus amigos del trabajo. A pesar de que reconoce que sus preocupaciones son infundadas, no puede evitar sentirse preocupado.

A lo largo de los dos últimos años, el enfermo ha tenido poco contacto de tipo social debido a su sintomatología nerviosa. Aunque algunas veces ha tenido que irse del trabajo porque los síntomas se hacían intolerables, continúa trabajando para la misma empresa con la que empezó una vez terminados sus estudios. Tiende a evitar que su mujer y sus hijos se den cuenta de los síntomas que padece, ante quienes quiere parecer «perfecto» y refiere tener pocos problemas con ellos a pesar de estar enfermo.

Discusión sobre «El electricista inquieto»

Este individuo ha sido visitado por varios especialistas por sus síntomas, pero su falta de preocupación y miedo a padecer una enfermedad médica excluye el diagnóstico de *hipocondría*. Reconoce que estas preocupaciones a menudo son excesivas, pero no poseen la cualidad inapropiada que caracteriza las obsesiones del *trastorno obsesivo-compulsivo*.

Su síntoma principal es una preocupación y una ansiedad excesiva e incontrolable a lo largo de los últimos 2 años. Esto sugiere el diagnóstico de *trastorno de ansiedad generalizada*. Padece, asimismo, los típicos síntomas asociados con la inquietud: dificultad para concentrarse y tensión muscular extrema. Sus preocupaciones le producen malestar y alteraciones en su vida social. Se establece el diagnóstico de *trastorno de ansiedad generalizada* (DSM-IV, pág. 447) dado que las preocupaciones no están confinadas a los síntomas de otro trastorno del Eje I (p. ej., preocuparse por padecer una crisis de angustia, como sucede en el *trastorno de angustia,* o sentirse muy mal en público, como en la *fobia social),* los síntomas no aparecen solamente durante el transcurso de un *trastorno del estado de ánimo* o un *trastorno psicótico,* no son efecto directo del consumo de una sustancia (p. ej., drogas de abuso o fármacos) o de una enfermedad médica (p. ej., hipertiroidismo) y la alteración ha persistido durante más de 6 meses.

El diagnóstico de *trastorno de ansiedad generalizada* apareció por primera vez en el DSM-III cuando el *trastorno de ansiedad* se separó de lo que antes se había denominado *neurosis de ansiedad.* Desde entonces ha existido una controversia en torno a cómo definir este trastorno. La definición actual enfatiza el componente cognoscitivo de la preocupación excesiva y desenfatiza los síntomas periféricos. Sin embargo, muchos enfermos acuden a la consulta con síntomas somáticos de ansiedad, pero no muestran preocupaciones excesivas. No queda aún del todo claro que estos pacientes padezcan un trastorno diferente.

El examen

A un joven estudiante, durante el examen de especialización en psiquiatría, se le presentó el caso de una paciente neurológica casada, de 29 años de edad. Cuatro meses antes tuvo un accidente en el coche que conducía su marido. Gracias al cinturón de seguridad evitó colisionar con el cristal delantero del automóvil. Tres días después empezó a quejarse de rigidez de nuca y de fuertes dolores, que irradiaban a ambos brazos, a la columna vertebral y a ambas piernas. Dado que un traumatólogo no consiguió aclarar la causa del dolor, fue enviada a una clínica neurológica.

La enferma era una persona atractiva que estaba muy angustiada; describía la lesión y los síntomas con mucho detalle y señaló con sus manos que el dolor se extendía hasta ambos brazos y piernas. Sonreía frecuentemente al psiquiatra y a los dos examinadores que le observaban. Realizó todas las pruebas neurológicas con gran precisión y corrección. La exploración neurológica no reveló ninguna patología.

El psiquiatra preguntó a la enferma sobre su historia personal y su vida actual. No observó síntomas de trastorno emocional alguno en el pasado. La pacien-

© MASSON, S.A. Fotocopiar sin autorización es un delito.

te trabajaba como técnica en informática. Estaba casada desde hacía 4 años y no tenía hijos. Hasta entonces su matrimonio había sido satisfactorio, excepto algunas veces en que su marido se quejaba de que «no se entendían» sexualmente. Él parece estar más interesado en el sexo imaginativo mientras que ella se conforma con contactos semanales poco creativos.

Dos semanas antes del accidente, la enferma descubrió en la agenda de su marido el teléfono de otra mujer. Cuando se lo dijo, él reconoció haber tenido varias compañeras a lo largo del último año, principalmente «para liberarse sexualmente». Durante varios días, la enferma se sintió muy dolida y disgustada; después empezó a enfadarse y a atacarle por sus «salidas» de casa. En el momento del accidente habían estado discutiendo en el coche mientras se dirigían a cenar a casa de unos conocidos. Después del incidente, ambos decidieron esforzarse y empezar de nuevo en todos los aspectos, incluido el sexual, pero debido a los dolores que sufría la paciente no les había sido posible tener relaciones íntimas. El joven psiquiatra aprobó el examen y consiguió el título de especialista.

Discusión sobre «El examen»

El síntoma predominante en el cuadro clínico de la enferma es el dolor en varias zonas del cuerpo. La ausencia de hallazgos de tipo físico y la aparente veracidad de los síntomas descartan la presencia de una enfermedad física, de *simulación* y de un *trastorno facticio.* El dolor altera el funcionamiento normal de la paciente y es lo bastante intenso como para buscar ayuda médica.

Resulta difícil escapar a la conclusión de que el dolor de la enferma sirve para evitar una actividad que le produce malestar: tener que cumplir con las demandas cada vez más exigentes de su marido en torno al sexo y afrontar su aparente incompatibilidad sexual. Además, hay otras pruebas del papel de los factores fisiológicos, como la relación temporal entre el inicio de los síntomas y la disputa en torno a los asuntos extramatrimoniales del marido. Cuando se considera que los factores psicológicos juegan un papel importante en el inicio, la gravedad, la exacerbación y el manteniento del dolor, y se piensa que no hay ninguna enfermedad médica que pueda tener relación, el diagnóstico del DSM-IV es *trastorno por dolor asociado a factores psicológicos* (DSM-IV, pág. 474). Asimismo, señalaríamos que es *agudo,* dado que la duración de los síntomas es inferior a 6 meses.

El excursionista

El jefe del departamento de ciencias de una universidad, de 61 años de edad, que había sido un gran aficionado al excursionismo, empezó a sentirse atemorizado mientras estaba paseando por una montaña. De manera progresiva, comenzó a perder interés por sus aficiones. Gran amante de la lectura, dejó de estar en contacto con los libros. Tenía dificultad a la hora de usar el ordenador y cometía grandes errores en el cálculo de la economía doméstica. En varias ocasiones se había perdido con el coche yendo por lugares conocidos. Empezó a escribir notas para no olvidar todo lo que tenía que realizar. De manera repentina, decidió dejar de trabajar, sin decirle nada a su esposa. Sus facultades mentales fueron deteriorándose gradualmente. Pasaba la mayor parte del tiempo llevando objetos de un lado para otro en su domicilio. Se volvió tozudo y quejumbroso. En ocasiones, necesitaba ayuda para afeitarse y vestirse.

Cuando se le examinó 6 años después de que aparecieran sus primeros síntomas, el enfermo se mostraba despejado y cooperativo. Estaba desorientado en cuanto al tiempo y al espacio. No era capaz de recordar el nombre de su escuela. No podía explicar en qué consistía su oficio, y solamente mencionaba su ocupación. En 1978 pensaba que Kennedy era el presidente de Estados Unidos. Desconocía la nacionalidad de Stalin. Su lenguaje era fluido y articulado, pero presentaba alguna dificultad para encontrar la palabra adecuada, y a veces formaba frases sin sentido. En ocasiones había llamado taza al vaso. Los cálculos simples le resultaban difíciles. No era capaz de copiar un cubo o dibujar una casa. La interpretación de las frases y los refranes era literal. Tampoco tenía conciencia de estar enfermo.

La exploración neurológica de rutina y los análisis de sangre que se le practicaron no revelaron nada anormal. Sin embargo, una tomografía computarizada mostró una atrofia cortical profunda.

Discusión sobre «El excursionista»

Este enfermo padece una alteración de la memoria, una alteración del pensamiento abstracto (interpretación concreta de refranes) y otros trastornos de la actividad cortical superior (afasia). Estos signos de alteración cognoscitiva global que son lo bastante graves como para interferir de manera significativa en el trabajo y en las actividades sociales, y que no aparecen exclusivamente en el transcurso de un *delirium*, indican la presencia de *demen-*

cia. El inicio de la sintomatología es insidioso, se produce antes de los 65 años, y el curso es generalmente progresivo y deteriorante. De este modo, el diagnóstico es el de *demencia tipo Alzheimer, de inicio temprano* (DSM-IV, página 148). A continuación se citan los siguientes subtipos con el fin de permitir al clínico la indicación del síntoma específico predominante: *delirium*, ideas delirantes y estado de ánimo deprimido. Dado que ninguno de éstos predomina en la historia clínica, se usa el subtipo *no complicado.* Como resulta necesario un cierto grado de supervisión y vigilancia, la gravedad de la *demencia* se califica como *moderada.* Citamos, asimismo, la presencia de la enfermedad de Alzheimer, en el Eje III.

Seguimiento

La enfermedad de este individuo progresó y requirió ingreso en un hospital el mismo año que se le visitó por primera vez. A lo largo del año siguiente prácticamente no hablaba, y resultó imposible realizar las pruebas para observar su estado mental. Tenía una tendencia a ir de un lado para otro en la sala del hospital; en una ocasión consiguió salir de la sala en la que estaba encerrado con llave y fue encontrado a varios kilómetros del centro mental.

Su aspecto físico, aparentemente normal y bueno, se encontraba en claro contraste con sus facultades mentales profundamente deterioradas; pero eventualmente empezó a perder peso, permaneció en cama y presentó contracturas (contracciones musculares permanentes).

Falleció a la edad de 72 años como consecuencia de una neumonía. La autopsia efectuada reveló una atrofia cerebral; las preparaciones anatomopatológicas de su cerebro mostraron la presencia de placas y neurofibrillas propias de la enfermedad de Alzheimer.

El fin del mundo

El Sr. P., un muchacho de Arkansas de 25 años de edad condenado por el asesinato de una niña de 8 años, fue entrevistado por un psiquiatra forense en el juzgado, para determinar su estado mental cuando cometió el homicidio. Del informe del psiquiatra se extrae la siguiente historia:

El acusado refiere que el día del crimen fumó sus seis o siete cigarrillos de marihuana. No tomó nada de alcohol ni otros estupefacientes. Estuvo viendo la televisión toda la jornada. Su estado de ánimo era normal. Su compañera sentimental estuvo con él todo el día hasta que se fue para asistir a la fiesta de cumpleaños de su padre a las 6,30 o 7 de la tarde; volvió alrededor de las 9,30 de la noche.

Después de que su amiga se fuera a su casa, el Sr. P. fue a sentarse en el porche. Aproximadamente media hora después vio a unos niños del vecindario que jugaban y corrían cerca de su casa. Tres de ellos, entre los que se encontraba la víctima, le preguntaron si podían ver su tarántula. Él les dijo que solamente podían verla de uno en uno. El hermano menor de la niña y el otro niño se fueron. Ella preguntó si podía entrar y ver la araña. La vio y empezó a salir de la casa. El acusado la cogió por el pecho; se dijo a sí mismo que era entonces el momento de hacerlo dado que tenía la ocasión de obtener un cadáver.

El acusado refiere haber entrado en el baño con la víctima y haber conectado la ducha. «Ella estaba allí y daba la sensación de que no sabía qué era lo que estaba sucediendo.» Cuando tuvo suficiente agua en la bañera, sumergió la cara de la niña. Le dio golpes y le apretó fuertemente el cuello; ella apenas chilló. El asesino no decía nada; tenía mucho miedo y estaba muy nervioso. «No puedo creer que lo hiciera». Después de tener bajo el agua la cabeza de la niña 3 o 4 min, la sacó. Ella intentó coger aliento y se dio cuenta de que la «había sacado demasiado pronto». Tenía miedo de que el hermano de la niña viniera a buscarla, por lo que la cogió y la llevó a un agujero que había bajo un tablón del suelo dentro de un armario del primer piso. Si el hermano de la niña volvía, podía decirlo a sus padres y éstos «nos cogerían», por lo que no podría ver realizada su fantasía de llevar a cabo el acto sexual con un cadáver.

Dentro del agujero, el asesino golpeó a la niña con un ladrillo que encontró allí. Después del primer golpe, la víctima perdió el sentido. Continuó golpeándola varias veces; refiere que se puso a llorar y que era «horrible, mucho más que ahogarla bajo el agua». Entonces colocó el cuerpo debajo de un plástico, cerró el agujero y volvió a poner todas las cosas en orden, y cerró la puerta con llave. Encendió la televisión y la miró un rato.

Poco tiempo después vino el hermano de la víctima, de unos 5 años de edad; entró en la casa y preguntó si su hermana se encontraba allí. El Sr. P. le dijo: «No». Le pidió al niño que se fuera y el niño así lo hizo. Aproximadamente media hora después vino la policía y pidió al Sr. P. ver la araña e inspeccionar la casa. El Sr. P. estaba nervioso, pero seguro de que no iban a encontrar el cadáver. Y no lo hicieron después de 15 min de búsqueda.

A la mañana siguiente, después de que su compañera fuera a trabajar, los agentes de la policía se personaron nuevamente en la casa. Esta vez entraron en el agujero, pero no encontraron el cadáver. El Sr. P. pensó que ya no volverían a registrar la casa otra vez. Aquella misma mañana, el Sr. P. volvió a entrar en el agujero, desnudó el cadáver y le puso vaselina en el ano. Insertó su pene en el ano mientras metía un dedo en la vagina. Estaba tan asustado que solamente consiguió una erección parcial, aunque eyaculó. Sentía que lo debía hacer ya que de otro modo «todo habría sido en balde». Envolvió el cadáver en el plástico y lo volvió a colocar en el mismo sitio. Pensó que podría volver a realizar el acto sexual con el cuerpo, pero cada vez se mostraba más preocupado por si le descubrían.

© MASSON, S.A. Fotocopiar sin autorización es un delito.

La policía volvió al día siguiente, y con una luz más potente registró el domicilio y halló el cadáver. El Sr. P. se encontraba allí con ellos; estaba muy asustado y no paraba de sudar. «Estaba en estado de shock.» Dijo: «es ella», cuando encontraron el cuerpo. Pensó que todo se había ido al traste. No había manera de decir que no la había matado.

En respuesta a mis preguntas, el Sr. P. afirmó que mató a la niña con el propósito de llevar a cabo sus fantasías sexuales. Además, quería experimentar el hecho de correr el riesgo de ser arrestado ya que las posibilidades de que así sucediera eran pequeñas. Dice que la necesidad de coger a la niña era lo suficientemente fuerte como para compensar un riesgo importante. «Una vez empecé ya no podía dejarlo.» Solamente pensaba en realizar mi fantasía. Explica que era consciente de que lo que hacía «estaba condenado por la ley». La única justificación que encontraba a su conducta era la de que «era mi destino, algo que necesitaba vivir. Era para saber en qué consistían los otros tipos de sexo». Cuando le pedí que me explicara qué significaba lo de el «destino», dijo que su destino era realizar el acto sexual con un cadáver, sin necesidad de matar a la persona. La decisión de hacerlo fue suya. En su fantasía, sin embargo, se encontraba presente «la parte del asesinato» debido a su incapacidad para obtener un cadáver.

La anamnesis del enfermo reveló que éste sufrió enuresis hasta los 6 años y que de niño maltrataba a los animales. De adolescente, el Sr. P. cortaba las patas de las ranas y ponía petardos en su boca. En una ocasión, colocó un perro encima de una nevera para observar cómo se caía.

Sus antecedentes sexuales revelan que, cuando tenía 4 años de edad, un vecino le obligó a realizar el sexo oral. Entre los 12 y 14 años tuvo relaciones homosexuales con dos niños de su misma edad. A pesar de que el Sr. P. tenía una compañera sentimental desde los 16 años, practicaba el sexo con prostitutas y se masturbaba frecuentemente, generalmente con la fantasía de que hacía el amor analmente con una mujer. Refiere estar preocupado por el sexo; era el más fuerte de sus sentimientos.

A la edad de 18 años empezó a interesarse cada vez más por objetos sexuales, como ropa interior femenina, penes y vaginas de goma, y muñecas de plástico con las que efectuaba todas las modalidades de sexo. Realizó en una ocasión una felación a un perro e intentó insertar el pene del animal en su ano. Empezó a mostrar interés por la orina y las heces de mujeres atractivas, y finalmente le pasó por la mente realizar el acto sexual con un cadáver. Antes del incidente que causó su detención, cada vez que se masturbaba tenía presente la fantasía de copular con un cadáver.

Su fantasía necrofílica fue tomando forma a lo largo del tiempo. Consistía en ahogar a una mujer, llevarla al agujero del armario de su casa, desnudarla y realizar «todo tipo de mutilaciones». Asimismo, también incluía «comer las heces, beber la orina, realizar el coito anal, morder las orejas y arañarle la espalda con sus uñas». Además, «pensaba lamerle los ojos, abrirle el abdomen» e introducir su mano. Pensaba en sacarle el útero y colocarlo en su ano, «masticar las orejas, la nariz o la lengua mientras la violaba». Las fantasías incluían comerse varias partes del cuerpo, como «los pechos, la vulva, la nariz y la lengua». Pensaba en comer, crudos o asados, el clítoris y los labios. Mientras se masturbaba con estas fantasías, se complacía en fantasear que mutilaba el cuerpo. Sus fantasías se parecían más a «una explosión de ideas» que a un plan metódico; todas ellas eran sexualmente excitantes. La más excitante era la que estaba relacionada con el ano del cadáver. Se imaginaba poniendo su mano en el ano y comiéndoselo crudo o cocido.

Durante la adolescencia, el Sr. P. se interesó por Satán. Disfrutaba leyendo el Viejo y el Nuevo Testamento. Creía que podía relacionar los pasajes de la Biblia con acontecimientos actuales y estaba convencido que estábamos viviendo el fin del mundo. Explica que durante esta época había llegado a creer que era el «Anticristo». Pensaba que se haría con el poder y el gobierno del mundo. Creía que sabía cosas que la gente desconocía. Basándose en pasajes de la Biblia, explicó que era capaz de entender los acontecimientos que se producían en aquellos momentos y los que iban a producirse en el futuro. Veía posible convencer a la gente de que vivían «el fin del mundo» y que el Apocalipsis llegaría por el año 2000.

El Sr. P. realizó predicciones sobre cometas, sobre catástrofes naturales y sobre la invasión israelí del Líbano. Creía tener el don de la prediccción y basaba estas prediccciones en los escritos de Nostradamus.

A la edad de 15 años empezó a dudar si era el profeta Elías o el Anticristo. Se miraba al espejo y notaba que sus ojos eran algo raros, especialmente cuando había tomado algún tipo de droga. Pensaba que estaba en la edad de adquirir nuevos conocimientos. Explica que la incertidumbre de saber si era el profeta Elías o el Anticristo persistió hasta el día del asesinato. Creía que si era el profeta, poseería la capacidad de predecir; si era el Anticristo, podía aumentar su poder y ser capaz de gobernar el mundo. Generalmente prefería ser el profeta, pero en otras ocasiones le resultaba más apetecible ser el Anticristo. Cuando estaba cerca de personas que conocía, deseaba ser el Anticristo; cuando estaba solo, quería realizar cosas malas relacionadas con el sexo.

Interrogué detenidamente al Sr. P. para intentar aclarar hasta qué punto estaba convencido de ser el Anticristo. Explicó que desde la edad de 15 años en que empezó a creer que era el Anticristo se habían alternado los períodos durante los que pensaba que era Elías o el Anticristo. Estaba seguro de que iba a ser algo importante «religiosamente». Era el Anticristo cuando cometía perversiones sexuales, y el profeta cuando hablaba con amigos sobre religión. Después del arresto descartó la idea de ser «algo importante religiosamente» debido al antecedente de homicidio. Cuando le pregunté sobre la posibilidad de convertirse en un gran profeta a tenor de sus calificaciones y rendimiento escolar, contestó que tanto Hitler como Einstein habían sido malos estudiantes. Asimismo, cuando le hablé de si había recibido clases de ciencias políticas para preparar su futura toma de poder, dijo que no.

Discusión sobre «El fin del mundo»

En la historia del Sr. P. hay tres cuestiones: los impulsos sexuales extremadamente intensos e incontrolables, las fantasías de carácter violento y una vaga relación con la realidad. Los impulsos sexuales eran de tipo parafílico,

© MASSON, S.A. Fotocopiar sin autorización es un delito.

y estaban relacionados con objetos y con partes del cuerpo humano (ropa interior femenina, juguetes sexuales, perros, orina, heces) al principio, y con efectuar el acto sexual con un cadáver al final. De niño, el enfermo había torturado a los animales; durante la adolescencia, su fuerte impulsividad se convirtó en impulsividad sexual.

Desde la adolescencia, el Sr. P. había tenido dos fantasías radicalmente opuestas: por una parte, era el Anticristo (malo, violento y sexual), y por otra, el profeta Elías (un líder religioso). Sus ideas de grandiosidad nunca habían llegado a constituir ideas delirantes; solamente había referido la posibilidad de ser uno de estos personajes.

No hay ningún tipo de duda sobre el diagnóstico de la conducta sexual del Sr. P. Al igual que otras parafilias, los estímulos sexuales van cambiando a lo largo del tiempo. Se le había diagnosticado *fetichismo* (objetos inanimados), pero el diagnóstico actual es *necrofilia* (atracción sexual por los cadáveres), que se clasifica como una *parafilia no especificada* (DSM-IV, pág. 545).

Establecer el diagnóstico de los problemas de larga evolución del enfermo a la hora de percibir, relacionar y pensar en lo que le rodea resulta mucho más difícil. Sus raras creencias sobre su persona y su pensamiento mágico (puede predecir el futuro) sugieren la presencia de un *trastorno esquizotípico de la personalidad*, aunque la información de que disponemos no incluye otros síntomas de este trastorno. De niño torturaba a los animales, pero no obervamos ningún otro síntoma que pueda explicar la presencia de un *trastorno antisocial de la personalidad* o de un *trastorno sádico de la personalidad* del DSM-III-R. Dado que su personalidad es claramente patológica, efectuamos el diagnóstico residual y no muy descriptivo de *trastorno de la personalidad no especificado* (DSM-IV, pág. 689).

Seguimiento

Los abogados de la defensa intentaron convencer al tribunal de que el acusado no era responsable de sus actos mediante la aportación de un psiquiatra, que diagnosticó al enfermo un *trastorno esquizotípico de la personalidad*, y que por este motivo no se le debía condenar. El fiscal aceptó que el Sr. P. sufriera un *trastorno esquizotípico de la personalidad*, pero no creyó que fuera motivo para no condenarle. Durante el juicio, el Sr. P. se arrepintió de lo que había hecho y evitó así ser condenado a muerte. Actualmente se encuentra cumpliendo cadena perpetua.

Capítulo 2

TRASTORNOS MENTALES EN NIÑOS Y ADOLESCENTES

EL SOÑADOR

Los padres de Mark, un niño de 11 años de edad, llevan a su hijo a la consulta del psiquiatra ya que tiene problemas «desde que nació». Le definen como un niño inmaduro que siempre ha tenido dificultad para hacer amigos. Su madre se da cuenta de que no es feliz; su padre le ve como una persona despistada y vaga. Este año escolar ha sido particularmente duro para él. Parece que siempre hace y dice aquello que no es lo realmente adecuado.

Mark fue un muchacho que necesitaba muchos cuidados. Daba la sensación de que nunca dormía, y además, lloraba mucho. Su desarrollo fue totalmente normal. Como bebé, no ocasionó ningún tipo de problema.

En los primeros años de la escuela tenía problemas para ponerse en fila junto a sus compañeros, y se sentía muy atraído por determinados juguetes en particular, prefiriendo siempre los mismos juegos. Ha presentado siempre dificultades con los cambios y las transiciones (p. ej., cambiar de sitio en la mesa a la hora de cenar puede irritarle mucho).

Académicamente, sus primeros años en el jardín de infancia transcurrieron sin ningún tipo de problema. Mark mantuvo en las notas un promedio de notable, pero sus calificaciones bajaron en el séptimo año escolar. Su padre era muy exigente y consideró que, a la hora de estudiar, Mark perdía el tiempo constantemente, soñando y pensando en otras cosas, en vez de centrarse en los deberes. Su conducta «ausente» se hizo evidente cuando se convirtió en un miembro del equipo de baloncesto en el sexto curso. Su padre era entrenador y se dio cuenta de que «se perdía en la cancha» y era socialmente menos maduro que los otros compañeros. Miraba poco a la gente y sus habilidades para tratar con

© MASSON, S.A. Fotocopiar sin autorización es un delito.

las personas eran mínimas. No entendía los chistes y no acababa de adaptarse al equipo.

La madre de Mark refiere que generalmente empieza la escuela con buenas notas, pero a medida que el trabajo va haciéndose cada vez más difícil y complejo el niño lo pasa muy mal. Durante las comidas, Mark tiene dificultades para seguir la conversación. En verano tiene menos problemas ya que es un buen atleta y pasa la mayor parte de su tiempo realizando deporte. Sin embargo, en las excursiones sólo ha conseguido hacer un amigo, y cuando fueron a acampadas en las que tenía que pernoctar a la edad de 8 años, nunca fue capaz de desarrollar habilidades de tipo social. El profesor que llevaba a los alumnos de excursión comunicó que Mark era inflexible, decía tonterías y tenía dificultades para seguir las instrucciones que se le daban.

La madre de Mark, de 40 años de edad, tiene un título en audiología. Su padre, de 41 años de edad, dirige una liga escolar de baloncesto y es un banquero con éxito. Describe su situación matrimonial como excelente y Mark parece ser el único foco de conflicto. El padre está decepcionado e irritado con él; su madre, en cambio, aunque también está preocupada, le protege. Existen, asimismo, dos hermanos más jóvenes, de 9 y 7 años de edad, que no padecen ningún tipo de problema emocional.

La madre de Mark obligó a éste a someterse a examen. Él refiere tener problemas y dificultades para hacer amigos y que en la escuela no lo hace todo lo bien que debería. Sus asignaturas favoritas son las matemáticas y el inglés, a pesar que en las dos no es muy brillante. Explica que se pelea con sus padres y que las críticas de su padre pueden hacerle llorar muchas veces. Tiene miedo de que el hecho de ir a ver a un psiquiatra signifique que está loco. Refiere, asimismo, que no tiene ningún tipo de problemas para dormir, que su apetito es excelente y que le gusta mucho mirar la televisión durante largo rato, especialmente si se trata de acontecimientos deportivos. No tiene amigos y pasa los fines de semana solo. No puede entender por qué no gusta a la gente. En la escuela reconoce tener problemas para mantener la atención en lo que hace, y admite que se despista y empieza a soñar mientras el profesor explica la lección. Fuera de la escuela, las cosas van muy bien cuando practica deporte, pero no tiene ningún amigo de verdad. Prefiere el tenis a los deportes de equipo porque «es mucho más fácil prestar atención cuando sabes que la pelota siempre te viene a ti». Desearía que fuese más fácil mantener amigos, no pelearse más con su padre y poder convertirse en un jugador de baloncesto profesional.

Todos los informes que vienen de la escuela afirman que las habilidades de Mark son pobres y mínimas. Es capaz de estar sentado durante 10-15 min, pero frecuentemente bebe o acude al servicio. Le cuesta mucho concentrarse. Cuando se le está encima llega a ser muy cumplidor, y su tutor le define como una persona muy brillante. No tiene problemas disciplinarios en la escuela.

Varios de sus profesores le pasaron la Escala de Puntuación de Conners (1990), una escala que valora la hiperactividad, la impulsividad y la atención. Indicaron que su nivel de atención es muy pobre, se distrae con mucha facilidad, sueña la mayor parte del tiempo y no logra acabar nada de lo que empieza. Los tests neuropsicológicos indican que padece problemas de atención y de velocidad de integración y procesamiento de la información. El rendimiento en los tests de relación espacial, pruebas complejas que requieren un rápido procesamiento de la información, no es muy bueno. Asimismo, el rendimiento es bajo a la hora de seguir y obedecer órdenes orales que precisen atención tanto visual como verbal. En un test de memoria y de aprendizaje, el rendimiento fue sobresaliente en todo aquello que hizo relación con las pruebas de memoria de importancia, pero fue malo en los tests de memoria de información relacionada aleatoriamente.

Discusión sobre «El soñador»

Los problemas de Mark se pueden clasificar en dos categorías generales: padece problemas a la hora de concentrarse y prestar atención, y socialmente es una persona inmadura e incapaz de hacer amigos. Es probable que sus problemas con la concentración y con prestar atención tengan que ver con sus dificultades sociales. En todo caso, sus problemas sociales no son lo suficientemente graves como para poder realizar el diagnóstico de *trastorno generalizado del desarrollo*, y no hay pruebas de *fobia social*.

Los problemas de Mark relacionados con el hecho de concentrarse y prestar atención se hicieron evidentes ya desde que empezó la escuela. A lo largo de los años ha mostrado dificultad para prestar atención a las cosas, para mantenerla, para escuchar las instrucciones y para acabar aquello que ha iniciado. Además, se distrae con mucha facilidad. Éstos son los síntomas que se requieren para el diagnóstico de *trastorno por déficit de atención con hiperactividad* (DSM-IV, pág 88). (No se realizaría el diagnóstico si el trastorno se explicara mejor por la presencia de otro trastorno mental, como un *trastorno generalizado del desarrollo.*) Este trastorno generalmente engloba síntomas de hiperactividad e impulsividad (v. «Metiéndose en todo», pág. 359). Mark presenta pocos, prácticamente ninguno de estos síntomas; es más, el diagnóstico se especificaría como de *tipo con predominio de déficit de atención.*

Seguimiento

Dos meses después de la evaluación, al empezar el curso escolar, se empezó a tratar a Mark con metilfenidato, una sustancia estimulante que paradójicamente posee un efecto tranquilizador en niños con *trastorno por déficit de atención con hiperactividad*. Su rendimiento académico durante el octavo año mejoró de manera espectacular. Todas las notas eran sobresaliente y notable, a excepción de aprobado en ciencias sociales. La puntuación en la escala de valoración de Conner mostró una mejora significativa en todo aquello que hacía referencia a la falta de atención.

Su relación con sus padres mejoró y su madre comunicó que en casa todo iba mucho mejor. Mark explicó haber hecho dos amigos nuevos en el equipo de baloncesto, y su madre narra que los compañeros de clase le han llamado para salir. Se midieron la tensión arterial, el pulso, la altura y el peso. No se observó ningún tipo de efecto indeseable con la medicación.

Bibliografía

Conners CK: Manual for Conners Rating Scales. North Tonawanda, NY, Multi Health Systems, 1990.

EL NIÑO DEL BIBERÓN

Robert, un bebé de 6 meses de edad, fue ingresado para examinar su pérdida de peso, ya que éste (6,5 kg) cayó por debajo del percentil 15 para el peso correspondiente a su edad. Era el segundo de dos hijos pertenecientes a una familia trabajadora y nació como consecuencia de un embarazo normal, aunque no deseado. Al nacer pesaba aproximadamente 4 kg.

A pesar de que el primer hijo era el preferido del padre, la madre de Robert ha tenido siempre varios problemas con él. Se le alimentó con biberón y su madre comunicó que había presentado en ciertas ocasiones cólicos bastante intensos. El pediatra realizó varios cambios y sugirió otros tratamientos para combatir los cólicos, pero Robert continuó sin lograr aumentar de peso.

En el hospital, las enfermeras observaban los intentos de la madre para alimentarle. Existía una pobre sincronización entre ella y el bebé en cuanto a la alimentación, ya que no parecía saber cuándo el niño tenía hambre, cuándo debía eructar y cuándo tenía que acabar de comer. Consiguientemente, el hecho de dar de comer era una experiencia desagradable para ambos. Sin embargo, las enfermeras y los ayudantes eran capaces de dar de comer a Robert sin ningún tipo de problema. Diversas exploraciones médicas no fueron capaces de diagnosticar una enfermedad médica específica que pudiera explicar las dificultades que padecía el niño. El diálogo con la madre fue revelando de manera gradual que ella había padecido una depresión durante el embarazo y que existían problemas matrimoniales subyacentes, pero las instrucciones para dar de comer al hijo facilitaron la adaptación de la madre. Con todo esto, las dificultades para alimentar a Robert fueron disminuyendo gradualmente y en unas pocas semanas éste aumentó de peso.

Discusión sobre «El niño del biberón»

Los *trastornos de la ingestión alimentaria de la infancia o la niñez* (DSM-IV, pág. 105) se diagnostican si un niño no puede comer adecuadamente y es incapaz de ganar peso o sufre una pérdida significativa de éste durante al menos un mes, y si el trastorno, como en este caso, no puede explicarse por una enfermedad médica (p. ej., reflujo gastroesofágico), por una simple ausencia de comida o por un *trastorno de rumiación*. En esta alteración, algunas veces se observa pérdida de peso, pero ésta se acompaña de una regurgitación característica y de una remasticación del alimento (v. «Susan el bebé», pág. 381).

En este caso, el estrés matrimonial crónico y la depresión de la madre probablemente contribuyeron a la dificultad de ésta a la hora de dar de comer a su hijo.

El lazo

Víctor, un muchacho ciego de 14 años de edad y con retraso mental gave, fue examinado cuando se le trasladó a una nueva escuela para muchachos con discapacidades. En la clase, era un muchacho de pequeño tamaño que aparentaba ser mucho más joven de lo que era. Tenía las manos en los bolsillos y no paraba de moverse. Periódicamente, se acercaba a su profesor, le besaba, ponía la mejilla para que éste le besara también y demostraba claramente que le gustaba el contacto físico. Cuando se le ofrecía un juguete (tenía que estar muy cerca de sus ojos), lo tocaba y lo manipulaba durante un tiempo. A la hora de realizar tareas que requirieran sacar las manos de los bolsillos, empezaba a golpear su cabeza con las manos. Si el profesor se las cogía, entonces se daba golpes con las rodillas. Muy rápidamente su cabeza y su frente se llenaron de moratones. Está muy acostumbrado a pegarse, por lo que no le resulta difícil darse golpes en cualquier posición, hasta cuando anda.

Solamente ha sido posible obtener información de poca relevancia. Fue un niño prematuro y al nacer pesaba aproximadamente 1 kg. En los primeros días de vida se le diagnosticó una retinopatía y un retraso mental grave. Su desarrollo se retrasó en todos los ámbitos y nunca fue capaz de hablar. Estudios detallados no pudieron hallar la etiología de los trastornos del desarrollo de Víctor. Vivía en casa y se le sometía a un programa educacional especial. Sus conductas de autolesión aparecieron en las primeras épocas de la vida, y cuando sus padres intentaban detenerle, se volvía muy agresivo. Normalmente, les resultaba demasiado difícil tratarle y a la edad de 3 años le ingresaron en una escuela especial. A lo largo de su estancia, los cuidadores observaron conductas autolesivas y de autorrestricción (p. ej., mantener las manos en los bolsillos), y prácticamente todo el tiempo se encontraba bajo tratamiento con uno u otro antipsicótico. Se le diagnosticó una «disfunción cerebral». A pesar de que los informes de los psiquiatras mencionaban una mejora en su conducta autolesiva, otros informes referían que ésta era fluctuante. Se le trasladó a una nueva escuela debido a la ausencia de progreso y a dificultades a la hora de manejarlo y tratarlo a medida que se fue haciendo mayor y más fuerte. Su capacidad intelectual se encontraba en un rango entre 34 y 40. Sus mecanismos de adaptación eran pobres. Requería una asistencia completa a la hora de cuidarse, no era capaz de llevar a cabo las actividades más simples y precisaba una vigilancia constante para su seguridad.

En unos pocos meses, Víctor se habituó a la rutina de la nueva escuela. Su conducta autolesiva fluctuaba. Estaba como ausente cuando mantenía la actitud de tener las manos en sus bolsillos, dentro del jersey, o cuando manipulaba algún objeto en sus manos. Si se le dejaba hacer, no podía contenerse e introducía las manos en el interior de su jersey, hasta tal punto que se le puso el apodo de «El lazo». Debido a que la conducta estereotipada, autolesiva y autorrestringida interfería con sus actividades diarias y con su educación, esto se convirtió en el objetivo principal de un programa de modificación de la conducta. Durante unos pocos meses todo fue bien, precisamente cuando estableció una buena relación con un nuevo profesor, que era serio, firme, estricto y exigente. Con él, Víctor pudo realizar algunas tareas en la escuela. Cuando el profesor se marchó, Víctor volvió a ser el de antes. Con el fin de evitar las lesiones, los miembros de la escuela intentaban protegerlo con una almohada. Se le proponían actividades que a él le gustaban y pudo realizarlas sin que ello comportara ninguna conducta autolesiva. Después de varios meses, la medicación antipsicótica se le fue reduciendo lentamente durante un período de 11 meses sin nigún tipo de deterioro intelectual.

Discusión sobre «El lazo»

Este niño aparentemente padecía una lesión cerebral debido al nacimiento prematuro, que se complicó con una retinopatía. Los criterios para un *retraso mental grave* (DSM-IV, pág. 48) se diagnostican en virtud de su baja capacidad intelectual y adaptativa, y el inicio del trastorno antes de los 18 años. Durante muchos años ha mostrado conductas repetitivas, automatizadas, no constructivas, inapropiadas, que han provocado lesiones tisulares. También hay autorrestricción, frecuentemente observada en casos de conductas autolesivas. Las conductas autolesivas y de autorrestricción son el principal obstáculo para la rehabilitación de Víctor y constituyen también un foco de tratamiento importante.

Debido a la ausencia de lenguaje comunicativo, no es posible asegurar si la motivación para estas conductas es la respuesta a obsesiones, tal y como uno esperaría en un *trastorno obsesivo-compulsivo*. Sin embargo, cuando se producen conductas autolesivas en este tipo de trastorno (p. ej., el lavado de manos reiterado), el objetivo no es la autolesión, como es el caso que nos ocupa. La presencia de conductas autoestimuladoras, como la rotación del cuerpo o la manipulación de objetos y la ausencia del lenguaje, pueden sugerir a primera vista un *trastorno generalizado del desarrollo*; pero a diferencia de gente que padece este trastorno, Víctor posee la capacidad de relacionarse con sus cuidadores y establecer lazos estrechos (dentro de los límites de su retraso mental). Esto nos conduce al diagnóstico relativo no específico de *trastorno de movimientos estereotipados* (antes *trastorno de estereotipias/hábitos motores) con comportamiento autolesivo* (DSM-IV, pág. 128).

© MASSON, S.A. Fotocopiar sin autorización es un delito.

KEVIN, EL NIÑO TRANQUILO

Kevin es un niño de 6 años de edad, juguetón, guapo, que se encuentra en primer curso en una escuela suburbana. Su madre le trajo a la consulta para que se le examinara, con el argumento de que «no habla en la escuela ni en cualquier situación de tipo social». Durante la exploración, el niño susurra a su madre, pero no habla con el médico. Su estado de ánimo parece bueno, afectuoso y expansivo a veces, y muestra preocupación, pero no tristeza, a la hora de hablar. Está de acuerdo con su madre en que el no hablar constituye un hecho real y está dispuesto a superarlo.

La madre de Kevin explica que se ha mostrado reacio a hablar a las personas de fuera de su casa desde que tenía 2 años. Nunca ha devuelto un saludo y son pocas las personas con las que quiere hablar si se encuentra fuera de casa. Ni en la guardería habla con los otros muchachos. Le gusta ir a las fiestas de cumpleaños y jugar con los otros (reír, correr, cantar), pero no mantiene ningún tipo de conversación. No evita situaciones de tipo social o gente desconocida. Estudia piano y es capaz de tocar este instrumento delante de un auditorio, pero no habla. Le gusta ir a comprar, se pone a cantar a menudo en el supermercado, pero cuando la gente le habla, se vuelve mudo. En su casa se divierte con juegos de todo tipo y llega a jugar con otros muchachos.

En la historia clínica no consta ningún trastorno médico. Su madre le describe como un muchacho abierto y poco hablador cuando está con la familia. Siempre ha sido un muchacho muy brillante y académicamente ha obtenido buenas calificaciones.

En la guardería, un psicólogo le hizo «terapia de juego», pero varios meses de tratamiento no fueron suficientes ni consiguieron producir ningún tipo de cambio en sus síntomas.

Discusión sobre «Kevin, el niño tranquilo»

Kevin parece normal en todos los aspectos, excepto por el hecho de mostrarse reacio a hablar con cualquier persona que no sea de su familia. Es difícil que este síntoma pase desapercibido. Cuando, como en el caso de Kevin, no resulta ser una ausencia de familiaridad con el lenguaje hablado en la escuela o un *trastorno de la comunicación*, como *tartamudeo* grave, este síntoma recibe el diagnóstico de *mutismo selectivo (*antes *mutismo electivo)* (DSM-IV, pág. 122).

El trastorno aparece más frecuentemente cuando el niño entra en la escuela primaria, pero, como en el caso de Kevin, existen todavía algunos signos ligeros de trastorno. El niño es incapaz de explicar por qué no habla, y está atemorizado, lo que sugiere que se trata de algún trastorno de ansiedad. En relación con esto, es frecuente la asociación con *fobias específicas*, como el miedo a los animales, o con un *trastorno de ansiedad por separación*. Algunos niños que desarrollan *mutismo selectivo* tienen ligeros *trastornos de la comunicación* o trastornos físicos que interfieren con la articulación de la palabra.

El *mutismo selectivo* (antes *mutismo electivo* en el DSM-III-R) ha merecido atención desde siempre en la psiquiatría infantil debido a su dramatismo. No está claro si estos casos constituyen un ejemplo de una categoría de *fobia social* más general, y si estos niños, cuando son adultos, presentan a menudo otras manifestaciones de ansiedad social que podrían permitir el diagnóstico de *fobia social generalizada*.

Seguimiento

Inicialmente, Kevin fue tratado durante 4 semanas con terapia de tipo conductual. Al ver que no se producía ningún tipo de mejoría, se le administró medicación antidepresiva. Al final de las 9 semanas ya hablaba un poco en la escuela y a sus abuelos por teléfono. En verano, empezó a hablar con su psiquiatra y a participar en excursiones. Después de 22 semanas, se le fue disminuyendo la medicación lentamente; a lo largo de las siguientes semanas, el mutismo de Kevin volvió a presentarse con todo el mundo menos con el psiquiatra y sus familiares más cercanos. Su estado de ánimo era menos expansivo, más bajo, y su conducta en casa era más oposicionista.

Al empezar el siguiente año escolar, inicialmente Kevin rehusó tomar ningún tipo de fármacos, pero al cabo de 10 días —durante los cuales hablaba a los compañeros y profesores en la escuela— volvió a tomar la medicación por un período de un mes. Volvió a su anterior estado, en el que se encontraba confortable, bien, y hablaba tanto en la escuela como en diferentes lugares sociales. Al final del año escolar se convirtió en un estudiante alegre, feliz y hablador, y fue elegido presidente de la clase. Por aquel entonces hablaba ya con todo el mundo, a excepción de aquellos profesores que sabían que había sido mudo.

La nieta

Tania, de 4 años de edad, fue visitada en una clínica psiquiátrica infantil por decisión de sus abuelos. Era hija única, y sus padres habían consumido heroína durante mucho tiempo. Hace algunos meses, la agencia de protección de menores llamó a los abuelos de Tania (que no habían visto a la niña ni a sus padres durante varios años) y les comunicó que los padres de la niña habían sido arrestados y ella había sido trasladada a un centro de adopción.

Poco tiempo después, cuando Tania fue a vivir con ellos, los abuelos se dieron cuenta de que no poseía las habilidades naturales de una niña de 4 años de edad y notaron que padecía problemas de interacción social. Parecía ser reacia a las invitaciones que sus abuelos u otros familiares le hacían para jugar. Asimismo, mostraba una mezcla rápida y alternante de respuestas, que algunas veces denotaban querer acercarse a la gente y otras mantenerse al margen. Los abuelos sabían que los padres de Tania, desde bien pequeña, la habían dejado en varias ocasiones con algunos amigos suyos, muchos de los cuales consumían estupefacientes y no se encargaban de cuidarla lo más mínimo.

En la exploración se observó que presentaba un ligero retraso del lenguaje y problemas graves de interacción social. Tendía a evitar este tipo de interacción, y si no podía evitarla, se volvía muy ansiosa y alterada. Después de varios meses de cuidados en casa de sus abuelos, su lenguaje mejoró de manera muy notable y fue mucho más apropiado para una niña de 4 años; a pesar de esto, continuaba presentado dificultades de interacción social.

Discusión sobre «La nieta»

Este paciente muestra los síntomas característicos de un *trastorno reactivo de la vinculación de la infancia o la niñez* (DSM-IV, pág. 125): presenta un fracaso en todo lo concerniente a la interacción social como consecuencia de un entorno psicosocial adverso (p. ej., alguien que se niega a proporcionar los cuidados que un niño necesita, a darle afecto). Esto puede también suceder, como en este caso, cuando los repetidos cambios en su cuidado pueden impedir la formación de un lazo estable. La conducta social inapropiada puede constituir bien un patrón de inhibición (evitación y ausencia de lazos afectivos, como en este caso) o bien de desinhibición (presentar relaciones difusas con ausencia de lazos selectivos).

La mejoría, al menos en parte, de este síndrome, juntamente con la instauración de un entorno apropiado, concuerda con el diagnóstico. El diagnóstico diferencial principal ha de hacerse con un *trastorno generalizado del desarrollo*, en el que aparecen alteraciones en las relaciones sociales, aparentemente de base neurológica, pero que se acompañan de trastornos característicos de la comunicación, así como de alteraciones en la interacción social y patrones de conducta estereotipados.

La regresión de Reggie

Reggie tenía 4 años cuando fue visitada por un psiquiatra infantil debido a cambios alarmantes en su conducta durante los últimos 2 meses. Era un niño normal desde el punto de vista social, cuyo desarrollo había transcurrido sin ningún tipo de incidencia: ya andaba y decía palabras sueltas al cumplir 1 año de edad y formaba frases antes de cumplir los 2. Entró en una guardería a la edad de 3 años y se le enseñó a hacer sus necesidades en el lavabo. Los padres explicaban que tenían vídeos que mostraban que su desarrollo había sido hasta aquel momento totalmente normal.

Hace 2 meses, poco tiempo después del nacimiento de su hermano, Reggie se volvió ansioso y agitado. A lo largo de varias semanas, su conducta cambió completamente en varias facetas: ya no se acordaba de como tenía que hacer sus necesidades, ya no realizaba todas las actividades de autocuidado propias de su edad, y se volvió completamente mudo. También pareció disminuir mucho en sus habilidades sociales y sus padres observaron que el niño pasaba mucho tiempo inclinándose de atrás hacia delante.

La exploración psiquiátrica indicó que, a pesar de tener 4 años, el niño se comportaba como un bebé de un año en términos de capacidad cognoscitiva y comunicativa. Según observaciones directas de su conducta realizadas por sus padres, el niño mostraba muchos síntomas conductuales sugerentes de autismo (p. ej., ausencia de responsabilidad social, dificultad de interacción, movimientos estereotipados, etc). La observación de los vídeos de su desarrollo temprano confirmó la historia de un desarrollo normal.

El psiquiatra empezó a realizar exploraciones médicas más profundas, como un electroencefalograma, una resonancia magnética nuclear y diversos análisis.

Sin embargo, no se consiguió hallar ningún trastorno médico específico que pudiera explicar esta alteración.

Discusión sobre «La regresión de Reggie»

Debido al grave deterioro del lenguaje y de las habilidades sociales y a la presencia de patrones estereotipados de conducta, se tiene que pensar en *autismo*. Sin embargo, el normal desarrollo de Reggie en los primeros años indica un *trastorno desintegrativo infantil* (DSM-IV, pág. 79).

El *trastorno desintegrativo infantil* parece mucho menos frecuente que el *autismo*; pero, a pesar de ello, esta enfermedad se infradiagnostica. Los dos trastornos son muy similares excepto en la edad de inicio y en el pronóstico. Mientras que en el *autismo* se puede constatar antes de los 3 años de edad la presencia de interacción social anómala, así como trastornos del lenguaje y en los juegos simbólicos e imaginativos, en el *trastorno desintegrativo infantil* el desarrollo es normal durante los primeros años y el pronóstico es aún peor que el del *autismo*. Al igual que en este trastorno, es raro observar una enfermedad neurológica que pueda explicar la alteración. A pesar de que los padres frecuentemente explican que existe una asociación entre la enfermedad y algún tipo de suceso psicosocial (p. ej., el nacimiento de un hermano), parece probable que se trate de asociaciones casuales con algunos cambios en la vida preescolar de estos niños.

Seguimiento

El niño fue visitado 2 años después, cuando tenía 6 años de edad, y se le realizó un programa especial de educación en el que se le proporcionaba una ayuda completa y un apoyo educacional especial en la clase. Desgraciadamente, mejoró muy poco, si es que realmente mejoró, y se mantuvo siempre casi mudo.

PETE EL VIETNAMITA

El día antes del decimosexto cumpleaños de Pete, éste fue ingresado en el departamento de psiquiatría de un hospital general de un suburbio de Detroit, en el cual vive. Se había hecho un corte profundo en la muñeca con un cuchillo de cocina, y se había cortado varios nervios y tendones de su mano izquierda; asimismo, había perdido el conocimiento durante la noche de manera intermitente, y, a la mañana siguiente, había llamado a un amigo de su madre para que le ayudara.

Pete es el hijo de una mujer vietnamita y de un obrero americano. Vivió con su madre en Saigon hasta los 2 años de edad, y, por medio de una agencia de adopción de Vietnam, fue a Estados Unidos para ser adoptado por una familia americana. Aparentemente, su familia había abusado de él (presentaba quemaduras y mordiscos), le habían llevado a una casa en el bosque por un breve período de tiempo y, a la edad de 2 años y medio, sus padres adoptivos le acogieron.

A pesar de ser una persona algo reservada y poco comunicativa con sus padres adoptivos, Pete se comportaba bastante bien con la gente que le rodeaba. Era un niño brillante, buen muchacho, y era amable con los otros niños. Siempre se había llevado bien con sus amigos, pero la relación con sus padres era difícil, de ahí que éstos explicaran que era el más difícil de tratar de los cuatro hijos adoptivos que habían acogido.

Durante la época en que se encontraba en la escuela superior, el grupo de amigos de Pete estaba formado por muchachos que llevaban el pelo muy largo, que se oponían a la cultura y a las costumbres tradicionales y que se escapaban de la escuela para fumar marihuana; consideraban el nihilismo una filosofía de vida, robaban cerveza de los supermercados y se llevaban las joyas y los objetos de valor de sus padres y de sus profesores. Sus notas fueron cada vez peores, empezó a tener problemas por disparar con su revólver a las ardillas y por hacer explotar los buzones con petardos.

Cuando Pete tenía 14 años sus padres se divorciaron; él prefirió irse con su padre y sus hermanos a otro estado. Los delitos que cometía, aunque pequeños, iban en aumento. Él y sus amigos fueron arrestados por coger el coche de un vecino para ir a correr un poco y divertirse. A la edad de 15 años, pasaba más tiempo en la calle que en la escuela, y consumía drogas que sus amigos le proporcionaban, principalmente LSD, mescalina, pegamento y marihuana. Sus padres le enviaron a una escuela militar, pero le expulsaron un mes antes de ingresar en el hospital, debido a su permanente ausencia a las clases.

En el momento del ingreso se le describe como un joven atractivo, que llama la atención de todas las adolescentes en la escuela. Él dice que no intentó suicidarse cuando se hizo el corte en la muñeca. Cuando se le continuó preguntando e insistiendo, nos contó finalmente la siguiente historia: se encontraba vertiendo ácido mientras estaba con unos amigos. Cuando éstos se fueron, le pareció oír la sirena de un coche de policía y pensó que la única manera para que no le arrestaran podía ser hacerse un corte en la muñeca y después perder el conocimiento. Niega sentirse deprimido, pero explica que su vida no tiene ningún tipo de interés y le da absolutamente igual vivir que estar muerto.

Discusión sobre «Pete el vietnamita»

A pesar de que el ingreso de Pete en un hospital psiquiátrico pareció ser consecuencia de un intento de autólisis, él explica que éste era un modo fácil de evitar ser arrestado. El hecho de que se encontrara también deprimido e intentara suicidarse no parece constituir una prueba de un *episodio depresivo mayor* que pudiera justificar el diagnóstico; tampoco tenemos información suficiente para realizar el diagnóstico de *trastorno distímico*, a pesar de que su idea de que la vida no tiene ningún interés sugiere esta posibilidad. El diagnóstico que mejor explica la conducta de este muchacho es el de *trastorno adaptativo, con estado de ánimo depresivo* (DSM-IV, pág. 642), ya que este estado de ánimo y el intento de autólisis parecen haber sido desencadenados por el estrés de lo que él creía que era un arresto inevitable.

No cabe ninguna duda de que Pete posee una historia de conducta antisocial crónica, en la que se violan los derechos de la gente y las normas sociales propias de la edad. Ha cometido robos, se ha ido de casa, ha sido cruel con los animales y ha participado en luchas con otra gente. Esto permite el diagnóstico de *trastorno disocial* (DSM-IV, pág. 94). Debido a que el inicio de este trastorno de la conducta se produjo en la adolescencia, añadimos *tipo de inicio adolescente*. Como Pete no causa daño considerable a la otra gente ni se ve implicado de manera sistemática en actos vandálicos y en robos, especificamos el grado de gravedad como *moderado*.

Realmente, Pete ha consumido bastantes estupefacientes. No tenemos suficiente información para saber si había sido dependiente de alguno de ellos. Debido a que el intento de autólisis se ha relacionado con el uso de tóxicos, concretamente con LSD, parece posible que los alucinógenos tengan consecuencias negativas, lo que justifica el diagnóstico de *abuso de alucinógenos* (DSM-IV, página 212). De manera similar, el uso regular de marihuana que conduce a las repetidas ausencias de la escuela podría justificar el diagnóstico de *abuso de Cannabis* (DSM-IV, pág. 229). Nos damos cuenta de que un interrogatorio minucioso y detallado probablemente podría revelar el consumo de otras drogas.

NO TE PREOCUPES

Un psiquiatra, que se encuentra preocupado, y su mujer, acudieron a un logopeda para que visitara a su hijo de 3 años de edad, Aaron. El psiquiatra explicó que él y su mujer habían notado hacía unos meses que algunas veces «tartamudeaba». Cuando esto sucedía, se quedaba encallado en las palabras, en las sílabas, y a menudo las repetía muchas veces hasta que era capaz de acabar la frase. De vez en cuando era incapaz de acabar la frase y la dejaba a medias. Inicialmente, estos problemas aparecían de vez en cuando, pero en las últimas semanas se habían hecho más frecuentes, y en la actualidad Aaron se encontraba visiblemente preocupado. Hacía algunos días se había sentido tan frustrado que empezó a darse golpes con su puño en la cabeza en un esfuerzo para pronunciar las palabras.

Los padres de Aaron sabían que el tartamudeo transitorio, especialmente en los niños, es bastante frecuente. Sin embargo, se preguntaban si había que hacer algo para que el problema no se convirtiera en crónico. Habían consultado a su pediatra, pero el leve tartamudeo del mismo pediatra los desconcertó.

El logopeda comunicó a los padres que era importante mantener la compostura durante los episodios de nerviosismo de Aaron y que no debían acabar las frases por él. Ella entendía la preocupación de los padres, pero comunicó que muy probablemente el tartamudeo desaparecería y no dejaría ninguna secuela emocional permanente.

Discusión sobre «No te preocupes»

A pesar de que el padre de Aaron era psiquiatra, cualquier persona hubiera tenido pocos problemas para establecer el diagnóstico. El tartamudeo es un trastorno de la fluidez y del patrón temporal del habla, que es inapropiado para la edad del niño. En el caso de Aaron, como en la mayor parte de los casos, se manifiesta con prolongaciones y repeticiones de sonidos y sílabas. En otros casos, pueden existir pausas en una misma palabra, bloqueos audibles o silenciosos, o circunloquios (sustituir ciertas palabras para evitar las que son problemáticas). La gravedad del tartamudeo generalmente varía de una situación a otra, y es mayor cuando hay una presión especial para comunicarse.

Seguimiento

El logopeda tenía razón. A lo largo de los siguientes meses, el tartamudeo fue desapareciendo progresivamente; Aaron tiene actualmente 4 años y no presenta ningún tipo de irregularidad en la expresión oral.

El francotirador

Leah, de 7 años de edad, fue enviada por su profesor a un especialista debido a su facilidad para llorar, a su irritabilidad y a su dificultad para concentrarse en clase. Dos meses antes, Leah se encontraba entre un grupo de gente cuando fueron atacados por un francotirador en el patio de la escuela. En un período de 15 min, el francotirador mató a un niño e hirió a varios. Después de que el tiroteo cesara, nadie se movió hasta que la policía entró en el apartamento del francotirador y lo encontró muerto. Leah no conocía personalmente al muchacho que fue asesinado.

Antes de los disparos, y según la opinión de su profesor, Leah era una persona tímida, pero vivaz, se comportaba correctamente y era una buen estudiante. Al cabo de unos días después del incidente, se apreció un cambio notable en su conducta. Dejó de tener contacto con sus amigos, empezó a discutir y a hablar mal con sus amigos cuando éstos le dirigían la palabra. Parecía estar poco interesada en el trabajo de la escuela y se la tenía que insistir varias veces para que hiciera los trabajos. El profesor se dio cuenta de que Leah saltaba al oír ruidos y cuando la clase contestaba masivamente y en voz alta a las preguntas.

Los padres de Leah se sientieron inquietos cuando la escuela comunicó el cambio de conducta de su hija ya que no sabían cómo ayudarla. Su hija no les respondió cuando le preguntaron qué le pasaba, lo que era infrecuente en ella. En casa se había vuelto irritable, se quejaba muchas veces, tenía miedo, se mostraba muy aprensiva ante las nuevas situaciones y le daba miedo estar sola; asimismo, insistía una y otra vez en que se la acompañara al servicio. Regularmente pedía a sus padres que la dejaran dormir con ellos. No dormía muy bien y alguna vez había llorado estando en la cama. Parecía estar siempre cansada, se quejaba de problemas físicos de poca importancia y padecía infecciones banales. Sus padres se encontraban especialmente preocupados después de que Leah pasara muy cerca de la parte delantera de un coche en movimiento sin percatarse de ello. A pesar de que estaba menos interesada en muchos de sus juegos y aficiones habituales, sus padres se dieron cuenta de que frecuentemente pedía a sus hermanos que participaran en juegos de enfermeras en los que se la vendaba muy a menudo.

Cuando se le preguntó sobre el incidente, Leah comunicó que había intentado desesperadamente esconderse detrás de un bidón grande al oír los disparos. Tenía mucho miedo de que la mataran y toda ella se movía y temblaba, su corazón palpitaba muy fuerte y su cabeza le dolía intensamente. Explicó, asimismo, haber visto a otro niño caer al suelo, sangrar y pedir ayuda. Cuando el tiroteo finalizó, fue rápidamente a salvarle.

Leah describe una imagen recurrente de la niña herida tumbada en el patio sangrando. Dijo que los pensamientos del incidente habían provocado ligeros trastornos de la atención algunas veces, a pesar de que intentaba pensar en otras cosas. Últimamente no era capaz de recordar las cosas que se decían en clase.

No volvió a jugar en la zona en la que se produjeron los disparos. Durante las horas de recreo o después de salir de la escuela, en su trayecto de vuelta a casa, evitaba pasar por delante de la casa del francotirador. Los viernes se sentía muy aterrorizada en la escuela ya que era el día en que el incidente había ocurrido. A pesar de que su madre y su padre intentaban reconfortarla, no sabía como decirles lo que sentía.

Leah continuaba teniendo miedo de que alguien pudiera volver a dispararle de nuevo. Tenía pesadillas sobre este tema, en las que alguien disparaba o perseguía a algún miembro de su familia o a ella misma. Rápidamente huía de cualquier ruido estrepitoso que se produjera en casa o en el vecindario. A pesar de que decía que tenía menos deseos de jugar cuando se le preguntaba sobre nuevos juegos, con frecuencia mencionaba su deseo de participar en un juego en el que una enfermera atendía a un herido. Empezó a ver en la televisión noticias sobre violencia, y recopilaba historias que demostraban que el mundo estaba lleno de peligros.

Discusión sobre «El francotirador»

Leah sufrió un suceso traumático que podía poner en peligro su vida o herirla gravemente tanto a ella como a sus compañeros de clase, y confesó haber tenido un miedo intenso y sentirse horrorizada y desalentada. A los pocos días de haberse producido el suceso, Leah empezó a mostrar los síntomas característicos de un *trastorno por estrés postraumático* (DSM-IV, pág. 439). Debido a que la duración de los síntomas es inferior a 3 meses, nosotros añadimos además el término *agudo*.

A pesar de que la gente adulta algunas veces padece *flashbacks* en los que experimenta la situación como si la estuviera viviendo en aquel mismo momento, los niños raramente vuelven a experimentar los traumas de este modo. Como es típico para su edad, Leah volvió a experimentar el trauma en forma de imágenes recurrentes y de pesadillas y sueños muy desagradables. Asimismo, incorporaba temas del acontecimiento de una manera repetitiva en los juegos.

Leah intentaba evitar los pensamientos y las sensaciones asociadas con el trauma. Esta muchacha mostraba una capacidad de respuesta embotada.

Se volvió apática y desinteresada por el trabajo que se hacía en la escuela y se apartó de sus amistades. Mostraba síntomas persistentes de un aumento del nivel de alerta, como, por ejemplo, un tiempo de reacción exagerado (a ruidos de alta intensidad), irritabilidad, dificultad para la concentración y trastornos del sueño.

A la hora de realizar una valoración multiaxial constatamos en el Eje IV *problemas relativos a la interacción con el sistema legal o con el crimen*, especificando su condición de *víctima*. Debido al serio deterioro social y escolar que presenta, le asignamos una puntuación de 45 en la evaluación de su actividad global.

Los cordones de zapatos

George es un muchacho de 16 años de edad que proviene de un centro de atención juvenil y que fue ingresado en un hospital por un intento de autólisis. Había cogido unos cordones de zapatos y los había atado alrededor de su cuello, produciendo una asfixia. Cuando se le encontró estaba completamente cianótico y semiinconsciente. Aquel mismo día había sido admitido en el centro de detención y se le veía muy ausente.

Durante el ingreso, George se mostraba reticente a la hora de hablar, a excepción de explicar que quería matarse y que nadie podía detenerle. Admitió, eso sí, haber tenido a lo largo de las dos últimas semanas un estado de ánimo depresivo, disminución del apetito, disminución del interés por las cosas y sentimientos de culpabilidad e ideación suicida.

Según sus padres, George no había padecido nunca ningún tipo de trastorno emocional hasta que a la edad de 13 años empezó a relacionarse con el mundo de la droga, principalmente con estupefacientes como LSD, marihuana y sedantes no opiáceos. Sus notas bajaron drásticamente, se escapó de casa en varias ocasiones después de reñir con sus padres, y llevó a cabo un intento de autólisis mediante una sobredosis de aspirinas. Un año después fue expulsado de la escuela como consecuencia de una discusión con el director. Incapaz de controlar su conducta, sus padres le llevaron a una clínica mental para ser examinado y evaluado, y se le aconsejó el ingreso en un centro especializado. Aparentemente, su conducta fue buena, y su relación con sus padres mejoró de manera notable con la ayuda del consejero familiar. Se había mostrado bastante responsable a la hora de mantener un trabajo e ir a la escuela, y no se volvió a ver involucrado en ningún tipo de actividad ilegal, incluido el uso de estupefacientes.

Sin embargo, 6 meses antes de su ingreso en el hospital George volvió a consumir drogas, y a lo largo de 2 semanas intentó dejar las drogas diez veces, pero otras tantas volvió a consumirlas, aunque siempre en solitario. Recuerda sentirse deprimido, pero no sabe si el descenso en el estado de ánimo fue antes o después de volver a tomar drogas. Se le envió entonces al centro de atención juvenil, donde su conducta fue tan buena que se le dio de alta para volver de nuevo a su casa a las 3 semanas. Un día después de haber vuelto a casa, impulsivamente y con un coche robado, se fue a Texas, pero se le detuvo y se le ingresó de nuevo en el centro de detención. La depresión de George empezó poco tiempo después, y, según él, su sentimiento de culpabilidad por lo que había hecho a sus padres le condujo a un intento de suicidio.

Discusión sobre «Los cordones de zapatos»

El intento de suicidio que ocasionó el ingreso es claramente sintomático de un *episodio depresivo mayor*. Existe una historia de depresión de 2 semanas, con muchos de los síntomas característicos del síndrome depresivo. Aunque se menciona que el paciente había estado deprimido 6 meses antes, no está claro si en aquella época ya tenía el síndrome depresivo completo. También se hace referencia a su intento de suicidio con una sobredosis de aspirinas a los 13 años, pero no está claro que ese incidente fuese un *episodio depresivo mayor*. De este modo, el diagnóstico sería *trastorno depresivo mayor, episodio único, grave sin síntomas psicóticos* (DSM-IV, pág. 351).

Desde los 13 años, el enfermo ha exhibido un patrón de conducta persistente y repetitivo, en el ha violado los derechos básicos de los demás y las normas sociales, y en el que se incluyen conductas que condujeron a la expulsión de la escuela, adquisición de drogas ilegales, fugas de casa y, finalmente, los diez allanamientos de morada y el robo de un coche. Este patrón de conducta antisocial justifica el diagnóstico de *trastorno disocial* (DSM-IV, pág. 94). Dado que el inicio de los síntomas se produjo después de los 10 años de edad, se señala además *tipo de inicio adolescente* (que goza de un mejor pronóstico).

Se han producido diversos episodios de uso inadecuado de drogas, que incluye LSD, marihuana y sedantes. Con la poca información de la que dis-

© MASSON, S.A. Fotocopiar sin autorización es un delito.

ponemos, no nos es posible determinar si alguna vez se cumplieron los criterios para diagnosticar una *dependencia de sustancias*; por este motivo, estaría indicado el diagnóstico de *abuso de sustancias* para cada sustancia, es decir, *abuso de Cannabis* (DSM-IV, pág. 229), *abuso de LSD* (DSM-IV, pág. 212) y *abuso de sedantes* (DSM-IV, pág. 269).

Compulsiones

La madre de Alan, un niño de 10 años de edad, lleva a su hijo al médico porque presenta «compulsiones graves». La madre explica que el niño tiene que ir varias veces a lavarse el cuello, toca el pomo de la puerta dos veces antes de entrar, mueve la cabeza de un lado a otro, parpadea de manera incesante y toca el suelo repetidamente con sus manos, flexionando todo su cuerpo. Estas compulsiones empezaron hace 2 años. La primera fue la relacionada con el parpadeo, y a continuación siguieron las otras, con un curso fluctuante. Los movimientos aparecen más frecuentemente cuando el niño se encuentra ansioso o bajo estrés. El último síntoma en aparecer fue el toque repetitivo de los pomos de las puertas. La visita se llevó a cabo después de que el niño dijera la palabra «jódete» y realizara al mismo tiempo con el dedo el signo que denota esta expresión.

Cuando se le exploró, Alan comunicó que la mayoría de las veces no sabía cuando iban a aparecer los movimientos, a excepción de cuando tocaba los pomos de las puertas. Cuando se le preguntó, explicó que antes de notar que tenía que tocar los pomos de las puertas tenía el pensamiento de hacerlo e intentaba apartarlo de su mente, pero era totalmente incapaz de conseguirlo, y no podía hasta que volvía a tocar la puerta varias veces; entonces se sentía mejor. Cuando se le preguntaba qué es lo que pasaría si no se le dejara tocar, explicó que se volvería loco; en una ocasión su padre intentó pararle y él se puso como una fiera. Alan explicó que tocar las puertas realmente no le molestaba; lo que sí le molestaba eran «otras cosas» que no podía controlar.

Durante la entrevista, el niño hacía ruidos con la garganta, intentaba aclarársela, se giraba y parpadeaba varias veces de modo muy rápido. Algunas veces intentaba que pareciera como si voluntariamente quisiera realizar este tipo de movimientos.

Su historia personal y las exploraciones física y neurológica no revelaron ningún tipo de anomalía, excepto los movimientos anormales y los sonidos. La madre comunicó que su tío más joven había padecido síntomas similares cuando era adolescente, pero no pudo especificar de qué tipo. Argumentó que ella y su marido también habían presentado muchas compulsiones; lo que quiso decir era que estaban bien organizados y enganchados a todo lo que fuesen tareas rutinarias.

Discusión sobre «Compulsiones»

La madre describe las dificultades de Alan como compulsiones, y la descripción de lo que pasa por su mente antes de tocar los pomos de las puertas parece ser una obsesión junto a una compulsión. Primero tiene el pensamiento de tocar el pomo de la puerta. Intenta evitar este pensamiento, pero se ve incapaz de lograrlo y en respuesta a esta obsesión, toca dos veces la puerta. Se da cuenta de que si intenta evitar la compulsión se siente extremadamente incómodo. Sin embargo, debido a que estas obsesiones y compulsiones no parecen provocar un malestar marcado, no interfieren significativamente con su actividad y no consumen mucho tiempo, no debe establecerse el diagnóstico de *trastorno obsesivo-compulsivo.*

Alan sobre todo está preocupado por sus tics motores (p. ej., mover la cabeza de un lado a otro, parpadear de manera repetitiva, flexionar todo su cuerpo) y por sus tics. Debido a que los tics motores engloban una serie de movimientos coordinados, se consideran tics motores complejos. La combinación de tics motores y verbales que tienen una duración de más de un año permiten el diagnóstico de *trastorno de la Tourette* (DSM-IV, página 108).

A veces resulta difícil diferenciar un tic motor complejo de una compulsión, ya que la conducta observada puede ser similar. Un tic es una vocalización o movimiento motor estereotipado, involuntario, repentino, rápido, recurrente y no rítmico. Por el contrario, una compulsión es un acto voluntario que se realiza en respuesta a una obsesión, de acuerdo a unas reglas que deben aplicarse de manera rígida. Alan, al igual que muchos enfermos con *trastorno de la Tourette*, padece obsesiones y compulsiones, aunque no lo bastante perturbadoras como para justificar el diagnóstico adicional de *trastorno obsesivo-compulsivo.*

El enigma

Un psiquiatra especializado en enfermos con retraso mental recibió la llamada de un pediatra para remitirle a Libby, una muchacha de 17 años de edad. Se la describió como «curada de una depresión» y necesitada únicamente de medicación de seguimiento.

La llegada de Libby a la sala de espera creó una gran conmoción. Era una muchacha pequeña, delgada, muy agitada, que gritaba de manera ininteligible, mientras que sus padres, ansiosos, intentaban calmarla. Parecía muy lejos de estar curada.

Los padres explicaron la siguiente historia. Antes de que Libby tuviera 1 año de edad, fue diagnosticada de retraso mental grave. Todas las exploraciones diagnósticas que se le hicieron no consiguieron determinar la etiología del retraso. Siempre se ha encontrado físicamente bien. Libby es hija única, fue educada en casa y recibía clases especiales en la escuela pública. Era una muchacha alegre, animada y cordial. No podía vocalizar las palabras, pero conseguía comunicarse mediante gestos y sonidos. Había aprendido a realizar algunas tareas domésticas y le gustaba ayudar a su madre en las tareas de casa.

Libby nunca se había separado de sus padres hasta hace 6 meses, cuando éstos fueron a Europa durante una semana y la dejaron con una canguro. A su vuelta, la encontraron muy agitada, no respondía a las preguntas y no tenía interés en sus actividades cotidianas. Frecuentemente lloraba, dormía mal, comía poco y pasaba la mayor parte del tiempo deambulando por la casa. Los padres se sentían culpables por haberse ido de viaje e intentaron hacer cualquier cosa para estar con ella todo el tiempo y poder hacerla feliz.

Los padres de Libby se preguntaban si era posible que estuviese enferma, pero en las pruebas que su pediatra llevó a cabo no se encontró ningún tipo de anormalidad. El pediatra le recetó un ansiolítico, pero no tuvo ningún efecto. El psicólogo escolar pensó que la conducta de Libby podía ser una manera de atraer la atención, reforzada por la indulgencia de sus padres; sugirió, asimismo, establecer límites firmes y enviarla a una clínica de cuidado de niños; en este centro, el psiquiatra les comunicó que su hija les estaba castigando por haberse ido de viaje. Sugirió que le habían proporcionado una atención y un afecto ilimitados.

Ya que lo único que se consiguió con todo esto fue un empeoramiento del trastorno, se consultó a otro psiquiatra. Éste pensó que Libby podía estar deprimida y empezó a administrarle medicación antidepresiva. A pesar de ello, la muchacha no mejoró. Desesperados, los padres acudieron a todos los hospitales psiquiátricos de la zona para intentar ingresar a su hija, pero fue totalmente imposible. Un asistente social explicó que los hospitales psiquiátricos generalmente no tienen experiencia para tratar a pacientes con retraso mental. Finalmente, Libby fue ingresada en una sala de pediatría donde se le hizo una historia médica completa, que no consiguió aclarar la causa de su trastorno.

El pediatra de Libby decidio tratarla en el hospital por una «depresión psicótica». Por este motivo aumentó la dosis de antidepresivos y añadió medicación antipsicótica. La muchacha empezó a tener más apetito, a dormir mejor y a encontrarse menos agitada. Se le dio de alta, pero rápidamente recayó. Volvió a sentirse irritada y agitada, a dormir poco y a experimentar un descenso del apetito.

Durante la entrevista con un especialista, Libby se encontraba extremadamente agitada. Chillaba, no se estaba quieta, se cogía al brazo de su madre y le indicaba que quería volver a casa.

Discusión sobre «El enigma»

Este caso muestra la dificultad para diagnosticar a las personas con retraso mental que no pueden comunicar sus experiencias subjetivas. Libby parece deprimida y agitada, pero no puede explicarnos nada relacionado con su estado de ánimo deprimido. Parece razonable el diagnóstico provisional de *trastorno depresivo mayor* (DSM-IV, pág. 351), basado en su llanto, desinterés, falta de apetito, insomnio y agitación motora, a pesar de que no haya respondido a los antidepresivos. Su pediatra diagnosticó una «depresión psicótica», pero no vemos que sufra síntomas psicóticos y suponemos que la medicación antipsicótica se prescribió para controlar su agitación psicomotriz.

Seguimiento

La dosis de antidepresivo se disminuyó gradualmente hasta eliminarlo. Durante los 3 meses siguientes, la conducta y el estado de ánimo de Libby fueron variando. Estaba calmada durante varias semanas y de repente volvía a ponerse extremadamente agitada, agresiva y aturdida.

Una historia familiar detallada reveló que una tía había tenido una «depresión» y había respondido bien a un tratamiento con litio. Por ello se empezó a administrar litio a Libby, y la dosis se fue aumentando gradualmente hasta alcanzar un nivel sérico entre 0,5 y 0,7 mEq/l. Mejoró gradual y regularmente hasta que, en pocos meses, su estado remitió por completo. Su mejoría siguió incluso después de haber retirado el antipsicótico (a lo largo de varios meses).

El especialista que la trató explicó lo siguiente, en lo que estamos de acuerdo:

> Los pacientes como Libby son diagnosticados con frecuencia como casos de trastornos de la conducta no específicos, peculiares de las personas retrasadas, o como casos de exhibición de «conductas de atención-obtención», debidas a una sobreprotección de los padres como resultado de tener sentimientos de culpa. De hecho, el caso de Libby fue visto como un ejemplo de dicho mecanismo.
>
> El cuadro clínico de Libby contrastaba notablemente con su manera de ser habitual. Estaba irritable, agitada, aturdida, con conductas regresivas y trastornos de la alimentación y del sueño, todo ello incluido en los criterios diagnósticos del *episodio maníaco*. Sus gritos podían interpretarse como un equivalente de la «logorrea». Es evidente que una persona retrasada y no verbal es incapaz de presentar síntomas como la megalomanía, la fuga de ideas o la implicación excesiva en actividades placenteras. El cuadro clínico y los períodos de llanto, la disminución de las actividades y la pérdida de peso indicaban un *episodio depresivo mayor*. La historia familiar era positiva al tratamiento de una «depresión» con litio. Cuando se le administró un antidepresivo, es posible que estuviera teniendo un *episodio depresivo mayor*, del cual mejoró al principio; pero luego presentó síntomas maníacos aparentemente causados por la medicación. Su buena respuesta al litio sugiere que los síntomas maníacos constituyen un *episodio maníaco* perteneciente a un *trastorno bipolar I*. Sin embargo, para poder establecer el diagnóstico de *trastorno bipolar I* tendría que haber pruebas de síntomas maníacos no causados por la medicación.

GEORGE EL OMNÍVORO

George, un niño pálido de 5 años de edad, fue ingresado en el hospital a causa de una anemia nutricional que parecía estar producida por la ingestión de pintura, yeso, porquerías, madera y pasta. A los 19 meses de edad se ingresó a George por haber ingerido gas de un encendedor y, desde entonces, se le había tenido que ingresar varias veces por circunstancias similares.

Los padres de George vivían de la caridad y fueron descritos como inmaduros y dependientes. El niño fue el producto de un embarazo no deseado, pero normal. Su madre había empezado a comer basura a los 16 años, cuando se quedó embarazada. Su padre tomaba drogas e ingería alcohol habitualmente.

Discusión sobre «George el omnívoro»

Comer sustancias no nutritivas puede ser algo normal en un niño, pero su persistencia hasta la edad de 5 años permite el diagnóstico de pica (DSM-IV, pág. 101). Al igual que en este caso, se asocia generalmente a una historia similar en la madre y a un estado socioconómico bajo.

En algunas culturas, el hecho de comer sustancias no nutritivas, como arena, puede constituir una práctica sancionable, en cuyo caso el diagnóstico no procedería; pero ciertamente éste no es el caso. Otras veces, el trastorno puede asociarse a otras alteraciones, como el *trastorno autista*, la *esquizofrenia* o el síndrome de Kleine-Levin.

Una lista perfecta

Billy es un niño de 7 años de edad que fue llevado por su madre a una clínica de salud mental, porque es «infeliz» y siempre está quejándose de que se encuentra mal. Vive con sus padres, con un hermano menor y con su abuela. La madre describe a Billy como un niño que nunca ha sido feliz ni ha querido jugar con los otros niños. Desde que empezó a ir a la guardería, se queja de dolor de barriga, dolor de cabeza y de otros problemas físicos. Estas quejas son más intensas por la mañana, cuando tiene que prepararse para ir a la escuela. En los últimos meses, sus quejas han aumentado, provocando una exploración médica completa que incluyó una evaluación neurológica y un electroencefalograma, que dieron resultados negativos.

El primer curso lo completó bien, pero en el segundo está teniendo problemas para acabar sus deberes. Tarda mucho tiempo en hacerlos e incluso siente la necesidad de repetirlos para que estén «perfectos». Debido a las quejas somáticas de Billy, se hace difícil llevarlo a la escuela; pero si se le permite quedarse en casa, se preocupa porque piensa que se está retrasando en sus tareas escolares. Cuando va al colegio, a menudo no puede acabar las tareas, lo que le hace sentirse desesperado. Para conseguir pasar el día, lleva consigo una nota que le hizo escribir a su madre y que pone: «Hoy no vas a salir pronto de la escuela. Si sientes que debes repetir las tareas una y otra vez, por favor hazlo lo mejor que puedas. No pienses en la hora que es y así el tiempo te pasará más rápido».

Estas preocupaciones se han extendido más allá del colegio y, con frecuencia, reclama la atención total de sus padres. Cuando éstos llegan tarde a casa o se van

© MASSON, S.A. Fotocopiar sin autorización es un delito.

a algún sitio sin él, Billy tiene miedo de que les pase algo. Durante las dos últimas semanas, ha insistido en dormir con su hermano pequeño porque tenía miedo de dormir solo.

Aunque la madre de Billy se da cuenta de que su hijo nunca ha sido un niño feliz, cree que su estado de ánimo ha empeorado en los últimos 6 meses. A menudo se le ve tumbado por la casa, diciendo que está demasiado cansado para hacer nada. El juego ni le interesa ni le gusta. Su apetito ha disminuido y tiene frecuentes problemas para dormirse por la noche y acostumbra despertarse en mitad de la noche o de madrugada. Tres semanas antes empezó a decir por primera vez que se quería morir y que quizá se pegaría un tiro.

La madre de Billy se quedó embarazada a los 2 meses de su boda. No se sentía preparada para tener un hijo y, durante su embarazo, se mostró hipersensible y triste. El parto se presentó con complicaciones debido a problemas de hipertensión. Al nacer, Billy tuvo un paro cardíaco, y en su primera semana de vida sufrió vómitos que persistieron durante 2 semanas. También padeció enuresis nocturna hasta el año anterior.

Durante la evaluación, Billy dejó que su madre se fuera a otra habitación para ser entrevistada, pero a los 20 min se puso muy triste, empezó a llorar e insistió en ir con ella. Finalmente, accedió a sentarse fuera de la habitación donde estaba su madre, siempre y cuando la puerta estuviera abierta y pudiera verla.

Billy fue incapaz de terminar la lista de síntomas que se le dio durante la evaluación (una lista diseñada para niños de su edad). Dijo que necesitaba hacerlo a la perfección y pidió que le permitieran llevársela a casa para poder terminarla. Se preocupó mucho por el hecho de no haber podido acabarla e insistió en llevársela, aunque se le dijo que no era necesario.

Discusión sobre «Una lista perfecta»

Este caso fue presentado como un ejemplo de *trastorno distímico*, con un *episodio depresivo mayor* superpuesto recientemente. No hay dudas sobre el episodio, ya que Billy está claramente deprimido, ha perdido el interés y el placer de jugar y tiene problemas de sueño, un apetito disminuido, pocas energías e ideas suicidas. Cuando, en casos como éste, ha habido una larga historia de estado de ánimo deprimido antes de que se presente un síndrome depresivo completo, la pregunta que nos debemos hacer es si es mejor creer que el estado de ánimo deprimido crónico es prodrómico de un *trastorno depresivo mayor*, o si es mejor añadir el diagnóstico de *trastorno distímico*. La regla del DSM-IV dice que, en un niño, un estado de ánimo depresivo que dura más de un año y va acompañado de, al menos, tres síntomas del síndrome depresivo justifica el diagnóstico adicional de *trastorno distímico.* Sin embargo, en el caso de Billy no tenemos información suficiente como para especificar los síntomas anteriores al episodio de *trastorno depresivo mayor* que justificarían el diagnóstico de *trastorno distímico.* Dado que éste es el primer episodio y que los síntomas provocan una notable alteración de su actividad, el diagnóstico sería *trastorno depresivo mayor, episodio único, grave sin síntomas psicóticos* (DSM-IV, pág. 351).

Billy padece muchos otros síntomas, como molestias somáticas y ansiedad de separación, perfeccionismo y preocupación sobre el rendimiento escolar. El perfeccionismo plantea la cuestión de la presencia de un *trastorno obsesivo-compulsivo de la personalidad* o de un *trastorno obsesivo-compulsivo.* Es demasiado joven para considerar el diagnóstico de trastorno de la personalidad y no existen pruebas de la presencia de obsesiones y compulsiones graves. La preocupación sobre el rendimiento escolar acompañada de molestias somáticas sugiere el diagnóstico adicional de *trastorno de ansiedad generalizada.* Sin embargo, debido a que los síntomas se producen aparentemente sólo en el transcurso de un trastorno del estado de ánimo, el DSM-IV considera estos síntomas como asociados al trastorno de estado de ánimo y no como un trastorno de ansiedad independiente.

El diagnóstico de *trastorno de ansiedad por separación* (DSM-IV, pág. 119) requiere la presencia de al menos tres de los ocho síntomas de ansiedad excesiva concernientes a la separación. Nosotros contamos al menos cuatro: preocupación irreal en torno a un posible daño a personas a las que se encuentra atado, rehusar ir a la escuela, evitar estar solo (incluyendo la demanda constante de atención) y presentar molestias somáticas durante los días escolares.

La gran variedad de síntomas somáticos sugieren un *trastorno somatomorfo indiferenciado,* pero es posible considerar estos síntomas como una manifestación de un *trastorno de ansiedad por separación* o de un *trastorno depresivo mayor.*

Eco

A requerimiento de sus padres, se examinó a Richard, un niño de 3 años y medio de edad que presentaba un desarrollo desigual y una conducta anormal.

© MASSON, S.A. Fotocopiar sin autorización es un delito.

El parto había sido difícil y requirió que se le aplicara oxígeno al bebé. Tanto su apariencia física como su desarrollo motor y su capacidad para desenvolverse eran normales, pero sus padres habían estado preocupados desde los primeros meses de vida por la falta de respuesta a los contactos sociales y a los juegos infantiles usuales. El hecho de que su segundo hijo disfrutara de las relaciones interpersonales desde el principio confirmó sus temores.

Richard era un niño reservado y parecía autosuficiente. Por la mañana, no saludaba a su madre, ni tampoco saludaba a su padre cuando llegaba del trabajo. Sin embargo, si se le dejaba al cuidado de otra persona, se pasaba la mayor parte del tiempo chillando. A los 3 años, era capaz de entender instrucciones sencillas. Su lenguaje consistía en repetir palabras y frases que había oído en el pasado, imitando el acento y la entonación originales. Podía utilizar una o dos de estas frases para indicar sus necesidades más simples. Si, por ejemplo, decía «¿quieres algo para beber?», significaba que tenía sed. No utilizaba expresiones faciales, gestos ni mímica, excepto cuando arrastraba a alguien para colocarle la mano sobre el objeto que deseaba.

Le fascinaban las luces brillantes y los objetos de tela, a los que miraba fijamente mientras reía, movía las manos y bailaba de puntillas. También hacía estos movimientos cuando oía música, que le gustaba desde pequeño. Estaba intensamente unido a un coche de juguete, que mantenía cogido en sus manos todo el día, aunque nunca jugaba creativamente con éste ni con ningún otro juguete. Podía hacer rompecabezas con facilidad (y con una sola mano, ya que en la otra sujetaba el coche), incluso cuando le escondían el modelo. A los 2 años había recogido varios objetos de cocina que colocaba en todo el suelo de la casa formando figuras. Esta actividad, junto con andar vagabundeando por la casa, constituían todo su repertorio espontáneo.

El problema más grande a la hora de tratar a Richard era su tremenda resistencia a cualquier intento de cambiar o ampliar sus intereses. Si se le quitaba el cochecito, o se interfería en sus rompecabezas o actividades, aunque sólo fuese darle una cuchara para utilizarla debidamente, o se le obligaba a mirar un libro de dibujos, cogía una rabieta que podía durar una hora o más, durante la que chillaba, pataleaba e incluso pegaba, a sí mismo o a otros. Estas rabietas se podían acortar si se dejaba que el niño volviera a lo que estaba haciendo. También era eficaz ponerle su música favorita o llevarle en coche de paseo, pero esto no siempre funcionaba.

Sus padres se preguntaban si Richard podía ser sordo, pero su amor por la música, sus imitaciones verbales tan exactas y la sensibilidad que mostraba por algunos sonidos suaves, como los provocados al desenvolver una chocolatina en la habitación de al lado, les convencieron de que ésta no era la causa de su conducta anormal. Las pruebas psicológicas le dieron una edad mental de 3 años para las habilidades no relacionadas con el habla; pero, en cambio, le dieron una edad mental de 18 meses en comprensión del lenguaje.

Discusión sobre «Eco»

Richard tiene desde los primeros meses de vida una alteración importante en las interacciones sociales y en la comunicación verbal y no verbal. No parece estar muy interesado por los otros muchachos y nunca ha jugado a «juegos de bebé» con sus padres. Su lenguaje es limitado y peculiar (imitando palabras y frases de otros) y su juego es anormal en el sentido de que nunca se entretiene con juegos imaginativos. Sus intereses también son muy restringidos y estereotipados (hacer rompecabezas y figuras con utensilios de cocina) y padece manierismos de tipo motor. Estas conductas, aparecidas antes de los 3 años de edad, constituyen signos característicos de un *trastorno generalizado del desarrollo* (DSM-IV, pág. 74).

ZOMBIE

Una niña de 11 años le pidió a su madre que fueran al psiquiatra porque tenía miedo de «estar enloqueciendo». A lo largo de los últimos meses, se ha despertado desorientada varias veces, dándose cuenta de que se encuentra en el sofá de la sala de estar o en la cama de su hermana pequeña, aunque ella se acostó en su cama. Cuando hace poco se despertó en la cama de su hermano mayor, empezó a preocuparse mucho y se sintió culpable. Su hermana pequeña dice haber visto a la enferma andando por la noche en numerosas ocasiones, como si fuera un fantasma. Refiere que no contesta cuando la llama y que suele volver a su cama después del paseo. La enferma tiene miedo de tener «amnesia» porque no recuerda nada de lo sucedido durante la noche.

No hay antecedentes de ataques epilépticos o de episodios similares durante el día. La exploración médica y un electroencefalograma dieron resultados negativos. El estado mental de la enferma no llama la atención, excepto por la ansiedad que le produce su enfermedad y los problemas normales de la adolescencia. La vida escolar y familiar son excelentes.

© MASSON, S.A. Fotocopiar sin autorización es un delito.

Discusión sobre «Zombie»

La niña no «está enloqueciendo», sino que presenta los síntomas característicos del *sonambulismo* (DSM-IV, pág. 607): episodios en los que se levanta de la cama durante el sueño y deambula por la casa sin responder a estímulos externos; presencia de amnesia al despertarse, y ausencia de alteraciones de la conciencia. Debe descartarse la presencia de crisis epilépticas psicomotoras debido al registro electroencefalográfico normal y a la ausencia de conductas propias de las crisis durante el estado de vigilia.

A pesar de que en el *sonambulismo* se da un proceso de disociación, la alteración se produce durante el sueño, y por eso se clasifica como *trastorno del sueño* y no como un *trastorno disociativo*.

La alumna lenta

Janet es una muchacha de 13 años de edad que padece problemas escolares desde hace mucho tiempo. Suspendió primer curso supuestamente porque su profesora era «mala», y se la colocó en una clase especial después de observar que continuaba peleándose con otras muchachas de su edad. Actualmente se encuentra en una clase de sexto curso, pero tiene muchas dificultades para leer y apenas es capaz de seguir las clases de inglés y de aritmética; en cambio, en arte y en deporte su rendimiento es bueno. Su profesor describe a Janet como «una alumna lenta y con mala memoria», y afirma que es incapaz de aprender nada en grupo, por lo que necesita una atención individual especial.

La historia clínica de Janet es totalmente normal, a excepción de una amigdalectomía a los 5 años y de otitis crónica. A los 6 meses de edad ya era capaz de permanecer sentada, a los 12 meses ya andaba y a los 18 meses ya hablaba. La entrevista y la exploración revelaron que se trataba de una niña abierta y simpática, que se preocupaba por sus problemas académicos. Afirmó que en la escuela «la molestaban mucho», pero en el vecindario tenía buenas amigas. Las pruebas para valorar el nivel de inteligencia revelaron un coeficiente de inteligencia de 97; las puntuaciones de lectura fueron de 4,8; de ortografía, 5,3, y de aritmética, 6,3.

Discusión sobre «La alumna lenta»

El diagnóstico diferencial de los problemas académicos ha de hacerse entre la mala escolarización, el *retraso mental*, el *trastorno por déficit de atención con hiperactividad*, el *trastorno negativista desafiante*, el *trastorno disocial* y los *trastornos del aprendizaje*. En este caso, debido a que las otras niñas aparentemente no padecen problemas para seguir la clase y ella sí, parece razonable descartar una escolarización inapropiada como explicación de las dificultades académicas de Janet. Su nivel de inteligencia descarta asimismo el *retraso mental*. A pesar de que se hace mención de «peleas con los otros niños» y de incapacidad para «aprender en grupo», no se describen otras conductas que pudieran justificar un diagnóstico de *trastorno por déficit de atención con hiperactividad*, un *trastorno negativista desafiante* o un *trastorno disocial*.

Hay datos que indican un *trastorno del aprendizaje:* Janet parece tener problemas no solamente con la lectura, sino también con los resultados de las pruebas de consecución en lectura. Su nota en lectura es de 4,8; un nivel de un año más bajo que el esperado. Efectuamos el diagnóstico de *trastorno de la lectura* (DSM-IV, pág. 52). Dado este diagnóstico, es correcto considerar las peleas y la dificultad para aprender en grupo como síntomas asociados a dicha alteración.

Actualmente son diversas las investigaciones que hablan de una posible relación entre la otitis crónica infantil y problemas de aprendizaje de lenguaje.

Brrr

Bruce es un niño de 6 años que su madre trajo al servicio de urgencias porque temía no poder evitar que su hijo hiciera fuegos, lo cual había sido una práctica usual durante el último año y medio. A pesar de que hasta entonces siempre había apagado los fuegos que había provocado, su madre tenía miedo de que prendiera fuego a la casa mientras ella y su hija estuvieran durmiendo. Se quejaba de que Bruce actuaba con mucho sigilo, por lo que resultaba muy difícil controlarlo o saber cuántos fuegos había estado encendiendo.

Bruce comunica que enciende fuegos porque «hay un hombre en mi cabeza que así me lo ordena». Este «hombre permanece en su habitación mientras está

© MASSON, S.A. Fotocopiar sin autorización es un delito.

despierto y «se va» cuando duerme. El hombre hace un ruido («Brrr») que Bruce interpreta como la orden de encender un fuego. Tiene miedo de hablar del hombre o de no obedecerle, «porque quizá me pegará». Aparentemente, su madre no toma la voz en serio, ya que parece que Bruce ha dado razones muy diversas para encender los fuegos, dependiendo de con quién está hablando. Los dos están de acuerdo en señalar que Bruce enciende los fuegos para desquitarse de su madre cuando se enfada con él.

A lo largo de los dos últimos años encender fuego le ha fascinado. Su madre recuerda que la primera vez que su hijo y un amigo quemaron algo fue cuando se dedicaron a hacer agujeros con el fuego en las sábanas de plástico de su cama y en las de su hermana. Su madre se enteró más tarde del incidente y reaccionó golpeándole las manos y diciéndole lo peligroso que eran los incendios. En el siguiente episodio, Bruce utilizó un encendedor para intentar quemar el marco de la puerta que su madre acababa de pintar. Esta vez no se le pegó, pero se le prohibió montar en bicicleta durante una semana. En el tercer episodio, su madre estaba durmiendo mientras Bruce incendió el cubo de la basura con un encendedor de cocina. Entonces cogió una escoba y apagó el incendio. A su madre le despertó un olor peculiar y recuerda cómo vio a Bruce corriendo de un modo extraño alrededor de la casa. Explicó este incidente como divertida por las travesuras de su hijo.

Bruce hizo los dos últimos fuegos 3 semanas antes de la consulta. Primero, intentó quemar un trapo de cocina con una llama de gas. Después de quemar los bordes, dobló el trapo y lo tiró a la basura. Su madre, que no estaba en la casa durante el incidente, lo mandó a la cama y después le volvió a explicar lo peligroso que era hacer fuego. La última vez, cogió un muñeco guardado en una caja e hizo unos agujeros con el encendedor allí donde estarían los brazos y las piernas del muñeco.

Incidentes aparte, la madre recuerda que Bruce a menudo encontraba cerillas o cogía el encendedor para ir al lavabo a fumar. Su madre le ha explicado con detalle lo peligroso que es quemar las cosas, cómo aumenta el fuego al tirar alcohol y cómo se apaga al tirar agua. Durante estas charlas, Bruce se excita mucho, pero promete no volver a jugar con fuego.

Actualmente, según su madre, Bruce es desgraciado en el colegio y echa de menos a sus amigos del vecindario, que se había mudado 3 meses antes del ingreso. La madre dice que no ha hecho nuevos amigos en el vecindario y que tanto él como su hermana se quejan a menudo de estar aburridos.

Aparte de los incendios, no hay más antecedentes de conducta agresiva o antisocial. Según su madre, Bruce ha sido un niño difícil de disciplinar. La profesora de Bruce se sorprendió al oír la historia de los incidentes. Lo describe como un niño encantador, listo y obediente, que juega y trabaja bien tanto con la profesora como con sus compañeros. Preguntándole más a fondo, sólo dijo que, en ocasiones, Bruce se volvía «un poco salvaje» jugando.

Bruce vive con su hermana de 10 años y su madre de 26 años, la cual, de adolescente, había sido ingresada después de haber faltado a clase 7 meses, para desquitarse del segundo matrimonio de su madre. En la entrevista reconoce que algunas veces se enfada con tanta violencia que no es capaz de controlarse.

La exploración médica de Bruce dio resultados negativos, excepto por una quemadura de segundo grado que tenía en su mano, proveniente de poner la mano sobre un encendedor prendido, obligado por su madre para que aprendiese que «el fuego duele». (Más tarde la madre negó este hecho, pero Bruce insistió en su veracidad.)

Durante el inicio de la entrevista, Bruce se mostró en guardia y desconfiado, lo que parecía ser una muestra de timidez y miedo de lo que la madre pudiera haber contado o hecho. Conforme las sesiones fueron sucediéndose, el juego de Bruce empezó a girar en torno a temas de fuegos que crecían y se descontrolaban. Sabe que puede quemarse y que un incendio podría quemar su casa y «yo moriría». Cuando hablaba de fuegos, su afecto era inadecuado (risas) o aplanado. Cuando se habló del «hombre» y de sus alucinaciones de órdenes, Bruce pareció estar verdaderamente asustado, como si creyera que el hombre era real. Negó tener pensamientos suicidas, aunque su madre dijo que, recientemente, Bruce había dicho que le gustaría morirse.

Discusión sobre «Brrr»

Prender fuego puede constituir un síntoma de *trastorno disocial*; sin embargo, Bruce es descrito por su profesora como un «niño listo, encantador, brillante y obediente, que juega y trabaja bien tanto con ella como con sus compañeros», y aparentemente no presenta más conductas antisociales que la de prender fuego. Los extremistas políticos provocan incendios para reivindicar sus derechos, pero no creemos que éste sea el caso de Bruce.

Parece ser que Bruce quema las cosas deliberadamente, que disfruta haciéndolo y que el fuego le fascina, tal como lo demuestra su excitación al hablar del tema con su madre. No hay datos de que haya un propósito económico subyacente, como sería el de conseguir la prima de un seguro. Por ello, el diagnóstico es *piromanía*, dentro del grupo de *trastornos del control de los impulsos* no clasificados en otros apartados (DSM-IV, pág. 625).

Algunos lectores pueden darse cuenta de que en los criterios diagnósticos del DSM-IV para esta alteración se requiere una «tensión o una activación

© MASSON, S.A. Fotocopiar sin autorización es un delito.

emocional antes del acto». Esta característica solamente puede inferirse de la información disponible, ya que, para una persona muy joven, esta experiencia subjetiva no es fácil de explicar.

Otros lectores estarán preocupados por las «alucinaciones de órdenes». Es difícil reconciliar la opinión de su madre, de que el «hombre» en su cabeza no es más que una de tantas explicaciones que el niño da para justificar su conducta, con su comportamiento durante la entrevista, en la que se mostró realmente asustado al pensar en el «hombre». Si las alucinaciones fueran verdaderas, se podría esperar que hubiese otros signos de conducta desorganizada o psicótica, lo que no se da en este caso. Por lo tanto, no añadimos un diagnóstico de trastorno psicótico.

SIN FRENOS

Jeremy es un niño de 9 años de edad que es llevado a un centro de salud mental por su madre debido a su progresiva desobediencia y a su mal comportamiento en la escuela. Diversos acontecimientos que sucedieron el mismo mes convencieron a su madre de que tenía que hacer algo para que el niño cambiara su conducta. Hace algunas semanas, insultó a su profesor y fue expulsado de la escuela durante 3 días. La semana pasada fue reconvenido por la policía por ir en bicicleta por la calle, algo que su madre le tenía prohibido hacer; en otra ocasión no usó los frenos y se empotró contra el cristal de un escaparate, agrietándolo. No ha cometido ningún acto de mayor gravedad, aunque una vez antes rompió una ventana, cuando montaba en bicicleta con un amigo.

Ya desde que iba a la guardería, Jeremy había sido un niño problemático. Los problemas habían ido en aumento lentamente. Cuando no se le vigila, Jeremy se mete siempre en líos. En la escuela le han castigado y reñido por molestar, insultar y pegar a los otros compañeros. Se le describe como un niño irritable y con muy mal carácter, a pesar de que algunas veces parece pasárselo bien en la escuela. A menudo molesta de manera intencionada a sus amigos de clase, pero refiere siempre que han sido ellos quienes han empezado. No se ha visto envuelto en peleas muy serias, si bien en ocasiones ha intercambiado algunos golpes con algún niño.

Jeremy a menudo se niega a hacer lo que los profesores le dicen, y este año ha resultado ser especialmente complicado con el profesor que por las tardes le enseña aritmética y ciencias naturales. Da muchas excusas para no realizar los trabajos y se enfada si se le está encima diciendo que trabaje. También sufrió muchos de estos problemas el año pasado, cuando solamente tenía un profesor. A pesar de esto, sus notas son buenas y han sido cada vez mejores a medida que ha ido pasando el curso, especialmente en aritmética y en arte, asignaturas impartidas por el profesor con el que Jeremy tiene tantos problemas.

En casa, la conducta de Jeremy es variable. Algunos días se muestra desafiante y mal educado con su madre, haciéndose repetir las cosas varias veces antes de hacerlas; otros días, en cambio, se muestra amable y encantador. Pero predominan sus días malos. «El más pequeño detalle le altera y entonces grita y chilla.» Rickie, su hermano menor, le decribe como malo y rencoroso; incluso durante los días en que está de buen humor, la manera de comportarse con él es horrible.

La capacidad de concentración de Jeremy es buena y no deja nunca las tareas a medio hacer. Su madre le describe como «siempre activo», pero no inquieto. Sus profesores están preocupados por su conducta y no por su nerviosismo e intranquilidad. Su madre explica, asimismo, que dice pequeñas mentiras; pero cuando se trata de asuntos de importancia, no miente.

Discusión sobre «Sin frenos»

La conducta desafiante e imprudente de Jeremy sugiere la posibilidad de un *trastorno disocial* y de un *trastorno por déficit de atención con hiperactividad*. A pesar de que molesta a los compañeros, no ha violado sus derechos básicos ni ha mostrado otras conductas más graves (p. ej., robar, no acudir a la escuela, ser cruel, escaparse de casa), que podrían justificar el diagnóstico de *trastorno disocial*. Su encuentro con la policía fue por motivos de poca importancia, y el daño que causó en un escaparate no fue realizado a propósito. A pesar de que el rendimiento de Jeremy en la escuela es bueno, tiene problemas con los profesores y los alumnos. Es una persona con un alto nivel de energía, pero no parece mostrar los síntomas característicos de un *trastorno por déficit de atención con hiperactividad*.

La conducta persistente de irritación, de mal humor, de resentimiento y de mal carácter es un síntoma de un *trastorno negativista desafiante* (DSM-IV, pág. 98). Especificamos el grado de gravedad como *moderado*.

Algunos clínicos consideran el *trastorno negativista desafiante* como una forma leve de *trastorno disocial*, pero muchos niños que padecen la alteración nunca tienen problemas graves por ella.

LADY MACBETH

Entrevistador: Háblame de cuando las cosas te fueron peor. ¿Cuándo fue?
Enferma: Durante las Navidades del año pasado.
Entrevistador: ¿Cuántos años tenías?
Enferma: 13.
Entrevistador: Ahora tienes 14, ¿verdad?
Enferma: Sí.
Entrevistador: Cuando las cosas iban tan mal, ¿podrías decirme qué era lo que te preocupaba?
Enferma: Bueno, básicamente me preocupaba que todas las cosas que hacía eran realmente estúpidas y no tenían ningún sentido; pero todavía las tengo que hacer porque tengo miedo de que ocurra algo si no las hago.
Entrevistador: ¿Cuáles eran estas cosas que tenías que hacer?
Enferma: Al vestirme por las mañanas, tenía miedo de que mis ropas y mis cosas estuvieran llenos de microbios, así que las sacudía durante media hora. Antes de hacer cualquier cosa, me lavaba las manos —me lavaba las manos antes de lavarme la cara o antes de vestirme—, pero esto empeoró. No tenía suficiente con lavarme las manos y empecé a frotármelas con alcohol. Era invierno y hacía frío, lo que hizo que mis manos llegaran a sangrar. Incluso sangraban al sumergirlas en agua. Todo el mundo creía que tenía una enfermedad o algo por el estilo.
Entrevistador: Y cuando te lavabas tanto, ¿cuánto tiempo utilizabas?
Enferma: Me llevaba unas 6 horas al día. Por las mañanas no tenía elección, ya que me levantaba a las 6 para ir a la escuela. Todo lo que hacía era vestirme como podía. No tenía tiempo ni de peinarme; no desayunaba. Era todo tan complicado que no tenía tiempo de hacer nada.
Entrevistador: También me has mencionado que tenías planes sobre cómo harías otras cosas, aparte de lavarte las manos y preocuparte de la suciedad.
Enferma: Bueno, empecé a pensar que si oía ciertas palabras, quizá relacionadas con enfermedades o gérmenes, lo consideraría como algo malo; entonces planeé pensar ciertas cosas para «anular los efectos» que pudiera tener escuchar estas palabras.
Entrevistador: ¿Qué clase de cosas pensabas?
Enferma: Números y palabras que parecieran tener alguna propiedad protectora.
Entrevistador: ¿Cuáles eran estos números y palabras?
Enferma: Empecé usando el número 3 y sus múltiplos, después de palabras como «sopa y agua», o algo parecido y entonces los múltiplos de 3 llegaron a números muy altos, como 123 o algo por el estilo. Todo fue mucho peor.

Entrevistador: ¿Pensaste en algún momento que podía ocurrir algo malo si tú no actuabas así? ¿Era sólo una sensación o estabas realmente asustada?

Enferma: ¡No! Estaba realmente horrorizada con la idea de que ocurriera algo. Era extraño, todos decían lo sensible e inteligente que era. Les intentaba explicar lo que me ocurría para que lo pudieran entender, y ellos contestaban algo así como: «esto es estúpido», y yo lo sabía; pero cuando estaba sola, las cosas iban aún peor que cuando estaba con gente, porque si estaba con amigos, me olvidaba de casi todo. Pero si estaba sola..., mi mente empezaba a divagar sobre cualquier cosa y empezaba a planear rituales e ideas nuevas, y a preocuparme cada vez más de que alguien que yo quisiese se pudiera hacer daño y todo lo que podía ir mal si yo no actuaba.

Entrevistador: ¿Quién era la gente por la que más te preocupabas?

Enferma: Mi familia, básicamente.

Entrevistador: ¿Alguien en concreto de tu familia?

Enferma: Bueno, mi abuela tiene 83 años y, ya sabes, tiene miedo de que... Sé que es mayor y que no va a vivir muchos años más, pero tenía miedo de que yo pudiera hacer algo que la hiciera enfermar mucho, o algo así.

Entrevistador: Algunas de estas cosas que explicas, ¿las habías pensado alguna vez antes de los 13 años?

Enferma: Bueno, veamos.... mi madre y su familia han sido siempre gente muy ordenada y extremadamente limpia, lo que podría haberme afectado por crecer con esta clase de educación. Pero siempre me ha gustado ser limpia y ordenada, nunca me permitieron andar por la casa con los zapatos llenos de barro ni nada parecido...

Entrevistador: Pero tus preocupaciones sobre la limpieza, ¿han interferido en lo que querías hacer alguna vez?

Enferma: Sí, muchas veces. Por ejemplo, si tenía que ir con un amigo a no sé dónde y teníamos que salir a las 11 de la mañana yo quería ducharme antes. Así que me tenía que levantar a las 6 de la mañana y algunas veces no podía acabar todas las cosas ni en 5 horas...

Entrevistador: Y esto ocurría desde los 13 años. Pero, ¿te había ocurrido algo parecido antes o no recuerdas ningún episodio anterior a los 13 años?

Enferma: No, no recuerdo que me sucediese nada antes.

Entrevistador: ¿Has pensado alguna vez que puedas tener otras ideas especiales sobre fuerzas que te pueden..., sobre ser capaz de controlar mágicamente las cosas o estar bajo control?

Enferma: Tengo mucho miedo de lo sobrenatural. No me gusta decir que sea supersticiosa o algo así, pero creo que sí lo soy, porque me asustan las supersticiones y esas cosas. De más pequeña no me asustaban, pero ahora las evito siempre que puedo. Como el número 13 ahora, si saliese no me preocuparía, pero en cambio preferiría tener el número 7.

Entrevistador: Así pues, eres supersticiosa, pero nunca has oído una voz especial hablándote, o...

Enferma: Sí la he oído. Es como... si intentara describirlo, la gente se pensaría que veo gente pequeña bailando por ahí, o algo así, y esto no sería verdad, ya que no era tanto como una voz, sino más bien un pensamiento.

Entrevistador: ¿Así como estar oyendo tus propios pensamientos?

Enferma: Exacto.

Entrevistador: ¿Alguna vez has visto cosas que nadie más puede ver?

Enferma: No.

Entrevistador: Sé que te está yendo muy bien en la escuela y aquí en el hospital. ¿Tienes todavía alguna señal de los problemas que solías tener con tus rituales y compulsiones?

Enferma: Bueno, todos somos compulsivos hasta cierto punto. Puedo ver pequeñas cosas que hago, como hacer las cosas dos o tres veces porque es un número especial. Como cuando leo algo que no entiendo, quizá lo releo dos veces más. Pero nada realmente importante. Ha estado muy bien porque he conseguido ducharme, vestirme, lavarme la cara, cepillarme los dientes y todo esto en media hora. Esto es muy bueno para mí, ya que antes era incapaz de hacerlo.

Entrevistador: O sea, en general es correcto decir que son sólo pequeñas cosas y, si alguien entrase en tu habitación no podría notarlo, aunque sepas que están ahí. Bueno,... vale, muchas gracias.

Discusión sobre «Lady Macbeth»

Esta adolescente describe de manera detallada lo que es un *trastorno obsesivo-compulsivo* (DSM-IV, pág. 433) grave. Presenta obsesiones y compulsiones que son una fuente de malestar e interfieren en su actividad.

Las obsesiones consisten en ideas que (al menos en algún momento de la enfermedad) quedan grabadas en la mente y que se consideran inapropiadas. Por ejemplo, la muchacha tiene la idea que a lo mejor ha hecho algo que puede hacer enfermar a su abuela. Otro ejemplo es la idea de que pueden existir gérmenes en la ropa. La necesidad de neutralizar estos pensamientos ha conducido a varias compulsiones que son repetitivas; se siente obligada a realizar actos de acuerdo con unas reglas que deben ser aplicadas de manera muy estricta. Por ejemplo, si oye una palabra que sugiere la presencia de gérmenes o de enfermedad, debe resolverlo pronunciando el número 3, o palabras como «sopa y agua». A pesar de que este tipo de conductas se producen para prevenir el malestar, la actividad compulsiva no se encontraba relacionada con lo que la produjo, y además era claramente excesiva. Por ejemplo, se lavaba las manos durante horas para evitar infectarse, hasta tal punto que las manos le sangraban. A pesar de que emocionalmente reaccionaba como si los peligros fueran reales («me siento horrorizada de que algo pueda suceder»), era consciente de la irracionalidad de las fobias y de que éstas no eran problemas que pertenecieran a la vida real (sus amigos dirían que era estúpido, y ella lo sabía). En casos más extraños, durante un episodio grave, el individuo puede no ser consciente de que las obsesiones y las compulsiones son excesivas e irracionales; en tales casos, se especifica en el diagnóstico *con poca conciencia de enfermedad*.

Los pensamientos obsesivos deben diferenciarse de las alucinaciones auditivas. La enferma reconoce que si explicase algunos de sus pensamientos obsesivos a la gente podrían pensar que está alucinando («si intentara describirla, la gente iba a pensar que veo gente bailando a mi alrededor o algo similar»). Sin embargo, ella sabe que eran sus pensamientos y no una voz.

El *trastorno obsesivo-compulsivo* se asocia algunas veces al *trastorno obsesivo-compulsivo de la personalidad*. Mientras que en el *trastorno obsesivo-compulsivo* se observan verdaderas obsesiones y compulsiones, en el *trastorno obsesivo-compulsivo de la personalidad* se observan características como perfeccionismo, control interpersonal y excesiva devoción al trabajo. No hay pruebas en este caso de la presencia de un *trastorno obsesivo-compulsivo de la personalidad*.

El *trastorno depresivo mayor* a menudo se produce antes o durante el curso de un *trastorno obsesivo-compulsivo*. De hecho, la enferma refirió haber padecido un *trastorno depresivo mayor* en el transcurso del *trastorno obsesivo-compulsivo*.

Meciéndose y leyendo

Betsy, una muchacha de 22 años de edad, fue enviada a un especialista por los cuidadores de su hogar grupal. Había entrado a vivir en el hogar 3 meses antes, como consecuencia de la orden judicial de «desinstitucionalización» de una residencia para retrasados mentales, dictada por el juez. Se solicitó una exploración ya que Betsy no acababa de «encajar» con las otras personas del centro y había presentado conductas problemáticas, especialmente autoagresiones y, menos frecuentemente, agresividad hacia los demás. A diferencia de las otras personas del grupo, Betsy tendía a «encerrarse en sí misma» y no se relacionaba con nadie, a pesar de que lo hacía con algunos miembros del personal de la institución. Su conducta autolesiva y agresiva generalmente aparecía cuando se producían cambios en sus actividades rutinarias. La conducta autolesiva consistía en golpearse repetidamente las piernas y en morderse las manos.

Desde los 4 años, siempre había estado en algún tipo de institución. Sus padres habían fallecido y no tenía ningún contacto con su único hermano. Cuando se la trasladó al orfanato, se observó que su registro encefalográfico presentaba varias anormalidades, pero no se notificaron crisis epilépticas ni problemas debidos a fármacos. Según los tests psicológicos, su coeficiente de inteligencia era de 55, con déficit comparables a los de los trastornos adaptativos.

Durante la evaluación, Betsy pasa mucho tiempo leyendo un libro infantil que encontró en la sala de espera. Su voz es plana y monótona. No es capaz de responder a preguntas sobre el libro que está leyendo, y cuando se le interrumpe empieza a darse golpes en las piernas con sus puños. Se mueve de un lado para otro. Al principio, mantiene contacto visual con el examinador, pero no presta atención a todo lo que pasa a su alrededor. No hace absolutamente nada, no responde a los intentos de hacerla jugar con otros juguetes, como, por ejemplo, muñecas. Algunas veces repite una frase concreta en un tono monótono, «blum, blum». La exploración física revela la presencia de equimosis en sus piernas.

El embarazo y el parto de Betsy fueron totalmente normales. Sus padres empezaron a preocuparse cuando vieron que a los 2 años de edad la niña no hablaba; el desarrollo motor se retrasó. Pensaban que a lo mejor era sorda, pero estaba claro que no, ya que se atemorizaba cuando oía el ruido de una lavadora. Desde muy pequeña, Betsy ha vivido en su propio mundo; no ha tenido lazos estrechos con sus padres, ha presentado reacciones idiosincrásicas a determinados sonidos y siempre le han molestado los cambios en su entorno. A la edad de 4 años, Betsy continuaba sin hablar y se recomendó entonces su traslado a una institución estatal, tras ser diagnosticada de *esquizofrenia infantil*. Al día siguiente del ingreso, Betsy empezó a hablar. Sin embargo, no empleaba el lenguaje para comunicarse, sino que repetía frases una y otra vez. Presentaba una capacidad especial para memorizar las cosas y le fascinaba la lectura, a pesar de que daba la sensación de que no entendía nada. Mostraba una gran variedad de conductas estereotipadas, como mover el cuerpo y la cabeza, algo que requería una gran atención por parte del personal.

Discusión sobre «Meciéndose y leyendo»

Betsy padece problemas desde hace mucho tiempo, que incluyen un deterioro en las interacciones sociales (ausencia de conocimiento de las demás personas y una grave alteración de la relación con sus compañeros). Aunque posee algún lenguaje, su expresión es anormal, tanto en la producción (monótona) como en la forma y el contenido (repite las mismas frases una y otra vez). Muestra, asimismo, conductas estereotipadas (movimientos con las piernas y las manos) e intereses muy restringidos. Todo esto establece el diagnóstico de *trastorno autista* (DSM-IV, pág. 74). A pesar de que la conducta autolesiva y estereotipada es perjudicial para la enferma, no debe establecerse por separado el diagnóstico de *trastorno de movimientos estereotipados* ya que la conducta estereotipada es un síntoma frecuente del *trastorno autista.*

A pesar de que algunos casos de *trastorno autista* se asocian con un coeficiente de inteligencia normal, o más raramente alto, este caso demuestra su frecuente coexistencia con el *retraso mental leve* (DSM-IV, pág. 48).

Cuando se ingresó a Betsy en la institución estatal, se la había diagnosticado de *esquizofrenia infantil.* El diagnóstico de esta enfermedad asume una continuidad entre el trastorno infantil y la psicosis adulta. Sin embargo, se dispone de pruebas considerables de que el *trastorno autista* y la psicosis adulta no están relacionados; es por esto por lo que, a partir del DSM-III, el trastorno infantil no se ha considerado como «*esquizofrenia*».

METIÉNDOSE EN TODO

Eddie, un niño de 9 años de edad es visitado por un psiquiatra infantil, a petición de los profesores de la escuela, por los problemas que crea en la clase. Su profesor comunica que es un niño tan intranquilo y tan nervioso que sus compañeros de clase no pueden concentrarse. Apenas puede permanecer sentado en su silla un rato; se levanta, deambula por la clase y habla con los otros niños mientras están trabajando. Cuando el profesor consigue que se siente, Eddie agita sus pies y sus manos y tira las cosas al suelo. No parece saber qué es lo que va a hacer a continuación y puede repentinamente hacer cosas escandalosas. Su expulsión más reciente fue por balancearse en el lugar de fijación de un fluorescente de la clase. Como no podía bajar, la clase se convirtió en un verdadero gallinero.

La madre de Eddie comunica que la conducta de su hijo ha sido problemática desde que era un bebé y que a los 3 años de edad era un torbellino. Siempre ha dormido poco y ha sido el primero en levantarse. De pequeño lo rastreaba y husmeaba todo, especialmente por la mañana cuando se levantaba a las 4,30 o a las 5 de la madrugada y bajaba las escaleras de casa solo. Los padres se levantaban y encontraban el salón y la cocina hechos un desastre. A la edad de 4 años, consiguió abrir la puerta de la casa, salió a la calle y anduvo por una avenida muy transitada, pero, afortunadamente, un peatón que pasaba le cogió. No fue aceptado en una guardería por su mal comportamiento; después de pasar un año muy problemático en el jardín de infancia, se le colocó en un programa especial de conducta para niños de primer y segundo curso. Actualmente está en una clase normal, pero pasa mucho tiempo con un profesor especial. Cuando está en la clase con los otros compañeros, es incapaz de participar en los juegos, ya que no puede esperar su turno, debido a su impaciencia.

Los tests psicológicos han mostrado que Eddie tiene unas capacidades iguales al promedio de la clase, pero su rendimiento es algo inferior al que cabría esperar. Su nivel de atención es, según el psicólogo, virtualmente inexistente. No tiene interés en ver la televisión y no le gustan los juegos que requieren concentración y paciencia. No es una persona popular entre sus compañeros; prefiere estar fuera de su casa y jugar con su perro o ir en bicicleta. Sus juguetes están prácticamente destrozados, y su madre no logra que Eddie tenga las cosas en orden.

Eddie ha sido tratado con un estimulante, metilfenidato, a dosis bajas. Con el tratamiento, su conducta ha mejorado mucho y se encuentra muy tranquilo y probablemente más atento.

Discusión sobre «Metiéndose en todo»

La conducta de Eddie muestra los síntomas característicos de un *trastorno por déficit de atención con hiperactividad* (DSM-IV, pág. 88). Presenta síntomas de hiperactividad/impulsividad: tiene dificultades para permanecer sentado, sube a lugares extraños y le cuesta esperar su turno cuando juega con los compañeros. Asimismo, muestra síntomas de distraibilidad, no es capaz de mantener la atención, no escucha lo que se le dice y no le gusta todo lo que requiere paciencia y concentración.

Para establecer el diagnóstico de *trastorno por déficit de atención con hiperactividad*, es preciso que algunos de los síntomas estén presentes en dos o más situaciones, como en la escuela o en casa, con el fin de evitar efectuar el diagnóstico en casos en los que el trastorno de la conducta es apa rentemente específico de una situación en concreto. En este caso, resulta claro que la conducta de Eddie aparece tanto en casa como en la escuela. El diagnóstico también precisa que el inicio de los síntomas se produzca antes de los 7 años. En el caso de Eddie, los síntomas aparecen antes de los 3 años.

En este trastorno se pueden observar tres tipos: *con predominio del déficit de atención, con predominio hiperactivo-impulsivo y combinado*. En este caso, el tipo apropiado sería *con predominio hiperactivo-impulsivo.*

Tim

Tim es un niño de 6 años de edad que es ingresado en una clínica a petición de su médico de cabecera porque padece encopresis. La exploración física y la anamnesis no revelan patología alguna que pueda ser la causa de este trastorno.

Tim nunca había sido capaz de controlar sus hábitos de deposición. De niño no tenía estreñimiento; pero, como consecuencia de un proceso febril a la edad de 2 años, empezó a presentarlo. Seis meses después se observó la presencia de heces impactadas, por lo que fue visitado por un cirujano, que le administró laxantes y supositorios. A consecuencia de esto, apareció un patrón alternante de estreñimiento (no iba de vientre durante varios días) y de diarrea (se ensuciaba los pantalones varias veces al día). A la edad de 4 años tomaba periódicamente laxantes, y las heces eran mucho más blandas y regulares. Por aquel entonces su madre empezó a enseñarle que tenía que ir al lavabo y le hacía permanecer sentado en el inodoro hasta que tenía ganas. A pesar de que generalmente conseguía hacer sus deposiciones, continuaba ensuciándose los pantalones durante el día. La madre explicaba que al cabo de media hora de haberle cambiado los pantalones, volvía a ensuciárselos; esto ha persistido hasta ahora.

Tim se siente preocupado y mal por el problema que sufre. Odia sacarse la ropa cuando hace gimnasia en la escuela o cuando va a la playa. Tiene miedo de que la gente se de cuenta de lo que le sucede, si alguna vez ven que salen deposiciones por debajo de los pantalones. Está ansioso cuando se sienta en el water por la noche, y actualmente pide a su madre que pemanezca con él.

Tim padece, asimismo, enuresis nocturna. Desde los 3 años y medio ya no se orina encima durante el día, pero sí por la noche y como el hecho de levantarle por la noche no ha impedido que Tim se orine encima, su madre le pone pañales.

Desde el mes pasado en que vio un programa de muñecos, Tim se despierta por las noches porque tiene pesadillas sobre brujas. A menudo hace preguntas sobre estos personajes, pero su madre le asegura que no existen. Durante el último mes ha mantenido una luz encendida en su habitación toda la noche. Nunca acude a la cama de sus padres, ya que éstos no quieren porque se orina encima.

Su madre explica que Tim está preocupado por los temas relacionados con la muerte. A menudo pregunta por qué las personas tienen que morirse, o si sus padres se morirán antes que él. Entonces se pregunta qué edad tendrá cuando ellos fallezcan. Dice que no quiere que le entierren porque la gente iba a pasar por encima de su cadáver. Dejando a un lado la encopresis y la enuresis, la madre de Tim opina que es un niño feliz y que le gusta salir; es muy mimoso con su madre y le gusta que le bese y le abrace. Ella explica que quizá sea algo excesivo para un niño. También se siente atraído por su padre, aunque no tanto como por su madre; le gusta salir de paseo con su padre; con su madre, se muestra tierno y no quiere separarse de ella.

Hasta los 4 años de edad, los padres de Tim se han sentido un poco preocupados porque parece algo afeminado. Le gusta vestirse con ropa de niña y decir «cuando haya crecido y sea una niña». Cuando juega le gusta asumir papeles masculinos, como policía o conductor de autobuses.

Al principio, Tim presentaba problemas de adaptación en la escuela. Se ponía a gritar cuando su madre se iba y le dejaba en la escuela solo. Esto duró todo el primer curso, pero después empezó a ser otro y a poder estar solo; desde entonces se ha sentido bien. Tiene varios amigos en la escuela y los profesores están satisfechos con sus progresos.

El desarrollo motor se produjo un poco más tarde que el de sus hermanas mayores, pero su madre no recuerda con exactitud cuándo se produjo. A los 6 meses era capaz de estar sentado y a los 18 meses andaba y pronunciaba las primeras palabras.

La madre de Tim tenía 35 años, vestía de manera impecable y era técnica de laboratorio; parecía una mujer tímida y hablaba lentamente. Se siente insegura de sí misma y cree que educar a un niño es mucho más difícil que educar a una niña. Se encuentra mal por no haber buscado ayuda antes; recuerda cómo ella también había odiado los lavabos de fuera de casa cuando era niña.

El padre de Tim es un hombre de 40 años, inteligente, que trabaja en una empresa. Se mostraba reticente durante la visita. Admite que no se había ocupado mucho de la educación de sus hijos, aunque les quería mucho y lo pasaba en grande con ellos. Explica que se sentía algo preocupado por el problema que sufría Eddie. Intentaba mantenerse al margen por miedo a ser demasiado estricto.

Tim era un niño pequeño para su edad y tenía una cara parecida a un bebé. En la entrevista se mostró muy tímido y cobarde, y permaneció enganchado a su madre. Sin embargo, dejó a su madre que se fuera de la sala un rato y se volvió mucho más asertivo. Su expresión era la de una persona inmadura y difícil de entender, pero su vocabulario era extenso.

Tim también fue visto por un pediatra. En la exploración física era posible palpar una masa del tamaño de un melón en la parte inferior del abdomen, y notar la presencia de heces en el recto.

Discusión sobre «Tim»

La encopresis puede ser causada a menudo por una enfermedad médica, como un megacolon aganglionar o una fisura anal. Dado que se han descartado estos trastornos en el caso de Tim, el diagnóstico apropiado es el de *encopresis* (no debida a una enfermedad médica) (DSM-IV, pág. 113). Asimismo, debería hacerse constar que la incontinencia fecal que presenta Tim se asocia a estreñimiento y a incontinencia por rebosamiento. Además, continúa orinándose en la cama por las noches, lo que permite el diagnóstico de *enuresis (no debida a una enfermedad médica)* (DSM-IV, pág. 115). Puesto que la enuresis se produce solamente durante la noche, debe especificarse *sólo nocturna*.

A lo largo del mes pasado Tim ha sufrido pesadillas sobre brujas, ha sentido pánico por la oscuridad y se ha mostrado preocupado por temas relacionados con la muerte. Debido a que es probable que se trate de algo transitorio, no permite el establecimiento de un diagnóstico adicional. Sin embargo, si persiste o se agudiza, es necesario considerar el diagnóstico de *trastorno adaptativo con ansiedad*.

Aparentemente, Tim ha pasado por una fase durante la que ha mostrado signos de un posible trastorno de identidad sexual, aunque parece tener conciencia de que es del sexo masculino. Ha mostrado, asimismo, algunos signos propios de la ansiedad por separación al empezar la escuela, aunque no eran lo bastante graves como para justificar el diagnóstico de *trastorno de ansiedad por separación*.

El cartógrafo*

Los profesores de C. B., un niño de 13 años de edad, solicitan su exploración psiquiátrica. C. B. tiene un nivel medio de inteligencia según el Wechsler Intelligence Scale for Children (WISC;1974) y unas capacidades verbales superiores a las habilidades motoras. Su rendimiento es bueno en tareas que requieren leer, pero sus profesores se encuentran profundamente preocupados por su ingenuidad y por el bajo nivel de comprensión de las ideas abstractas; lo encuentran vulnerable a los peligros de la vida cotidiana.

Su madre explica que los problemas de su hijo empezaron a los 6 meses de edad cuando sufrió un traumatismo craneal. Desde entonces, se aisló de las otras personas y pasaba la mayor parte del tiempo mirándose las manos, que movía de diferentes maneras delante de la cara. A la edad de un año le gustaba ver pasar los coches, pero continuaba ignorando a la gente. Hasta los 5 años se mostró distante y no mantuvo contacto visual con las personas. Su desarrollo motor se produjo a la edad normal, y tan pronto como le fue físicamente posible empezó a correr en círculo y con un objeto en su mano; si se le intentaba detener, se ponía a gritar. Hacía muchos movimientos estereotipados, como saltar, palmear con las manos y moverlas en círculo.

A la edad de 3 años C. B. era capaz de reconocer las letras del abecedario y podía hacer dibujos; dibujaba el pote de la sal y de la pimienta, y copiaba correctamente los nombres que estaban en los potes, una y otra vez. Durante un cierto tiempo, ésta fue su única actividad. Acto seguido, empezó a sentirse fascinado por los edificios de gran altura, y los pintaba y miraba desde todos los ángulos. C. B. no habló hasta los 4 años de edad, y durante un período solamente repetía palabras simples. Posteriormente, repetía frases y pronombres invertidos.

Después de los 5 años, la expresión y el contacto social de C. B. mejoraron notablemente. Hasta la edad de 11 años acudió a una escuela especial, donde el personal observó que hacía una serie de actos extraños y repetitivos. En una ocasión y antes de que empezara la lección, C. B. insistió en que el profesor y los alumnos debían ponerse los relojes de goma que había hecho. A pesar de todos estos problemas, C. B. demostró tener muy buena memoria y ser capaz de comprender todo lo que se le enseñaba. Fue trasladado a una escuela pública cuando tenía 11 años.

C. B. tiene un nivel de gramática y de vocabulario muy buenos, pero su expresión oral es ingenua e inmadura y sólo se preocupa de sus propios intereses. Ha

*De Wing L: Asperger's Syndrome. A Clinical Account. *Psychological Medicine* 11:115-130, 1981.

aprendido a no hacer comentarios sobre el aspecto físico de las otras personas, pero tiende a hacer preguntas de manera repetida. No es un niño aislado desde el punto de vista social, aunque prefiere la compañía de la gente adulta a la de los niños de su edad, y le es difícil entender las reglas de la interacción social. Dice de sí mismo: «temo que sufro de poca deportividad». Le gustan los chistes, pero no entiende el humor sutil. A menudo, los compañeros de clase le molestan.

El interés principal de C. B. se centra en los mapas y en las señales de tráfico. Tiene una memoria impresionante para recordar las carreteras y es capaz de dibujarlas con exactitud y en un santiamén. Todo aquello que le cae en las manos lo cambia de forma y lo convierte en algo largo y de forma extraña. Se encuentra profundamente atraído por un animal de peluche con el que habla como si se tratara de un persona adulta.

La detreza de los dedos de C. B. es buena, aunque es un niño patoso y no puede realizar correctamente grandes movimientos; por esta razón, nunca es elegido para participar en juegos de equipo.

Discusión sobre «El cartógrafo»

Los problemas de C. B. se iniciaron aparentemente a una edad temprana (6 meses) e incluyeron una grave alteración de varias áreas de desarrollo. Ha mostrado una interacción social muy pobre y falta de conciencia de la presencia de la gente (ignora totalmente la presencia de las personas, y mira solamente sus manos y los coches que pasan por la calle). La alteración cualitativa del desarrollo del lenguaje viene indicada por la incapacidad del niño para hablar hasta la edad de 4 años; posteriormente sólo pronuncia palabras sueltas, frases y pronombres a la inversa. Finalmente, mostraba un repertorio restringido de actividades, como se manifiesta por los movimientos corporales estereotipados (p. ej., saltar, mover los brazos, mover las manos en círculo), rituales (p. ej., hacer que los compañeros lleven relojes hechos por él) y preocupación por algo en particular (p. ej., copiar los nombres de los potes de la sal y la pimienta). Estos síntomas indican la presencia de un *trastorno autista* (DSM-IV, pág. 74), perteneciente a los *trastornos generalizados del desarrollo*.

Desde los 5 años, la enfermedad de C. B. ha mejorado de manera notable. Ya no muestra la conducta extravagante y los trastornos del lenguaje. A pesar de que aún presenta algunos síntomas de la alteración (su expresión es ingenua e inmadura, tiene dificultad para entender las normas de interacción social), debe afirmarse que el *trastorno autista* completo ya ha remitido. El diagnóstico se señala como en *remisión parcial*.

Este caso se publicó en 1981 como ejemplo de síndrome de Asperger. Sin embargo, los criterios del DSM-IV para esta alteración especifican que no debe haber un retraso general significativo en el desarrollo del lenguaje, algo que se produce en este caso. Esto muestra que anteriormente los clínicos empleaban el término *Asperger* de manera diferente para indicar casos menos graves del *trastorno generalizado del desarrollo*.

Seguimiento

Durante los 7 años siguientes a la evaluación, C. B. ha continuado realizando progresos en varios aspectos del lenguaje (vocabulario y gramática) y en cuanto a cuidar de sí mismo. Sin embargo, continúa teniendo una pronunciación extraña, una expresión oral pedante y afectada, y dificultades para iniciar o mantener una conversación. Tiene la tendencia a hacer monólogos sobre los temas que le interesan. Ha sido incapaz de encontrar un trabajo y permanece en casa con sus padres la mayor parte del tiempo. No tiene amigos, pero es muy aficionado a escuchar una emisora de radio mediante la que le es posible contactar con otros aficionados a este medio. Su interés se centra actualmente en la radio, en los equipos de fútbol y en los mapas. Continúa siendo algo patoso y tiene dificultades en la coordinación.

La conducta de C. B. es agradable, y se lleva muy bien con sus padres y con su hermana. La preocupación principal de sus padres se centra en lo que pasará cuando ya no puedan proporcionarle un hogar. Son conscientes de que es un niño aislado desde el punto de vista social, a pesar de su afición por el contacto con gente a través de la radio, y de que no es capaz de hacer frente a los problemas de la vida. A pesar de sus habilidades, C. B. continúa siendo tan inocente y vulnerable como un niño pequeño.

Bibliografía

Wechsler D: Manual for the Wechsler Intelligence Scale for Children —Revised. New York, The Psychological Corporation, 1974.

NO ESTOY MUY BIEN DE LA CABEZA*

Phillip, un niño de 12 años de edad, fue expulsado de una escuela de una pequeña localidad de Iowa y enviado a un psiquiatra a petición de sus profesores. Llevaba consigo la siguiente nota:

> El niño ha sido un problema constante desde que llegó a la escuela. No se lleva bien con los otros compañeros de clase porque es un gamberro. No hace lo que se le dice, molesta a los niños, les roba, y se enfada con los profesores. En el autocar Phillip también se pelea.
>
> No le está permitido entrar en la cafetería por verse envuelto en peleas cada dos por tres. En una ocasión, el profesor le dijo que acudiera a verme a mi despacho. Se negó y se tumbó en el suelo y se puso como una fiera.
>
> Phillip no reconoce su problema. Cuando se le coge, niega siempre sus travesuras y se convierte en una persona inocente y bondadosa. Cree que estamos en contra de él. Cuando le preguntamos por qué hace todas esas cosas, señala su cabeza y dice: «no estoy muy bien de aquí».
>
> Este muchacho necesita ayuda. No tiene amigos. Su conducta agresiva impide que sus compañeros puedan hacer amistad con él. El psicólogo de nuestra escuela visitó a Phillip y los resultados de las pruebas que llevó a cabo indicaron que su nivel de inteligencia es normal, pero su rendimiento escolar es el de un niño de tercer o cuarto curso.

El psiquiatra supo por boca de la abuela de Phillip que nació cuando su madre iba aún a la escuela. Los abuelos insistieron en que fuera la madre quien se encargara de criarlo y educarlo; sin embargo, la mayor parte de la educación corrió a cargo de sus abuelos.

Phillip nació 3 meses antes de lo que le correspondía y precisó oxígeno durante 24 horas. Poco tiempo después de su nacimiento, la madre de Phillip se fue con un hombre, se casó y tuvo otro hijo con él. El matrimonio fracasó y dejó a la niña a cargo de su padre. Phillip no ha tenido ningún contacto con su madre desde que ella le dejó con los abuelos.

El aprendizaje de las habilidades de aseo de Phillip fue malo y continuó mojando la cama durante algunos años. A la edad de 5 años, sus abuelos maternos lo adoptaron porque tenían miedo de que algún día su madre viniera y reclamara su custodia. Mostró ansiedad por la separación de su abuela cuando empezó a ir a la escuela.

Sufrió en una ocasión un accidente de coche, en el cual su abuela resultó herida y una persona del otro vehículo falleció. Phillip no pareció haberse herido,

*De Jenkins RL: *Behavior Disorders of Childhood and Adolescence.* Springfield, IL, Charles C. Thomas, 1973, págs. 60-64.

pero sufrió una ligera pérdida de memoria, probablemente a resultas de la colisión. Empezó a tener pesadillas, miedo de la oscuridad y una exacerbación de su miedo de separarse de su abuela.

En la escuela, Phillip no progresaba. Repitió tercer curso y fue a una clase para alumnos especiales. Su abuela recuerda que el profesor de Phillip había dicho en alguna ocasión que era un niño que «nunca podía estarse quieto en su silla». Unos meses antes de la visita, Phillip fue visitado en una clínica de salud mental y se le administraron tranquilizantes. Se le pidió que volviera 3 meses después, pero la escuela le expulsó antes de cumplirse este período de tiempo.

Discusión sobre «No estoy muy bien de la cabeza»

La conducta antisocial de Phillip se inició en la escuela y durante muchos años ha persistido un patrón consistente en peleas, mentiras y pequeños hurtos a sus compañeros de clase. La alteración de la conducta, de duración superior a 6 meses, justifica el diagnóstico de *trastorno disocial* (DSM-IV, pág. 94). Puesto que esta alteración se inició antes de los 10 años de edad, se especifica como *tipo de inicio infantil.*

Dado que el trastorno causa en los demás daños de poca relevancia y puesto que el enfermo no presenta muchos de los otros síntomas de un *trastorno disocial*, como crueldad hacia los animales o las personas, empleo de armas, encender fuego o escaparse de casa, el grado de gravedad se señala como *moderado.*

Seguimiento

Phillip fue ingresado en la unidad infantil de un hospital mental del estado. Después de 8 meses se le dio de alta y se notificó que «su pronóstico no era favorable». Volvió a la escuela de su pueblo. A lo largo de los 2 años siguientes, la conducta de Phillip fue deteriorándose de manera gradual, insultando a la gente, peleándose y desobedeciendo las órdenes del profesorado. Se le expulsó de la escuela al descubrirse que en su taquilla se escondía un radiocasete perteneciente a la oficina de secretaría de la escuela.

En aquel momento sus abuelos reconocieron que ya no podían con él y aceptaron su ingreso en un hospital mental del estado para recibir tratamiento.

La estancia de Phillip en este centro fue problemática y difícil. Se hizo impopular con sus compañeros debido a los múltiples hurtos. Cuando se le cogía, se negaba a responder. Insultaba a todo el mundo cada dos por tres. De resultas de todo esto, pasaba mucho tiempo encerrado en su habitación; allí se dedicaba a cortar el colchón de su cama con un trozo de cristal. Se mostraba generalmente hostil y poco cooperativo, y se enfurecía cada dos por tres. Trae de cabeza al personal del hospital, y la comunicación con el enfermo se hace realmente imposible cuando se encoleriza y pierde el control.

Sus relaciones con los miembros del personal empezaron a mejorar cuando el paciente se dio cuenta del interés que tenían por él, a pesar de su mal carácter. Las relaciones con su grupo de compañeros mejoraron de un modo mucho más lento. Hizo un gran progreso cuando le fue asignado algo de trabajo con el personal del centro. Disfrutaba con ello y lo hacía verdaderamente bien.

Cuando Phillip tenía 16 años se le trasladó de la sala de adolescentes a la sala de adultos. Allí su mal carácter y su agresividad disminuyeron rápidamente y se adaptó perfectamente a la situación. Phillip explica que su mejoría se produjo por el hecho de no estar junto a gente de su edad, que le pone nervioso y le enciende. Después de 3 meses aproximadamente volvió a casa de sus abuelos, y cuando se le visitó por última vez (6 semanas más tarde) había mejorado mucho. Por la mañana iba a la escuela y por la tarde trabajaba en una gasolinera, como actividad de un programa de trabajo escolar. (Nota. La mejora en la conducta de Phillip hace pensar que tal vez sea uno de los pocos niños con *trastorno disocial* que luego no presentan un *trastorno antisocial de la personalidad*).

ROMPE SUS JUGUETES

Johnny, un niño de 8 años de edad, es llevado a una clínica por su madre, que explica que su cerebro no funciona del todo bien. Cuando se le pidió que fuera más concreta, contestó con una serie de quejas vagas que a menudo se contradecían.

Siempre ha sido una persona lenta para aprender las cosas, mucho más que cualquiera de mis otros hijos. Pero sé que es muy brillante. Algunas veces me sorprenden las cosas que es capaz de recordar. En la escuela o fuera de ella no hace gran cosa. A menudo pienso que el motivo es porque es vago, otras veces porque está deprimido y otras porque está muy enfermo. Tiene muchos dolores de vientre. Es realmente un muchacho dulce; quiero decir que es muy buen muchacho con sus cuatro hermanas y con los animales de casa. Pero algunas veces es tan malo que me aterroriza. Por ejemplo, a veces se enfada con sus juguetes y los rompe; ha destrozado muchos más juguetes que todos los que han roto sus hermanas juntas. Le gusta el contacto con la gente, pero sólo tiene un amigo en la escuela. No quiere jugar a fútbol ni a cualquier otro juego con los otros niños. Algunas veces creo que todo le da igual. Continuamente tira platos y cosas al suelo.

Una historia más detallada reveló que el embarazo, el nacimiento y los primeras días de vida fueron totalmente normales. Sin embargo, durante el primer año de vida sufrió algún que otro problema. Entre ellos destaca la dificultad para levantarse cuando está sentado, andar de rodillas y andar derecho. Debido a que Johnny era el cuarto hijo de la familia, la madre no había tenido tiempo de anotar la fecha y la edad en la que todo esto se produjo. Solo podía decir que «era mucho mayor que cualquiera de sus hermanos cuando fue capaz de hacer todo esto», añadiendo que el pediatra había asegurado que no era un niño retrasado. «Algo bueno hizo», sonrió, «porque después, cuando Johnny tuvo tantos problemas para empezar a usar el tenedor y el cuchillo, para atarse los cordones de los zapatos y para abrocharse la camisa, yo empecé a preocuparme mucho».

Cuando se le preguntó si tenía que decir algo más sobre su hijo, la madre contestó que «en absoluto». Aparentemente, Johnny no tenía problemas para leer y su rendimiento escolar era bueno, a excepción de la caligrafía y la educación física.

Su historia clínica no revelaba la presencia de ningún trastorno. Durante la época preescolar, Johnny padeció «las enfermedades propias de la infancia (varicela, otalgias y gripe)» y «muchas heridas y arañazos en las rodillas». Los dolores de vientre empezaron «aproximadamente a la edad de 7 años», pero el pediatra aseguró de nuevo a la madre que no eran para preocuparse.

La exploración revela que es un niño alegre, tranquilo, con buena capacidad de concentración y aparentemente normal en su capacidad cognoscitiva. A pesar de ser un niño tranquilo y algo reservado, no daba la sensación de que Johnny fuera una persona apática; de hecho, disfrutó mucho cuando se le pidió que explicara un libro que había leído. Durante la entrevista, Johnny negaba padecer problemas en la escuela. Cuando se le interrogó más a fondo, admitió haber sufrido varias veces dolores de vientre y no participar en actividades de grupo, y decía simplemente que «no me gustan este tipo de cosas».

Los tests psicológicos que se le efectuaron en la escuela revelaron un nivel de inteligencia y un rendimiento escolar superior al normal. Sin embargo, en las pruebas de habilidad motora, como correr, moverse y coordinar los movimientos, su nivel era algo inferior al promedio para su edad. El psicólogo comunicó que el nivel de atención y de concentración de Johnny durante la realización de los tests había sido muy bueno.

Discusión sobre «Rompe sus juguetes»

Muchos síntomas de este caso clínico son típicos de un *trastorno del desarrollo de la coordinación*: retraso en la adquisición de las habilidades motoras (estar de pie, sentarse, andar), presencia de heridas a una temprana edad (de resultas de encontronazos con objetos) y caídas referidas como «destrucción» (tirar objetos al suelo o romperlos al manipularlos), dificultad para efectuar tareas que requieran una coordinación motora fina (abrochar prendas, atar cordones, escribir) y hacer deporte.

Los dolores de vientre, «la vagancia», «la depresión» y «la apatía» probablemente constituyen molestias de Johnny para evitar la educación física en la escuela, para no practicar deporte y para no hacer ejercicios en los que es necesario escribir. De manera similar, «el mal carácter» de Johnny y «la frustración» probablemente no constituyen una prueba de alteración de la atención y la conducta, sino una manifestación de sus problemas motores. Como sucede a menudo, son estos problemas secundarios los que han precisado ayuda profesional.

Uno puede preguntarse por qué aparece un trastorno de la coordinación en una clasificación de trastornos mentales. Es cierto que los síntomas definitorios de la alteración son más físicos que psicológicos o conductuales; por este motivo, uno puede pensar que la alteración es más un trastorno físico que un trastorno mental. Sin embargo, parece razonable clasificarlo con los demás trastornos del desarrollo de la infancia, ya que no se conoce una etiología específica y porque las consecuencias que tiene sobre la conducta pueden ser tratadas por especialistas de la salud mental.

Muñecas

Los padres de Rocky, un niño de 8 años de edad, acuden a un especialista para buscar un tratamiento para su hijo, ya que éste dice «que quiere ser una niña». El mejor amigo de Rocky es su hermana menor; a pesar de que sus padres intentan que establezca amistad con otros niños, Rocky prefiere jugar con niñas o estar con su madre o su cuidadora. Se niega a participar en los juegos de niños, a pesar de que es un niño corpulento y de altura superior al promedio de su edad. Cuando juega en casa con su hermana menor, hace el papel de «madre» o de «hermana mayor» y deja el papel masculino para ella. Le gusta imitar a las estrellas femeninas de televisión, como Brenda de *Beverly Hills 90210* y la hermana de Bart Simpson, Lisa. Asimismo, también le gusta representar a personajes femeninos de libros infantiles.

Rocky nunca se ha mostrado interesado por coches, camiones o trenes de juguete; le han fascinado las muñecas y disfruta jugando con utensilios de cocina de juguete. También se divierte representando bodas, embarazos o jugar a profesoras o a doctoras. Le gusta mucho dibujar, sobre todo personas femeninas. Muy a menudo, Rocky se viste con ropa de mujer, a pesar de que sus padres intentan por todos los medios que no lo haga. Algunas veces usa una toalla como falda o una bata de noche como vestido. No se viste con ropa interior femenina o con trajes de baño femeninos. No es raro verle con un pañuelo en el pelo para hacer ver que tiene el pelo largo. Le gusta mucho bailar, sobre todo con ropa femenina. Le fascinan las joyas: tiene collares de plástico y quiere ponerse pendientes. Asimismo, le gustar ir con los labios pintados. Nos dice en varias ocasiones que «quiero ser una niña» y a menudo es infeliz (p. ej., cuando empezó a ir a la guardería, cuando siente que compite con su hermana menor).

Durante la exploración física el médico observa que Rocky tiene genitales externos masculinos. Su desarrollo intelectual es aparentemente normal. A pesar de que al principio se muestra algo reticente, explica sus preferencias por los juguetes, lo que coincide con lo que sus padres han comunicado. Cuenta que no quiere ser un niño porque tiene miedo de jugar a soldados o a la guerra cuando sea mayor. Desea que un hada pudiera convertirle en una niña. Lo que le gusta de ser niña es llevar vestidos, tener el pelo largo y ponerse joyas.

La historia familiar, el embarazo, el nacimiento y el desarrollo son totalmente normales. Los padres no presentan ningún tipo de patología mental. Parece que los problemas de los padres de Rocky surgieron al nacer la hija menor, cuando Rocky tenía 2 años. Los primeros 4 meses de vida de la niña fueron difíciles, ya que padecía problemas digestivos y precisaba ayuda y atención de los padres. Rocky empezó a mostrar signos evidentes de regresión: actuaba igual que un bebé, quería beber del biberón y ser cogido en brazos. Tanto los padres como las cuidadoras opinan que fue en esta época cuando el niño empezó a vestirse como las personas del sexo opuesto y a decir que quería ser una niña, a pesar de que antes de nacer la hermana ya había mostrado algunos signos extraños, como ponerse una toalla en la cabeza para simular tener el pelo largo. En una ocasión, a la edad de 4 años, Rocky cogió a su hermana pequeña una muñeca que le habían regalado. Durante esta época estuvo una temporada con su hermana en casa de sus abuelos y se quejó de que prestaban más atención a la niña que a él. Dijo entonces: «¿Por qué no puedo ser una niña, por qué Dios no me ha hecho una niña? A las niñas les gusta mucho vestirse y llevar cosas bonitas».

Desde los 3 años Rocky ha ido a una guardería infantil. Al principio padeció mucha ansiedad de separación. Parece ser mucho más sensible que los otros niños y daba la sensación de que se sentía amenazado por ellos. Su profesor percibió que no le gustaba participar en juegos propiamente masculinos, le gustaba mucho la ropa y deseaba ser madre de mayor. En la clase de tercer curso el profesor no le dejó jugar a muñecas por la afición que tenía Rocky a ello.

Discusión sobre «Muñecas»

Este caso no debería presentar ninguna dificultad a la hora de efectuar el diagnóstico. Este niño se identifica plenamente con una persona del sexo opuesto. Frecuentemente explica que desea ser una niña, y no sólo aparentarlo. Está interesado por las actividades propias de una niña, prefiere jugar con niñas que con niños, y se viste y se comporta como si fuera una de ellas. Juega exclusivamente con juguetes femeninos, como las muñecas. A la hora de imitar personajes de la televisión, siempre elige personas femeninas. No se siente bien siendo un niño. Muestra aversión hacia los juguetes propiamente masculinos.

Éstos son los síntomas característicos de un *trastorno de la identidad sexual* en el hombre (DSM-IV, pág. 551). Cuando se diagnostica este trastorno en una mujer, debe diferenciarse el deseo de ser hombre debido a la insatisfacción de ser mujer del deseo experimentado solamente para obtener las ventajas culturalmente asociadas con ser hombre.

SÍNDROME DE DOWN

Un muchacho de 15 años de edad es llevado a la sala de urgencias por su madre, que dice al médico de guardia que «tiene que ingresarle porque yo ya no puedo aguantar más». Hace 6 meses, su madre recogió al niño de la escuela especial donde estaba y lo llevó a su casa. La madre mostró un certificado en el que constaba que el coeficiente de inteligencia del niño era de 45. Desde los 8 años había estado internado en diversas escuelas; los días de visita, el niño decía a su madre «Mami, llévame a casa». Al cabo de un año, aproximadamente, la madre se llevó al niño a casa; se sentía culpable de que su hijo fuera retrasado y disgustada porque era incapaz de controlarlo en la casa. El niño era hijo único y sus padres se habían divorciado hacía 4 años. Su padre se había ido a vivir a otra ciudad.

A lo largo de los últimos 6 meses, el enfermo ha sido un problema cada vez mayor. Mide alrededor de 1,75 m y pesa cerca de 90 kg. En casa destroza todas las cosas cada dos por tres (platos, sillas) y recientemente se ha vuelto agresivo con su madre, a la que ha pegado y herido en un brazo y en un hombro durante una pequeña disputa, por impedir que el niño golpeara el suelo con una escoba. La madre mostró los morados al médico y amenazó con llamar al jefe si no ingresaban a su hijo.

En la exploración se observan los rasgos típicos del síndrome de Down, lengua protruida, epicanto y palma de la mano simiesca. El niño explica que no fue su intención herir a nadie.

Discusión sobre «Síndrome de Down»

El coeficiente de inteligencia de 45 indica una capacidad intelectual significativamente inferior a la normal. La necesidad de internar al muchacho en varias escuelas desde la edad de 8 años sugiere la presencia de déficit graves y de un deterioro de la conducta. Estos dos síntomas, que se inician antes de los 18 años, sugieren el diagnóstico de *retraso mental* en el Eje II (DSM-IV, pág. 48). Debido a que el coeficiente de inteligencia se encuentra entre 35 y 55, se califica de grado *moderado*.

Debe establecerse el diagnóstico de *retraso mental* siempre que se cumplan los criterios, aunque exista otro diagnóstico. Ante un *retraso mental* significativo, es discutible considerar un *trastorno del aprendizaje*, ya que el déficit específico tendría que ser muy superior a los déficit de otras áreas del desarrollo. Pueden existir al mismo tiempo un *trastorno generalizado del desarrollo* y un *retraso mental*; pero, a diferencia de este caso, el primer diagnóstico se establece cuando no se observa interés ni placer por las relaciones sociales. Por lo tanto, no debe diagnosticarse ninguna alteración del Eje I.

Este niño, como sucede a menudo, acude al servicio de psiquiatría por mostrar una conducta agresiva y destructiva, no por un deterioro de su capacidad intelectual. Esta conducta agresiva es presumiblemente persistente; sin embargo, no está justificado efectuar el diagnóstico adicional de *trastorno disocial*, ya que no hay ninguno de los otros síntomas de este trastorno, como robar, mentir y escaparse de casa.

En este caso, el *retraso mental* es el resultado de un síndrome de Down, que deberá señalarse en el Eje III.

A partir de la información de la que se dispone, no está clara la presencia de problemas psicosociales o ambientales clínicamente relevantes. Por este motivo, deberá acudirse a la comprobación de los ítems de la lista de otros *problemas psicosociales y ambientales* del Eje IV.

El nivel más alto de funcionamiento del enfermo a lo largo del año pasado es muy pobre, lo que conduce a un deterioro profundo de todas las áreas de actividad. Por esta razón, la evaluación de la actividad global de ese período es de 20. A causa del peligro que suponen las conductas actualmente presentes, que requieren la intervención de urgencia, la evaluación global actual es de 10.

El delgado Tim

Tim, un niño de 8 años de edad, es visitado en un centro a petición de su pediatra, que detecta una grave pérdida de peso durante el último año, sin que esté clara la causa. Tim se encuentra muy preocupado por su peso y diariamente lo controla. Explica que está demasiado gordo y que si no adelgaza dejará de comer del todo. Ha perdido 4,5 kg el último año y continúa pensando que se encuentra muy gordo, a pesar de estar muy delgado. Sus padres han escondido todas las básculas de la casa; Tim anota y controla cada día las calorías que toma en la comida. Emplea mucho tiempo en esta actividad, comprobando una y otra vez que no ha hecho nada mal.

Además, está obsesionado por la limpieza. No tiene amigos porque se niega a ir a visitarles ya que cree que su casa estará «sucia», y le molesta que le toquen. Comprueba siempre que las cosas estén como deben estar. La ansiedad y la agitación que todo esto le produce son notables. Los días que va a la escuela tiene que levantarse al menos 2 horas antes para prepararse y dejarlo todo arreglado. Recientemente se levanta a la 1,30 de la madrugada para prepararse para el colegio.

Discusión sobre «El delgado Tim»

El motivo de la visita en el servicio de urgencias es la reciente pérdida de peso de Tim. Ha adelgazado 4,5 kg en el último año, tiempo durante el cual un niño de su misma edad debe aumentar de peso aproximadamente los mismos kilogramos que Tim ha perdido. Esto significa que Tim pesa 9 kg menos de lo que debería pesar para su edad. Aunque la *anorexia nerviosa* es poco frecuente en niños, y menos en uno tan joven, su rechazo a mantener un peso normal sugiere este diagnóstico (DSM-IV, pág. 558). Tim presenta, asimismo, otros síntomas típicos de la alteración, como miedo a engordar o sentirse gordo, a pesar de estar delgado.

Aunque no constituyen el motivo de consulta en este caso clínico, la preocupación y los pensamientos que padece Tim en torno a la limpieza son una fuente de malestar permanente. Además, tiene que comprobar si las cosas se han hecho como se debería. Sus actividades aparentemente interfieren su vida cotidiana (debe levantarse varias horas antes de lo normal para ir a la escuela, con el fin de prepararse y dejarlo todo arreglado y limpio). A pesar de que no da la sensación de que considere sus pensamientos y todos estos actos como innecesarios y sin sentido, parece razonable creer que están fuera de su control, y que su lentitud para prepararse para ir a la escuela obedece a una respuesta a estos pensamientos. Por lo tanto, representan obsesiones y compulsiones verdaderas. Debido a que el contenido de todas ellas no se encuentra relacionado con el *trastorno de la conducta alimentaria* que padece Tim, es necesario realizar el diagnóstico adicional de *trastorno obsesivo-compulsivo* (DSM-IV, pág. 433) y mencionarlo en segundo lugar, ya que el centro principal de atención es el trastorno de la conducta alimentaria.

Tim presenta una evitación fóbica (no visita a sus amigos porque piensa que su casa va a estar sucia), pero no debe establecerse el diagnóstico adicional de *fobia específica*, porque la evitación fóbica es un síntoma frecuentemente asociado al *trastorno obsesivo- compulsivo.*

El visitante nocturno

Nina es una niña de 8 años de edad que es remitida por el tutor de su escuela al Centro de Tratamiento Familiar de Cleveland, debido a su comportamiento agresivo. Su hermano mayor, Don, su hermana de 9 años, Sara, y su madre fueron asimismo examinados en este centro.

Varios meses antes, Nina había ingresado en el hospital por sufrir un sangrado vaginal. Se le diagnosticó un condiloma acuminado y el cultivo vaginal fue positivo para infección por gonococo. Cuando un asistente social la entrevistó, Nina comunicó que ella y Sara habían sufrido abusos sexuales por parte de su padre a lo largo de los 2 últimos años. Según ella, entraba en la habitación prácticamente cada noche y realizaba el coito con ella y algunas veces, aunque pocas, lo hacía con Sara. Las niñas se dieron cuenta de que si estaban despiertas cuando entraba en la habitación no les sucedía nada. Sin embargo, Nina estaba tan asustada que a veces cerraba los ojos y fingía dormir cuando su padre la acosaba sexualmente. Su padre las amenazaba con pegarles si lo explicaban a alguien, por lo que nunca lo dijeron a nadie.

En una ocasión, su hermano Don presenció uno de estos actos y lo comunicó a su madre. Al principio, ella no le creyó; se lo explicó a su marido y éste abofeteó a Don. De hecho, Don había sido maltratado y golpeado por su padre varias veces. Nina y Sara optaron entonces por explicarlo todo a su madre, quien las acusó de inventarse historias.

Cuando el asistente social habló de esto con la madre, ésta admitió que sospechaba que los hijos le decían la verdad, pero tenía miedo de enfrentarse con su marido y de que éste se enfadara. Durante los 12 años de matrimonio la había pegado en varias ocasiones, pero nunca pensó en dejarle y separarse porque su religión prohibía el divorcio.

Después de una confirmación médica del abuso sexual, los niños fueron llevados de manera temporal a un centro de adopción. El padre fue encarcelado y la madre, acusada de no intervenir en el asunto y de no proteger a sus hijos de sufrir más abusos sexuales. Los niños fueron a vivir posteriormente con su abuela materna y no volvieron a estar con su madre hasta que ésta decidió acudir a un psiquiatra.

Durante la entrevista en el Centro de Tratamiento Familiar se observa que Nina se encuentra triste; es una niña inquieta que apenas sonríe. Cuenta que, desde que los abusos empezaron hace 2 años, pasa la mayor parte del tiempo encerrada en su habitación sola, sin hacer nada más que mirar la televisión. A menudo le cuesta conciliar el sueño y explica tener pesadillas sobre su padre. Nina ha hablado en la escuela con sus compañeras sobre este tema y actualmente piensa que todas le dan la espalda por eso. Cuando testificó en el juicio, estaba segura de que la enviarían a la cárcel porque había hecho algo malo. Tiene miedo de que su padre vuelva y la ataque. En casa se muestra generalmente irritable y a menudo se pelea con Sara y Don; cree que no cae muy bien a su madre, ya que ésta ha favorecido siempre a sus dos hermanos.

Discusión sobre «El visitante nocturno»

Los problemas de Nina se relacionan principalmente con el trauma de haber sido objeto de abusos sexuales por su padre. ¿Constituye esta experiencia el tipo de agente estresante que se requiere para efectuar el diagnóstico de *trastorno por estrés postraumático*? Para considerar la existencia de un agente estresante se precisa que el individuo se haya enfrentado o haya experimentado u observado un acontecimiento que ponga en peligro su integridad física. Además, el diagnóstico requiere que la respuesta de la persona sea un miedo excesivo, desesperanza u horror. Parece razonable pensar que las relaciones sexuales con menores constituyen una amenaza para la integridad física, y, de hecho, Nina reaccionó mostrando un miedo intenso.

La repetición de la vivencia del trauma (pesadillas sobre el padre) es también característico del *trastorno por estrés postraumático*. Este diagnóstico requiere también al menos la presencia de tres síntomas que indiquen una evitación persistente de estímulos asociados con el trauma o un embotamiento de la capacidad general para reaccionar. Hay pruebas de la presencia de un sentimiento de extrañeza respecto a las demás personas (sus compañeros de clase), de un afecto restringido (se muestra inusualmente quieta y apenas sonríe) y de una participación disminuida en diversas actividades (no hacer apenas nada más que ver la televisión). Además, para efectuar el diagnóstico se necesitan síntomas relacionados con un aumento de la activación cortical. Nina padece problemas para conciliar el sueño y, en casa, se muestra siempre bastante irritable.

Por lo tanto, Nina cumpliría los criterios para el diagnóstico de *trastorno por estrés postraumático* (DSM-IV, pág. 439). Debido a que los síntomas han persistido más de 3 meses, el trastorno se consideraría *crónico*.

La reacción de Nina al ser objeto de abuso sexual por su padre y no protegida por su madre ha consistido en un estado de ánimo deprimido, en la aparición de pesadillas relacionadas con el trauma, en mal carácter, en sensación de culpabilidad y autorreproche y en el temor de no agradar a sus compañeras de clase. Ello sugiere el posible diagnóstico adicional de un trastorno del estado de ánimo, pero no hay pruebas de que el estado de ánimo deprimido vaya acompañado de los síntomas característicos de un *episodio depresivo mayor*, a excepción de las ideas de culpabilidad y autorreproche. A pesar de que se han producido abusos sexuales durante los dos últimos años, no se cita la presencia de un estado de ánimo deprimido persistente que pudiera justificar el diagnóstico de *trastorno distímico*. De hecho, durante este período, Nina parece haber estado más atemorizada que deprimida.

Seguimiento

Tras la evaluación familiar, se recomendó psicoterapia individual para Nina, Sara y su madre. Además, el tratamiento familiar fue instaurado para mejorar la relación entre los niños y su madre, y para poner orden y disciplina en la casa. Se aconsejó a la madre de Nina que dejara que las niñas expresaran cómo se sentían después de haber sufrido abusos sexuales y haber sido traicionadas por ella. En casa, Nina empezó a comer cada vez más y a coger dinero del bolso de su madre, como respuesta a su enfado y para recibir más atenciones.

Durante el tratamiento, Nina se mostraba atemorizada y no le agradaba mucho la idea de ir a ver a su terapeuta. Pasaba todo el rato abrazada a sus muñecas y a sus animales de peluche. Se le hacían vivir en forma de juego situaciones traumáticas que consistían en brujas que envenenaban a niñas, en demonios y en monstruos que la atacaban cuando pretendía escapar.

Nadie maltrata al bebé

Carol, una niña de 4 años de edad, es visitada en un centro debido a la solicitud que su profesor ha realizado a la Oficina Central para Niños Maltratados. La historia familiar efectuada por un asistente social comunica lo siguiente.

Carol es la mayor de dos niñas que viven con sus padres en un piso de dos habitaciones. Sus problemas empezaron con el nacimiento de su hermana hace 3 meses. Los profesores notaron un cambio en su conducta. Molestaba a las compañeras de clase y en una ocasión golpeó a una de ellas con un palo de madera, causándole una herida en el labio. Cuando el profesor cogió a Carol y habló con ella sobre su conducta, observó que tenía marcas en el abdomen y en la frente, posiblemente hechas por un cinturón.

La hermana de Carol sufría cólicos muy frecuentemente, y dormía sólo durante algunos ratos tanto de día como de noche. Sólo paraba de llorar cuando su madre la cogía en brazos. Debido a esto, la madre se ocupaba poco de Carol y era su padre quien se encargaba de la niña. Éste empezó a beber más de lo habitual, aproximadamente media botella de vino cada noche, y se volvió cada vez más irritable. Discutía a menudo con su mujer sobre el cuidado de la niña. Carol, una niña brillante, extrovertida, habladora y curiosa, hacía preguntas cada dos por tres y se emperraba en coger a su hermana en brazos. Cuando se le decía que no, se tumbaba en el suelo y se enfadaba. Desde el nacimiento de su hermana había tenido problemas para conciliar el sueño y se despertaba frecuentemente a media noche.

El padre de Carol era incapaz de hacer frente a las demandas de la niña y a menudo le decía que callara; si no obedecía, la pegaba. En algunas ocasiones, cuando Carol se enfadaba, respondía pegándola con un cinturón.

Carol es una niña de ojos azules, que viste unos pantalones tejanos y una camiseta deportiva. Habla educadamente al entrevistador y su nivel de inteligencia es superior a la media de la gente de su edad, como lo indican su buen vocabulario a la hora de expresarse y sus conocimientos. Sobre su hermana, Carol dice: «Es una niña mala. Siempre está llorando. A mí me pegan cuando lloro, pero a ella no.» Cuando se le preguntó sobre los conflictos en el centro de tratamiento de día, ella contesta: «Yo pegué a Robert (un compañero suyo) porque me tiraba del pelo». Dice que tiene miedo de dormirse porque tiene pesadillas sobre un hombre que quiere matarla.

Discusión sobre «Nadie maltrata al bebé»

Es necesario centrarnos en el diagnóstico de los problemas que sufre Carol, pero debemos tener en cuenta que son consecuencia de los trastornos psicopatológicos que sufre su padre. Pensamos que la reacción de Carol ante el hecho de tener una hermana no hubiera sido importante si no hubiera sido por los abusos físicos de su padre.

Los investigadores han empezado a estudiar las consecuencias psicopatológicas de los abusos sexuales y físicos a los niños. Parece que los niños que han sido maltratados físicamente y han padecido abusos sexuales tienen un cierto riesgo de padecer en el futuro trastornos mentales. El *trastorno depresivo mayor*, el *trastorno de ansiedad por separación*, el *trastorno negativista desafiante* y el *trastorno disocial* son reacciones iniciales frecuentes a los abusos físicos y sexuales. En los adolescentes, la conducta suicida y el abuso de sustancias psicoactivas también son frecuentes. No está claro en qué medida el *trastorno por estrés postraumático* también es una reacción inmediata. El *trastorno depresivo mayor*, los trastornos de la personalidad y (más raramente) el *trastorno de personalidad múltiple* son consecuencias que se observan a largo plazo en adultos. Se ha observado que es muy probable que los niños que han sufrido abusos físicos o sexuales abusen física o sexualmente de sus propios hijos. Los casos en los que se ha identificado este tipo de abuso multigeneracional han sido abusos mucho más graves que los que Carol ha padecido.

La conducta de Carol ha consistido en enfados de gran magnitud en casa, en peleas con los compañeros de la escuela y en problemas para conciliar el sueño. Estos síntomas no son indicativos de un síndrome que justifique cualquiera de los trastornos antes mencionados. Por esta razón, nos quedamos con el diagnóstico residual de *trastorno adaptativo con alteración mixta de las emociones y el comportamiento* (DSM-IV, pág. 642).

Seguimiento

Carol, su madre y su padre empezaron un programa de terapia familiar que incluyó entrenamiento parental y terapia conductual para Carol. Se convenció a su padre para que formara parte de la sociedad Alcohólicos Anónimos; en poco tiempo ha dejado de beber y ha sido capaz de controlar su ira. Seis meses después, la conducta agresiva de Carol desapareció. Se llevaba muy bien con sus compañeras y su rendimiento académico era bueno; dormía bien por la noche y ya no se enfadaba como antes.

Susan el bebé

Susan, un bebé de 6 meses, fue llevada al hospital por su tía, por no aumentar de peso. Había nacido en el seno de una familia pobre, como consecuencia de un embarazo no deseado. Durante sus primeros 4 meses de vida ganó algo de peso y

© MASSON, S.A. Fotocopiar sin autorización es un delito.

en el quinto mes empezó a regurgitar el alimento hasta que al final regurgitaba cada vez que comía. Después de cada comida hacía una de estas dos cosas: 1) abrir la boca, levantar la lengua y moverla de delante atrás, después de lo cual se podía observar leche en la parte posterior de la boca que iba saliendo poco a poco, o 2) chuparse el pulgar y colocar sus dedos dentro de la boca, tras lo cual se podía, asimismo, observar leche saliendo por los lados de la boca. En los últimos 2 meses, se han ocupado de Susan varias personas, entre ellas su tía y su abuela paterna. Sus padres estaban tramitando la separación. Sin embargo, Susan a menudo sonreía y se mostraba amable con toda la gente.

Discusión sobre «Susan el bebé»

Una vez descartadas las enfermedades médicas, como anomalías congénitas, la imposibilidad para aumentar de peso o su pérdida en un niño sugiere la presencia de un *trastorno de rumiación*, un *trastorno de la ingestión alimentaria de la infancia o la niñez*, o un *trastorno reactivo de la vinculación de la infancia* o *la niñez*. Está claro que en este caso el bebé no aumenta de peso debido a la regurgitación de los alimentos después de cada comida, algo que indica la presencia de un *trastorno de rumiación* (DSM-IV, pág. 103). El niño arquea la espalda y realiza movimientos de chupeteo con la lengua. Expulsa la comida de la boca o la vuelve a tragar. A menudo da la impresión de que el niño disfruta realizando todas estas actividades. Como sucede en este caso, el trastorno aparece generalmente entre los 3 y los 12 meses.

Se ha sugerido que es posible que en este caso la calidad del cuidado y la atención de la madre no sean las adecuadas. Sin embargo, la ausencia de indicios de relaciones sociales inadecuadas descarta el diagnóstico de *trastorno reactivo de la vinculación de la infancia* o *la niñez*. Dado que la causa de la pérdida de peso es la regurgitación, no debe efectuarse el diagnóstico residual de *trastorno de la ingestión alimentaria en la infancia o la niñez.*

ELLA QUIERE SER UN MUCHACHO

Kelly, una muchacha canadiense de 16 años de edad, de la Columbia Británica, es enviada a un centro especializado en el tratamiento de trastornos de la identidad sexual, a petición de su médico de cabecera y con el consentimiento de sus padres. Según su madre, Kelly quiere un cambio de sexo. Quiere ser un muchacha. Kelly ratifica las palabras de su madre y refiere que «desde los 2 años» ha deseado ser un muchacho. La visita al especialista fue motivada por la relación sentimental que tuvo Kelly con otra muchacha, Ana, que ha vivido con la familia durante los últimos años. La madre de Kelly se sentía muy nerviosa y preocupada por la relación de su hija, y en un primer momento creyó que era algo relacionado con el sexo: siempre se las ve con las piernas entrecruzadas, están abrazadas y en una ocasión han estado tumbadas desnudas en el suelo leyendo libros sucios.

Desde la pubertad, Kelly ha continuado mostrando una serie de signos que sugieren que se siente mal siendo una muchacha. Opina que la menstruación es algo horrible y odia llevar sujetador. Kelly continúa diciendo que quiere ser un muchacho y desea tener pene. El año pasado se enteró que era posible un cambio de sexo mediante una intervención quirúrgica. Es consciente de que esto comportaría una mastectomía y una extirpación de sus genitales externos, e inyecciones de hormonas. No está segura de que la cirugía le pueda proporcionar un pene.

Durante la entrevista se le pregunta por qué es tan importante para ella ser un muchacho y por qué no puede continuar siendo una muchacha. Ella contesta que la única razón por la cual desea ser un muchacho es para poder jugar en la National Hockey League. Comunica, asimismo, que hace unos meses entrenó con un equipo de aficionados de Los Angeles Kings. Cree que, si tiene pene, tendrá más probabilidades de jugar.

El aspecto físico de Kelly es ambiguo en relación con su sexo biológico. Tiene el pelo largo, lleva pantalones vaqueros y no va maquillada; sin embargo, lleva colgado un pendiente. Kelly explica que le da absolutamente igual que la gente piense que es un muchacho o una muchacha, lo que quiere es que la vean como un ser humano. Cuando habla, prefiere que la gente no le pregunte si es un muchacho o una muchacha, a pesar de que nos explica que quiere que la gente la vea como un muchacho. Kelly dejó la escuela en el séptimo curso. Forma parte de un grupo juvenil que se entrena para entrar en el ejército. Disfruta con esta actividad y dice que «me tratan igual que a los otros muchachos». En prácticas, le satisface mucho dar órdenes a los otros cadetes y «todos me odian» cuando les ordena hacer 500 flexiones. Explica con gran detalle cómo se usa un revólver y comunica que ha estado varias veces en contacto con las armas. Se siente atraída por la sangre y el riesgo. Le gusta la guerra ya que «te empujan muy fuerte cuando estás de rodillas, y tienes que rogar que paren».

La madre de Kelly intentó descubrir cuál era su orientación sexual, al hacerle leer y subrayar en una revista pornográfica algunos fragmentos de texto que la excitaran. Éstos consistieron en relaciones entre mujeres, aunque Kelly dice que no

© MASSON, S.A. Fotocopiar sin autorización es un delito.

sabe si son los muchachos o las muchachas quienes la excitan. Niega haberse masturbado. «Creo que es propio de gente enferma.»

Nunca ha tenido sueños o fantasías eróticas, ni relaciones sexuales con otra persona, y ni le ha pasado por la cabeza casarse. Cuando se le pregunta sobre el lesbianismo, responde no estar muy interesada sobre este fenómeno de la subcultura *gay:* «Allí cada cual con su vida». Durante la exploración, Kelly se disculpa ante el médico por no haberse depilado las piernas. Se le hicieron pruebas endocrinológicas, que indicaron la presencia de cromosomas sexuales XX, niveles normales de testosterona y ausencia de rasgos de hermafroditismo.

Discusión sobre «Ella quiere ser un muchacho»

Kelly se identifica plenamente con un hombre (identificación con el sexo opuesto), y esta identificación va más allá del deseo de obtener las ventajas de tipo cultural que supone ser un hombre. Tiene un deseo ferviente de ser hombre, incluso ha considerado someterse a una intervención quirúrgica para cambiar de sexo. También quiere vivir y ser tratada igual que un hombre, y se siente mal siendo una mujer. Todos estos síntomas son típicos de un *trastorno de la identidad sexual* (DSM-IV, pág. 551). El trastorno implica también una atracción sexual por individuos del mismo sexo. A pesar de que da la sensación de que se siente sexualmente excitada por un libro relacionado con mujeres lesbianas, la ausencia de fantasías sexuales y de orientación heterosexual u homosexual sugieren tipo *sin atracción sexual por ningún sexo.*

Seguimiento

Después de 4 años de seguimiento, Kelly continuaba preocupada por cambiar de sexo, y seguía viviendo con un rol sexual ambivalente; por ejemplo, tenía un trabajo típicamente masculino y explicaba que nadie le preguntaba ni le importaba si era hombre o mujer. El año pasado, Kelly hizo una solicitud en una clínica especializada en trastornos de identidad sexual con la esperanza de poder cambiar de sexo. Al final no acudió a este centro a operarse.

La pequeña Tina

Tina, una niña de 10 años de edad, menuda y de cara dulce, es enviada a un hospital por su pediatra debido a la imposibilidad de convencerla para ir a la escuela. Sus problemas se iniciaron el primer día de clase, en el que se escondió en el sótano y estuvo llorando todo el día. Solamente era capaz de ir a la escuela si su madre iba con ella y se quedaba a comer allí. A lo largo de los 3 meses siguientes, Tina se quejaba de dolores de todo tipo, como cefaleas y «dolor de tripa», y cada día iba a la escuela después de que sus padres estuvieran un buen rato para convencerla. Poco tiempo después, sólo era capaz de hacerlo si sus padres la levantaban de la cama, la vestían, le daban el desayuno y la llevaban. Durante la primavera, la asistente social habló con el pediatra de Tina y éste inició un programa de modificación de la conducta, con la ayuda de los padres de la niña. Debido a que la ayuda que podía dar este tratamiento era limitado, el pediatra decidió a principios del año escolar enviarla a un psiquiatra.

Según su madre, a pesar de las muchas ausencias de Tina en la escuela el pasado año, su rendimiento fue bueno. Durante este tiempo también participó en otras actividades, como reuniones del grupo de excursionistas, quedarse a dormir en casa de amigos (generalmente acompañada por su hermana) y salidas con la familia. Su madre se pregunta si la muerte repentina de su abuela materna o el haber trabajado a tiempo parcial en una librería hace 2 años han sido la causa de los problemas de Tina.

Cuando se entrevistó a Tina, ésta no dio importancia a los problemas escolares y refirió sacar buenas notas y no tener ningún problema con los profesores. Al preguntarle más profundamente sobre este tema, Tina contestaba a todo con «no lo sé» en más de una ocasión. Sus compañeras en la escuela la habían molestado y se burlaban de ella por su corta estatura; pero daba la sensación de que se lo pasaba bien en la escuela y se llevaba bien con el profesorado. Finalmente, admitió que lo que realmente le molestaba era irse de casa. No sabía por qué motivo, pero tenía la impresión de que algo malo iba a suceder; confesó sentirse mal cuando no veía todos los miembros de su familia.

El test de Rorschach (1921) revela presencia de una rumiación excesiva sobre catástrofes que pudieran afectar a su familia o sobre temas que pudieran ocasionar graves conflictos familiares.

Discusión sobre «La pequeña Tina»

Todos los problemas que presenta Tina tienen que ver con el hecho de ir a la escuela. La pregunta es: ¿Tiene realmente miedo de ir a la escuela o le asusta separarse de sus padres? La prueba de que tiene miedo de ir a la escuela lo constituye el hecho de que la molestan sus compañeras y se resiste a participar en actividades de tipo extraescolar, como reunirse con el grupo de excursionistas. Finalmente, Tina explica que el motivo por el cual no quiere ir a la escuela es el miedo que tiene a que algo malo vaya a suceder cuando no está con su familia. Nos inclinamos a pensar que ésta es la causa de todo el problema. Estar 6 horas fuera de casa es mucho peor para Tina que estar una hora con su hermana en casa de unas amigas.

En ausencia de otro trastorno generalizado, el malestar causado por no estar con la familia, la preocupación irreal de que algo malo va a suceder, las molestias somáticas y el no querer ir a la escuela constituyen un *trastorno de ansiedad por separación* (DSM-IV, pág. 119), si la duración de todos estos síntomas es superior a 4 semanas. No deberíamos discutir con un clínico que hiciera este diagnóstico si no disponemos de información más detallada sobre el malestar de Tina. Si tiene realmente mucho miedo a ser humillada en público, debería considerarse el diagnóstico de *fobia específica* como alternativa o como diagnóstico adicional.

Bibliografía

Rorschach H: Psychodiagnostics: A Diagnostic Test Based on Perception. Bern, Switzerland, Hans Huber, 1921.

Crisis

Una estudiante de 16 años de edad fue hospitalizada en el servicio de psiquiatría de un hospital por problemas de conducta. Había tenido conflictos con el personal de la escuela desde que tenía 12 años, a causa de sus frecuentes ausencias (novillos) y por haber cometido pequeños hurtos. Más recientemente, se la expulsó de la escuela por haber sido vista fumando marihuana con unas amigas. Finalmente, una serie de robos en tiendas del vecindario y un pequeño incendio la llevaron ante los tribunales; y fue ingresada en un centro especializado para recibir tratamiento. Sus padres explican que no son capaces de controlarla, que ha nacido gamberra y mentirosa, y que cuando se enfada con ellos sale de casa sin decir adonde va y pasa la noche fuera del hogar.

En la sala, la muchacha hizo amistad con otros adolescentes. A menudo abandonaba las reuniones con amigos cuando no estaba de acuerdo con las decisiones que se tomaban. Intentaba controlar las actividades recreativas del centro; al principio se mostraba entusiasmada, pero después, se enfadaba cuando no se le permitía monopolizar estas actividades. Sin embargo, bajo su aparente carácter dominante, se escondía una persona insegura y dependiente.

Una noche, al cabo de una semana de estar ingresada, se le negó un pase para poder salir fuera del hospital y la paciente se fue a su habitación. Minutos más tarde se oyó un grito; cuando la enfermera entró en la habitación, vio a la enferma tumbada en el suelo de espaldas, haciendo movimientos extraños con la pelvis, los brazos, las piernas y moviendo los ojos de arriba abajo. Cuando acudieron los miembros del personal, la enferma dejó de tener convulsiones. Quedó quieta, con los ojos cerrados y con un ligero temblor en todo el cuerpo. No se había mordido la lengua ni se había orinado o defecado encima. Después de levantarle un brazo por encima de la cara y dejarlo caer, el brazo cayó al lado de su cara sin llegar a golpearla. Finalmente, al comprobar que la muchacha estaba consciente, la enfermera le hizo varias preguntas, que la paciente contestó correctamente, a pesar de que explicaba que era incapaz de moverse. Quince minutos más tarde se dirigió a la sala del médico para ser examinada.

Discusión sobre «Crisis»

El médico no debería tener dificultad a la hora de establecer el diagnóstico de los problemas de conducta que condujeron a la paciente a su hospitalización. Durante al menos 4 años la enferma ha tenido problemas de todo tipo. Ha faltado en repetidas ocasiones a clase, ha robado en tiendas del vecindario y ha provocado un incendio. Miente a sus padres y a menudo pasa la noche fuera de casa. Este patrón repetitivo y generalizado de violación de las normas sociales, y de los derechos básicos de los demás indica la existencia de un *trastorno disocial* (DSM-IV, pág. 94). Debido a que el inicio de este trastorno se produce después de los 10 años de edad, señalaríamos *tipo de inicio adolescente*, que generalmente tiene un mejor pronóstico que el *tipo de inicio infantil*. Como las alteraciones de la conducta que esta muchacha presenta son más que suficientes para efectuar el diagnóstico (aunque los efectos sobre los demás no sean muy dañinos), catalogaríamos la gravedad del trastorno como *moderado*.

El problema con que se enfrenta el médico es cómo catalogar su «crisis». Hay algunos síntomas que sugieren que no se trata de una verdadera crisis epiléptica. Durante una crisis de gran mal cabe esperar incontinencia urinaria, y probablemente, también fecal. Asimismo, se debe producir un período de confusión postictal (poscrisis), durante el cual el nivel de conciencia del enfermo es muy bajo, de modo que no es capaz de evitar lesionarse en la cara durante la maniobra de dejar caer el brazo.

Debido a que existe una estrecha conexión temporal entre su frustración y la crisis, parece razonable aceptar que ésta se encuentra relacionada con un conflicto o una necesidad psicológica. Las posibilidades diagnósticas son tres: *trastorno de conversión, trastorno facticio con predominio de signos y síntomas somáticos* y *simulación* en el código V. Tanto la *simulación* como el *trastorno facticio* presuponen que los síntomas son simulados a conciencia. En este caso, no tenemos ninguna prueba de que el enfermo pueda simular conscientemente la crisis; le concedemos el beneficio de la duda y suponemos que los síntomas están fuera de su control. Por lo tanto, efectuamos el diagnóstico de *trastorno de conversión* (DSM-IV, pág. 469). Indicamos la falta de certeza del diagnóstico con el tipo *provisional.* Si posteriormente el enfermo reconoce que había simulado las crisis porque estaba enfadado con el personal del centro, sería necesario cambiar el diagnóstico a *simulación*. En el caso, poco probable, que decidiera simular la crisis por el mero hecho de ser un enfermo, debería, asimismo, cambiarse el diagnóstico a *trastorno facticio*.

SIN AMIGAS

Emily es una niña de 7 años de edad que es llevada por su madre a un centro de salud mental porque tiene dificultades para relacionarse con la gente. Una llamada telefónica reciente del profesor de Emily convenció a la madre para que buscara ayuda profesional. El profesor se sentía preocupado porque Emily era incapaz de relacionarse con las otras muchachas de la clase. Durante el recreo, Emily permanece en un lado del patio con la cabeza gacha. En la clase nunca inicia una conversación con las otras compañeras y tiene grandes dificultades para responder cuando alguien se le acerca y le pregunta. Hace 6 meses que va a la escuela y el problema no ha mejorado. En realidad, aún no ha hecho ninguna amiga.

La dificultad de Emily para relacionarse con la gente data de la época en que iba a la guardería. Los profesores habían mencionado en sus informes que era una niña muy retraída, tímida y solitaria. Sin embargo, fue el profesor de segundo curso quien decidió empezar a ayudar a la niña.

La madre de Emily había intentado en varias ocasiones que su hija se relacionara con las niñas del vecindario. De hecho, cogía a Emily de la mano y la llevaba a casa de los vecinos para que jugara e hiciera amistad con las niñas. Desgraciadamente, Emily rompía a llorar y era incapaz de decir nada a nadie. Nunca ninguna niña había llamado a Emily para que fuera a una fiesta de cumpleaños.

Su conducta en su casa es bastante diferente: es una persona cariñosa y le gusta salir con la familia, algo que contrasta con el aislamiento que presenta en la escuela.

Discusión sobre «Sin amigas»

Muchos niños presentan dificultad para relacionarse con la gente (les cuesta adaptarse a ambientes sociales nuevos). Sin embargo, logran superar su timidez inicial y no muestran el aislamiento social tan extremo que presenta Emily. No obstante, no es adecuado efectuar el diagnóstico de *trastorno de la personalidad*, debido a la corta edad de la enferma. Emily se muestra claramente atemorizada en las situaciones en las que debe relacionarse con gente extraña, y sospechamos que lo que le da miedo es sentirse humillada. Estos síntomas, junto con la capacidad de relacionarse con gente de la familia, sugieren el diagnóstico de *fobia social* (DSM-IV, pág. 427). Especificamos *generalizada* debido a que la ansiedad aparece en prácticamente todas las relaciones con sus compañeras.

La Guerra de las Galaxias

Susan, una muchacha de 15 años de edad, fue visitada por un especialista a petición del profesorado de la escuela. Su familia se ha mudado de casa recientemente, y después de estar un corto período de tiempo en una clase para estudiantes normales, se la trasladó a una clase para gente con problemas emocionales. Presentaba dificultades para autocontrolarse; su rendimimento escolar era realmente pobre, a pesar de poseer un buen vocabulario. Interrumpía la clase imitando el ruido de los animales y contando historias, lo que hacía reír a sus compañeros.

En casa, Susan es una persona agresiva, y muerde y pega a sus padres y a su hermano cuando se enfada. No tiene amigas y pasa la mayor parte del tiempo dibujando robots, naves espaciales e inventos futuristas y fantásticos. En alguna ocasión ha comentado que desea morir, pero nunca ha intentado suicidarse ni le ha pasado por la cabeza hacerlo. Su madre explica que desde que nació ha sido una persona diferente a las demás, aunque resulta difícil decir la fecha de inicio de la conducta actual ya que ha ido apareciendo de manera gradual.

La historia prenatal y perinatal de Susan es totalmente normal. Su desarrollo psicomotor se produjo un poco más tarde de lo habitual, y no empezó a decir palabras sueltas hasta la edad de 4 o 5 años. Desde el primer momento en que entró en la escuela, los profesores han sido conscientes de los problemas de Susan. Los tests han revelado un coeficiente de inteligencia de alrededor de 70 y un rendimiento algo menor de lo esperado. Debido a que su padre se encontraba trabajando en el ejército, cambiaban de lugar de residencia cada dos por tres y no era posible disponer de información sobre los anteriores reconocimientos médicos. Sus padres explican que Susan ha sido siempre una muchacha difícil y nerviosa, y que los médicos no le han diagnosticado un retraso mental, sino un trastorno mental grave. Los resultados de un reconocimiento médico realizado a la edad de 12 años por problemas escolares han mostrado pensamientos extravagantes y estructura del sueño fragmentada. En aquella época dormía bien por las noches y no tenía pesadillas, aunque parecía haberlas tenido tiempo atrás. Actualmente duerme muy mal y molesta a sus padres porque se levanta por las noches y anda por la casa haciendo ruido. Su madre califica las historias que narra Susan como infantiles y no les da ninguna importancia. Comunica que desde que Susan fue a ver la *Guerra de las Galaxias* no ha pensado en nada más que en naves espaciales, en robots y en el futuro.

Los padres de Susan tienen alrededor de 40 años. Su padre trabaja como ingeniero, tras haber dejado el ejército. Su madre tiene ideas de sí misma un poco extrañas. Comunica que ha crecido en la India y ha tenido una infancia llena de acontecimientos violentos y dramáticos. Muchos de los sucesos que narra son poco creíbles. Parece que la relación de los padres de Susan no es del todo satisfactoria; mientras el padre es solamente el cabeza de familia y no contribuye para nada a realizar las tareas domésticas, la madre debe cargar con el peso de llevar la casa y encargarse de la educación de los hijos. El hermano de Susan tiene actualmente 12 años y es un niño totalmente normal. No pasa mucho tiempo en casa con la familia, sino que prefiere irse a jugar con los amigos. Se siente avergonzado de la conducta de su hermana e intenta por todos los medios no salir de casa con ella.

En la entrevista se observa que Susan es una muchacha alta, algo obesa, viste de un modo raro y tiene un aspecto descuidado. Se queja de insomnio, aunque es verdaderamente difícil esclarecer los detalles de la alteración. Habla mucho rato de las cosas que le interesan y que le preocupan. Explica que ha fabricado un robot a partir de piezas de recambio de ordenadores, y que en una ocasión éste estuvo a punto de causar un gran daño si no llega a ser porque le detuvo con el control remoto.

Cuando se le pregunta más profundamente sobre el funcionamiento del robot, Susan se muestra algo indecisa. Asimismo, cuando se le hace dibujar uno de sus inventos, dibuja una vía de tren y explica toda una serie de procedimientos matemáticos mediante los cuales ha podido confeccionar el invento, aunque no son más que repeticiones sin sentido de símbolos (p. ej., más, menos, dividir, multiplicar). El entrevistador se muestra algo incrédulo y Susan afirma que mucha gente no cree que ella es un genio. Habla también de su capacidad para oír cosas que la gente no oye, y de estar en contacto con seres de otro mundo. Puede oír cómo estas criaturas le hablan y le hacen preguntas, aunque no parece que le digan lo que tiene que hacer. La voz viene de fuera de su mente y es inaudible para las otras personas. No se sentía atemorizada por estos seres.

Su profesor explica, asimismo, que a pesar de que el nivel de lectura de Susan corresponde al de los alumnos de quinto curso, su nivel de comprensión, no. Cuando lee un libro, ve palabras que no se encuentran en él y a menudo cambia el sentido de las frases. Trabaja mucho en la escuela, a pesar de que lo hace muy lentamente. Si se le fuerza, se enfada y su rendimiento disminuye.

Discusión sobre «La Guerra de las Galaxias»

Susan presenta varios síntomas de tipo psicótico. El hecho de creer que ha fabricado un robot y que está en contacto con seres extraños constituye una idea delirante. Sufre, asimismo, alucinaciones auditivas que consisten en una voz que le habla y le hace preguntas. En ausencia de un trastorno del estado de ánimo, de una enfermedad médica o del consumo de sustancias que puedan explicar la presencia de ideas delirantes y alucinaciones, se debe pensar en el diagnóstico de *esquizofrenia*.

Los criterios del DSM-IV para la *esquizofrenia* especifican que, durante un período de tiempo determinado desde el inicio de la alteración, las diversas áreas de funcionamiento, como el trabajo, las relaciones interpersonales o el cuidado de uno mismo, se encuentran por debajo del nivel previo al comienzo de los síntomas (o, si cuando el inicio se produce en la infancia o la adolescencia, existe una imposibilidad para alcanzar el nivel esperado en el trabajo y en las relaciones interpersonales). La aparición de los síntomas de Susan tiene lugar en la infancia, cuando no es capaz de obtener el nivel esperado en las relaciones sociales para una persona de su edad. Por este motivo, nuestro diagnóstico es el de *esquizofrenia* (DSM-IV, pág. 295), clasificado como *continuo* porque presenta ideas delirantes constantemente. Debido a que su conducta es algo desorganizada y no presenta síntomas de tipo catatónico o lenguaje desorganizado, el tipo es *indiferenciado.*

El coeficiente de inteligencia de Susan es algo superior a 70, lo que excluye el diagnóstico de *retraso mental leve*. Se podría pensar en una capacidad intelectual límite en el código V. Sin embargo, lo que provoca problemas escolares no es su capacidad intelectual, sino su conducta extravagante.

El inicio temprano de su enfermedad hace pensar en la presencia de un posible *trastorno del desarrollo*, como el *trastorno autista*. Sin embargo, es poco probable que padeciera este trastorno, ya que su rendimiento en la escuela primaria era bueno.

Capítulo 3

CASOS QUE ILUSTRAN LA EVALUACIÓN MULTIAXIAL

El DSM-IV pretende impulsar el empleo de un sistema de evaluación multiaxial (DSM-IV, pág. 27), tal como hacía el DSM-III y el DSM-III-R. Un sistema multiaxial implica una valoración en varios ejes, cada uno de los cuales hace referencia a un tipo de información diferente que puede ayudar al especialista a establecer el plan terapéutico y a predecir los resultados clínicos. La clasificación multiaxial del DSM-IV se compone de cinco ejes:

Eje I Trastornos clínicos
Otros problemas que pueden ser objeto de atención clínica
Eje II Trastornos de la personalidad
Retraso mental
Eje III Enfermedades médicas
Eje IV Problemas psicosociales y ambientales
Eje V Evaluación global de la actividad

El comentario de cada caso contenido en este capítulo proporciona una valoración en cada uno de los cinco ejes y finaliza con un resumen de la evaluación multiaxial para ese caso.

El infectado

Jerry Johnson es un hombre bajo y rechoncho, que lleva una larga melena roja recogida en forma de cola de caballo. Tenía 19 años cuando fue remitido a una unidad de investigación para pacientes ingresados. Llevaba 2 meses en un hospital local, donde ingresó después de tragarse un número desconocido de tabletas de aspirina en una tentativa de suicidio. Vive con su familia —un padre alcohólico, una madre martirizada que se pasa el día trabajando y una hermana mayor —en un barrio obrero de Boston. Tal como él mismo cuenta, sus problemas se iniciaron hace aproximadamente 6 meses durante su segundo año de universidad, cuando sus amigos decidieron que era demasiado mayor para continuar siendo virgen, y se vaciaron los bolsillos para pagarle unas horas con una prostituta. Realizó el coito dos veces con ella, y la segunda vez se le salió el preservativo. Cuando terminó la relación, Jerry comentó, «Me golpeé el pecho con el orgullo de los machos.» No obstante, una semana después, al comprobar que su pene supuraba, se fue corriendo al médico, y fue diagnosticado de infección por *Chlamydia*. Empezó entonces a preocuparse por haber contraído el virus de la inmunodeficiencia humana (VIH) y desde entonces se ha realizado dos pruebas del VIH (ambas negativas). Asimismo, ha llamado repetidamente al teléfono del VIH para formular preguntas acerca del síndrome de inmunodeficiencia adquirida (SIDA). Dado que un médico le explicó que uno no podía estar totalmente seguro de haber contraído la enfermedad hasta que no transcurrieran 2 años, acabó convencido de que él, sin duda, estaba infectado, y que podía propagar la infección a su familia. Percibió cambios en la superficie de su pene que según él constituían pruebas evidentes de que padecía el SIDA. Los fármacos que recibía para la infección por *Chlamydia* le provocaron muguet, hecho que confirmó todavía más sus convicciones. Empezó a deprimirse gravemente, pensaba en cómo suicidarse, empezó a atiborrarse de restos de comida (ganó 4,5 kg) y tenía sentimientos de culpa por lo que había hecho.

Después del intento de suicidio fue tratado con antidepresivos en el hospital local. Dado que continuaba verbalizando veladamente amenazas de suicidio, y a pesar de que su estado de ánimo había mejorado, fue trasladado al hospital psiquiátrico, donde lo tuvieron en observación constante y le administraron un nuevo antidepresivo.

Cuando se consiguieron más datos de su historia clínica, se puso de manifiesto que el paciente había tenido problemas mucho antes del «incidente». Era el más pequeño de tres hermanos; fue el que tuvo un mejor rendimiento en la escuela, y por ello fue seleccionado para redimir a la familia. Durante los primeros años de instituto empezó a preocuparse por la posibilidad de contaminarse, por el miedo a contagiar sus gérmenes a los demás, y pensaba que no debía tratar con inmigrantes ya que podían transmitirle alguna enfermedad. Al mismo tiempo, empezó a cuestionarse las rígidas pautas religiosas con las que le habían educado. Primero se convirtió en un cristiano converso, luego se afilió a un culto satánico y finalmente regresó a la iglesia de su familia a la edad de 16 años. En esta época empezó a tomarse más en serio sus estudios en el instituto, obteniendo sobresalientes en las asignaturas de humanidades, y demostrando un rendimiento aceptable en ciencias y matemáticas. Dado que la familia no disponía de los recursos suficientes para enviarlo a la universidad que él deseaba, comenzó su primer año de facultad en la universidad local. Empezó entonces a preocuparse por su propia orientación sexual después de que varios estudiantes homosexuales se le insinuaran; y esta preocupación sigue viva hoy en día.

Discusión sobre «El infectado»

La historia clínica revela que, incluso mucho antes de que tuviera lugar el problema actual, el paciente había tenido problemas emocionales que incluían, en su época infantil, el temor a contaminarse y, en su etapa adolescente, inquietudes sexuales y religiosas. La preocupación por la contaminación sugiere la posibilidad de un *trastorno obsesivo-compulsivo*, pero no disponemos de la información suficiente acerca de su significado clínico como para establecer este diagnóstico retrospectivo. No obstante, esta preocupación por la contaminación ha creado un caldo de cultivo para lo que más tarde se ha convertido en la alteración más importante: la convicción por parte del paciente de que se ha infectado con el VIH.

Este episodio empezó tras una relación sexual con una prostituta, que dio lugar aparentemente al desarrollo de una enfermedad venérea por *Chlamydia*. Dado que tuvo relaciones con una prostituta, resulta perfectamente comprensible que Jerry pudiera preocuparse por la posibilidad de haberse infectado por el VIH. Sin embargo, seguía convencido de estar infectado tras dos pruebas serológicas negativas, y aportaba como pruebas evidentes los cambios físicos experimentados en su pene a raíz de la infección por *Chlamydia* y el muguet provocado por el tratamiento antibiótico.

La preocupación de Jerry por la idea de que padece una enfermedad grave, a pesar de pruebas médicas que afirman lo contrario, sugiere el diagnóstico de *hipocondría*. En la *hipocondría*, la intensidad con que la persona mantiene su creencia falsa es ubicable a lo largo de un *continuum*. En un extremo de este *continuum* están aquellos pacientes que reconocen totalmente que sus preocupaciones son irreales, aunque siguen estando obsesionados por la posibilidad de padecer la enfermedad. En el otro extremo están aquellos pacientes que sólo son capaces de reconocer la remota posibilidad de que no tengan la enfermedad. Cuando un paciente está firmemente convencido de que padece la enfermedad, esta creencia es de intensidad delirante y debería considerarse el diagnóstico de un trastorno psicótico.

En este caso, llegamos a la conclusión de que la creencia de Jerry, durante un período de tiempo considerable, ha cruzado la frontera de la realidad y reviste proporciones delirantes, descartando por consiguiente el diagnóstico de *hipocondría*. Hay que señalar que la conclusión es que se trata de una idea delirante, incluso a pesar de que el paciente reconozca que existe una remota posibilidad de que las pruebas del VIH fueran realmente negativas, dado que ello es debido a la teoría de que todavía no ha desarrollado anticuerpos contra la infección por VIH. De forma similar, un marido podría tener un delirio de celos; es decir, la convicción de que su mujer le es infiel basada en razonamientos ilógicos, incluso aunque su mujer tuviese efectivamente un amante.

La idea delirante de haber contraído el VIH después de mantener relaciones sexuales con una prostituta no es absurda, ya que es sin duda posible. Por lo tanto, el diagnóstico apropiado en el Eje I es el de *trastorno delirante, tipo somático* (DSM-IV, pág. 308).

Dado que los síntomas depresivos que llevaron a la tentativa de suicidio y al ingreso subsiguiente revisten, sin lugar a dudas, una significación clínica, en el Eje I se efectúa de forma adicional el diagnóstico de *trastorno depresivo no especificado* (DSM-IV, pág. 357). Obsérvese que aunque el paciente reuniera los criterios para un *trastorno depresivo mayor*, no se hace este diagnóstico puesto que se superpone a un *trastorno delirante*.

No hay pruebas de un trastorno de la personalidad en el Eje II. En el Eje III deberían anotarse los antecedentes de *Chlamydia* y de muguet, dado que estas infecciones desencadenaron la aparición de la idea delirante de padecer el SIDA. Como no se describen problemas psicosociales o ambientales relevantes para el diagnóstico, tratamiento o pronóstico, anotamos *aplazado* en el Eje IV. Su puntuación en la EEAG en el momento actual sería de 35, dado que presenta un deterioro del juicio de la realidad (tiene la idea delirante de padecer el SIDA).

Evaluación multiaxial

Eje I	*Trastorno delirante, tipo somático*
	Trastorno depresivo no especificado
Eje II	*Sin diagnóstico*

Eje III Antecedentes de *Chlamydia* y muguet
Eje IV *Aplazado*
Eje V EEAG = 35 (en la actualidad)

Seguimiento

Jerry permaneció en el hospital durante 5 meses. Aunque no parecía deprimido y rechazaba cualquier medicación antidepresiva debido a sus efectos secundarios, el equipo médico se mostraba reacio a darle el alta puesto que temían que estuviera minimizando sus síntomas y albergando todavía la creencia de que padecía el SIDA. Tenían miedo de que tuviera un plan de suicidio. En las sesiones de psicoterapia, Jerry empezó a centrarse en el modo de ser independiente de su familia. En el momento en que fue dado de alta, su preocupación por la enfermedad había disminuido hasta tal punto que sólo hablaba de un «virus desconocido» que había cambiado la imagen de su pene.

Un año después, Jerry acabó su segundo curso en la universidad con buenos resultados (la mayor parte de notas eran sobresalientes y notables). Además, logró un empleo de media jornada. En ese momento ya no se sentía un «neuras». Estaba levemente deprimido la mayor parte del tiempo, sobre todo por su falta de éxitos amorosos, y en ocasiones tenía problemas para concentrarse debido a la «obsesión por las muchachas y por cómo ligar». Había dejado de pensar que padecía el SIDA, tenía «más éxito» que antes haciendo amigos y ahora disfrutaba de una vida social de verdad. Deseaba continuar con las sesiones de psicoterapia, pero no podía permitirse su coste económico.

MISERIA

Un cirujano ortopeda de Seattle solicitó una consulta psiquiátrica para Peggy Sandler, de 28 años de edad, estudiante graduada, soltera, que estaba en período de convalecencia por una reciente intervención de fijación vertebral, realizada por el sospechado incumplimiento de los ejercicios de fisioterapia que se le prescribieron.

La Srta. Sandler era una joven atractiva, con la pierna izquierda amputada por debajo de la rodilla. Se mostraba extrañamente complaciente y jovial, y no parecía estar perturbada teniendo en cuenta su estado físico, cada vez más deteriorado. Refería que 5 años antes el muchacho con el que salía la tiró al suelo, lesionándose la espalda. Durante los 2 años siguientes le fueron practicadas múltiples intervenciones quirúrgicas en la espalda. Finalmente, se le realizó una fijación vertebral que consiguió hacer desaparecer los dolores, hasta hace 6 meses en que le diagnosticaron cambios degenerativos espinales, siendo remitida por eso al servicio de fisioterapia.

Sorprendido por la negativa de la paciente a ofrecer voluntariamente información sobre la amputación, el psiquiatra acabó preguntándole los motivos de ella y pudo saber que poco después de la primera operación de espalda se vio involucrada en un accidente de moto, como resultado del cual sufrió varias quemaduras en el tobillo izquierdo. Éstas derivaron en una lesión crónica y finalmente desembocaron en la amputación de la pierna izquierda, hace 1 año y medio. Peggy hablaba de ello de forma calmada y negaba ningún tipo de malestar por el desfiguramiento o la incapacitación. También expresaba de forma tranquila que la inflamación fluctuante del muñón y las úlceras recurrentes habían interferido con la adaptación adecuada a la prótesis. Por ello, permanecía en una silla de ruedas. Asimismo, hace muchos años había sido hospitalizada en varias ocasiones debido a colitis y piedras en el riñón.

El psiquiatra llamó al cirujano que había practicado la amputación. Éste le explicó que las quemaduras originales habían progresado rápidamente a una herida crónica, con dolores e inflamación crónicos de la pierna izquierda. Cuando se vio que la herida no respondía a los procedimientos médicos, la paciente recibió una serie de implantes de piel, fracasando todos ellos debido a infecciones y edema. Se le dijo que mantuviera la pierna elevada, pero la paciente no hizo caso de esta recomendación, y el estado de la pierna siguió deteriorándose. Fue visitada por muchos médicos y la controlaban en una clínica del dolor, pero ella continuaba experimentando dolor, edema masivo e infecciones recurrentes. La Srta. Sandler exigió repetidamente a su cirujano que le amputara la pierna, aduciendo que sólo le producía dolores y no le servía para nada. Finalmente el cirujano decidió hacerle caso.

El cirujano que practicó la amputación también comentaba que la Srta. Sandler había ingresado recientemente en varias ocasiones por debilidad y adormecimiento del hemicuerpo izquierdo. Los hallazgos de la exploración física eran incompatibles con la sintomatología, el resto de pruebas complementarias resultaron negativas, y fue finalmente dada de alta con el diagnóstico de *trastorno de conversión*. Poco después, reaparecieron los dolores recurrentes. El cirujano comentó, asimismo, que varios de los médicos implicados en el tratamiento de sus heridas de la pierna habían barajado la posibilidad de que sus síntomas pudiesen ser autoprovocados.

La Srta. Sandler es hija única y proviene de una familia de clase media. Después de licenciarse en la universidad, durante varios años estuvo cambiando de un empleo a otro, por lo general debido a problemas médicos y hospitalizaciones repetidas. Antes del ingreso continuaba estudiando y acudiendo asiduamente a la seguridad social. Nadie la había acompañado al hospital, y no tuvo ninguna visita durante el ingreso. Pidió a sus médicos que no contactaran con su familia.

La Srta. Sandler fue trasladada a una unidad de rehabilitación para pacientes ingresados, donde en seguida presentó una serie de problemas médicos totalmente inexplicables, incluyendo una infección del tracto urinario, una gastroenteritis con fiebre y diarrea, inflamación dolorosa de la mano y muñeca derechas, una erupción cutánea en su espalda y dorso, y cambios atípicos del estado mental, como, por ejemplo, dificultades para llevar a cabo cálculos rudimentarios y déficit de memoria contradictorios. Mientras tanto, se negaba repetidamente a observar las normas de seguridad del centro, estacionando su silla de ruedas sin bloquear y su cama sin alinear, a pesar de avisos constantes por parte del personal. Con el tiempo generó un gran componente de ira y frustración entre la mayoría de los médicos, si bien algunos de ellos la consideraban un caso particularmente triste y patético.

Después de haberse puesto en contacto con su último cirujano, el equipo médico empezó a sospechar el papel que la propia paciente podía estar desempeñando en la aparición de los síntomas. Se registró la habitación de la Srta. Sandler y se halló furosemida (un diurético), catárticos y una faja que podía servir como torniquete. Se creyó que estos hallazgos probablemente explicaban muchos de sus síntomas, así como las alteraciones metabólicas inexplicables que se habían constatado mediante exploraciones complementarias. La revisión cuidadosa de la historia clínica reveló que la infección del tracto urinario había sido diagnosticada en base a los cultivos positivos y en ausencia de células en la orina, lo cual podía corresponder a una contaminación fecal. Seguía sin quedar claro cómo, en caso de haberlo provocado realmente, había podido elevar su temperatura corporal de forma facticia, en cualquier caso objetivada con aparatos de medición, o cómo había podido autoinducirse la lesiones urticariformes en la espalda y el dorso.

Discusión sobre «Miseria»

Cuando el especialista intenta obtener la historia clínica del paciente, existe la convicción básica de que éste hace todo lo que puede para proporcionar datos lo más precisos posibles. En este caso, el ingreso vino precipitado por la falta de cumplimiento de las recomendaciones terapéuticas del cirujano. La primera sospecha de que las cosas podían no ser lo que parecían fue la sorprendente pasividad con que la paciente acogía el hecho de estar incapacitada (es decir, la amputación de su pierna izquierda), lo que se ha denominado *la belle indifférence*. Las sospechas se hicieron mayores cuando pudo disponerse de más datos de la historia, gracias a las aportaciones del cirujano que la había tratado. Finalmente, se obtuvieron evidencias irrefutables que indicaban que la paciente se había producido de forma deliberada muchos de sus intrigantes síntomas físicos y alteraciones metabólicas, hecho que sugiere el diagnóstico de un *trastorno facticio* o una *simulación*.

La distinción entre estas dos entidades depende de la motivación subyacente. En la *simulación* existen incentivos externos claros; por ejemplo, el hombre que, en aras de evitar tener que cumplir el servicio militar, añade azúcar a su orina para simular una diabetes. En cambio, en el *trastorno facticio* se supone que la motivación del paciente es la necesidad psicológica de asumir el papel de enfermo. En este caso no parece que exista ninguna ganancia externa clara, y uno sólo puede suponer que, por razones desconocidas, la Srta. Sandler presenta una necesidad patológica de perpetuarse como paciente. Dado que sus síntomas son principalmente físicos, el diagnóstico del Eje I sería *trastorno facticio, con predominio de signos y síntomas somáticos* (DSM-IV, pág. 486), trastorno denominado inicialmente síndrome de Munchausen, en honor a un barón del siglo dieciocho que escribió muchos cuentos fantásticos.

Asumimos que los pacientes que presentan un *trastorno facticio* tienen, asimismo, alteraciones graves de la personalidad. No obstante, en ausencia de datos específicos sobre los rasgos de personalidad de esta paciente, anotaríamos *aplazado* en el Eje II. En el eje III enumeraríamos la amputación de la pierna izquierda y la reciente fijación vertebral. Indudablemente, la Srta. Sandler presenta múltiples problemas psicosociales, si bien, al no disponer de ninguna información específica, en este momento anotaríamos *aplazado* en el Eje IV. La puntuación en la EEAG, Eje IV, de 33 puntos refleja el importante deterioro de su pensamiento y juicio.

Evaluación multiaxial

Eje I	*Trastorno facticio, con predominio de síntomas somáticos*
Eje II	*Diagnóstico aplazado*

Eje III Amputación de la pierna izquierda, fijación vertebral reciente
Eje IV *Aplazado*
Eje V EEAG = 33 (en el momento actual)

Seguimiento

Se convocó una reunión de equipo, y se informó a la Srta. Sandler que se sospechaba que sus síntomas eran de carácter facticio y que ella estaba activamente implicada en la inducción de al menos algunos de ellos. Se le informó que se trataba de una enfermedad psiquiátrica grave y potencialmente peligrosa para la vida, y que era recomendable una hospitalización psiquiátrica en régimen de ingreso para evaluación y tratamiento. La paciente no hizo ningún comentario sobre este diagnóstico, parecía indiferente y aceptaba ser trasladada a la sala de psiquiatría.

La Srta. Sandler permaneció en una unidad de psiquiatría para pacientes agudos durante 4 meses. Durante este tiempo no presentó ningún problema médico y no se quejó de dolores o malestar físico. De hecho, presentó varios síntomas psiquiátricos. En el momento del ingreso experimentaba cambios rápidos del estado de ánimo, mostrándose en un primer momento hipomaníaca, corriendo por la unidad en su silla de ruedas y sosteniendo que no dormía en toda la noche, y luego deprimida, postrada en cama durante el día, y negándose a comer o hablar con el resto de pacientes. Algunos miembros del equipo pensaban que podía tratarse de un *trastorno bipolar* facticio, mientras que otros atribuían sus síntomas a una auténtica inestabilidad emocional o a fenómenos disociativos reales.

El comportamiento de la Srta. Sandler en la unidad era provocador e impulsivo. Se mostraba lábil y suspicaz. Se mofaba del personal, generaba conflictos y altercados, verbalizaba ideas de suicidio y se fortificaba en su habitación. Mejoró con un fármaco anticonvulsivo y un antipsicótico, pero se pasó la segunda mitad del ingreso negándose a participar en toda clase de actividades y con pocos privilegios de permisos debido a sus amenazas de llevar a cabo conductas autodestructivas si se le permitía abandonar la unidad.

En las sesiones de psicoterapia, la paciente fue revelando de forma gradual una historia de abusos físicos casi diarios a manos de su padre durante la infancia y principios de la adolescencia. Su terapeuta creyó que la historia era auténtica y efectuó el diagnóstico de *trastorno disociativo* apoyándose en los síntomas que describía. Otros miembros del equipo seguían dubitativos sobre la veracidad de la historia de abusos físicos durante la infancia, aunque estaban impresionados por la cantidad de síntomas característicos del *trastorno límite de la personalidad.*

La Srta. Sandler accedió a que la trasladaran a un centro de larga estancia. El día anterior al traslado concertado, cambió de idea, refiriendo que prefería «hacer mi vida», y firmó la hoja de alta voluntaria. Se dirigió a los juzgados, donde se le concedió el alta. Acabó saliendo en contra de la opinión de los médicos, y nunca más se supo de ella.

COMIDAS Y COMPRAS

Ellen Farber, soltera, de 35 años de edad y ejecutiva de una compañía de seguros, acudió al servicio de urgencias de psiquiatría de un hospital universitario refiriendo que estaba deprimida y amenazando con tirarse en coche por un precipicio. La Srta. Farber, una mujer coherente, sofisticada y con un sobrepeso moderado, parecía tener un malestar considerable. Explicaba que desde hacía 6 meses notaba, de forma persistente y con una intensidad cada vez mayor, disforia y pérdida de energía y placer. Sintiéndose como si estuviera «hecha de plomo», últimamente la Srta. Farber se pasaba 15-20 horas al día en la cama. Refería, asimismo, episodios diarios de atracones, durante los cuales ingería «todo lo que encuentro», incluyendo cajas de galletas o pasteles de chocolate enteros. Explicaba problemas con los atracones desde la adolescencia de forma intermitente, si bien éstos habían aumentado en frecuencia recientemente, dando lugar a un aumento de peso de unos 9 kg en el último par de meses. En el pasado su peso había sufrido considerables variaciones ya que había empezado y abandonado numerosas dietas. Negaba estar preocupada por la delgadez o tener antecedentes de vómitos o recurrir a otros métodos de reducción de peso para compensar los atracones.

La Srta. Farber atribuía este aumento de síntomas a sus dificultades económicas. Había sido despedida del trabajo 2 semanas antes de acudir al servicio de urgencias. Según ella, el despido vino motivado porque «debía una pequeña cantidad de dinero». Cuando se le pidió que concretara más, explicó que adeudaba 150.000 dólares a sus antiguos jefes y otros 100.000 dólares a diversos bancos locales. A medida que avanzaba la entrevista se puso de manifiesto que siempre había tenido dificultades para administrar el dinero y que a los 27 años de edad fue obligada a declararse en quiebra. Entre los 30 y los 33 años de edad había utilizado las tarjetas de crédito de su jefe para financiar «atracones de compras» semanales, acumulando una deuda de 150.000 dólares. Negaba haber presentado en el pasado o en el momento actual síntomas de manía, ideas obsesivas o compulsión por comprar, si bien añadía que gastar dinero aliviaba sus sentimientos crónicos de soledad, aislamiento y tristeza. Aunque sólo le reportaba un alivio temporal, cada pocos días compraba de forma impulsiva objetos caros de joyería, relojes o muchos pares de los mismos zapatos.

Hace ahora 2 años, cuando sus jefes se percataron de la presencia masiva de facturas procedentes de sus tarjetas de crédito, la Srta. Farber no tenía nada para vender y reducir así el total de su deuda. Sus jefes le permitieron saldar la deuda permaneciendo en el trabajo a cambio de una parte de su sueldo. Sin embargo, no podía dejar de gastar. Ahora financiaba sus compras mediante un procedimiento que ella misma denominaba «juego de cheques». Abría una cuenta de crédito en un banco, sobrepasaba los límites de crédito; abría una segunda cuenta en otro banco, hacía lo mismo que con la primera, y entonces abría una tercera en otro banco. Durante 2 años este proceso en cadena acabó produciendo una deuda adicional de 100.000 dólares. Cuando los bancos descubrieron estas prácticas fraudulentas hace 2 semanas, contactaron con los jefes de la Srta. Farber, quienes rápidamente procedieron a su despido, hecho que condujo al estado actual de desesperación de la paciente.

Además de sentimientos de vacío de toda la vida, la Srta. Farber describía una incertidumbre crónica sobre qué deseaba hacer en la vida y con quién quería relacionarse. Había tenido muchas relaciones intensas y breves con hombres y mujeres, pero su temperamento impulsivo daba lugar a frecuentes discusiones e incluso a peleas físicas. Aunque siempre había considerado su infancia como feliz y despreocupada, cuando empezó a deprimirse afloraron a su memoria episodios de abusos físicos a manos de su madre. Inicialmente, decía que había soñado cómo su madre la empujaba por las escaleras cuando tenía sólo 6 años, pero a partir de entonces empezó a explicar recuerdos anteriormente olvidados de abusos físicos o verbales por parte de su madre.

La Srta. Farber fue ingresada en el hospital para tratamiento de su depresión.

Discusión sobre «Comidas y compras»

La Srta. Farber ingresa en el hospital cuando ve que no puede hacer frente a sus cada vez mayores dificultades personales. Presenta aparentemente un *episodio depresivo mayor*, con síntomas de estado de ánimo deprimido, sobreingesta de alimento, aumento del tiempo de sueño y pérdida de energía e interés. En ausencia de antecedentes de episodios depresivos previos, deberíamos diagnosticar en el Eje I un *trastorno depresivo mayor, episodio único* (DSM-IV, pág. 344). No obstante, en este caso la depresión sólo representa la punta del iceberg.

Tiene problemas desde hace tiempo con la comida y los gastos. Los atracones recurrentes, en ausencia de las conductas compensadoras asociadas a la *bulimia nerviosa*, indican un *trastorno por atracón*, diagnóstico del Eje I incluido en el apéndice del DSM-IV dedicado a diagnósticos propuestos para estudios posteriores (DSM-IV, pág. 747) y citado como ejemplo de *trastorno de la conducta alimentaria no especificado*. Como la mayor parte de personas que presentan el *trastorno por atracón*, la Srta. Farber presenta sobrepeso y tiene una historia de variaciones de peso considerables.

Sus problemas financieros son el resultado de una incapacidad para resistir lo que ella denomina «atracones de compras», los cuales alivian en cierta medida sus sentimientos de vacío y tristeza. Aunque la mayor parte de su comportamiento tiene un tono antisocial, la Srta. Farber no presenta antecedentes de conductas antisociales durante la infancia u otros síntomas del *trastorno antisocial de la personalidad*. Nuestra clasificación oficial no reconoce el gasto patológico como trastorno (quizás análogo al *juego patológico*), si bien existe un grupo de autoayuda, los Deudores Anónimos, para personas con este problema. Como muchas otras personas que muestran dificultades para controlar los impulsos, la Srta. Farber tiene actualmente problemas legales serios como resultado de su conducta.

Es probable que un trastorno subyacente de la personalidad alimente sus atracones de comida y de compras. La paciente presenta los síntomas característicos del *trastorno límite de la personalidad* (DSM-IV, pág. 670), diagnóstico incluido en el Eje II: incertidumbre acerca del presente y el futuro, sentimientos crónicos de vacío, ataques de ira inapropiados e intensos, e impulsividad (comidas y compras). Como suele ser el caso de las personas con *trastorno límite de la personalidad*, existen recuerdos de malos tratos físicos durante la etapa infantil.

Anotaríamos el sobrepeso de la Srta. Farber en el Eje III y sus problemas económicos y laborales en el Eje IV. Dado que presenta ideación suicida y ha estado demasiado deprimida como para trabajar, su puntuación en la EEAG sería de 35 puntos.

Evaluación multiaxial

Eje I	*Trastorno depresivo mayor, episodio único*
	Trastorno de la conducta alimentaria no especificado (trastorno por atracón)
Eje II	*Trastorno límite de la personalidad*
Eje III	Sobrepeso
Eje IV	Desempleada, problemas financieros
Eje V	EEAG = 35 (en el momento actual)

Nada importa

Lois Pitman fue ingresada en la unidad de psiquiatría de un hospital universitario por presentar una depresión con ideas de suicidio. Esta mujer afroamericana tiene 41 años de edad, está divorciada y es madre de tres muchachos adolescentes. Explica que en las semanas precedentes ha consumido cocaína en cantidades crecientes, ya que esta sustancia le hace sentir «tan atontada que todo deja de importarle». Esta escalada en el consumo de cocaína y las ideas de suicidio coincidieron con una investigación a su familia por parte de los servicios de protección de menores, abierta después de que la hija mayor de la Srta. Pitman pusiera una denuncia al novio actual de su madre por acoso sexual. Éste negó los cargos. Esta acusación perturbó enormemente a la Sra. Pitman, que no estaba segura de a quién creer. No entendía cómo su novio había podido hacer una cosa así.

Aunque se trata de una enfermera con título, hace 5 años le suspendieron la licencia de trabajo por consumo de drogas, y ha estado en el paro desde entonces. Ha llevado a cabo varios programas terapéuticos para dejar las drogas, pero siempre se ha mostrado incapaz de permanecer abstinente. Ha tenido diversas relaciones tormentosas con otros hombres. La familia vive en un barrio caracterizado por la violencia y el tráfico masivo de drogas. La Srta. Pitman ha sido agredida en diversas ocasiones y casi violada en otras tantas. Una vez, a su hijo le pasó una bala rozando, debido a un tiroteo.

Además de dos ingresos hospitalarios previos desencadenados por amenazas de suicidio, la Srta. Pitman tiene una larga historia de tratamiento ambulatorio con varios terapeutas. Con frecuencia se ha mostrado poco cumplidora con las recomendaciones médicas, ha presentado y expresado abiertamente fuertes sentimientos hacia sus terapeutas, y ha abusado repetidamente de sustancias. Varios terapeutas la han descrito como «indigna de confianza, bordeando lo paranoide», «hostil» y «dependiente».

Durante varios años, la Srta. Pitman ha referido miríadas de síntomas y ha recibido diferentes diagnósticos por parte de distintos terapeutas. Ha descrito frecuentes episodios caracterizados por tristeza, estado de ánimo irritable, problemas de sueño (dificultades para conciliarlo y despertares frecuentes durante la noche), pérdida de peso, disminución del interés y de la capacidad de sentir placer, pérdida de energía, inquietud motora, ansiedad generalizada, baja autoestima y sentimientos de inutilidad, rumiaciones de culpa, diversas quejas somáticas y frecuentes tentativas de suicidio, a menudo realizadas con la esperanza de ser encontrada.

En algunas ocasiones ha referido sentirse «paranoide» y tener la sensación de que de su vagina emanaba un olor fétido. En todos estos años, la Srta. Pitman ha consumido diversas drogas de forma abusiva. Hasta hace un año tomaba benzodiacepinas, alcohol y cocaína de forma indiscriminada. Este último año sólo ha consumido cocaína.

A la Sra. Pitman le han prescrito un amplio número de medicamentos, incluyendo antidepresivos, ansiolíticos y, ocasionalmente, neurolépticos, sin que ello haya reportado beneficios aparentes. Durante su último ingreso, la Sra. Pitman fue descrita como un caso particularmente difícil. Dirigía epítetos raciales insultantes al personal médico y llegó a desencadenar una explosión de ira racial en la sala. Sólo hablaba con personas afroamericanas e infravaloraba las recomendaciones que le efectuaban los médicos blancos. El último día de ingreso, el médico que le dio el alta llegó a la conclusión de que el diagnóstico que mejor recogía su amplio abanico de comportamientos y de síntomas era el de *trastorno límite de la personalidad*.

Al cabo de varias semanas del ingreso actual, la Sra. Pitman empezó a tener recuerdos claros de haber padecido abusos sexuales por parte de su padre. Reconocía haber tenido esos mismos recuerdos tiempo atrás, aunque no se los había comentado a nadie dado que pensó que «no iban a creerla». Finalmente, comentó que estos abusos tuvieron lugar cuando ella tenía 7 años, y que se acabaron una vez empezó a tener la menstruación, a la edad de 12 años.

Discusión sobre «Nada importa»

Estamos de acuerdo en que el diagnóstico que mejor describe las dificultades de toda la vida de la Sra. Pitman es el de *trastorno límite de la personalidad*, del Eje II (DSM-IV, pág. 670). Aunque no disponemos de información sobre problemas de identidad, la paciente presenta, sin duda, un patrón persistente de inestabilidad de las relaciones interpersonales (relaciones tormentosas con novios y terapeutas), del estado de ánimo (a menudo está triste o irritable) y del control de los impulsos (sexo y drogas). También ha presentado episodios transitorios de ideación paranoide relacionados con agentes estresantes, síntoma frecuente en este trastorno.

Además, ha tenido episodios recidivantes de *trastorno depresivo mayor* (DSM-IV, pág. 352), y su incapacidad para controlar el consumo de sustancias que alteran el estado de ánimo sugiere una *dependencia de la cocaína* (DSM-IV, pág. 222) y unos antecedentes de *dependencia del alcohol* (DSM-IV, pág. 201) y *dependencia de las benzodiacepinas* (DSM-IV, pág. 268), todo ello codificado en el Eje I.

La preocupación de la Sra. Pitman por el hecho de que su hija hubiese podido ser objeto de acosos sexuales la ha conducido a tener recuerdos de sus propios abusos sexuales durante la infancia. Los profesionales de la salud mental que la trataron no la interrogaron incisivamente sobre antecedentes de abusos sexuales o físicos. Este tipo de interrogatorio es particularmente importante en pacientes como la Sra. Pitman, que presentan un *trastorno límite de la personalidad*, ya que existen pruebas considerables que demuestran que los abusos físicos o sexuales durante la etapa infantil son frecuentes en personas que presentan este trastorno.

El estigma que lleva consigo el haber sido víctima de abusos sexuales, y la anticipación de más abusos si se decidía a denunciarlo a la justicia, lleva a muchas mujeres a sufrir en silencio. Este sentimiento percibido de estigmatización social puede estar magnificado en las mujeres afroamericanas. La Sra. Pitman, como muchas mujeres que han sufrido abusos sexuales, no contó a nadie haber sido objeto de abusos durante su infancia.

Muchas de las personas que presentan un *trastorno límite de la personalidad*, si bien pueden tener recuerdos momentáneos de los traumas de la infancia, no experimentan traumas continuos en su vida adulta. En cambio, la Sra. Pitman siempre ha resultado ser una víctima de las condiciones peligrosas de su vida y las amenazas a su seguridad personal y a la de sus hijos. Los recuerdos del pasado constituyen síntomas disociativos que indican la incapacidad de la Sra. Pitman para superar con éxito sus traumas infantiles. Quizá si viviese en un entorno menos amenazador no hubiese tenido los recuerdos recurrentes de los abusos. La reexperimentación del trauma en forma de recuerdos sugiere el diagnóstico adicional de *trastorno por estrés postraumático*. Sin embargo, no disponemos de la información suficiente acerca del resto de síntomas característicos del trastorno, como conductas de evitación y disminución de la capacidad de respuesta, para efectuar este diagnóstico.

La Sra. Pitman no parece tener ninguna enfermedad médica que citar en el Eje III. En el Eje IV, sin embargo, anotaríamos varios de sus problemas psicosociales y de su entorno. Asignaríamos una puntuación de 35 en la EEAG del Eje V, para reflejar así sus ideas de suicidio, el fuerte consumo de drogas y la depresión.

Evaluación multiaxial

Eje I	*Trastorno depresivo mayor, recidivante*
	Dependencia de la cocaína
	Dependencia del alcohol
	Dependencia de las benzodiacepinas
Eje II	*Trastorno límite de la personalidad*
Eje III	*Sin diagnóstico*
Eje IV	Investigación de los servicios de protección de menores, desempleada, vecindario peligroso
Eje V	EEAG = 30 (en el momento actual)

NOTICIAS INCIERTAS

Marvin, un periodista de 35 años de edad, acudió a su médico internista quejándose de cansancio, dolor de garganta y cefaleas. Estos síntomas habían aparecido 3 meses antes, pocas semanas después de enterarse de que era VIH-positivo (es decir, las pruebas de sangre indicaban la presencia de anticuerpos contra el VIH). Se le realizó un examen físico completo que demostró que se encontraba en buen estado de salud, exceptuando una leve afección alérgica responsable del dolor de garganta. Asimismo, las pruebas de laboratorio rutinarias de sangre y orina resultaron negativas. De todas formas, a Marvin le preocupaba que sus síntomas de cansancio, dolor de garganta y cefaleas pudieran ser el pródromo del síndrome de inmunodeficiencia adquirida (SIDA). Empezó a tener frecuentes y molestos pensamientos sobre la muerte, junto con fantasías recurrentes de desfiguraciones por cáncer, enfermedades prolongadas y dependencia total de otras personas. Como había seguido los reportajes y noticias sobre el SIDA, era consciente de que una prueba positiva no indicaba que tuviera que padecer necesariamente la enfemedad, pero este hecho no evitaba que se pasara el día cavilando sobre una muerte prolongada y dolorosa. Su médico internista le aconsejó que consultara con un psiquiatra.

Marvin describe sus síntomas físicos al psiquiatra y los relaciona con su ansiedad constante y creciente. Refiere que actualmente tiene problemas para concentrarse en el trabajo. Ha empezado a cuestionarse el valor de su carrera profesional comparado con el interés por otras actividades. Cada vez está más preocupado por los posibles efectos debilitantes del estrés relacionado con su actividad laboral y teme que este mismo estrés pueda llegar a comprometer su sistema inmunitario. Se plantea dejar su trabajo y volver a su país de origen, donde le aguarda una vida más tranquila.

Durante la última semana, su ansiedad ha ido en aumento tras haberse enterado de que dos conocidos suyos han sido diagnosticados de SIDA. Se ha dado cuenta de que evita leer cualquier cosa en el periódico sobre el SIDA y cualquier situación social en que este tema vaya a debatirse.

Cuando se encuentra en una situación que consigue hacerle olvidar sus problemas, como un concierto o una película interesantes, Marvin es capaz de experimentar placer. No ha tenido cambios en el apetito o el sueño, a excepción de pesadillas recurrentes en las que padece una misteriosa enfermedad y es abandonado para morir en un hospital.

Marvin nunca había precisado ayuda psiquiátrica hasta la fecha, y refiere que hasta ahora siempre se había considerado un hombre feliz, orgulloso de sus éxitos profesionales y satisfecho por su larga relación con un hombre al que ama. Desea que la terapia le sirva para reducir el «estrés», lo cual «ayudará a mi sistema inmunitario a luchar contra el SIDA».

Discusión sobre «Noticias inciertas»

Como la mayor parte de personas a las que se ha notificado que son VIH-positivas, Marvin se ha ido volviendo cada vez más ansioso y preocupado, con pensamientos relacionados con su enfermedad y su muerte. En su caso, la ansiedad es lo bastante intensa como para interferir en su rendimiento laboral.

Las pesadillas de Marvin y sus pensamientos intrusos sobre la enfermedad y la muerte sugieren un *trastorno por estrés postraumático*, en el cual un suceso traumático es revivido de formas diversas. ¿Cuál es el suceso en este caso? Sus pesadillas y pensamientos intrusivos están relacionados con lo que teme que pueda sucederle (llegar a enfermar y morir) y no tienen nada que ver con la revelación o conocimiento de que es VIH-positivo. Por lo tanto, no podemos decir que esté reexperimentando un suceso traumático.

Marvin está deprimido y ansioso, pero no presenta un cuadro clínico completo de *trastorno depresivo mayor* o de un *trastorno de ansiedad* (como el *trastorno de ansiedad generalizada*). Por lo tanto, nos quedamos con la categoría residual del Eje I de *trastorno adaptativo mixto, con ansiedad y estado de ánimo depresivo* (DSM-IV, pág. 642). El tipo debería especificarse como *agudo* para indicar que los síntomas han estado presentes durante menos de 6 meses. Si los síntomas resultantes del estrés actual asociado con el conocimiento de la positividad para el VIH persisten más de 6 meses, debería cambiarse el tipo por *crónico*.

En un individuo con pruebas de infección por VIH, es importante excluir una causa física para los síntomas psiquiátricos, como una infección o un tumor en el sistema nervioso central. Esta distinción resulta a menudo difícil, dado que las enfermedades relacionadas con el VIH pueden manifestarse a través de síntomas psiquiátricos. Además, los trastornos mentales pueden coexistir y ser exacerbados por las enfermedades físicas relacionadas con el VIH. En este caso no existen pruebas de una enfermedad médica activa relacionada con el VIH, aunque los síntomas de cansancio y cefalea requerirán reevaluaciones médicas periódicas.

En el Eje II anotaremos *sin diagnóstico*, ya que nada hace sospechar la presencia de un trastorno de la personalidad. En el Eje III debe hacerse constar la infección por VIH. En el Eje IV, el conocimiento por parte del paciente de que es VIH-positivo. La puntuación de la EEAG del Eje V es de 55, debido al carácter moderado de los síntomas (p. ej., dificultades para concentrarse en el trabajo).

Evaluación multiaxial

Eje I	*Trastorno adaptativo mixto, con ansiedad y estado de ánimo depresivo*
Eje II	*Sin diagnóstico*
Eje III	Infección por VIH
Eje IV	Conocimiento de ser VIH-positivo
Eje V	EEAG = 55 (en el momento actual)

LA ENFERMIZA

Una mujer casada, de 38 años de edad, acudió a una clínica mental quejándose principalmente de depresión. Durante el último mes se había sentido deprimida, padecía insomnio, lloraba con frecuencia y se había dado cuenta de que su nivel de concentración y de interés en diversas actividades había disminuido.

La paciente refería que había sido una niña enfermiza y que había estado deprimida desde que su padre abandonó a la familia, cuando ella tenía aproximadamente 10 años de edad. Aparentemente, fue llevada al médico de cabecera y éste recomendó a su madre que diera a la paciente un poco de vino antes de cada comida. Su adolescencia no presentaba datos de interés, aunque se describía a sí misma como una muchacha tímida. Se graduó en el instituto a los 17 años de edad y empezó a trabajar como oficinista y contable en unos grandes almacenes. Se casó cuando contaba aproximadamente la misma edad, pero su matrimonio fracasó: mantenía riñas frecuentes con su marido debidas, en parte, a la indiferencia y quejas de dolor de ella durante las relaciones sexuales.

A la edad de 19 años empezó a beber en grandes cantidades, se emborrachaba y tenía temblores matutinos, que aliviaba ingiriendo alcohol tan pronto como se levantaba por la mañana. Se sentía culpable por no cuidar adecuadamente a sus hijos a causa de la bebida. A los 21 años fue ingresada en un hospital mental, donde se le diagnosticó alcoholismo y depresión, y donde recibió tratamiento con antidepresivos. Después del alta hospitalaria seguía bebiendo casi continuamente. A la edad de 29 años fue ingresada de nuevo y esta vez en la unidad de tratamiento de alcohólicos. Desde entonces, se ha mantenido abstemia. Posteriormente, fue ingresada en diversos hospitales psiquiátricos por una mezcla de síntomas físicos y depresivos, y, en una ocasión, recibió varias sesiones de terapia electroconvulsivante, que le reportaron escasos beneficios.

La paciente describe nerviosismo desde la infancia. Asimismo, reconoce espontáneamente haber estado enferma desde su juventud con una sucesión de problemas físicos que, según los médicos, eran debidos al nerviosismo o a la depresión. No obstante, cree que padece un problema físico que los médicos aún no han podido descubrir. Además de nerviosismo, presenta dolor torácico, y una serie de especialistas le han diagnosticado un «corazón nervioso». Acude al médico con frecuencia para buscar soluciones a su dolor abdominal y ha sido diagnosticada de «colon espástico». Ha visitado quiromasajistas y osteópatas debido a su dolor de espalda y de extremidades, y para consultar sobre una sensación de anestesia en las puntas de los dedos de las manos. Hace 3 meses sufrió vómitos y dolores en el tórax y el abdomen, y fue ingresada en un hospital para llevar a cabo una histerectomía. Desde que ésta le fue practicada, ha padecido repetidos ataques de ansiedad, desmayos (los cuales, según la paciente, están relacionados con un estado de inconsciencia que se prolonga más de 30 min), vómitos, intolerancia a los alimentos, debilidad y cansancio. Asimismo, ha sido operada de un absceso en la garganta.

La paciente pertenece a una familia de cinco hijos. Fue criada por su madre después de que su padre les abandonara. Se decía que su padre había sido un alcohólico y murió a los 53 años de edad, a causa de un cáncer de hígado. A pesar de una niñez económicamente difícil, la paciente se graduó en el instituto y, posteriormente, trabajó durante 2 años. Se vio obligada a dejar su empleo debido a su propensión a enfermar.

Se casó con su marido actual a los 17 años de edad y ha permanecido casada hasta este momento. Parece que su marido es alcohólico y presenta algunos períodos de inestabilidad laboral. Mantienen frecuentes discusiones sobre el sexo y la economía familiar. Tienen cinco hijos, de edades comprendidas entre los 2 y los 20 años.

Actualmente, la paciente confiesa que se siente deprimida, pero piensa que ello es debido a que «sus hormonas no se han puesto en orden». Continúa buscando una explicación médica para sus problemas físicos y psicológicos.

Discusión sobre «La enfermiza»

En primer lugar, es necesario establecer una separación entre el problema inmediato que motivó la consulta actual de la paciente (depresión) y sus problemas de larga evolución (síntomas físicos y consumo excesivo de alcohol). Aparentemente, en la actualidad presenta una recidiva de un *episodio depresivo mayor* (1 mes de estado de ánimo deprimido acompañado de falta de interés, insomnio, dificultades de concentración y cansancio). Esta alteración del estado de ánimo se diagnostica en el Eje I como *trastorno depresivo mayor, recidivante, leve* (DSM-IV, pág. 352).

La mayor parte de los numerosos síntomas físicos que han atormentado a la paciente durante tantos años aparentemente, no pueden explicarse, por una enfermedad médica. En el pasado ha recibido diagnósticos «físicos», como «corazón nervioso» y «colon espástico», aunque ambas entidades no constituyen trastornos con una fisiopatología conocida. Por lo tanto, los síntomas físicos sugieren un *trastorno somatomorfo*. En el caso de esta paciente, el gran número de síntomas que afectan múltiples órganos sugieren la categoría del Eje I de *trastorno de somatización* (DSM-IV, pág. 461). La característica principal de este trastorno es una historia de múltiples quejas físicas que se inician antes de los 30 años de edad y que se desarrollan a lo largo de varios años, lo que da lugar a una búsqueda de tratamientos o a un deterioro del rendimiento de la persona. Además, el diagnóstico requiere cuatro síntomas de dolor, dos de tipo gastrointestinal, uno sexual y uno seudoneurológico. La paciente refiere dolor durante el coito, dolor torácico, dolor abdominal, dolores de espalda y en las extremidades, vómitos, intolerancia a los alimentos y diarrea (colitis), indiferencia sexual, y períodos de «pérdida de conciencia» y debilidad (síntomas seudoneurológicos).

La paciente ha experimentado, asimismo, períodos de fuerte consumo de alcohol acompañados de «temblores nocturnos», que aliviaba bebiendo más alcohol, y dificultades para actuar como madre. Todos estos problemas sugieren el diagnóstico del Eje I de *dependencia del alcohol* (DSM-IV, pág. 201). Dado que la paciente no ha presentado dificultades atribuibles al consumo de alcohol durante más de un año, el curso se califica como en *remisión total sostenida*. (Preferimos *en remisión total sostenida* a omitir la historia de dependencia alcohólica debido a las posibilidades de recaída en este caso y a la necesidad de efectuar evaluaciones continuadas.) El orden en que se han comentado estos diagnósticos indica el orden en que se enumeran en el Eje I y refleja su importancia relativa como factores determinantes de la evaluación actual.

En el Eje II estuvimos tentados de anotar un *trastorno de la personalidad no especificado* (provisional), para indicar nuestra sospecha de que el patrón de relaciones de la paciente tanto con ella misma como con los demás (aparte de los diagnósticos del Eje I) resulta desadaptativo. No obstante, la cronicidad y persistencia de la psicopatología descrita en este caso puede justificarse enteramente por sus diagnósticos en el Eje I. Por lo tanto, anotamos *diagnóstico aplazado* en el Eje II.

Dado que en el pasado los síntomas físicos no se han debido aparentemente a una enfermedad médica, ni existen indicios de una enfermedad médica en el momento actual, anotamos *sin diagnóstico* en el Eje III.

Es probable que las circunstancias de la vida de esta paciente hayan estado siempre asociadas a problemas psicosociales y del entorno. Se mencionan las peleas con su marido, su alcoholismo y su inestabilidad laboral. Dado que estos problemas pueden afectar al tratamiento y pronóstico de su *trastorno de somatización*, los anotamos en el Eje IV.

© MASSON, S.A. Fotocopiar sin autorización es un delito.

Debido a su incapacidad para trabajar a causa de su «propensión a enfermar» y a los problemas interpersonales con su marido, se otorga una puntuación de 50 en la EEAG del Eje V, tanto para su nivel de actividad actual como para el nivel de actividad más elevado a lo largo del último año, con el fin de indicar un serio deterioro en su nivel de actividad. Véase que sus síntomas depresivos la situarían en la puntuación 51-60; pero su bajo nivel de rendimiento laboral, a causa de su *trastorno de somatización*, justifica una puntuación en el nivel inmediatamente inferior.

Evaluación multiaxial

Eje I	*Trastorno de somatización*
	Trastorno depresivo mayor, recidivante, leve
	Dependencia del alcohol, en remisión total sostenida
Eje II	*Diagnóstico aplazado*
Eje III	*Sin diagnóstico*
Eje IV	Múltiples problemas con su marido
Eje V	EEAG = 50 (en el momento actual, así como el máximo nivel alcanzado durante el pasado año)

PARANOIDE Y PELIGROSA

Tracy Shaw, de 32 años de edad, obesa y con aspecto salvaje, fue conducida por la policía al servicio de urgencias de psiquiatría después de que hiciera añicos el espejo del despacho del director de la escuela de su hijo, en un ataque de furia. El psiquiatra que la entrevistó la describía como «paranoide y peligrosa para los demás» y recomendaba la inmediata hospitalización con el certificado de dos médicos si ella se negaba a ingresar de forma voluntaria.

La Sra. Shaw se negó a ingresar voluntariamente. Aseguraba que sus sospechas de que su hijo era tratado injustamente en la escuela estaban bien fundadas y que no pretendía hacer daño a nadie. Reconocía estar particularmente irritable y colérica debido a que se encontraba en los días premenstruales. Su marido apoyaba su decisión y asumía la responsabilidad de volverla a llevar al psiquiatra al día siguiente. Esa noche le vino la regla.

Cuando la Sra. Shaw acudió al psiquiatra al día siguiente, parecía una persona «diferente». Estaba relajada, el enfado y la irritabilidad habían desaparecido, y demostraba tener sentido del humor. No obstante, seguía convencida de que el director de la escuela le debía una explicación por el modo injusto en que trataba a su hijo.

La Sra. Shaw refirió una historia de síntomas premenstruales de frecuencia mensual que se habían iniciado con la menarquía, pero que habían empeorado desde que había cumplido los 20 años. Estos síntomas no eran iguales cada mes. Algunas veces se deprimía y tenía ideas de suicidio, otras tenía una necesidad irresistible de comer chocolate y llegaba a ganar 2-4,5 kg en 1 semana, unos meses se mostraba hiperactiva y había meses que no tenía ningún síntoma. Lo que siempre resultaba predictible era la fecha de comienzo de los síntomas, ya que éstos aparecían una semana antes de la menstruación y remitían cuando ésta se iniciaba.

La Sra. Shaw era la hija mayor de una mujer crónicamente deprimida y atemorizada, y de un padre alcohólico y hombre de negocios. Antes de casarse, ella era quien se cuidaba de la familia. Su madre se recuperó de forma significativa durante la adolescencia de la Sra. Shaw, aunque, cuando ésta se casó y se fue de casa al terminar sus estudios en el instituto, la madre recayó y no tardó demasiado en morirse.

Actualmente, la Sra. Shaw es madre de cuatro hijos en edad escolar; además, sobre ella recae todo el cuidado de un hermano alcohólico, que se está muriendo de cáncer, y de su propio marido, incapacitado, que ha estado gravemente deprimido y laboralmente incapacitado desde que fue operado hace un año y medio. Vive de sus propios recursos. Tanto su marido como los padres de éste tienen problemas importantes con el alcohol.

La Sra. Shaw sigue cuidando de su familia. «No puedo vivir conmigo misma si no lo hago todo. Me siento culpable cuando hago algo para mí misma». Es capaz de enfrentarse con las demandas cotidianas de la vida y por lo general no está deprimida, excepto durante el período premenstrual, cuando «todo el mundo se me cae encima» y se siente «abatida».

© MASSON, S.A. Fotocopiar sin autorización es un delito.

Discusión sobre «Paranoide y peligrosa»

El comportamiento fuera de control que condujo a la Sra. Shaw al psiquiatra sugería un estado psicótico potencialmente peligroso para los demás y, por lo tanto, era tributario de ingreso. Afortunadamente, la Sra. Shaw fue capaz de convencer al psiquiatra de que no se encontraba en un estado psicótico, sino que experimentaba dificultades episódicas que siempre aparecían los días anteriores a la menstruación y remitían con su llegada. Sus síntomas varían de un ciclo a otro e incluyen depresión, ira, irritabilidad y aumento de la ingesta de comida. Entre estos episodios la Sra. Shaw se encuentra aparentemente libre de síntomas.

Este patrón de episodios disfóricos recurrentes, que se inician en la fase premenstrual y remiten con el comienzo de la menstruación, sugieren el diagnóstico del Eje I de *trastorno disfórico premenstrual* (DSM-IV, página 733), entidad que no se incluye en la clasificación oficial, pero sí en el apéndice del DSM-IV sobre diagnósticos pendientes de estudio posterior. Entretanto, en el DSM-IV se considera un ejemplo de *trastorno depresivo no especificado*. Para confirmar este diagnóstico, sería necesario que la Sra. Shaw llevara un registro diario en el que puntuara su estado de ánimo y su comportamiento al menos durante dos ciclos, para así documentar su impresión de que los cambios siempre se asocian con el ciclo menstrual. Además, sería necesario establecer que al menos cinco síntomas asociados (p. ej., disminución del interés en las actividades habituales, pérdida notable de energía, alteraciones del sueño y otros síntomas físicos) han estado presentes la mayor parte del tiempo durante cada fase premenstrual sintomática.

Dado que no podemos asegurar la presencia de trastorno de la personalidad, en el Eje II anotaríamos *diagnóstico aplazado*. En el Eje III hacemos constar que cuando la paciente fue vista en el servicio de urgencias se encontraba en la fase premenstrual. En el Eje IV enumeramos el grave estrés familiar. Los 52 puntos en la EEAG del Eje V reflejan su conducta violenta e impulsiva en el despacho del director de la escuela de su hijo y las dificultades por las que, sin duda, atravesaba los días previos a este incidente.

Evaluación multiaxial

Eje I	*Trastorno depresivo no especificado (trastorno disfórico premenstrual)*
Eje II	*Diagnóstico aplazado*
Eje III	Fase premenstrual (en el servicio de urgencias)
Eje IV	Marido incapacitado, hermano terminal
Eje V	EEAG = 52 (en el momento actual)

La mujer de la alta sociedad

Dorothea Cabot, una mujer de la alta sociedad, de 42 años de edad, nunca había tenido problemas psiquiátricos con anterioridad. Está a punto de inaugurarse oficialmente un nuevo teatro con el estreno mundial de un nuevo ballet, y debido a su posición en el consejo de cultura, Dorothea, ha asumido la responsabilidad de coordinar el acto. Sin embargo, la aparición de problemas en la construcción, incluyendo huelgas, han puesto en peligro la resolución de todos los detalles que quedan pendientes antes de la fecha límite. El decorador ha amenazado con abandonar el proyecto si los materiales no reúnen sus meticulosas exigencias. Dorothea ha tenido que apaciguar los ánimos de este hombre y convencer al mismo tiempo a los grupos enfrentados para que negocien. Asimismo, ha tenido que hacer frente a más responsabilidades, ya que la niñera de su familia se ha marchado para visitar a un pariente enfermo.

En medio de estas dificultades, su mejor amiga ha resultado decapitada en un trágico accidente de coche. Dorothea es hija única, y tenía una amistad íntima con esta mujer desde que ambas iban a la escuela secundaria. La gente solía comentar que estas dos mujeres eran como hermanas.

Inmediatamente después del funeral, Dorothea se vuelve cada vez más tensa y nerviosa, y sólo es capaz de dormir 2-3 horas cada noche. Dos días después, resulta que ve a una mujer conduciendo un coche como el que tenía su amiga. Se siente confusa, y a las pocas horas está convencida de que su amiga está viva, que el accidente y el funeral han sido un montaje, y que todo forma parte de una conspiración. De alguna forma, el complot tiene como objetivo engañarla, y siente que se encuentra en un gran peligro y que debe resolver el misterio si quiere salir con vida. Empieza a desconfiar de todo el mundo exceptuando su marido, y cree que le han intervenido el teléfono y han puesto micrófonos en sus habitaciones. Discute con su marido para que éste le ayude a salvar su vida. Empieza a oír un sonido de tono alto, oscilante, y teme que se trate de un haz de ultrasonidos dirigido hacia ella. Se encuentra en estado de pánico, agarrándose al brazo de su marido debido a un terror intenso y éste decide llevarla al servicio de urgencias a la mañana siguiente.

Discusión sobre «La mujer de la alta sociedad»

Un estrés psicosocial importante (la muerte y funeral de su amiga), registrado en el Eje IV, precedió la aparición de los síntomas psicóticos de Dorothea (ideas delirantes de persecución y, más tarde, alucinaciones auditivas) en lo que constituye, por lo tanto, una enfermedad de muy corto tiempo de evolución. En consecuencia, este caso representa un ejemplo bastante preciso del diagnóstico del Eje I de *trastorno psicótico breve con desencadenantes graves* (DSM-IV, pág. 311). Efectuamos este diagnóstico de forma *provisional* en espera del período de seguimiento, para así estar seguros de que ha vuelto completamente a su nivel de actividad premórbido, algo muy probable dada la clara relación entre el factor desencadenante y la aparición de los síntomas psicóticos.

Como los síntomas predominantes vienen constituidos por ideas delirantes de persecución, que implican temas que algunos clínicos considerarían extravagantes («haces de ultrasonidos dirigidos contra ella»), es necesario considerar tanto un *trastorno delirante* como un *trastorno esquizofreniforme*. No obstante, para efectuar estos diagnósticos se requiere una duración de la enfermedad de por lo menos un mes. Si el paciente no se recupera totalmente, estaríamos a favor del diagnóstico de *trastorno delirante, tipo persecutorio* (DSM-IV, pág. 308), ya que no consideramos las ideas delirantes, «haces de ultrasonidos» incluidos, como extravagantes, toda vez que los ondas ultrasónicas existen en la realidad.

Teniendo en cuenta su buen nivel premórbido, nos atrevemos a anotar *sin diagnóstico* en el Eje II. Asimismo, no presenta ninguna enfermedad médica que pueda registrarse en el Eje III. En el Eje IV, deberíamos hacer constar la muerte de su amiga, las dificultades en el trabajo y la ausencia de la niñera. Finalmente, evaluamos su actividad global en el Eje V con una puntuación de 30, dado que su comportamiento está considerablemente influido por las ideas paranoides.

Evaluación multiaxial

Eje I	*Trastorno psicótico breve, con desencadenantes graves*
Eje II	*Sin diagnóstico*
Eje III	*Sin diagnóstico*
Eje IV	Muerte de su amiga, dificultades laborales, ausencia de la niñera
Eje V	EEAG = 30 (en el momento actual)

La esposa inútil

Connie, un ama de casa de 33 años de edad y madre de un niño de 4 años, Robert, es remitida a un programa psiquiátrico ambulatorio por su médico de cabecera porque se queja de estar deprimida y de ser incapaz de concentrarse desde que se separó de su marido hace ahora 3 meses.

Connie dejó a su marido, Donald, después de 5 años de matrimonio. Desde hacía 4 años, justo cuando Connie se quedó embarazada de Robert, había habido violentas discusiones entre ellos, durante las cuales su marido le pegaba. Había peleas diarias, en las que Donald la golpeaba con tal fuerza que le dejaba moratones en la cara y en los brazos. En su última discusión, motivada porque Connie había comprado un triciclo demasiado caro para el niño, su marido apuntó a Robert en la cabeza con una pistola cargada y amenazó con matarle si ella no devolvía el triciclo a la tienda. Connie obtuvo una orden de protección judicial que impedía a Donald tener ningún contacto con ella y con su hijo. Se llevó a Robert al apartamento de sus padres, donde todavía viven.

Connie es hija única, acabó sus estudios en el instituto y tiene el título de secretaria. Trabajó como secretaria ejecutiva durante 6 años antes de casarse y durante los primeros 2 años de matrimonio, hasta el nacimiento de Robert. Antes de casarse, Connie había tenido su propio apartamento. Tenía una relación bastante íntima con sus padres, les visitaba cada semana y hablaba con ellos por teléfono un par de veces a la semana. Connie tenía muchos amigos a los que veía con regularidad. Todavía conservaba varios amigos de la época del instituto, donde había sido una líder popular y una buena estudiante. En la oficina donde había trabajado de secretaria, se encargaba de organizar fiestas y de recolectar dinero para hacer regalos a los trabajadores. No tenía antecedentes de depresión y tampoco había antecedentes familiares de violencia, de enfermedad mental, ni de abuso de sustancias. Sus padres habían estado felizmente casados durante 25 años.

Connie conoció a Donald en el trabajo, donde él estaba empleado como contable. Se casaron después de un noviazgo de 3 meses, período en que Connie vio a Donald tomar cocaína en dos ocasiones. Cuando ella le manifestó su preocupación, él le aseguró que sólo «trataba de ser sociable» y negó que la consumiera de forma regular.

Donald, licenciado en la universidad, es el mayor de tres hermanos. Su padre bebía medio litro de bourbon cada noche y a menudo pegaba a su madre. Los dos hermanos menores de Donald tienen antecedentes de abuso de sustancias.

Durante el primer año de matrimonio, Donald se volvió cada vez más irritable y crítico con Connie. Empezó a pedirle que dejara de llamar y de ver a sus amigos después del trabajo, y se negó a dejar que los parientes de ella les visitaran en su apartamento. Connie convenció a Donald para que intentaran una terapia conyugal, pero él se negó a continuar después de las dos primeras sesiones.

A pesar de sus recelos respecto a la conducta de Donald hacia ella, Connie decidió quedarse embarazada. En el séptimo mes de embarazo presentó una tromboflebitis y tuvo que quedarse en cama. Donald empezó a quejarse de que su apartamento no estaba lo bastante limpio y de que Connie no era capaz de salir a hacer la compra. Nunca ayudaba a su esposa en las tareas domésticas, y se negó a aceptar la ayuda de su suegra. Una mañana en que no pudo encontrar una camisa limpia, se enfadó y gritó a Connie. Cuando ella le propuso que recogiera algo de la lavandería, empezó a darle puñetazos. Ella le dejó y se fue a vivir con sus padres durante una semana. Donald manifestó remordimientos por haberle pegado y accedió a reanudar la terapia conyugal.

A petición de sus padres y de Donald, Connie volvió a su apartamento. Hasta el nacimiento de Robert no hubo ninguna otra escena violenta. A partir de ese momento, Donald empezó a tomar cocaína cada fin de semana, y a menudo se ponía violento cuando estaba bajo los efectos de la droga.

En los 3 meses transcurridos desde que dejó a Donald, Connie se ha ido deprimiendo cada vez más. Tiene poco apetito y ha perdido 4,5 kg. LLora a menudo y suele despertarse a las 5 de la mañana, incapaz de volver a conciliar el sueño. Desde que dejó a Donald, él la ha estado llamando a casa de sus padres y rogándole que vuelva con él. Una semana antes de la evaluación psiquiátrica, los padres de Connie la llevaron al médico. Su exploración física era normal y fue remitida para tratamiento psiquiátrico.

Durante la consulta psiquiátrica en la clínica ambulatoria, Connie está pálida y delgada; viste unos tejanos viejos y un jersey azul marino. Su corte de pelo carece de estilo y aparenta más edad de la que tiene. Habla despacio, describiendo su estado de ánimo deprimido y su falta de energía. Dice que el único placer que tiene es estar con su hijo. Es capaz de cuidarle físicamente, pero se siente culpable porque la preocupación por sus propios sentimientos negativos le impiden jugar con él. Ahora no tiene otro contacto social aparte del que mantiene con sus padres y su hijo. Se siente inútil y se culpa de sus problemas conyugales, manifestando que, si hubiera sido mejor esposa, Donald quizás habría sido capaz de dejar la cocaína. Cuando se le pregunta por qué estuvo tanto tiempo con él, explica que su familia no aprobaba el divorcio y no dejaba de decirle que tenía que esforzarse más para que su matrimonio tuviera éxito. Por otra parte, imaginaba su vida cuidando a su hijo y trabajando todo el día y no se veía capaz de hacerlo.

Discusión sobre «La esposa inútil»

Cuando Connie acude para tratamiento presenta todos los síntomas característicos de un *trastorno depresivo mayor, episodio único* (DSM-IV, pág. 351), que anotamos en el Eje I. Su estado de ánimo es constantemente depresivo y se siente inútil, tiene problemas para concentrarse, ha adelgazado y tiene dificultades para dormir.

La pregunta que muchos lectores pueden hacerse es si Connie tiene un trastorno de la personalidad que la ha mantenido unida a un hombre que la ha maltratado mental y físicamente. Como suele ocurrir, no existen pruebas de que Connie haya escogido a alguien propenso a los abusos o porque obtenga alguna gratificación particular desempeñando el papel de víctima. De hecho, lo que la ha mantenido en el matrimonio es la combinación de su baja autoestima y de presiones sociales para que no abandone a su marido. En casos más extremos de abusos físicos, la mujer puede temer realmente por su vida o la de sus hijos si decide abandonar a un marido que la maltrata.

Por lo tanto, en el Eje II anotaríamos *sin diagnóstico.* Debido a sus actuales síntomas depresivos, asignamos una puntuación de 52 en la EEAG.

Evaluación multiaxial

Eje I	*Trastorno depresivo mayor, episodio único*
Eje II	*Sin diagnóstico*
Eje III	*Sin diagnóstico*
Eje IV	Separación matrimonial
Eje V	EEAG = 52 (en el momento actual)

Seguimiento

Connie recibió medicación y psicoterapia individual para la depresión. También participó en una terapia de grupo con otras mujeres que habían sido maltratadas por sus maridos.

Después de 6 meses de terapia, Connie dejó de estar deprimida. Se compró vestidos nuevos y se cortó el pelo con un estilo más moderno y juvenil. Encontró trabajo como secretaria ejecutiva y llevó a Robert a un centro de atención diurna, en el que Connie participaba en los programas de los padres. Dijo que ella y Robert estaban juntos por la noche y durante los fines de semana. Empezó a ver a sus amigos de nuevo. Con la ayuda económica de sus padres, inició los trámites de divorcio con Donald y solicitó la custodia exclusiva de Robert.

© MASSON, S.A. Fotocopiar sin autorización es un delito.

Un niño está llorando

El padre de Cindy, una niña de 15 años de edad, la llevó a una clínica de salud mental después de recibir una llamada del psicólogo del colegio, diciéndole que encontraba a Cindy deprimida y, posiblemente, con ideas de suicidio. Su padre también se había sentido preocupado porque, durante el pasado mes, Cindy parecía estar triste y ensimismada.

Cindy vivía con sus padres y dos hermanos. Según nos explica, ha estado deprimida desde el día en que tuvo una pelea con su madre, 2 años antes. Durante la pelea, su madre le tiró un cazo de agua caliente y le quemó el hombro. Tuvo que ir a urgencias para curarse la quemadura. Desde entonces, evita a su madre.

La madre de Cindy tiene una amplia historia de problemas mentales, con múltiples hospitalizaciones y un largo tratamiento ambulatorio. Su marido la describe como «psicótica» crónica, con cambios radicales del estado de ánimo. En el transcurso de los años, han sido muchos los problemas conyugales y, actualmente, están en proceso de divorcio e intentando vender la casa. Desde el incidente con el agua caliente hace 2 años, la madre de Cindy vive en la tercera planta de la casa y casi no mantiene ningún contacto con la familia.

Antes del incidente con la madre, Cindy era una niña con muchas actividades sociales, recibía lecciones de música y baile, y participaba en las actividades de la iglesia y de la escuela. Era una excelente estudiante.

Cindy dice que su estado de ánimo ha empeorado mucho en los últimos 6 meses. Se siente deprimida durante todo el tiempo, casi cada día. Está preocupada por su madre y cree ser la culpable de la pelea. Ha perdido interés por la escuela y por las actividades sociales, y durante los últimos 6 meses casi no ha estudiado. Sus notas han bajado de sobresalientes a notables y aprobados. Se siente constantemente cansada y hace una siesta al llegar a casa de la escuela. Por la noche tiene problemas para dormirse, y por la mañana le cuesta mucho levantarse.

Durante las 3 últimas semanas, Cindy ha estado muy ansiosa y ha tenido dos experiencias en las que se sintió «irreal y como si estuviera en el limbo». Con frecuencia, oye la voz de un niño llorando; pero cuando va a mirar si hay alguien fuera de la casa, nunca ve a nadie. En ocasiones, especialmente cuando se siente culpable por la pelea con su madre, se convence de que no merece vivir y piensa en suicidarse. Hace 3 semanas, mientras estaba lavando los platos, pensó en cortarse las muñecas con un cuchillo; pero el pensamiento de causar pena a su padre la detuvo.

El psiquiatra que evaluó a Cindy recomendó que la ingresaran en el hospital. Sin embargo, tanto ella como su padre creyeron que no sería necesario. Se le dio el teléfono de urgencias, y al día siguiente llamó diciendo que las voces estaban empeorando y que tenía miedo de hacerse daño. Se le ordenó que fuera inmediatamente a urgencias, desde donde se la ingresó en el hospital.

Discusión sobre «Un niño está llorando»

Cindy ha estado deprimida durante 2 años, pero en los últimos 6 meses ha desarrollado los síntomas característicos de un *episodio depresivo mayor*: estado de ánimo constantemente deprimido, pérdida de interés por la mayor parte de actividades, disminución de la energía, insomnio, sentimientos de culpa excesivos e ideación suicida. Más recientemente, ha tenido alucinaciones auditivas de un niño llorando, que resultan congruentes con su estado de ánimo deprimido, y ha experimentado síntomas de despersonalización (se sentía «irreal y como si estuviera en el limbo»).

En ausencia de antecedentes de *episodios maníacos* o *hipomaníacos* de una etiología orgánica conocida que iniciara y mantuviera el trastorno, el diagnóstico es de *trastorno depresivo mayor* (DSM-IV, pág. 351), registrado en el Eje I. Se califica como *episodio único* (porque no hay referencias de episodios anteriores) y *con síntomas psicóticos congruentes con el estado de ánimo* (debido a las alucinaciones). Este caso ilustra que los síntomas característicos del *trastorno depresivo mayor* también se dan en los niños.

No sabemos si, antes de la aparición del *episodio depresivo mayor* de 6 meses atrás, Cindy tuvo durante uno o más años síntomas persistentes de un *trastorno distímico*, como sentimientos de inferioridad o pesimismo, o retraimiento social. Por ello, destacamos la necesidad de excluir este diagnóstico adicional.

No hay datos para efectuar el diagnóstico de un trastorno de la personalidad en el Eje II o de una enfermedad médica en el Eje III. En el Eje IV, hacemos constar la separación de los padres. Debido a las ideas de suicidio y a las alucinaciones, asignamos una puntuación de 35 en la EEAG del Eje V.

Evaluación multiaxial

Eje I	*Trastorno depresivo mayor, episodio único, con síntomas psicóticos congruentes con el estado de ánimo*
Eje II	*Sin diagnóstico*
Eje III	*Sin diagnóstico*
Eje IV	Separación de los padres
Eje V	EEAG = 35 (en el momento actual)

Capítulo 4

CASOS INTERNACIONALES

ÁFRICA

Posesión del espíritu: dos casos del oeste de África

Los fenómenos disociativos individuales o de masas se presentan a menudo en África. A partir de 1984 surgió un movimiento de posesión del espíritu de masas en una etnia de Guinea-Bissau, en el oeste de África. Al principio, el movimiento se presentó en un grupo marginal de mujeres estériles. Posteriormente, más de 1.000 mujeres y hombres jóvenes «fueron llamados por su ser superior».

Este llamamiento se trata de un fenómeno disociativo que consta de dos fases. Durante la primera, una fase de trance sonambúlica, los miembros del movimiento deambulan y llevan a cabo actos «extraños» hasta establecer contacto con uno de los líderes. Hablan de sus poblemas personales, confiesan sus pecados y buscan plantas medicinales, mientras se encuentran en estado de trance. Durante la segunda fase, estas personas oyen voces en el interior de sus mentes que transmiten mensajes y órdenes de Dios. Estos mensajes han sido interpretados como una forma de rebelión de la generación joven frente a su estado de dependencia dentro de la gerontocracia masculina, como rebelión de su etnia frente al Estado y como revitalización económica y psicológica.

La ideología del movimiento es una amalgama de influencia tradicional, islámica y cristiana, y de influencias nuevas, políticas y occidentales, a las que ha estado expuesta su cultura en las últimas décadas. Los dos casos siguientes hacen referencia a individuos que formaron parte de este movimiento.

El líder del movimiento

La mujer que lidera el movimiento de posesión del espíritu, de 35 años de edad, vive en un pequeño poblado en el sur de Guinea-Bissau. Explica su historia a un psiquiatra interesado en este movimiento.

Durante la época de la siembra del arroz, me puse enferma. Fui a casa de mi padre; pero a pesar de consultar con varios adivinadores, no se encontró la causa de mi enfermedad. Un año más tarde perdí a mi único hijo, y en un mes, sucedió lo siguiente: noté dolor en todo el cuerpo. Un día por la tarde me levanté de repente de la silla y empece a correr, sin saber qué era lo que me estaba sucediendo. Mi cabeza no paraba de moverse y mi cuerpo se tambaleaba de un lado a otro. Mientras corría, nuestro Dios abrió mi boca y me llamó. Anteriormente había tenido sueños de los que ya no puedo acordarme. Pero hay uno que sí recuerdo: un hombre de raza blanca con pelo largo y de color blanco, vestido también de blanco, apareció en mi sueño. Me mostró un libro y un lápiz y me enseñó a escribir.

Posteriormente, empecé a darme cuenta de que mi rara enfermedad provenía de nuestro ser superior. Rápidamente tuve claro que debía seguir a Dios. Él me guiaba y me daba órdenes. Me enseñaba y me obligaba a hablar a través de mi boca. Me decía que la gente de mi etnia debíamos deshacernos de nuestros espíritus y reliquias ancestrales. Tampoco debíamos celebrar fiestas de duelo ni matar más ganado. Del mismo modo, no debíamos tocar el tambor durante este tipo de fiestas para desdeñar las alabanzas o burlarnos del robo de ganado de los invitados. Yo tenía que decir a la gente que no practicara la brujería, no comiera carne de cerdo, no bebiera alcohol, no robara y, por el contrario, trabajara mucho.

Alrededor de una o dos veces al día, Dios me obligaba a correr y a dar vueltas sin sentido hasta que me arrodillaba en el punto donde él me indicaba. Posteriormente, dirigía mi mano en la que tenía un cuchillo y me obligaba a hacer un agujero en el suelo. Allí encontraba raíces, y él me explicaba sus propiedades curativas. Dios me da sus órdenes por medio de voces, que yo oigo en mi mente. Generalmente se trata de la voz del difunto, hermano menor de mi padre, del cual me hice cargo yo antes de su muerte. Yo quería a su hermano, pero me resulta difícil señalar si este amor era mutuo. Una vez, oí la voz de una de mis tías. Algunas veces Dios entra en mi cuerpo, que se calienta cuando tengo visiones. La mayor parte de las veces esto sucede cuando estoy en la cama (antes de dormirme), pero algunas veces también durante el día o en sueños. Es como un cine. Veo películas en color, que van y vienen, y muestran el camino de Dios. Estas órdenes son más importantes que las voces, y si no obedezco, me siento muy mal y me encuentro como quien está muy enfermo y va a morir. En cambio, si obedezco, me siento muy bien. Pero no puedo ver la cara de Dios. Algunas veces, cuando veo las películas, le veo sentado y vestido de blanco, con un atuendo que le cubre la cara. Puede también ordenarme que, por ejemplo, si estamos sentados, me levante y me ponga a limpiar.

Toda la gente que está conmigo también oye cosas. Pero algunos que dicen que las oyen, en realidad, no lo hacen. Entonces, la voz de Dios me dice que esta o aquella persona no es clarividente o que es una bruja. Aparte de lo que mis voces dicen, también puedo ver todas las cosas en una especie de sueño, bien durante el día o antes de dormirme. Además, puedo oler a las brujas. Ésta es nuestra arma más importante frente a la brujería.

Discusión sobre «El líder del movimiento»

Esta mujer presenta síntomas que se considerarían psicóticos si se presentaran en alguien que perteneciera a una sociedad que no tuviese las mismas creencias que las de su cultura. Ella cree que posee poderes especiales y que sufre alucinaciones auditivas, visuales, tactiles y olfatorias. Sin embargo, en su cultura, estos fenómenos son bastante frecuentes. Su cultura le atribuye el papel de sanadora, y tolera y considera sus experiencias poco usuales como algo normal en alguien que posee estos atributos. De hecho, es una sanadora con éxito. Dio a conocer el nombre de 40 mujeres que intentaron en vano quedarse embarazadas, pero no lo consiguieron hasta ser tratadas por ella.

En la lengua propia guineana, el crioulo, se definiría el comportamiento de esta mujer como *abri cabessa* (p. ej., «mente abierta»), una expresión empleada para describir un conjunto de actividades que van desde las propiamente psicóticas hasta las religiosas aceptadas culturalmente. Por ejemplo, cuando una persona clarividente o alguien con poderes intuitivos entra en un estado en el que puede predecir el futuro, o diversa gente entra en un estado de trance durante ceremonias importantes, esto significa que la mente «se abre» y el alma de un difunto ancestro se introduce en su interior.

La cultura local le asignaría el rol de sanadora, y su comportamiento no debería tratarse. Cuando un sanador es incapaz de normalizar su conducta en el momento de ejercer sus funciones (p.ej., se comporta de un modo absurdo para lo que cabría esperar de su cargo), la cultura podría suponerlo víctima de embrujamiento o de hechizo, pero no lo consideraría enfermo.

El DSM-IV enumera una serie de estados de trance, como, un ejemplo de *trastorno disociativo no específicado* (DSM-IV, pág. 502). Este diagnóstico es el más exacto que se puede establecer en un caso como éste.

ESPÍRITU INTERNACIONAL

En una región de África llamada Guinea-Bissau, donde el «movimiento» es activo, ingresó un muchacho de 20 años de edad en un hospital. Se fue de su pueblo el día anterior, cruzó a nado la turbulenta bahía, y anduvo desnudo por el centro de la ciudad. Un agente de la policía le detuvo, pero logró escapar y dirigirse al domicilio de un médico conocido suyo. Con la ayuda de siete hombres corpulentos fue posible agarrarle fuerte con el fin de que una enfermera pudiera administrarle un tranquilizante y trasladarle al hospital. Su familia fue informada de lo sucedido y se desplazó al centro hospitalario, donde le pudo ver a una distancia de seguridad.

Una enfermera y un médico visitaron al enfermo, mientras se encontraba tumbado en la cama. Dijo al doctor, holandés de origen, que ciertas personas iban a morir y que él podía matar con sólo el hecho de señalarlos con el dedo índice. El médico tuvo que darle agua y comida ya que era la única persona en la que confiaba: atacaba al resto de gente que se acercaba a él.

La familia quiso llevarle a ver a la mujer líder del «movimiento», pero la policía se negó e insistió en que tenía que ser trasladado al centro de salud mental de la capital. Durante aquella noche el muchacho padeció una bronconeumonía con fiebre muy alta, por lo que tuvieron que administrársele antibióticos, aparte de la medicación antipsicótica. A la mañana siguiente se le trasladó, por avión y en un estado comatoso, al centro de salud mental. Su hermano le acompañó y estuvo a su lado durante la hospitalización en este centro.

El hermano narra la siguiente historia: N'Daffa era el tercer hijo de una familia campesina, formada por el padre, sus dos esposas, cuatro hijos y tres hijas. Su padre murió cuando él tenía 10 años. N'Daffa participó en los rituales del funeral sin ningún tipo de dificultad, al igual que hizo en otras ceremonias, como en las del cambio de un grupo de edad a otro. Su carácter tranquilo y amistoso le hacían siempre popular. Miraba con cierta superioridad a sus compañeros y no le importaba lo que dijeran de él. No mostraba mucho interés en adornar su cuerpo con collares y en pintarse, como era costumbre, ni en participar en juegos de competición con sus compañeros.

Los problemas de N'Daffa empezaron aparentemente 2 días antes de ser ingresado en el hospital y de modo repentino. Se levantó por la noche para orinar y notó un ligero temblor de tierra (al igual que hizo la mayor parte de la gente del sur, aunque es muy raro en aquella zona). Empezó entonces a percibir cosas extrañas. Volvió a la cama y, al levantarse por la mañana, fue a buscar comida. Durante el transcurso del día, se sintió mejor. Al atardecer empezó a sentirse peor y cruzó la bahía a nado —algo que habitualmente nadie se atrevía a realizar— con el fin de ir a ver a un sanador. No le fue posible encontrar a ninguno y llegó a la ciudad desnudo, donde se le llevó al hospital.

N'Daffa fue visitado otra vez en el centro de salud mental. Las respuestas que daba a las preguntas del médico no tenían ningún sentido. Dijo que había visto un espíritu con aspecto de mujer blanca y con larga cabellera. Hablaba solo y pronunciaba frases ininteligibles; llamaba por el nombre a conocidos, y le decía al otro paciente de la misma habitación que eran «espíritus internacionales». Asimismo, decía que aún podía matar a la gente con sólo apuntarla con el dedo índice, y que iba a ser «un científico».

Después de 3 días en este centro de salud mental, N'Daffa volvió a sentirse bien y a ser él mismo. Era posible tener una conversación normal: el «espíritu se ha ido». Ya no tenía ideas raras. La fiebre había descendido, y en la auscultación, los pulmones estaban limpios. El psiquiatra se mostraba escéptico en cuanto al total restablecimiento de los efectos de las experiencias con el «movimiento». Sin embargo, intentó reducir la dosis de medicación antipsicótica, pero esto produjo una reaparición de la sintomatología. Volvió a aumentar la dosis, y al cabo de 5 días, N'Daffa volvió a ser él mismo. Tanto su hermano como sus familiares pidieron que se le diera de alta, con el fin de poder participar con él en una ceremonia de las mujeres del «movimiento».

Después de una semana dejó el centro de salud mental y tomó un avión de retorno hacia el sur. Durante el trayecto participó en una ceremonia del «movimiento». La mujer líder del «movimiento» afirmó que su enfermedad era un llamamiento hecho por Dios para que se convirtiera en un sanador del nuevo movimiento.

A pesar de que N'Daffa se llevó consigo medicación para 4 semanas, interrumpió su tratamiento después de 2 semanas. No volvió a aparecer por el hospital, situado a un día de viaje de su pueblo. Tres meses después explicó que era inmortal, que hablaba todas las lenguas y que aún podía matar a la gente con su dedo índice. Al cabo de 3 meses de este acontecimiento volvió a la normalidad, trabajando en el campo y hablando y comportándose como siempre. Pronto se iniciaría como sanador.

Discusión sobre «Espíritu internacional»

A pesar de que el psiquiatra tiene sus dudas, el comportamiento desviado del enfermo, ausente en los otros miembros del movimiento, decanta al médico por el diagnóstico de trastorno psicótico. A diferencia del sanador en el caso anterior, el comportamiento de N'Daffa se desvía de la normalidad hasta para aquellos que pertenecen al movimiento: es incoherente, su comportamiento es raro (nudismo, agresiones indiscriminadas) y sus creencias (p. ej., el poder matar con sólo apuntar con el dedo índice o la idea de que se convertirá en «científico») no se ajustan a la ideología del movimiento.

No es sorprendente que sus síntomas se puedan controlar con fármacos antipsicóticos y que reaparezcan una vez se suspende la medicación. A pesar de que N'Daffa relata sus experiencias psicóticas en términos de posesión del espíritu, su comportamiento es desorganizado y es incapaz de funcionar. Su primer episodio dura aproximadamente 10 días, con un aparente retorno completo a su nivel de funcionamiento premórbido; por lo tanto, el diagnóstico del DSM-IV para esta alteración sería *trastorno psicótico breve* (DSM-IV, pág. 311). El siguiente episodio dura más de 1 mes, pero menos de 6 meses, por lo que nosotros, junto con el psiquiatra de aquella región, modificamos el diagnóstico y lo definimos como *trastorno esquizofreniforme* (DSM-IV, página 298). Ya que el inicio del trastorno tiene lugar dentro de las primeras 4 semanas del primer cambio apreciable de comportamiento y de actividad habituales, y que su vida social y laboral antes del episodio era buena, especificamos el trastorno como de buen pronóstico.

Otros casos de África

El undécimo embarazo

M. Nkechi es una ama de casa de 38 años de edad, de la región central de Nigeria. Es ingresada en el hospital, enviada por su hermanastro (de padre), cirujano de profesión.

La enferma se queja de calor, pesadez y dolor en la región precordial y esternal. Refiere, asimismo, dolor epigástrico y una sensación de «algo que se está moviendo» en la región suprapúbica. Otros síntomas que también presenta son sensaciones parestésicas en la cabeza y las piernas, y mareos. La duración de esta sintomatología es de 3 meses. Su hermano de padre le practicó una gastroscopia por una posible úlcera duodenal, pero no se detectó ninguna. El tratamiento sintomático de esta patología, con antiácidos y cimetidina, y fármacos inhibidores de la secreción ácida gástrica, no dio resultado. Posteriormente, tras la administración de un ansiolítico, loracepam, la paciente experimentó cierto alivio. El examen ginecológico fue normal.

Nkechi tenía aspecto deprimido, pero negó cualquier síntoma depresivo. Al darse cuenta de su aspecto deprimido, citó todos sus síntomas y preguntó al médico si no eran suficientes como para hacer sentir a alguien triste. Al explicar su historia, se mostraba irritable y pidió «pastillas» para que desaparecieran sus síntomas, en lugar de que se la mareara con «todas esas preguntas».

Nkechi forma parte de una familia polígama de 15 hijos, en la que hay tres mujeres. Su padre había muerto hacía 2 años, ya muy mayor. Su madre es la mujer más joven, tiene sesenta años y se ocupa actualmente de los hijos de Nkechi. Tiene cinco hijos, tres niños y dos niñas. Ella es la más joven y ha tenido una estrecha relación con sus padres, especialmente con su padre. Su hermana mayor, que vive en Lagos, posee una gran influencia sobre ella.

Nkechi tuvo lo equivalente a una educación de escuela superior, después de la cual entró en una escuela de mecanografía. Trabajó como mecanógrafa para el gobierno y se casó con un conductor, de religión musulmana. Renunció a su trabajo para ocuparse de su familia, pero no renunció a su educación cristiana. Lamentó dejar su trabajo, que consideró de más provecho que el de su marido. Tuvo 10 hijos, seis niñas y cuatro niños, a los que el padre bautizó con nombres musulmanes, pero que regularmente fueron a la iglesia cristiana.

Pensaba que tenía demasiados hijos, pero no había discutido nunca con su marido limitar el tamaño de la familia. Creía que estaba fuera de sí y echaba la culpa a las diferencias de tipo religioso. Cuando quedó embarazada el mismo año del ingreso, intentó, clandestinamente y sin éxito, interrumpir el embarazo, mediante sustancias abortivas o presentándose en varios hospitales con síntomas sugerentes de aborto. Al fin, abortó.

Cuando su marido y su hermana se enteraron de lo sucedido, se enfadaron mucho. Su hermana le preguntó: «¿Por qué has hecho algo semejante?.... No sabía que fueras de ese tipo de personas». Actualmente, Nkechi lamenta haber abortado, recordando que su hermana mayor había tenido 13 hijos. «Quizá», decía, «este undécimo hijo hubiera sido un regalo especial de Dios. Creo que todo este movimiento que tengo dentro de mi vientre es un castigo de Dios por lo que hice.» A veces pensaba que Dios quería también acabar con su vida, especialmente cuando se encontró exhausta después de realizar un esfuerzo minúsculo, o cuando tuvo palpitaciones sin motivo alguno. No podía soportar estar tumbada en la cama sin poder dormir y con pesadillas.

Progresivamente se le fue retirando el loracepam, y cuando la enferma lo pedía se le administraba diacepam para que pudiera dormir. El médico quería que

Nkechi dejara de tener la idea de que las pastillas para sus molestias del estómago eran la solución a sus problemas. No le fue fácil, sin embargo, hacerse a esta idea. Cuando se enfadaba, —p. ej., cuando el médico llegaba tarde o no se presentaba una visita— pedía que se le volviera a dar loracepam. Cuando se le recordó la decepción que había precedido a la exacerbación de los síntomas, ella argumentó que se la estaba acusando de mentir sobre sus sensaciones corporales. En una ocasión dijo al médico que había estado usando una reserva privada de loracepam (las enfermeras lo negaron, y después de registrar su armario, no encontraron ningún tipo de pastilla). En otra ocasión, pidió que se le diera de alta para volver a casa y cuidar de sus hijos, y fue capaz de afrontar su estado de ánimo triste y abatido. Reseñó el tiempo que había permanecido en el hospital (4 semanas) y que nadie le había prescrito los fármacos que su hermano le había dicho que le aliviarían la tensión interna, las palpitaciones y otros síntomas. Los comentarios le hicieron darse cuenta de lo difícil que había sido educar a 10 hijos, el mayor de los cuales tenía solamente 22 años y dependía aún de ella.

Experimentó bastante alivio y se le dio de alta con una prescripción de diacepam para poder dormir. Nunca volvió a visitarse, porque tenía que recorrer una gran distancia. Sin embargo, su hermanastro afirmó que nunca más necesitó tratamiento para las «úlceras» o para síntomas semejantes.

Discusión sobre «El undécimo embarazo»

El psiquiatra nigeriano que dio a conocer este caso explicó que las quejas que enfatizaban más síntomas somáticos que emociones eran frecuentes en pacientes africanos. Los trastornos adaptativos, de ansiedad y depresivos que comportan un deterioro cognoscitivo a menudo se manifiestan con síntomas de tipo somático. Es posible que hasta casos de *esquizofrenia* puedan no diagnosticarse si se focaliza la atención solamente en los síntomas somáticos.

Los síntomas somáticos más frecuentemente observados en los enfermos africanos con trastornos mentales son: calor interno (no fiebre), cosquilleo generalizado en todo el cuerpo (p. ej., gusanos, hormigueo), escozor en la piel, falta de aliento y mareo. Estas sensaciones se localizan a menudo en las partes del cuerpo que generan más preocupación. Además, los estudiantes se quejan frecuentemente de malestar visual o de cefalea (algunas veces como «síndrome del cerebro fatigado»); las mujeres infértiles o posmenopáusicas se quejan a menudo de dolor suprapúbico o dolor en la espalda.

El tratamiento indicado son las benzodiacepinas; pero se utiliza más habitualmente la combinación de benzodiacepinas y antidepresivos tricíclicos. En este caso, como en otros, la psicoterapia no se indica como medida terapéutica debido a la resistencia que hay a que el médico se sirva de ella. A los enfermos se les prescribe un determinado tratamiento, que les será modificado 2 o 3 semanas después; ellos mismos utilizarán sus propios sistemas de curación, como las organizaciones religiosas y los sanadores tradicionales. Este enfermo fue ingresado en el hospital porque sus familiares más significativos cada vez se enfadaban más con él y porque tenía un hermanastro que era médico y podía proporcionarle ayuda de tipo psiquiátrico.

Creemos que Nkechi padece un *trastorno depresivo*, aunque niegue sentirse triste, o no se aprecie anhedonia u otros síntomas típicos de este síndrome. Debido a que sus quejas principales hacen referencia a síntomas físicos que no pueden explicarse por una enfermedad médica y a que su duración es menor de 6 meses, el diagnóstico es de *trastorno somatomorfo no especificado* (DSM-IV, pág. 481).

Piedad posparto

Zela es una profesora de universidad de 30 años de edad que reside en Lagos, Nigeria. Está casada y tiene 5 hijos. El nacimiento de su último hijo fue complicado, ya que se produjo una hemorragia y una sepsis, y tuvo que ser hospitalizada en el servicio de ginecología. Tres semanas después, su ginecólogo pidió que la visitara un psiquiatra. Zela se encontraba muy agitada y parecía aturdida. Dijo una vez al psiquiatra: «He pecado. Debo morir. Mi hora ha llegado. Ya no puedo volver a ser una buena cristiana. Necesito volver a nacer. Jesucristo debería ayudarme. No lo está haciendo». Se le diagnosticó una *psicosis posparto* y se le administró clorpromacina; pronto se recuperó y pudo volver a casa.

Tres semanas después volvió a ingresar en el hospital, esta vez en el servicio de psiquiatría, por haber tenido una «visión de los espíritus» y estar «luchando con ellos». Sus parientes comunicaron que en casa no comía nada, pasaba las noches despierta y no dormía en absoluto. Había dicho a los vecinos que había una bruja en su casa. La «bruja» resultó ser su madre. El marido de Zela, Peter, que se encontraba estudiando ingeniería en Europa, volvió rápidamente a su país, echó a su suegra de casa y se ocupó de las tareas del hogar, así como del tratamiento de su mujer. Con la medicación antidepresiva, la enferma mejoró muy rápido, y al cabo de 2 semanas se le dio de alta. Su mejoría, sin embargo, duró poco. Tiró todas las pastillas y empezó a acudir a misa, preguntando a los sacerdotes cosas sobre las escrituras. Al cabo de una semana se la volvió a ingresar.

Durante la visita, acusó al psiquiatra de alumbrarla con potentes antorchas y de fotografiarla, de abrir su pecho y de usarla como un cobaya, envenenando su comida y haciendo planes para enterrarla viva. Refirió haber recibido mensajes desde Marte y Júpiter, y comunicó la existencia de una pelea en la ciudad. Acercó su Biblia a su pecho y acusó a todos los médicos de ser «adoradores de ídolos», proyectando la ira de su Dios hacia todos ellos.

A pesar de oponer cierta resistencia, Zela accedió a recibir tratamiento electroconvulsivante, y sus síntomas desaparecieron al cabo de seis sesiones de tratamiento. Atribuyó su enfermedad a los problemas al dar a luz, a la ausencia de su marido y al mal carácter de su madre. Creyó que el papel de los médicos había terminado, llamó al cura y explicó su enfermedad como una experiencia religiosa similar a las de los líderes religiosos a lo largo de la historia. A pesar de esto, no volvió a presentar ningún tipo de síntoma, y fue dada de alta a las 6 semanas del ingreso.

Discusión sobre «Piedad posparto»

El psiquiatra africano que comunicó este caso opina que el diagnóstico habitual para casos de este tipo es el de *psicosis posparto (puerperal), tipo depresivo*. Sin embargo, si el trastorno persiste más allá del período posparto, tal y como sucede en este caso, el diagnóstico debería cambiarse a otro tipo de trastorno psicótico. La mayoría de las enfermas con *psicosis puerperal* buscan tratamiento en sanadores tradicionales o en sanadores espirituales. El caso de Zela demuestra hasta qué punto incluso la gente con un buen nivel educacional entiende la enfermedad en términos de brujería o demonología.

Esta mujer padecía episodios psicóticos breves y recurrentes, que empezaron poco después del nacimiento de su hijo. Sus síntomas psicóticos consisitían en delirios de culpa y alucinaciones visuales y auditivas, de contenido religioso. A pesar de que el diagnóstico y el tratamiento del psiquiatra africano hacían referencia a la depresión, en el caso que se comenta no se observa estado de ánimo deprimido o anhedonia.

A la hora de debatir el diagnóstico desde la perspectiva del DSM-IV, consideremos ante todo la evaluación inicial. Zela se encontraba agitada, como aturdida y tenía ideas delirantes. Los síntomas psicóticos que duran al menos un día y no más de un mes, que se presentan en ausencia de un síndrome que afecte completamente al estado de ánimo y que no se deben a los efectos de una sustancia o a una enfermedad médica son propios del *trastorno psicótico breve* (DSM-IV, pág. 311). Como el inicio se produjo durante las primeras 4 semanas posparto, se puede añadir *con inicio en el posparto.* El diagnóstico consta como *provisional,* ya que no está clara su evolución en el próximo mes.

Muchos clínicos piensan que los efectos biológicos del parto son los responsables de las *psicosis posparto.* Sin embargo, debido a la dificultad para separar el estrés psicológico y fisiológico asociados con el embarazo y el parto, el DSM-IV no consideraría estos casos como *trastorno psicótico debido a una enfermedad médica.*

¿Qué se puede decir del diagnóstico de los dos episodios psicóticos posteriores? El segundo episodio también duró menos de un mes. La clasificación del DSM-IV no menciona claramente los episodios psicóticos breves y recurrentes separados por períodos de remisión total. Por esta razón, la única opción sería volver a diagnosticar el segundo episodio como *trastorno psicótico breve.* La duración del tercer episodio es más ambigua. El hecho de que desaparecieran los síntomas a las seis sesiones de tratamiento electroconvulsivante sugiere que la remisión puede haberse producido en un mes, lo que justificaría, una vez más, el mismo diagnóstico. Si existieran síntomas residuales significativos que precisaran ingreso hospitalario durante 6 semanas, el diagnóstico sería *trastorno esquizofreniforme* (DSM-IV, pág. 298), siempre que se observaran ideas delirantes absurdas y alucinaciones, y la duración del trastorno fuese superior a un mes. Añadiríamos *con signos de buen pronóstico,* debido al inicio de los síntomas en las 4 semanas posteriores al primer cambio observable en la conducta, a su buena adaptación premórbida y a la ausencia de aplanamiento afectivo.

Seguimiento

A lo largo del año siguiente, Zela padeció varias recaídas, aunque breves, con sueños intensos y aterradores, que ella describió como «pérdida de diferencia entre la realidad y el sueño». Su párroco creía que estaba viviendo una experiencia religiosa complicada. Su madre opinaba que la brujería podía ser la causa de sus problemas, y sugirió una solución religiosa tradicional. Sin embargo, fue su marido quien consiguió imponerse, y cada recaída fue tratada con la medicación adecuada.

Zela volvió al departamento de psiquiatría 2 años después para visitar a todos los miembros del servicio y dar el pésame por la muerte de uno de los especialistas que la había tratado. Explicó que se encontraba bien y que llevaba una vida normal, aunque algunas veces sufría algunas experiencias de «presencias» y «espíritus». Recordó que la primera vez que comunicó estas experiencias a su marido, Peter, su respuesta fue «¡Oh Dios mío!, ¿Dónde están las pastillas?» Ella, sin embargo, tuvo una explicación de tipo religioso para todas sus experiencias.

Aunque algunos piensan que es excesivamente religiosa, Zela ha sido capaz de desenvolverse satisfactoriamente en el trabajo y en casa sin ayuda de tipo psiquiátrico.

SEUDOCIESIS

Xhosa, un muchacho de 24 años de edad perteneciente a una pequeña comunidad de granjeros en Sudáfrica fue visitado después de asesinar a un brujo.

Según el enfermo, consultó al brujo porque padecía tos, y éste le recetó unas «hierbas». Tuvo relaciones sexuales con él en tres visitas. Al cabo de unos pocos días, el paciente empezó a darse cuenta de que estaba embarazado. Volvió a visitarse por el brujo y éste le prescribió otras hierbas, aparentemente para «matar a la criatura». El enfermo siguió todo el tratamiento, pero descubrió que continuaba embarazado. Semanas más tarde volvió de nuevo a ver al brujo —el día del asesinato—. Por aquel entonces, creyó que le había surgido la línea negra (una línea que se extiende desde el ombligo hasta el pubis y que a menudo se pigmenta durante el embarazo) y la parte inferior del abdomen estaba distendida. Esta vez, sin embargo, el brujo le comentó que no podía ayudarle y que debía consultar al doctor de raza blanca. El enfermo se enfureció entonces y apuñaló al brujo.

Durante la visita, se constató que el enfermo poseía una creencia fija e inamovible de que estaba embarazado. Lo «demostró» tocándose la barriga y diciendo que algo se movía en el interior. A parte del delirio de estar embarazado y de explicar cosas referentes a este tema, no mostró ningún otro rasgo psicopatológico. Estaba bien alimentado y vestía bien. Su lenguaje era coherente y lógico, y su afecto y conducta eran del todo normales. Parecía inteligente, y el trato con él era fácil. Se arrepentía de sus acciones y se sentía culpable de haber tenido relaciones homosexuales. El médico se sorprendió al encontrar, en la exploración física, la línea negra y el abdomen distendido. El resto de la exploración física fue normal.

El enfermo no poseía historia previa de enfermedad mental y nunca había tenido problemas como operario. Siempre había tenido un gran respeto por los brujos, ya que creía que podían curar enfermedades que otros no podían pero nuncan había acudido a ninguno. Había tenido diversas compañeras sexuales, pero nunca un compañero masculino. No había historia de abuso de sustancias ni antecedentes familiares de enfermedad mental.

Discusión sobre «Seudociesis»

La creencia persistente en un hombre de que está embarazado se consideraría un delirio absurdo en la mayoría de culturas y sugeriría el diagnóstico de *esquizofrenia* o de *trastorno esquizofreniforme*. Sin embargo, este hombre vive en una sociedad en la que la capacidad del brujo para llevar a cabo actos milagrosos está garantizada. Somos reacios a clasificar como idea delirante absurda la creencia de este hombre. Es más, el diagnóstico de *esquizo frenia* o *trastorno esquizofreniforme* engloba por lo menos otros síntomas psicóticos, como alucinaciones y deterioro de la actividad general, que en este caso no existían.

La presencia de una idea delirante somática, en ausencia de alucinaciones, conducta absurda o de un trastorno del estado de ánimo sugiere el diagnóstico de *trastorno delirante, tipo somático* (DSM-IV, pág. 308). Este tipo de *trastorno delirante* es bastante raro en África.

Seguimiento

Se juzgó al enfermo y no se le hizo responsable del asesinato debido al padecimiento de una enfermedad mental. Permaneció ingresado en el hospital, y se le administró medicación de tipo antipsicótico. Al principio, insistía constantemente en que estaba embarazado, aunque ignoraba de cuanto tiempo estaba y si el hijo iba a nacer. «Los hombres generalmente no quedan embarazados, pero yo sí. Esto ha sucedido porque Dios lo ha querido así.» Cuando al cabo de 9 meses vió que no daba a luz, empezó a preguntarse si realmente estaba embarazado. Poco tiempo después, pensó que un movimiento intestinal que había sufrido era en realidad el hijo. El estigma del embarazo (línea negra, distensión abdominal) desapareció. La última visita de seguimiento se realizó aproximadamente un año y medio después del asesinato, y durante ella no se observaron trastornos del estado de ánimo, de la conducta ni de la ideación.

AMÉRICA DEL SUR Y CENTRAL

Boni Kinwi Seequit

Un cirujano torácico solicitó una consulta de tipo psiquiátrico para un hombre indio, de 21 años de edad, perteneciente a la tribu cuna que habita en las islas de San Blas, en la zona atlántica del Istmo de Panamá. El hombre había intentado suicidarse disparándose un tiro en el pecho. Cuando fue visitado, se estaba recuperando de las heridas y estaba a punto de ser dado de alta del servicio de cirugía.

El enfermo se mostró cooperador y explicó que en el día del intento de suicidio se encontraba bien y no estaba preocupado por nada en especial. Había llevado a cabo sus actividades habituales hasta el mediodía, había comido y echado una siesta en un sillón. Quería visitar un *nele* (un sanador nativo) aquella misma tarde, para un baño medicinal. Alrededor de media hora después, se levantó repentinamente, cogió un revólver y se disparó. A la hora de cometer este acto impulsivo, el paciente era plenamente consciente de sus actos, pero no podía hacer nada para evitarlo. Comentó que la pistola estaba viva y disparó contra él. Fue trasladado al hospital más cercano, en donde se inició el tratamiento de urgencia, antes de ser ingresado en otro hospital de mayor importancia, en la ciudad de Panamá.

Cuando el enfermo fue visitado, se encontraba consciente, orientado en el tiempo y el espacio y conservaba sus facultades mentales. No se evidenciaron rasgos de trastornos del pensamiento o alucinaciones, y su estado de ánimo se encontraba estabilizado, sin ningún síntoma de depresión. La exploración neurológica y el EEG no mostraron alteraciones. No existía historia de alcoholismo o de abuso de estupefacientes.

Cuando se le preguntó por el motivo del intento de suicidio, el enfermo contestó que no quería matarse, pero que padecía «la enfermedad del suicidio» *(boni kinwit seequit)*. Su padre y su *nele* afirmaron lo mismo, que la enfermedad afecta sólo a hombres y que se manifiesta ya en la niñez. El diagnóstico de este trastorno se efectúa cuando por parte del niño existe una historia de agresividad y de falta de respeto hacia sus padres, y cuando se tienen sueños en que uno muere. El *nele* realiza toda una serie de rituales diagnósticos, y recomienda baños medicinales. Se piensa que la enfermedad es causada por posesión de un espíritu.

La familia del enfermo había emigrado a la jungla, situada al oeste del Canal de Panamá, cerca de una planta hidroeléctrica. El enfermo vivió en esta zona hasta los 10 años de edad, época en la cual fue trasladado a la ciudad de Panamá para trabajar como camarero. También fue a la escuela, y 7 años más tarde acabó el bachillerato superior; su padre optó entonces por llevárselo de nuevo al pueblo porque no quería que su hijo se viera influenciado por la cultura de la ciudad y perdiera sus tradiciones y creencias.

El enfermo volvió a su pueblo con mucha desgana, y 2 años más tarde tuvo que casarse con una muchacha a la que apenas conocía, tal y como era tradición en la tribu. Recuerda haberse enfadado mucho al principio, pero accedió finalmente. Tres meses antes del intento de suicidio, nació su primer hijo. El enfermo no relacionó ninguno de estos acontecimientos con el intento de autólisis, el primero que cometía en su vida; hizo hincapié en la versión de «enfermedad suicida», diagnosticada poco después de su vuelta al pueblo.

Discusión se «*Boni Kinwi Seequit*»

No hay ninguna categoría en el DSM-IV que describa de manera detallada el extraño acontecimiento en el que un hombre joven que aparentemente vive una vida normal, rutinaria, coja de repente un revólver y dispare contra sí mismo. No se observa ninguno de los trastornos que frecuentemente se asocian a la conducta suicida, como el *trastorno depresivo mayor, alcoholismo*, un *trastorno grave de la personalidad* o un *trastorno psicótico*.

¿Qué significado tiene el hecho de que durante la ejecución del acto el enfermo sienta que no puede resistir la necesidad de autodispararse y de que el revólver esté vivo y pueda con él? La incapacidad de controlar esta necesidad sugiere un *trastorno del control de los impulsos no clasificado en otros apartados*. Sin embargo, los enfermos con este trastorno (p. ej., *ludopatía, cleptomanía*) son conscientes de que los impulsos que no pueden dominar surgen de sí mismos.

Un psiquiatra latinoamericano que explicó este caso reseñó que la «enfermedad suicida» es frecuente entre miembros de la tribu cuna. El tratamiento varía: según las decisiones que toma el *nele*, los pacientes pueden ser abandonados, asesinados u obligados a ingerir sustancias que les produzcan la muerte. El tratamiento requiere, asimismo, baños medicinales, un determinado tipo de vestimenta (en base a la teoría de que las enfermedades penetran en el cuerpo a través de la piel y se curan, asimismo, a través de ella).

Existen dos categorías en el DSM-IV que podrían englobar la «enfermedad suicida» del enfermo, ambas ejemplos de *trastorno disociativo no especificado* (DSM-IV, pág. 502). En estas dos categorías se aprecia una disminución de la conciencia referente al entorno más cercano o a las conductas o movimientos estereotipados fuera de control de uno mismo; el trastorno está confinado a zonas y culturas determinadas y no constituye una práctica religiosa o culturalmente aceptada. En la primera categoría, el *trance de posesión*, el sentido habitual de identidad personal se sustituye por una nueva identidad, atribuida a la influencia del espíritu. A pesar de que la subcultura cree que la «enfermedad suicida» está producida por la posesión de un espíritu, no se menciona en la historia que el enfermo haya adoptado una nueva identidad en el momento de mostrar la conducta suicida. En la segunda categoría, *trastorno disociativo de trance*, la disociación se produce en ausencia de una nueva identidad.

El duende

Ursulina es una muchacha de 14 años que vive con su tío y su tía en Cali, Colombia. En el día de la Asunción de la Virgen María fueron sorprendidos por la visión y el ruido de piedras y palos que caían de modo ruidoso en su jardín. Creyeron, al principio, que se trataba de los vecinos, pero vieron posteriormente que no eran ellos. La situación continuó durante la noche y no pudieron conciliar el sueño. Recogieron y guardaron algunas piedras como prueba legal. Al día siguiente se asombraron al ver que las piedras del jardín habían desaparecido. La noche siguiente oyeron un silbido que parecía provenir de todas las direcciones; sonaba «lúgubre» y «cansado». La tía dijo que podía ser un *duende* (fantasma), lo que asustó a Ursulina, ya que recientemente había oído que había un duende en una ciudad cercana.

Descubrieron muy pronto que el silbido seguía a Ursulina allí donde fuese. En una ocasión, cuando se acercó a la puerta, oyó que alguien golpeaba con fuerza; posteriormente, notó que alguien le tocaba la cara con las manos y el silbido se transformaba en un susurro de «Sh sh sh sh....». Al día siguiente, enviaron a Ursulina a realizar un encargo y notó que sus piernas le pesaban mucho; prácticamente no podía caminar, y la distancia hasta la tienda era enorme. Tenía la sensación de que alguien la seguía constantemente y de que se encontraba en un lugar extraño.

En una ocasión, mientras desayunaba, Ursulina notó que alguien con las manos frías, pero suaves, la abrazaba y le tapaba los ojos. Gritó y pidió ayuda. Acudió en aquel momento su tía y vio que Ursulina tenía un ungüento hecho de cenizas y carbón por toda la cara. Aquel mismo día tuvo náuseas y vomitó una gran cantidad de papel higiénico.

El duende centró su persecución en Ursulina; empezó a hacerle cortes en el pelo de manera indiscriminada, y a pincharle y arañarle los brazos y las piernas. Cuatro días después del primer incidente, Ursulina vió al duende como un hombre pequeño de raza negra, con un sombrero de gran tamaño, pantalones cortos de color blanco, jersey negro, botas en punta y calcetines rojos. Sus pies estaban del revés, con los talones delante y los dedos detrás. Le sonrió y le enseñó sus dientes de gran tamaño; la llamó y le mostró una muñeca pequeña de color negro que llevaba con él. Sintió como si una fuerza poderosa la estuviera empujando hacia arriba. Se mareó y aturdió un poco, no reconocía a la gente que la rodeaba y no sabía dónde estaba. El duende continuó apareciéndosele de un modo peculiar; bailaba y se reía de todo el mundo. Sin embargo, nadie podía verlo a excepción de Ursulina. En una ocasión, la mordió en la mano y después en el brazo derecho. A la hora de rezar, él se mofaba de ella. Cogió el crucifijo de sus manos y le dijo: «Da igual lo que ellos o tú oréis, nunca te dejaré y serás mía para siempre. ¡Vamos!» Algunos días después, el duende aumentó de tamaño. Cuando se duchaba, el duende le decía: «¿Quieres que te rasque?». Un día le apretujó su pecho izquierdo con tanta fuerza que se desvaneció de dolor. Otro día le escupió en la boca y en los ojos, y Ursulina notó una sensación de quemazón que duró durante algunos días.

El duende cambiaba de aspecto con frecuencia y algunas veces aparecía como un gigante o un sacerdote. A medida que transcurría el tiempo, se fue volviendo más atrevido a la hora de tocarla; tocaba las piernas y los genitales de Ursulina, mientras susurraba: «Ven conmigo, por favor». A menudo expelía ventosidades con gran ruido y la miraba con aire malicioso. En una de estas ocasiones, cuando su hedor era insoportable, le preguntó: «¿Te gusta mi perfume?». Cuando Ursulina le mostró el crucifijo, el duende se mofó y le mostró, a su vez, un crucifijo con una muñeca de color negro representando a Jesucristo, que extrajo de una lata llena de barro. Cuando acudía a la iglesia, se convertía en un incordio, silbando y tocándole el pelo, animándole a cometer actos impúdicos e intentando obligarla a salir de la iglesia con él.

Algunos días después, durante una misa protestante en casa de Ursulina, se oyó un ruido similar al de unos pasos, haciéndose cada vez más y más marcado. Posteriormente, algunas mujeres que se encontraban allí notaron que alguien tocaba sus pechos y genitales. Esto fue particularmente molesto en el momento de acabar la plegaria, cuando todo el mundo oyó un silbido largo y de alta intensidad («como el de una locomotora»). En aquel momento, Ursulina gritó: «¡Basta basta! No me voy a ir contigo... ¡Déjame en paz!». Explicó entonces que el duende iba a su cama cada noche y la violaba salvajemente, a pesar de resistirse. Toda la gente se quedó petrificada.

Ursulina empezó a sentir que levitaba. Su tía y su tío vieron a su sobrina levantarse de la cama, tocar el techo y bajar de nuevo al suelo, como si una gran fuerza la empujase hacia arriba y la bajase al suelo. En una ocasión, esto sucedió de un modo poco habitual, ya que cada vez que llegaba al techo caía desde lo alto, como si lo hiciera desde un trampolín. Todo lo ocurrido se asemejó a la monta de «un caballo salvaje».

La familia acudió al párraco después de saber que Ursulina había sido molestada durante la misa. Éste aconsejó a la familia que fuera a ver al obispo para que les concertara una visita con el exorcista. El obispo envió a dos monjas para investigar el caso y hacer un informe. Durante su visita, el duende mostró una actividad frenética, silbaba, arañaba y pegaba a Ursulina, cantaba canciones obscenas, expelía ventosidades y hacía comentarios desagradables sobre los visitantes, los cuales, aun no habiéndole visto u oído, se mostraron aterrados por los gestos y la actividad salvaje que mostraba la muchacha.

Ursulina fue trasladada entonces a un centro espiritual, donde se le enseñó el modo adecuado de «hablar con el espíritu». Intentó hacerlo, pero no produjo ningún efecto sobre el duende. El director del centro le proporcionó un anillo especial para que se lo pusiera, pero desapareció al instante. Posteriormente se le mostró cómo escribir al duende exigiéndole que la dejara en paz. A todo esto, el duende contestó: «Lo que escribes en la carta es muy bonito, pero no puedo contestar ya que yo soy espíritu y tú carne».

Decepcionados por la ineficacia de los espiritistas, su familia decidió que lo mejor para Ursulina era ir a confesarse y recibir la comunión. La familia explicó entonces que «todo se vino abajo». El duende agarró a Ursulina por el pelo y la arrastró por toda la casa, le pegó, arañó y mordió toda la noche, y la atormentó con amenazas y un lenguaje blasfemo. La muchacha se encontraba en un estado tal al día siguiente, que el párroco se negó a oír su confesión y comunicó a sus familiares que era necesario llevarla a un hospital.

Ursulina fue trasladada a un centro hospitalario 1 mes después del inicio de sus trastornos. En la exploración que se practicó, la enferma estaba «bien orientada», se mostraba «bastante indiferente ante el problema» y narraba alucinaciones auditivas y visuales, así como delirios de encontrarse «cazada por un espíritu». Se le administraron antipsicóticos. El electroencefalograma mostró alteraciones aisladas, especialmente en el área frontotemporal del hemisferio derecho. Se creyó que podía tratarse de una posible lesión cerebral en esta zona. Sin embargo, las pruebas neurológicas y las radiografías no evidenciaron ningún trastorno neurológico focal, y se diagnosticó epilepsia del lóbulo temporal. En el hospital, Ursulina continuó viendo y oyendo al duende durante 2 días, pero ya no más. Permaneció ingresada 20 días.

Mientras, sus familiares de mostraban asombrados de que todo estuviese tranquilo en casa. Se dieron cuenta de que Ursulina era el centro de todos los problemas. Sin embargo, se mostraban reacios a aceptar la idea de que padecía un trastorno mental, a pesar de haber notado tantas cosas raras. Querían creer que la persecución por el espíritu había causado la alteración mental, pero no al revés. Tan pronto como Ursulina se recuperó del trastorno, abandonó el hospital y nunca volvió a visitarse.

Discusión sobre «El duende»

Un psiquiatra latinoamericano proporcionó la siguiente información sobre el contexto cultural en el cual Ursulina desarrolló la enfermedad: personajes como el «fantasma» son parte de la mitología de la mayoría de los países latinoamericanos. El típico duende es un individuo de pequeño tamaño, abdomen prominente, aspecto oscuro, cara redonda, ojos brillantes y dientes largos y blancos. Viste de manera excéntrica, con ropa de color y ocasionalmente va desnudo. Es ágil, hace bromas a las víctimas, es un farsante y un tramposo, y a veces se muestra irritable y violento. A menudo se enamora de muchachas jóvenes.

Se han asociado acontecimientos religiosos y amorosos a la presencia del «fantasma». Generalmente, su apariencia es el resultado de un enfrentamiento entre la víctima y las fuerzas malignas. Además, se busca muy a menudo ayuda de tipo religioso, pero también exorcismo, bendiciones y curas espirituales. Se emplean también viejas fórmulas, como azufre hirviendo, frascos de agua bendita, humos aromáticos y sanadores locales, o «curanderos», con una participación vigorosa del grupo social constituyendo un ingrediente clave de la terapia.

El concepto de *poltergeist* denota fenómenos tales como la caída de piedras, la destrucción de muebles y ruidos extraños alrededor de la casa, (algunos de los cuales fueron vividos por Ursulina y su familia). Estos fenómenos han sido muy a menudo narrados en varios países latinoamericanos.

Ursulina presentaba varios síntomas extraños, como alucinaciones visuales, auditivas, táctiles y olfatorias (ver, oír, sentir y oler al duende) e ideas delirantes sobre lo que le estaba sucediendo. Además, padecía una variedad de síntomas de tipo físico (náuseas, vómitos, pesadez en las extremidades y sensación de quemazón en la boca y los ojos). También explicaba haber «levitado» (como si una gran fuerza la levantara y la dejara caer después), lo que posiblemente pudiera constituir lo que su familia describía como ataques epilépticos.

Si nos ceñimos estrictamente a los criterios del DSM-IV, sin considerar el contexto cultural, la persistencia de ideas delirantes extrañas y de alucinaciones, en ausencia de consumo de sustancias o de una enfermedad física que pueda causar el trastorno, hace pensar en un *trastorno esquizofreniforme*. Este diagnóstico, sin embargo, no es del todo correcto, por varias razones. La primera razón porque la mayoría de los síntomas psicóticos que presentaba Ursulina eran creencias exageradas, compartidas por su familia y sus vecinos. De hecho, ellos refieren haber observado muchos de los fenómenos raros que ella describe. Si, por definición, las ideas delirantes son creencias falsas no aceptadas por la subcultura del sujeto, no está claro que Ursulina presente realmente ideas deliriantes. La segunda razón porque sospechamos (pero no podemos demostrar) que algunos de sus síntomas (las alucinaciones visuales y olfatorias, y la «levitación») pueden ser debidos a epilepsia del lóbulo temporal. Sus extraños síntomas podrían ser un modo a través del cual intenta dar sentido a los fenómenos epilépticos.

Obligados a realizar un diagnóstico según el DSM-IV, deberíamos especificar, en el Eje I, *trastorno psicótico no especificado* (diagnóstico provisional) (DSM-IV, pág. 322) y, en el Eje II, crisis complejas parciales (epilepsia del lóbulo temporal) (diagnóstico provisional).

Seguimiento

Los problemas de Ursulina reaparecieron poco tiempo después de abandonar el hospital. La llevaron a una hermandad de espiritistas, donde se ganó rápidamente el respeto debido a su sensibilidad. El líder del grupo mostró un especial interés en que pusiera en práctica sus habilidades y en enseñarla a comunicarse con los «espíritus». Más tarde, Ursulina se convirtió en el centro del culto y ocupó un cargo importante en el grupo de espiritistas como un extraordinario *medium*, bajo el nombre de «María». Empezó a realizar actuaciones en público, durante las cuales era capaz de entrar en trance y efectuar «viajes astrales», en los que visitaba diversos países, el sol, los planetas y las estrellas.

A medida que el tiempo fue transcurriendo, los «trances» espontáneos desaparecieron, y Ursulina se sintió libre y no perseguida por «espíritus». Redujo gradualmente la intensidad de sus actividades espirituales, se casó, tuvo un hijo y llevó una vida completamente «normal», sin ningún tipo de sucesos reseñables.

ESPÍRITUS MALIGNOS Y COCHES FUNERARIOS

Un psiquiatra visita una mujer de 28 años de edad, de Surinam (Guayana Holandesa), América del Sur, que reside actualmente en Amsterdam. Su asistenta social y su médico de cabecera están preocupados porque la enferma refiere ver coches funerarios por todos lados y querer suicidarse. Además, algunas veces empieza a temblar de manera violenta, sus ojos se mueven hacia arriba, sus brazos y sus manos se agitan, dice cosas extrañas y deja de entender el holandés. Después de 5 min vuelve a su estado inicial, y es posible entonces entrar en contacto con ella. No recuerda nada de lo que le sucede durante estos ataques, pero se comporta como si hubiese pasado por una experiencia agotadora.

La enferma explica al psiquiatra que desde que vino a Holanda hace 7 años los espíritus malignos le han preguntado en cuatro ocasiones y le han extraído los espíritus del bien. Dos de esos espíritus siempre vuelven durante las épocas difíciles y quieren verla muerta. Un espíritu posee el cuerpo de una rana con la cabeza de un perro con cuernos; el otro es un hombre alto con un sombrero y unos guantes blancos. Durante estas crisis, la paciente presenta también dolores de cabeza, dorsalgias y dolores abdominales y torácicos. Padece, asimismo, problemas para dormir y ausencia de apetito y energía. Frecuentemente se queda cavilando. De manera ocasional tiene espuma en la boca, cosa que se considera presagio de la muerte; algunas veces padece «ataques de palpitaciones».

En un primer momento consultó al médico de cabecera, y éste le curó los ataques de palpitaciones mediante técnicas de relajación. Visitó, asimismo, a dos adivinadores/sanadores en Amsterdam. Se llevó a cabo un ritual, después del cual los espíritus se apaciguaron y todas sus quejas desaparecieron. Estos espisodios parecían relacionados con problemas con su familia en Surinam, lo que hacía que ella pensara que ya no la necesitaban más allí, o con disputas con sus hermanos en Holanda.

Desde que llegó a Holanda, la enferma ha trabajado como empleada doméstica y ha conseguido un empleo en la lavandería de un hospital. Tuvo una relación amorosa con un trabajador holandés del hospital; al quedarse embarazada, decidieron casarse. A pesar de tomar meticulosamente anticonceptivos después de nacer el primer hijo, volvió a quedar embarazada. Pidió trabajar media jornada, pero en un primer momento no se lo concedieron. Posteriormente, se entrevistó con el director general, que se lo concedió. Sin embargo, en aquellos momentos, las relaciones con su propio supervisor eran tan malas que al final la despidieron. Por primera vez desde que llegó a Holanda, empezó a depender económicamente de su marido, quien le exigió que justificara todos sus gastos.

Después del nacimiento del segundo hijo, volvió a visitar a su médico de cabecera por fatiga en ambos brazos y dolor bajo las manos y detrás de su mama izquierda, que algunas veces se propagaba hacia la espalda. Se encontraba demasiado cansada para cuidar a sus hijos o para hacer el amor con su marido.

Actualmente, 3 meses después, la enferma padece dolor en todo el cuerpo, tiene miedo, no puede dormir y se siente débil. Continuamente ve coches fúnebres que le persiguen y piensa en suicidarse. El tratamiento con haloperidol le produjo muchas molestias, entre ellas una sensación de mareo muy intensa, y tuvo que interrumpirlo al día siguiente.

La paciente explica al psiquiatra que visitó a un adivinador de Surinam y a un sanador de la India, y ambos le dijeron que su alma había sido robada, era demasiado tarde ya para hacer cualquier cosa, e iba a morir. Entonces su hermano la llevó a una adivinadora, una *lukuwoman*. Esta mujer le comunicó que su problema era debido al abandono de sus espíritus ancestrales, que ahora se vengaban; le proporcionó un baño con hierbas, cortó una sábana blanca en dos trozos y la extendió por encima de su cuerpo, rompió un huevo en su cabeza y extrajo la saliva de su boca, con el fin de que los espíritus dejaran su organismo. El tratamiento funcionó. La enferma se sintió mucho mejor y pudo levantarse y caminar de nuevo. La *lukuwoman* le recomendó que volviera a Surinam para fortalecer su poder divino dando una fiesta familiar para los espíritus ancestrales. La enferma fue a visitar también a un trabajador social católico y a un rosacruz.

La mujer cuenta al psiquiatra que, por primera vez, los espíritus del mal se pasean por su casa. Los espíritus parecen ser nebulosos, de un color gris rojo, aparecen y desaparecen, y tienen aspecto de ajo de color rojo o de rana con cabeza de perro. Otras veces ve la muerte muy cerca, como una sábana blanca flotante o como un hombre alto con sombrero y guantes blancos. Cuando tiene miedo, no puede apartarlos de su pensamiento. Puede ver el cementerio a donde los coches fúnebres la llevarán; puede oír el ruido de las campanas de su casa, y no puede dormir porque la rana se transforma en una pelota roja con dientes que chupa su sangre. Come como siempre, pero los espíritus la consumen, por lo que ha adelgazado más de 10 kg. Su menstruación se ha vuelto irregular. Algunas veces nota que su cuerpo ha cambiado y que huele mal, a muerta.

El hombre alto del sombrero blanco quiere tener relaciones sexuales con ella, y algunas veces se echa encima de ella. Cuando empieza a dormirse, él intenta violarla. Ella se levanta, no se puede mover y se encuentra muy asustada. Aprieta la mano fuertemente contra su pecho (indicando el esternón) y le chupa el pezón, como si estuvieran haciendo el amor. Vacía sus pechos del mismo modo que lo hace un lactante. Sus pechos se han aplanado totalmente y todo lo que queda es un poco de piel.

Anteriormente, durante uno de sus episodios, vivió una experiencia similar. Había ido a ver a un adivinador, que le dijo que alguien le había gastado una broma enviándole un enano. Justo cuando se estaba durmiendo y su alma abandonaba su cuerpo, dicho enano se sentó en su pecho e intentó estrangularla. Pero su alma flotaba en la habitación, y vio su cuerpo tumbado en el suelo. Su alma le dijo entonces: «Poseen tu corazón, escucha como late». Creyó que iba a morir; y cuando el episodio remitió, se encontró tan asustada que quiso dormir abrazada a su marido.

Además de los espíritus malignos que la molestaban y que la amenazaban con dañar a sus hijos, la enferma también oía las voces de sus ancestros diciéndole que se levantara.

Su marido comunica al psiquiatra que no va a participar en el tratamiento. A lo largo de los últimos años han gastado una gran cantidad de dinero en adivinadores. Está harto de sus historias sobre espíritus, de su insistencia en tener que entrar en casa de espaldas y de interpretar papeles variados en función de la influencia de los espíritus.

Discusión sobre «Espíritus malignos y coches funerarios»

Esta mujer es enviada al psiquiatra principalmente por sus intentos de suicidio. Parece deprimida desde el nacimiento de su hijo hace 3 meses. Presenta un *episodio depresivo mayor*; además de su preocupación por el suicidio, no tiene fuerzas para nada (está demasiado cansada para cuidar de sus hijos), no puede dormir y ha adelgazado 10 kg. Las ideas delirantes de tipo somático y las alucinaciones (sus pechos han encogido, su cuerpo desprende olor a muerto) indican un *trastorno depresivo mayor* (DSM-IV, pág. 351) *con síntomas psicóticos congruentes con el estado de ánimo.*

Lo inusual de este caso son los síntomas psicóticos absurdos que presenta la paciente: cree que los espíritus la quieren ver muerta, y las visiones que tiene hacen referencia a extrañas criaturas, algunas de las cuales la quieren ver enferma u otras que están interesadas solamente en el sexo.

El psiquiatra holandés que explicó este caso nos dijo que un miembro de esta cultura puede tener este tipo de experiencias sin ser considerado un enfermo psicótico. Los espíritus que están presentes por todos los lados, chupando su sangre, los coches fúnebres y el hombre alto, pueden constituir las visiones. El hecho de que este tipo de experiencias puedan ser consideradas como realmente psicóticas depende de la actividad de la persona cuando no se dan estas visiones. En este caso, el diagnóstico resulta difícil ya que, aparte de las visiones, la enferma presenta un *trastorno depresivo mayor con síntomas psicóticos congruentes con el estado de ánimo.*

No hay información suficiente sobre los ataques de palpitaciones para saber si constituyen realmente crisis de angustia, y no sabemos cada cuánto aparecen, por lo que no se puede hacer un diagnóstico adicional de *trastorno de ansiedad*.

Nuestros problemas diagnósticos no terminan aquí. Esta mujer también presenta episodios breves durante los que tiembla de manera violenta, los globos oculares se mueven hacia arriba, se inclina, pronuncia palabras extrañas y deja de entender su lengua, el holandés, de manera repentina. Debido a que no existe una pérdida de conciencia es muy poco probable que se trate de un ataque epiléptico. Ella interpreta este tipo de episodios como posesión por espíritus. Nosotros los consideraríamos como episodios de tipo disociativo, poco habituales en su contexto cultural o religioso. Los episodios no cumplen los criterios para el diagnóstico de *trastorno disociativo* específico. Nosotros los veríamos como un *trastorno disociativo de trance*, que se clasifica en el DSM-IV como *trastorno disociativo no especificado* (DSM-IV, pág. 502).

Finalmente, esta paciente presenta otro tipo de ataque que podríamos considerar extraño, que tiene lugar justo antes de dormirse. Se levanta, no puede moverse y se encuentra terriblemente asustada. Esto podría parecer una parálisis del sueño, un fenómeno neurológico benigno, que consiste en períodos breves de incapacidad para moverse o hablar y que aparece generalmente cuando se levanta, o aún más raramente (como es este caso), cuando se duerme. Lo anotaríamos en el Eje III.

Seguimiento

El psiquiatra visitó a esta paciente durante ocho sesiones de una hora y media cada una. Le permitía que entrara en trance en cualquier momento en que los espíritus quisieran hablar, pero sugirió que ella podía poseer el control sobre esta «posesión». Juntos hablaron sobre el significado personal de los diferentes espíritus en la cosmología de Surinam y del oeste de África. Después de todo esto, los episodios de trance desaparecieron. Se encontraba mucho más descansada al saber que finalmente alguien la había entendido y que, a diferencia de la familia de Surinam, no tenía miedo a los espíritus.

Después de cuatro sesiones (un mes más tarde), se encontraba ya mucho mejor. Sin embargo, sus problemas a la hora de comer y de dormir continuaban y por esta razón se le administró un antidepresivo. Un mes después se volvió a encontrar bien. Viajó a Surinam, donde, durante una celebración ritual familiar, «sus espíritus volvieron a bailar durante horas». Durante esta ceremonia uno de sus espíritus ancestrales entró en su cuerpo. Volvió a ver a otro sanador indio que la liberó de este espíritu maligno. Un año y medio después comunicó que desde entonces se había sentido realmente bien.

EUROPA CONTINENTAL

EL AMA DE CASA CON INSOMNIO

Pam, una mujer de 28 años de edad, de la región de Baviera y madre de dos hijos, ha sido tratada en el servicio de dermatología por infecciones repetidas de la piel. Fue enviada a un psiquiatra cinco días después por su insomnio, que empezó después de haber tomado la primera dosis de un antibiótico oral, ofloxacino, que el dermatólogo le prescribió.

Después de la primera noche sin dormir, Pam se mostró inhabitualmente amable, social y físicamente activa. Jugó al tenis durante horas, vio a amigos que no había visto durante años y se encontró perfectamente. Se levantó después de una hora de haber dormido y se encontraba muy descansada. Después de 3 días, comentó a su marido que sus pensamientos habían desaparecido y que todo dentro de ella estaba vibrando. Dos días después, el dermatólogo, alarmado por esta enfermedad, interrumpió el tratamiento con ofloxacino y prescribió un ansiolítico, con instrucciones de que fuera aumentando la dosis a lo largo de los siguientes 5 días, y volviera a la clínica psiquiátrica aquel mismo día.

Pam no manifestó ningún tipo de antecedente psiquiátrico de ella ni de ningún miembro de su familia. Aparte del ofloxacino, no había tomado ninguna otra medicación durante las 4 semanas previas a la aparición de la enfermedad. Su historia médica fue totalmente normal, excepto un hipotiroidismo previo, tratado con éxito. Todos los resultados de los análisis y la historia médica, ginecológica y neurológica fueron normales. El ECG, el EEG y el *scanner* de cráneo fueron, asimismo, normales.

Durante la siguiente semana, la mujer se quejó de sentirse «muy extraña». Por una parte se encontraba con disforia, deprimida y con pérdida de energía, de decisión y de interés, con fatiga y falta de apetito. Por otra parte, no se sentía descansada, estaba irritable y era incapaz de concentrarse. Su estado de ánimo era lábil, alternando episodios de lloriqueo sin causas con episodios de risas. Presentó, asimismo, cuatro crisis de angustia, una de ellas vista por su médico privado, durante la cual se mostró muy aprensiva, tembló, se puso pálida, le costaba respirar, tenía taquicardia y por poco se desmaya. En otra ocasión, también durante una crisis de angustia, comunicó a su médico que tenía miedo de que «algo malo sucediera» y que el médico le «estuviera escondiendo alguna cosa».

Alrededor del décimo día del inicio de los problemas presentó un síndrome depresivo, con bajo estado de ánimo, pérdida de energía y de interés por sus hijos, notable falta de apetito, insomnio y un enlentecimiento psicomotor. Dos semanas después dio la sensación de que la depresión iba desapareciendo tras dormir varias horas seguidas. Al cabo de unos cuantos días, su estado de ánimo volvió a ser el de antes.

Discusión sobre «El ama de casa con insomnio»

Esta mujer, que anteriormente no había presentado ningún tipo de historia psiquiátrica, presentó una serie de síntomas maníacos (insomnio, elevación del estado de ánimo, pensamientos fugaces, hiperactividad) inmediatamente después de tomar un fármaco. Tras dejarlo presentó varios síntomas de tipo depresivo (disforia, pérdida de energía, pérdida del apetito y del interés) que se intercalaban con los síntomas de tipo maníaco. Todo esto se siguió de un período durante el cual solamente presentaba síntomas de tipo depresivo.

Debido a la ausencia personal y familiar de historia de trastornos del estado de ánimo y al corto espacio entre el hecho de haber tomado un fármaco y la aparición de una alteración del estado de ánimo, parece razonable pensar que el fármaco es el responsable de los trastornos de tipo maníaco-depresivo. Es por esta razón que en ausencia de trastornos que sugieran un *delirium* establecemos en primer lugar el diagnóstico de *trastorno del estado de ánimo inducido por ofloxacino* (DSM-IV, pág. 382). Puesto que el trastorno del estado de ánimo presentaba rasgos de tipo maníaco-depresivo, se le añadió con *síntomas mixtos*.

También pensamos que las crisis de angustia que duraron 5 días podían haber sido provocadas por el ofloxacino. Asimismo, podíamos hacer el diagnóstico de *trastorno de ansiedad inducido por ofloxacino, con crisis de angustia* (DSM-IV, pág. 454) o, de manera más parsimoniosa, enumerar el estado de ánimo predominante.

Parece razonable asumir que la ideación paranoide del paciente (el doctor le escondía alguna cosa) es también una reacción producida por el fármaco. Sin embargo, este síntoma no parece lo bastante acusado como para justificar un diagnóstico adicional.

¡VIVA FRANCIA!

Henri, un profesor de 21 años de edad, es conducido al servicio de urgencias de un hospital por la policía el día 13 de julio, la víspera de la Fiesta Nacional Francesa (Día de la Toma de la Bastilla). Había producido un altercado en el vestíbulo de un hotel, molestando a miembros del personal, abriendo el equipaje de la gente, cambiando los muebles y los jarrones, y preguntando a la gente qué era lo que pensaba sobre el gobierno, el coronel Gadaffy y el muro de Berlín, todo esto acompañado de gritos de «¡Viva Francia!».

Cuando ingresó, Henri estaba totalmente mudo. Parecía asustado y miraba la habitación de un modo muy sospechoso. De repente empezó a hablar de una manera muy rara, diciendo que la gente no era lo que parecía y que había espías por todos lados. Dice que él mismo es también un espía, que su padre no es su padre real, que hay radiaciones por todos lados, que tiene una misión que cumplir y que algo terrible o agradable sucederá. Se puso entonces muy contento ya que creía que podía conseguir mucho dinero y que podía ser tan rico como la familia Rothschilds. Asimismo, empezó a hablar de su novia; se preguntaba dónde estaría; se puso a llorar y se acusó a sí mismo de haberle transmitido una enfermedad incurable.

Henri no tiene ningún historial de tipo psiquiátrico. Según sus padres, se comportaba de manera totalmente normal hasta el día previo a ingresar en el hospital. No bebía y no había consumido ningún tipo de tóxicos. Todos sus alumnos le querían mucho y era una persona muy respetada por sus compañeros de profesión. Durante los últimos 6 meses había tenido una novia, con la que había intentado casarse al finalizar el año. En la noche del 12 de julio fue totalmente incapaz de dormir; empezó a dar vueltas por la casa y a la mañana siguiente dijo a sus padres que todo el mundo estaba loco. Hizo toda una serie de preguntas extrañas, se fue a su habitación y no quiso comer absolutamente nada ya que creía que la comida estaba llena de ingredientes «no naturales». Cuando sus padres quisieron llamar a un médico, se fue de casa y desapareció.

Henri es trasladado desde la zona de urgencias hasta la sala, donde se le ingresa. Durante la primera semana de hospitalización su conducta fue cambiando. Se muestra orientado en el tiempo y en el espacio, pero se pregunta si el hospital es «real» o si los médicos son médicos «reales». Cuando se le preguntó sobre su trabajo, se mostró perplejo ante la idea de ser un profesor, a pesar de que pudo dar la dirección de la escuela donde trabajaba. Su discurso fue en parte incomprensible ya que no acababa de terminar las frases o pasaba de un modo imprevisible de un tema a otro.

Algunas veces, Henri reía e intentaba hablar a todo aquel que se encontraba a su alrededor. Otras veces se mostraba triste, se recluía en su habitación y lloraba. En otras ocasiones estaba ansioso y agitado.

Durante algunos días, puso papel higiénico en sus oídos para «mantener las voces que oía lejos de él», usaba gafas de sol para «no poder ver las cosas» y guantes para «que no le traicionaran». Se mantenía alejado de los radiadores porque las radiaciones «bloquean mi mente, no me dejan pensar de manera correcta y penetran en mi cuerpo, produciéndome un tipo de enfermedad, probablemente el SIDA». Tenía miedo de dormir en su habitación, y en algunas ocasiones cogía las sábanas y los edredones e intentaba dormir en el pasillo. Se levantaba varias veces por la noche y por el día dormía durante 2 o 3 horas.

Los resultados de la exploración física y de las pruebas de laboratorio fueron negativos. Se le trató con una combinación de dos antipsicóticos. Alrededor de la sexta semana de enfermedad todos sus síntomas habían desaparecido y se le retiró la medicación. Se le visitó una vez a la semana en un servicio ambulatorio durante un mes, en el cual se le fue reduciendo la medicación progresivamente hasta suspenderla por completo. Actualmente, 2 meses después del inicio de la enfermedad, su familia y sus compañeros de trabajo consideran que se encuentra como antes. Durante el año siguiente fue controlado por un psiquiatra cada 3 meses, y en cada una de estas visitas el psiquiatra no observó ningún tipo de patología.

Discusión sobre «¡Viva Francia!»

Los síntomas significativos del trastorno de esta persona son ideas delirantes múltiples y agudas y un contenido mental rápidamente cambiante, acompañado de síntomas de tipo psicótico, como estados de euforia y depresión, de agitación y de calma, y de logorrea y mutismo. Además dice cosas incoherentes y presenta alucinaciones y perplejidad (sin desorientación). El trastorno llegó a un máximo en menos de 24 horas y desapareció en pocas semanas, con una recuperación totalmente completa en 2 meses. No había ningún antecedente de tipo psiquiátrico y el inicio no fue precedido por un estrés psicosocial.

El psiquiatra que comunicó este caso explicó que la clasificación francesa de los trastornos mentales condujo al diagnóstico de *bouffée délirante.* Este diagnóstico procede de las teorías del psiquiatra francés Magnan. Las teorías actuales coinciden con ellas y especifican: 1) el trastorno se inicia *ex nihilo*, en ausencia de un estrés psicosocial; 2) que hay ideas delirantes no sistematizadas de naturaleza polimórfica; 3) con alteraciones emocionales y sentimientos de ansiedad cambiantes e intensos, de alegría o tristeza; 4) presencia de perplejidad, despersonalización o desrealización, sin alteración de la conciencia, y 5) recuperación completa al cabo de 2 meses.

Cada dos o tres enfermos hospitalizados en Francia con una psicosis aguda se les diagnostica en el ingreso de *bouffée délirante.* Generalmente, el diagnóstico se cambia en el momento del alta, a menudo por el de *esquizofrenia* si el enfermo no está totalmente recuperado. El tratamiento descrito en este caso es el habitual para *bouffée délirante.*

Según el DSM-IV, debería establecerse el diagnóstico diferencial con el *trastorno psicótico breve*, el *trastorno esquizofreniforme*, el *trastorno bipolar I* y el *trastorno esquizoafectivo*. Hay muchos síntomas que sugieren que se trata de un *episodio maníaco*, como los períodos recurrentes de euforia, de grandiosidad, de afiliación social y de hiperactividad. A pesar de que estos períodos no son constantes en el tiempo, se podría decir que se alternan con síntomas depresivos y que ello es definitivo de un episodio afectivo con síntomas maníacos y depresivos. Sin embargo, según el DSM-IV, el *trastorno bipolar I mixto* exige que el paciente haya tenido, previamente, al menos un episodio depresivo mayor o un episodio hipomaníaco o maníaco, caso que no es el de Henri. El *trastorno esquizoafectivo* se descarta ya que no existe un período de 2 semanas o más de síntomas psicóticos en ausencia de alteraciones del estado de ánimo.

La presencia de los síntomas característicos de la *esquizofrenia* (ideas delirantes absurdas y alucinaciones) en un trastorno de duración superior a un mes, pero inferior a 6 meses, conduce al diagnóstico, según el DSM-IV, de *trastorno esquizofreniforme* (DSM-IV, pág. 298). Además, el trastorno presenta los cuatro indicadores de buen pronóstico: inicio súbito, confusión o perplejidad, buena adaptación premórbida y ausencia de aplanamiento afectivo.

LA ANTIGUA UNIÓN SOVIÉTICA

Delitos contra el Estado

En otoño de 1984, Gregor, un economista de 40 años de edad, es llevado por la KGB desde la cárcel hasta la sala de máxima seguridad del Instituto Central de Psiquiatría Forense de Moscú. Cuatro meses antes, mientras buscaba la casa de un amigo, agentes de la KGB descubrieron un libro, escrito por Gregor, en el que criticaba el sistema económico de la Unión Soviética. En este libro, Gregor se definió como un «economista de ideología marxista» y un patriota. Utilizaba un lenguaje igual que el «oficial» y «aprobaba» ideas de tipo económico y político vigentes en la Unión Soviética. Sin embargo, el argumento del libro se centraba en las reformas de la economía del Estado con el fin de producir una mayor prosperidad y una estabilidad económica en el país.

Gregor fue arrestado y se le acusó de «realizar propaganda antigubernamental y agitación en contra de los intereses del Estado socialista». Debido a que no se mostró totalmente cooperador fue llevado a que se le practicara un reconocimiento de tipo psiquiátrico por un investigador de la KGB, el cual escribe en el documento que «existen razones de suficiente peso para sospechar que el detenido sufre una enfermedad mental crónica, responsable de su conducta y ha provocado serios delitos contra el Estado».

El prisionero llega esposado, muy ansioso y temeroso. Al inicio de su discurso, el psiquiatra forense anota que el individuo posee «ojos penetrantes y ardientes, y barba parecida a la de Cristo».

Durante la entrevista, el prisionero insiste en su derecho de tomar nota y de escribir todo aquello que se le pregunta; al serle denegado este derecho, el prisionero se niega a hablar. En la sala, rodeado por enemigos, se cierra en sí mismo y se le describe como «retraído, con la mirada perdida en varias ocasiones y con un rechazo persistente a hablar». Los miembros de la sala están preocupados por su «atención excesiva» hacia la comida que se sirve en el hospital, y su preocupación de que la medicación ha sido puesta en la comida se describe como «paranoide».

En la primera semana, el detenido pide ver al director del hospital; y cuando éste acude, Gregor se enfrenta con él por el hecho de haber sido acusado de «delitos contra la humanidad». Le recuerda al médico lo que les ocurrió a los médicos alemanes nazis durante los Juicios de Nüremberg. El detenido niega de forma categórica la naturaleza criminal de su actividad y «argumenta» que lo que hizo fue escribir solamente un libro sobre la economía del estado, al ser su profesión la de escritor.

De la información proporcionada por el investigador de la policía secreta y de los sumarios del tratamiento que se obtuvieron del centro de salud local y de la clínica de salud mental, el psiquiatra forense deduce que el paciente tuvo una «adolescencia difícil», durante la cual prosiguió, aunque con ciertos abandonos, los estudios de historia, arte y literatura de su país. Sus profesores le describían como «conflictivo, se oponía a todo, y obsesionado con sus ideas». Su jefe escribió una vez: «Este muchacho es demasiado sensible y serio para su edad. Está en contra de todo lo que sucede en nuestro país, y sus gustos en cuanto al arte y la música son extraños. Sin embargo, es un gran matemático, y con unos buenos conocimientos, puede ser de gran utilidad para nuestro país».

Las notas tomadas en el archivo local revelaron que el detenido no realizó el servicio militar debido al diagnóstico de «psiconeurosis», establecido por un psi-

© MASSON, S.A. Fotocopiar sin autorización es un delito.

quiatra en la clínica de salud mental del distrito. Las notas de la historia clínica le describían como un muchacho «preocupado por la historia y las matemáticas, con hábitos de tipo compulsivo y con una excesiva preocupación por su salud». Aparentemente, el detenido fue visto en la clínica de salud mental solamente tres veces y nunca requirió ningún tipo de tratamiento.

El psiquiatra forense no hace ningún intento para contactar o entrevistar por teléfono a la mujer de Gregor y a sus padres o amigos y colegas (se le prohíbe al psiquiatra revelar el sitio exacto donde se encuentra el detenido, ya que la KGB quiere mantener incomunicado a Gregor antes de empezar el juicio). De este modo, el psiquiatra forense nunca supo que el detenido era un «estudiante ejemplar» en el departamento de economía de una universidad estatal puntera o era admirado por sus colegas en la facultad. La mayoría de sus profesores se convirtieron posteriormente en sus colegas, cuando se le comunicó a Gregor que podía permanecer en el departamento para proseguir sus trabajos de investigación. El psiquiatra tampoco sabe que el detenido había escrito varios artículos para su publicación en revistas especializadas de mucha importancia, había estado casado durante 18 años, mantiene estrechas relaciones personales con varios amigos y ha adoptado a dos niños, después de haber sido extensamente entrevistado por la agencia de adopción estatal antes de aceptarle como padre adoptivo. Finalmente, al psiquiatra se le negó la oportunidad de leer el libro de Gregor, que presumiblemente era producto de una mente enfermiza.

En la tercera semana se le administraron neurolépticos. Se volvió débil, apático, se quejaba de sequedad de boca, de más apetito, de sentirse «grogui» durante el día y de tener un temblor cada vez más intenso. Cada vez que se le daba la medicación, ofrecía resistencia. Esto fue descrito en la historia clínica como un «rechazo paranoide de las buenas intenciones del personal médico, y como una incapacidad para tener conciencia de su enfermedad y de sus propias necesidades».

Como la medicación no produce ningún tipo de cambio en la actitud del detenido, a excepción de los efectos indeseables obvios, se interrumpe su administación. Una semana después, el detenido parece estar mucho más animado y finalmente accede a cooperar con un comité experto, consistente en tres psiquiatras forenses. Cuando el comité examina al detenido, ninguno de sus miembros ha tenido oportunidad de leer el texto que llevó al paciente a la situación en que está. Durante la entrevista, el detenido está en actitud de atención y en guardia, que uno de los psiquiatras describe como «actitud hipervigilante, con ideas obvias de referencia». El comité está de acuerdo con el diagnóstico realizado por el psiquiatra forense de *esquizofrenia inhibida*. (La *esquizofrenia inhibida* fue considerada por los psiquiatras soviéticos como la forma menos grave de un subtipo continuo de esquizofrenia. *A grosso modo*, es el equivalente a los términos «seudoneurótico» y «seudopsicopático», dos tipos de *esquizofrenia* que usaron los clínicos en Estados

Unidos hace unas décadas. Se cree que este trastorno presenta un curso más favorable que el de otros tipos de *esquizofrenia.*) El comité recomienda tratamiento psiquiátrico para Gregor, «por su incapacidad de poseer una actitud crítica hacia su propia enfermedad y por un rechazo a recibir tratamiemto médico adecuado».

Discusión sobre «Delitos contra el Estado»

El psiquiatra ruso, que actualmente vive en Estados Unidos, proporcionó este caso y sugiere que el investigador de la KGB sabía que el Estado tendría una dificultad considerable en condenar a Gregor, ya que tendría que demostrar que sus intenciones eran las de «dañar y perjudicar los intereses del Estado Socialista». Debido a que Gregor era una persona persuasiva, un juicio público incomodaría de forma notable al gobierno. Se le diagnosticó un trastorno de tipo psiquiátrico que le excluyó de la realización del servicio militar; el investigador de la KGB pensó que un juicio no sería necesario y que la credibilidad de las ideas de Gregor sería menor si su comportamiento se atribuía a un trastorno mental.

Al psiquiatra forense se le proporcionó una información poco adecuada, inexacta y sesgada, no tenía acceso a la familia del enfermo o a sus amigos y tuvo que tratar con un hombre atemorizado y reacio a todo tipo de tratamiento. Actuando en un sistema social con un margen extremadamente estrecho de comportamiento «permisible» y con una profesión que emplea un concepto de *esquizofrenia* extraordinariamente amplio, el psiquiatra forense podría haber sido perfectamente sincero a la hora de considerar a Gregor como un enfermo mental. Puede ser posible, asimismo, que el psiquiatra usara su poder de manera cínica para establecer el diagnóstico, decidir el ingreso y tratar al paciente con el fin de satisfacer las demandas implícitas provenientes de la KGB para deshacerse de este hombre «problemático».

Aparte del hecho de que el psiquiatra forense creyera que Gregor estaba o no enfermo, justificó su diagnóstico del modo siguiente: El inicio de la *esquizofrenia* de Gregor, como es general en este tipo de enfermedad, se produce durante la transición de la adolescencia a la vida adulta. Presentó ideas de sobrevaloración, inestabilidad de carácter, intereses de tipo inapropiado y egocéntrico propios de muchachos de su edad, y síntomas obsesivo-compulsivos. Presentó todo un sistema de preocupaciones de tipo obsesivo que hacían referencia a la búsqueda de reformas en la Unión Soviética. Su visión trágica del mundo constituía una prueba de disforia crónica y de anhedonia. Su creencia de que podía realizar una contribución a la teoría económica y al bienestar de su país es la prueba de una idea de sobrevaloración que se ha transformado en idea delirante fantástica de reforma. Su actitud prudente hacia las autoridades y los médicos del estado constituye una expresión de una percepción paranoide y autorreferencial.

A diferencia del psiquiatra forense soviético, nosotros apreciamos que no existe una justificación para establecer un diagnóstico psiquiátrico en el caso de Gregor. Las dificultades que presenta son ciertamente el resultado de la interacción entre sus rasgos de personalidad y una sociedad de tipo opresivo. Sin embargo, en una sociedad más liberal, estos rasgos de personalidad pueden no causar ningún tipo de dificultad en concreto; es más, pueden ser hasta premiados.

EL LEJANO ORIENTE

El operario cansado

El Sr. Wu, un operario casado de 36 años de edad, acudió a una consulta psiquiátrica ambulatoria en Hunan, en la República Popular de China, quejándose de fatigarse muy fácilmente. También padecía insomnio, y su capacidad para trabajar había disminuído debido a la debilidad y a las cefaleas de tipo tensional.

Todos estos síntomas empezaron hace aproximadamente 12 años, sin que existiera causa alguna. El Sr. Wu notó que empezaba a cansarse cada vez más fácilmente, y se encontraba más débil después de realizar cualquier tipo de esfuerzo, fuera psíquico o físico. También tenía dificultades para conciliar el sueño y se despertaba muchas veces durante la noche. Notaba que su fuerza mental le era insuficiente a lo largo de todo el día. No podía leer ni ver la televisión más de media hora sin que se cansara. A pesar de que podía realizar su trabajo habitual, tenía dificultades para concentrarse y su memoria era cada vez peor. En los últimos 12 años había presentado estos síntomas, aunque con intensidad fluctuante. Cuando la enfermedad se acentúa, se encuentra irritable, molesto y nervioso. No queda claro por qué acude en busca de ayuda.

El Sr. Wu no se queja de depresión de manera espontánea. Sin embargo, cuando se le pregunta específicamente sobre su estado de ánimo, dice que algunas veces se siente deprimido y que no es capaz de disfrutar de las cosas, y que lo atribuye a su dificultad para concentrarse y a su cansancio físico. Cuando está deprimido, se siente culpable, su pensamiento se enlentece, y presenta trastornos del apetito y retraso psicomotor. Los períodos de depresión nunca duran más de 2 semanas y se presentan alrededor de cinco o seis veces al año.

El Sr. Wu ha acudido al hospital local en muchas ocasiones y ha sido tratado con hierbas chinas y medicinas occidentales. Una vez fue a ver a un psiquiatra, que le prescribió un antidepresivo. Todos estos tratamientos no tuvieron ningún tipo de éxito.

El Sr. Wu se define como una «persona introvertida» desde la pubertad, que prefiere siempre quedarse en casa. En la escuela siempre había obtenido notas por encima del promedio de la clase. Después de acabar la universidad se le contrató como operario en una fábrica. Actualmente, continúa trabajando en este oficio.

En la entrevista, el Sr. Wu parece estar exhausto. No hay pruebas de que sufra ansiedad o depresión. Los resultados de la exploración física y de las pruebas de laboratorio se encuentran dentro de los límites de la normalidad.

Discusión sobre «El operario cansado»

Los clínicos chinos entrenados no tendrían ningún tipo de dificultad para realizar el diagnóstico de la enfermedad del Sr. Wu, ya que presenta rasgos característicos de *neurastenia,* uno de los trastornos más frecuentemente diagnosticados en la República Popular de China. El Sr. Wu refiere que la mayor parte de sus síntomas son de tipo somático. Durante muchos años no ha tenido fuerza ni energía para funcionar de manera adecuada. Se queja, asimismo, de dificultad para dormirse y de dolores de cabeza. A pesar de que todos estos síntomas, junto con la pobre capacidad de concentración y de memoria sugieren un síndrome de tipo depresivo, el Sr. Wu niega padecer depresión ni anhedonia. Es por esto que no se puede realizar el diagnóstico de *trastorno distímico* que podría establecer un clínico occidental. El hecho de que sea raro observar un *trastorno depresivo mayor* y un *trastorno distí-*

mico en China es debido a que los chinos utilizan los síntomas físicos como una metáfora para expresar estados de ánimo desagradables, mientras que, en occidente, es más frecuente que los pacientes se quejen de trastornos del estado de ánimo. Sin embargo, también hay pruebas de que cuando estos enfermos chinos con *neurastenia* son preguntados sobre si se encuentran deprimidos, sus síntomas cumplen los criterios de un *trastorno depresivo mayor* o de *trastorno distímico.* (Para un posterior debate sobre el uso, por parte de los chinos, de síntomas físicos para expresar disforia, v. «La camarada Yen», pág. 467.)

Nosotros creemos que si un médico occidental examinara al Sr. Wu podría perfectamente definirle como «deprimido» más que «exhausto», y por esto hubiera realizado el diagnóstico de *trastorno depresivo no especificado* (DSM-IV, pág. 357) ya que los períodos recurrentes de depresión no corresponden a un *trastorno depresivo mayor* ni a un *trastorno distímico*. Sin embargo, si aceptamos la descripción hecha por el psiquiatra chino, de acuerdo con el DSM-IV, las quejas físicas de tipo crónico sin ningún tipo de base orgánica y sin comentarios de estado de ánimo deprimido o de anhedonia podrían diagnosticarse como *trastorno somatomorfo indiferenciado* (DSM-IV, pág. 364).

Locura menstrual

La Sra. Nee, de 21 años de edad, casada, fue hospitalizada en la provincia de Hunan, en la República Popular de China, quejándose de episodios recurrentes de «locura».

El primer episodio tuvo lugar a la edad de 15 años, un año después de presentar la menarquía. Una semana antes de la regla, empezó a tener dificultades para dormir y a encontrarse irritable y preocupada. Tenía palpitaciones y «sofocaciones» en la cara y en las extremidades. Cuando se inició la menstruación empezó a hablar consigo misma de un modo incoherente, diciendo, por ejemplo: «Anímate, el sol en el oeste se va a poner y el sol en el este empezará a brillar..., tú eres uno de mis amigos...». Se volvió agresiva, empezó a tirar los muebles y a desgarrar su ropa. Unas veces reía ostensiblemente y otras empezaba a llorar de modo repentino. Por la noche no era capaz de conciliar el sueño y se movía de un lado para otro de la cama. Sexualmente era seductora y no hacía caso de los intentos de tranquilizarla.

Ocho días después del inicio de la regla se recuperó de manera repentina, pero no recordaba todos los síntomas del episodio. En los períodos premenstruales y menstruales subsiguientes y a lo largo de varios meses volvieron a aparecer los mismos síntomas, y por eso se la llevó a un hospital local. En la exploración física, los médicos encontraron síntomas de trastornos del sistema nervioso periférico y del sistema endocrino, tales como taquicardia, sofocos, sudor, flujo menstrual excesivo y secreción de leche. Ocho días después del inicio de la menstruación se recuperó completamente, al igual que la primera vez.

La Sra. Nee ha padecido de 6 a 8 ataques de este tipo cada año, siempre empezando durante el período premenstrual y persistiendo aproximadamente una semana después de iniciada la regla. En los períodos de tiempo entre reglas no muestra síntomas de trastorno de tipo emocional.

Los tratamientos a lo largo de los años han consistido en fármacos antipsicóticos y en terapia electroconvulsivante, pero ninguno de ellos ha tenido éxito.

Discusión sobre «Locura menstrual»

El psiquiatra chino que comunicó este caso argumentó que el diagnóstico de *trastorno disfórico premenstrual* no era apropiado ya que los síntomas de esta mujer eran mucho más intensos durante la fase menstrual y no remitían hasta la semana o más después de iniciada la regla. Por el contrario, en el *trastorno disfórico premenstrual*, los síntomas son mucho más intensos al final de la fase lútea y remiten de manera rápida cuando empieza la menstruación. Por otra parte, los síntomas característicos de un *trastorno disfórico premenstrual* consisten en estado de ánimo deprimido, irritabilidad y descontrol emocional, pero no síntomas psicóticos como los de esta mujer. El psiquiatra chino estableció el diagnóstico de *psicosis periódica*, una categoría que no está reconocida por el DSM-IV a pesar de que existe literatura que describe episodios psicóticos breves relacionados con el ciclo menstrual. (Debe señalarse que el diagnóstico de *trastorno disfórico premenstrual* no se descarta por la presencia de síntomas psicóticos. Sin embargo, en este caso, el patrón temporal de síntomas no es consistente con los criterios del DSM-IV para este tipo de trastorno.)

Un posible diagnóstico en este caso es el de *trastorno psicótico debido a una enfermedad médica*, ya que los síntomas psicóticos se encuentran etiológicamente relacionados con el ciclo menstrual de la paciente. Sin embargo, este diagnóstico requiere la presencia de alucinaciones o ideas delirantes, que no se evidencian. Es por eso que el único diagnóstico apropiado según el DSM-IV es la categoría residual de *trastorno psicótico no especificado* (DSM-IV, página 322), ya que la enfermedad no cumple los criterios para un trastorno psicótico específico.

Seguimiento

Durante el siguiente período menstrual, el estado mental de la Sra. Nee fue normal. Después de darle el alta, se le recetaron estrógenos y progesterona para reducir la intensidad de los cambios hormonales durante el ciclo menstrual. Este tratamiento pareció funcionar, ya que 9 meses después se encontraba perfectamente bien y no volvió a aparecer ningún tipo de síntoma.

FRIGOFOBIA

El Sr. Lin es un antiguo oficial militar de 63 años de edad, separado y procedente de Suchuang, una provincia de la República Popular de China. Habitualmente vive en Taiwan, y desde hace tiempo sufre de *pa-leng* (miedo al frío).

Un día del mes de octubre de 1952, el Sr. Lin tuvo un episodio diarreico después de comer melón, y notó una extraña sensación de frialdad en el abdomen. Esto le asustó mucho y acudió a visitarse por un doctor especializado en medicina natural, que le dijo que tanto el melón como otro tipo de fruta podía causarle un déficit de vitalidad. El Sr. Lin se acordó que su padre le había advertido durante su infancia que podía morir de una enfermedad relacionada con «el frío». Con el fin de proteger su abdomen y su cabeza y sentirse seguro, empezó a llevar prendas para conservar el calor, como sábanas, abrigos, toallas, ropa gruesa y pesada y un sombrero. A veces usaba todas estas prendas durante todo el día, aunque fuera época de mucha calor. Pesaban aproximadamente 30 kg.

Recibió tratamiento por parte del médico especializado en medicina natural, basándose en el principio de *shenn-kuei* (deficiencia vital), durante 6 meses, pero sin éxito. Visitó varios médicos internistas y finalmente acudió a una clínica psiquiátrica en marzo de 1953. A su llegada, llevaba puesta mucha ropa, sábanas y un sombrero, y se encontraba en un estado de pánico. Se movía muy lentamente, con el fin de evitar perder calor a través de sus ropas.

El Sr. Lin recibió una terapia de subchoque con insulina durante 3 meses, así como 20 sesiones de terapia electroconvulsivante, pero no mejoró. En abril de 1954 fue ingresado en un centro psiquiátrico y fue objeto de una cura de sueño durante 3 semanas. Argumentó que este tipo de terapia, que consistía en descanso absoluto, era bastante similar al *chin-tsuo* (estar sentado muy tranquilo y relajado), el tratamiento budista que había curado a su padre. Y fue efectivo; así que ya no usó más sus prendas protectoras. Después de ser dado de alta consiguió un trabajo en una compañía de seguros.

En 1957, el Sr. Lin volvió a tener miedo de padecer una enfermedad relacionada con el frío, sin que existiera ningún factor precipitante. Se le volvió a ingresar, volvió a ser objeto de una cura de sueño y mejoró. La tercera vez que ingresó fue en 1963. Esta vez se encontraba deprimido por la muerte de su madre, se le hizo nuevamente una terapia de sueño y fue otra vez efectiva. Sin embargo, volvió a recaer 2 meses después. Se requirió un mes más para una cura de sueño y psicoterapia, que empezó en octubre de 1963. La quinta y última hospitalización fue desde el mes de julio de 1965 hasta el mes de julio de 1980. Ninguno de los tratamiento fue efectivo: su enfermedad continuaba igual y estaba aislado socialmente. Finalmente, se le trasladó a un hospital geriátrico.

El Sr. Lin nació en 1917, era el segundo de cuatro hermanos y el único hijo de una familia con un buen nivel de educación y algo anticuada. Su padre era un *shiu-tsai* (personaje escolar de la Dinastía Ching), y era él quien mandaba en casa. Se dedicaba mucho a su hijo ya que éste se encontraba muy a menudo enfermo, pero le educó de una manera muy estricta. Su madre, una mujer china típica, taciturna, le quería mucho. Sin embargo, su tía, una budista soltera, se encargó de educarle. Durmió con él hasta los 14 años. Ni su madre ni su tía consiguieron que fuera un niño disciplinado. No le dejaban levantarse por la noche, con el fin de que no cogiera la enfermedad relacionada con el frío. Presentó enuresis hasta los 15 años.

El niño empezó a masturbarse, en ocasiones dos veces al día, a la edad de 15 años. Cuando su padre se enteró, se enfadó mucho y le riñó. Por aquel entonces, su padre también tenía miedo al frío en el abdomen y padecía otro tipo de trastorno emocional, que le hizo dejar el trabajo. Profundamente inmerso en la medicina tradicional china, recibió una terapia de tipo budista, *chin-tsuo* (estar sentado muy tranquilo y relajado).

A pesar de obtener malas notas en la escuela, que el Sr. Lin atribuía al trastorno mental debido a la masturbación, obtuvo el graduado escolar en 1935 y entró en la universidad para estudiar ciencias políticas. La relación de su padre con gente importante facilitó su admisión en una buena universidad. Inmediatamente después de graduarse en ésta, se convirtió en un oficial militar de alto rango, de nuevo gracias a la ayuda de su padre.

En 1943, a la edad de 26 años, el Sr. Lin se casó con una mujer de carácter dominante, que había estudiado una carrera, 2 años mayor que él. Tuvieron tres hijos. Empezó a padecer trastornos de tipo sexual y engordó mucho. Gradualmente fue perdiendo su deseo sexual y frecuentemente presentaba eyaculación precoz.

En 1949, aún en el campo, el Sr. Lin era director de una sección de armas y transporte militar, y en este trabajo ganaba bastante dinero. Se trasladó a Taiwan en 1950, sin su familia, pero acompañado por una muchacha, una bailarina muy atractiva. Vivió entonces con esta muchacha, sin tener trabajo alguno. Dos años después, cuando se le acabó el dinero, su amiga le dejó. Él creyó que este abandono fue debido a sus trastornos de tipo sexual. Se encontraba muy preocupado por su ausencia de vitalidad física. Entonces, se le comunicó que su padre había muerto, que su madre se encontraba gravemente enferma y que su mujer había sido obligada a casarse con otro hombre. Se deprimió muchísimo y pronto padeció su primer episodio de miedo al frío.

Durante sus largas hospitalizaciones, al Sr. Lin se le ha definido como «inmaduro y muy dependiente de los otros», «extremadamente rígido, exigente y muy pulcro». Él inicialmente explicaba que su enfermedad era un defecto físico que había heredado de su padre. Posteriormente empezó a creer que esta enfermedad se encontraba relacionada con *shenn-kuey* (deficiencia vital) y con pérdida de la fuerza sexual.

Discusión sobre «Frigofobia»

El psiquiatra chino que comunicó este caso señaló que los otros médicos estaban completamente de acuerdo en el diagnóstico de *pa-leng*, una forma extrema de miedo intenso al frío. Representa un trastorno ligado a la cultura, relacionado con los conceptos tradicionales chinos de vitalidad y del principio de *ying-yang*. A menudo se encuentra asociado a depresión, a *trastorno obsesivo-compulsivo* o a *trastorno histriónico de la personalidad*.

En cuanto al diagnóstico, la primera pregunta a considerar es si la sensación que padece el Sr. Lin de frío se puede entender como una idea delirante, como una alucinación de tipo somático o meramente como preocupación o ansiedad sobre su trastorno físico. Las ideas delirantes generalmente se refieren a fenómenos sujetos a variación o a rechazo consensual. ¿Quién es capaz de decir lo que el Sr. Lin siente? Nosotros preferimos ver este probema como una preocupación crónica por un síntoma físico que no puede atribuirse a una enfermedad médica o a un mecanismo patofisiológico conocido. Por lo tanto, establecemos el diagnóstico de *trastorno somatomorfo indiferenciado* (DSM-IV, pág. 464), reconociendo que esta presentación particular del trastorno puede verse solamente en China, a causa de su compatibilidad con la cosmología de aquel país.

Hay varios datos que apuntan a un problema de personalidad, y se puede especular con el papel que la identificación con su padre jugó en la aparición del trastorno del Sr. Lin. Sin embargo, no hay información suficiente para establecer el diagnóstico de un trastorno específico de la personalidad.

La anciana temperamental

La Sra. Chen, ama de casa de 70 años de edad, residente en Pekín, fue llevada a la clínica por su marido. Según él, sus hijos y sus nueras, su comportamiento en casa se había vuelto cada vez más anormal (desde hacía 10 años). Todos sospechaban que podía tener una «enfermedad nerviosa» a pesar de comportarse normalmente con los vecinos y los amigos, y de llevar a cabo las tareas de la casa y de no haber cambiado en las relaciones con sus nietos.

La paciente se casó a los 19 años y vivió con la familia de su marido durante varias décadas. Era una ama de casa dócil, sumisa y trabajadora, de una generación joven, y una persona amable, cortés y modesta. Nunca se enfadaba o se quejaba de nada. Toda la familia la consideraba activa, inteligente y con capacidad de raciocinio, a pesar de que su suegra se mostraba bastante crítica y la descalificaba con frecuencia. Sus suegros murieron hacía 20 años. Después, la Sra. Chen fue el ama de la casa y la persona con más autoridad de toda la familia. La familia comunica que el cambio de personalidad empezó hace aproximadamente 10 años. Se fue volviendo cada vez más dominante, dogmática, siempre hablando a todo el mundo con un tono de voz parecido al de los comandantes militares. Si algún miembro de la familia no la obedecía, se enfadaba y empezaba a gritar de un modo estrepitoso. En los últimos meses, había empezado a haber más gente en la casa ya que la novia de su hijo menor había ido a vivir con la familia, y su segundo hijo y su mujer habían tenido otro hijo. La Sra. Chen no estaba de acuerdo con la redisposición y la reordenación de las habitaciones y se quejaba amarga e incesantemente a los miembros de la familia. Todos estaban molestos debido a su mal carácter y a que ella siempre creía tener razón.

La Sra. Chen se encuentra en buen estado de salud y no padece ningún tipo de deterioro intelectual. Su memoria es buena y no se observan síntomas psicóticos. El psiquiatra no tuvo ningún tipo de dificultad para contactar con ella. La Sra. Chen incluso no negó ser una «anciana temperamental», pero no hizo demasiadas referencias a sus «disputas»; solamente dijo que los miembros más jóvenes de la familia «no eran obedientes y sólo se preocupaban de sí mismos».

Discusión sobre «La anciana temperamental»

Tenemos muchas preguntas para el psiquiatra chino que nos comunicó este caso y que estableció el diagnóstico no oficial de desarrollo mórbido de la personalidad en los últimos años de la vida. En primer lugar, nos preguntamos si puede haber razones culturales para que se produzca este tipo de cambio de personalidad en una mujer anciana. Se nos dijo que es tradición cultural en China que la gente joven sea «obediente y haga lo que la gente mayor dice... y la mujer de más edad de la familia es la que se ocupa de la casa, mientras que el marido retirado no tiene ningún tipo de derecho a interferir». Es por esto que existe un apoyo cultural para la anciana que lleva a cabo las tareas de casa de un modo que podía considerarse inapropiado en el caso de una mujer más joven.

En este contexto cultural, preguntamos a la familia si notó cambios de personalidad, y nos dijo que algunos de sus miembros sospechaban que padecía una «enfermedad nerviosa». Finalmente nos preguntamos si el cambio de personalidad podía ser causado por un trastorno del lóbulo frontal o algún otro trastorno mental orgánico crónico. Se nos dijo, asimismo, que los resultados de las pruebas neurológicas no mostraban ningún tipo de alteración.

Con toda esta información, nosotros preferimos el diagnóstico del psiquiatra chino a cualquier otro del DSM-IV. Según este manual, los *trastornos de la personalidad* empiezan en los primeros años de la adolescencia, y el otro trastorno de la personalidad que se reconoce es el de *cambio de personalidad debido a una enfermedad médica*, de lo que no se trata en este caso ya que las exploraciones médica y neurológica son normales.

La camarada Yen*

La camarada Yen, una profesora de 40 años de edad de un pueblo de China, fue entrevistada en 1982. Es una persona inteligente, y activa, pero se encuentra profundamente deprimida. Está sentada, sin moverse, en una silla de madera en frente nuestro, mirando fijamente al suelo. En su pelo negro, recogido por detrás en una coleta, hay áreas de color blanco; en su cara bonita y en sus mejilla prominentes se observan algunas líneas en forma de arrugas procedentes de cada ojo. Ella nos cuenta de una manera muy lenta la historia de sus cefaleas.

> Existen diferentes causas. Antes de iniciarse la Revolución Cultural (aproximadamente 1966-1976) era una persona activa, salía mucho y confiaba en sí misma. En la adolescencia había sido secretaria de la Liga Comunista Juvenil local. Soñaba con tener una carrera, unos estudios importantes y formar parte del partido. Mi familia y todos mis amigos aspiraban a grandes logros. Yo tenía ambición y altas metas. Posteriormente, durante la Revolución Cultural, se me criticó duramente. Tuve que dejar mi cargo en la Liga Juvenil. Fui lejos, al campo, a un lugar muy pobre. No me pude adaptar a aquellas condiciones. El trabajo era demasiado duro y apenas había comida. Todo olía muy mal y estaba sucio. ¡Unas condiciones de vida horribles!

Todo esto empeoró cuando la camarada Yen se dio cuenta de que sus ambiciones no podrían materializarse y de que era muy poco probable que volviese al medio urbano. Hija de intelectuales, de varias generaciones de profesionales en la familia, la camarada Yen sintió mucho haber perdido la oportunidad de poseer una carrera universitaria y un lugar en el Partido Comunista, fuente de movilidad social en China. Desligada de la familia, de los amigos, de los libros y de los periódicos, no aceptada al menos inicialmente por los granjeros entre los que vivía, se volvió cada vez más solitaria.

A medida que la Revolución Cultural fue transcurriendo, la camarada Yen llevaba de vez en cuando el peso de las sesiones de autocrítica. En una ocasión se negó a que una enfermera le pusiera una inyección, ya que había dicho que era una «intelectual sin clase». Empezó a notar un cambio en su carácter. Constantemente se sentía desmoralizada, y en vez de su anterior optimismo, se sentía descorazonada y pesimista en torno a todo los aspectos de su vida. La Sra. Yen pensaba que lo que iba a suceder era siempre lo peor que podía pasar. Se volvió cada vez más introvertida y más sensible a todo lo que la rodeaba. Primero empezó a despreciar todos sus objetivos y después a sí misma.

*De Kleinman A: *Social Origins of Distress and Disease: Neurasthenia, Depression and Pain in Modern China.* New Haven, CT, Yale University Press, 1986.

Dudaba de lo que siempre había estado segura; ya no tenía la confianza de antes; pensó que valía para pocas cosas y empezó a estrechar su campo conductual y a disponer opciones realmente limitadas. Se cerró en sí misma. Una vez tuvo un trabajo como profesora de una escuela primaria del pueblo. Cuando los otros profesores descubrieron sus habilidades innatas quisieron escogerla para que fuese la profesora principal, pero la Sra. Yen declinó esta elección ya que tenía miedo de las responsabilidades que eso suponía, y no quería exponerse a una situación en la que pudiera fracasar o sufrir más.

La camarada Yen se casó después con un hombre de la región, que actualmente es granjero, pero que anteriormente había trabajado en una mina. Viven separados y lo que está claro es que ella así lo quiere. Él vive con unos compañeros, mientras que ella reside en una comunidad. Tienen tres hijos, dos muchachos adolescentes que viven con su padre y una niña que vive con su madre. Está enfadada y preocupada porque su marido ya no vuelve a trabajar y ha dejado el puesto en la mina. Aún es peor el hecho de que su marido ya no quiera trabajar, explicando que con esto no logrará volver a su *status* anterior. Esto constituye una fuente continua de frustración, otra dificultad sobre la que ella cree que nada puede hacerse.

La tercera fuente de enfado de la Sra. Yen es su hija. «Yo realmente no quería tenerla. Quería estar sola. Ya teníamos demasiados hijos. Cuando estaba embarazada, intenté varias veces darme violentamente contra la pared con el fin de abortar, pero mi marido quería la niña y no pude acudir a un centro hospitalario para abortar. De este modo, cuando di a luz, me culpé a mí misma, de que la niña quedara con un brazo paralizado. Pensé que me lo merecía.» La niña era bonita, inteligente y una estudiante ejemplar, pero su madre se quejaba de su deformidad. «En China, la gente normal no se casa con gente con deformidades. A pesar de poder realizar cualquier cosa —cocinar, lavar, practicar deporte— yo sabía que tendría problemas si se casaba.»

En aquel momento de la entrevista, la enferma empezó a llorar y su mirada se fijó en el suelo de debajo de la mesa en la que realizábamos la entrevista. Su marido, que la acompañaba, parecía mucho mayor que la Sra. Yen. Se notaba que había venido poco a la capital de provincia, y sus rasgos faciales, propios de un hombre del campo, contrastaban con la belleza de su esposa. También empezó a llorar cuando vio que ella lloraba al hablar del tema de su hija:

> No hay ninguna solución para ella. A pesar de que es una de las mejores estudiantes de la escuela, no puede examinarse para ir a la universidad. El secretario y el profesor principal de la escuela decidieron que solamente la gente completamente sana podían presentarse al examen. Nosotros apelamos a las autoridades del condado, pero no aceptaron el recurso. Nada se pudo hacer. Nuestra hija vivirá en casa y hará todo el trabajo que pueda.

A continuación siguieron varios minutos durante los cuales la enferma no podía continuar hablando y lloraba sin cesar. Finalmente nos dijo que ella y su marido se las habían arreglado para conseguir una entrevista con otra persona en una ciudad próxima. Pero su hija decidió que no se casaría con ninguna persona que tuviera algún tipo de discapacidad. Prefería permanecer soltera.

Muy a menudo, la Sra. Yen piensa que sería preferible estar muerta. Todos sus problemas se los guarda para sí misma. Ya no puede hacer frente a ningún estrés más. Es demasiado para ella. «Mi salud está en entredicho. No puedo hacer nada más. Solamente pienso en mis dolores de cabeza, ni en el futuro ni en el pasado.» Algunas veces, la Sra. Yen ignora lo que pasa a su alrededor. Parece desconectada de todo, a excepción de las responsabilidades esenciales. No puede planificar ningún tipo de salida «debido a las malas influencias sobre mi salud: el tiempo, el ruido, las multitudes...».

Debido a sus sentimientos de inadaptación, fracaso y desesperación, la Sra. Yen había limitado su vida a la escuela y a su habitación. Solamente algunos fines de semana iba a visitar a su marido. Su hija vive con ella. Las dos tenían el aspecto de reclusas, y cada una se quejaba de sus pérdidas respectivas. El mundo de la Sra. Yen es actualmente el del dolor, padeciéndolo, esperándolo, teniéndole miedo, hablando sobre él y argumentando que este dolor es la causa de todos sus problemas. Es el dolor (y las quejas relacionadas con él) lo que provoca el abandono del trabajo y de la vida familiar, el que causa el aislamiento, su desmoralización y su depresión. Su dolor crónico es una expresión indudable de sus múltiples pérdidas. Antes de que nos fuéramos nos envió una carta:

> Me siento siempre triste por estar enferma desde hace tanto tiempo. Padezco cefaleas, mareos, no me gusta hablar y las cosas no me provocan ningún tipo de placer. Mi cabeza y mis ojos me duelen. El pelo se me está cayendo. Ya no pienso tan rápidamente como antes. Todos los síntomas empeoran cuando me encuentro con otra gente y mejoran cuando me encuentro sola. Cualquier cosa que haga, no tengo confianza en hacerla bien. Creo que debido a la enfermedad he perdido mi juventud y la mayor parte de mi tiempo. Siento pena por mi salud. Tengo que trabajar mucho cada día, al igual que los demás, pero no tengo ningún tipo de esperanza sobre qué es lo que me va a deparar el futuro. Creo que no hay nada que usted pueda hacer.

Discusión sobre «La camarada Yen»

La siguiente discusión fue preparada por el doctor Arthur Kleinman, quien explicó el caso.

La camarada Yen era uno de los más de 50 casos diagnosticados de *neurastenia* que estudié en 1980 y 1983 en el servicio psiquiátrico ambulatorio de la Universidad de Hunan. Su caso, al igual que otros que estudié, fue remitido a psiquiatras clínicos, un equipo de investigación formado por varios psiquiatras chinos de un programa de investigación posdoctoral, mi mujer, que es una estudiante china, y yo. Entrevistamos a la Sra. Yen y a todos los otros sujetos a lo largo de unas 2 o 3 horas. Esta entrevista se repitió 5 semanas más tarde, y otra vez al cabo de un seguimiento que duró 3 años (en los cuales la camarada Yen se negó siempre a participar).

El caso de la camarada Yen es, en parte, representativo del grupo que estudiamos y de los pacientes que se ven en las clínicas psiquiátricas de China. Sus síntomas pueden deberse a una fuente de estrés social importante: las turbulencias de la Revolución Cultural. Su enfermedad inicial consistió en un episodio de *trastorno depresivo mayor* (DSM-IV, pág. 351), que no fue diagnosticado ni tratado adecuadamente. A lo largo del tiempo sufrió varios episodios de *trastorno depresivo mayor recidivante*, que nunca llegaron a remitir por completo. En el caso de que hubiese sido investigado este trastorno durante uno de estos períodos, el diagnóstico hubiese sido calificado como *en remisión parcial* debido a los episodios crónicos de desmoralización que padecía la paciente.

Durante los períodos de depresión, sus quejas principales fueron síntomas de tipo físico, como cefaleas, mareos y falta de energía. A pesar de que parece deprimida, ni ella ni su doctor observan ningún tipo de disforia u otra emoción. Esto está en relacion con las normas culturales tradicionales de China de ver las emociones como no reales, de estigmatizar cualquier tipo de conducta que sugiera enfermedad mental, de legitimar únicamente los síntomas físicos y de elaborar un sistema semántico somático para expresar problemas sociales y psicosomáticos. Además, las cefaleas y los mareos y la debilidad se han considerado desde hace mucho tiempo en la cultura china como signos de enfermedad real, que requiere por lo tanto, tratamiento médico.

Durante la Revolución Cultural (el período histórico más conflictivo de China) mucha gente que estaba bajo una fuerte presión social, especialmente los individuos vulnerables, fueron diagnosticados de *neurastenia*. Actualmente, a pesar de que subsisten estas diferencias culturales en los criterios diagnósticos, los psiquiatras chinos diagnostican cada vez más a los pacientes como la camarada Yen como casos de *trastornos depresivos o trastornos de ansiedad*.

Miedo de pensar en voz alta

La Sra. Mura, una mujer soltera de 48 años de edad que vive en Tokyo acude al psiquiatra con la queja de que piensa en voz alta de manera inconsciente y daña los sentimientos de la gente que la rodea. Vive con su madre, que tiene actualmente 78 años, con su hermano, de 43 años, que es soltero y empleado de banco, y su hermana, también soltera, de 37 años, que trabaja en una oficina gubernamental. Cuando le comunicó a su hermana el problema que padecía, ella le aseguró que nadie en su casa la oía pensar en voz alta. Sin embargo, la Sra. Mura insistía en que a menudo lo hacía, que tenía la «mente obnubilada» y que los otros miembros de la familia no observaban lo que estaba sucediendo.

En una ocasión, hace 5 años, el hermano de la señora Mura empezó a hablar sólo mientras se bañaba en casa. Esto molestó a la Sra. Mura, que empezó a preocuparse de que ella pudiera hacer alguna vez lo mismo. Tres años después, notó que expresaba sus sentimientos en voz alta sin darse cuenta. Tenía miedo de que la otra gente se sintiera dolida cuando ella pensaba cosas malas sobre ellos.

Explica que no es consciente de pensar en voz alta o de hablar mal de la otra gente. Cuando se le pregunta cómo sabe que está sucediendo eso, ella contesta que ha recibido varias llamadas telefónicas en las cuales nadie habla. Está segura de que estas llamadas las hace alguien que sabe que ella piensa en voz alta y que ha intentado hacérselo saber a través del teléfono. Cuando hace unas semanas vio que venía otra persona a cobrar las facturas, pensó que el cobrador anterior la había oído pensar en voz alta y que ella había dicho algo malo de él, a pesar de no recordar haberlo hecho. Cuando un empleado de unos almacenes le sonrió, ella consideró que era una respuesta al hecho de haber pensado en él cuando algunos días antes había ido a los mismos almacenes.

La Sra. Mura cree que su costumbre de pensar en voz alta es conocida por todo el vecindario. Duda a la hora de salir a comprar y tiene miedo de que la gente la evite o se gire, o no la mire cuando ella pasa. Siempre que sale de casa cree que sus vecinos salen de las suyas y esperan en las puertas o en la calle mirándola y diciendo que es una «mujer muy rara».

La Sra. Mura tuvo una infancia aparentemente sin ningún tipo de problemas. Se graduó en la escuela con una buena nota. Trabajó durante muchos años, primero como profesora en una escuela primaria, y después como cartógrafa en varios trabajos clericales. Durante los últimos años ha permanecido realizando las labores domésticas y algunas veces ha tenido algún tipo de trabajo, sólo a tiempo parcial.

Ella se define como una persona reservada, prudente, precavida y tierna. Nunca había sido muy sociable, pero había tenido algunos amigos de verdad.

Siempre había sido sensible a los sentimientos y a la opinión de los demás, y había deseado la aceptación de todos los que la rodeaban.

Durante la entrevista, el estado de ánimo de la Sra. Mura es realmente triste. Cuando habla de su costumbre de pensar en voz alta, pueden verse lágrimas en sus ojos. Ella explica que preferiría morir antes que vivir con este dolor.

Discusión sobre «Miedo de pensar en voz alta»

La paciente se encuentra seriamente afectada por la creencia de que tiene que haber herido los sentimientos de gente pensando de manera inconsciente cosas malas de ellos. Interpreta varias circunstancias triviales y la conducta de la gente como respuestas a los mensajes maliciosos que ella emite inconscientemente cuando «piensa en voz alta». Ella cree que todo esto sucede a pesar de que su hermana le aseguró que nunca la había oído pensar en voz alta.

Este trastorno no es raro observarlo en Japón, y se llama *Taijin-kyofu*, que se puede traducir como «miedo a la gente» o «antropofobia». En este trastorno, la alteración predominante es una interpretación errónea de acciones y conductas triviales de la gente, que da lugar a una preocupación o a una creencia de que se están provocando sensaciones desagradables a los demás. En los casos menos graves, los enfermos son conscientes de que estos miedos son excesivos e irrazonables.

Los pacientes afectos de *Taijin-kyofu* se quejan de varias cosas, como, por ejemplo, miedo al olor corporal *(Taishu-kyofu)*, ya que creen que emiten malos olores, bien corporales, de la axila, de la boca, del ano o del área genital; miedo a observar *(Shisen-kyofu)*, ya que creen que miran a la gente y les provocan sensaciones desagradables; miedo a ruborizarse *(Sekimen-kyofu)*, ya que tienen miedo a ruborizarse ante las otras personas; miedo a realizar expresiones faciales feas *(Shubou-kyofu)*, como muecas, mostrar el blanco de los ojos; o miedo a pensar en voz alta *(Dokugo-kyofu)*. En Japón, se considera generalmente *Taijin-kyofu* a un tipo de trastorno neurótico que padecen las personas con un «carácter sensible».

A la hora de establecer el diagnóstico de la Sra. Mura, lo primero que hay que considerar es si su creencia de que ofende a la gente al pensar en voz alta es una idea delirante, una idea sobrevalorada o simplemente un miedo irreal. Parece claro que en este caso se trata de una idea delirante, ya que no sólo no hay convicción de que se trata de una idea infundada, sino que además condiciona totalmente su conducta. Como es el único síntoma de tipo psicótico, lo siguiente que debe hacerse es decidir si la idea delirante es absurda, es decir, si se trata de un fenómeno que pudiera ser visto como totalmente improbable en la cultura del sujeto. Éste no es el caso, ya que es posible expresar en voz alta y de manera inadvertida los propios pensamientos. Por eso se descarta la *esquizofrenia*, y el diagnóstico que debe hacerse es el de *trastorno delirante, tipo no especificado* (DSM-IV, pág. 308).

A pesar de que algunas de las ideas delirantes asociadas con *Taijin-kyofu* se han observado en Estados Unidos (p. ej., la idea delirante de desprender mal olor), la idea delirante de la Sra. Mura de que ha ofendido de manera inconsciente a la gente no se ha observado prácticamente nunca, y parece ser una idea delirante específica de esta cultura y una expresión de la preocupación excesiva por los temas de la vergüenza que se detectan muy a menudo en la cultura japonesa.

INDIA

Crisis convulsivas

La Sra. Chatterjee, una enferma de 26 años de edad, es atendida en una clínica de Nueva Delhi, en la India, por «crisis convulsivas» durante estos últimos 4 años. Las crisis empiezan de manera repentina y duran aproximadamente entre 30 y 60 min. Unos cuantos minutos antes de que la «crisis» empiece, la enferma se da cuenta que va a venir, y generalmente se va a la cama. Durante la crisis su cuerpo no responde a ningún tipo de estímulo, está rígida y presenta movimientos raros y repetitivos de las extremidades. Sus ojos se cierran, su mandíbula se queda inmóvil y emite saliva por la boca. Con frecuencia llora y a veces grita. Sin embargo, nunca ha tenido incontinencia de orina y heces ni se ha mordido la lengua. Tras la crisis dice no recordar absolutamente nada.

Estos episodios aparecen una o dos veces al mes. Entre episodio y episodio, la enferma se encuentra perfectamente bien y su comportamiento es normal. Asimismo, no presenta ningún síntoma de tipo depresivo ni ansioso.

Tanto la paciente como su familia creen que estas crisis son la demostración de una enfermedad somática y que no están bajo ningún control. Sin embargo, explican que aparecen después de un acontecimiento estresante, como, por ejemplo, riñas y disputas con miembros de la familia o con amigos.

La Sra. Chatterjee pertenece a una familia de clase media urbana. Hace 5 años que está casada con un sacerdote. Tienen dos hijos. Sus suegros viven con la familia y esto algunas veces ha provocado conflictos.

Su familia la describe como una persona un poco inmadura, pero «social» y de buen carácter. Es una mujer muy egocéntrica, le gusta atraer la atención de los otros, y a menudo se irrita y enfada si sus deseos no se cumplen de manera inmediata. Lleva a cabo labores domésticas de rutina con gran facilidad.

En la exploración física y en las pruebas de laboratorio se le detectó una ligera anemia, pero sin relevancia clínica. La exploración sobre su estado mental no encontró ningún tipo de trastorno del lenguaje, el pensamiento, la orientación, la percepción o las funciones intelectuales. No había habido ningún cambio en el estado de ánimo y su memoria era normal. El electroencefalograma no mostró ningún tipo de actividad electroconvulsivante. La radiografía de cráneo fue anodina.

Discusión sobre «Crisis convulsivas»

El psiquiatra indio que explicó este caso estableció el diagnóstico de *histeria*. Comunicó que este tipo de presentación es bastante frecuente en la India, Pakistán y países vecinos; de hecho, la *histeria* se diagnostica en un 5-8% de los pacientes que son examinados en la unidad de psiquiatría del hospital.

El síntoma predominante parece una crisis epiléptica; sin embargo, la ausencia de los síntomas típicos de este tipo de crisis convulsivas, como la incontinencia y morderse la lengua, sugiere de manera clara que la causa de estas crisis no puede ser un trastorno neurológico o una enfermedad médica. A esto hay que añadir el electroencefalograma normal.

No tenemos pruebas que hagan referencia a una simulación de síntomas, como en el *trastorno facticio con predominio de signos y síntomas físicos*. El síntoma predominante sugiere un trastorno físico (epilepsia), no hay ninguna prueba de que las crisis sean conductas sancionadas culturalmente y los síntomas aparecen en respuesta a situaciones estresantes. Nosotros diagnosticamos *trastorno de conversión con crisis y convulsiones* (DSM-IV, pág. 469). Sin embargo, no discutiríamos mucho con un clínico que hubiera diagnosticado *trastorno disociativo no especificado,* considerando las «crisis convulsivas» como un trastorno de las funciones normales de integración de la memoria y la conciencia.

Seguimiento

La paciente fue tratada, con la compañía de su marido, en sesiones familiares a lo largo de los 2 meses siguientes. Se le enseñó a la pareja que las crisis de la enferma no constituían una prueba de un trastorno físico serio. Además, el marido tuvo que desempeñar un rol mucho más activo a la hora de afrontar los problemas que surgieron entre la paciente y sus suegros, y tuvo que prestar mucha más atención a su mujer en general, pero nunca durante las crisis. La pareja acabó la terapia al cabo de 2 meses, y durante este tiempo la enferma no presentó ninguna crisis.

POLINESIA

CURACIÓN CULTURAL

Una conductora de autobús de 26 años de edad, de Polinesia, fue llevada al servicio de urgencias de un hospital de Nueva Zelanda como consecuencia de un accidente, en el que el autobús que estaba conduciendo tocó el brazo de un transeúnte, sin llegar a herirle. La conductora fue llevada al hospital por testigos del accidente, que explicaron que se encontraba en un estado de «shock emocional». Cuando el médico la observó, la paciente presentaba una mirada perdida, mantenía un dedo de cada mano en posición erecta y repetía lentamente «uno muerto».

No respondía a las preguntas, pero movía de forma pasiva los brazos. Parecía estar más preocupada que deprimida, suspicaz o ansiosa.

Seis semanas antes del accidente, la enferma se había casado con un europeo. Hacía 3 años que se había divorciado de su marido polinesio, con el cual había tenido dos hijos, de 9 y 5 años de edad, respectivamente. Obtuvo la custodia de los dos pequeños, pero su marido se fue a trabajar a otra ciudad, y ella empezó a tener miedo de los cambios en la custodia que esto podía ocasionar. Su familia la presionaba para que volviera a su casa en las islas, con su nuevo marido, aunque esto no hizo más que incrementar los problemas, particularmente cuando pensó que su trabajo se veía amenazado por algunos procedimientos disciplinarios. Ella consideró todo esto como una maldición a la familia.

La paciente provenía de una familia de las Islas del Pacífico, y había venido a Nueva Zelanda hacía 10 años. Antes del accidente era una persona contenta, amistosa, salía muy a menudo, tenía muchos amigos y se la consideraba una mujer trabajadora.

En la sala de urgencias, el estado mental de la enferma mejoró ligeramente. Empezó a hablar en un tono monótono, muy despacio, mostrándose muy atemorizada por lo que le pudiera ocurrir posteriormente. No había presentado ninguna idea delirante ni alucinación. Se le dio el alta y volvió con su marido; pero al día siguiente él la vio esconderse debajo de una sábana con un cuchillo de cocina, negándose a hablar. La volvió a llevar al hospital, donde se le prescribió un ansiolítico y se intentó que hablara sobre sus problemas. Lo único que se consiguió con esto fue una ligera mejoría.

Debido a que sus síntomas tenían una clara relación con el acidente, los familiares polinesios animaron a su marido a llevarla a un sanador cultural, el cual le dió masajes y una bebida. Ella rehusó beber, mordió el vaso y lo rompió. El sanador interpretó todo esto como signo de estar poseída por el fantasma de su ex suegro polinesio, que recientemente había muerto y que estaba enfadado con ella por haberse separado de su hijo. (Cuando fue vista de nuevo en el hospital, la enferma reconoció que vio un parecido entre el hombre del accidente y su suegro.) A las pocas horas de visitar al sanador, todos los síntomas de la enferma desaparecieron.

Discusión sobre «Curación cultural»

El psiquiatra que comunicó este caso comentó que se ven bastante a menudo casos similares en los servicios de psiquiatría de los hospitales de Nueva Zelanda: aproximadamente uno de cada cien ingresos. Este psiquiatra tiene la sospecha de que muchos de estos pacientes no llegan al hospital, y de que esta mujer llegó principalmente porque el episodio tuvo lugar en un emplazamiento público.

Este caso podría constituir un ejemplo de *trastorno disociativo de trance*, que se denomina, según el DSM-IV (pág. 502), *trastorno disociativo no especificado*, ya que, cuando se la exploró, la enferma parecía encontrarse en un estado de «trance», con un nivel de conciencia muy bajo y conductas estereotipadas o movimientos que ella no podía controlar. Queda menos claro qué es lo que se tenía que hacer con el miedo extremo (escondiéndose debajo de una sábana con un cuchillo de cocina) y con la creencia de que había sido una maldición a la familia. Nosotros le concedemos el beneficio de la duda y no añadimos el diagnóstico de psicosis.

Seguimiento

Diez días después de su recuperación y como consecuencia de haber visitado al sanador, la idea de que ella podía ser la responsable de provocar un accidente de coche o de autobús continuaba estando en su mente (¿una obsesión?). Empezó a tener mucho miedo a encontrarse cerca del autobús, y la policía de tráfico la paró en dos ocasiones por conducir demasiado despacio y con prudencia excesiva. Su familia la volvió a llevar al hospital, donde recibió un tratamiento conductual consistente en entrenamiento para poder relajarse mientras se exponía de manera gradual a los autobuses. En 2 semanas se había recuperado totalmente, y un año más tarde continuaba asintomática.

ESCANDINAVIA

El trabajador de la fábrica

Jorgen, un trabajador de una fábrica de Oslo, casado y de 35 años de edad, pidió visita al psiquiatra debido a la insistencia de su mujer. Ambos habían visitado a un consejero matrimonial varias veces, debido a la dificultad del marido para

© MASSON, S.A. Fotocopiar sin autorización es un delito.

expresar sus sentimientos. Por ejemplo, apenas habla a su mujer de otra cosa que no sean las tareas y los trabajos que deben hacerse. Cuando hacen el amor, su mujer nota que lo hace de manera mecánica y sin ningún tipo de ternura. El consejero matrimonial sugirió que tenía que seguir psicoterapia individual. Jorgen reconoce estar poco satisfecho con su vida y admite que las quejas de su mujer son justificadas. Estas quejas han aumentado de modo considerable desde que ella tuvo una relación con otro hombre y empezó su propio tratamiento de psicoterapia hace aproximadamente un año.

Durante las dos sesiones de psicoterapia, Jorgen se muestra como una persona tímida, dubitativa, y pocas veces mira a los ojos del psiquiatra. Su postura es rígida, pero bastante formal. Explica su historia muy lentamente, con mucho detalle, y con pocos gestos y pocas expresiones de emoción.

Es el único hijo de una familia de clase trabajadora. Su padre trabajó en el extranjero durante un año como marino, cuando Jorgen tenía tan sólo 3 años de edad. Durante este tiempo vivió con su madre y sus familiares. Recuerda sentirse incómodo y mal cuando su padre volvía a casa. Durante su infancia creyó que sus padres no le querían. Ellos le alimentaban, le protegían, le vestían y le daban dinero, pero no mostraban ningún interés por él desde el punto de vista emocional y sentimental. Es una persona un poco arisca, seguramente debido a todo esto, y actualmente tiene poco contacto con ellos.

A pesar de que desde el punto de vista intelectual era una persona brillante, recuerda haber sido castigado por sus profesores por sus travesuras y su carácter dominante en clase. Progresivamente, a medida que el tiempo fue pasando, se volvió más calmado y más tímido. Su deporte favorito era el de navegar y conducir un pequeño bote. Participaba en muchas carreras, pero explicaba que «por alguna razón, quedaba clasificado en segunda posición». Tenía pocos amigos y algunas veces quedaba citado con alguna muchacha.

En la escuela, Jorgen sacaba buenas notas, y más adelante fue a estudiar una carrera de ciencias en la universidad. Cuando estaba acabando la tesis en ciencias físicas, logró un puesto como profesor en una escuela senior de la parte alta de la ciudad. Los estudiantes se reían constantemente de su acento. Empezó a sentirse muy ansioso y tenso, y tuvo que dejar el trabajo. Mientras estuvo en la universidad fue una persona políticamente activa en el partido marxista. En parte debido a su ideología y a la experiencia como profesor anteriormente mencionada, abandonó la universidad sin haber acabado su tesis doctoral.

Empezó a trabajar en una fábrica. Intentó influenciar políticamentea los otros trabajadores de la fábrica, pero obtuvo un éxito moderado. Los trabajadores se dieron cuenta de que era inteligente y le eligieron como portavoz para negociar con los directores sobre las condiciones laborables. Empezó a sentirse bastante ansioso con este tipo de trabajo. Se le quedaba la mente en blanco y era incapaz de expresar sus ideas, excepto cuando se trataba de temas referentes a leyes y a acuerdos.

A pesar de que se encontraba preocupado por el sexo y deseaba tener una relación con una muchacha, pocas veces tenía una cita. En sus relaciones con las muchachas era tímido, pasivo y descorazonado. Entre los 20 y 30 años conoció a su futura mujer, una enfermera, que también era tímida. Se casaron un año después, a pesar de que sus relaciones sexuales no eran satisfactorias. Daba la sensación de que la relación entre ambos les ayudaba a superar su soledad. Su mujer parecía tolerar la ausencia de intimidad en el matrimonio y su escasa vida sexual, hasta que tuvo su asunto amoroso y empezó la psicoterapia. Sus peticiones cada vez más insistentes hicieron que Jorgen se diera cuenta de que se encontraba emocionalmente inhibido y descubrió que unas copas le hacían sentirse más libre. Empezó a presentar un patrón de ingesta de un par de copas por la noche, pero negó haber tenido problemas de ningún tipo.

Discusión sobre «El trabajador de la fábrica»

El psiquiatra noruego que comunicó este caso comenta que en su país este tipo de enfermos serían diagnosticados de neurosis de carácter, un término usado para describir «inhibiciones de la personalidad», que hace que el individuo vaya perdiendo progresivamente su interés por la vida y el uso de sus facultades y su talento. Son frecuentes las restriciones en el amor, la intimidad, la ira y la manifestación competitiva de su talento, como es el caso que nos ocupa. La gente a la que se le diagnostica este trastorno a menudo presentan una postura rígida y una inhibición del uso espontáneo de sus cuerpos, y pueden darse a conocer a las otras personas como gente formal, reservada y con ausencia de vitalidad. «Un enfermo con una neurosis de carácter va por la vida pisando continuamente el freno.»

El cuadro clínico de este paciente no es diferente del que se ve en muchos enfermos que reciben psicoterapia de manera ambulatoria en Estados Unidos. Algunos síntomas son característicos de varios *trastornos de la personalidad (bsesivo-compulsivo, por dependencia y por evitación)*, pero los criterios diagnósticos no se cumplen para ninguno de estos trastornos. Sin embargo, parece obvio que este hombre presenta un patrón generalizado de conducta inflexible e inadaptada, que le ha causado un trastorno funcional significativo. Es por esto que diagnosticamos *trastorno de la personalidad no especificado* (DSM-IV, pág. 689).

© MASSON, S.A. Fotocopiar sin autorización es un delito.

El leñador

Un leñador noruego de 20 años fue visitado en la consulta de psiquiatría de un hospital poco tiempo después de empezar el servicio militar. Durante la primera semana de estar en la base militar, empezó a pensar que los otros reclutas le miraban de un modo extraño. Miraba a la gente de su alrededor para ver si querían «cazarle». Escuchó varias voces que decían su nombre. Se sintió cada vez más suspicaz y al cabo de otra semana tuvo que ser admitido en el departamento de psiquiatría de la Universidad de Oslo. Allí se mostró reservado, escéptico y deprimido y dió la impresión de ser una persona muy tímida e inhibida. Sus síntomas psicóticos desaparecieron rápidamente cuando se le trató con un antipsicótico; sin embargo, tuvo dificultades para habituarse a la vida del hospital. Se consideró la posibilidad de trasladarlo a un hospital psiquiátrico de larga estancia, y al cabo de 3 meses se optó por darle el alta y devolverlo a casa. Se le consideró no apto para el servicio militar, y se le excluyó.

El enfermo, el mayor de cinco hermanos, era hijo de un granjero de uno de los valles de Noruega. Su padre era un bebedor empedernido y se enfadaba brutalmente cuando bebía. La familia era muy pobre y a menudo había riñas y disputas entre los padres. De pequeño, el enfermo era una persona inhibida, temerosa, y muy a menudo corría e iba al bosque cuando tenía problemas. En la escuela lo pasaba mal y pasó con muchas dificultades la escuela primaria.

Cuando el enfermo se hizo mayor, prefirió pasar la mayor parte de su tiempo en el bosque, donde trabajaba como leñador desde los 15 años. Tenía su propia casa, con habitaciones muy pequeñas y no le gustaba convivir con la gente. Algunas veces tomaba parte en los bailes que organizaba la gente joven del pueblo.

A pesar de que nunca fue un bebedor empedernido, a menudo se peleaba y producía altercados y luchas después de haber bebido una o dos copas. A la edad de 16 años empezó a salir con una muchacha, un año menor que él, que algunas veces le hacía las labores de casa. Finalmente se prometieron.

Discusión sobre «El leñador»

El psiquiatra noruego que nos comunicó el caso estableció el diagnóstico de *psicosis reactiva, tipo paranoide*. El enfermo muestra los síntomas típicos de este trastorno: reacción a estímulos estresantes intensos que exacerban los conflictos psicológicos subyacentes (el pronóstico para un total restablecimiento es muy bueno). Para etiquetar una psicosis como reactiva, el trauma psíquico debe considerarse de tal magnitud que la psicosis no tendría que haber aparecido si no hubiera existido tal trauma. Debe haber una relación temporal entre el traumna y el inicio de la psicosis, y el contenido de los síntomas psicóticos deben reflejar la experiencia traumática. En este caso, para un hombre extremadamente tímido y solitario, el servicio militar era un factor estresante mucho más intenso que para una persona normal de su misma edad.

Según el DSM-IV, el diagnóstico diferencial tendría que realizarse entre *trastorno delirante y trastorno psicótico breve*. Las ideas delirantes no absurdas sugieren un *trastorno delirante, tipo persecutorio*; pero el trastorno delirante requiere una duración de al menos 1 mes, y este enfermo aparentemente se recuperó de sus síntomas psicóticos en unas pocas semanas. Por eso, nuestro diagnóstico sería el de *trastorno psicótico breve* (DSM-IV, pág. 311), ya que el diagnóstico hace referencia a enfermedades de tipo psicótico de al menos un día de duración, pero no más de un mes, con un retorno completo al estado premórbido, como en este caso. La importancia del factor estresante podría indicarse en el Eje IV.

A pesar de que el leñador ha tenido siempre tendencia a ser un individuo solitario y a tener dificultades con los colegas, no existe información suficiente para justificar el diagnóstico de *trastorno de la personalidad*. Por lo tanto, debemos mencionar únicamente la presencia de síntomas esquizoides de la personalidad en el Eje II.

Seguimiento

El enfermo fue visitado nuevamente por médicos del hospital al cabo de 4, 7 y 23 años después de su ingreso. No había vuelto a presentar ningún tipo de síntoma psicótico y había conseguido un trabajo 6 meses después de dejar el hospital. Se casó con una muchacha joven con la que se había prometido, y en la última visita de seguimiento, tenía dos niños ya mayores.

Después de dejar el hospital, el enfermo trabajó durante 2 años en una fábrica y después como leñador. Durante los últimos 20 años ha llevado una pequeña empresa que ha funcionado bien y se ha encontrado cómodo en el trabajo y en su vida familiar. Ha hecho un gran esfuerzo para superar su tendencia al aislamiento y actualmente tiene varios amigos. Entre otras actividades, ha sido el presidente de una asociación de criadores de corderos en el condado. La gente en el pueblo le quiere mucho.

El enfermo cree que su tendencia natural es el aislamiento social y que su enfermedad estaba relacionada con el hecho de que durante el servicio militar fue obligado a tratar con otras personas.

Capítulo 5

CASOS HISTÓRICOS

Emil Kraepelin (1856-1926)

Kraepelin, profesor de psiquiatría en Alemania, proporcionó las bases para la clasificación moderna de los trastornos mentales. Para ello usó la historia natural de las enfermedades —el inicio, el curso y el pronóstico— y su cuadro clínico. De este modo, diferenció el trastorno maníaco-depresivo de la demencia precoz (posteriormente denominada esquizofrenia por Bleuler). Dividió la demencia precoz en tres tipos: catatónica, hebefrénica y paranoide.

El libro de Kraepelin se publicó por primera vez en 1883 y se realizaron nueve ediciones. Los casos siguientes se han extraído de sus Lectures in Clinical Psychiatry*. *Este libro ha proporcionado a muchas generaciones de clínicos explicaciones detalladas sobre los conceptos diagnósticos.*

EL ESTUDIANTE DE MÚSICA

Tiene ante usted a un estudiante de música, de 19 años de edad, que ha estado enfermo durante aproximadamente un año. Este paciente, sin ninguna causa aparente y mientras estudiaba música, empezó a deprimirse, a sentirse solo y a sentirse mal. Comenzó a hacer planes para irse a vivir a otra ciudad y obtener otro em-

*De Kraepelin E: *Lectures in Clinical Psychiatry* (1904). Traducido de Johnstone TP. New York, Hafner Publishing, 1968. Music Student, pág. 74; Schoolmaster, pág. 262; Wicked young Lady, pág. 265; The Innkeeper, pág. 97; Stately Gentlemen, pág. 140; The Widow, pág. 157; The Farmer, pág. 4; Oberrealschul Student, pág. 77; The Suffering Lady, pág. 252; Onanistic Student, pág. 21; Factory Girl, pág. 83.

pleo, pero no logró cambiarse de residencia ni llegar a conclusiones concretas. Durante una visita a Munich, sintió como si por la calle la gente tuviera algo que decirle, como si estuvieran hablando de él en todas partes. En el comedor de la pensión donde se hospedaba, oyó en una ocasión un comentario grosero al que respondió de manera muy agresiva. Al día siguiente se sobrecogió con la aprensión de que su respuesta podía tomarse como una ofensa. Oyó como los estudiantes preguntaban por él en la puerta de la pensión y decidió dejar la ciudad de Munich, tomando todas las precauciones posibles ya que tenía la sensación de que le iban a seguir. Desde entonces, por la calle no oía más que gente que le amenzaba con matarle o con prenderle fuego a su casa; por esta razón, no se atrevía a encender ninguna luz en su habitación. En la calle oía, asimismo, voces que le indicaban qué camino debía seguir para que no le mataran. Detrás de las puertas, de las ventanas, de los setos, parecía haber gente que le perseguía y vigilaba. También oía conversaciones que giraban en torno a su persona y que hablaban mal de él. Ante todo esto, decidió aislarse y evitar cualquier contacto social, pero se comportaba de un modo que sus parientes no percibían sus ideas delirantes.

Después de aproximadamente 6 meses se sintió más libre, «cómodo y con ganas de hacer cosas»; hablaba mucho, componía canciones, lo criticaba todo y no obedecía a su profesor. Continuaba, sin embargo, oyendo voces y creía que eran susurros de espíritus. Empezó a tener alucinaciones visuales. El enfermo veía la imagen de Beethoven radiante de alegría ante su genio, de Goethe (al que había insultado); hombres enmascarados y siluetas femeninas flotaban en su habitación. Era capaz de percibir el resplandor y la brillantez de los colores, que interpretaba como el flujo de su inmensa genialidad y como testimonio de aplausos que le dedicaban los muertos.

Se consideraba el Mesías; se pronunciaba abiertamente en contra de la prostitución; deseó entrar en contacto con una estudiante de música, a la que estuvo buscando por un sinfín de lugares, y compuso «La Gran Canción del Amor». El enfermo explicó que le habían llevado al hospital todas las personas que le envidiaban.

El paciente está bastante sosegado, y porporciona información coherente sobre su estado personal. Se muestra orientado en el tiempo y el espacio, pero se traiciona a sí mismo haciendo juicios equivocados sobre su persona, hasta el punto que piensa que somos hipnotizadores que estamos realizando experimentos con él. No cree que esté enfermo, pero sí algo nervioso y más excitado de lo normal. Mediante preguntas bien formuladas nos hace saber que la gente se percata de lo que él piensa. En el crujir de la madera y en los silbidos de los trenes oye voces, órdenes, amenazas, etc. Durante la noche se le aparece Jesucristo o una figura dorada que simboliza el espíritu de su padre. A lo largo de la conversación el enfermo pierde el miedo a hablar y dice una serie de frases que se vuelven inesperadamente graciosas preguntas. Su carácter es arrogante, condescendiente y por momentos irritable y aprensivo. El enfermo habla mucho y se siente seguro de lo que dice; se habla a sí mismo, anda rápidamente de un lado a otro de la sala; llama la atención de los pacientes más de lo que es esperable, e intenta animarlos y divertirlos. Está muy ocupado escribiendo cartas y componiendo, pero su rendimiento es bajo, al apuntar numerosas notas marginales.

Diagnóstico de Kraepelin: trastorno maníaco-depresivo

Discusión sobre «El estudiante de música»

Existen dos fases en la enfermedad del paciente. En la primera, el enfermo está «deprimido» e indeciso («...no logra llegar a conclusiones concretas»), y tiene ideas de suicidio («...piensa en suicidarse»). Sospechamos que se trata de un *episodio depresivo mayor;* pero no disponemos de información sobre otros síntomas depresivos que puedan servir para efectuar un dignóstico válido, como pérdida del apetito y trastornos del sueño.

Los síntomas psicóticos que aparecen en esta alteración consisten en delirios de persecución no congruentes con el estado de ánimo; aparentemente no tienen relación con los temas depresivos típicos, como el castigo merecido, el sentimiento de inferioridad o la culpa. Se observa la presencia de ideas delirantes de persecución (p. ej., «detrás de las puertas, de las ventanas, de los setos parece haber gente que le persigue y vigila») y alucinaciones (p. ej., «...oye conversaciones en las que la gente habla mal de él»). Asimismo, tiene ideas de referencia (p. ej., «oía que los estudiantes preguntaban por él, y decidió irse de Munich tomando todas las precauciones posibles ya que tenía la sensación de que le iban a seguir»).

Actualmente el paciente padece claramente un *episodio maníaco.* Su estado de ánimo es elevado, con sentimientos de grandiosidad (p. ej., considera que es el Mesías...»), hiperactividad (p. ej., «anda rápidamente de un lado a otro de la sala...»), verborrea y poca capacidad de juicio (p. ej., «llama la atención a los pacientes más de lo que es esperable e intenta animarlos y divertirlos»). Se sugiere la posibilidad de pérdida de la capacidad de asociación y posiblemente de fuga de ideas (p. ej., «a lo largo de la conversación el enfermo pierde el miedo a hablar y dice una serie de frases que se vuelven inesperadamente graciosas preguntas»). La mayoría de los síntomas psicóticos son congruentes con el estado de ánimo ya que se asocian con los temas típicos de la manía, como exageración del propio valor, conocimiento e identidad. Asimismo, el enfermo presenta alucinaciones (p. ej., «el paciente ve la imagen de Beethoven radiar de alegría ante su genio») e ideas delirantes (p. ej., «ha compuesto la "La Gran Canción del Amor" y le han llevado al hospital todas aquellas personas que le envidiaban»). Además, se observan también ilusiones (p. ej., «en el crujir de la madera y en el silbido de los trenes oye voces, silbidos, amenazas, etc»).

Debe señalarse la presencia de ciertos síntomas psicóticos, como la posible transmisión del pensamiento (p. ej., «toda la gente se percata de lo que él piensa»). A pesar de que muchos clínicos piensan que estos síntomas son indicativos de *esquizofrenia,* ni Kraepelin ni el DSM-IV los consideran incompatibles con un *trastorno del estado de ánimo.*

Si durante la primera fase de la enfermedad, el enfermo presenta síntomas psicóticos en ausencia de un síndrome depresivo completo, el diagnóstico debería ser *trastorno esquizoafectivo, tipo bipolar.* Como sospechamos que probablemente padece un síndrome depresivo completo, diagnosticaríamos *trastorno bipolar I, episodio más reciente maníaco grave con síntomas psicóticos* (congruentes con el estado de ánimo) (DSM-IV, pág. 364).

El maestro de escuela

Se presenta el caso de un maestro de escuela de 31 años de edad que acude por iniciativa propia al hospital para ser reconocido por un especialista. El paciente se encontraba, de hecho, extremadamente agitado; se tumbó en la cama y explicó que la visita le iba a costar la vida. Rogó que se le dejara sentar en el vestíbulo antes de empezar a hablar, ya que de este modo podría ver a la gente de manera gradual y no tendría que enfrentarse a ellos de golpe.

El paciente está bastante tranquilo, claro y coherente en sus afirmaciones. Explica que a una de sus hermanas le pasa lo mismo que a él. El inicio de su enfermedad empezó hace aproximadamente 11 años. Fue un estudiante brillante y decidió convertirse en maestro. De manera gradual empezó a tener miedo ya que pensaba que podía tener una enfermedad grave, y morir de una apoplejía de origen cardíaco. Todas las pruebas y exploraciones que se le practicaron no revelaron niguna patología, pero no lograron convencer al enfermo de que no tenía nada.

Debido a esto, en una ocasión salió de la consulta del médico y fue a su casa desesperadamente porque creía que iba a morir en poco tiempo. Posteriormente, consultó con muchos especialistas y se fue de vacaciones en varias ocasiones; era algo que le reconfortaba y le aliviaba, pero poco tiempo después sus temores volvían a aparecer. Éstos se vieron agravados por el miedo a las multitudes. Se volvió incapaz de cruzar plazas grandes o pasar por calles anchas. No cogía el metro por miedo a que colisionara o descarrilara. Tenía aprensión a los barcos y a los puentes, y cuando practicaba cualquier tipo de deporte notaba palpitaciones y una opresión en el tórax. No mejoró hasta que se casó hace 3 años. Era una persona dócil, poco dominante y algunas veces se le catalogaba de «demasiado blando». Mientras se dirigía al hospital empezó a temblar llamativamente.

El enfermo se define como una persona con un corazón muy endeble que tiene miedo a cualquier tipo de enfermedad (enfermedad consuntiva, apoplejía de origen cardíaco). Sabe que este tipo de ansiedad es patológica y no puede liberarse de ella. Esta aprensión apareció mientras se encontraba en observación en el hospital. Se preocupaba por los remedios y tratamientos que le proporcionaban, fueran baños o fármacos, y tenía miedo de que fueran demasiado fuertes y no los pudiera aguantar. Deseaba tener a alguien a quien poder llamar en caso de encontrarse mal. Ver a los otros enfermos era algo que le molestaba de manera notable; si salía a dar un paseo por el jardín y la puerta estaba cerrada se sentía muy ansioso ya que no podría salir si algo sucedía. Al final, apenas salía delante de su casa dejaba detrás suyo la puerta abierta por si era necesario refugiarse. Rogó que se le dejara tener una pequeña botella de «electricidad azul» ya que le hacía sentirse seguro. En alguna ocasión mientras estaba sentado, se sentía sobrecogido cuando notaba palpitaciones. Los granos del acné le preocupaban tanto que era incapaz de dormir y salir a la calle. Pensaba que su cara se estaba desfigurando y que esto era el principio de una enfermedad mental que seguramente se apoderaría de él mientras estuviera en el hospital.

Diagnóstico de Kraepelin: trastornos de ideas irreprimibles

Discusión sobre «El maestro de escuela»

El enfermo muestra tres rasgos diagnósticos significativos. En primer lugar, existe una preocupación patológica de miedo a padecer una enfermedad física grave (p. ej.,«empezó a tener miedo porque podía padecer una enfermedad grave y morir de una apoplejía de origen cardíaco. Todas las pruebas y las exploraciones no sirvieron para convencerle de que no le pasaba nada»). En ausencia de una enfermedad médica que pueda explicar el trastorno, debe diagnosticarse *hipocondría* (DSM-IV, pág. 477).

En segundo lugar, se observa la presencia de crisis de angustia (p. ej., «en alguna ocasión se ha sentido sobrecogido debido a palpitaciones fuertes del corazón mientras se encuentra sentado...Temblaba de miedo»). Posiblemente porque Kraepelin no consideró las crisis de angustia como un síndrome distinto, no se mencionan en la historia la sensación de ahogo, el mareo, la sudoración, aunque creemos que estos síntomas se daban.

Finalmente, se observa una evitación a permanecer en lugares públicos (p. ej., «era incapaz de cruzar plazas grandes y pasar por calles anchas... Tenía aprensión a los puentes»). Esto sugiere la presencia de *agorafobia* (p. ej., angustia cuando se encuentra en lugares o situaciones en los que puede ser difícil salir si se encuentra mal). Lo más probable es que las crisis de angustia sean la causa de la *agorafobia;* por lo tanto, debe efectuarse el diagnóstico de *trastorno de angustia con agorafobia* (DSM-IV, pág. 411).

Algunos clínicos pueden realizar el diagnóstico adicional de *fobia específica* para explicar el miedo y la evitación a los trenes y barcos, ya que el enfermo refiere padecer ansiedad por lo que le pueda ocurrir y no por la posibilidad de sentirse incapacitado mientras se encuentra solo *(agorafobia)*. No añadimos este diagnóstico porque no estamos seguros de que se sienta mal por el miedo que padece, y que éste cause un deterioro significativo en la actividad social o laboral.

La muchacha malvada

Muchacha joven, de 26 años de edad, de aspecto enfermizo y mal alimentada, que tiene una expresión de dolor y preocupación. Sus manos y dedos están siempre en constante movimiento, algo que refleja su intranquilidad y nerviosismo. Está tranquila, aunque responde a las preguntas con monosílabos... Era una muchacha que gozaba de buena salud, era activa, alegre, pero se puso enferma hace 10 años debido a una inflamación crónica de la articulación del tarso que requirió tratamiento durante 1 año. Incluso ahora le resulta difícil andar debido al dolor que le produce la rigidez de la articulación. En respuesta a nuestras preguntas, la muchacha nos explica que no está enferma, sino que es solamente una persona malvada que irá al infierno si la gente llega a conocer los pecados que ha cometido. No merece ser bien tratada y no puede aguantar que la gente la vea como una persona discapacitada. Es imposible saber más detalles ya que no contesta a lo que le preguntamos. Sólo podemos saber que ha ido a confesarse en varias ocasiones y que no le ha servido para nada, dado que no ha obtenido ningún alivio. Explica que debe irse de la ciudad y no podrá volver jamás a su casa, donde ha fracasado y ha mentido a su familia. No puede tampoco quedarse aquí porque la gente es demasiado buena con ella.

Por lo que nosotros sabemos, la depresión de la paciente se ha instaurado de manera gradual a lo largo de los 2 últimos años. El cambio en el estado de ánimo afectó de manera muy notable las relaciones de la enferma. En alguna ocasión comunicó tener dudas en cuanto a creencias religiosas, motivo por el cual ha consultado con sacerdotes y ha acudido a lugares de peregrinación. Todo esto no ha hecho más que agravar su enfermedad. El nerviosismo y la intranquilidad de la paciente aumentaron, y el apetito y el sueño disminuyeron y, con ello, la fuerza física. Se sentía responsable de graves pecados, de los que no se podía arrepentir, y cayó en manos del demonio. No tenía deseos ni esperanzas; todo le era indiferente. Era incapaz de dejar de tener obsesiones y pensamientos confusos que le rompían el corazón. Además, trabajaba continuamente con el fin de evitar pensar, pero todo se le hacía muy difícil.

Después de mucho resistirse me explicó en qué consistían los pensamientos que tanto la atormentaban. Narraba que la perseguían pensamientos asociados con los órganos reproductores del sexo opuesto y que era incapaz de ignorarlos. Además, decía que se veía obligada a tener estos pensamientos y a disfrutar de ellos. Resulta difícil desviar la mente de la enferma de su dolorosa autotortura; siempre vuelve a pensar en ello. Prácticamente no puede leer u ocuparse mentalmente de otra cosa, ya que estas ideas relacionadas con el sexo se encuentran fuertemente unidas al pensamiento, sea cual sea éste. La paciente piensa muy lentamente. Explica que siempre tiene que superar grandes escollos, incluso cuando debe escribir una carta. Generalmente obedece las órdenes del médico, pero tiene algunas manías: los baños le producen dolor, la carne no es buena; debe seguir ciertas normas en su vida si no quiere empeorar. No se le han observado trastornos físicos de ningún tipo, a excepción de rigidez, hinchazón y dolor, y una tendencia al estreñimiento, algo que ha padecido durante muchos años. Duerme mal.

Diagnóstico de Kraepelin: enfermedad maníaco-depresiva

Discusión sobre «La muchacha malvada»

Lo que principalmente perturba a la enferma son las ideas relacionadas con el sexo, que permanecen en la mente en contra de su voluntad. Como Kraepelin comenta en la discusión de su caso, a pesar de que la paciente refiere que debe «desear» tener estas ideas, está claro que quiere liberarse de ellas. Estos pensamientos poseen todos los rasgos característicos de las obsesiones, o lo que Kraepelin denominada «ideas irreprimibles»: los pensamientos son recurrentes y persistentes. La enferma reconoce que son producto de su mente y que intenta que desaparezcan, pero no lo consigue. Debido a que las obsesiones producen un malestar intenso, debe efectuarse el diagnóstico de *trastorno obsesivo-compulsivo* (DSM-IV, pág. 433).

Aparte del *trastorno obsesivo-compulsivo,* la enferma sufre una alteración que cumple los criterios para el *trastorno depresivo mayor, episodio único* (DSM-IV, pág. 351). Además del estado de ánimo depresivo, se observan sentimientos de culpa, trastornos del sueño, disminución del apetito y de la energía (p. ej., «se produjo una disminución de la ingesta alimentaria y del sueño, que ocasionaron una progresiva disminución de la fuerza»), pérdida del interés («no tenía deseos ni esperanzas; todo le era indiferente»), dificultad para concentrarse y, probablemente, agitación psicomotora (p. ej., «su inquietud»).

El sentimiento de culpa de la enferma alcanza proporciones psicóticas (cree que «ha caído en manos del demonio»). Esta idea delirante es congruente con el estado de ánimo ya que engloba el tema de culpa y de castigo merecido. Por este motivo añadiríamos a *trastorno depresivo mayor, grave con síntomas psicóticos.*

¿Justifican las obsesiones un diagnóstico separado del diagnóstico de *trastorno depresivo mayor?* Como Kraepelin señaló, «un único síntoma, aunque sea característico, nunca justifica por sí mismo un diagnóstico, y solamente el conjunto de todos los síntomas es el que decide la hipótesis clínica.» El DSM-III, siguiendo el enfoque de Kraepelin, enseña al clínico a efectuar solamente un diagnóstico, asumiendo que las obsesiones no son más que un rasgo asociado al *trastorno depresivo mayor.* En el DSM-III-R y en el DSM-IV, la relación jerárquica no existe y el clínico debe establecer ambos diagnósticos si el contenido de las obsesiones difiere del contenido de los pensamientos depresivos asociados con el *trastorno depresivo mayor.*

El hotelero

El hotelero de 31 años que traigo hoy ante usted fue ingresado en un hospital hace solamente 1 hora. Entiende lo que se le pregunta, pero no oye todo lo que se le dice, y parece estar algo ausente. Dice de manera correcta su nombre y su edad... No conoce a los doctores, les llama por el nombre de sus familiares y cree que ha estado ingresado durante 2 o 3 días. Debe ser el Crown Hotel, o el «hospital para locos». No es capaz de decir la fecha.

Sentado en una silla no para de moverse, mira a su alrededor y juega con sus manos. De repente se levanta y pide que le dejen tocar el piano durante un rato. Se vuelve a sentar, pero luego quiere salir, para «decirles algo más que se le ha olvidado». Se muestra cada vez más excitado y explica que su destino está sellado; tiene que dejar el mundo ahora; deben telefonear a su mujer y comunicarle que su marido está a punto de morir. Nos dice, asimismo, que será ejecutado en la silla eléctrica y que le dispararán. «La situación no está muy bien definida», nos comunica; «siempre alguien aquí, allí, esperándome con un revólver. Cuando abro mis ojos, se desvanece.» Explica que le han inyectado en la cabeza y en los dedos pulgares de los pies un líquido asqueroso que produce las escenas que uno cree reales; ésta es la tarea de una sociedad internacional, que hace desaparecer a aquellos que «inocentemente caen en desgracia por error». Mira impacientemente por la ventana y ve casas y árboles aparecer y desaparecer. Cuando se le presionan los ojos con una mano, el enfermo ve chispas, una liebre, un cuadro, una cabeza, una lavadora, media luna y una cabeza humana, primero en blanco y negro, y después en color. Si se le muestra una pequeña mancha en el suelo, intenta cogerla porque dice que es dinero; si se le cierra la mano y se le pregunta qué se le ha dado, mantiene sus dedos bien cerrados y dice que es un lápiz o una goma de borrar. El estado de ánimo del enfermo es medio aprensivo y medio alegre. Su pulso es débil y se encuentra algo acelerado. Tiene la cara hinchada y los ojos húmedos; su aliento huele mucho a alcohol y a acetona. Su lengua es muy peluda y tiembla cuando la saca, al igual que sus dedos. El reflejo osteotendinoso de la rodilla se encuentra algo aumentado.

Nuestro paciente ha sido un gran bebedor desde la edad de 13 años...Bebía 6 o 7 litros de vino cada día y cinco o seis licores estomacales, y no toma otra comida aparte de sopa. Hace algunas semanas tuvo alucinaciones visuales (hamsters, ratas, escarabajos y conejos) y muy a menudo confundía a la gente. Su trastorno ha empeorado a lo largo de estos últimos días.

Diagnóstico de Kraepelin: delirium tremens

Discusión sobre «El hotelero»

Este es un caso claro de lo que tradicionalmente se ha llamado delirium tremens. En el DSM-IV se denomina *delirium por abstinencia de alcohol* (DSM-IV, pág. 137) para diferenciarlo del delirium provocado por abstinencia de otros fármacos, como sedantes o hipnóticos.

El delirium viene señalado por el inicio, en un corto período de tiempo, de múltiples signos de deterioro cognoscitivo. Se observa una capacidad reducida para mantener la atención a los estímulos externos (p. ej., «entiende lo que se le pregunta, pero no oye todo lo que se le dice y parece estar algo ausente...pide que se le deje tocar el piano....mira impacientemente por la ventana...»). Existe, asimismo, desorientación (p. ej., «no conoce a los médicos... ni es capaz de decir la fecha»), y discurso confuso.

Además, el enfermo muestra varios síntomas que a menudo se observan en el *delirium por abstinencia de alcohol:* trastornos de la percepción (p. ej., «ve aparecer y desaparecer casas y árboles [alucinaciones]..., si se le muestra una pequeña mancha en el suelo intenta cogerla porque dice que es dinero» [ilusiones]), actividad psicomotora aumentada (p.ej «sentado en una silla no para de moverse... y juega con sus manos»), hiperactividad periférica (p. ej., su pulso es débil y se encuentra algo acelerado»), e ideas delirantes de persecución (p. ej., «será condenado a la silla eléctrica»).

A pesar de que en la historia no se hace mención a una reciente reducción en el consumo de alcohol, parece razonable creer que el delirium está provocado por la abstinencia de alcohol, en una persona que ha sido dependiente de esta sustancia durante un largo período de tiempo. Por este motivo efectuaríamos el diagnóstico adicional de *dependencia del alcohol* (DSM-IV, pág. 201).

El caballero majestuoso

El caballero majestuoso, un hombre de 62 años de edad, bien vestido, con gafas y bigote, que acude a nuestra consulta, da la impresión de ser un hombre de mundo. Al principio de la visita deja que se le vaya interrogando, pero a medida que ésta va transcurriendo entabla, muy educadamente, una conversación con el médico. Nos dice que de joven fue a América y que después de muchas vicisitudes y problemas se instaló en Quito, donde trabajó como comerciante e hizo algo de dinero. Gracias a eso pudo volver a su país hace 21 años, pero debido a la disolución de su empresa dejó de ganar dinero. Al principio vivía del dinero que había ahorrado, se divertía, leía el periódico, jugaba al billar, salía a pasear y se sentaba en los cafés. Al mismo tiempo, realizaba todo tipo de planes con los que esperaba obtener beneficio y reconocimiento. De este modo, envió al Ministro un plan en el cual Alemania podía reclamar grandes territorios que aún poseía... Poco tiempo después, el Ministro viajó a Berlín, y se inició entonces la Política Colonial Alemana... gracias al trabajo del impulsor real... A continuación, el enfermo efectuó un plan para el cultivo de la quina y del cacao en las colonias; asimismo, realizó algunos inventos para mejorar la conexión de los tramos de las vías del ferrocarril y evitar de este modo descarrilamientos.

Se le ingresó en un manicomio del distrito, bajo el falso pretexto de que se le daría un puesto de ayudante; estuvo trabajando en este centro hasta que se dio cuenta de que nadie iba a pagarle por sus servicios. Cuando intentó efectuar otros trabajos, se le envió, también bajo pretextos, a un hospital, donde se encuentra en la actualidad detenido ilegalmente. Ésta, acabó diciendo con amargura, fue la compensación que le ofreció la madre patria por los servicios prestados.

Explica, poco a poco, que una mujer a la que él llama con el sobrenombre de «Bulldog» y que es la hija del Cónsul Británico en Quito le ha estado persiguiendo durante 23 o 24 años con intenciones de casarse, y le ha hecho la vida imposible. Incluso en América las cosas no le salieron como quería (le robaron un centenar de pájaros); por todos lados percibía actos cometidos por aquella mujer. «Si la gente hace las cosas de manera diferente a como deseo, es que debe tratarse de algo más que una simple casualidad.» Aquella mujer también se trasladó a donde vivía el enfermo, y en más de una ocasión se dejó ver por el vecindario, se vistió con ropa de hombre e intentaba forzarlo a casarse evitando que encontrara un empleo. De esta manera le consiguió. Està mujer había intentado contactar con él utilizando varios nombres, a pesar de que él le dijo en más de una ocasión que no se gana el amor de un hombre haciendo este tipo de cosas. Posiblemente hubiera sido el hombre más rico de California si ella no lo hubiera impedido; era la culpable de que le hubieran llevado a un manicomio. «¿Qué otra persona hubiese podido ser?» Tanto en su país como en el extranjero se la encontraba...Cualquier objeción que se le hacía sobre esta idea la recibía de forma incrédula y con aires de suficiencia.

Diagnóstico de Kraepelin: paranoia

Discusión sobre «El caballero majestuoso»

Éste es un ejemplo clásico de paranoia y de lo que en el DSM-IV se denomina *trastorno delirante* (DSM-IV, pág. 308). El enfermo muestra un elaborado sistema de ideas delirantes de persecución: no se reconoce su contribución a la política exterior de Alemania; trabaja en un manicomio del distrito (sin remuneración); es perseguido por la «Bulldog», una mujer que se viste con ropa de hombre y no le deja obtener un trabajo. Como es frecuente en enfermos que padecen un *trastorno delirante,* el paciente tiene ideas de grandeza. Por ejemplo, sus ideas formaban parte de la política colonial de Alemania; hubiera «....podido ser el hombre más rico de California si ella no lo hubiera impedido».

Este trastorno se distingue de la *esquizofrenia tipo paranoide* por la ausencia de ideas delirantes absurdas, alucinaciones o lenguaje desorganizado. Además, mientras que en la *esquizofrenia* es frecuente que se produzca un deterioro continuado en el funcionamiento social, en el *trastorno delirante* este deterioro generalmente no se da, como en este caso. Según el concepto tradicional de paranoia, la alteración presenta un inicio insidioso y un curso crónico, tal y como se aprecia en este individuo. Todos estos casos se encuentran dentro de la categoría de *trastorno delirante* del DSM-IV, que no requiere la presencia de un inicio insidioso y sí la duración de solamente un mes. Debido a que el tema predominante en este caso consiste en ideas delirantes de ser tratado malévolamente, el *trastorno delirante* se cataloga como *tipo persecutorio.*

La viuda

La viuda, de 35 años de edad, que traigo ante usted... proporciona información sobre su vida y responde a las preguntas que le formulamos. Sabe donde se encuentra, es capaz de citar el día y el año en que vive y demuestra un nivel de conocimientos escolares satisfactorio. Es destacable reseñar que no mira a la cara del entrevistador cuando habla, y explica las cosas en un tono bajo y peculiar. Cuando se le pregunta sobre su enfermedad, se muestra algo reservada al principio y dice que está bien, pero rápidamente nos empieza a desvelar ideas de persecución. Durante muchos años ha venido oyendo voces que la insultan y ponen en duda su castidad; citan una gran cantidad de nombres que ella conoce que le dicen que van abusar de ella. Las voces son de todo tipo, y, en su opinión, deben venir desde su casa por medio de un telescopio o de una máquina. Se ve obligada a pensar en ello, y oye las voces detrás de ella. La interrumpen en su trabajo y nota sensaciones extrañas en todo su cuerpo. Le envían dolor a través de su espalda, le colocan hielo en su corazón, le estrujan el cuello, le lesionan la columna vertebral y la violan. Presenta, asimismo, alucinaciones visuales —figuras negras y aspecto alterado de la gente—, aunque éstas son menos frecuentes. Algunas veces es la gente que vive con ella en su casa o los médicos del centro donde ha estado anteriormente los que le han extraído algo de su cuerpo.

La enferma cuenta todo esto sin demostrar excesiva emoción. Llora un poco, pero vuelve a explicar sus experiencias con satisfacción e incluso con un sentimiento erótico. Pide que se le dé el alta y no se encuentra preocupada por su situación actual ni por el futuro. Resulta sorprendente oírle decir frases ininteligibles; se la trata como a una enferma «en cuanto a golpes», «en cuanto a declaraciones», «en cuanto a terror»; es «un cuadro de misterio en forma de ángel» y «una madre fracasada y ama de casa con sentido del orden». Han «modificado su tipo de emociones». Es «perseguida por un insecto secreto de la Oficina del Distrito...». Sus antecedentes personales revelan que ha estado enferma durante aproximadamente 10 años. El trastorno se desarrolló de manera gradual. Aproximadamente 1 año después de la muerte de su marido, con el cual había tenido dos hijos, la enferma se volvió cada vez más aprensiva, dormía mal, oía voces en su habitación por la noche y creía que le robaban y que la perseguía gente de Frankfurt, lugar donde anteriormente residía. Hace 4 años estuvo internada en un centro durante 1 año; pensó que «la gente de Frankfurt» estaba allí, creía que la comida estaba envenenada y oía voces por todas partes. Después de ser dada de alta acusó a los médicos de haberla mutilado. Pensaba que eran ellos quienes la perseguían y decidió denunciar a los organismos públicos por no protegerla, por lo que se decidió ingresarla en un centro hospitalario hace 2 meses. En este centro refería las mismas quejas día tras día, sin alterarse mucho, y escribía cartas sin sentido a los médicos del centro y a las autoridades, sobre las persecuciones a las que se veía sometida. No se ocupaba de ella misma, no tenía relaciones sexuales con su compañero y no se dejaba influenciar por nadie.

Diagnóstico de Kraepelin: demencia precoz, paranoide

Discusión sobre «La viuda»

Esta enferma muestra varios síntomas de *esquizofrenia.* Los más característicos son las ideas delirantes absurdas de persecución (p. ej., «voces... deben venir desde su casa por medio de un telescopio o de una máquina. Se ve obligada a pensar en sus ideas»; decía que «es perseguida por un insecto secreto de la Oficina del Distrito»), algunas de las cuales son también de tipo somático. Asimismo, padece alucinaciones persecutorias (p. ej., oye «voces que la insultan y ponen en duda su castidad»). Su expresión es a veces incoherente (p. ej., «es... una mujer fracasada y una ama de casa con sentido del orden»), con neologismos (p. ej., «en cuanto a golpes», «en cuanto a declaraciones», «en cuanto a terror»). Su estado de ánimo es plano (p. ej., «la enferma cuenta todo estas quejas sin mostrar excesiva emoción») e inapropiado (p. ej., «vuelve a explicar su triste experiencia con secreta satisfacción e incluso con un sentimiento erótico»).

Además, se observan síntomas frecuentes de *esquizofrenia:* apatía (p. ej., «no se encuentra preocupada por su situación actual ni por su futuro»), ausencia de introspección (p. ej., «dice que está bien») y aislamiento social (por ej., «no tiene relaciones sexuales con su compañero»).

Todos estos síntomas, junto con el deterioro marcado en diversas áreas, así como la ausencia de un trastorno del estado de ánimo, justifican el diagnóstico de *esquizofrenia* (DSM-IV, pág. 291). La duración de 10 años del trastorno, aparentemente sin períodos de remisión, indica que el curso ha sido continuo. Se señalaría como *tipo indiferenciado* ya que no hay síntomas característicos del *tipo catatónico* y *desorganizado* y porque la presencia de un estado de ánimo plano descarta el *tipo paranoide.*

El granjero

Tiene ante usted a un granjero de 59 años de edad, que fue ingresado en el hospital el año pasado. Parece mucho mayor de lo que es ya que le falta la dentadura del maxilar superior. Entiende bien lo que le decimos y contesta correctamente; es capaz de decirnos dónde está y cuánto tiempo hace que se encuentra aquí; conoce a los médicos y, asimismo, se muestra orientado en el tiempo. Tiene una expresión triste. Las comisuras de sus labios están dibujadas ligeramente hacia abajo y sus cejas llegan a tocarse...Cuando se le pregunta por su enfermedad empieza a disculparse por no haber explicado toda la verdad el día en que se le ingresó, pero omitió el hecho de que había pecado en su juventud practicando acciones sucias consigo mismo; todo lo que hacía lo hacía mal. «Soy tan aprensivo, estoy tan preocupado; no puedo estar tranquilo ni un momento. ¡Oh, Dios mío, si no hubiera hecho una transgresión tan grave!» Ha estado enfermo aproximadamente un año... empezó con dolores de vientre y de cabeza que le impidieron ir a trabajar. «No le quedaban fuerzas.» Actualmente tiene muchas dificultades para poder descansar y se imagina cosas extrañas, como si alguien se encontrara en su habitación. En una ocasión, le pareció que había visto al demonio: quizá se lo llevaría...De niño había robado nueces y manzanas de los árboles. «La conciencia le decía que esto no estaba bien hecho; la conciencia sólo se me ha debilitado ahora con la enfemedad». Había, asimismo, jugado sexualmente con una vaca. «Siento haberlo hecho». Le daba la sensación de que se había alejado de Dios....No tiene demasiado apetito y no puede dormir. «Si la mente no puede dormir aparecen entonces todo tipo de pensamientos». Tres de sus hermanas y un hermano también estaban enfermos. Las muchachas, sin embargo, ya habían mejorado. «Un hermano suyo se ha quitado la vida por culpa de sus aprensiones.»

El enfermo nos explica todo esto con frases desestructuradas, interrumpiendo el discurso con sollozos y lamentos. Se comporta de manera natural, hace lo que se le dice y nos ruega que no le dejemos que se lo lleven («hay una terrible aprensión en mi corazón»). A excepción de un ligero temblor en los dedos y de un trastorno del ritmo cardíaco poco importante, no encontramos ninguna alteración. El enfermo está casado y tiene cuatro hijos que gozan de buena salud; sin embargo, tuvo otros tres que fallecieron hace algún tiempo. La enfermedad se inició 7 u 8 meses antes del ingreso, sin ninguna causa. Primero apareció la pérdida del apetito y la dispepsia, después las ideas de pecado...

Diagnóstico de Kraepelin: melancolía

Discusión sobre «El granjero»

El enfermo sufre claramente un *trastorno depresivo mayor, episodio único* (DSM-IV, pág. 351). Se observa un estado de ánimo depresivo generalizado

(p. ej., «tengo tanta aprensión, estoy tan avergonzado»; «tiene una expresión triste»). Además, presenta los rasgos asociados típicos: pérdida de interés, autoreproche por actividades sexuales anteriores (p. ej., «había jugado sexualmente con una vaca, y con él mismo»), insomnio, alteración del apetito, pérdida de peso, ideas de suicidio y sentimientos de culpa. Sufre también alucinaciones (p. ej., «en una ocasión pareció haber visto al demonio»); sin embargo, en su cultura es algo que puede no tener ningún tipo de significación patológica. De manera similar y también según su cultura, resulta difícil decidir si sus sentimientos de culpa son de naturaleza delirante. Por este motivo, calificaríamos el *trastorno depresivo mayor* de *grave con síntomas psicóticos.*

Con información adicional, el *trastorno depresivo mayor* cumpliría seguramente los criterios para añadir *con síntomas melancólicos.* La pérdida de interés parecería ser generalizada. Es posible que este estado de ánimo depresivo grave no esté relacionado con acontecimientos ambientales. Además, hay otros síntomas de melancolía: agitación psicomotora marcada (p. ej., «no puede estar tranquilo ni un momento»), anorexia, pérdida de peso y sentimiento excesivo de culpa (p. ej., «estoy tan... ¡si no hubiera hecho una transgresión tan grave!»). No sabemos si hay otros síntomas de melancolía, como, por ejemplo, si su depresión es más intensa por las mañanas o si se despierta de madrugada.

Estudiante universitario

El enfermo que le presento tuvo que ser llevado hasta la habitación ya que caminaba de un modo extraño, con el exterior de los pies. Cuando entró en la habitación, se sacó los calzoncillos, empezó a cantar un himno y dijo dos veces (en inglés), «¡Mi padre, mi padre real!» Tiene 18 años, es alto, corpulento y estudia en la universidad. Permanece sentado con los ojos cerrados y no presta ninguna atención a lo que le rodea. No mira a quien le habla, pero contesta, primero en voz baja y después de manera gradual, más y más alto. Cuando se le pregunta dónde se encuentra, responde, «usted también lo quiere saber; podría decirle todo con gran exactitud, lo sé todo, pero no quiero decírselo». Al preguntarle cómo se llama, empieza a gritar y dice «¿cómo te llamas tú?, ¿qué cierra? Cierra sus ojos. ¿Qué oye? No lo entiende. ¿Cómo? ¿Quién? ¿Donde? ¿Qué quiere decir? Cuando le digo que mire, no mira como debe mirar. ¿Tú, mira de una vez! ¿Qué es? ¿Qué es lo que pasa? Ven. No viene. Digo, ¿Qué es lo que pasa, entonces? ¿Por qué no me contestas? ¿Te estás poniendo otra vez insolente? ¿Cómo puedes ser tan insolente? ¡Ya vengo! ¡Ya te enseñaré yo! No sabes hacer nada; eres un insolente, sí tú, un insolente, más tonto que la suela de un zapato. Tú, insolente, sinvergüenza, miserable. ¿Ya vuelve a empezar? No entiendes nada de nada, nada de nada; nada de nada entiende él. Si mes sigues ahora, él no me seguirá, no me seguirá. ¿Te estás volviendo cada vez más insolente? ¿Aún más?» Al final acaba pronunciando palabras incomprensibles y sonidos de todo tipo.

El enfermo entiende bien lo que se le dice, y ha introducido en el diálogo muchas frases que ha oído antes, sin mirar al entrevistador ni una sola vez. Habla de un modo cariñoso, igual que un niño, se pone a cantar en medio de la conversación y grita. Hace lo que se le dice de un modo peculiar, da la mano con el puño cerrado, se dirige a la pizarra cuando se le pide, pero, en vez de escribir su nombre en ella, rompe una lámpara y tira la tiza a la gente de la sala. Realiza todo tipo de movimientos extraños, aparta la mesa, se cruza de brazos, se da media vuelta, se balancea en la silla con las piernas cruzadas y los brazos en la cabeza. También puede adivinarse la presencia de catalepsia. Cuando debe irse, no se levanta, se le debe forzar; entonces grita y dice: «Buenos días, caballeros; no me ha gustado nada».

El enfermo ha sido siempre una persona quieta y tranquila, con una capacidad intelectual algo reducida. Hace 7 meses, durante las vacaciones, empezó a hacer cosas que no tenían ningún sentido; se sentía confuso; pensaba que se reían de él porque iba sucio y empezó a pasarse todo el día lavándose; rompía las ventanas, le parecía oír voces, atacaba a su madre sin motivo aparente, se había vuelto una persona sucia y no hablaba. En el hospital estaba casi mudo, cataléptico, daba la mano fuertemente y se negaba a comer. Su expresión era generalmente indiferente, aunque algunas veces alegre; las visitas de sus amigos no le producían ningún tipo de sensación, le eran completamente igual.

El enfermo se daba cuenta de lo que sucedía a su alrededor; pero, como norma, no obedecía las órdenes que se le daban; de hecho, algunas veces hacía justamente todo lo contrario. Por ejemplo, cerraba los ojos cuando se le pedía que enseñara las pupilas, se tapaba la cara con un pañuelo cuando se le miraba, y retiraba la mano cuando alguien quería estrechársela. A menudo iba sucio, cogía los excrementos y hacía pequeñas bolas (un signo diagnóstico de retraso mental grave). Después de negarse a comer durante un buen período de tiempo, en una ocasión pidió queso suizo y chocolate, y se los comió en un santiamén. Con esto se puede apreciar el poco sentido y la naturaleza impulsiva de su rechazo a alimentarse. Puso una vez su pierna en la cama contigua y permaneció en esta posición cuando se retiró la cama. En el séptimo mes de la enfermedad el paciente empezó a sentirse cada vez más excitado, sobre todo después de haber estado cantando, en el período de mudez. Por la noche tiraba la ropa de la cama, se subía a ella de pie y bailaba y gritaba sin parar, «Ahora quiero saber dónde está mi hermano.» Desde entonces ha permanecido en un estado constante de excitación; presenta una conducta abusiva y destructiva, y habla de un modo confuso. Habla brevemente con sus familiares (de quienes toma los comestibles que le traen cuando vienen a visitarlo), de que se va de viaje a Camerún a través de Gibraltar, y a Bucarest a través de Constantinopla.

Diagnóstico de Kraepelin: excitación catatónica

Discusión sobre «El estudiante universitario»

En ausencia de una enfermedad médica que pueda explicar el trastorno, la presencia de lenguaje desorganizado y de conducta catatónica (estupor y excitación) indica claramente el diagnóstico de *esquizofrenia* (DSM-IV, página 291). Éste viene confirmado por el inicio de la sintomatología hace 7 meses, con un claro deterioro de la conducta. A pesar de que la presencia de hiperactividad, de lenguaje confuso y de irritablidad pueden sugerir un *episodio maníaco*, no se hace mención de un período en el que se observara un estado de ánimo persistentemente elevado, expansivo o irritable. Aunque el paciente a menudo se muestra irritable e incluso violento, su estado de ánimo parece fluctuar. Por el contrario, cuando en la manía se observa la presencia de irritabilidad, ésta no es más que una respuesta a la frustración de grandiosidad o de hiperactividad.

A pesar de que se ha observado la presencia de ideas delirantes y alucinaciones, los síntomas más persistentes y prominentes son la desorganización del lenguaje y de la conducta. La incoherencia frecuente del enfermo y la conducta desorganizada son características de *esquizofrenia tipo desorganizado*. Sin embargo, existen, asimismo, numerosos ejemplos de conducta catatónica: negativismo (p. ej., se niega a hacer lo que se le dice, o hace lo contrario), excitación catatónica (p. ej., actividad motora excesiva no producida por estímulos externos) y posturas extrañas (p. ej., mantener la pierna en una posición extraña). En el DSM-IV no se diagnostica *tipo desorganizado* si el cuadro clínico está dominado por los síntomas catatónicos, que representan formas más específicas de conducta desorganizada.

La mujer que sufre

Mujer de 30 años de edad que viste de negro, llega al vestíbulo andando despacio y apoyada en la enfermera, y se sienta en una silla como si estuviera exhausta. Da la impresión de que está enferma. Es delgada, tiene la piel pálida, sus facciones están marcadas por el dolor y tiene la mirada triste. Se ha hecho la manicura en los dedos de las manos y juega con un pañuelo. La enferma contesta las preguntas que se le hacen en un tono bajo, cansino, sin mirar al especialista, y se muestra orientada en el tiempo y en el espacio. Después de pocos minutos sus ojos se cierran con fuerza, mueve la cabeza hacia delante y da la sensación de que ha entrado en un sueño profundo. Ha dejado de hablar, y cuando se intenta abrirle los ojos, los globos oculares se mueven hacia arriba. Asimismo, cuando se le pincha con una aguja para observar su sensibilidad, la enferma apenas responde; pero cuando se le pone en contacto con agua fría, se despierta, se levanta, abre los ojos, mira a su alrededor con sorpresa y poco a poco vuelve a ser la misma. Explica que ha sufrido uno de sus ataques de sueño, que ha venido padeciendo estos últimos 7 años. Se producen de manera regular, a veces varios en un mismo día, y pueden durar desde unos pocos minutos hasta una hora.

En cuanto a sus antecedentes personales, la enferma nos explica que..., fue educada en una escuela de monjas y realizó los estudios y exámenes para ser maestra. De niña, había inhalado una gran cantidad de cloroformo, una sustancia que podía conseguir en secreto y que usaba para aliviar el dolor de muelas. Sufrió también bastantes cefaleas hasta que se la operó de las adenoides. Empezó, como consecuencia de esto, a delirar cada vez que tenía fiebre. Hace 13 años obtuvo una plaza de ama de llaves en Holanda; pero se puso enferma, y ha pasado los últimos 7 años en diferentes hospitales, a excepción de un corto período de tiempo que estuvo residiendo en Moravia.

Sobre la base de las afirmaciones de sus familiares y de los médicos, da la sensación de que la paciente ha sufrido las enfermedades más variadas y ha recibido todo tipo de ayudas y de tratamientos. Para aliviar el dolor abdominal y el dolor menstrual producido por estenosis del canal cervical y retroflexión del útero se procedió a la escisión de la cuña que causaba la obstrucción y a introducir un pesario. Posteriormente, perdió la voz y se produjo una contracción del antebrazo derecho; para esto último, se aplicaron masajes, pequeñas descargas eléctricas, vendajes y estiramientos bajo anestesia. Aparecieron también opresión cardíaca, respiración espasmódica, alteraciones urinarias, diarrea y sensaciones desagradables en diversas áreas del cuerpo, pero especialmente cefaleas. Se observaron, asimismo, cambios bruscos y repentinos del estado de ánimo, con introspección y quejas en torno a querer ser considerada tanto por sus familiares como por sus amistades. Se intentaron todos los remedios, baños con agua de mar, baños rusos, baños con agujas de pino, descargas eléctricas, aire puro, vivir en la Riviera, pero la mejoría que se obtuvo fue nula o mínima.

La causa por la que se trasladó a la enferma al hospital fue el incremento de «los ataques de sueño» hace 2 años. Éstos aparecían cuando la paciente se encontraba de pie y podían durar hasta una hora; la enferma no caía al suelo, pero tenía que apoyarse en algo. En el hospital, los ataques continuaron, al igual que la respiración de tipo espasmódico, que podía provocarse por sugestión.

Después de 8 meses de ingreso, se autorizó a la enferma a irse del hospital. Se fue a casa de su hermana. Pero al cabo de unos pocos meses tuvo que ser trasladada a otro hospital, donde permaneció 1 año; después de pasar cierto tiempo con su familia, volvió a nuestro centro.

Durante su estancia aquí aparecieron los denominados «grandes ataques». Intentamos producir uno de estos ataques presionando en una zona próxima al ovario izquierdo. Después de 1 o 2 min de presión, la enferma empieza a alterarse y a experimentar dolor. Se mueve de un lado para otro con los ojos cerrados, y dice gritando y en francés que no la toquemos. «¡No me hagas nada, tú, cerdo, *cochon, cochon*!» Pide ayuda y se retuerce como si estuviera intentando escapar de una violación. Cada vez que la tocamos, la excitación aumenta. Todo su cuerpo se encuentra inclinado hacia atrás. De repente todo cambia, y la enferma ruega piadosamente que no la abandonen, y se lamenta en voz alta. Esta situación desaparece rápidamente cuando se vierte agua fría. La enferma se estremece, se despierta con un intenso suspiro, y mira a su alrededor fijamente. No puede explicarnos lo que ha pasado.

La exploración física no muestra ninguna alteración en particular, a excepción de las citadas anteriormente. Se observa que presenta una debilidad marcada, que hace que la paciente esté a menudo tumbada o echada en la cama. Todos sus movimientos son fláccidos y débiles, pero no existe ningún trastorno. Duerme muy mal. Algunas veces, se levanta por la noche, se pone a andar por el hospital, despierta a las enfermeras y va a ver al médico. No tiene prácticamente nada de apetito, pero sí la costumbre de comer trozos de pastel, fruta y jamón entre las comidas, que le son enviados por sus familiares.

A medida que va encontrándose cada vez más enferma, su reactividad emocional está más confinada a obtener sus deseos. Intenta que la gente de su alrededor se ocupe de ella lo más posible, hace que el médico le preste atención día y noche, es muy sensible a cualquier supuesto error y tiene celos si se le da preferencia a los otros enfermos. Los sacrificios que hacen los demás, especialmente su familia, no le parecen nada en especial, y con el hecho de mostrarse educada y decir gracias por todo sólo pretende que después sus demandas se vean satisfechas. Para asegurarse la simpatía de la gente de su entorno, ha recurrido a todo tipo de descripciones de sus problemas mentales y físicos, y a una exageración histriónica de sus ataques. Se denomina a sí misma la abandonada, la marginada, y confiesa en voz misteriosa que ha tenido éxitos y fracasos placenteros y horribles solamente con su mejor amigo, el médico.

Diagnóstico de Kraepelin: histeria

Discusión sobre «La mujer que sufre»

A pesar de que el *trastorno de somatización* (DSM-IV, pág. 461) fue una categoría diagnóstica nueva en el DSM-III, este caso clínico del siglo XIX es un claro ejemplo del trastorno. Existe una historia de una gran variedad de síntomas y quejas de tipo somático, que no se pueden explicar por un trastorno físico y que están presentes desde la adolescencia del enfermo. Los criterios del DSM-IV para esta alteración requieren la presencia de síntomas en cuatro áreas distintas: dolor (cuatro síntomas), síntomas gastrointestinales (dos síntomas), síntomas sexuales/reproductivos (un síntoma) y síntomas seudoneurológicos (un síntoma). Se observan, asimismo, quejas múltiples y vagas de dolor y de síntomas gastrointestinales. La enferma ha padecido varios síntomas seudoneurológicos (conversión): pérdida de la voz, crisis, dificultad para andar y debilidad muscular. Se hace referencia, en el caso clínico, a «trastornos de la menstruación». Como frecuentemente sucede, coexisten los problemas físicos verdaderos, pero no bastan para explicar la magnitud de las quejas de tipo físico.

Los «ataques de sueño» representan períodos de disociación (alteraciones temporales de la conciencia no debidas al consumo de una sustancia o a una enfermedad médica), a pesar de que en este caso pueden considerarse como síntomas seudoneurológicos de un *trastorno de somatización.* De este modo, no debe establecerse el diagnóstico adicional de *trastorno disociativo no especificado.*

La descripción que hace Kraepelin sobre el modo en que esta mujer se relaciona con la gente se basa en la observación de su enfermedad actual; sin embargo, es razonable asumir que esto es característico de su funcionamiento a largo plazo. La imagen viva de la enferma como una persona egocéntrica, que expresa las emociones de manera exagerada, que muestra un cambio rápido en éstas y que necesita ser el centro de atención, constituyen datos suficientes como para establecer el diagnóstico adicional de *trastorno histriónico de la personalidad* (DSM-IV, pág. 674). Hay, asimismo, varios síntomas del *trastorno narcisista de la personalidad:* sensación de que sus problema son únicos, la necesidad de atención constante, explotación de las relaciones interpersonales; pero no se requieren los cinco síntomas para efectuar el diagnóstico. Sin embargo, no tendríamos problemas para realizar el diagnóstico adicional provisional de *trastorno narcisista de la personalidad* (DSM-IV, pág. 678) si nos basáramos en la sospecha de que la enferma puede tener fantasías de amor con «su mejor amigo, el médico».

El estudiante onanista

Tiene ante usted a un hombre corpulento y de complexión fuerte, bien alimentado, de 21 años de edad, que ingresó en el hospital hace unas pocas semanas. Está sentado tranquilamente en una silla y no levanta la mirada cuando se le habla; entiende perfectamente todo lo que se le dice, ya que contesta de manera correcta, aunque algo lento y, en ocasiones, después de habérsele repetido la pregunta más de una vez. De lo que comenta y explica deducimos que cree que se encuentra enfermo, pero desconocemos qué trastorno padece y qué síntomas sufre. El enfermo atribuye su enfermedad al onanismo que ha practicado desde hace 10 años. Piensa que ha incurrido en un pecado por violar el sexto mandamiento, ha empezado a trabajar cada vez menos y se ha vuelto triste e hipocondríaco. Así, después de haber leído varios libros, empezó a imaginarse que había tenido una ruptura sentimental y había desgastado su médula, algo que no se correspondía con la realidad. No se relacionaba con sus amigos porque creía que iban a ver el resultado de su práctica onanística e iban a reírse de él. El enfermo explica todo esto en un tono de voz normal, sin mirar y sin preocuparse de su entorno. Su expresión no refleja ningún tipo de emoción; ríe a menudo, pero durante poco tiempo. A veces frunce el ceño o arruga la cara. También presenta una contracción nerviosa cambiante que incluye la zona alrededor de la boca y la nariz.

El enfermo nos explica de manera detallada todo su pasado. Sus conocimientos dan a entender que ha tenido una buena educación; de hecho, estuvo a punto de entrar en la universidad hace un año. Sabe dónde se encuentra y cuánto tiempo hace que permanece ingresado, pero presenta algunas dificultades para recordar el nombre de la gente que le rodea, y refiere que nunca ha preguntado por ellos. En respuesta a nuestras preguntas dice que desea continuar permaneciendo en el hospital. Seguramente preferiría empezar a estudiar, pero aún no ha elegido la profesión que le gustaría... El enfermo habla de manera muy lenta y con monosílabos, no porque su deseo de hablar se vea enfrentado con sus problemas, sino porque no tiene ganas de decir ni una palabra. Oye y entiende lo que se le dice, pero no se toma la molestia de escuchar. Contesta lo primero que le pasa por la cabeza. No hace ningún esfuerzo para intentar mejorar. Todos los movimientos que realiza son lánguidos y sin expresión, pero están hechos sin ningún tipo de dificultad ni impedimento. No se observa tristeza emocional, como cabría suponer por el modo en que habla, y el enfermo no experimenta miedo, ni esperanza ni deseos. No le afecta lo que pasa, a pesar de que es consciente de lo que ocurre. Le es absolutamente igual quién está y quién no está con él, o quién le habla y le cuida; ni tan sólo pregunta el nombre.

Medita tristemente mirando hacia delante con rasgos inexpresivos, aunque de vez en cuando sonríe; hojea un libro y no se preocupa absolutamente de nada. Cuando tiene visitas, se sienta en una silla sin mostrar ningún interés por quien está con él; apenas saluda a su padre, no pregunta cómo va todo por su casa, y vuelve indiferente a la sala. Es difícil decirle que escriba una carta ya que explica que no tiene nada que escribir. En alguna ocasión, ha escrito alguna carta a su médico, expresando toda clase de ideas y pensamientos distorsionados, y jugando con las palabras. Ruega que «el tratamiento sea más divertido» y que «se produzca un movimiento de liberación que amplíe los horizontes». «El trabajo profesional es la sal de la vida.»

El desarrollo de la enfermedad ha sido gradual. Nuestro paciente... no fue a la escuela hasta los 7 años de edad; era un niño delicado, hablaba mal; pero, cuando quería, lo hacía bien. Se le consideraba un niño reservado y arrogante. Habiendo practicado el onanismo a una edad muy temprana, se convirtió en una persona cada vez más solitaria, y creyó que sus hermanos y hermanas se reían de él, y la gente le despreciaba por su fealdad. Por esta razón no podía soportar la presencia de un espejo en su habitación. Después de aprobar el último examen escrito de su época escolar el año pasado, abandonó porque ya no podía trabajar. Lloró mucho, se masturbó muchas veces, corría por ahí a la aventura, tocaba el piano de un modo extraño y empezó a hacer observaciones en «El juego nervioso de la vida». Era incapaz de realizar cualquier tipo de trabajo, incluso físico; se tragó cerillas para matarse, pidió un revólver y perdió el afecto por su familia. De vez en cuando se excitaba y se preocupaba, y por la noche se ponía a gritar por la ventana. En el hospital, asimismo, se observó al paciente en un estado de excitación durante varios días, durante el que parloteaba confusamente, hacía muecas, corría por ahí a toda velocidad, escribía fragmentos de composición inconexos y luego dibujaba encima adornadas combinaciones de letras sin significado, una y otra vez. Posteriormente se tranquilizaba y era incapaz de explicar su conducta.

Diagnóstico de Kraepelin: demencia precoz (enfermedad de la adolescencia)

Discusión sobre «El estudiante onanista»

Los síntomas principales de la enfermedad son las ideas delirantes de culpa (p. ej., su onanismo le ha producido la enfermedad) y de persecución (p. ej.,«creía que sus colegas iban a ver los resultados de su onanismo y se reirían de él»), y la incoherencia y el estado de ánimo plano e inapropiado (p. ej., «su expresión no refleja ningún tipo de emoción; ríe a menudo, pero durante poco tiempo»). Estos síntomas, junto con la ausencia de una enfermedad médica general que pudiera ser la causa del trastorno, y la naturaleza crónica de la alteración establecen el diagnóstico de *esquizofrenia* (DSM-IV, pág. 291).

Si este enfermo fuera visto en el momento en que «parloteaba confusamente, corría de un lado para otro», debería catalogarse el trastorno como *tipo catatónico o desorganizado.* En el momento en que fue visitado por Kraepelin, no se mostraba incoherente ni excitado; por esta razón, el tipo apropiado es *indiferenciado.*

La descripción inicial del enfermo puede hacer que muchos clínicos consideren la posibilidad de un *episodio depresivo mayor:* retraso psicomotor, ideas delirantes de culpa y preocupaciones de tipo hipocondríaco. Sin embargo, como Kraepelin posteriomente dice, «no se observa tristeza emocional, como cabría suponer por el modo en que habla».

La muchacha de la fábrica

La muchacha de la fábrica, de 32 años de edad, que entra en la sala haciendo una reverencia exagerada, presenta un aspecto totalmente diferente del enfermo del último caso. No quiere sentarse y hablar con nosotros, nos agradece «el honor», anda de un lado para otro y empieza a recitar poemas y a intercalar comentarios sarcásticos en nuestra discusión de su trastorno. Su nombre es el que le bautizaron y tiene tantos años como su dedo meñique. Sabe a lo que se dedica, dónde se encuentra, el día que es y quién es la gente que la rodea; puede explicar detalladamente todo lo que le ha sucedido en el pasado. No se considera enferma. En algunas ocasiones interrumpe su habla con frases en francés y frases sin sentido, como «La ingratitud es la alabanza del mundo»; «Muchas manos, muchas mentes». Repite las frases varias veces cambiando el orden de las palabras —«Los excrementos del demonio en los pies del alma, los pies del alma en los excrementos del demonio»—. A menudo usa palabras y frases extrañas prácticamente incomprensibles.

Su estado de ánimo es pueril, alegre y en ocasiones erótico e irritable. Obtiene placer con las alusiones sexuales más aberrantes y en ocasiones con los abusos más salvajes. No obedece las órdenes que se le dan y rehúsa dar su mano atribuyendo que se trata de sus manos. No escribe y permanentemente se niega a hacer lo que se le dice. Su expresión oral es muy elaborada; corta las sílabas de manera abrupta, acentúa la sílaba final, pronuncia *g* como *k*, y *d* como *t*; habla igual que un niño, con frases mal construidas, distorsiona las palabras, se inventa palabras sin sentido y cambia contantemente de tema. Todos sus movimientos y gestos son torpes, rígidos, pero monótonos; se agacha, aplaude y hace muecas. Ha decorado su ropa de un modo exagerado, con bordados y labor de ganchillo con lana de colores brillantes. Por las cosas que dice se percibe que se considera la dueña de la casa; paga a las enfermeras, las contrata y se busca mejores médicos. Es más, se queja de estar expuesta a abusos sexuales, y explica que le han sacado los pulmones, el corazón y el hígado. Comunica que va a casarse con un médico del centro donde estuvo anteriormente; dice su nombre, con el prefijo «von». Refiere, asimismo, oír voces, pero desvía la conversación cuando se le interroga más profundamente sobre el tema.

La enferma... es considerada una persona avara y obstinada... desde que era joven. Fue al principio una sirviente y después una empleada en una fábrica; tenía dos hijos ilegítimos y sufrió un aborto. Al cabo de 6 meses, hace ahora 2 años, refiere haber visto cráneos de color gris de hombres y mujeres, y haber oído voces que la insultaban. Posteriormente escribió una carta de amor al jefe de la fábrica, y fue despedida y recogida de la calle. Cuando la llevaron a un centro especializado, estaba tranquila y sosegada al principio, pero poco tiempo después empezó a sufrir ataques breves de violenta excitación, durante los cuales se desvestía por completo y pegaba y mordía a todo aquel que se encontraba cerca de ella. Mostraba una actitud descontenta y una tendencia a efectuar actos estereotipados e impulsivos. Cuando la trajeron a nuestro centro hace 1 año y 3 meses padecía la misma sintomatología que ahora. Presentaba ecopraxis, se dedicaba a pisar la misma línea en el jardín durante horas y se mostraba muy refractaria. Durante mucho tiempo tenía que estar sola en el jardín y en su habitación, ya que, a pesar de no sufrir una excitación emocional grande, era muy peligrosa para los otros enfermos.

Diagnóstico de Kraepelin: excitación catatónica

Discusión sobre «La muchacha de la fábrica»

Este caso muestra lo difícil que resulta diferenciar la excitación que se observa en la *esquizofrenia tipo catatónico* de la de un *episodio maníaco.* Esta enferma presenta muchos síntomas que sugieren un síndrome maníaco. Su estado de ánimo es descrito como caótico; algunas veces está alegre y otras irritable. Se observa logorrea (p. ej., «parlotea continuamente, y no deja que nadie diga ni una palabra») e hiperactividad (p. ej., «se inclina hacia abajo y aplaude»). Tiene, asimismo, ideas de grandiosidad (p. ej., «se considera la dueña de la casa; paga a las enfermeras y las contrata») y se muestra sexualmente provocativa.

La enferma nos ha comunicado que durante un período inespecífico de tiempo antes de que aparecieran los períodos de excitación sufría alucinaciones persecutorias, sin acompañarse aparentemente de trastornos del estado de ánimo. Si asumimos que este período no es superior a 2 semanas y nos basamos en el DSM-IV, debemos descartar el diagnóstico de *trastorno bipolar I;* este manual sugeriría efectuar el diagnóstico de *trastorno esquizoafectivo* o de *esquizofrenia.* El hecho de diagnosticar *esquizofrenia* depende de la duración del trastorno del estado de ánimo en relación con la duración total de los períodos activos y residuales. Si la alteración del estado de ánimo es relativamente breve, el diagnóstico es *esquizofrenia;* si no, *trastorno esquizoafectivo.* Ya que se nos comunica que el enfermo se encuentra ahora igual que el año que estuvo ingresado en el hospital, llegaríamos a la conclusión de que el síndrome maníaco no ha sido breve y diagnosticamos entonces *trastorno esquizoafectivo, tipo bipolar* (DSM-IV, pág. 302). Una implicación importante para este trastorno es que sugeriría la posibilidad de administrar una terapia con litio.

Kraepelin señala la alteración principal como un trastorno de la conducta y no del estado de ánimo. Enfatiza el negativismo (p. ej.,«no obedece las órdenes... y se niega permanentemente a hacer lo que se le dice»), las estereotipias (p. ej., «....se dedicaba a pisar la misma línea en el jardín durante horas») y los manierismos (p. ej., «todos sus movimiemtos y gestos son torpes, rígidos, pero monótonos»). Estos síntomas, junto con «los ataques breves de excitación violenta», el lenguaje desorganizado y la ausencia de emociones profundas, le llevaron a establecer el diagnóstico de excitación catatónica, que era una forma de lo que actualmente denominamos *esquizofrenia.*

Muchos clínicos (especialmente los que se formaron antes de la aparición del DSM-III) estarían de acuerdo con el diagnóstico de *esquizofrenia* de Kraepelin, ya que se plantearían la descripción de la excitación del enfermo como un síndrome maníaco, considerando el estado de ánimo menos profundo y más absurdo que elevado o expansivo. Asimismo, señalarían la presencia de incoherencia, de conducta desorganizada, de alucinaciones y de afecto inadecuado, en una enfermedad que ha estado presente durante más de 2 años (inusual en un *trastorno bipolar I)* y que representa un cambio distinto en el nivel habitual de funcionamiento del enfermo.

Los síntomas catatónicos, si no son debidos a una enfermedad médica o al consumo de una sustancia, se consideran generalmente como patognomónicos de *esquizofrenia.* Actualmente se admite que los síntomas catatónicos pueden observarse también en un síndrome maníaco (como en este caso, creemos) y en un *episodio maníaco* de un *trastorno bipolar I* (v. «Atleta que oraba», pág. 221).

Eugen Bleuler (1857-1939)

Bleuler, un psiquiatra suizo, acuñó el término esquizofrenia *para describir lo que se consideraba la alteración principal (una desintegración de las funciones psíquicas que, en casos extremos, conduce a una desorganización de la personalidad). Mientras que Kraepelin se limitó a describir el cuadro clínico y el curso de la enfermedad, Bleuler intentó comprender y elucidar el proceso psicopatológico subyacente. Se diferenciaba de Kraepelin por pensar que el deterioro no era característico de la enfermedad. Añadió un subtipo, simple, porque creyó que se observaba con la misma frecuencia que los otros subtipos, a pesar de que era raro presenciarlo en los hospitales.*

El siguiente caso se ha sacado de una traducción de sus investigaciones más importantes, Dementia Praecox or the Group of Schizophrenias*.

*De Bleuler E: Dementia Praecox or the Group of Schizophrenias (1911).

© MASSON, S.A. Fotocopiar sin autorización es un delito.

La tirana doméstica

Una muchacha normal, sin nigún tipo de patología, se casa a los 20 años de edad y vive con su marido satisfactoriamente durante más de 5 años. A medida que va pasando el tiempo se va volviendo una persona más irritable; no puede mantener a un sirviente durante mucho tiempo y se enfada constantemente con los vecinos. Dentro del marco familiar se ha convertido en una tirana doméstica insoportable, que no tiene obligaciones, solo derechos. Es incapaz de ocuparse de las tareas de la casa porque se pasa todo el tiempo comprando cosas, tontas e inútiles, y demuestra carecer por completo de una actitud práctica. A lo largo de los años que ha permanecido en el hospital, ha mostrado la misma conducta varias veces, por lo que solamente ha sido posible dejarla en su habitación o fuera, donde haya pocas personas. Sin embargo, después de 10 años de hospitalización puede salir del centro a pesar de que continúa aún causando problemas debido a su charlatanería y mala educación. Se queja a menudo de problemas de tipo nervioso porque, como ella dice, no se la ha tratado adecuadamente en el hospital. En la actualidad le es totalmente indiferente la relación con sus familiares, etc. No proporciona estima a sus hijos. Es incapaz de realizar esfuerzos para mejorar, a pesar de que sabe que podría gozar de un vida totalmente normal si fuera menos maleducada y charlatana. No se observan rasgos de sintomatología paranoide o catatónica.

Diagnóstico de Bleuler: esquizofrenia simple

Discusión sobre «La tirana doméstica»

Según la información de la que se dispone, esta muchacha ha funcionado correctamente hasta los 25 años. Ha empezado a desarrollar de manera progresiva una enfermedad caracterizada por pobre capacidad de juicio, irritabilidad e indiferencia hacia los demás. No se describen síntomas psicóticos, trastornos del estado de ánimo o síntomas que sugieran una demencia. El cuadro peculiar no corresponde a ningún trastorno en el Eje I del DSM-IV. Muchos de los rasgos de la enfermedad sugieren un *trastorno de la personalidad* grave, pero la descripción de Bleuler sobre la muchacha explicando que ha sido «feliz» hasta los 25 años, momento en que se ha iniciado la enfermedad, sugiere la presencia de un cambio en su funcionamiento. Esto es inconsistente con el concepto de *trastorno de la personalidad,* ya que las manifestaciones de un trastorno de este tipo se presentan generalmente durante la adolescencia o antes. Se nos deja entonces con el insatisfactorio, pero exacto, diagnóstico de *trastorno mental no especificado* (DSM-IV, pág. 703).

Bleuler fue capaz de diagnosticar a este enfermo una *esquizofrenia* ya que enfatizó los «síntomas principales» (p. ej., trastornos de asociación y de afecto, ambivalencia y autismo) y no requirió, tal y como sí precisa el DSM-IV, la presencia de síntomas psicóticos, como ideas delirantes y alucinaciones. Sospechamos que, hoy en día, un clínico que visitara a esta enferma se daría cuenta de la presencia de un período con síntomas psicóticos, algo que sugeriría *esquizofrenia,* o de un inicio de los síntomas a temprana edad, que sugeriría, asimismo, un *trastorno de la personalidad* grave, o a lo mejor de ambos.

Alois Alzheimer (1864-1915)

Alzheimer fue un neuropatólogo alemán que investigó la relación entre los cambios anatómicos del cerebro y las enfermedades mentales. En 1907 investigó el sistema nevioso de un enfermo que había fallecido en una institución mental en Frankfurt am Main, ya que presentaba un cuadro clínico poco habitual que no se correspondía con ninguna de las enfermedades conocidas hasta entonces.

La mujer perpleja*

Una mujer de 51 años de edad mostró celos de su marido como primer síntoma de su enfermedad, a los que siguió una pérdida repentina de memoria. Era incapaz de orientarse en su propia vivienda. Llevaba objetos de un sitio para otro y los escondía. Algunas veces creía que alguien quería matarla y se ponía a gritar.

En la institución donde fue ingresada, su conducta global dibujó un cuadro de perplejidad total. Se encontraba totalmente desorientada en el tiempo y en el espacio. Ocasionalmente afirmaba que no entendía y no sabía lo que sucedía a su alrededor. Asimismo, saludaba al médico como si fuera una visita, y se excusaba por

*De Wilkins RH, Brody IA: «Alzheimer's Disease». *Archives of Neurology* 21:109-110, 1969.

no haber acabado todas sus tareas; en otras ocasiones gritaba y decía que el asesino quería autolesionarse o lo rechazaba con indignación, refiriendo que hiciera algo con su castidad. Más de una vez había presentado ideas delirantes, arrastraba la ropa de su cama, llamaba a su marido y a su hija, y parecía tener alucinaciones auditivas. Frecuentemente gritaba con una voz ansiosa durante muchas horas.

Debido a su incapacidad de entender lo que sucedía, siempre se ponía a gritar cada vez que se la examinaba. Sólo después de varios intentos era posible averiguar algunos detalles.

Su capacidad para recordar se encontraba muy deteriorada. Si alguien le señalaba objetos ella los citaba correctamente, pero inmediatamente después se olvidaba de todo. Cuando leía, saltaba de una línea a otra y no entendía absolutamente nada. Cuando escribía, en unas ocasiones repetía sílabas varias veces; en otras las omitía, y se encallaba rápidamente. Cuando hablaba, usaba frecuentemente frases extrañas y expresiones parafrásicas (donde se vierte la leche en vez de taza). En ocasiones se la veía bloqueada. No parecía saber para qué servían las cosas. Su marcha no se encontraba afectada; podía usar ambas manos de manera correcta; los reflejos patelares estaban conservados; sus pupilas eran normorreactivas; sus arterias radiales eran algo rígidas; no se observaba un aumento de la congestión cardíaca, y no se detectó albúmina en la orina.

Posteriormente, los fenómenos que se interpretaban como síntomas focales se fueron haciendo algunas veces más evidentes y otras, menos evidentes. De todos modos, siempre fueron síntomas de intensidad leve.

Sin embargo, se fue instaurando progresivamente una demencia generalizada y después de 4 años y medio de enfermedad, la paciente falleció. Al final, la enferma presentaba estupor, permanecía tumbada en la cama y a pesar de todas las precauciones que se tomaron, fue imposible evitar la presencia de úlceras de decúbito.

Diagnóstico de Alzheimer: una enfermedad rara de la corteza cerebral

Discusión sobre «La mujer perpleja»

El primer signo de la enfermedad fue aparentemente las ideas delirantes celotípicas. Posteriormente aparecieron ideas delirantes de persecución y posiblemente alucinaciones auditivas. Sin embargo, el trastorno más significativo es el desarrollo progresivo de *demencia* junto con un deterioro marcado de la memoria a corto plazo, con desorientación en el tiempo y el espacio, y muchos signos de alteración del funcionamiento cortical. Por ejemplo, el uso de «expresiones parafrásicas (donde se vierte la leche en vez de taza)» indica la presencia de una afasia, y su incapacidad para entender el uso de los utensilios, agnosia.

Alzheimer explica que la enferma presenta *delirium,* a pesar de que es posible que se esté refiriendo más a períodos de agitación y excitación que a una alteración de la conciencia, que es un requerimiento para el concepto de *delirium* del DSM-IV.

La *demencia* de inicio insidioso y curso progresivamente deteriorante, junto con la exclusión de todas las otras causas de *demencia,* indica la presencia de *demencia tipo Alzheimer* (DSM-IV, pág. 148). Debido a que la enfermedad se inició antes de los 65 años, se especifica *de inicio temprano,* y por la presencia de ideas delirantes en las primeras fases de la alteración se señala también *con ideas delirantes.*

La significación histórica de este caso es que fue el primero en que el examen microscópico del cerebro reveló los cambios histopatológicos de lo que se ha denominado enfermedad de Alzheimer: placas seniles, neurofibrillas y degeneración granulovacuolar de las neuronas. El trastorno neurológico *enfermedad de Alzheimer* está reflejado en el Eje III.

Josef Breuer (1842-1925)

Breuer fue un médico vienés que colaboró con Freud en el uso de la hipnosis como tratamiento de enfermos con histeria. El caso de «Anna O.» fue extraído de los estudios de Breuer y Freud sobre la histeria. Fue el caso que sugirió a Freud la posibilidad de una «cura mediante el habla» (posteriormente conocida como psicoanálisis).*

ANNA O.

Anna O. era hija única de una rica familia judía de Viena. Se puso enferma cuando tenía 21 años, en 1880.

*De Breuer J, Freud S: *Studies in Hysteria* (1985). Traducción de Brill AA. Boston, MA, Beacon Press, pág. 14.

> Desde el inicio de la enfermedad, la enferma no mostró ningún signo de nerviosismo, ni incluso durante la pubertad. Era una muchacha lista, brillante, y mostraba un interés exagerado en adquirir conocimientos en temas psíquicos, que, sin embargo, no había vuelto a saciar desde que acabó la escuela. Tenía un gran don para la poesía y la fantasía, que estaban controladas por una mente fuerte y crítica...Su voluntad era enérgica, fuerte, perseverante, algunas veces avara; abandonaba sus objetivos solamente por amabilidad o para ayudar a los demás... Sus estados de ánimo mostraban una tendencia a presentar un exceso de gratitud y de tristeza, que le hacía ser más o menos temperamental... De familia puritana, esta muchacha de gran vitalidad mental tenía una existencia monótona.

Pasaba horas soñando, imaginando fantásticos planes en lo que ella denominaba su «teatro privado». Se encontraba en ocasiones tan inmersa en sus fantasías que no oía a la gente cuando le hablaban.

En el mes de julio de 1880, su padre, al que admiraba y «amaba terriblemente» enfermó de tuberculosis. Desde julio hasta noviembre, Anna fue su enfermera de noche; permanecía a su lado observando como sufría y se deterioraba, y siendo consciente de que no se recuperaría.

La propia salud de Anna empezó a afectarse:

> Se volvió muy débil, anémica, y se negó a ingerir alimento; a pesar de la negativa a dejar a su padre, fue necesario apartarla de él. El motivo principal fue la intensa tos que padecía, razón por la que vino a verme [Breuer]. Vi que tenía una típica tos de origen nervioso. Rápidamente desarrolló la necesidad de estar en reposo, apreciable por las tardes y que progresaba por la noche a un estado de adormecimiento, seguido de una fuerte excitación...Desde el 11 de diciembre hasta el 1 de abril, la enferma permaneció encamada.
>
> Pronto aparecieron una serie de nuevas y graves alteraciones.
>
> Dolor occipital izquierdo y estrabismo convergente (diplopía), que se agravaba durante la excitación. Comunicaba que la pared se venía abajo (afección del oblicuo). Presentaba alteraciones visuales en la apreciación de la profundidad y paresia de los músculos anteriores de la garganta, hasta el punto de que la enferma solo podía mover la cabeza si la tiraba hacia atrás entre sus hombros y después se movía ella hacia atrás. Contractura y anestesia de las extremidades superior e inferior derechas...
>
> Fue entonces cuando empecé a administrar tratamiento a la enferma, y pronto me di cuenta de que me encontraba ante un caso grave de enfermedad mental. Se observaban dos estados diferentes de conciencia, que se alternaban espontánea y frecuentemente. En uno de ellos, la enferma era consciente de lo que sucedía a su alrededor, estaba triste y ansiosa, pero relativamente normal; en el otro, presentaba alucinaciones, era «mala» (p. ej., se volvía revoltosa, tiraba las almohadas a la gente en la medida que sus contracturas le permitían, y arrancaba los botones de su ropa, etc.). Si se cambiaba alguna cosa en su habitación durante esta fase, si alguien entraba o salía, explicaba que no tenía tiempo, y observaba el agujero que se producía en sus ideas... En momentos claros comunicaba la intensa oscuridad de su mente, la imposibilidad de pensar, quedarse ciega y sorda, tener dos egos (el

> real y el malo) que la obligaban a cometer actos malvados...se producía una desorganización funcional profunda del habla. Al principio, se dejaba palabras; progresivamente, a medida que esto fue aumentando, su lenguaje empezó a carecer de gramática y sintaxis, hasta el punto de que la conjugación de los verbos no era la correcta.... Durante el transcurso de la enfermedad fue perdiendo vocabulario, buscaba las palabras laboriosamente en cuatro o cinco lenguas, y nadie la podía entender... Hablaba solamente inglés y no entendía nada si se le hablaba en alemán. La gente de su entorno se veía obligada a hablar en inglés...Después siguieron 2 semanas de completo mutismo: los esfuerzos continuos para decir palabras fracasaron.
>
> Al cabo de aproximadamente 10 días de la muerte de su padre, acudió a verla otro especialista, al cual tampoco conocía, y yo le expliqué todo lo que le sucedía... Se trataba de una «alucinación negativa» real, que se ha reproducido experimentalmente desde entonces. Finalmente, consiguió que la muchacha le prestara atención echándole humo a la cara. La paciente vio repentinamente a un extraño, se fue directamente hacia la puerta, cogió la llave, pero cayó al suelo inconsciente; a esto siguió una corta explosión de rabia y un ataque grave de ansiedad, que pude resolver con mucho esfuerzo.

La familia de Anna tenía miedo de que se arrojara por la ventana, con lo que se cambiaron de vivienda y fueron a vivir a una casa de campo, donde en una ocasión «permaneció 3 días sin dormir, sin comer y con ideas de suicidio....». Rompía las ventanas, etc., y sufría alucinaciones (en torno a serpientes negras, cabezas muertas, etc.) sin *ausencias* (períodos disociativos).

Bajo un estado de hipnosis, Breuer trató a Anna haciendo que hablara sobre sus síntomas, una técnica que ella denominó «barrido de chimeneas». A medida que fue instaurándose el tratamiento, la enferma empezó a tener períodos largos de lucidez y a perder sus síntomas. Después de 18 meses de tratamiento, mientras Anna se preparaba para pasar las vacaciones de verano en la casa de campo de sus padres, Breuer le comunicó que ya no la iba a visitar más. Aquella misma noche le llamaron para que fuera a visitar a Anna; se encontraba moviéndose de un lado para otro en su cama, viviendo un parto imaginario; explicaba que Breuer era su hijo. Intentó calmarla por medio de la hipnosis. Según Ernest Jones, Breuer se fue rápidamente de la casa y nunca más volvió a verla.

Anna continuó enferma, aunque de manera intermitente, a lo largo de los siguientes 6 años; pasó bastante tiempo en un sanatorio, donde se volvió adicta a la morfina. Durante el día se encontraba bien, pero presentaba aún alucinaciones por la noche.

A la edad de 30 años se había recuperado casi totalmente, y fue a vivir a Frankfurt con su madre. Allí se convirtió en una líder feminista y trabajó como asistenta social. Fundó una institución para cobijo de jóvenes y habló en múltiples ocasiones sobre la devaluación de la mujer, que creía que era algo inherente en el Judaísmo ortodoxo.

Anna nunca se casó, pero se decía que era una mujer atractiva e interesante que tenía admiradores por doquier. No sufrió recurrencias de su enfermedad y nunca habló sobre ella (de hecho, dijo a sus familiares que nunca dijeran nada; se mostró en contra del psicoanálisis y se negó a que se le practicara uno a una muchacha de la institución).

Anna murió a los 77 años, de cáncer abdominal.

Diagnóstico de Breuer: histeria

Discusión sobre «Anna O.»

Anna O. presenta un cuadro clínico muy frecuente durante la época victoriana. Dudamos que muchos clínicos vean en la actualidad muchos enfermos como Anna O. Por este motivo, el DSM-IV no dispone de una sola categoría que pueda englobar la variedad de síntomas y el curso a menudo crónico que corresponde al concepto tradicional de histeria. El caso de Anna O. constituye un enigma para el clínico de hoy en día.

Anna padece una depresión de resultas de la muerte de su padre: «permaneció 3 días sin dormir, sin comer y con ideas de suicidio». Somos reacios a efectuar el diagnóstico de *episodio depresivo mayor* ya que este grave trastorno duró aparentemente pocos días.

Los síntomas más impactantes de la enfermedad de Anna, y la razón por la cual se pidió a Breuer que visitara a la enferma, fueron las numerosas molestias de tipo físico: tos, dolor occipital izquierdo, estrabismo convergente, alteraciones de la visión, debilidad de los músculos de la garganta, contracturas y anestesia de las extremidades. Si suponemos que Breuer descartó de manera correcta una enfermedad médica como la causa de estos síntomas, debemos efectuar el diagnóstico de *trastorno de conversión* (DSM-IV, pág. 469).

Sus «estados de adormecimiento», vivir un parto imaginario y los estados alternados de consciencia indican un *trastorno disociativo;* pero como la descripción no se corresponde con ningún *trastorno disociativo* presente en el DSM-IV, el diagnóstico debe ser *trastorno disociativo no especificado* (DSM-IV, pág. 502).

Anna padece muchos otros síntomas que sugieren un trastorno psicótico —lenguaje desorganizado (p. ej.,«su lenguaje estaba desprovisto de gramática, sintaxis, hasta el punto de que la enferma era incapaz de conjugar los verbos de manera correcta»), alucinaciones (p. ej., en torno a serpientes negras y cabezas muertas), e ideas delirantes (p. ej., explicaba que «tenía dos egos, el real y el malo, que la obligaban a cometer actos malvados»)—. Debido a estos síntomas probablemente psicóticos, el uso rígido y estricto de los criterios del DSM-IV pueden llevar al diagnóstico de *esquizofrenia.* Sin embargo, este diagnóstico no consigue describir exactamente el trastorno de Anna.

El problema es que el DSM-IV no reconoce síntomas «histéricos» psicóticos, a excepción de la categoría *trastorno facticio con predominio de signos y síntomas psicológicos.* ¿Se produjo Anna O. los síntomas de manera intencionada, como sucede en el *trastorno facticio?* La verdad es que Breuer y Freud pensaban que no. Nosotros también dudamos que Anna O. «decidiera» producir intencionadamente los síntomas.

Si tuviéramos que efectuar un diagnóstico de acuerdo con el DSM-IV para explicar estos síntomas «psicóticos», añadiríamos *trastorno psicótico no especificado* (DSM-IV, pág. 322); con esto indicaríamos la naturaleza inusual del trastorno psicótico. El enfoque que se realiza aquí fragmenta la enfermedad de Anna en diversos diagnósticos, cada uno de los cuales describe una fase distinta.

Sigmund Freud (1856-1939)

Sigmund Freud, el padre del psicoanálisis, intenta explicar los mecanismos mediante los cuales los conflictos inconscientes producen manifestaciones clínicas de psicopatología. Los casos que se presentan a continuación han sido elegidos para centrarse más bien en las características descriptivas que en las explicaciones psicodinámicas de los síntomas. Estos casos, publicados por primera vez entre 1909 y 1911, fueron extraídos del volumen 3 de las obras completas de Freud.*

EL PEQUEÑO HANS

Los padres del pequeño Hans eran amigos y seguidores de Freud, quien estuvo de acuerdo en criar a su primer hijo con «no más coerción de la que fuera absolutamente necesaria para mantener una buena conducta. Y a medida que el niño fue haciéndose mayor y convirtiéndose en una persona alegre, afable y activa, la prueba de dejarlo crecer y expresarse sin ser intimidado obtuvo buenos resultados».

Freud preguntó al padre de Hans que registrara las observaciones de la vida sexual de su hijo, y recibió muy a menudo cartas que describían el comportamiento

*De *The Collected Papers of Sigmund Freud,* vol 3. Dirigido por Jones E. Traducido por J. Strachey y A. New York, Basic Books, 1959. Little Hans, pág. 149; The Rat Man, pág. 296; Dr. Schreber, pág. 390.

de Hans justo antes de su tercer cumpleaños. Todo fue bien hasta que Hans cumplió 5 años, edad en la cual Freud recibió la siguiente carta escrita por el padre del niño:

> Mi querido profesor, le envió un poco más de información sobre mi hijo Hans —pero esta vez temo decirle que se trata de material para realizar una historia clínica—. Como verá, durante los últimos días ha padecido una alteración nerviosa, que nos ha hecho pasar muy malos ratos a mi mujer y a mi, ya que no hemos encontrado ninguna manera de disiparla...No hay duda de que Hans estaba preparado para experimentar una sobreexcitación sexual debido a la ternura y al cariño de su madre; pero no soy capaz de especificar la causa de esta excitación actual. Tiene miedo *de que un caballo le muerda en la calle*, y este miedo parece estar relacionado de algún modo con el temor experimentado al haber visto un pene de grandes dimensiones....No sé que es lo que lo ha producido. ¿Habrá visto a un exhibicionista en algún sitio? ¿O está todo relacionado con su madre? No resulta muy agradable para nosotros que empiece a plantear problemas a una edad tan temprana. Aparte de que tiene miedo de salir a la calle y está deprimido por las noches, continúa siendo la misma persona en todos los otros aspectos, tan brillante y alegre como siempre.

Unos meses más tarde, Hans recordó un incidente que había ocurrido, de hecho, justo antes de que empezaran sus síntomas. Se encontraba paseando con su madre y se asustó cuando vio a un caballo muy grande que tiraba de un autobús caer al suelo y mover las patas sin parar de un modo muy violento.

La primera prueba de la alteración se observó cuando a principios del mes de enero (1908): «Hans se levantó llorando una mañana. Cuando su madre le preguntó por qué lloraba, él respondió: 'Cuando dormía pensé que te habías ido y ya no tenía a ninguna mamá a quien abrazar'. Algunos días después, el 7 de enero,

> Hans fue al parque acompañado de su niñera como de costumbre. En la calle empezó a llorar y pidió que le llevara a casa, porque quería «abrazar» a mamá. Cuando llegó a casa le preguntaron por qué no había querido seguir en el parque y se había puesto a llorar, pero no quiso decirlo. Estuvo alegre hasta la noche, como de costumbre. Pero por la noche empezó a mostrarse visiblemente asustado; lloraba, no podía dejar de estar abrazado a su madre y quería abrazarla una y otra vez.. Entonces se puso alegre y durmió bien toda la noche.
>
> El día 8 de enero, mi mujer decidió salir a solas con él para ver qué le ocurría. Fueron a Schonbrunn, un lugar que le gustaba mucho. Se puso a llorar nuevamente y estaba asustado. Finalmente fue, pero estaba visiblemente asustado en la calle. En el camino de vuelta de Schonbrunn le dijo a su madre, después de pensárselo muchas veces: «Tenía miedo de que un caballo me mordiera». (De hecho, se había sentido mal cuando vio a un caballo en Schonbrunn.) Por la noche pareció haber sufrido otro ataque similar al de la noche anterior y haber querido «abrazar» a su madre. Se calmó. Dijo entonces llorando: «Sé que mañana tendré que volver a salir a dar un paseo.» Y después: «El caballo entrará en la habitación.»

Bajo las instrucciones de Freud, el padre de Hans habló en repetidas ocasiones con su hijo sobre su deseo de que le llevaran a la cama de su madre y sobre su excesivo interés por los *widdlers* —el suyo y el de los demás—.

Se inició entonces un período bastante tranquilo durante el cual se podía persuadir a Hans para que saliera a pasear al parque, pero se le obligaba a que mirara a los caballos: «Tengo que mirar a los caballos, y luego tengo mucho miedo.»

Al cabo de 2 semanas en cama con gripe y luego una amigdalectomía, su fobia empeoró. «Sale al balcón, es cierto, pero no a pasear.. Tan pronto como se acerca a la puerta de la calle, da media vuelta y vuelve atrás rápidamente.»

A finales del mes de marzo, decidió ir al zoológico con su padre después de persuadirle durante algún rato. Allí le entró miedo al ver todos aquellos animales tan grandes. Los animales pequeños, en cambio, no le asustaban. No era capaz de mirar a las jirafas o a los elefantes. «A lo largo de los siguientes días dio la impresión de como si sus miedos hubieran aumentado. Difícilmente se aventuraba a pasar por la puerta de la calle, a la que se le llevaba después de comer.»

Fue durante este período cuando se produjeron muchas conversaciones entre el padre de Hans y éste en torno a su masturbación, en torno a la naturaleza del órgano sexual de las mujeres y al deseo de Hans de meterse en la cama y «abrazar» a su madre.

Freud tuvo una sesión con Hans durante la que intentó relacionar los caballos blancos que asustaban al niño con el padre de Hans. Le explicó al niño que tenía miedo de su padre «precisamente porque quería tanto a su madre».

Durante las semanas siguientes, Hans aludió su miedo al hecho de que sus padres se marcharan y le abandonaran.

Durante unos meses, los síntomas de Hans desaparecieron y éste volvió a acercarse a su padre. Freud visitó a Hans solamente una vez más, cuando «tenía 19 años» y «no tenía problemas ni inhibiciones». No recordaba nada sobre la ansiedad que había sufrido, ni de la fobia ni del análisis.

Diagnóstico de Freud: fobia

Discusión sobre «El pequeño Hans»

No existe ningún tipo de dudas de que Hans tiene una fobia. Presenta un miedo persistente y excesivo, y un deseo intenso de evitar los caballos. Como el objeto que causa la ansiedad no implica miedo a sufrir una crisis de angustia, a estar en situaciones o lugares públicos de donde es imposible escapar, o en situaciones sociales en las que existe la posibilidad de una humillación o vergüenza en público, se trata de una *fobia específica* (DSM-IV, pág. 420).

Existen también otras características importantes. Hans padece pesadillas sobre la separación de su madre («cuando dormía pensé que te [su madre] habías ido y no tenía mamá a la que abrazar»). Por la noche, cuando anticipaba que se iba a la cama, se encontraba extremadamente ansioso, quizás hasta el punto de sentir angustia, y no podía separarse de su madre. Tiene finalmente un miedo irreal a que sus padres «se marchen y le abandonen». Éstas son las expresiones de ansiedad excesiva en relación con separarse de sus padres, y juntas justifican el diagnóstico adicional de *trastorno de ansiedad por separación* (DSM-IV, pág. 119).

El hombre rata

Un hombre joven con estudios universitarios se presentó ante [Freud] comunicando que sufría obsesiones desde la niñez, pero de especial intensidad durante los últimos 4 años. Los rasgos más destacables de la alteración eran los *miedos* de que algo pudiera suceder a dos personas a las que quería mucho: su padre y una muchacha a la que admiraba. Además, era consciente de padecer *impulsos compulsivos*, como un impulso, por ejemplo, de cortarse el cuello con una navaja; y además se establecía prohibiciones, en algunas ocasiones en relación con asuntos poco importantes. Explicaba que había pasado muchos años luchando contra estas ideas y había dejado pasar muchas oportunidades en su vida. Se había sometido a varios tratamientos, pero ninguno obtuvo el beneficio esperado.

La experiencia que ocasionó la visita a Freud se produjo cuando estaba de maniobras con una unidad militar. Un oficial le describió una forma de tortura en la que se ataba al prisionero, se le colocaba un recipiente lleno de ratas al lado de sus nalgas y éstas se lo comían hasta llegar al ano. El enfermo comunicó: «En aquel momento la idea de que *algo así le estaba sucediendo a una persona muy querida por mí* me cruzó la mente rápidamente (de hecho, a la muchacha a la que amaba y a su padre, que había fallecido hacía 9 años). Después de que el oficial hubo hablado de su horrible castigo y hubieran surgido las obsesiones en su mente, las consiguió evitar utilizando una «fórmula» especial. Se dijo a sí mismo, «pero», acompañado de un gesto de rechazo, y luego «¿En qué estás pensando?»

> Aquella noche, continuó, el mismo capitán le había entregado un paquete que había llegado por correo y le dijo: «Lt. A ha pagado los gastos por ti. Debes devolverle el dinero»... En aquel instante, sin embargo, había tomado forma una «sanción» en su mente, es decir, *que si no devolvía el dinero* aquello iba a suceder, (es decir, la fantasía sobre las ratas se haría realidad respecto a su padre y a la muchacha). Inmediatamente, de acuerdo con un tipo de procedimiento que le era familiar (asegurarse de que la fantasía no se haría realidad), pensó en una orden que dijera: «Debes devolver las 3,8 coronas a Lt. A.». Había dicho estas palabras para sí mismo en voz alta.

La necesidad de obedecer su orden le llevó en busca de Lt. A. Descubrió que éste no era, de hecho, quien había pagado los gastos. Desarrolló entonces una gran variedad de esquemas complicados con el fin de seguir detalladamente su orden (devolver las 3,8 coronas a Lt. A.), aunque estaba claro que no debía ningún dinero a Lt. A.

Los primeros momentos en que el enfermo tuvo pensamientos de tipo obsesivo se produjeron cuando tenía 6 o 7 años. A medida que fue creciendo, disminuyeron y se tranformaron, pero han persistido hasta la muerte de su padre. Freud describe la «causa excitante» de su incapacidad como sigue:

Después del fallecimiento de su padre, la madre del enfermo le propuso que se casara con una prima adinerada, para de este modo asegurar,

> ... un empleo en la empresa [que] le ofrecería una brillante carrera profesional. Este plan de la familia le ocasionó un conflicto sobre si debía permanecer siendo fiel a la muchacha que amaba a pesar de su pobreza, o seguir los deseos de su padre y casarse con su prima. Resolvió el conflicto cayendo enfermo; o para decirlo más correctamente, estando enfermo evitó la tarea de resolverlo en la vida real...el resultado principal de su enfermedad fue una incapacidad obstinada para trabajar, que le permitió posponer la terminación de sus estudios durante años.

Freud relata numerosos ejemplos de las obsesiones y compulsiones de su enfermo en relación con la «muchacha»:

> ...mientras estaban sentados juntos durante una tormenta, el enfermo presentaba obsesiones (no podía explicar porqué), con la necesidad de contar hasta 40 o 50 entre cada relámpago y acompañarlo con una palmada. En el día en que se marchaba (la muchacha) tropezó con una piedra y cayó al suelo. Se vió *obligado* a apartarla del camino, ya que pensó que el carruaje de su amada pasaría por allí en pocas horas y podía accidentarse. Pero unos pocos minutos después se dio cuenta de que era algo absurdo y se sintió obligado a volver y a colocar la piedra en su sitio inicial. Después de su partida, se convirtió en víctima de una *obsesión por entender,*

> que le convirtió en una pesadilla para todos sus compañeros. Se obligaba a entender el significado exacto de cada sílaba que se le decía, ya que de no hacerlo podía estar perdiendo un preciado tesoro. De acuerdo con ello, preguntaba cada dos por tres: «¿Qué es lo que dijiste entonces?», y después de repetirse que no podía dejar de pensar que había sonado distinto la primera vez, se quedaba insatisfecho.

El análisis de Freud se centró en la ambivalencia del enfermo en relación con su padre y la muchacha, originada en su intensa y precoz sexualidad y en los tempranos sentimientos de rabia hacia su padre (que habían sido gravemente reprimidos). El símbolo de la rata llevó a Freud y a su enfermo a realizar una serie de asociaciones que incluyeron erotismo anal, a su padre pegándole cuando tenía 4 años por haber pegado a otro niño, los problemas tempranos de su padre con el juego —en alemán, un jugador es un *Spielratte* (o un «juego-rata»)—, la noción infantil del nacimiento anal y la propia experiencia infantil del enfermo de tener lombrices. Después de 1 año de análisis, el enfermo se curó y, en palabras de Freud, «el delirio de la rata desapareció».

Diagnóstico de Freud: neurosis obsesivo-compulsiva

Discusión sobre «El hombre rata»

El hombre rata presenta obsesiones y compulsiones. Las obsesiones son ideas persistentes, recurrentes (p. ej., de que algo terrible va a ocurrir a su amada), impulsos (p. ej., cortarse el cuello) e imágenes (p. ej., de que hay una rata en el ano de su padre). Las experimenta de un modo intruso e inapropiado (egodistónico) y lleva a cabo diferentes fórmulas para neutralizarlas (p. ej., se dice a sí mismo: «Pero», acompañado de un gesto de rechazo, y después «¿En qué estás pensando?»). Reconoce que las obsesiones son producto de su propia mente.

Las compulsiones son conductas intencionadas y repetitivas que se llevan a cabo según ciertas reglas y que están diseñadas para prevenir algunos sucesos futuros que producen ansiedad (p. ej., tuvo que quitar una piedra del camino y volver a ponerla para que el carruaje de su amada «no se accidentara»). Al igual que con las obsesiones, reconoce que su conducta carece de sentido ya que no se encuentra relacionada directamente con lo que intenta prevenir. Además, el hecho de llevar a cabo la compulsión no le supone obtener ningún placer, a excepción de aliviar la ansiedad.

Las obsesiones y las compulsiones de poca importancia que no causan malestar o interfieren en el funcionamiento personal o social no bastan para establecer el diagnóstico. Sin embargo, el hombre rata «había pasado muchos años luchando contra estas ideas». De este modo, se establece el diagnóstico de *trastorno obsesivo-compulsivo* (DSM-IV, pág. 433). El *trastorno obsesivo-compulsivo* se observa a menudo en personas con *trastorno obsesivo-compulsivo de la personalidad*. Sin embargo, en este caso no se describe la personalidad del enfermo, aparte de los síntomas de su *trastorno obsesivo-compulsivo*.

Dr. Schreber

En 1903, un juez alemán, el Dr. Daniel Paul Schreber, publicó su propio caso clínico, traducido como *Memorias de un neurótico*. Freud realizó sus interpretaciones analíticas en torno a la relación entre la homosexualidad inconsciente y la paranoia en base a este documento y a un informe preparado por el médico del Dr. Schreber para evaluar su capacidad mental. Freud cita extensamente los dos documentos.

Todo lo que sabemos sobre la primera enfermedad del Dr. Schreber, en 1884, es que le fue diagnosticado un «ataque de hipondría grave», del cual se recuperó completamente al cabo de 6 meses, y volvió a estar con su mujer y a ocupar su cargo de juez. No está del todo claro qué edad tenía en aquel momento; pero dado que ya estaba casado y gozaba de cierto *status* en su profesión, no podía haber sido muy joven. Más adelante, después de haberse recuperado de su enfermedad, fue elegido para desempeñar un cargo judicial importante.

La segunda enfermedad, en 1893, empezó con la idea de que iba a convertirse en una mujer. En palabras del Sr. Schreber,

> ...Se estaba llevando a cabo una conspiración contra mi persona...El objetivo era ingeniárselas para que, una vez mi enfermedad nerviosa fuera considerada incurable o se asumiera que lo fuese, debería ceder mi puesto a otro. De este modo, mi alma debería serle entregada, pero mi cuerpo... debería transformarse en el de una mujer bajo las órdenes de la persona hasta el punto de sufrir abusos sexuales y posteriormente «abandonada donde se encontraba»; es decir, sin ninguna duda, abandonada en la corrupción.

El Dr. Weber, director del Sanatorio Sonnenstein en el que el Dr. Schreber era un paciente, describió su enfermedad como sigue:

> ...Se encontraba profundamente preocupado por ideas hipocondríacas, se quejaba de debilidad mental y de que pronto moriría, etc... Pero las ideas de persecución, basadas en ilusiones sensoriales, comenzaban a observarse en el cuadro clínico. Sin embargo, al principio aparecían de manera esporádica junto a un alto grado de hiperestesia —gran sensibilidad a la luz y al ruido—. Posteriormente, empezaron a hacerse cada vez más frecuentes ilusiones auditivas y visuales... Creía que estaba muerto y en estado de descomposición; afirmaba que su cuerpo estaba siendo manipulado del modo más repugnante y sucio, y, como él explica respecto a ese día, tuvo que soportar las experiencias más desagradables que uno hubiera podido imaginar, en nombre de una causa sagrada. El paciente estaba tan ocupado con estos fenómenos que se mostraba inaccesible a cualquier otra impresión y podía sentarse durante horas perfectamente rígido e inmóvil... Por otra parte, le habían torturado hasta tal punto que deseaba morir. Realizaba intentos repetidos de ahogarse en la bañera, y pedía que se le diera cianuro potásico que habían hecho expresamente para él. Sus ideas delirantes asumieron de manera gradual un carácter místico y religioso; estaba en comunicación directa con Dios, era el juguete del diablo, veía «apariciones milagrosas», oía «música celestial» y, finalmente, llegó incluso a pensar que vivía en otro mundo.

Debe añadirse que existían algunas personas que le perseguían y abusaban de él. La más importante de estas personas era su anterior médico, el Dr. Flechsig, al que llamaba «asesino de almas». Las voces que oía durante este período se burlaban de él.

A lo largo de los siguientes años se produjo un cambio gradual en la enfermedad del Dr. Schreber, cuando su malestar de convertirse en una «ramera» se convirtió en una convicción de que todo formaba parte de un plan divino y que tenía la misión de redimir el mundo. En palabras del Dr. Schreber,

> Ahora, sin embargo, fui plenamente consciente de que el orden de las cosas exigía mi castración, independientemente de que me gustara o no, y que no existía niguna otra dirección *razonable* para mí que reconciliarme con la idea de transformarme en una mujer. Las consecuencias de mi castración podían ser mi impregnación... por rayos divinos hasta el fin en que se crearía una nueva raza de hombres.

Y el Dr. Schreber piensa:

> La *única cosa* que podría parecer irrazonable ante los ojos de la gente es el hecho de que algunas veces me encuentro delante del espejo o en cualquier otro sitio, con la parte superior de mi cuerpo parcialmente desnuda y adornada con objetos femeninos, como, por ejemplo, lazos, collares, etc. Debo añadir que cuando estoy solo y nunca, al menos en la medida en que soy capaz de evitarlo, en presencia de otras personas.

El Dr. Weber, en un informe del año 1900, describió los cambios en la enfermedad del Dr. Schreber de la siguiente manera:

> Debido a que durante los últimos 9 meses el Señor Presidente Schreber ha comido en mi casa, he tenido la oportunidad de conversar con él sobre cualquier

> tema imaginable. Cualquiera que fuere el tema de la conversación (aparte, naturalmente, de sus ideas delirantes), tanto si trataba temas en relación con las leyes, la admimistración, la política, el arte, la literatura o la vida social, es decir, cualquiera que fuera el tema, el Dr. Schreber mostraba un gran interés, una mente bien formada, buena memoria y buena capacidad de juicio; era imposible no estar de acuerdo con su punto de vista ético. Además, en las conversaciones con las mujeres, se mostraba cortés y amable, y si se hablaba de asuntos en tono de humor, mostraba siempre tacto y decoro. Ninguna vez, durante estas charlas inocentes alrededor de la mesa, introdujo temas que hubieran sido propios de una visita médica.

El Dr. Schreber hizo varias referencias a la recuperación de su libertad. En palabras de Freud:

> ...No abandonó sus ideas delirantes ni intentó esconder su intención de publicar [sus memorias]. Por el contrario, hacía hincapié en la importancia de las ideas sobre religión y en su invulnerabilidad a los ataques de la ciencia moderna; pero, al mismo tiempo, se sentía ansioso ante la absoluta inocuidad de las acciones que sabía que sus delirios le obligaban a efectuar. Como, de hecho, sus intenciones eran lógicas y persuasivas, en vez de ser considerado un paranoico, finalmente sus esfuerzos se vieron coronados con éxito. En el mes de julio de 1902, se restablecieron los derechos civiles del Dr. Schreber.

Diagnóstico de Freud: demencia paranoide

Discusión sobre «Dr. Schreber»

La enfermedad del Dr. Schreber se caracteriza por ideas delirantes absurdas (p. ej., que incluyen fenómenos que en el medio cultural de la persona se presentan como completamente implausibles), que empiezan siendo de tipo persecutorio (p. ej., que se convertirá en una mujer y sufrirá abusos sexuales) y acaban siendo de tipo somático (p. ej., explicaba que padecía debilidad mental), nihilistas (p. ej., está muerto y en estado de descomposición), religiosas (por ej., comunica que está en comunicación con Dios) y, finalmente, de grandeza (p. ej., tiene la misión de redimir el mundo). Lo que el Dr. Weber denomina «ideas hipocondríacas» son, de hecho, ideas delirantes somáticas. Esto lleva a pensar que también están presentes en la enfermedad original, diagnosticada como un «ataque de hipocondría grave». Las ideas delirantes se acompañan de alucinaciones auditivas (p. ej., música celestial), alucinaciones visuales (p. ej., ver apariciones milagrosas) y, probablemente, alucinaciones tactiles (p. ej., la sensación de que su cuerpo estaba siendo manipulado del modo más repugnante y sucio). Su posición «rígida e inmóvil durante horas» sugiere estupor catatónico (p. ej., descenso importante de su capacidad de reacción frente a los estímulos ambientales y reducción de los movimientos espontáneos y de la actividad). La misma conducta puede sugerir estupor depresivo; pero, aparte de las ideas suicidas, no se observa ninguno de los síntomas depresivos típicos.

A pesar de que los síntomas psicóticos predominantes son ideas delirantes de tipo paranoide, no se efectúa el diagnótico de *trastorno delirante* debido a la presencia de alucinaciones y a la naturaleza absurda de las ideas delirantes. La presencia de ideas delirantes absurdas y de alucinaciones, junto con un nivel de funcionamiento en muchas áreas inferior al nivel superior alcanzado antes del inicio del trastorno, sugiere el diagnóstico de *esquizofrenia* (DSM-IV, pág. 291). Las ideas delirantes persecutorias y las alucinaciones, en ausencia de lenguaje o conducta desorganizados, o afecto inapropiado o conducta catatónica actual, indican *tipo paranoide.*

Jacob S. Kasanin (1897-1946)

Kasanin proporcionó un puente entre la esquizofrenia y el trastorno afectivo, proponiendo, en 1933, el término esquizoafectivo. Según Kasanin, esta alteración se presenta en «personas jóvenes, bien integradas desde el punto de vista social, que de repente desarrollan una psicosis intensa y presentan un cuadro clínico que puede ser denominado esquizofrénico o afectivo, y en el que resulta muy difícil efectuar el diagnóstico diferencial». Los siguientes casos han sido extraídos de su artículo «The Acute Schizoaffective Psychoses»*.

MUJER SUSPICAZ

S. R., mujer de 25 años de edad, casada, de raza blanca, fue ingresada en el hospital el 25 de febrero de 1972.

*De Kasanin J: The Acute Squizoaffective Psychoses. *American Journal of Psychiatry* 13:97-126, 1933.

Diagnóstico: demencia precoz.

Motivo de la visita. La enferma fue enviada a un hospital psiquiátrico desde el hospital [de la ciudad] en el que se encontraba excitada, agitada y mostraba una «reacción de tipo esquizofrénico».

Historia personal. La enferma había sido siempre una persona activa y enérgica. Era ambiciosa, llena de vida, estaba muy interesada por su casa y había trabajado en varios empleos después de casarse. Tiene un hijo de 6 años de edad a quien adora.

Enfermedad actual. [Seis meses antes del ingreso] cuando el niño empezó a ir a la escuela, la enferma sintió que tenía que acompañarle. Su marido [un policía] ridiculizó su ansiedad respecto al niño. Se enfadó y le dijo a su marido que si algo le pasaba al niño él sería el culpable. [Un mes antes del ingreso] un policía de su vecindario se suicidó. Cuando su marido llegó a casa le comentó a su mujer lo que había sucedido y le dijo que un trabajo de esta clase podía llevar a cualquier persona al suicidio. Estó afecto mucho a la paciente y se deprimió. Cuando su marido le preguntó el motivo de su depresión, ella le dijo que alguien se estaba interponiendo entre los dos y se quejó de la intromisión de sus padres...La enferma lloró mucho y [una semana después] explicó que no se encontraba bien del corazón y que iba a morir. [Unos días después] empezó a sentirse muy preocupada y dijo, asimismo, que algo malo iba a suceder en la casa, que el repartidor que venía quería pegarle y tenía la sensación de que la chimenea iba a caérsele encima y matarla. [Cinco días antes del ingreso] la enferma se levantó de repente a medianoche, se vistió, preparó la maleta y dijo que se iba a casa de sus padres. Su marido la ayudó a hacerlo. Al llegar a casa de sus padres, la enferma empezó a acusar a su padre y a su madre de haber hecho un complot para poner a su marido en su contra. Se quedó allí aquel día, y por la noche la paciente continuó sin dormir. Se levantó y se dirigió a la habitación de su hermano. Le acusó de intentar envenenar a su marido y de interponerse entre ellos.

Se fue de casa, llamó a la policía y pidió que fueran a casa de sus padres y la rescataran, ya que algo horrible iba a suceder. El marido consiguió convencer a la policía de que no viniera y llevó a su esposa al hospital.

Cuando el marido acudió a visitar a su esposa al hospital, ésta le acusó de apartar al niño de ella y se quejaba de oír todo tipo de ruidos en el hospital. Notaba que los otros enfermos de la sala hablaban mal de ella. Explicaba que su marido le era infiel y que iba a robarle el niño. Los otros enfermos comunicaron, asimismo, que su marido era «cuatro en uno», indicando que era medio negro y de sangre mixta. Pensaba que estas voces eran «*irradiadas*» por alguna persona que estaba en trance en una de los otras habitaciones. Cuando su marido la visitó en el hospital le pareció «divertido» —sus ojos brillaban y tenía una expresión peculiar en la mirada.

[Fue llevada posteriormente a un hospital psiquiátrico.] Explicó que se sentía triste, deprimida y que no era feliz. Las funciones intelectuales se mantenían intactas. Expresó un gran número de ideas en torno a la relación con su marido. Se quejaba de que existían muchas interferencias en su vida familiar. Creía que alguien la iba a atacar y que su marido le iba a disparar. Dijo que cuando estaba en el hospital de la ciudad, oyó su nombre por un altavoz. Negó sufrir alucinaciones, pero comunicó que en alguna ocasión había percibido olores de muchos tipos. [Dos semanas después del ingreso] fue trasladada a un hospital del estado. Allí se mostró enfadada, irascible y mostró muy poco interés en el funcionamiento de la sala. Se encontraba deprimida y sufría cuando se le preguntaba sobre su enfermedad. Habló libremente de su trastorno y explicó que mientras estaba en el hospital presenció «estudios» de su marido desde su infancia hasta la edad adulta. Le vio de niño, de marinero y de oficial de policía. Dijo que había tenido muchas sensaciones antes de ingresar en el hospital e «impresiones divertidas que parecían hechizar el peligro». No podía impedir pensar que algo malo iba a sucederle a su hijo, y que su marido iba a culparla si algo le ocurría. Sospechaba que su esposo le era infiel y que había empezado a «drogarse», ya que se había convertido en una persona muy estúpida y aburrida. Creía que sus dolores de vientre podían deberse al envenenamiento. En algunas semanas la enferma cambió: empezó a reír, tenía aspecto de persona contenta, feliz, hablaba con libertad sobre «el hipnotismo de la radio», al cual atribuía todos sus problemas.

[Se le dió de alta al cabo de 2 meses y se le efectuó un seguimiento de 6 meses]... parecía estar muy bien, volvió a efectuar las tareas domésticas y obtuvo un empleo en unos almacenes durante el período de Navidad. [Dos años después] ella misma analizó la situación globalmente y describió las circunstancias que le provocaron el trastorno... La enferma se trasladó a una nueva vivienda que había comprado con el dinero que había ahorrado. Tuvo mucho trabajo en arreglar la casa ya que se trataba de una vivienda vieja...estaba preocupada porque la cocina no acababa de funcionar del todo bien y olía a gas por todos lados. Perdió el apetito, empezó a no dormir bien y a sentirse mal... Las cosas no iban muy bien en su vida personal. Su esposo la quería y la adoraba, pero se encontraba bajo la influencia de su madre, a la que no caía bien la enferma. Una noche mientras se encontraba en la cama, vio tres estrellas brillantes desde su ventana. No pudo conciliar el sueño. Las estrellas eran de un color rojo brillante. Cerró los ojos, y cuando los abrió las estrellas seguían allí. Sintió que algo terrible iba a suceder.

Una revisión de la situación familiar de la enferma sacó a relucir el hecho de que existía un fundamento real para sus creencias. Tanto su familia como la de su marido hacían todo lo posible para apartarlos el uno del otro... La enferma explicó que la psicosis había sido una buena idea, ya que de algún modo había ayudado a desenredar los líos de su vida y le había proporcionado coraje y confianza en sí misma. La paciente se encuentra muy bien actualmente y no tiene ningún tipo de problemas en llevar a cabo los asuntos que antes era incapaz de realizar.

Diagnóstico de Kasanin: esquizofrenia esquizoafectiva

Discusión sobre «Mujer suspicaz»

Esta enferma aparentemente se recuperó en su totalidad en menos de 4 meses después de la aparición de sus primeros síntomas (p. ej., después del suicido del amigo de su marido). Su trastorno se caracteriza por estado de ánimo deprimido y por una variedad de ideas delirantes persecutorias cambiantes, algunas de las cuales son absurdas. Además, presenta alucinaciones auditivas (o, como mínimo ilusiones) con un contenido persecutorio, alteraciones del apetito y del sueño, y pensamientos de muerte.

La enferma se encuentra a menudo deprimida y es una persona infeliz, a pesar de que no se hace referencia a la persistencia de un estado de ánimo deprimido. De hecho, en unas pocas semanas «empezó a reír, a estar contenta, a hablar libremente y mucho sobre el hipnotismo de la radio, al cual había atribuido todos sus problemas». Esto indica que incluso ante la presencia de un estado de ánimo deprimido sostenido y a los síntomas asociados del síndrome depresivo, los síntomas psicóticos se encuentran aparentemente presentes cuando no está deprimida. Por este motivo, no se cumplen los criterios para efectuar el diagnóstico de *episodio depresivo mayor,* y el diagnóstico diferencial se debe efectuar entonces entre *trastorno esquizoafectivo* y *trastorno esquizofreniforme.* Dado que no existen pruebas específicas de un síndrome depresivo, nos decantamos por el diagnóstico de *trastorno esquizofreniforme* (DSM-IV, pág. 298), un trastorno con todas las características de *esquizofrenia,* a excepción de que la duración es de al menos un mes y menos de 6 meses. Indicamos *con características de buen pronóstico* debido a que el inicio de los síntomas psicóticos fue durante las 4 semanas posteriores al primer cambio perceptible en la conducta de la paciente, al funcionamiento premórbido y a la ausencia de un afecto plano o exaltado.

EL HOMBRE IMÁN

E. F. es un muchacho de 20 años de edad y de raza blanca que trabaja por su cuenta. Fue ingresado en el hospital el 15 de marzo de 1929.

Diagnóstico. Demencia precoz.

Motivo de la consulta. El enfermo fue enviado al hospital por su familia porque aproximadamente 2 semanas antes del ingreso comenzó a mostrar conductas extrañas, a hablar mucho sobre sus teorías de la vida y a estar excesivamente activo. Debido a la excitación que presentaba fue llevado al dispensario, desde el cual se le ingresó en el hospital.

Historia personal. El enfermo había obtenido un buen rendimiento en los diversos empleos que había tenido...era un empleado modelo, pero una persona muy tranquila y tímida...En cuanto a su personalidad, era un hombre bastante normal... Se interesaba mucho por el atletismo: tomaba parte en varios deportes y jugaba a béisbol en un equipo amater... Algunos meses antes del ingreso se enamoró de una muchacha que trabajaba en la misma fábrica que él y lo explicó a su familia. Quería llevar a su muchacha a casa, pero su madre le dijo que era demasiado joven para salir con muchachas. A pesar de que el enfermo explicaba que salía con ella, le dijo a su jefe que sus encuentros eran muy casuales.

Enfermedad actual. Dos semanas antes del ingreso, sus colegas del trabajo notaron que el enfermo hablaba mucho y que cantaba en voz muy alta. De repente, dijo que iba a participar en una competición y que iba a jugar en un equipo profesional de béisbol. En casa se comportaba del mismo modo. Envió un telegrama a un equipo de béisbol, que en aquel momento se encontraba jugando en el sur del país, pidiendo que se le diera un puesto en el equipo. Dijo a su familia que iba a ganar mucho dinero, pero que ellos tenían que pagarle el viaje. Por la noche dormía muy poco y muy mal. Una semana antes del ingreso, acudió a ver a un médico de Harvard y ofreció su cuerpo para efectuar experimentos científicos. Este último le envió al hospital. Durante varios días estuvo muy excitado y habló mucho de experimentación científica de su cerebro y sobre la curación de su enfermedad. Finalmente fue llevado a la sección de pacientes ambulatorios...

Durante algunos días el enfermo estuvo bastante activo y agitado, pero respondió muy bien a los baños. Se mostraba muy cooperador y conversaba abiertamente con el médico. Empezó a interesarse por la rutina de la sala y a relacionarse con los otros pacientes. Su lenguaje era relevante, pero algunas veces incoherente; hablaba de infinidad de cosas, como de su filosofía de la vida, ofreciendo muchas variantes de su teoría del magnetismo personal.

Durante algún tiempo tuvo un problema sobre el autoerotismo, que había experimentado desde la niñez. Había tenido, asimismo, relaciones sexuales con una muchacha de 9 años cuando tenía la misma edad que ella, y fue algo que le preocupó mucho. El conflicto se intensificó por el hecho de que era una persona algo religiosa. Vió a una muchacha hace un año y se enamoró de ella, pero tardó mucho tiempo en conocerla. Finalmente, se citó con ella, hace 4 meses. Ella no quiso. Se sintió mal, pero volvió a intentarlo hace 3 meses; ella le dijo entonces que se iba a la playa con sus padres. Finalmente consiguió tener una cita con ella 1 semana antes de ingresar en el hospital; fueron a su casa después de haber ido al cine y «se amaron en el sofá». Cuando él la besó, sintió un magnetismo por todo el cuerpo, y cuando le puso la mano en el pelo, «sintió brotar el magnetismo de igual modo que en un sueño mojado».

Empezó a especular sobre las causas de ello y pensó que había hecho un nuevo descubrimiento. El enfermo explicó que era capaz de resolver todos estos conflictos gracias a su hallazgo. Descubrió que el cerebro controlaba todos los fluidos que viajaban por el cuerpo y, si se tocaban, se daba uno cuenta de que iban por la boca, los dientes, la parte superior de la boca, los labios y la nariz. Estos fluidos que viajaban por todo el cuerpo le producían una sensación de magnetismo, igual a que si estuviera realizando el acto sexual...No solamente experimentaba esta sensación cuando tocaba un objeto animado, sino también cuando tocaba uno inanimado. Cuando se encontraba en la iglesia, creía que las imágenes sagradas podían estar vivas y que Dios estaba en comunicación con él. Afirmaba que cuando expectoraba, la saliva equivalía al fluido espermático...[Sentía que este poder provenía de Dios.] El enfermo explicaba que era capaz de ver a Dios si cerraba los ojos: podía ver a Dios moverse, mover Sus dedos y ver Sus facciones. Vio a Dios sentado en el trono, apuntando con Sus dedos y controlando los movimientos del mundo. Él nunca le habló. En una ocasión vio a Dios moldear arcilla y soplar el aliento de la vida en ella.

Curso clínico. En unos días, el enfermo se tranquilizó y se mostró cooperativo, pero continuaba insistiendo en elaborar sus ideas. Se recomendó el ingreso en una institución del Estado; pero 9 días después de que entrara en el hospital su familia se lo llevó a casa. En pocas semanas se puso a trabajar en una de las ramas de los servicios departamentales y su rendimiento ha sido muy bueno.

Diagnóstico de Kasanin: esquizofrenia esquizoafectiva

Discusión sobre «El hombre imán»

Esta breve enfermedad se caracteriza por estado de ánimo elevado y expansivo, *logorrea*, grandiosidad e hiperactividad. El enfermo dormía «muy poco» y estaba «muy agitado por la noche». Consideramos que esto representa la característica necesidad de dormir cada vez menos que se observa en un *episodio maníaco.* Además, se observan muchas ideas delirantes, todas en torno a temas de grandiosidad, y alucinaciones sobre Dios. De este modo, todos sus síntomas psicóticos son congruentes con su estado de ánimo elevado.

Kasanin estableció sin dudas el diagnóstico de esquizofrenia esquizoafectiva ya que creía que las ideas delirantes absurdas eran incompatibles con el diagnóstico de *manía;* pero durante los últimos años, en este país, el concepto de manía se ha extendido. Además, y según el DSM-III, incluso la presencia de las ideas delirantes más absurdas no excluyen el diagnóstico de *manía.* Debido a la clara evidencia de un síndrome maníaco completo y a la ausencia de evidencia de que hubiese síntomas psicóticos cuando no padecía trastornos del estado de ánimo, el diagnóstico en este caso es *trastorno bipolar I* (DSM-IV, pág. 363). Dado que se trata del primer *episodio maníaco* y de que no hay historia de un *trastorno depresivo mayor,* el diagnóstico se especifica como *episodio maníaco único.* Finalmente, se indica *grave con síntomas psicóticos congruentes con el estado de ánimo.*

Paul Hoch (1902-1964) y Philip Polatin (1905-1980)

*Los Dres. Hoch y Polatin, del Instituto Psiquiátrico del estado de Nueva York, propusieron en 1949 el concepto de esquizofrenia seudoneurótica. De acuerdo con ellos, este diagnóstico se aplica a enfermos que presentan «los mecanismos básicos de la esquizofrenia» ya que, debido a la «sutileza» de sus manifestaciones, «no puede demostrarse clínicamente». Muchos de los enfermos han sido analizados «durante un considerable período de tiempo», y nunca [ha] surgido la sospecha de que no eran enfermos psiconeuróticos». El siguiente caso se ha extraído de su artículo «Pseudoneurotic Forms of Schizophrenia».**

La muchacha miedosa

S. S. es una muchacha de 21 años de edad que fue hospitalizada porque no había mejorado después de 1 año de psicoterapia ambulatoria.

*De Hoch P, Polatin P: Pseudoneurotic Forms of Schizophrenia». *Psychiatric Quarterly* 23:248-276, 1949.

> Cuando se la ingresó afirmó: «Tengo miedo de los alimentos; tengo miedo de que algo va a sucederle a mi familia; no puedo dormir; me deprimo; estoy tensa, agitada y ansiosa».

Se mostraba cooperadora y amable, proporcionó una historia coherente y racional, y negó sufrir ideas delirantes y alucinaciones (a pesar de que en alguna ocasión había tenido miedo de tenerlas). Su afecto era lábil y superficial.

> Algunas veces habla de sentirse desamparada y de que el suicidio es la única respuesta al final; pero generalmente no parece sentirse de este modo, y a menudo da la sensación de disfrutar de que siente que su enfermedad la posee. Ocasionalmente, un pensamiento depresivo la sorprende; en estas ocasiones se deprime profundamente, con facilidad para llorar y en actitud de desesperación. Las ideas que sugieren daños orgánicos irreparables o déficit en el campo de las experiencias emocionales parecen capaces de provocar estos estados de ánimo deprimidos tan intensos, que generalmente duran poco tiempo.

S. S. data el inicio de su enfermedad a la edad de 15 años, cuando una noche oyó a sus padres que hacían el amor. Se excitó sexualmente y explica,

> ...Sentí que algo me pasaba, como si estuviera subiendo en un ascensor, y pensé que nunca se me pasaría; pensé que a lo mejor iba a ser incapaz de experimentar placer sexual. Poco tiempo después, la palabra *follar* se repetía una y otra vez en mi mente y no podía apartarla de mi pensamiento ni un instante. Un par de meses después aún continuaba en mi mente y me pregunté, «¿por qué tienes que pensar en una palabra de este tipo, que no puedes decírsela a nadie si te preguntan qué te pasa?», entonces la cambié por preocupación... No entiendo cómo pude aprobar las asignaturas de la escuela. Desde que tenía 15 años, *preocupación* continuaba estando en mi mente. Llegó hasta el punto de que no podía tragar; no podía comer. La palabra *follar* me producía náuseas; no podía dormir. Permanecía tumbada en estado de agitación, con la palabra que daba vueltas por mi mente sin parar.

Desde entonces, ha padecido un número similar de preocupaciones: el miedo de que algún día se preocuparía tanto por la pulcritud de la comida que solamente sería capaz de ingerir comida judía; el miedo de que empezaría a creer en Dios y de este modo a molestar a su familia ortodoxa judía; la preocupación de que podría molestar a sus hermanas tanto que enfermaran. Padecía, asimismo, algunas compulsiones, como tener que apagar las luces seis veces cada noche y tener que dejar las zapatillas en paralelo al acostarse; pero éstas no eran elaboradas ni le llevaban mucho tiempo.

Había salido con muchos muchachos, pero nunca había tenido relaciones sexuales. Afirmaba que durante una entrevista en la que se le administró amobarbital, no estuvo segura de si era un muchacho o una muchacha; teme no poder llevar una vida normal y ser feliz. Parece no haber tenido amigas de verdad, pero se ha relacionado intensamente con todos los miembros de su familia.

S. S. acabó sus estudios en la escuela y realizó un año de ciencias empresariales, y fue capaz de trabajar como administrativa hasta hace un año, cuando llegó a casa con aspecto confuso y rehusó hablar con nadie, diciendo que «no comprenderíais». Fue entonces cuando se la trató ambulatoriamente. Pasó un año en su casa, haciendo poca cosa más que intentar «entender» su enfermedad.

En la sala es una muchacha poco cuidadosa, permanece en la cama todo el día, sin iniciativa alguna. «Manifiesta una creencia en pensamientos mágicos y, asimismo, una valoración fluctuante de la realidad y, algunas veces, despersonalización.»

Diagnóstico de Hoch y Polatin: esquizofrenia pseudoneurótica

Discusión sobre «La muchacha miedosa»

Esta enferma padece una variedad de síntomas: miedo patológico a posibles sucesos futuros, afecto lábil, pero «poco profundo», obsesiones (p. ej., pensar en palabras como *follar* y *preocupación*), compulsiones (p. ej., apagar la luz seis veces y dejar las zapatillas en paralelo), trastornos de identidad (p. ej., que podía ser un hombre o tener creencias cristianas), dificultades en las relaciones interpersonales (p. ej., no tener amigas de verdad), pensamiento mágico, despersonalización y funcionamiento marcadamente alterado (p. ej., pasar el año pasado en casa pensando en su enfermedad). Indudablemente, esta plétora de síntomas crónicos incapacitantes constituía un factor importante en el diagnóstico de *esquizofrenia* efectuado por Hoch y Polatin. Sin embargo, la ausencia de ideas delirantes, alucinaciones, afecto plano, y lenguaje o conducta desorganizados descarta el diagnóstico de *esquizofrenia* del DSM-IV.

En el Eje I, el diagnóstico de *trastorno obsesivo-compulsivo* (DSM-IV, página 433) viene justificado por la importancia de las obsesiones y compulsiones, y por el grado de malestar e interferencia en el funcionamiento que causan al enfermo. Probablemente no reconoce los miedos irracionales como inadecuados y, por lo tanto, son egodistónicos y no obsesiones verdaderas. Sin embargo, se entienden mejor como un síntoma asociado al *trastorno obsesivo-compulsivo*.

El diagnóstico del Eje I no explica el patrón de maladaptación crónica de relacionar y pensar en su ambiente y en sí misma. Algunos de los síntomas que padece son característicos de un *trastorno límite de la personalidad:* trastornos de identidad e inestabilidad afectiva. Otros son síntomas característicos de un *trastorno esquizotípico de la personalidad* (p. ej., el pensamiento mágico, no tener amigas de verdad, afecto plano). Parece probable que haya habido síntomas de estos trastornos, a pesar de que no se hayan contemplado. En ausencia de pruebas positivas de que se cumplen los criterios para estos trastornos de la personalidad específicos, resulta apropiado efectuar el diagnóstico de *trastorno de la personalidad no especificado* (DSM-IV, pág. 689).

Albert Hofmann (1906-)

El Dr. Hofmann, un químico que trabaja en una compañía farmacéutica suiza, ha estado estudiando la síntesis de varios alcaloides ergóticos. En el mes de abril de 1943 describió las siguientes experiencias.*

Dr. Hofmann

El pasado viernes 16 de abril de 1943, tuve que dejar de trabajar en el laboratorio a media tarde e irme a casa. Empecé a notar una ansiedad y agitación que se asociaban con una sensación de confusión leve. Al llegar a casa, me estiré y me hundí en una sensación semejante a la borrachera, muy desagradable y que se caracterizaba por una actividad extrema de imaginación. Mientras me encontraba descansando en un estado de confusión con los ojos cerrados (noté que la luz del día brillaba mucho), me vinieron a la mente una serie de imágenes fantásticas de extraordinaria plasticidad y viveza, acompañadas de una gran variedad de colores, como si se tratara de un calidoscopio. Esta situación fue superada gradualmente en unas 2 horas.

El Dr. Hofmann sospechó que estas experiencias extrañas eran el resultado de la ingesta accidental de la sustancia con la que había estado trabajando. Tres días después realizó un experimento consigo mismo, ingiriendo la dosis mínima de la sustancia que creía que podía tener algún efecto. Después de 40 min, en su libro

*De Ayd FJ, Blackwell B: *Discoveries in Biological Psychiatry*. Philadelphia, PA, JB Lippincott, 1970, pág. 91.

© MASSON, S.A. Fotocopiar sin autorización es un delito.

de notas del laboratorio anotó «estado de confusión leve, agitación, dificultad para concentrarse, alteraciones visuales, deseo intenso de reír». En ese momento se interrumpieron sus notas. Posteriormente describe lo que sucedió.

> Pedí a mi ayudante de laboratorio que me acompañara a casa ya que pensé que podía volver a suceder lo mismo que el viernes anterior. Durante el trayecto pude notar que los síntomas eran mucho más intensos que la primera vez. Tenía dificultad para hablar coherentemente, mi campo de visión se balanceaba delante de mí y los objetos parecían distorsionados, igual que las imágenes que se reflejan en espejos curvados. Tuve la impresión de que era incapaz de moverme del sitio donde me encontraba, a pesar de que mi ayudante me dijo que había pedaleado un buen rato...Cuando llegué a casa llamé al médico.
>
> Cuando el médico llegó, el punto máximo de la crisis ya había pasado. Por lo que recuerdo, los síntomas más fuertes fueron: vértigo; alteraciones visuales; las caras de la gente de mi entorno me parecían grotescas, cubiertas de colores; agitación motora alternando con parálisis; una sensación de pesadez de cabeza, de extremidades y de todo el cuerpo, como si estuviera recubierto por plomo; sensación de sequedad y de constricción en la garganta; reconocimiento claro de mi enfermedad, durante la cual me ponía a gritar o a balbucear palabras incoherentes. En alguna ocasión notaba como si estuviera fuera de mi cuerpo.
>
> El médico encontró el pulso débil, pero por otra parte una circulación normal... Seis horas después de la ingesta de la [sustancia] mi situación había mejorado considerablemente. Solamente las alteraciones visuales continuaban deformando, como los reflejos en la superficie del agua en movimiento. Además, todos los objetos aparecían con colores constantemente cambiantes, con las sombras predominantes en azul y verde. Cuando cerraba los ojos veía toda una serie de imágenes fantásticas y reales de colores. Un rasgo remarcable es el modo en que se transformaban las percepciones acústicas (p. ej., el ruido de un coche en movimiento) en efectos ópticos; cada sonido evocaba una alucinación de un color correspondiente en constante cambio de forma y color, como un cuadro en un calidoscopio. Alrededor de la una de la noche conseguí dormirme y me desperté la mañana siguiente totalmente recuperado.

Diagnóstico de Hofmann: una «extraordinaria alteración» causada por la ingesta de un alucinógeno

Discusión sobre «Dr. Hofmann»

Los síntomas que padece el enfermo, principalmente cambios perceptuales, se encuentran claramente relacionados con la ingesta de una sustancia.

De hecho, la sustancia con la que el Dr. Hofmann estaba trabajando era la dietilamida del ácido lisérgico, conocido como LSD. La descripción que hace de su propia reacción muestra los síntomas característicos de una *intoxicación por alucinógenos* (DSM-IV, pág. 213): ilusiones (p. ej., las caras le parecían grotescas), despersonalización (p. ej., «notaba como si estuviera fuera de mi cuerpo»), alucinaciones (p. ej., «...alucinaciones de colores en constante cambio de color y forma..») y sinestesias (p. ej., «...percepciones acústicas...se transformaban en efectos ópticos...»). Asimismo, describe otro síntoma característico: todos los síntomas se producen durante un estado de vigilia y alerta, y con total reconocimiento de que los síntomas son provocados por la sustancia (p. ej.,... reconocimiento claro de mi enfermedad, durante la cual me ponía a gritar o a balbucear...).

Los criterios del DSM-IV para la *intoxicación por alucinógenos* requieren la presencia de síntomas de tipo físico, como dilatación pupilar, taquicardia, temblores e incoordinación. A pesar de que el Dr. Hofmann no nos ha propocionado información sobre ellos, suponemos que estaban presentes. No es necesario comentar la imposibilidad del Dr. Hofmann de continuar trabajando bajo los efectos de la sustancia, evidentemente resultado de la conducta desadaptativa producida por ella: otro criterio para efectuar el diagnóstico.

Hervey Cleckley (1905-1984)

En la obra The Mask of Sanity*, *publicada en 1955, Cleckley intentó esclarecer la naturaleza confusa y paradójica de la personalidad psicopática. Según él, las personas con este trastorno están «aparentemente intactas, y muestran un funcionamiento periférico excelente, pero con un déficit o incapacidad central expresada de un modo que las habilidades...no pueden ser utilizadas de manera consistente con fines sanos o prevenir comportamientos autodestructivos y otros resultados patológicos graves». El siguiente caso se ha extraído de este libro.*

De Cleckley H: *The Mask of Sanity*, 5ª ed. St Louis, MO, CV Mosby, 1976, pág. 64.

Tom

Este muchacho de 21 años de edad no parece ser un criminal o un delincuente astuto... Tom goza de buena salud. Su carácter y manera de ser son agradables...No hay nada que sugiera que está adoptando una conducta temeraria o una actitud que pueda llevar a sacar conclusiones erróneas. A pesar de que sabe que el entrevistador conoce su historial, da la impresión de que será capaz de justificarlo.

El problema inmediato de este muchacho era grave, pero no horrible. Su familia, así como las autoridades legales, tenían la esperanza de que si se le podía diagnosticar un trastorno mental se iba a poder librar de ir a la cárcel condenado por robo.

Las pruebas de la conducta desadaptativa se observaron ya en la niñez. Parecía ser un muchacho fiable, pero no se podía contar con él para nada. A menudo hacía novillos en la escuela...Aunque tenía de todo, a veces robaba pollos a su padre y los vendía en tiendas del centro de la ciudad. También robaba cubiertos de plata; en algunas ocasiones se habían recuperado de aquellas personas a quienes las había vendido por una miseria o los había cambiado por objetos por los que no se encontraba demasiado interesado o no tenían demasiado valor para él.

Frecuentemente, cuando no acudía a clase, Tom se iba a pasear dando patadas a... las gallinas, prendiendo fuego a una casa de las afueras de la ciudad, o a lo mejor holgazaneando en una tienda de cigarrillos, leyendo historietas, tirando piedras a las ardillas del parque, cometiendo pequeños robos o estafas. A menudo cargaba cosas en la cuenta de su padre, robaba paquetes de cigarrillos, puros, caramelos...Mentía con tanta serenidad y presentaba sus coartadas de un modo tan ingenioso o negaba toda responsabilidad con una apariencia de inocencia tan convincente, que su carrera real pasó inadvertida durante mucho tiempo...A pesar de que a menudo se reunía con grupos y bandas, nunca ha llegado a identificarse con los demás en una causa común.

A la edad de 14 o 15 años, cuando ya había aprendido a conducir, empezó a robar automóviles...Después de haber intentado vender un coche robado, su padre consultó a algunos expertos, y en base a la teoría de que podía sufrir una pasión por los automóviles, le compró uno como medida terapéutica. En una ocasión, aparcó deliberadamente su coche y robó un modelo de menos calidad que el suyo, que dejó ligeramente dañado en las afueras de la ciudad....Mientras tanto, Tom continuaba utilizando el nombre de su padre para extender cheques de pequeñas sumas de dinero y seguía robando navajas, libros de texto, etc.., en la escuela. En alguna ocasión, había vendido un perro o un ternero que eran de otra persona del barrio.

Tom fue enviado a una institución federal de otro estado, donde participó en un programa de rehabilitación y asesoramiento. Pronto dejó impresionados al personal de la institución con su actitud y con el modo en que hablaba de sus errores en el pasado y de los planes para el futuro.

Encontró trabajo en un muelle del puerto y habló modestamente, pero de manera convincente, sobre el curso que su vida iba a seguir desde entonces, expresando ideas y planes...Al principio, los demás empleados le encontraron una persona enérgica, brillante y aparentemente entusiasta del trabajo. Pronto surgieron pruebas de irresponsabilidad que iban aumentando progresivamente. En algunas ocasiones no acudía al trabajo y daba excusas sobre su enfermedad que lograban, convencer a sus superiores. A medida que las ausencias se fueron incrementando, las explicaciones detalladas y bien elaboradas daban la sensación de que respondían a hechos reales y creíbles. Posteriormente dejaba el trabajo durante unas horas y no daba ninguna explicación sobre su conducta, a excepción de comunicar que no se veía capaz de trabajar en aquel momento.

La información fiable indica que ha sido arrestado y encarcelado aproximadamente 50 o 60 veces. Se estima que se le hubiera encarcelado o puesto en diferentes comisarías durante cortos o largos períodos de detención en otras 150 ocasiones si su familia no hubiera subsanado sus pequeños robos, daños, etc., y hubiera pagado las multas.

Algunas veces había sido arrestado por fomentar discusiones, provocar peleas o por sus conductas perturbadoras, altamente organizadas, hasta el punto de convertirse en un enemigo público. A pesar de que no era un gran bebedor o una persona que se emborrachara hasta el punto de quedarse en un estado de confusión y estupefacción, exhibía conductas poco sociables incluso cuando tomaba unas pocas cervezas o combinados. En una pelea que se produjo en un bar de los barrios bajos de la ciudad, se le vio pegar a una persona en la cabeza con una barra de hierro.

La madre de Tom había sufrido ansiedad y angustia durante muchos años cada vez que se iba sin avisar. Después de darle un beso de despedida a su madre y decirle que se iba a tomar una Coca-Cola o al cine, ¡podía no aparecer durante un par de semanas!...Este muchacho nunca ha establecido una relación íntima importante con otra persona. A nivel sexual, ha sido especialmente promiscuo bajo una amplia gama de circunstancias. Hace 1 o 2 años se casó con una muchacha que había alcanzado notable fama local como prostituta barata. Había compartido su cuerpo durante una noche (con propósitos comerciales) con algunos amigos entre los que se encontraba él. No tardó mucho tiempo en dejar a su esposa y nunca se sintió avergonzado ni humillado por el carácter de la muchacha con la que se había casado ni ningún tipo de responsabilidad con relación a ella.

© MASSON, S.A. Fotocopiar sin autorización es un delito.

Diagnóstico de Cleckley: personalidad psicopática

Discusión sobre «Tom»

Tom presenta todos los rasgos que requiere el diagnóstico de *trastorno antisocial de la personalidad* del DSM-IV (DSM-IV, pág. 666): edad actual por encima de 18 años, evidencia de *trastorno del comportamiento* antes de los 15 años (novillos, robos, mentiras, vandalismo, delincuencia, violaciones crónicas de las normas del hogar) y, desde la edad de 18 años, un patrón generalizado de conducta irresponsable y de violación de los derechos de la gente (incapacidad para mantener un trabajo, abandono de la esposa, robos, mentiras, peleas) y ausencia de remordimiento.

Una de las críticas hacia los criterios para el *trastorno antisocial de la personalidad* del DSM-III es el demasiado énfasis que se pone en los actos antisociales, que pueden ocasionar problemas legales, y el poco en los rasgos piscológicos del trastorno, como ausencia de sentimientos de culpa, de lealtad hacia la gente y empatía. Tom padece todos estos rasgos que Cleckley creyó que eran fundamentales para el término de personalidad psicopática.

Estos rasgos no se incluían en el diagnóstico del *trastorno antisocial de la personalidad* en el DSM-III, en el DSM-III-R y en el DSM-IV por dos motivos. En primer lugar, requieren juicios más inferenciales que las conductas sintomáticas incluidas en los criterios. En segundo lugar, existen pruebas de que las personas que exhiben estos trastornos de la conducta requeridos para el diagnóstico de *trastorno antisocial de la personalidad* están, al igual que Tom, subsocializadas. Finalmente, en el campo de investigación del DSM-IV, que compara tipos de criterios alternativos, los criterios conductuales del DSM-III-R presentan un nivel de correlación con las variables externas con tanta validez (p. ej., número de matrimonios y de compañeros sexuales, pocos trabajos, número de arrestos y condenas) como los criterios que se centran en los rasgos piscológicos característicos de la alteración.

Apéndice A

ÍNDICE DE CASOS

© MASSON, S.A. Fotocopiar sin autorización es un delito.

Apéndice B

ÍNDICE DE CASOS POR TEMAS DE INTERÉS

Apéndice C

CLASIFICACIÓN DSM-IV CON CÓDIGOS CIE-10

Cuando aparece una *x* en un código diagnóstico significa que se requiere un número específico de código.

En los nombres de algunos trastornos se añaden paréntesis (...) para indicar que hay que incluir el nombre del trastorno mental específico o de la enfermedad médica (p. ej., F05.0 Delirium debido a hipotiroidismo).

Si se cumplen todos los criterios, se puede anotar uno de los siguientes especificadores de gravedad a continuación del diagnóstico:

Leve
Moderado
Grave

Si no se cumplen todos los criterios, se puede anotar uno de los siguientes especificadores:

En remisión parcial
En remisión total
Historia anterior

Trastornos de inicio en la infancia, la niñez o la adolescencia

RETRASO MENTAL

Nota: *Se codifican en el Eje II.*

F70.9 Retraso mental leve
F71.9 Retraso mental moderado
F72.9 Retraso mental grave
F73.9 Retraso mental profundo
F79.9 Retraso mental de gravedad no especificada

TRASTORNOS DEL APRENDIZAJE

F81.0 Trastorno de la lectura
F81.2 Trastorno del cálculo
F81.8 Trastorno de la expresión escrita
F81.9 Trastorno del aprendizaje no especificado

TRASTORNO DE LAS HABILIDADES MOTORAS

F82 Trastorno del desarrollo de la coordinación

TRASTORNOS DE LA COMUNICACIÓN

F80.1 Trastorno del lenguaje expresivo
F80.2 Trastorno mixto del lenguaje receptivo-expresivo
F80.0 Trastorno fonológico
F98.5 Tartamudeo
F80.9 Trastorno de la comunicación no especificado

TRASTORNOS GENERALIZADOS DEL DESARROLLO

F84.0 Trastorno autista
F84.2 Trastorno de Rett
F84.3 Trastorno desintegrativo infantil
F84.5 Trastorno de Asperger
F84.9 Trastorno generalizado del desarrollo no especificado

TRASTORNOS POR DÉFICIT DE ATENCIÓN Y COMPORTAMIENTO PERTURBADOR

—.– Trastorno por déficit de atención con hiperactividad
F90.0 Tipo combinado
F98.8 Tipo con predominio del déficit de atención
F90.0 Tipo con predominio hiperactivo-impulsivo
F90.9 Trastorno por déficit de atención con hiperactividad no especificado
F91.8 Trastorno disocial
Especificar tipo: De inicio infantil/de inicio adolescente
F91.3 Trastorno negativista desafiante
F91.9 Trastorno de comportamiento perturbador no especificado

TRASTORNOS DE LA INGESTIÓN Y DE LA CONDUCTA ALIMENTARIA DE LA INFANCIA O LA NIÑEZ

F98.3 Pica
F98.2 Trastorno de rumiación
F98.2 Trastorno de la ingestión alimentaria de la infancia o la niñez

TRASTORNOS DE TICS

F95.2 Trastorno de la Tourette
F95.1 Trastorno de tics motores o vocales crónicos
F95.0 Trastorno de tics transitorios
Especificar si: Episodio único/recidivante
F95.9 Trastorno de tics no especificado

TRASTORNOS DE LA ELIMINACIÓN

—.– Encopresis
R15 Con estreñimiento e incontinencia por rebosamiento (*codificar también K59.0 Estreñimiento en el Eje III*)
F98.1 Sin estreñimiento ni incontinencia por rebosamiento
F98.0 Enuresis (no debida a una enfermedad médica)
Especificar tipo: Sólo nocturna/sólo diurna/nocturna y diurna

OTROS TRASTORNOS DE LA INFANCIA, LA NIÑEZ O LA ADOLESCENCIA

F93.0 Trastorno de ansiedad por separación
Especificar si: De inicio temprano

F94.0 Mutismo selectivo

F94.x Trastorno reactivo de la vinculación de la infancia o la niñez
- .1 Tipo inhibido
- .2 Tipo desinhibido

F98.4 Trastorno de movimientos estereotipados
Especificar si: Con comportamientos autolesivos

F98.9 Trastorno de la infancia, la niñez o la adolescencia no especificado

Delirium, demencia, trastornos amnésicos y otros trastornos cognoscitivos

DELIRIUM

F05.0 Delirium debido a... *(Indicar enfermedad médica)*
(en vez de código F05.1 si hay demencia superpuesta)

—.– Delirium inducido por sustancias
(consultar trastornos relacionados con sustancias para los códigos específicos de cada una de ellas)

—.– Delirium por abstinencia de sustancias
(consultar trastornos relacionados con sustancias para los códigos específicos de cada una de ellas)

—.– Delirium debido a múltiples etiologías
(codificar cada etiología específica)

F05.9 Delirium no especificado

DEMENCIA

F00.xx Demencia tipo Alzheimer, de inicio temprano
(codificar también G30.0 Enfermedad de Alzheimer, de inicio temprano, en el Eje III)
- .00 No complicada
- .01 Con ideas delirantes
- .03 Con estado de ánimo depresivo

Especificar si: Con trastorno de comportamiento

F00.xx Demencia tipo Alzheimer, de inicio tardío
(codificar también G30.1 Enfermedad de Alzheimer, de inicio tardío en el Eje III)
- .10 No complicada
- .11 Con ideas delirantes
- .13 Con estado de ánimo depresivo

Especificar si: Con trastorno de comportamiento

F01.xx Demencia vascular
- .80 No complicada
- .81 Con ideas delirantes
- .83 Con estado de ánimo depresivo

Especificar si: Con trastorno de comportamiento

F02.4 Demencia debida a enfermedad por VIH

(codificar también B22.0 Encefalopatía por VIH en el Eje III)

F02.8 Demencia debida a traumatismo craneal *(codificar también S06.9 Lesión cerebral en el Eje III)*

F02.3 Demencia debida a enfermedad de Parkinson *(codificar también G20 Enfermedad de Parkinson en el Eje III)*

F02.2 Demencia debida a enfermedad de Huntington *(codificar también G10 Enfermedad de Huntington en el Eje III)*

F02.0 Demencia debida a enfermedad de Pick *(codificar también G31.0 Enfermedad de Pick en el eje III)*

F02.1 Demencia debida a enfermedad de Creutzfeldt-Jakob *(codificar también A81.0 Enfermedad de Creutzfeldt-Jakob en el Eje III)*

F02.8 Demencia debida a... *(indicar enfermedad médica no enumerada antes) (codificar también la enfermedad médica en el Eje III)*

—.– Demencia persistente inducida por sustancias *(consultar los trastornos relacionados con sustancias para los códigos específicos de cada una de ellas)*

F02.8 Demencia debida a múltiples etiologías *(en lugar de código F00.2 Demencia mixta tipo Alzheimer y vascular)*

F03 Demencia no especificada

TRASTORNOS AMNÉSICOS

F04 Trastorno amnésico debido a... *(indicar enfermedad médica)*
Especificar si: Transitorio/crónico

—.– Trastorno amnésico persistente inducido por sustancias *(consultar los trastornos relacionados con sustancias para los códigos específicos de cada una de ellas)*

R41.3 Trastorno amnésico no especificado

OTROS TRASTORNOS COGNOSCITIVOS

F06.9 Trastorno cognoscitivo no especificado

Trastornos mentales debidos a enfermedad médica, no clasificados en otros apartados

F06.1 Trastorno catatónico debido a... *(indicar enfermedad médica)*

F07.0 Cambio de personalidad debido a... *(indicar enfermedad médica)*
Especificar tipo: Lábil/desinhibido/agresivo/apático/paranoide/otros tipos/combinado/inespecífico

F09 Trastorno mental no especificado debido a... *(indicar enfermedad médica)*

Trastornos relacionados con sustancias

[a] *Se pueden aplicar las siguientes especificaciones a la dependencia de sustancias:*

Especificar si: Con dependencia fisiológica/sin dependencia fisiológica

Codificación del curso de la dependencia en el quinto dígito:

0 = Remisión total temprana/remisión parcial temprana
0 = Remisión total sostenida/remisión parcial sostenida
1 = En entorno controlado
2 = En terapéutica con agonistas
4 = Leve/moderado/grave

Se aplican las siguientes especificaciones a los trastornos inducidos por sustancias

[I]*De inicio durante la intoxicación/*[A]*de inicio durante la abstinencia*

TRASTORNOS RELACIONADOS CON EL ALCOHOL

Trastornos por consumo de alcohol

F10.2x Dependencia del alcohol[a]
F10.1 Abuso de alcohol

Trastornos inducidos por alcohol

F10.00 Intoxicación por alcohol
F10.3 Abstinencia de alcohol
Especificar si: Con alteraciones perceptivas
F10.03 Delirium por intoxicación por alcohol
F10.4 Delirium por abstinencia de alcohol
F10.73 Demencia persistente inducida por alcohol
F10.6 Trastorno amnésico persistente inducido por alcohol
F10.xx Trastorno psicótico inducido por alcohol
.51 Con ideas delirantes[I,A]
.52 Con alucinaciones[I,A]
F10.8 Trastorno del estado de ánimo inducido por alcohol[I,A]
F10.8 Trastorno de ansiedad inducido por alcohol[I,A]
F10.8 Trastorno sexual inducido por alcohol[I]
F10.8 Trastorno del sueño inducido por alcohol[I,A]

F10.9 Trastorno relacionado con el alcohol no especificado

TRASTORNOS RELACIONADOS CON ALUCINÓGENOS

Trastornos por consumo de alucinógenos

F16.2x Dependencia de alucinógenos[a]
F16.1 Abuso de alucinógenos

Trastornos inducidos por alucinógenos

F16.00 Intoxicación por alucinógenos
F16.70 Trastorno perceptivo persistente por alucinógenos *(flashbacks)*
F16.03 Delirium por intoxicación por alucinógenos
F16.xx Trastorno psicótico inducido por alucinógenos
.51 Con ideas delirantes[I]
.52 Con alucinaciones[I]

F16.8 Trastorno del estado de ánimo inducido por alucinógenos[I]
F16.8 Trastorno de ansiedad inducido por alucinógenos[I]

F16.9 Trastorno relacionado con alucinógenos no especificado

TRASTORNOS RELACIONADOS CON ANFETAMINAS (O SUSTANCIAS DE ACCIÓN SIMILAR)

Trastornos por consumo de anfetamina

F15.2x Dependencia de anfetamina[a]
F15.1 Abuso de anfetamina

Trastornos inducidos por anfetamina

F15.00 Intoxicación por anfetamina
F15.04 Intoxicación por anfetamina, con alteraciones perceptivas
F15.3 Abstinencia de anfetamina
F15.03 Delirium por intoxicación por anfetamina
F15.xx Trastorno psicótico inducido por anfetamina
.51 Con ideas delirantes[I]
.52 Con alucinaciones[I]
F15.8 Trastorno del estado de ánimo inducido por anfetamina[I,A]
F15.8 Trastorno de ansiedad inducido por anfetamina[I]
F15.8 Trastorno sexual inducido por anfetamina[I]
F15.8 Trastorno del sueño inducido por anfetamina[I,A]

F15.9 Trastorno relacionado con anfetamina no especificado

TRASTORNOS RELACIONADOS CON CAFEÍNA

Trastornos inducidos por cafeína

F15.00 Intoxicación por cafeína
F15.8 Trastorno de ansiedad inducido por cafeína[I]
F15.8 Trastorno del sueño inducido por cafeína[I]

F15.9 Trastorno relacionado con cafeína no especificado

TRASTORNOS RELACIONADOS CON *CANNABIS*

Trastornos por consumo de *Cannabis*

F12.2x Dependencia de *Cannabis*[a]
F12.1 Abuso de *Cannabis*

Trastornos inducidos por *Cannabis*

F12.00 Intoxicación por *Cannabis*
F12.04 Intoxicación por *Cannabis*, con alteraciones perceptivas
F12.03 Delirium por intoxicación por *Cannabis*
F12.xx Trastorno psicótico inducido por *Cannabis*
.51 Con ideas delirantes[I]
.52 Con alucinaciones[I]
F12.8 Trastorno de ansiedad inducido por *Cannabis*[I]

F12.9 Trastorno relacionado con *Cannabis* no especificado

TRASTORNOS RELACIONADOS CON COCAÍNA

Trastornos por consumo de cocaína

F14.2x Dependencia de cocaína[a]
F14.1 Abuso de cocaína

Trastornos inducidos por cocaína

F14.00 Intoxicación por cocaína
F14.04 Intoxicación por cocaína, con alteraciones perceptivas
F14.3 Abstinencia de cocaína
F14.03 Delirium por intoxicación por cocaína
F14.xx Trastorno psicótico inducido por cocaína
.51 Con ideas delirantes[I]
.52 Con alucinaciones[I]
F14.8 Trastorno del estado de ánimo inducido por cocaína[I,A]
F14.8 Trastorno de ansiedad inducido por cocaína[I,A]
F14.8 Trastorno sexual inducido por cocaína[I]
F14.8 Trastorno del sueño inducido por cocaína[I,A]

F14.9 Trastorno relacionado con cocaína no especificado

TRASTORNOS RELACIONADOS CON FENCICLIDINA (O SUSTANCIAS DE ACCIÓN SIMILAR)

Trastornos por consumo de fenciclidina

F19.2x Dependencia de fenciclidina[a]
F19.1 Abuso de fenciclidina

Trastornos inducidos por fenciclidina

F19.00 Intoxicación por fenciclidina
F19.04 Intoxicación por fenciclidina, con alteraciones perceptivas
F19.03 Delirium por intoxicación por fenciclidina
F19.xx Trastorno psicótico inducido por fenciclidina
.51 Con ideas delirantes[I]
.52 Con alucinaciones[I]
F19.8 Trastorno del estado de ánimo inducido por fenciclidina[I]
F19.8 Trastorno de ansiedad inducido por fenciclidina[I]

F19.9 Trastorno relacionado con fenciclidina no especificado

TRASTORNOS RELACIONADOS CON INHALANTES

Trastornos por consumo de inhalantes

F18.2x Dependencia de inhalantes[a]
F18.1 Abuso de inhalantes

Trastornos inducidos por inhalantes

F18.00 Intoxicación por inhalantes
F18.03 Delirium por intoxicación por inhalantes
F18.73 Demencia persistente inducida por inhalantes
F18.xx Trastorno psicótico inducido por inhalantes
.51 Con ideas delirantes[I]
.52 Con alucinaciones[I]
F18.8 Trastorno del estado de ánimo inducido por inhalantes[I]
F18.8 Trastorno de ansiedad inducido por inhalantes[I]

F18.9 Trastorno relacionado con inhalantes no especificado

TRASTORNOS RELACIONADOS CON NICOTINA

Trastorno por consumo de nicotina

F17.2x Dependencia de nicotina[a]

Trastornos inducidos por nicotina

F17.3 Abstinencia de nicotina

F17.9 Trastorno relacionado con nicotina no especificado

TRASTORNOS RELACIONADOS CON OPIÁCEOS

Trastornos por consumo de opiáceos

F11.2x Dependencia de opiáceos[a]
F11.1 Abuso de opiáceos

Trastornos inducidos por opiáceos

F11.00 Intoxicación por opiáceos
F11.04 Intoxicación por opiáceos, con alteraciones perceptivas
F11.3 Abstinencia de opiáceos
F11.03 Delirium por intoxicación por opiáceos
F11.xx Trastorno psicótico inducido por opiáceos
.51 Con ideas delirantes[I]
.52 Con alucinaciones[I]
F11.8 Trastorno del estado de ánimo inducido por opiáceos[I]
F11.8 Trastorno sexual inducido por opiáceos[I]
F11.8 Trastorno del sueño inducido por opiáceos[I,A]

F11.9 Trastorno relacionado con opiáceos no especificado

TRASTORNOS RELACIONADOS CON SEDANTES, HIPNÓTICOS O ANSIOLÍTICOS

Trastornos por consumo de sedantes, hipnóticos o ansiolíticos

F13.2x Dependencia de sedantes, hipnóticos o ansiolíticos[a]
F13.1 Abuso de sedantes, hipnóticos o ansiolíticos

Trastornos inducidos por sedantes, hipnóticos o ansiolíticos

F13.00 Intoxicación por sedantes, hipnóticos o ansiolíticos
F13.3 Abstinencia de sedantes, hipnóticos o ansiolíticos
Especificar si: Con alteraciones perceptivas
F13.03 Delirium por intoxicación por sedantes, hipnóticos o ansiolíticos
F13.4 Delirium por abstinencia de sedantes, hipnóticos o ansiolíticos
F13.73 Demencia persistente inducida por sedantes, hipnóticos o ansiolíticos
F13.6 Trastorno amnésico persistente inducido por sedantes, hipnóticos o ansiolíticos
F13.xx Trastorno psicótico inducido por sedantes, hipnóticos o ansiolíticos
.51 Con ideas delirantes[I,A]
.52 Con alucinaciones[I,A]
F13.8 Trastorno del estado de ánimo inducido por sedantes, hipnóticos o ansiolíticos[I,A]

F13.8 Trastorno de ansiedad inducido por sedantes, hipnóticos o ansiolíticos[A]
F13.8 Trastorno sexual inducido por sedantes, hipnóticos o ansiolíticos[I]
F13.8 Trastorno del sueño inducido por sedantes, hipnóticos o ansiolíticos[I,A]

F13.9 Trastorno relacionado con sedantes, hipnóticos o ansiolíticos no especificado

TRASTORNO RELACIONADO CON VARIAS SUSTANCIAS
F19.2x Dependencia de varias sustancias[a]

TRASTORNOS RELACIONADOS CON OTRAS SUSTANCIAS (O DESCONOCIDAS)
Trastornos por consum o de otras sustancias (o desconocidas)
F19.2x Dependencia de otras sustancias (o desconocidas)[a])
F19.1 Abuso de otras sustancias (o desconocidas)

Trastornos inducidos por otras sustancias (o desconocidas)
F19.00 Intoxicación por otras sustancias (o desconocidas)
F19.04 Intoxicación por otras sustancias (o desconocidas), con alteraciones perceptivas
F19.3 Abstinencia de otras sustancias (o desconocidas)
Especificar si: Con alteraciones perceptivas
F19.03 Delirium inducido por otras sustancias (o desconocidas) *(codificar F19.4 si comienza durante la abstinencia)*
F19.73 Demencia persistente inducida por otras sustancias (o desconocidas)
F19.6 Trastorno amnésico persistente inducido por otras sustancias (o desconocidas)
F19.xx Trastorno psicótico inducido por otras sustancias (o desconocidas)
.51 Con ideas delirantes[I,A]
.52 Con alucinaciones[I,A]
F19.8 Trastorno del estado de ánimo inducido por otras sustancias (o desconocidas)[I,A]
F19.8 Trastorno de ansiedad inducido por otras sustancias (o desconocidas)[I,A]
F19.8 Trastorno sexual inducido por otras sustancias (o desconocidas)[I]
F19.8 Trastorno del sueno inducido por otras sustancias (o desconocidas)[I,A]

F19.9 Trastorno relacionado con otras sustancias (o desconocidas) no especificado

Esquizofrenia y otros trastornos psicóticos

F20.xx Esquizofrenia
.0x Tipo paranoide

.1x Tipo desorganizado
.2x Tipo catatónico
.3x Tipo indiferenciado
.5x Tipo residual

Codificación del curso de la esquizofrenia en el quinto dígito:
2 = Episódico con síntomas residuales interepisódicos (*especificar si:* Con síntomas negativos acusados)
3 = Episódico sin síntomas residuales interepisódicos
0 = Continuo (*especificar si:* Con síntomas negativos acusados)
4 = Episodio único en remisión parcial (*especificar si:* Con síntomas negativos acusados)
5 = Episodio único en remisión total
8 = Otro patrón o no especificado
9 = Menos de 1 año desde el comienzo de los síntomas de la fase activa inicial

F20.8 Trastorno esquizofreniforme
Especificar si: Sin síntomas de buen pronóstico/con síntomas de buen pronóstico

F25.x Trastorno esquizoafectivo
.0 Tipo bipolar
.1 Tipo depresivo

F22.00 Trastorno delirante
Especificar tipo: Erotomaníaco/de grandiosidad/celotípico/persecutorio/somático/ mixto/no especificado

F23.xx Trastorno psicótico breve
.81 Con desencadenante(s) grave(s)
.80 Sin desencadenante(s) grave(s)
Especificar si: De inicio en el posparto

F24 Trastorno psicótico compartido *(folie à deux)*

F06.x Trastorno psicótico debido a... *(indicar enfermedad médica)*
.2 Con ideas delirantes
.0 Con alucinaciones

—.– Trastorno psicótico inducido por sustancias
(consultar los trastornos relacionados con sustancias para los códigos específicos de cada una de ellas)
Especificar si: De inicio durante la intoxicación/de inicio durante la abstinencia

F29 Trastorno psicótico no especificado

Trastornos del estado de ánimo

Se aplicarán (para los episodios actuales o más recientes) a los trastornos del estado de ánimo las siguientes especificaciones:
[a] Gravedad/psicótico/especificadores en remisión/[b] crónico/[c] con síntomas catatónicos/[d] con síntomas melancólicos/[e] con síntomas atípicos/[f] de inicio en el posparto

Se aplicarán a los trastornos del estado de ánimo las siguientes especificaciones:
[g] Con o sin recuperación interepisódica total/[h] con patrón estacional/[i] con ciclos rápidos

TRASTORNOS DEPRESIVOS

F32.x Trastorno depresivo mayor, episodio único[a,b,c,d,e,f]

F33.x Trastorno depresivo mayor, recidivante[a,b,c,d,e,f,g,h]

Codificar el estado actual del episodio depresivo mayor en el cuarto dígito:
0 = Leve
1 = Moderado
2 = Grave sin síntomas psicóticos

3 = Grave con síntomas psicóticos
Especificar: Síntomas psicóticos congruentes con el estado de ánimo/síntomas psicóticos no congruentes con el estado de ánimo
4 = En remisión parcial
4 = En remisión total
9 = No especificado

F34.1 Trastorno distímico
Especificar si: De inicio temprano/de inicio tardío
Especificar: Con síntomas atípicos

F32.9 Trastorno depresivo no especificado

TRASTORNOS BIPOLARES

F30.x Trastorno bipolar I, episodio maníaco único[a,c,f]
Especificar si: Mixto

Codificar el estado actual del episodio maníaco en el cuarto dígito:
1 = Leve, moderado o grave sin síntomas psicóticos
2 = Grave con síntomas psicóticos
8 = En remisión parcial o total

F31.0 Trastorno bipolar I, episodio más reciente hipomaníaco[g,h,i]

F31.x Trastorno bipolar I, episodio más reciente maníaco[a,c,f,g,h,i]

Codificar el estado actual del episodio maníaco en el cuarto dígito:
1 = Leve, moderado o grave sin síntomas psicóticos
2 = Grave con síntomas psicóticos
7 = En remisión parcial o total

F31.6 Trastorno bipolar I, episodio más reciente mixto[a,c,f,g,h,i]

F31.x Trastorno bipolar I, episodio más reciente depresivo[a,b,c,d,e,f,g,h,i]

Codificar el estado actual del episodio depresivo mayor en el cuarto dígito:
3 = Leve o moderado
4 = Grave sin síntomas psicóticos
5 = Grave con síntomas psicóticos
7 = En remisión parcial o total

F31.9 Trastorno bipolar I, episodio más reciente no especificado[g,h,i]

F31.8 Trastorno bipolar II[a,b,c,d,e,f,g,h,i]
Especificar (episodio actual o más reciente): Hipomaníaco/depresivo

F34.0 Trastorno ciclotímico

F31.9 Trastorno bipolar no especificado

F06.xx Trastorno del estado de ánimo debido a... *(indicar enfermedad médica)*
.32 Con síntomas depresivos
.32 Con síntomas de depresión mayor
.30 Con síntomas maníacos
.33 Con síntomas mixtos

—.— Trastorno del estado de ánimo inducido por sustancias *(consultar los trastornos relacionados con sustancias para los códigos específicos de cada una de ellas)*
Especificar tipo: Con síntomas depresivos/con síntomas maníacos/con síntomas mixtos
Especificar si: De inicio durante la intoxicación/de inicio durante la abstinencia

F39 Trastorno del estado de ánimo no especificado

Trastornos de ansiedad

F41.0 Trastorno de angustia sin agorafobia

F40.01 Trastorno de angustia con agorafobia

F40.00 Agorafobia sin historia de trastorno de angustia

F40.2 Fobia específica
Especificar tipo: Animal/ambiental/sangre-inyecciones-daño/situacional/otro tipo

F40.1 Fobia social
Especificar si: Generalizada

F42.8 Trastorno obsesivo-compulsivo
Especificar si: Con poca conciencia de enfermedad

F43.1 Trastorno por estrés postraumático
Especificar si: Agudo/crónico
Especificar si: De inicio demorado

F43.0 Trastorno por estrés agudo

F41.1 Trastorno de ansiedad generalizada

F06.4 Trastorno de ansiedad debido a...
(indicar enfermedad médica)
Especificar si: Con ansiedad generalizada/con crisis de angustia/con síntomas obsesivo-compulsivos

—.– Trastorno de ansiedad inducido por sustancias *(consultar los trastornos relacionados con sustancias para los códigos específicos de cada una de ellas)*
Especificar si: Con ansiedad generalizada/con crisis de angustia/con síntomas obsesivo-compulsivos/con síntomas fóbicos
Especificar si: De inicio durante la intoxicación/de inicio durante la abstinencia

F41.9 Trastorno de ansiedad no especificado

Trastornos somatomorfos

F45.0 Trastorno de somatización

F45.1 Trastorno somatomorfo indiferenciado

F44.x Trastorno de conversión
- .4 Con síntomas o déficit motores
- .5 Con crisis o convulsiones
- .6 Con síntomas o déficit sensoriales
- .7 Con presentación mixta

F45.4 Trastorno por dolor
Especificar tipo: Asociado a factores psicológicos/asociado a factores psicológicos y a enfermedad médica
Especificar si: Agudo/crónico

F45.2 Hipocondría
Especificar si: Con poca conciencia de enfermedad

F45.2 Trastorno dismórfico corporal

F45.9 Trastorno somatomorfo no especificado

Trastornos facticios

F68.1 Trastorno facticio (483)
Especificar tipo: Con predominio de signos y síntomas psicológicos/con

predominio de signos y síntomas somáticos/con combinación de signos y síntomas psicológicos y somáticos

F68.1 Trastorno facticio no especificado

Trastornos disociativos

F44.0 Amnesia disociativa
F44.1 Fuga disociativa
F44.81 Trastorno de identidad disociativo
F48.1 Trastorno de despersonalización
F44.9 Trastorno disociativo no especificado

Trastornos sexuales y de la identidad sexual

TRASTORNOS SEXUALES

Se aplicarán los siguientes especificadores a todos los trastornos sexuales primarios:

Especificar tipo: De toda la vida/adquirido/general/situacional/debido a factores psicológicos/ debido a factores combinados

Trastornos del deseo sexual

F52.0 Deseo sexual hipoactivo
F52.10 Trastorno por aversión al sexo

Trastornos de la excitación sexual

F52.2 Trastorno de la excitación sexual en la mujer
F52.2 Trastorno de la erección en el varón

Trastornos orgásmicos

F52.3 Trastorno orgásmico femenino
F52.3 Trastorno orgásmico masculino
F52.4 Eyaculación precoz

Trastornos sexuales por dolor

F52.6 Dispareunia (no debida a una enfermedad médica)
F52.5 Vaginismo (no debido a una enfermedad médica)

Trastorno sexual debido a una enfermedad médica

N94.8 Deseo sexual hipoactivo en la mujer debido a... *(indicar enfermedad médica)*
N50.8 Deseo sexual hipoactivo en el varón debido a... *(indicar enfermedad médica)*
N48.4 Trastorno de la erección en el varón debido a... *(indicar enfermedad médica)*
N94.1 Dispareunia femenina debida a... *(indicar enfermedad médica)*
N50.8 Dispareunia masculina debida a... *(indicar enfermedad médica)*
N94.8 Otros trastornos sexuales femeninos debidos a... *(indicar enfermedad médica)*
N50.8 Otros trastornos sexuales masculinos debidos a... *(indicar enfermedad médica)*

——.– Trastorno sexual inducido por sustancias *(consultar los trastornos relacionados con sustancias para*

los códigos específicos de cada una de ellas)
Especificar si: Con alteración del deseo/con alteración de la excitación/con alteración del orgasmo/con dolor sexual
Especificar si: De inicio durante la intoxicación

F52.9 Trastorno sexual no especificado

PARAFILIAS

F65.2 Exhibicionismo
F65.0 Fetichismo
F65.8 Frotteurismo
F65.4 Pedofilia
Especificar si: Con atracción sexual por los varones/con atracción sexual por las mujeres/con atracción sexual por ambos sexos
Especificar si: Limitada al incesto
Especificar tipo: Exclusiva/no exclusiva
F65.5 Masoquismo sexual
F65.5 Sadismo sexual
F65.1 Fetichismo transvestista
Especificar si: Con disforia sexual
F65.3 Voyeurismo
F65.9 Parafilia no especificada

TRASTORNOS DE LA IDENTIDAD SEXUAL

F64.x Trastorno de la identidad sexual
.2 En la niñez
.0 En la adolescencia o en la vida adulta
Especificar si: Con atracción sexual por los varones/con atracción sexual por las mujeres/con atracción sexual por ambos/sin atracción sexual por ninguno

F64.9 Trastorno de la identidad sexual no especificado

F52.9 Trastorno sexual no especificado

Trastornos de la conducta alimentaria

F50.0 Anorexia nerviosa
Especificar tipo: Restrictivo/compulsivo/purgativo
F50.2 Bulimia nerviosa
Especificar tipo: Purgativo/no purgativo
F50.9 Trastorno de la conducta alimentaria no especificado

Trastornos del sueño

TRASTORNOS PRIMARIOS DEL SUEÑO

Disomnias

F51.0 Insomnio primario
F51.1 Hipersomnia primaria
Especificar si: Recidivante
G47.4 Narcolepsia
G47.3 Trastorno del sueño relacionado con la respiración
F51.2 Trastorno del ritmo circadiano
Especificar tipo: Sueño retrasado/*jet lag*/cambios de turno de trabajo/no especificado
F51.9 Disomnia no especificada

Parasomnias

F51.9 Pesadillas
F51.4 Terrores nocturnos

F51.3 Sonambulismo
F51.8 Parasomnia no especificada

TRASTORNOS DEL SUEÑO RELACIONADOS CON OTRO TRASTORNO MENTAL

F51.0 Insomnio relacionado con... *(indicar trastorno del Eje I o del Eje II)*
F51.1 Hipersomnia relacionada con... *(indicar trastorno del Eje I o del Eje II)*

OTROS TRASTORNOS DEL SUEÑO

G47.x Trastorno del sueño debido a... *(indicar enfermedad médica)*
.0 Tipo insomnio
.1 Tipo hipersomnia
.8 Tipo parasomnia
.8 Tipo mixto
——.– Trastorno del sueño inducido por sustancias *(consultar los trastornos relacionados con sustancias para los códigos específicos de cada una de ellas)*
Especificar tipo: Insomnio/ hipersomnia/ parasomnia/mixto
Especificar si: De inicio durante la intoxicación/de inicio durante la abstinencia

Trastornos del control de los impulsos no clasificados en otros apartados

F63.8 Trastorno explosivo intermitente
F63.2 Cleptomanía
F63.1 Piromanía
F63.0 Juego patológico
F63.3 Tricotilomanía
F63.9 Trastorno del control de los impulsos no especificado

Trastornos adaptativos

F43.xx Trastorno adaptativo
.20 Con estado de ánimo depresivo
.28 Con ansiedad
.22 Mixto con ansiedad y estado de ánimo depresivo
.24 Con trastorno de comportamiento
.25 Con alteración mixta de las emociones y el comportamiento
.9 No especificado
Especificar si: Agudo/crónico

Trastornos de la personalidad

Nota: *Se codifican en el Eje II.*
F60.0 Trastorno paranoide de la personalidad
F60.1 Trastorno esquizoide de la personalidad
F21 Trastorno esquizotípico de la personalidad
F60.2 Trastorno antisocial de la personalidad
F60.31 Trastorno límite de la personalidad

F60.4 Trastorno histriónico de la personalidad
F60.8 Trastorno narcisista de la personalidad
F60.6 Trastorno de la personalidad por evitación
F60.7 Trastorno de la personalidad por dependencia
F60.5 Trastorno obsesivo-compulsivo de la personalidad
F60.9 Trastorno de la personalidad no especificado

Otros problemas que pueden ser objeto de atención clínica

FACTORES PSICOLÓGICOS QUE AFECTAN AL ESTADO FÍSICO

F54 ...*(Especificar el factor psicológico)* que afecta a... *(indicar enfermedad médica)*
Elegir según la naturaleza de los factores:
Trastorno mental que afecta a una enfermedad médica
Síntomas psicológicos que afectan a una enfermedad médica
Rasgos de personalidad o estilo de afrontamiento que afectan a una enfermedad médica
Comportamientos desadaptativos que afectan a una enfermedad médica
Respuesta fisiológica relacionada con el estrés que afecta a una enfermedad médica
Otros factores psicológicos o no especificados que afectan a una enfermedad médica

TRASTORNOS MOTORES INDUCIDOS POR MEDICAMENTOS

G21.1 Parkinsonismo inducido por neurolépticos
G21.0 Síndrome neuroléptico maligno
G24.0 Distonía aguda inducida por neurolépticos
G21.1 Acatisia aguda inducida por neurolépticos
G24.0 Discinesia tardía inducida por neurolépticos
G25.1 Temblor postural inducido por medicamentos
G25.9 Trastorno motor inducido por medicamentos no especificado

TRASTORNOS INDUCIDOS POR OTROS MEDICAMENTOS

T88.7 Efectos adversos de los medicamentos no especificados

PROBLEMAS DE RELACIÓN

Z63.7 Problema de relación asociado a un trastorno mental o a una enfermedad médica
Z63.8 Problemas paterno-filiales *(código Z63.1 si el objeto de atención es el niño)*

Z63.0 Problemas conyugales
F93.3 Problema de relación entre hermanos
Z63.9 Problema de relación no especificado

PROBLEMAS RELACIONADOS CON EL ABUSO O LA NEGLIGENCIA

T74.1 Abuso físico del niño
T74.2 Abuso sexual del niño
T74.0 Negligencia de la infancia
T74.1 Abuso físico del adulto
T74.2 Abuso sexual del adulto

PROBLEMAS ADICIONALES QUE PUEDEN SER OBJETO DE ATENCIÓN CLÍNICA

Z91.1 Incumplimiento terapéutico
Z76.5 Simulación
Z72.8 Comportamiento antisocial del adulto
Z72.8 Comportamiento antisocial en la niñez o la adolescencia
R41.8 Capacidad intelectual límite
R41.8 Deterioro cognoscitivo relacionado con la edad
Z63.4 Duelo
Z55.8 Problema académico
Z56.7 Problema laboral
F93.8 Problema de identidad
Z71.8 Problema religioso o espiritual
Z60.3 Problema de aculturación
Z60.0 Problema biográfico

Códigos adicionales

F99 Trastorno mental no especificado (no psicótico)
Z03.2 Sin diagnóstico o estado en el Eje I
R69 Diagnóstico o estado aplazado en el Eje I
Z03.2 Sin diagnóstico en el Eje II
R46.8 Diagnóstico aplazado en el Eje II

Apéndice D

CLASIFICACIÓN DSM-IV CON CÓDIGOS CIE-9-MC

Cuando aparece una *x* en un código diagnóstico significa que se requiere un número específico de código.

En los nombres de algunos trastornos se añaden paréntesis (...) para indicar que hay que incluir el nombre del trastorno mental específico o de la enfermedad médica (p. ej., 239.0 Delirium debido a hipotiroidismo).

Si se cumplen todos los criterios, se puede anotar una de las siguientes especificaciones de gravedad a continuación del diagnóstico:

Leve
Moderado
Grave

Si no se cumplen todos los criterios, se puede anotar una de las siguientes especificaciones:

En remisión parcial
En remisión total
Historia anterior

Trastornos de inicio en la infancia, la niñez o la adolescencia

RETRASO MENTAL

Nota: *Se codifican en el Eje II.*
317 Retraso mental leve
318.0 Retraso mental moderado
318.1 Retraso mental grave
318.2 Retraso mental profundo
319 Retraso mental de gravedad no especificada

TRASTORNOS DEL APRENDIZAJE

315.00 Trastorno de la lectura
315.1 Trastorno del cálculo
315.2 Trastorno de la expresión escrita
315.9 Trastorno del aprendizaje no especificado

TRASTORNO DE LAS HABILIDADES MOTORAS

315.4 Trastorno del desarrollo de la coordinación

TRASTORNOS DE LA COMUNICACIÓN

315.31 Trastorno del lenguaje expresivo
315.31 Trastorno mixto del lenguaje receptivo-expresivo
315.39 Trastorno fonológico
307.0 Tartamudeo
307.9 Trastorno de la comunicación no especificado

TRASTORNOS GENERALIZADOS DEL DESARROLLO

299.00 Trastorno autista
299.80 Trastorno de Rett
299.10 Trastorno desintegrativo infantil
299.80 Trastorno de Asperger
299.80 Trastorno generalizado del desarrollo no especificado

TRASTORNOS POR DÉFICIT DE ATENCIÓN Y COMPORTAMIENTO PERTURBADOR

314.xx Trastorno por déficit de atención con hiperactividad
.01 Tipo combinado
.00 Tipo con predominio del déficit de atención
.01 Tipo con predominio hiperactivo-impulsivo
314.9 Trastorno por déficit de atención con hiperactividad no especificado
312.8 Trastorno disocial
Especificar tipo: De inicio infantil/De inicio adolescente
313.81 Trastorno negativista desafiante
312.9 Trastorno de comportamiento perturbador no especificado

TRASTORNOS DE LA INGESTIÓN Y DE LA CONDUCTA ALIMENTARIA DE LA INFANCIA O LA NIÑEZ

307.52 Pica
307.53 Trastorno de rumiación
307.59 Trastorno de la ingestión alimentaria de la infancia o la niñez

TRASTORNOS DE TICS

307.23 Trastorno de la Tourette
307.22 Trastorno de tics motores o vocales crónicos
307.21 Trastorno de tics transitorios
Especificar si: Episodio único/recidivante
307.20 Trastorno de tics no especificado

TRASTORNOS DE LA ELIMINACIÓN

—.– Encopresis
787.6 Con estreñimiento e incontinencia por rebosamiento
307.7 Sin estreñimiento ni incontinencia por rebosamiento
307.6 Enuresis (no debida a una enfermedad médica)
Especificar tipo: Sólo nocturna/sólo diurna/nocturna y diurna

OTROS TRASTORNOS DE LA INFANCIA, LA NIÑEZ O LA ADOLESCENCIA

309.21 Trastorno de ansiedad por separación
Especificar si: De inicio temprano

313.23 Mutismo selectivo

313.89 Trastorno reactivo de la vinculación de la infancia o la niñez
Especificar tipo: inhibido/Deshinbido

307.3 Trastorno de movimientos estereotipados
Especificar si: Con comportamientos autolesivos

313.9 Trastorno de la infancia, la niñez o la adolescencia no especificado

Delirium, demencia, trastornos amnésicos y otros trastornos cognoscitivos

DELIRIUM

293.0 Delirium debido a…
(indicar enfermedad médica)

—.– Delirium inducido por sustancias
(consultar trastornos relacionados con sustancias para los códigos específicos de cada una de ellas)

—.– Delirium por abstinencia de sustancias
(consultar trastornos relacionados con sustancias para los códigos específicos de cada una de ellas)

—.– Delirium debido a múltiples etiologías
(codificar cada etiología específica)

780.09 Delirium no especificado

DEMENCIA

290.xx Demencia tipo Alzheimer, de inicio temprano
(codificar también 331.0 Enfermedad de Alzheimer en el Eje III)
- .10 No complicada
- .11 Con delirium
- .12 Con ideas delirantes
- .13 Con estado de ánimo depresivo

Especificar si: Con trastorno de comportamiento

290.xx Demencia tipo Alzheimer, de inicio tardío
(codificar también 331.0 Enfermedad de Alzheimer en el Eje III)
- .0 No complicada
- .3 Con delirium
- .20 Con ideas delirantes
- .21 Con estado de ánimo depresivo

Especificar si: Con trastorno de comportamiento

290.xx Demencia vascular
- .40 No complicada
- .41 Con delirium
- .42 Con ideas delirantes
- .43 Con estado de ánimo depresivo

Especificar si: Con trastorno de comportamiento

294.9 Demencia debida a enfermedad por VIH
(codificar también 0.43.1 Encefalopatía por VIH en el Eje III)

294.1 Demencia debida a traumatismo craneal

© MASSON, S.A. Fotocopiar sin autorización es un delito.

(codificar también 854.00 Lesión cerebral en el Eje III)

294.1 Demencia debida a enfermedad de Parkinson *(codificar también 332.0 Enfermedad de Parkinson en el Eje III)*

294.1 Demencia debida a enfermedad de Huntington *(codificar también 333.4 Enfermedad de Huntington en el Eje III)*

290.10 Demencia debida a enfermedad de Pick *(codificar también 331.1 Enfermedad de Pick en el Eje III)*

290.10 Demencia debida a enfermedad de Creutzfeldt-Jakob *(codificar también 046.1 Enfermedad de Creutzfeldt-Jakob en el Eje III)*

294.1 Demencia debida a... *(indicar enfermedad médica no enumerada antes) (codificar también la enfermedad médica en el Eje III)*

—.– Demencia persistente inducida por sustancias *(consultar los trastornos relacionados con sustancias para los códigos específicos de cada una de ellas)*

—.– Demencia debida a múltiples etiologías *(codificar cada una de las etiologías específicas)*

294.8 Demencia no especificada

TRASTORNOS AMNÉSICOS

294.0 Trastorno amnésico debido a... *(indicar enfermedad médica)*
Especificar si: Transitorio/crónico

—.– Trastorno amnésico persistente inducido por sustancias *(consultar los trastornos relacionados con sustancias para los códigos específicos de cada una de ellas)*

294.8 Trastorno amnésico no especificado

OTROS TRASTORNOS COGNOSCITIVOS

294.9 Trastorno cognoscitivo no especificado

Trastornos mentales, debidos a enfermedad médica, no clasificados en otros apartados

293.89 Trastorno catatónico debido a... *(indicar enfermedad médica)*

310.1 Cambio de personalidad debido a... *(indicar enfermedad médica)*
Especificar tipo: Lábil/desinhibido/agresivo/apático/paranoide/otros tipos/combinado/tipo inespecífico

293.9 Trastorno mental no especificado debido a... *(indicar enfermedad médica)*

Trastornos relacionados con sustancias

[a] *Se pueden aplicar las siguientes especificaciones a la dependencia de sustancias:*

Con dependencia fisiológica/sin dependencia fisiológica
Remisión total temprana/remisión parcial temprana
Remisión total sostenida/remisión parcial sostenida
En un entorno controlado/en terapéutica con agonistas

Se aplican las siguientes especificaciones a los trastornos inducidos por sustancias:

[I] De inicio durante la intoxicación/[A]de inicio durante la abstinencia

TRASTORNOS RELACIONADOS CON EL ALCOHOL

Trastornos por consumo de alcohol

303.90 Dependencia del alcohol[a]
305.00 Abuso de alcohol

Trastornos inducidos por el alcohol

303.00 Intoxicación por alcohol
291.8 Abstinencia de alcohol
Especificar si: Con alteraciones perceptivas
291.0 Delirium por intoxicación por alcohol
291.0 Delirium por abstinencia de alcohol
291.2 Demencia persistente inducida por alcohol
291.1 Trastorno amnésico persistente inducido por alcohol
291.x Trastorno psicótico inducido por alcohol
.5 Con ideas delirantes[I,A]
.3 Con alucinaciones[I,A]
291.8 Trastorno del estado de ánimo inducido por alcohol[I,A]
291.8 Trastorno de ansiedad inducido por alcohol[I,A]
291.8 Trastorno sexual inducido por alcohol[I]
291.8 Trastorno del sueño inducido por alcohol[I,A]

291.9 Trastorno relacionado con el alcohol no especificado

TRASTORNOS RELACIONADOS CON ALUCINÓGENOS

Trastornos por consumo de alucinógenos

304.50 Dependencia de alucinógenos[a]
305.30 Abuso de alucinógenos

Trastornos inducidos por alucinógenos

292.89 Intoxicación por alucinógenos

292.89 Trastorno perceptivo persistente por alucinógenos *(flashbacks)*
292.81 Delirium por intoxicación por alucinógenos
292.xx Trastorno psicótico inducido por alucinógenos
.11 Con ideas delirantes[I]
.12 Con alucinaciones[I]
292.84 Trastorno del estado de ánimo inducido por alucinógenos[I]
292.89 Trastorno de ansiedad inducido por alucinógenos[I]

© MASSON, S.A. Fotocopiar sin autorización es un delito.

292.9 Trastorno relacionado con alucinógenos no especificado

TRASTORNOS RELACIONADOS CON ANFETAMINAS (O SUSTANCIAS DE ACCIÓN SIMILAR)

Trastornos por consumo de anfetamina

304.40 Dependencia de anfetamina[a]
305.70 Abuso de anfetamina

Trastornos inducidos por anfetamina

292.89 Intoxicación por anfetamina
Espeificar si: Con alteraciones perceptivas
292.0 Abstinencia de anfetamina
292.81 Delirium por intoxicación por anfetamina
292.xx Trastorno psicótico inducido por anfetamina
.11 Con ideas delirantes[I]
.12 Con alucinaciones[I]
292.84 Trastorno del estado de ánimo inducido por anfetamina[I,A]
292.89 Trastorno de ansiedad inducido por anfetamina[I]
292.89 Trastorno sexual inducido por anfetamina[I]
292.89 Trastorno del sueño inducido por anfetamina[I,A]

292.9 Trastorno relacionado con anfetamina no especificado

TRASTORNOS RELACIONADOS CON CAFEÍNA

Trastornos inducidos por cafeína

305.90 Intoxicación por cafeína
292.89 Trastorno de ansiedad inducido por cafeína[I]
292.89 Trastorno del sueño inducido por cafeína[I]

292.9 Trastorno relacionado con cafeína no especificado

TRASTORNOS RELACIONADOS CON *CANNABIS*

Trastornos por consumo de *Cannabis*

304.30 Dependencia de *Cannabis*[a]
305.20 Abuso de *Cannabis*

Trastornos inducidos por *Cannabis*

292.89 Intoxicación por *Cannabis*
Especificar si: Con alteraciones perceptivas
292.81 Delirium por intoxicación por *Cannabis*
292.xx Trastorno psicótico inducido por *Cannabis*
.11 Con ideas delirantes[I]
.12 Con alucinaciones[I]
292.89 Trastorno de ansiedad inducido por *Cannabis*[I]

292.9 Trastorno relacionado con *Cannabis* no especificado

TRASTORNOS RELACIONADOS CON COCAÍNA

Trastornos por consumo de cocaína

304.20 Dependencia de cocaína[a]
305.60 Abuso de cocaína

Trastornos inducidos por cocaína

292.89 Intoxicación por cocaína
Especificar si: Con alteraciones perceptivas
292.0 Abstinencia de cocaína
292.81 Delirium por intoxicación por cocaína

292.xx Trastorno psicótico inducido por cocaína
.11 Con ideas delirantes[I]
.12 Con alucinaciones[I]
292.84 Trastorno del estado de ánimo inducido por cocaína[I,A]
292.89 Trastorno de ansiedad inducido por cocaína[I,A]
292.89 Trastorno sexual inducido por cocaína[I]
292.89 Trastorno del sueño inducido por cocaína[I,A]

292.9 Trastorno relacionado con cocaína no especificado

TRASTORNOS RELACIONADOS CON FENCICLIDINA (O SUSTANCIAS DE ACCIÓN SIMILAR)

Trastornos por consumo de fenciclidina

304.90 Dependencia de fenciclidina[a]
305.90 Abuso de fenciclidina

Trastornos inducidos por fenciclidina

292.89 Intoxicación por fenciclidina
Especificar si: Con alteraciones perceptivas
292.81 Delirium por intoxicación por fenciclidina
292.xx Trastorno psicótico inducido por fenciclidina
.11 Con ideas delirantes[I]
.12 Con alucinaciones[I]
292.84 Trastorno del estado de ánimo inducido por fenciclidina[I]
292.89 Trastorno de ansiedad inducido por fenciclidina[I]

292.9 Trastorno relacionado con fenciclidina no especificado

TRASTORNOS RELACIONADOS CON INHALANTES

Trastornos por consumo de inhalantes

304.60 Dependencia de inhalantes[a]
305.90 Abuso de inhalantes

Trastornos inducidos por inhalantes

292.89 Intoxicación por inhalantes
292.81 Delirium por intoxicación por inhalantes
292.82 Demencia persistente inducida por inhalantes
292.xx Trastorno psicótico inducido por inhalantes
.11 Con ideas delirantes[I]
.12 Con alucinaciones[I]
292.84 Trastorno del estado de ánimo inducido por inhalantes[I]
292.89 Trastorno de ansiedad inducido por inhalantes[I]

292.9 Trastorno relacionado con inhalantes no especificado

TRASTORNOS RELACIONADOS CON NICOTINA

Trastorno por consumo de nicotina

305.10 Dependencia de nicotina[a]

Trastornos inducidos por nicotina

292.0 Abstinencia de nicotina

292.9 Trastorno relacionado con nicotina no especificado

© MASSON, S.A. Fotocopiar sin autorización es un delito.

TRASTORNOS RELACIONADOS CON OPIÁCEOS

Trastornos por consumo de opiáceos

304.00 Dependencia de opiáceos[a]
305.50 Abuso de opiáceos

Trastornos inducidos por opiáceos

292.89 Intoxicación por opiáceos
Especificar si: Con alteraciones perceptivas
292.0 Abstinencia de opiáceos
292.81 Delirium por intoxicación por opiáceos
292.xx Trastorno psicótico inducido por opiáceos
.11 Con ideas delirantes[I]
.12 Con alucinaciones[I]
292.84 Trastorno del estado de ánimo inducido por opiáceos[I]
292.89 Trastorno sexual inducido por opiáceos[I]
292.89 Trastorno del sueño inducido por opiáceos[I,A]

292.9 Trastorno relacionado con opiáceos no especificado

TRASTORNOS RELACIONADOS CON SEDANTES, HIPNÓTICOS O ANSIOLÍTICOS

Trastornos por consumo de sedantes, hipnóticos o ansiolíticos

304.10 Dependencia de sedantes, hipnóticos o ansiolíticos[a]
305.40 Abuso de sedantes, hipnóticos o ansiolíticos

Trastornos inducidos por sedantes, hipnóticos o ansiolíticos

292.89 Intoxicación por sedantes, hipnóticos o ansiolíticos
292.0 Abstinencia de sedantes, hipnóticos o ansiolíticos
Especificar si: Con alteraciones perceptivas
292.81 Delirium por intoxicación por sedantes, hipnóticos o ansiolíticos
292.81 Delirium por abstinencia de sedantes, hipnóticos o ansiolíticos
292.82 Demencia persistente inducida por sedantes, hipnóticos o ansiolíticos
292.83 Trastorno amnésico persistente inducido por sedantes, hipnóticos o ansiolíticos
292.xx Trastorno psicótico inducido por sedantes, hipnóticos o ansiolíticos
.11 Con ideas delirantes[I,A]
.12 Con alucinaciones[I,A]
292.84 Trastorno del estado de ánimo inducido por sedantes, hipnóticos o ansiolíticos[I,A]
292.89 Trastorno de ansiedad inducido por sedantes, hipnóticos o ansiolíticos[A]
292.89 Trastorno sexual inducido por sedantes, hipnóticos o ansiolíticos[I]
292.89 Trastorno del sueño inducido por sedantes, hipnóticos o ansiolíticos[I,A]

292.9 Trastorno relacionado con sedantes, hipnóticos o ansiolíticos no especificado

TRASTORNO RELACIONADO CON VARIAS SUSTANCIAS

304.80 Dependencia de varias sustancias[a]

TRASTORNOS RELACIONADOS CON OTRAS SUSTANCIAS (O DESCONOCIDAS)

Trastornos por consumo de otras sustancias (o desconocidas)

304.90 Dependencia de otras sustancias (o desconocidas)[a]

305.90 Abuso de otras sustancias (o desconocidas)

Trastornos inducidos por otras sustancias (o desconocidas)

292.89 Intoxicación por otras sustancias (o desconocidas)
Especificar si: Con alteraciones perceptivas

292.0 Abstinencia de otras sustancias (o desconocidas)
Especificar si: Con alteraciones perceptivas

292.81 Delirium inducido por otras sustancias (o desconocidas)

292.82 Demencia persistente inducida por otras sustancias (o desconocidas)

292.83 Trastorno amnésico persistente inducido por otras sustancias (o desconocidas)

292.xx Trastorno psicótico inducido por otras sustancias (o desconocidas)

.11 Con ideas delirantes[I,A]

.12 Con alucinaciones[I,A]

292.84 Trastorno del estado de ánimo inducido por otras sustancias (o desconocidas)[I,A]

292.89 Trastorno de ansiedad inducido por otras sustancias (o desconocidas)[I,A]

292.89 Trastorno sexual inducido por otras sustancias (o desconocidas)[I]

292.89 Trastorno del sueño inducido por otras sustancias (o desconocidas)[I,A]

292.2 Trastorno relacionado con otras sustancias (o desconocidas) no especificado

Esquizofrenia y otros trastornos psicóticos

295.xx Esquizofrenia

La siguiente clasificación de curso longitudinal es aplicable a todos los subtipos de esquizofrenia:

Episódico con síntomas residuales interepisódicos (*especificar si:* Con síntomas negativos acusados)/Episódico sin síntomas residuales interepisódicos/Continuo (*especificar si:* Con síntomas negativos acusados)/Episodio único en remisión parcial (*especificar si:* Con síntomas negativos acusados)/Episodio único en remisión total

Otro patrón o no especificado

.30 Tipo paranoide

.10 Tipo desorganizado

.20 Tipo catatónico

.90 Tipo indiferenciado

.60 Tipo residual

295.40 Trastorno esquizofreniforme
Especificar si: Sin síntomas de buen

© MASSON, S.A. Fotocopiar sin autorización es un delito.

pronóstico/con síntomas de buen pronóstico

295.70 Trastorno esquizoafectivo
Espeficicar tipo: Bipolar/depresivo

297.1 Trastorno delirante
Especificar tipo: Erotomaníaco/de grandiosidad/celotípico/persecutori o/somático/ mixto/no especificado

298.8 Trastorno psicótico breve
Especificar si: Con desencadenante(s) grave(s)/Sin desencadenante(s) grave(s)/De inicio en el posparto

297.3 Trastorno psicótico compartido *(folie à deux)*

293.xx Trastorno psicótico debido a... *(indicar enfermedad médica)*

.81 Con ideas delirantes

.82 Con alucinaciones

—.— Trastorno psicótico inducido por sustancias *(consultar los trastornos relacionados con sustancias para los códigos específicos de cada una de ellas)*
Especificar si: De inicio durante la intoxicación/de inicio durante la abstinencia

298.9 Trastorno psicótico no especificado

Trastornos del estado de ánimo

Codificar el estado actual del episodio depresivo mayor o del trastorno bipolar I en el quinto dígito:

1 =Leve
2 =Moderado
3 =Grave sin síntomas psicóticos
4 =Grave con síntomas psicóticos
Especificar: Síntomas psicóticos congruentes con el estado de ánimo/síntomas psicóticos no congruentes con el estado de ánimo
5 =En remisión parcial
6 =En remisión total
0 =No especificado

Se aplicarán (para los episodios actuales o más recientes) a los trastornos del estado de ánimo las siguientes especificaciones:
[a] Gravedad/psicótico/especificaciones en remisión/
[b] crónico/ [c] con síntomas catatónicos/ [d] con síntomas melancólicos/ [e] con síntomas atípicos/ [f] de inicio en el posparto

Se aplicarán a los trastornos del estado de ánimo las siguientes especificaciones:
[g] Con o sin recuperación interepisódica total/ [h] con patrón estacional/ [i] con ciclos rápidos

TRASTORNOS DEPRESIVOS

296.xx Trastorno depresivo mayor

.2x Episodio único[a,b,c,d,e,f]

.3x Recidivante[a,b,c,d,e,f,g,h]

300.4 Trastorno distímico
Especificar si: De inicio temprano/de inicio tardío
Especificar: Con síntomas atípicos

311 Trastorno depresivo no especificado

TRASTORNOS BIPOLARES

296.xx Trastorno bipolar I

.0x Episodio maníaco único[a,c,f]
Especificar si: Mixto

.40 Con episodio más reciente hipomaníaco[g,h,i]

.4x Con episodio más reciente maníaco[a,c,f,g,h,i]

.6x Con episodio más reciente mixto[a,c,f,g,h,i]

.5x Con episodio más reciente depresivo[a,b,c,d,e,f,g,h,i]

.7 Con episodio más reciente no especificado[g,h,i]

296.89 Trastorno bipolar II[a,b,c,d,e,f,g,h,i]
Especificar (episodio actual o más reciente): Hipomaníaco/depresivo

301.13 Trastorno ciclotímico

296.80 Trastorno bipolar no especificado

293.83 Trastorno del estado de ánimo debido a...
(indicar enfermedad médica)
Especificar tipo: Con síntomas depresivos/con síntomas de depresión mayor/con síntomas maníacos/con síntomas mixtos

—.– Trastorno del estado de ánimo inducido por sustancias
(consultar los trastornos relacionados con sustancias para los códigos específicos de cada una de ellas)
Especificar tipo: Con síntomas depresivos/con síntomas maníacos/con síntomas mixtos
Especificar si: De inicio durante la intoxicación/de inicio durante la abstinencia

269.90 Trastorno del estado de ánimo no especificado

Trastornos de ansiedad

300.01 Trastorno de angustia sin agorafobia

300.21 Trastorno de angustia con agorafobia

300.22 Agorafobia sin historia de trastorno de angustia

300.29 Fobia específica
Especificar tipo: Animal/ambiental/sangre-inyecciones-daño/situacional/otro tipo

300.23 Fobia social
Especificar si: Generalizada

300.3 Trastorno obsesivo compulsivo
Especificar si: Con poca conciencia de enfermedad

309.81 Trastorno por estrés postraumático
Especificar si: Agudo/crónico
Especificar si: De inicio demorado

308.3 Trastorno por estrés agudo

300.02 Trastorno de ansiedad generalizada

293.89 Trastorno de ansiedad debido a...
(indicar enfermedad médica)
Especificar si: Con ansiedad generalizada/con crisis de angustia/con síntomas obsesivo-compulsivos

—.– Trastorno de ansiedad inducido por sustancias
(consultar los trastornos relacionados con sustancias para los códigos específicos de cada una de ellas)
Especificar si: Con ansiedad generalizada/con crisis de angustia/con síntomas obsesivo-compulsivos/con síntomas fóbicos
Especificar si: De inicio durante la intoxicación/de inicio durante la abstinencia

300.00 Trastorno de ansiedad no especificado

Trastornos somatomorfos

300.81 Trastorno de somatización

300.81 Trastorno somatomorfo indiferenciado

© MASSON, S.A. Fotocopiar sin autorización es un delito.

300.11 Trastorno de conversión
Especificar tipo: Con síntomas o déficit motores/con síntomas o déficit sensoriales/con crisis de presentación mixta

307.xx Trastorno por dolor
.80 Asociado a factores psicológicos
.89 Asociado a factores psicológicos y a enfermedad médica
Especificar si: Agudo/crónico

300.7 Hipocondría
Especificar si: Con poca conciencia de enfermedad

300.7 Trastorno dismórfico corporal

300.81 Trastorno somatomorfo no especificado

Trastornos facticios

300.xx Trastorno facticio
.16 Con predominio de signos y síntomas psicológicos
.19 Con predominio de signos y síntomas somáticos
.19 Con combinación de signos y síntomas psicológicos y somáticos

300.19 Trastorno facticio no especificado

Trastornos disociativos

300.12 Amnesia disociativa

300.13 Fuga disociativa

300.14 Trastorno de identidad disociativo

300.6 Trastorno de despersonalización

300.15 Trastorno disociativo no especificado

Trastornos sexuales y de la identidad sexual

TRASTORNOS SEXUALES

Se aplicarán las siguientes especificaciones a todos los trastornos sexuales primarios:
Especificar tipo: De toda la vida/adquirido/general/ situacional/debido a factores psicológicos/debido a factores combinados

Trastornos del deseo sexual

302.71 Deseo sexual hipoactivo

302.79 Trastorno por aversión al sexo

Trastornos de la excitación sexual

302.72 Trastorno de la excitación sexual en la mujer

302.72 Trastorno de la erección en el varón

Trastornos del orgasmo

302.73 Trastorno orgásmico femenino

302.74 Trastorno orgásmico masculino

302.75 Eyaculación precoz

Trastornos sexuales por dolor

302.76 Dispareunia (no debida a una enfermedad médica)

306.51 Vaginismo (no debido a una enfermedad médica)

Trastorno sexual debido a una enfermedad médica

625.8 Deseo sexual hipoactivo en la mujer debido a... *(indicar enfermedad médica)*

608.89 Deseo sexual hipoactivo en el varón debido a... *(indicar enfermedad médica)*

607.84 Trastorno de la erección en el varón debido a... *(indicar enfermedad médica)*

625.0 Dispareunia femenina debida a... *(indicar enfermedad médica)*

608.89 Dispareunia masculina debida a... *(indicar enfermedad médica)*

625.8 Otros trastornos sexuales femeninos debidos a... *(indicar enfermedad médica)*

608.89 Otros trastornos sexuales masculinos debidos a... *(indicar enfermedad médica)*

—.– Trastorno sexual inducido por sustancias *(consultar los trastornos relacionados con sustancias para los códigos específicos de cada una de ellas)*
Especificar si: Con alteración del deseo/con alteración de la excitación/con alteración del orgasmo/con dolor sexual
Especificar si: De inicio durante la intoxicación

302.70 Trastorno sexual no especificado

PARAFILIAS

302.4 Exhibicionismo

302.81 Fetichismo

302.89 Frotteurismo

302.2 Pedofilia
Especificar si: Con atracción sexual por los varones/con atracción sexual por las mujeres/con atracción sexual por ambos sexos
Especificar si: Limitada al incesto
Especificar tipo: Exclusivo/no exclusivo

302.83 Masoquismo sexual

302.84 Sadismo sexual

302.3F etichismo transvestista
Especificar si: Con disforia sexual

302.82 Voyeurismo

302.9 Parafilia no especificada

TRASTORNOS DE LA IDENTIDAD SEXUAL

302.xx Trastorno de la identidad sexual

.6 En la niñez

.85 En la adolescencia o en la vida adulta
Especificar si: Con atracción sexual por los varones/con atracción sexual por las mujeres/con atracción sexual por ambos/sin atracción sexual por ninguno

302.6 Trastorno de la identidad sexual no especificado

302.9 Trastorno sexual no especificado

Trastornos de la conducta alimentaria

307.1 Anorexia nerviosa
Especificar tipo: Restrictivo/compulsivo/ purgativo

307.51 Bulimia nerviosa
Especificar tipo: Purgativo/no purgativo

307.50 Trastorno de la conducta alimentaria no especificado

Trastornos del sueño

TRASTORNOS PRIMARIOS DEL SUEÑO

Disomnias

307.42 Insomnio primario

307.44 Hipersomnia primaria
Especificar si: Recidivante

347 Narcolepsia

780.59 Trastorno del sueño relacionado con la respiración

307.45 Trastorno del ritmo circadiano
Especificar tipo: Sueño retrasado/*jet lag*/cambios de turno de trabajo/no especificado

307.47 Disomnia no especificada

Parasomnias

307.47 Pesadillas

307.46 Terrores nocturnos

307.46 Sonambulismo

307.47 Parasomnia no especificada

TRASTORNOS DEL SUEÑO RELACIONADOS CON OTRO TRASTORNO MENTAL

307.42 Insomnio relacionado con... *(indicar trastorno del Eje I o del Eje II)*

307.44 Hipersomnia relacionada con... *(indicar trastorno del Eje I o del Eje II)*

OTROS TRASTORNOS DEL SUEÑO

780.xx Trastorno del sueño debido a... *(indicar enfermedad médica)*

.52 Tipo insomnio

.54 Tipo hipersomnia

.59 Tipo parasomnia

.59 Tipo mixto

—.– Trastorno del sueño inducido por sustancias *(consultar los trastornos relacionados con sustancias para los códigos específicos de cada una de ellas)*
Especificar tipo: Insomnio/hipersomnia/parasomnia/mixto
Especificar si: De inicio durante la intoxicación/de inicio durante la abstinencia

Trastornos del control de los impulsos no clasificados en otros apartados

312.34 Trastorno explosivo intermitente

312.32 Cleptomanía

312.33 Piromanía

312.31 Juego patológico

312.39 Tricotilomanía

312.30 Trastorno del control de los impulsos no especificado

Trastornos adaptativos

309.xx Trastorno adaptativo

.0 Con estado de ánimo depresivo

.24 Con ansiedad
.28 Mixto, con ansiedad y estado de ánimo depresivo
.3 Con trastorno de comportamiento
.4 Con alteración mixta de las emociones y el comportamiento
.9 No especificado

Especificar si: Agudo/crónico

Trastornos de la personalidad

Nota: *Se codifican en el Eje II.*

301.0 Trastorno paranoide de la personalidad
301.20 Trastorno esquizoide de la personalidad
301.22 Trastorno esquizotípico de la personalidad
301.7 Trastorno antisocial de la personalidad
301.83 Trastorno límite de la personalidad
301.50 Trastorno histriónico de la personalidad
301.81 Trastorno narcisista de la personalidad
301.82 Trastorno de la personalidad por evitación
301.6 Trastorno de la personalidad por dependencia
301.4 Trastorno obsesivo-compulsivo de la personalidad
301.9 Trastorno de la personalidad no especificado

Otros problemas que pueden ser objeto de atención clínica

FACTORES PSICOLÓGICOS QUE AFECTAN AL ESTADO FÍSICO

316 ...*(Especificar el factor psicológico)* que afecta a... *(indicar enfermedad médica)*

Elegir según la naturaleza de los factores:

Trastorno mental que afecta a una enfermedad médica
Síntomas psicológicos que afectan a una enfermedad médica
Rasgos de personalidad o estilo de afrontamiento que afectan a una enfermedad médica
Comportamientos desadaptativos que afectan a una enfermedad médica
Respuesta fisiológica relacionada con el estrés que afecta a una enfermedad médica
Otros factores psicológicos o no especificados que afectan a una enfermedad médica

TRASTORNOS MOTORES INDUCIDOS POR MEDICAMENTOS

332.1 Parkinsonismo inducido por neurolépticos
333.92 Síndrome neuroléptico maligno
333.7 Distonía aguda inducida por neurolépticos

333.99 Acatisia aguda inducida por neurolépticos
333.82 Discinesia tardía inducida por neurolépticos
333.1 Temblor postural inducido por medicamentos
333.90 Trastorno motor inducido por medicamentos no especificado

TRASTORNOS INDUCIDOS POR OTROS MEDICAMENTOS

995.2 Efectos adversos de los medicamentos no especificados

PROBLEMAS DE RELACIÓN

V61.9 Problema de relación asociado a un trastorno mental o a una enfermedad médica
V61.20 Problemas paterno-filiales
V61.1 Problemas conyugales
V61.8 Problema de relación entre hermanos
V62.81 Problema de relación no especificado

PROBLEMAS RELACIONADOS CON EL ABUSO O LA NEGLIGENCIA

V61.21 Abuso físico del niño *(codificar 995.5 si el objeto de atención es la víctima)*
V61.21 Abuso sexual del niño *(codificar 995.5 si el objeto de atención es la víctima)*
V61.21 Negligencia de la infancia *(codificar 995.9 si el objeto de atención es la víctima)*
V61.1 Abuso físico del adulto *(codificar 995.81 si el objeto de atención es la víctima)*
V61.1 Abuso sexual del adulto *(Codificar 995.81 si el objeto de atención es la víctima)*

PROBLEMAS ADICIONALES QUE PUEDEN SER OBJETO DE ATENCIÓN CLÍNICA

V15.81 Incumplimiento terapéutico
V65.2 Simulación
V71.01 Comportamiento antisocial del adulto
V71.02 Comportamiento antisocial en la niñez o la adolescencia
V62.89 Capacidad intelectual límite
Nota: Se codifica en el Eje II
780.9 Deterioro cognoscitivo relacionado con la edad
V62.82 Duelo
V62.3 Problema académico
V62.2 Problema laboral
313.82 Problema de identidad
V62.89 Problema religioso o espiritual
V62.4 Problema de aculturación
V62.89 Problema biográfico

Códigos adicionales

300.9 Trastorno mental no especificado (no psicótico)
V71.09 Sin diagnóstico o estado en el Eje I
799.9 Diagnóstico o estado aplazado en el Eje I
V71.09 Sin diagnóstico en el Eje II
799.9 Diagnóstico aplazado en el Eje II

Sistema multiaxial

Eje I	Trastornos cíclicos y otros problemas que pueden ser objeto de atención clínica
Eje II	Trastornos de la personalidad Retraso mental
Eje III	Enfermedades médicas
Eje IV	Problemas psicosociales y ambientales
Eje V	Evaluación global de la actividad

Apéndice E

ÍNDICE DE CASOS EN BASE A LA CLASIFICACIÓN DEL DSM-IV

© MASSON, S.A. Fotocopiar sin autorización es un delito.